马克思主义理论研究和建设工程重点

马克思恩格斯列宁哲学经典著作导读

（第二版）

《马克思恩格斯列宁哲学经典著作导读》编写组

人民出版社

高等教育出版社

教学课件下载

本书有配套教学课件,供教师免费使用,请访问 https://dj.lilun.cn/html/courseware.html,即可浏览下载。

图书在版编目(CIP)数据

马克思恩格斯列宁哲学经典著作导读/
《马克思恩格斯列宁哲学经典著作导读》编写组编. --
2版. -- 北京:人民出版社,2020.8(2024.6 重印)
马克思主义理论研究和建设工程重点教材
ISBN 978-7-01-022301-8

Ⅰ.①马… Ⅱ.①马… Ⅲ.①马克思主义哲学-
高等学校-教学参考资料 Ⅳ.①B0-0

中国版本图书馆 CIP 数据核字(2020)第 124739 号

责任编辑 任 民　　封面设计 王 洋　　版式设计 于 婕　　责任校对 余 佳
责任印制 贾 菲

出版发行	人民出版社	网　　址	http://www.peoplepress.net
社　　址	北京市东城区隆福寺街 99 号	版　　次	2012 年 2 月第 1 版
邮政编码	100706		2020 年 8 月第 2 版
印　　刷	北京中科印刷有限公司	印　　次	2024 年 6 月第 10 次印刷
开　　本	787mm×1092mm　1/16	定　　价	61.00 元
印　　张	31	购书热线	010-84095064
字　　数	519 千字	咨询电话	010-84095103

•马克思主义理论研究和建设工程重点教材•

马克思主义理论研究和建设工程咨询委员会委员、审议专家

（以姓氏笔画为序）

《马克思恩格斯列宁哲学经典著作导读》教材编写课题组

首席专家　侯惠勤　　余源培　　侯　才　　郝立新

主要成员　（以姓氏笔画为序）

冯颜利　　吕世荣　　刘森林　　刘卓红

张守民　　金民卿　　周　宏　　姜迎春

姚顺良　　曾国屏

《马克思恩格斯列宁哲学经典著作导读》
教材修订课题组(第二版)

首席专家　金民卿

主要成员　（以姓氏笔画为序）

丁　冰　　刘志明　　仰海峰　　汪世锦

陈志刚　　李建国　　周　丹　　赵理文

目　录

导　言

马克思主义哲学，就是辩证唯物主义和历史唯物主义，它深刻揭示了自然、社会和人类思维的一般规律，是科学的世界观和方法论。马克思主义哲学内容十分丰富，主要包括世界统一于物质、物质决定意识的观点，事物矛盾运动的观点，认识和实践辩证关系的观点，社会存在决定社会意识、社会意识反作用于社会存在的观点，经济基础决定上层建筑、上层建筑反作用于经济基础的观点，人类社会发展规律的观点，阶级和阶级斗争的观点，人民群众创造历史的观点，等等。要学习好马克思主义哲学，必须读原著、学原文、悟原理，认真研读马克思主义哲学经典著作。

马克思、恩格斯、列宁哲学经典著作，在世界近现代哲学发展史和马克思主义发展史上占有重要地位，产生了广泛而深远的影响。这些著作蕴涵和集中体现了马克思主义哲学基本原理，生动展示了马克思主义经典作家哲学思想的发展历程、理论原则和主要观点，是学习和掌握马克思主义世界观和方法论的重要文献。

一、马克思、恩格斯、列宁哲学经典著作的价值和特点

"马克思恩格斯列宁哲学经典著作导读"是通过学习和研究马克思主义经典作家具有代表性的哲学著作，理解和把握贯穿其中的精神实质和思想精髓的一门课程。它的研究对象是马克思主义哲学创立、形成和发展过程中的重要文献及其相关知识。

马克思主义的创立，实现了人类思想史上的伟大革命，为人们认识世界和改造世界提供了科学的世界观和方法论。马克思主义批判地继承和发展了德国古典哲学、英国古典政治经济学、法国与英国空想社会主义的合理成分，科学地"吸收和改造了两千多年来人类思想和文化发展中一切有价值的东西"①，是人类先进文化成果的集中体现；马克思主义科学地批判和剖析了资本主义制度及其内在矛盾，揭示了人类社会发展的一般规律，为无产阶级争取自身解放和整个人类解放提供了强大思想武器。马克思主义哲学是整个马克思主义学说

---

① 《列宁专题文集　论马克思主义》，人民出版社 2009 年版，第 296—297 页。

的世界观和方法论基础，是掌握马克思主义完整科学体系的重要前提之一。马克思主义哲学以认识自然、社会以及人类思维的根本规律为主要内容，以辩证唯物主义和历史唯物主义的一系列科学范畴、原理为表达形式，将唯物主义和辩证法、辩证唯物主义自然观和历史观统一起来，实现了哲学史上的革命性变革。

马克思主义哲学经典著作是马克思主义哲学的基础，包含着马克思主义经典作家探索真理的丰富思想成果，体现了马克思主义经典作家攀登科学理论高峰的不懈追求精神。马克思、恩格斯作为马克思主义哲学的创始人，列宁作为马克思主义哲学的捍卫者、继承者和发展者，他们的哲学著作是其哲学思想最直接、最集中的载体，是马克思主义哲学经典著作宝库中的主要组成部分，是学习研究马克思主义哲学的第一手资料。恩格斯曾经指出，应"根据原著来研究这个理论，而不要根据第二手的材料来进行研究"，虽然根据第二手材料"的确要容易得多"①，但只有根据原著才能真正把握其精要。因此，学习他们的哲学经典著作，是直接了解和深刻理解马克思主义哲学基本原理的重要前提和基础。

马克思、恩格斯、列宁哲学经典著作具有自己的特点，这在一定程度上也构成了本教材的特点。

（一）内涵丰富、涉及面广。哲学是关于世界观和方法论的理论体系。马克思主义哲学是自然科学、社会科学和思维科学知识的概括和总结。它既是科学的世界观和方法论，也涉及政治、经济、社会、法律、美学、宗教、艺术、自然科学等方面的内容。马克思主义经典作家的哲学思想既体现在他们的哲学著作中，如《德意志意识形态》《路德维希·费尔巴哈和德国古典哲学的终结》《自然辩证法》《哲学笔记》等；也渗透、贯穿在其他著作之中，如《共产党宣言》《资本论》等。这些著作包含哲学、政治经济学和科学社会主义等多学科多领域的知识，涉及范围非常广泛，内涵十分丰富。

（二）思想深刻、逻辑严密。马克思主义经典作家的哲学著作凝结着深邃的哲学智慧和严密的逻辑思维，展现了他们研究和思考重大哲学问题的科学方法和路径，体现了他们根据时代前进和实践发展不断丰富和完善自己学说的探索历程。在这些著作中，有对经典作家世界观转变、创立以及形成发展的研究

---

① 《马克思恩格斯文集》第 10 卷，人民出版社 2009 年版，第 593 页。

成果，有对经典作家研究成果和过程的系统回顾与总结，有研究、批判、借鉴他人成果的手稿，还有与其他思想和学说进行论战的战斗檄文，等等。研读这些著作，可以直面马克思主义经典作家所处的历史环境，体会他们思想发展变化的历程，学习他们科学的研究方法、严谨的治学态度以及捍卫真理的精神。

（三）立场鲜明、文风独具。马克思主义是在无产阶级革命实践中产生、发展起来的，是无产阶级根本利益的科学表达。鲜明的阶级性和实践性是马克思主义的根本特征。马克思说过："哲学把无产阶级当做自己的**物质**武器，同样，无产阶级也把哲学当做自己的**精神**武器"①。马克思主义经典作家鲜明地站在无产阶级和人民群众的立场上，阐述他们的哲学理论和政治主张。同时，他们也是语言大师，在阐释其科学理论的同时，展示了高超的语言艺术，用质朴而犀利、深刻而鲜活的语言进行着坚决的哲学斗争。因此，阅读他们的哲学著作，既可以深刻理解他们的理论是为无产阶级利益和人类解放服务的真知灼见，也可以直接体验他们在字里行间流露的深厚情感和坚定信念。

"马克思恩格斯列宁哲学经典著作导读"与马克思主义哲学原理、马克思主义哲学史都是学习和研究马克思主义哲学的基础课程。它们相互联系、相辅相成，但也有所侧重和区别。马克思主义哲学史全面介绍马克思主义哲学创立和发展的思想脉络，对马克思主义经典文献进行概述和评析，突出这些文献在哲学史上的理论价值和实践意义；马克思主义哲学原理是阐释马克思主义哲学的科学体系，论述了其体系构成、主要观点、地位作用等内容；而哲学经典著作导读则是在遴选一定具有代表性的马克思主义哲学经典著作的基础上，对原著的写作过程、主要观点、思想逻辑以及理论意义作集中介绍和反映，既是一部活的哲学史，也是学习马克思主义世界观、方法论的重要素材和依据。以上三门课程从整体上构成了学习马克思主义哲学的主体部分，其中"马克思、恩格斯、列宁哲学经典著作导读"为其他两门课程提供了翔实的文献基础和思想来源。

二、学习马克思、恩格斯、列宁哲学经典著作的目的和方法

学习马克思、恩格斯、列宁哲学经典著作的主要目的，就是在认真阅读原著的基础上，把握马克思主义哲学的基本原理和主要观点，了解马克思主义经

① 《马克思恩格斯文集》第 1 卷，人民出版社 2009 年版，第 17 页。

典作家撰写哲学著作的思想历程、时代背景和理论意义，增强运用马克思主义立场观点方法分析问题、解决问题的能力。哲学经典著作导读不仅是一门哲学课程，而且是一门研究文献的课程。因此，学习这门课程，既要讲究阅读方法，也要讲究研究方法。

第一，要精心深入地研读原著。马克思主义经典作家的哲学著作思想深刻，要本着科学态度，专心致志、原原本本地研读，深入理解其中蕴涵的丰富哲学思想，努力掌握贯穿其中的哲学原理和思维方法。马克思主义哲学是无产阶级的世界观，其所揭示的客观规律和基本原理是颠扑不破的科学真理，但同时理解和把握这些原理必须随时随地以当时的历史条件为背景，这样才能真正把握其精神实质和基本思想。学习这些著作，既不能拘泥于个别词句和具体结论，也不能随意发挥和武断取舍。同时，虽然总体上马克思主义经典作家的哲学著作说理透彻、文风朴实，但由于时代条件、民族文化和语言习惯等方面的差异，有些著作并不容易读懂，必须下苦功夫，以攻坚克难的钻研精神来研读。毛泽东在谈及读经典的方法时说，看不懂这种情形的确存在，看不懂时，有一个办法，叫作"钻"，"在中国，本来读书就叫攻书，读马克思主义就是攻马克思的道理，你要读通马克思的道理，就非攻不可"。① 此外，培养兴趣非常重要，就读经典著作而言，要反复阅读、循序渐进，在不断有所收获中培养兴趣。

第二，要同理解和把握马克思主义哲学中国化结合起来。马克思、恩格斯、列宁哲学著作中贯穿的基本思想和原理，是马克思主义哲学中国化的指导原则和理论源泉。马克思主义哲学中国化的过程，是马克思主义哲学基本原理与中国具体实际相结合的过程，是马克思主义哲学与中华优秀传统文化相结合的过程，也是马克思主义哲学在中国传播、发展与创新的过程。毛泽东哲学思想和中国特色社会主义理论体系哲学思想，是马克思主义哲学中国化的两大理论成果。习近平新时代中国特色社会主义思想是马克思主义中国化最新成果，是中国特色社会主义理论体系的重要组成部分。习近平新时代中国特色社会主义思想的哲学内容，是马克思主义哲学中国化的最新成果。学习马克思、恩格斯、列宁的哲学经典著作，有助于我们理解和把握马克思主义哲学基本原理，真正把握当代中国马克思主义、二十一世纪马克思主义。只有把深入学习这些

① 《毛泽东文集》第二卷，人民出版社 1993 年版，第 181 页。

哲学经典著作与深入学习毛泽东的哲学著作、中国特色社会主义理论体系的重要文献，特别是与习近平总书记关于马克思主义哲学的重要论述结合起来，才能更加全面准确地把握马克思主义哲学一脉相承而又与时俱进的关系，更加全面准确地把握马克思主义哲学的科学体系。

第三，要坚持理论联系实际。实践观点是马克思主义哲学的核心观点。这一观点要求哲学必须面向现实世界，要求理论必须深入改造客观世界的实践活动。马克思曾经说过："哲学家们只是用不同的方式**解释**世界，而问题在于**改变**世界。"① 这一名言深刻揭示了马克思主义哲学与其他一切旧哲学相区别的根本特征。马克思主义哲学不是书斋里的学问，而是把握现实进而变革现实的思想武器。学习马克思、恩格斯、列宁哲学经典著作，必须坚持理论联系实际，把改造主观世界同改造客观世界统一起来。只有联系实际、开动脑筋，对现实中的问题进行深入思考，把向书本学习和向实践学习统一起来，才能把零散的东西变为系统的东西、孤立的东西变为相互联系的东西、粗浅的东西变为精深的东西、感性的东西变为理性的东西，才能加深对马克思主义哲学的理解和运用。

第四，要同加强思维训练、提高思维能力结合起来。恩格斯说："一个民族要想站在科学的最高峰，就一刻也不能没有理论思维。"② 理论思维能力不是与生俱来的，需要锻炼和培养，"而为了进行这种培养，除了学习以往的哲学，直到现在还没有别的办法"③。马克思主义经典作家的哲学著作，视野开阔、思想深邃，是对时代主题和人类命运进行理性思考的重要成果，也是运用理论思维的典范。学习这些经典著作，本身就是增长知识、开阔眼界、增加思想深度和训练思维方式的过程。因此，既要学习经典著作中蕴涵的基本原理和观点，也要领会马克思主义经典作家研究和解决问题的思维方式和方法，使两者做到有机结合、相互促进。

第五，要同提升个人精神境界和坚定理想信念结合起来。马克思主义哲学以科学的理论形式反映了人类社会进步的崇高价值追求。它坚决批判一切剥削阶级的理论观点，自觉捍卫无产阶级和广大人民群众的利益，以推翻一切剥削制度、消灭社会不平等的现象、争取无产阶级和人类的彻底解放为己任。作为

---

① 《马克思恩格斯文集》第 1 卷，人民出版社 2009 年版，第 506 页。
② 《马克思恩格斯文集》第 9 卷，人民出版社 2009 年版，第 437 页。
③ 《马克思恩格斯文集》第 9 卷，人民出版社 2009 年版，第 436 页。

马克思主义哲学思想的重要载体，其经典著作充分体现了科学性和革命性、真理性和价值性的高度统一。学习马克思主义经典作家的哲学著作，会在潜移默化中受到他们崇高风范和人格力量的熏陶，实现自己思想境界和道德情操的升华，是坚定理想信念、提升精神境界的一个重要途径。学习哲学经典著作，有助于更好地把握人生道理、领悟人生真谛、体会人生价值，树立正确的世界观、人生观、价值观，坚定中国特色社会主义共同理想和共产主义远大理想。

三、把学习马克思、恩格斯、列宁哲学经典著作与学习习近平新时代中国特色社会主义思想结合起来

习近平新时代中国特色社会主义思想，是对马克思列宁主义、毛泽东思想、邓小平理论、"三个代表"重要思想、科学发展观的继承和发展，是马克思主义中国化最新成果，是党和人民实践经验和集体智慧的结晶，是中国特色社会主义理论体系的重要组成部分，是全党全国人民为实现中华民族伟大复兴而奋斗的行动指南。习近平新时代中国特色社会主义思想，以全新的视野深化了对共产党执政规律、社会主义建设规律、人类社会发展规律的认识，为我们学习研究马克思、恩格斯、列宁哲学经典著作提供了重要指导。

第一，习近平新时代中国特色社会主义思想，是坚持和发展马克思主义哲学的光辉典范，蕴涵着辩证唯物主义和历史唯物主义的哲学精华。习近平新时代中国特色社会主义思想包含的核心内容是"八个明确"和"十四个坚持"。"八个明确"涉及生产力与生产关系、经济基础与上层建筑的辩证关系，涵盖经济建设、政治建设、文化建设、社会建设、生态文明建设以及国防、外交、党的建设各个领域，体现了马克思主义哲学认识世界的系统性、严谨性和科学性。"十四个坚持"从领导力量、发展思想、根本路径、发展理念、政治制度、治国理政、思想文化、社会民生、绿色发展、国家安全、军队建设、祖国统一、国际关系、党的建设等方面作出理论分析和政策指导，深刻回答了新时代怎样坚持和发展中国特色社会主义的一系列重大问题，体现了马克思主义认识世界和改造世界的重要功能。习近平新时代中国特色社会主义思想，贯通马克思主义哲学、政治经济学、科学社会主义，贯通历史、现实和未来，贯通改革发展稳定、内政外交国防、治党治国治军等各领域，既坚持了老祖宗，又讲了很多新话，使我们党对共产党执政规律、社会主义建设规律、人类社会发展规律的认识达到了新高度，为发展马克思主义作出了原创性贡献。习近平新时代

中国特色社会主义思想，为解决当代人类发展问题提供了中国智慧、中国方案，"从世界的原理中为世界阐发新原理"①，是当代中国马克思主义、二十一世纪马克思主义。马克思主义必须随着时代发展而发展。认真学习马克思、恩格斯、列宁哲学经典著作，深刻理解这些经典著作的思想精髓，有助于领会和把握习近平新时代中国特色社会主义思想对马克思主义的原创性贡献。

第二，结合新的理论发展，特别是结合习近平总书记关于马克思主义哲学的系列重要论述来读原著、学原文、悟原理。马克思主义哲学深刻揭示了客观世界特别是人类社会发展一般规律，在当今时代依然有着强大生命力，依然是指导我们共产党人前进的强大思想武器。党的十八大以来，以习近平同志为核心的党中央高度重视马克思主义基本原理和经典著作的学习，中共中央政治局先后就历史唯物主义基本原理和方法论、辩证唯物主义基本原理和方法论、马克思主义政治经济学基本原理和方法论、当代世界马克思主义思潮及其影响、《共产党宣言》及其时代意义进行了集体学习。2016 年 5 月，习近平总书记在哲学社会科学工作座谈会上强调："坚持以马克思主义为指导，是当代中国哲学社会科学区别于其他哲学社会科学的根本标志，必须旗帜鲜明加以坚持。"②2018 年 5 月，在纪念马克思诞辰 200 周年大会上，习近平总书记指出，马克思主义是科学的理论、人民的理论、实践的理论、开放的理论，始终是我们党和国家的指导思想，是我们认识世界、把握规律、追求真理、改造世界的强大思想武器。"今天，马克思主义极大推进了人类文明进程，至今依然是具有重大国际影响的思想体系和话语体系，马克思至今依然被公认为'千年第一思想家'。"③中国特色社会主义进入新时代，我们仍然要学习和实践马克思主义关于人类社会发展规律的思想、关于坚守人民立场的思想、关于生产力和生产关系的思想、关于人民民主的思想、关于文化建设的思想、关于社会建设的思想、关于人与自然关系的思想、关于世界历史的思想、关于马克思主义政党建设的思想。习近平总书记关于马克思主义哲学的系列重要论述，为我们学习和研究马克思主义经典著作提供了根本遵循。

第三，要把学习马克思主义经典著作与推进经典著作的宣传普及结合起来。科学理论只有同群众的思想和实践相结合，转化为群众的意志和行动，才

① 《马克思恩格斯文集》第 10 卷，人民出版社 2009 年版，第 9 页。
② 习近平：《在哲学社会科学工作座谈会上的讲话》，人民出版社 2016 年版，第 8 页。
③ 习近平：《在纪念马克思诞辰 200 周年大会上的讲话》，人民出版社 2018 年版，第 11 页。

能产生强大的实践力量。马克思指出："批判的武器当然不能代替武器的批判，物质力量只能用物质力量来摧毁；但是理论一经掌握群众，也会变成物质力量。"① 列宁强调，工人阶级要在社会斗争和生产实践中实现政治解放、精神解放和社会解放，就必须克服自发性，在科学理论的指导和引领下形成自觉的阶级意识。为此，经典作家历来高度重视理论宣传、武装教育群众问题。马克思、恩格斯强调，无产阶级政党必须"具有革命毅力并努力进行宣传工作"②。毛泽东强调："应该扩大共产主义思想的宣传，加紧马克思列宁主义的学习"③，没有这种宣传和学习就不可能获得胜利。"任何思想，如果不和客观的实际的事物相联系，如果没有客观存在的需要，如果不为人民群众所掌握，即使是最好的东西，即使是马克思列宁主义，也是不起作用的。"④ 党的十八大以来，习近平总书记明确要求广大党员干部，在理论学习上一定要往深里走、往心里走、往实里走，筑牢信仰之基、补足精神之钙、把稳思想之舵；与此同时，一定要加大理论宣传工作，使马克思主义中国化最新理论成果，从思想家的理论上升到行动指南的层面，深化到广大党员和人民群众的思想深处，成为全党全国各族人民的自觉追求，形成强大的现实力量。我们一定要把学习经典著作同宣传普及经典著作结合起来，用经典著作中蕴涵的科学理论回答人民群众的思想疑惑，引领广大人民群众掌握和运用马克思主义基本理论，用马克思主义中国化最新理论成果回答人民群众关心的重大实践和理论问题，真正让党的理论创新成果飞入寻常百姓家。同时，理论武装必须追随时代步伐，适应时代要求，创新理论宣传形式，实现理论内容科学性与理论宣传通俗性的有效贯通，马克思主义时代化与大众化的有机统一。

第四，把学习马克思主义哲学经典著作同创造性地发展马克思主义结合起来，不断推进当代中国马克思主义、二十一世纪马克思主义的新发展。习近平总书记多次强调，理论的生命力在于不断创新，推动马克思主义不断发展是中国共产党人的神圣职责，要坚持用马克思主义观察时代、解读时代、引领时代，用鲜活丰富的当代中国实践来推动马克思主义发展，用宽广视野吸收人类创造的一切优秀文明成果，坚持在改革中守正出新、不断超越自己，在开放中

---

① 《马克思恩格斯文集》第1卷，人民出版社2009年版，第11页。
② 《马克思恩格斯全集》第4卷，人民出版社1958年版，第572页。
③ 《毛泽东选集》第二卷，人民出版社1991年版，第706页。
④ 《毛泽东选集》第四卷，人民出版社1991年版，第1515页。

博采众长、不断完善自己，不断深化对"三大规律"的认识，更好地坚持和发展马克思主义。习近平总书记指出："对待马克思主义，不能采取教条主义的态度，也不能采取实用主义的态度。如果不顾历史条件和现实情况变化，拘泥于马克思主义经典作家在特定历史条件下、针对具体情况作出的某些个别论断和具体行动纲领，我们就会因为思想脱离实际而不能顺利前进，甚至发生失误。""新形势下，坚持马克思主义，最重要的是坚持马克思主义基本原理和贯穿其中的立场、观点、方法。这是马克思主义的精髓和活的灵魂。马克思主义是随着时代、实践、科学发展而不断发展的开放的理论体系，它并没有结束真理，而是开辟了通向真理的道路。""把坚持马克思主义和发展马克思主义统一起来，结合新的实践不断作出新的理论创造，这是马克思主义永葆生机活力的奥妙所在。"① 发展当代中国马克思主义、二十一世纪马克思主义，是当代中国共产党人责无旁贷的历史责任。我们要提高战略思维、创新思维、辩证思维、法治思维、底线思维能力，用深邃的历史眼光、宽广的国际视野把握事物发展的本质和内在联系，密切结合亿万人民的创造性实践，借鉴吸收人类一切优秀文明成果，不断回答时代和实践给我们提出的新的重大课题，让当代中国马克思主义放射出更加灿烂的真理光芒。党的十八大以来，以习近平同志为核心的党中央，坚持理论联系实际，及时回答时代之问、人民之问，廓清困扰和束缚实践发展的思想迷雾，不断推进马克思主义中国化时代化大众化，深化了对共产党执政规律、社会主义建设规律、人类社会发展规律的认识。在学习经典著作时，既要注重从经典著作中发掘党的理论创新成果的思想渊源，又要注重从党的理论创新成果中体会经典著作的当代价值。

第五，把学习经典著作与学懂弄通做实习近平新时代中国特色社会主义思想结合起来。学懂是前提，要坚持马克思主义立场观点方法，深刻认识习近平新时代中国特色社会主义思想的时代意义、理论意义、实践意义、世界意义，深刻理解这一思想的核心要义、精神实质、丰富内涵、实践要求，深刻体悟这一思想彰显和贯穿的坚定理想信念、真挚人民情怀、高度自觉自信、无畏担当精神、科学思想方法。要按照理论和实践、历史和现实、当前和未来相结合的方法论领会深、领会透。同时要原原本本学习和研读经典著作，以解读原著的核心观点和思想精髓为根本，不以细节性内容取代整体性观点，反对把历史碎

---

① 习近平：《在哲学社会科学工作座谈会上的讲话》，人民出版社 2016 年版，第 13 页。

片化、把原著碎片化。弄通是基础，要把学习贯彻习近平新时代中国特色社会主义思想与学习马克思主义基本原理贯通起来，联系地而不是孤立地、系统地而不是零散地、全部地而不是局部地理解习近平新时代中国特色社会主义思想，不能就事论事，不能搞形式主义、实用主义；既充分把握经典的现实意义和当代价值，又不生硬地搞理论联系现实，一味地用当前的具体需要去联系经典著作，把当代实践和理论成果同经典著作机械地一一对应；准确把握习近平新时代中国特色社会主义思想的理论逻辑、历史逻辑、实践逻辑，把学习经典著作同进行伟大斗争、建设伟大工程、推进伟大事业、实现伟大梦想的实践贯通起来，同党的各项战略部署贯通起来，深化对党的理论和路线方针政策的认识。做实是目的，要坚持和弘扬马克思主义学风，用习近平新时代中国特色社会主义思想武装头脑、指导实践，分析和解决问题；要立足中国特色社会主义进入新时代这一历史方位解读原著，结合新时代中国和世界的现实理解原著的当代价值；要学习马克思主义中国化最新成果，努力掌握马克思主义基本原理和方法论，坚定正确政治方向，积极投身新时代中国特色社会主义伟大实践，为实现"两个一百年"奋斗目标和中华民族伟大复兴的中国梦作出自己应有的贡献。

卡·马克思

《黑格尔法哲学批判》导言

就德国来说，**对宗教的批判**基本上已经结束；而对宗教的批判是其他一切批判的前提。

谬误在**天国**为神祇所作的雄辩［oratio pro aris et focis①］一经驳倒，它在**人间的**存在就声誉扫地了。一个人，如果曾在天国的幻想现实性中寻找超人，而找到的只是他自身的**反映**，他就再也不想在他正在寻找和应当寻找自己的真正现实性的地方，只去寻找他自身的**假象**，只去寻找非人了。

反宗教的批判的根据是：**人创造了宗教**，而不是宗教创造人。就是说，宗教是还没有获得自身或已经再度丧失自身的人的自我意识和自我感觉。但是，人不是抽象的蛰居于世界之外的存在物。人就是**人的世界**，就是国家，社会。这个国家、这个社会产生了宗教，一种颠倒的世界意识，因为它们就是**颠倒的世界**。宗教是这个世界的总理论，是它的包罗万象的纲要，它的具有通俗形式的逻辑，它的唯灵论的荣誉问题［Point-d'honneur］，它的狂热，它的道德约束，它的庄严补充，它借以求得慰藉和辩护的总根据。宗教是人的本质**在幻想中的实现**，因为**人的本质**不具有真正的现实性。因此，反宗教的斗争间接地就是反对以宗教为精神**抚慰的那个世界**的斗争。

宗教里的苦难既是现实的苦难的**表现**，又是对这种现实的苦难的**抗议**。宗教是被压迫生灵的叹息，是无情世界的情感，正像它是无精神活力的制度的精神一样。宗教是人民的**鸦片**。

废除作为人民的**虚幻**幸福的宗教，就是要求人民的**现实**幸福。要求抛弃关于人民处境的幻觉，就是**要求抛弃那需要幻觉的处境**。因此，对宗教的批判就是**对苦难尘世——宗教是它的神圣光环——的批判**的胚芽。

这种批判撕碎锁链上那些虚幻的花朵，不是要人依旧戴上没有幻想没有慰藉的锁链，而是要人扔掉它，采摘新鲜的花朵。对宗教的批判使人不抱幻想，使人能够作为不抱幻想而具有理智的人来思考，来行动，来建立自己的现实；

---

① 见西塞罗《论神之本性》。直译是：为保卫祭坛和炉灶所作的雄辩；转义是：为保卫社稷和家园所作的雄辩。——编者注

使他能够围绕着自身和自己现实的太阳转动。宗教只是虚幻的太阳，当人没有围绕自身转动的时候，它总是围绕着人转动。

因此，**真理的彼岸世界**消逝以后，**历史的任务**就是确立**此岸世界的真理**。人的自我异化的**神圣形象**被揭穿以后，揭露具有**非神圣形象**的自我异化，就成了为历史服务的**哲学**的迫切**任务**。于是，对天国的批判变成对尘世的批判，**对宗教的批判变成对法的批判，对神学的批判变成对政治的批判**。

随导言之后将要作的探讨①——这是为这项工作尽的一份力——首先不是联系原本，而是联系副本即联系德国的国家**哲学**和法**哲学**来进行的。其所以如此，正是因为这一探讨是联系**德国**进行的。

如果想从德国的现状［status quo］本身出发，即使采取唯一适当的方式，就是说采取否定的方式，结果依然是**时代错乱**。即使对我国当代政治状况的否定，也已经是现代各国的历史废旧物品堆藏室中布满灰尘的史实。即使我否定了敷粉的发辫，我还是要同没有敷粉的发辫打交道。即使我否定了1843年的德国制度，但是按照法国的纪年，我也不会处在1789年②，更不会是处在当代的焦点。

不错，德国历史自夸有过一个运动，在历史的长空中，没有一个国家曾经是这个运动的先行者，将来也不会是这个运动的模仿者。我们没有同现代各国一起经历革命，却同它们一起经历复辟。我们经历了复辟，首先是因为其他国家敢于进行革命，其次是因为其他国家受到反革命的危害；在第一种情形下，是因为我们的统治者们害怕了，在第二种情形下，是因为我们的统治者们并没有害怕。我们，在我们的那些牧羊人带领下，总是只有一次与自由为伍，那就是**在自由被埋葬的那一天**。

有个学派以昨天的卑鄙行为来说明今天的卑鄙行为是合法的，有个学派把农奴反抗鞭子——只要鞭子是陈旧的、祖传的、历史的鞭子——的每一声呐喊都宣布为叛乱；正像以色列人的上帝对他的奴仆摩西一样，历史对这一学派也

---

① 指《黑格尔法哲学批判》这部著作。马克思本来计划在《德法年鉴》上发表这篇《导言》之后，接着完成在1843年已着手撰写的《黑格尔法哲学批判》并将其付印。《德法年鉴》停刊后，马克思逐渐放弃了这一计划。他在《1844年经济学哲学手稿》的序言中曾说明了放弃这一计划的原因。

　　1844年5—6月以后，马克思已经忙于其他工作，并把经济学研究提到了首位。从1844年9月起，由于需要对青年黑格尔派进行反击，马克思开始把阐述新的革命的唯物主义世界观同批判青年黑格尔派结合起来，同批判德国资产阶级和小资产阶级的唯心主义世界观结合起来。马克思和恩格斯合著的《神圣家族》和《德意志意识形态》完成了这项任务。

② 1789年是法国资产阶级革命（1789—1794年）开始的年份。——编者注

只是显示了自己的后背［a posteriori］①，因此，这个**历史法学派**②本身如果不是德国历史的杜撰，那就是它杜撰了德国历史。这个夏洛克，却是奴才夏洛克，他发誓要凭他所持的借据，即历史的借据、基督教日耳曼的借据来索取从人民胸口割下的每一磅肉。

相反，那些好心的狂热者，那些具有德意志狂的血统并有自由思想的人，却到我们史前的条顿原始森林去寻找我们的自由历史。但是，如果我们的自由历史只能到森林中去找，那么我们的自由历史和野猪的自由历史又有什么区别呢？况且谁都知道，在森林中叫唤什么，森林就发出什么回声。还是让条顿原始森林保持宁静吧！

向德国制度**开火**！一定要开火！这种制度虽然**低于历史水平，低于任何批判**，但依然是批判的对象，正像一个低于做人的水平的罪犯，依然是**刽子手**的对象一样。在同这种制度进行的斗争中，批判不是头脑的激情，它是激情的头脑。它不是解剖刀，它是武器。它的对象是自己的**敌人**，它不是要驳倒这个敌人，而是要**消灭**这个敌人。因为这种制度的精神已经被驳倒。这种制度本身不是**值得重视**的对象，而是既应当受到鄙视同时又已经受到鄙视的**存在状态**。对于这一对象，批判本身不用自己表明什么了，因为它对这一对象已经清清楚楚。批判已经不再是**目的本身**，而只是一种**手段**。它的主要情感是**愤怒**，它的主要工作是**揭露**。

这是指描述各个社会领域相互施加的无形压力，描述普遍无所事事的沉闷情绪，描述既表现为自大又表现为自卑的狭隘性，而且要在政府制度的范围内加以描述，政府制度是靠维护一切卑劣事物为生的，它本身无非是**以政府的形式表现出来的卑劣事物**。

这是一幅什么景象呵！社会无止境地继续分成各色人等，这些心胸狭窄、心

---

① 《旧约全书·出埃及记》第 33 章第 23 节。——编者注

② **历史法学派**是 18 世纪末在德国兴起的一个法学流派。其特征是反对古典自然法学派，强调法律应体现民族精神和历史传统；反对 1789 年法国资产阶级革命中的资产阶级民主主义思想；重视习惯法；反对制定普遍适用的法典。该派的代表人物是古·胡果、弗·卡·萨维尼等人。他们借口保持历史传统的稳定性，极力维护贵族和封建制度的各种特权。该派以后逐步演变成 19 世纪资产阶级法学中的一个重要流派。1842 年，萨维尼被任命为修订普鲁士法律的大臣，这样，历史法学派的理论和方法就成了修订普鲁士法律的依据。

历史法学派的主张同黑格尔法哲学的观点相对立。早在 1836—1838 年，马克思就开始研究历史法学派与黑格尔法哲学之间的分歧和论争。1841 年底，马克思着手批判黑格尔的法哲学，同时继续研究历史法学派。对这一流派的批判，见马克思《历史法学派的哲学宣言》（《马克思恩格斯全集》中文第 2 版第 1 卷）。

地不良、粗鲁平庸之辈处于互相对立的状态，这些人正因为相互采取暧昧的猜疑的态度而被自己的**统治者**一律——虽然形式有所不同——视为**特予恩准的存在物**。甚至他们还必须承认和首肯自己之**被支配、被统治、被占有**全是**上天的恩准**！而另一方面，是那些统治者本人，他们的身价与他们的人数则成反比！

涉及这个内容的批判是**搏斗式的**批判；而在搏斗中，问题不在于敌人是否高尚，是否旗鼓相当，是否**有趣**，问题在于给敌人以**打击**。问题在于不让德国人有一时片刻去自欺欺人和俯首听命。应当让受现实压迫的人意识到压迫，从而使现实的压迫更加沉重；应当公开耻辱，从而使耻辱更加耻辱。应当把德国社会的每个领域作为德国社会的羞耻部分［partie honteuse］加以描述，应当对这些僵化了的关系唱一唱它们自己的曲调，迫使它们跳起舞来！为了激起人民的**勇气**，必须使他们对自己**大吃一惊**。这样才能实现德国人民的不可抗拒的要求，而各国人民的要求本身则是能使这些要求得到满足的决定性原因。

甚至对**现代各国**来说，这种反对德国现状的狭隘内容的斗争，也不会是没有意义的，因为德国现状是旧制度［ancien régime］的**公开的完成**，而旧制度是**现代国家的隐蔽的缺陷**。对当代德国政治状况作斗争就是对现代各国的过去作斗争，而对过去的回忆依然困扰着这些国家。这些国家如果看到，在它们那里经历过自己的**悲剧**的旧制度，现在又作为德国的幽灵在演自己的**喜剧**，那是很有教益的。当旧制度还是有史以来就存在的世界权力，自由反而是个人突然产生的想法的时候，简言之，当旧制度本身还相信而且也必定相信自己的合理性的时候，它的历史是**悲剧性的**。当旧制度作为现存的世界制度同新生的世界进行斗争的时候，旧制度犯的是世界历史性的错误，而不是个人的错误。因而旧制度的灭亡也是悲剧性的。

相反，现代德国制度是时代错乱，它公然违反普遍承认的公理，它向全世界展示旧制度毫不中用；它只是想象自己有自信，并且要求世界也这样想象。如果它真的相信自己的**本质**，难道它还会用一个异己本质的**假象**来掩盖自己的本质，并且求助于伪善和诡辩吗？现代的旧制度不过是**真正主角**已经死去的那种世界制度的**丑角**。历史是认真的，经过许多阶段才把陈旧的形态送进坟墓。世界历史形态的最后一个阶段是它的**喜剧**①。在埃斯库罗斯的《被缚的普罗米

---

① 马克思后来在《路易·波拿巴的雾月十八日》中，也作过类似的阐述，他写道："黑格尔在某个地方说过，一切伟大的世界历史事变和人物，可以说都出现两次。他忘记补充一点：第一次是作为伟大的悲剧出现，第二次是作为卑劣的笑剧出现。"（见《马克思恩格斯文集》第2卷第470页）。

修斯》中已经悲剧性地因伤致死的希腊诸神，还要在琉善的《对话》中喜剧性地重死一次。为什么会出现这样的历史进程呢？这是为了人类能够**愉快地**同自己的过去诀别。我们现在为德国政治力量争取的也正是这样一个**愉快的**历史结局。

可是，一旦**现代的**政治社会现实本身受到批判，即批判一旦提高到真正的人的问题，批判就超出了德国现状，不然的话，批判就会认为自己的对象所处的水平**低于**这个对象的实际水平。下面就是一个例子！工业以至于整个财富领域对政治领域的关系，是现代主要问题之一。这个问题开始是以何种形式引起德国人的关注的呢？以**保护关税、禁止性关税制度、国民经济学**①的形式。德意志狂从人转到物质，因此，我们的棉花骑士和钢铁英雄也就在某个早晨一变而成爱国志士了。所以在德国，人们是通过给垄断以**对外的统治权**，开始承认垄断有对内的统治权的。可见，在法国和英国行将完结的事物，在德国现在才刚刚开始。这些国家在理论上激烈反对的、然而却又像戴着锁链一样不得不忍受的陈旧腐朽的制度，在德国却被当做美好未来的初升朝霞而受到欢迎，这个美好的未来好不容易才敢于从**狡猾的理论**②向最无情的实践过渡。在法国和英国，问题是**政治经济学**，或社会对财富的统治；在德国，问题却是**国民经济学**，或私有财产对国民的统治。因此，在法国和英国是要消灭已经发展到终极的垄断；在德国却要把垄断发展到终极。那里，正涉及解决问题；这里，才涉及冲突。这个例子充分说明了**德国式的**现代问题，说明我们的历史就像一个不谙操练的新兵一样，到现在为止只承担着一项任务，那就是补习操练陈旧的历史。

因此，假如德国的**整个**发展没有超出德国的**政治**发展，那么德国人对当代

① 国民经济学是当时德国人对英国人和法国人称做政治经济学的资产阶级政治经济学采用的概念。德国人认为政治经济学是一门系统地研究国家应该采取哪些措施和手段来管理、影响、限制和安排工业、商业和手工业，从而使人民获得最大福利的科学。因此，政治经济学也被等同于国家学（Staatswissenschaft）。英国经济学家亚·斯密认为，政治经济学是关于物质财富的生产、分配和消费的规律的科学。随着斯密主要著作的问世及其德译本的出版，在德国开始了一个改变思想的过程。有人认为可以把斯密提出的原理纳入德国人界定为国家学的政治经济学。另一派人则竭力主张把两者分开。路·亨·冯·雅科布和尤·冯·索登在1805年曾作了两种不同的尝试，但都试图以一门独立的学科形式来表述一般的经济学原理，并都称其为"国民经济学"。
② 德文 *listige* Theorie（**狡猾的**理论）在这里是双关语，暗示弗·李斯特的保护关税宣传，特别是指他的《政治经济学的国民体系》一书。listige（狡猾的）和 List（李斯特）读音相近。——编者注

问题的参与程度顶多也只能像**俄国人**一样。但是，既然单个人不受国界的限制，那么整个国家就不会因为个人获得解放而获得解放。希腊哲学家中间有一个是西徐亚人①，但西徐亚人并没有因此而向希腊文化迈进一步。

我们德国人幸而不是西徐亚人。

正像古代各民族是在想象中、在**神话**中经历了自己的史前时期一样，我们德国人在思想中、在**哲学**中经历了自己的未来的历史。我们是当代的**哲学**同时代人，而不是当代的**历史**同时代人。德国的哲学是德国历史**在观念上的延续**。因此，当我们不去批判我们现实历史的未完成的著作［œuvres incomplètes］，而来批判我们观念历史的遗著［œuvres posthumes］——**哲学**的时候，我们的批判恰恰接触到了当代所谓的问题之所在［that is the question②］的那些问题的中心。在先进国家，是同现代国家制度**实际**分裂，在甚至不存在这种制度的德国，却首先是同这种制度的哲学反映**批判地**分裂。

德国的法哲学和国家哲学是唯一与**正式的**当代现实保持在同等水平上［al pari］的**德国历史**。因此，德国人民必须把自己这种梦想的历史一并归入自己的现存制度，不仅批判这种现存制度，而且同时还要批判这种制度的抽象继续。他们的未来既不能**局限于**对他们现实的国家和法的制度的直接否定，也不能**局限于**他们观念上的国家和法的制度的直接实现，因为他们观念上的制度就具有对他们现实的制度的直接否定，而他们观念上的制度的直接实现，他们在观察邻近各国的生活的时候几乎已经**经历过**了。因此，德国的**实践政治派**要求**对哲学的否定**是正当的。该派的错误不在于提出了这个要求，而在于停留于这个要求——没有认真实现它，也不可能实现它。该派以为，只要背对着哲学，并且扭过头去对哲学嘟囔几句陈腐的气话，对哲学的否定就实现了。该派眼界的狭隘性就表现在没有把哲学归入**德国的**现实范围，或者甚至以为哲学**低于**德国的实践和为实践服务的理论。你们要求人们必须从**现实的生活胚芽**出发，可是你们忘记了德国人民现实的生活胚芽一向都只是在他们的**脑壳**里萌生的。一句话，**你们不使哲学成为现实，就不能够消灭哲学。**

---

① 指哲学家阿那卡雪斯，西徐亚人。

　　西徐亚人亦称斯基泰人，是古代黑海北岸古国西徐亚王国的居民，最早属于中亚细亚北部的游牧部落。约公元前 7 世纪，伊朗族的西徐亚人由东方迁入并征略小亚细亚等地。西徐亚人生性强悍，善于骑射；他们以氏族部落为其社会基础，没有自己的文字。

② 莎士比亚《哈姆雷特》第 3 幕第 1 场。——编者注

起源于哲学的**理论政治派**犯了同样的错误，只不过错误的因素是**相反的**。

该派认为目前的斗争**只是哲学同德国世界的批判性斗争**，它没有想到**迄今为止的哲学**本身就属于这个世界，而且是这个世界的**补充**，虽然只是观念的补充。该派对敌手采取批判的态度，对自己本身却采取非批判的态度，因为它从哲学的**前提**出发，要么停留于哲学提供的结论，要么就把从别处得来的要求和结论冒充为哲学的直接要求和结论，尽管这些要求和结论——假定是正确的——相反地只有借助于**对迄今为止的哲学的否定**、对作为哲学的哲学的否定，才能得到。关于这一派，我们留待以后作更详细的叙述。该派的根本缺陷可以归结如下：**它以为，不消灭哲学，就能够使哲学成为现实。**①

德国的国家哲学和法哲学在黑格尔的著作中得到了最系统、最丰富和最终的表述；② 对这种哲学的批判既是对现代国家以及同它相联系的现实所作的批判性分析，又是对迄今为止的**德国政治意识和法意识的整个形式的坚决否定**，而这种意识的最主要、最普遍、上升为**科学**的表现正是**思辨的法哲学**本身。如果思辨的法哲学，这种关于现代国家——它的现实仍然是彼岸世界，虽然这个彼岸世界也只在莱茵河彼岸——的抽象而不切实际的**思维**，只是在德国才有可能产生，那么反过来说，**德国人那种置现实的人于不顾的关于现代国家的思想形象之所以可能产生，也只是因为现代国家本身置现实的人于不顾，或者只凭虚构的方式满足整个的人**。德国人在政治上**思考**其他国家**做过**的事情。德国是这些国家的**理论良心**。它的思维的抽象和自大总是同它的现实的片面和低下保

---

① 马克思按照当时反对德国半封建状况的政治反对派对哲学的作用所持的态度，根据他在《莱茵报》从事编辑活动的一般体会，把这些政治反对派区分为"实践政治派"和"起源于哲学的理论政治派"。

　　这里所说的实践政治派包括一部分自由资产阶级和知识分子以及民主派的代表。他们提出实践政治的要求，要么是为争取立宪君主制而奋斗，要么是为争取民主主义共和制而奋斗。

　　这里所说的理论政治派带有整个青年黑格尔运动的特征。他们从黑格尔哲学得出彻底的无神论结论，但同时又使哲学脱离现实，从而在事实上日益脱离实际革命斗争。

② 1818—1819 年黑格尔第一次讲授法哲学（在柏林大学）。他于 1817 年出版的《哲学全书纲要》一书已经包括了他的法哲学的基本概念。1821 年，黑格尔发表了《法哲学原理》，该书的副标题是：《自然法和国家学纲要。供授课用》。自 1821 年至 1825 年，黑格尔按照他自称为"教科书"的《法哲学原理》多次讲授哲学。1831 年，即在他逝世前不久，他又开始讲授法哲学。1833 年，爱·甘斯在柏林出版了黑格尔的《法哲学原理，或自然法和国家学纲要》。随着这个新版本的出版，对黑格尔法哲学的研究深入展开，出现了不同的理解和阐释。黑格尔的国家观曾是青年黑格尔派探讨的中心议题之一。对于马克思来说，如何对待黑格尔的国家学说，一直是个重要的问题。

持同步。因此，如果**德国国家制度**的现状表现了旧制度的**完成**，即表现了现代国家机体中这个肉中刺的完成，那么**德国的国家学说**的现状就表现了**现代国家的未完成**，表现了现代国家的机体本身的缺陷。

对思辨的法哲学的批判既然是对**德国**迄今为止政治意识形式的坚决反抗，它就不会专注于自身，而会专注于**课题**，这种课题只有一个解决办法：**实践**。

试问：德国能不能实现有原则高度的［à la hauteur des principes］实践，即实现一个不但能把德国提高到现代各国的**正式水准**，而且提高到这些国家最近的将来要达到的**人的高度**的革命呢？

批判的武器当然不能代替武器的批判，物质力量只能用物质力量来摧毁；但是理论一经掌握群众，也会变成物质力量。理论只要说服人［ad hominem］，就能掌握群众；而理论只要彻底，就能说服人［ad hominem］。所谓彻底，就是抓住事物的根本。而人的根本就是人本身。德国理论的彻底性的明证，亦即它的实践能力的明证，就在于德国理论是从坚决**积极**废除宗教出发的。对宗教的批判最后归结为**人是人的最高本质**这样一个学说，从而也归结为这样的**绝对命令**：**必须推翻**使人成为被侮辱、被奴役、被遗弃和被蔑视的东西的**一切关系**，一个法国人对草拟中的养犬税发出的呼声，再恰当不过地刻画了这种关系，他说："可怜的狗啊！人家要把你们当人看哪！"

即使从历史的观点来看，理论的解放对德国也有特殊的实践意义。德国的**革命的**过去就是理论性的，这就是**宗教改革**①。正像当时的革命是从**僧侣**的头脑开始一样，现在的革命则从**哲学家**的头脑开始。

的确，**路德**战胜了**虔信**造成的奴役制，是因为他用**信念**造成的奴役制代替了它。他破除了对权威的信仰，是因为他恢复了信仰的权威。他把僧侣变成了世俗人，是因为他把世俗人变成了僧侣。他把人从外在的宗教笃诚解放出来，是因为他把宗教笃诚变成了人的内在世界。他把肉体从锁链中解放出来，是因为他给人的心灵套上了锁链。

但是，新教即使没有正确解决问题，毕竟正确地提出了问题。现在问题已

---

① 指 16 世纪德国新教创始人马丁·路德领导的要求摆脱教皇控制、改革封建关系的宗教改革运动。1517 年 10 月 31 日，路德在维滕贝格教堂门前张贴了《九十五条论纲》，抗议教皇滥用特权，派教廷大员以敛财为目的向各地教徒兜售赎罪券，并要求对此展开辩论。随着《九十五条论纲》的传播，掀起了宗教改革运动。关于这一运动的情况，可参看恩格斯《德国农民战争》第二章（《马克思恩格斯文集》第 2 卷）。

经不再是世俗人同**世俗人以外的僧侣**进行斗争，而是同他**自己内心的僧侣**进行斗争，同他自己的**僧侣本性**进行斗争。如果说新教把德国世俗人转变为僧侣，就是解放了世俗教皇即**王公**，以及他们的同伙即特权者和庸人，那么哲学把受僧侣精神影响的德国人转变为人，就是解放**人民**。但是，正像解放不应停留于王公的解放，财产的**收归俗用**①也不应停留于**剥夺教会财产**，而这种剥夺是由伪善的普鲁士最先实行的。当时，农民战争，这个德国历史上最彻底的事件，因碰到神学而失败了。今天，神学本身遭到失败，德国历史上最不自由的实际状况——我们的现状——也会因碰到哲学而土崩瓦解。宗教改革之前，官方德国是罗马最忠顺的奴仆。而在德国发生革命之前，它则是小于罗马的普鲁士和奥地利的忠顺奴仆，是土容克和庸人的忠顺奴仆。

可是，**彻底的**德国革命看来面临着一个重大的困难。

就是说，革命需要**被动**因素，需要**物质**基础。理论在一个国家实现的程度，总是取决于理论满足这个国家的需要的程度。但是，德国思想的要求和德国现实对这些要求的回答之间有惊人的不一致，与此相应，市民社会②和国家之间以及和市民社会本身之间是否会有同样的不一致呢？理论需要是否会直接成为实践需要呢？光是思想力求成为现实是不够的，现实本身应当力求趋向思想。

但是，德国不是和现代各国在同一个时候登上政治解放的中间阶梯的。甚至它在理论上已经超越的阶梯，它在实践上却还没有达到。它怎么能够一个筋斗［salto mortale］就不仅越过自己本身的障碍，而且同时越过现代各国面临的障碍呢？现代各国面临的障碍，对德国来说实际上应该看做摆脱自己实际障碍的一种解放，而且应该作为目标来争取。彻底的革命只能是彻底需要的革命，而这些彻底需要所应有的前提和基础，看来恰好都不具备。

但是，如果说德国只是用抽象的思维活动伴随现代各国的发展，而没有积

---

① 教会财产的收归俗用，在德国是随着宗教改革开始的。教会地产首先转为诸侯地产，只有极小部分低等贵族和市民阶层的成员（城市新贵）从中获利。在法国大资产阶级的直接影响下，1803 年的帝国代表会议的决议决定，教会诸侯领地收归俗用。普鲁士和南德意志的中等邦国首先能够获得最大的土地利润。随着 1810 年 10 月 10 日颁布的敕令，普鲁士境内教会财产的收归俗用遂告结束。

② 市民社会（bürgerliche Gesellschaft）这一术语出自黑格尔《法哲学原理》第 182 节（见《黑格尔全集》1833 年柏林版第 8 卷）。在马克思的早期著作中，这一术语有两重含义。广义地说，是指社会发展各历史时期的经济制度，即决定政治制度和意识形态的物质关系总和；狭义地说，是指资产阶级社会的物质关系。因此，应按照上下文作不同的理解。

极参加这种发展的实际斗争，那么从另一方面看，它分担了这一发展的**痛苦**，而没有分享这一发展的欢乐和局部的满足。一方面的抽象痛苦同另一方面的抽象活动相适应。因此，有朝一日，德国会在还没有处于欧洲解放的水平以前就处于欧洲瓦解的水平。德国可以比做染上基督教病症而日渐衰弱的**偶像崇拜者**。

　　如果我们先看一下**德国各邦政府**，那么我们就会看到，这些政府由于现代各种关系，由于德国的形势，由于德国教育的立足点，最后，由于自己本身的良好本能，不得不把**现代政治领域**（它的长处我们不具备）的**文明缺陷**同旧制度（这种制度我们完整地保存着）的**野蛮缺陷**结合在一起。因此，德国就得越来越多地分担那些超出它的现状之上的国家制度的某些方面，即使不是合理的方面，至少也是不合理的方面。例如，世界上有没有一个国家，像所谓立宪德国这样，天真地分享了立宪国家制度的一切幻想，而未分享它的现实呢？而德国政府突发奇想，要把书报检查制度的折磨和以新闻出版自由为前提的法国九月法令①的折磨结合在一起，岂不是在所难免！正像在罗马的万神庙可以看到一切民族的**神**一样，在德意志神圣罗马帝国②可以看到一切国家形式的**罪恶**。这种折中主义将达到迄今没有料到的高度，而一位德国国王③在**政治上、审美上的贪欲**将为此提供特别的保证，这个国王想扮演王权的一切角色——封建的和官僚的，专制的和立宪的，独裁的和民主的；他想，这样做如果不是以人民的名义，便是以他**本人**的名义，如果不是为了人民，便是为**他自己本身**。**德国这个形成一种特殊领域的当代政治的缺陷，如果不摧毁当代政治的普遍障碍**，

---

① 九月法令是法国政府利用路易-菲力浦 1835 年 7 月 28 日遭谋刺这一事件于当年 9 月 9 日颁布的法令。这项法令限制了陪审人员的权利，对新闻出版业采取了多项严厉措施，增加了定期刊物的保证金；规定对发表反对私有制和现行政治体制言论的人以政治犯罪论处并课以高额罚款。

　　马克思在这里讲的"德国政府突发奇想"，是指 1843 年 1 月 31 日德国政府颁发的"书报检查令"、1843 年 2 月 23 日颁发的《关于书报检查机关的组织的规定》、1843 年 6 月 30 日发布的《指令，包括对 1843 年 2 月 23 日的规定所作的有关新闻出版和书报检查条例的若干必要补充》。

② 神圣罗马帝国（962—1806 年）是欧洲封建帝国。公元 962 年，德意志国王奥托一世在罗马由教皇加冕，成为帝国的最高统治者。1034 年帝国正式称为罗马帝国。1157 年称神圣帝国，1254 年称神圣罗马帝国。到 1474 年，神圣罗马帝国被称为德意志民族神圣罗马帝国。帝国在不同时期包括德意志、意大利北部和中部、法国东部、捷克、奥地利、匈牙利、荷兰和瑞士，是具有不同政治制度、法律和传统的封建王国和公国以及教会领地和自由城市组成的松散的联盟。1806 年，对法战争失败后，弗兰茨二世被迫放弃神圣罗马帝国皇帝的称号，这一帝国便不复存在了。

③ 弗里德里希-威廉四世。——编者注

就不可能摧毁德国特有的障碍。

对德国来说，**彻底的**革命、**普遍的人的**解放，不是乌托邦式的梦想，相反，局部的**纯政治的**革命，毫不触犯大厦支柱的革命，才是乌托邦式的梦想。局部的纯政治的革命的基础是什么呢？就是**市民社会的一部分**解放自己，取得**普遍**统治，就是一定的阶级从自己的**特殊地位**出发，从事社会的普遍解放。只有在这样的前提下，即整个社会都处于这个阶级的地位，也就是说，例如既有钱又有文化知识，或者可以随意获得它们，这个阶级才能解放整个社会。

在市民社会，任何一个阶级要能够扮演这个角色，就必须在自身和群众中激起瞬间的狂热。在这瞬间，这个阶级与整个社会亲如兄弟，汇合起来，与整个社会混为一体并且被看做和被认为是社会的**总代表**；在这瞬间，这个阶级的要求和权利真正成了社会本身的权利和要求，它真正是社会的头脑和社会的心脏。只有为了社会的普遍权利，特殊阶级才能要求普遍统治。要夺取这种解放者的地位，从而在政治上利用一切社会领域来为自己的领域服务，光凭革命精力和精神上的自信是不够的。要使**人民革命**同市民社会**特殊阶级的解放**完全一致，要使**一个**等级被承认为整个社会的等级，社会的一切缺陷就必定相反地集中于另一个阶级，一定的等级就必定成为引起普遍不满的等级，成为普遍障碍的体现；一种特殊的社会领域就必定被看做是整个社会中**昭彰的罪恶**，因此，从这个领域解放出来就表现为普遍的自我解放。要使**一个**等级真正［par cxccllence］成为解放者等级，另一个等级就必定相反地成为公开的奴役者等级。法国贵族和法国僧侣的消极普遍意义决定了同他们最接近却又截然对立的阶级即**资产阶级**的积极普遍意义。

但是，在德国，任何一个特殊阶级所缺乏的不仅是能标明自己是社会消极代表的那种坚毅、尖锐、胆识、无情。同样，任何一个等级也还缺乏和人民魂魄相同的，哪怕是瞬间相同的那种开阔胸怀，缺乏鼓舞物质力量去实行政治暴力的天赋，缺乏革命的大无畏精神，对敌人振振有词地宣称：**我没有任何地位，但我必须成为一切**①。德国的道德和忠诚——不仅是个别人的而且也是各

---

① 参看艾·约·西哀士《第三等级是什么？》1789 年巴黎第 2 版第 3 页："本文的计划甚为简单，我们要向自己提三个问题。

　　1. 第三等级是什么？是一切。

　　2. 迄今为止，第三等级在政治秩序中的地位是什么？什么也不是。

　　3. 第三等级要求什么？要求取得某种地位。"

个阶级的道德和忠诚——的基础，反而是**有节制的利己主义**；这种利己主义表现出自己的狭隘性，并用这种狭隘性来束缚自己。因此，德国社会各个领域之间的关系就不是戏剧性的，而是叙事式的。每个领域不是在受到压力的时候，而是当现代各种关系在没有得到它的支持的情况下确立了一种社会基础，而且它又能够对这种基础施加压力的时候，它才开始意识到自己，才开始带着自己的特殊要求同其他各种社会领域靠拢在一起。就连**德国中等阶级道德上的自信**也只以自己是其他一切阶级的平庸习性的总代表这种意识为依据。因此，不仅德国国王们登基不逢其时［mal-à-propos］，而且市民社会每个领域也是未等庆祝胜利，就遭到了失败，未等克服面前的障碍，就有了自己的障碍，未等表现出自己的宽宏大度的本质，就表现了自己心胸狭隘的本质，以致连扮演一个重要角色的机遇，也是未等它到手往往就失之交臂，以致一个阶级刚刚开始同高于自己的阶级进行斗争，就卷入了同低于自己的阶级的斗争。因此，当诸侯同君王斗争，官僚同贵族斗争，资产者同所有这些人斗争的时候，无产者已经开始了反对资产者的斗争。中等阶级还不敢按自己的观点来表达解放的思想，而社会形势的发展以及政治理论的进步已经说明这种观点本身陈旧过时了，或者至少是成问题了。

在法国，一个人只要有一点地位，就足以使他希望成为一切。在德国，一个人如果不想放弃一切，就必须没有任何地位。在法国，部分解放是普遍解放的基础。在德国，普遍解放是任何部分解放的必要条件［conditio sine qua non］。在法国，全部自由必须由逐步解放的现实性产生；而在德国，却必须由这种逐步解放的不可能性产生。在法国，人民中的每个阶级都是**政治上的理想主义者**，它首先并不感到自己是个特殊阶级，而感到自己是整个社会需要的代表。因此，**解放者**的角色在戏剧性的运动中依次由法国人民的各个不同阶级担任，直到最后由这样一个阶级担任，这个阶级在实现社会自由时，已不再以在人之外的但仍然由人类社会造成的一定条件为前提，而是从社会自由这一前提出发，创造人类存在的一切条件。在德国则相反，这里实际生活缺乏精神活力，精神生活也无实际内容，市民社会任何一个阶级，如果不是由于自己的**直接地位**、由于**物质**需要、由于自己的**锁链本身**的强迫，是不会有普遍解放的需要和能力的。

那么，德国解放的**实际**可能性到底在哪里呢？

答：就在于形成一个被戴上**彻底的锁链**的阶级，一个并非市民社会阶级的市民社会阶级，形成一个表明一切等级解体的等级，形成一个由于自己遭受普遍苦难而具有普遍性质的领域，这个领域不要求享有任何**特殊的权利**，因为威胁着这个领域的不是**特殊的不公正**，而是**普遍的不公正**，它不能再求助于**历史的权利**，而只能求助于**人的**权利，它不是同德国国家制度的后果处于片面的对立，而是同这种制度的前提处于全面的对立，最后，在于形成一个若不从其他一切社会领域解放出来从而解放其他一切社会领域就不能解放自己的领域，总之，形成这样一个领域，它表明人的**完全丧失**，并因而只有通过**人的完全回复**才能回复自己本身。社会解体的这个结果，就是**无产阶级**这个特殊等级。

德国无产阶级只是通过兴起的**工业**运动才开始形成；因为组成无产阶级的不是**自然形成的**而是**人为造成的**贫民，不是在社会的重担下机械地压出来的而是由于社会的**急剧解体**、特别是由于中间等级的解体而产生的群众，虽然不言而喻，自然形成的贫民和基督教日耳曼的农奴也正在逐渐跨入无产阶级的行列。

无产阶级宣告**迄今为止的世界制度的解体**，只不过是揭示**自己本身的存在的秘密**，因为它就**是**这个世界制度的**实际解体**。无产阶级要求**否定私有财产**，只不过是把社会已经提升为**无产阶级的**原则的东西，把未经无产阶级的协助就已作为社会的否定结果而体现在**它身上**的东西提升为**社会的原则**。这样一来，无产者对正在生成的世界所享有的权利就同**德国国王**对已经生成的世界所享有的权利一样了。德国国王把人民称为**自己的**人民，正像他把马叫**做自己的**马一样。国王宣布人民是他的私有财产，只不过表明私有者就是国王。

哲学把无产阶级当做自己的**物质**武器，同样，无产阶级也把哲学当做自己的**精神**武器；思想的闪电一旦彻底击中这块素朴的人民园地，**德国人**就会解放成为**人**。

我们可以作出如下的结论：

德国唯一**实际**可能的解放是以宣布人是人的最高本质这个理论为立足点的解放。在德国，只有同时从对中世纪的**部分胜利**解放出来，才能从**中世纪**得到解放。在德国，不摧毁**一切**奴役制，**任何一种**奴役制都不可能被摧毁。**彻底的**德国不从根本上进行革命，就不可能完成革命。**德国人的解放**就是**人的解放**。这个解放的**头脑**是**哲学**，它的**心脏**是**无产阶级**。哲学不消灭无产阶级，就不能成为现实；无产阶级不把哲学变成现实，就不可能消灭自身。

一切内在条件一旦成熟，**德国的复活日就会由高卢雄鸡的高鸣**来宣布。①

（选自《马克思恩格斯文集》第 1 卷，人民出版社
2009 年版，第 3—18 页）

---

① 高卢是法国古称。**高卢雄鸡**是法国第一共和国时代国旗上的标志，是当时法国人民的革命意
识的象征。马克思在这里借用了海涅在《加里多尔夫就贵族问题致穆·冯·莫里加特伯爵
书》序言中的形象比喻："高卢雄鸡如今再次啼叫，而德意志境内也已破晓"。

《〈黑格尔法哲学批判〉导言》导读

  《〈黑格尔法哲学批判〉导言》（以下简称《导言》）是马克思从唯心主义向唯物主义、从革命民主主义向共产主义转变过程中的主要著作。在《导言》中，马克思进一步概括和发展了他通过黑格尔法哲学研究所得出的结论，揭示了资产阶级"政治解放"的局限性，提出了"人的解放"的社会目标，阐明了哲学和无产阶级在实现"人的解放"过程中的地位和作用。

一、写作背景

  《导言》撰写于 1843 年 10 月中旬至 12 月中旬，1844 年 2 月发表在马克思和卢格在法国巴黎编辑出版的《德法年鉴》上。

  《导言》是为了推动德国思想界由宗教批判向现实世界批判的转变的要求，进一步将德国社会变革的目标由资产阶级的政治解放提升到无产阶级的人的解放的高度而写作的。19 世纪前半叶，德国正在经历从封建专制向工业资本主义过渡这一历史转折时期，资产阶级革命的中心正在由法国转移到德国。适应当时德国社会变革和发展的需要，在黑格尔哲学解体之后，1835 年至 1845 年，在德国思想界出现了以施特劳斯、鲍威尔、费尔巴哈和施蒂纳（原名施密特）为代表的青年黑格尔派运动。青年黑格尔派从不同的角度对宗教和封建神学展开了批判，特别是费尔巴哈深刻地把宗教世界归结为世俗世界，把上帝的本质归结为人的本质，得出了**"人是人的最高本质"**[①] 的结论，从而为德国资产阶级革命作了重要的思想准备。但费尔巴哈却停留于此，未能进一步分析和批判现存的世俗世界；青年黑格尔派的其他代表人物囿于资产阶级的立场，也都未能超越资产阶级"政治解放"的狭隘眼界。马克思写下了《导言》一文，通过对黑格尔法哲学的批判，将青年黑格尔派对宗教的批判推进到对现实世界的批判，将青年黑格尔派憧憬的资产阶级"政治解放"的目标提升到无产阶级的**"普遍的人的解放"**[②] 的目标，为人类社会的发展提供了一幅宏伟的远景和蓝图。恩格斯后来评价说，在当时的德国，有实践意义的首先是宗教和政治，而

[①]《马克思恩格斯文集》第 1 卷，人民出版社 2009 年版，第 11 页。
[②]《马克思恩格斯文集》第 1 卷，人民出版社 2009 年版，第 14 页。

由于"政治在当时是一个荆棘丛生的领域,所以主要的斗争就转为反宗教的斗争",这种斗争在实质上"间接地也是政治斗争"。① 这充分说明了《导言》对当时宗教批判的历史意义,及其在马克思主义哲学形成中所起的重要作用。

《导言》也是马克思世界观和政治立场转变的产物。1842 年以前,在大学读书和《莱茵报》工作期间,马克思在世界观上是唯心主义者,在政治上是激进的革命民主主义者。1837 年,马克思在柏林大学就读期间,受到了黑格尔哲学的影响。也正是在此期间,他同以布鲁诺·鲍威尔为首的青年黑格尔派建立了联系,并开始以激进的民主主义的立场去参与社会实践和社会斗争。1842 年初,马克思在为《莱茵报》撰稿以及任该报主编期间,开始直接参与社会的政治生活。在此期间,通过对社会现实状况的研究以及对社会问题的深入了解,马克思日益觉察到经济因素和物质利益的作用以及社会关系的客观性。1843 年夏,马克思通过对黑格尔法哲学的批判性研究,得出了"市民社会"即物质生活关系决定政治国家的结论。尽管此时的批判仍然带有费尔巴哈的痕迹,这一结论也不能直接等同于后来唯物史观中经济基础决定上层建筑的原理,但是毕竟迈出了转向唯物主义的关键一步,并推动马克思将其研究视阈由政治、法的观念转向物质利益、经济关系。马克思后来说,他当时通过对法哲学的研究,已经"得出这样一个结果:法的关系正像国家的形式一样,既不能从它们本身来理解,也不能从所谓人类精神的一般发展来理解,相反,它们根源于物质的生活关系……而对市民社会的解剖应该到政治经济学中去寻求"②。此后,马克思离开德国前往巴黎,在那里他撰写了《导言》,这标志着其世界观和政治立场的重要转变。

二、主要内容

《导言》虽然篇幅不大,但包含着丰富的哲学内容,主要包括:第一,在德国对宗教的批判是且只是对现实批判的前提,要从宗教批判转向现实批判;第二,对德国现存制度的批判是必要的,但只有进一步批判作为其抽象继续的黑格尔法哲学,才能提升到世界性的时代高度;第三,德国革命的前景是"人的解放"而不是"政治解放",人的解放的"头脑"是哲学,"心

---

① 《马克思恩格斯文集》第 4 卷,人民出版社 2009 年版,第 274 页。
② 《马克思恩格斯文集》第 2 卷,人民出版社 2009 年版,第 591 页。

脏"是无产阶级。

（一）阐明对宗教的批判是对德国现实世界批判的胚芽

马克思进一步吸收和推进了费尔巴哈宗教批判的有益成果，阐述了对宗教和宗教批判的一系列新观点，强调了从宗教批判转向对德国现实批判的重要意义。

第一，宗教是被压迫生灵的叹息和麻醉人民的鸦片。在反对封建专制、批判宗教的斗争中，费尔巴哈阐明了不是宗教创造人，而是人创造了宗教。但是他把人归结为"抽象的个人"，把宗教产生的根源归结为"还没有获得自身或已经再度丧失自身的人的自我意识和自我感觉"①。只是揭示了宗教产生的心理学根源。马克思进一步追寻了宗教产生的社会根源，从费尔巴哈的"人就是**人的世界，就是国家，社会**"②的观点出发，把宗教产生的根源归结为人的存在形式——"市民社会"（即社会物质关系决定的国家、社会）。在他看来，国家、社会本应是"人的世界"，但在现实中却成了"轻视人，使人非人化"的世界，即由私有财产引起的人与人之间相互分裂、对立、对抗的世界。正是这个"**颠倒的世界**"产生了宗教这种"**颠倒的世界意识**"。③他认为，宗教具有二重性，"**宗教里的苦难既是现实的苦难的表现，又是对这种现实的苦难的抗议。宗教是被压迫生灵的叹息，是无情世界的情感**"④。但这种"抗议"和"叹息"往往是消极的，只是用虚幻的"来世幸福"来自我安慰。统治阶级正是利用这一点来麻痹人民。正是在这个意义上，马克思认为"**宗教是人民的鸦片**"⑤。

第二，批判宗教的目的是用人民现实的幸福取代虚幻的幸福。马克思认为，批判宗教，撕碎装饰在锁链上的"虚幻的花朵"，并不等于砸碎锁链；抛弃作为"虚幻幸福的宗教"，并不等于得到现实的幸福。事实证明，资产阶级批判宗教，只是批判和自己相对立的宗教，它并没有消除人的实际的宗教笃诚，也不力求消除这种笃诚，废除作为人民的虚幻幸福的宗教，既不是要给人民带来现实的幸福，也不会给人民带来现实的幸福。他强调，撕碎锁链上那些"虚幻的花朵"，不是让人依旧戴上没有幻想没有慰藉的锁链，而是扔掉它，

---

① 《马克思恩格斯文集》第1卷，人民出版社2009年版，第3页。
② 《马克思恩格斯文集》第1卷，人民出版社2009年版，第3页。
③ 《马克思恩格斯文集》第1卷，人民出版社2009年版，第3页。
④ 《马克思恩格斯文集》第1卷，人民出版社2009年版，第4页。
⑤ 《马克思恩格斯文集》第1卷，人民出版社2009年版，第4页。

"废除作为人民的**虚幻**幸福的宗教，就是要求人民的**现实**幸福"①。这是马克思同资产阶级思想家在批判宗教问题上的根本区别。

第三，历史的任务是把对宗教的批判变为对现实世界的批判。马克思指出，就德国来说，"对宗教的批判是其他一切批判的前提。"② 他充分肯定了青年黑格尔派对宗教的批判，认为反宗教的斗争间接地就是反对以宗教为精神抚慰的那个世界的斗争，对宗教的批判就是对"苦难尘世的批判"的胚芽。但他强调，青年黑格尔派局限于对宗教本身的批判，并未能去追溯宗教赖以产生和存在的世俗基础，更不要说去批判和要求改造这一世俗基础。它至多只是在思想理论的范围之内，在某种意义上完成了对宗教的批判。费尔巴哈把批判宗教，即用关于"人"的宗教取代关于"上帝"的宗教，看作是"新人类和新时代的唯一条件"③。在马克思看来，既然对宗教的批判只不过是对世俗世界批判的前提，那么历史的任务是把对宗教的批判变为对现实世界的批判。因为宗教作为"一种**颠倒的世界意识**"，不过是"**颠倒的世界**"即颠倒的现存的国家和社会的反映。因此，在揭穿"人的自我异化的**神圣形象**"后，哲学的迫切任务就是要"揭露具有**非神圣形象**的自我异化"，把对宗教的批判转变为"**对苦难尘世**"的批判。这里的"**对苦难尘世**"的批判，既不是纯粹的哲学理论批判，也不是"局部的**纯政治的革命**"，而是彻底消除"**市民社会**"和"**政治国家**"的分裂④，是"**彻底的革命**"和实现"**普遍的人的解放**"的实践。

（二）提出对德国现实的合理批判在理论上表现为对黑格尔法哲学的批判

马克思从世界历史和时代高度对德国现实进行审视，提出德国人民要获得解放不仅要批判德国的现存制度，而且还要批判作为这种制度的抽象继续的黑格尔法哲学。

第一，对德国现存制度的批判是德国人民反对德国现存制度的需要。马克思充分肯定了消灭德国现存制度的必要性，认为德国革命如果仅仅从德国的现状本身出发，即使否定了 1843 年的德国制度，完成了资产阶级革命，结果也依然是"时序错乱"，既不会像 1789 年的法国那样，站在时代的前列，也不会像当时的法国那样"处在当代的焦点"。但是，这并不是说不需要同"低于历史

---

① 《马克思恩格斯文集》第 1 卷，人民出版社 2009 年版，第 4 页。

② 《马克思恩格斯文集》第 1 卷，人民出版社 2009 年版，第 3 页。

③ 《费尔巴哈哲学著作选集》下卷，商务印书馆 1984 年版，第 719 页。

④ 参见《马克思恩格斯文集》第 1 卷，人民出版社 2009 年版，第 14、31 页。

水平"的德国现存制度进行斗争。恰恰相反，德国现存制度依然是批判的对象。在同这种制度进行的斗争中，批判的任务不是要驳倒这个敌人，而是要消灭这个敌人。极力维护君主专制的德国历史法学派，为德国现存制度辩护，是反动的；"那些具有德意志狂的血统并有自由思想的人"，回避德国的现状，到"史前的条顿原始森林"中去寻找德国的"自由历史"，没有任何实际意义。马克思强调，必须"向德国制度**开火**！一定要开火！"一定要"**消灭**这个敌人"。① 只有这样，才能实现德国人民的不可抗拒的要求。

第二，反对德国现状的斗争具有世界意义。在马克思看来，反对和否定德国的现实，不仅具有民族的意义，而且具有世界的意义。这是因为，德国现状是旧制度的公开的完成，而旧制度是现代国家的隐蔽的缺陷。这里的"旧制度"是指专制制度，"现代国家"是指资产阶级国家。马克思认为，"专制制度的惟一思想就是轻视人，使人非人化"②。英法等经过资产阶级革命的国家，虽然否定了封建专制制度，但只是在"天国的生活"的政治领域实行变革，废除私有财产的特权，宣告人民的每一成员都是人民主权的平等享有者；而在尘世的生活、人的最直接的现实的"市民社会"领域却没有变革，不仅没有废除私有财产，反而以人们在私有财产、文化程度等方面的实际差别，即人与人之间的分裂、对立、对抗、不平等，作为自己的"前提"和"基础"。③ 这就是**"现代国家的隐蔽的缺陷"**，并且正是这些隐蔽的缺陷依然困扰着这些国家。"对当代德国政治状况作斗争就是对现代各国的过去作斗争"④，毫无疑问是历史的某种重演，但这种重演对于已经完成了资产阶级革命的国家仍然是富有教益的，因为它将证明：尽管"轻视人、使人非人化"的旧制度相信自身存在的合理性，但它必然悲剧性地灭亡。

第三，必须把对德国现存制度的批判提升到对黑格尔法哲学的批判。马克思认为，尽管德国的现实应该受到彻底的批判，但是真正彻底的批判并不能仅停留于德国现实的水平，而应该具有世界性的时代高度。德国的现实特别是德国的经济和政治状况虽然落后于当时时代的发展，但是德国的思想观念特别是德国的哲学却没有落后。这是因为，德国人虽然没有在现实中经历英法等国

---

① 《马克思恩格斯文集》第1卷，人民出版社2009年版，第5、6页。
② 《马克思恩格斯全集》第47卷，人民出版社2004年版，第58页。
③ 参见《马克思恩格斯文集》第1卷，人民出版社2009年版，第30、44、46页。
④ 《马克思恩格斯文集》第1卷，人民出版社2009年版，第7页。

走过的历史，但他们却在思想观念中伴随了英法等国走过的历史；德国人虽然没有成为该世纪历史的同时代人，却是该世纪哲学的同时代人。这一事实决定了：在德国批判的更重要的对象应是德国哲学，因而对德国的彻底批判必须从德国哲学入手。只有批判德国哲学，批判才能够真正触及"当代所谓的问题之所在［that is the question］的那些问题的中心"①。对德国的批判针对的就不应仅是德国现实这一"原本"，而更应是既反映德国现实而又反映英法等国现实的德国哲学这一"副本"。

作为"副本"的德国哲学的最典型代表就是黑格尔法哲学。马克思指出，黑格尔法哲学实际上是资产阶级国家的一般理论表现。对德国的合理的批判，即从无产阶级立场所应作出的批判，归根结底就是对黑格尔法哲学的批判。他强调，"**德国的国家哲学和法哲学在黑格尔**的著作中得到了最系统、最丰富和最终的表述；对这种哲学的批判既是对现代国家以及同它相联系的现实所作的批判性分析，又是对迄今为止的**德国政治意识和法意识**的整个**形式**的坚决否定"②。德国人民要获得解放，必须立足于当时时代问题的中心，用高于资产阶级革命、高于黑格尔法哲学的理论，研究德国的现实，批判德国的现存制度，指导德国的革命。

第四，理论一经掌握群众，也会变成物质力量。马克思认为，德国资产阶级的软弱决定了反映德国资产阶级要求的德国哲学，一方面论证资本主义制度的合理性、历史必然性。另一方面不敢在现实中实现革命，因而不可避免地带有两个根本的缺陷：一是把资本主义制度的历史必然性归结为人类历史活动之外的"大自然"的"隐蔽计划"③、"宇宙蓝图"④、"天意"⑤、"理性的狡计"⑥等等，把资产阶级改造世界的革命实践归结为纯粹精神的活动、哲学的"批判"，把精神看作唯一积极的因素；二是把广大群众归结为"无定形的"、"不知道自己需要什么"的"群氓"，看作"精神"实现自身的"材料"，蔑视甚至敌视群众。因此，《导言》指出：解决德国面临的课题的唯一办法是革命、实践；革命是群众的事业，是要实现人民的不可抗拒的要求，而人民的要求本

① 《马克思恩格斯文集》第 1 卷，人民出版社 2009 年版，第 9 页。
② 《马克思恩格斯文集》第 1 卷，人民出版社 2009 年版，第 10 页。
③ ［德］康德：《历史理性批判文集》，何兆武译，商务印书馆 1990 年版，第 15、18 页。
④ 梁志学主编：《费希特著作选集》第 4 卷，商务印书馆 2000 年版，第 446 页。
⑤ ［德］谢林：《先验唯心论体系》，梁志学、石泉译，商务印书馆 1976 年版，第 242、243 页。
⑥ ［德］黑格尔：《历史哲学》，王造时译，上海书店出版社 2006 年版，第 30 页。

身则是能使这些要求得到满足的决定性原因；革命不仅需要理论，而且需要物质基础、需要物质力量，因此"批判的武器当然不能代替武器的批判，物质力量只能用物质力量来摧毁；但是理论一经掌握群众，也会变成物质力量"①。

（三）提出"人的解放"与无产阶级的使命

《导言》从"普遍的人的解放"这个目标出发，明确地认为完成解放全人类的伟大事业，是无产阶级的历史使命。这一重要思想，也是马克思在法国巴黎积极参与工人运动取得的重要成果。

第一，德国革命的前景是"人的解放"而不是"政治解放"。马克思指出，政治解放虽然是社会的一大进步，但"**政治解放**本身并不就是**人的解放**"②，它只是"局部的**纯**政治的革命，毫不触犯大厦支柱的革命"③，只是资产阶级这个特定的阶级解放自己，取得普遍统治的"革命"。所谓"人的解放"，是指通过无产阶级进行"彻底的革命"而实现的"普遍的人的解放"，即所有社会阶级和所有社会成员的解放。马克思在与《导言》同时发表的《论犹太人问题》一文中，明确区分了"政治解放"和"人的解放"。"政治解放"，指的是封建社会的解体及"市民社会的革命"④，即资产阶级革命及资产阶级解放。这一解放的结果是"一方面把人归结为市民社会的成员，归结为**利己的、独立的**个体，另一方面把人归结为**公民**，归结为法人"⑤。而"人的解放"将消除市民社会与政治国家的分裂，使个体在自己的经验生活、自己的个体劳动、自己的个体关系中间，成为类存在物，使人自身的社会力量不再以政治力量的形式出现并同自身相分离。⑥

在《导言》中，马克思根据法国革命的经验和德国的实际状况阐明，对德国来说，局部的纯政治的革命已是乌托邦式的幻想。因为，根据法国革命的经验，革命必须有一个被看作和被认为是社会的总代表、真正是社会的头脑和社会的心脏，能够扮演解放者角色的阶级。在法国，资产阶级扮演了"解放者"的角色；而在德国，当资产阶级开始同封建统治阶级斗争的时候，无产者已经开始了反对资产者的斗争，德国资产阶级向往革命，但它"未等庆祝胜利，就

① 《马克思恩格斯文集》第 1 卷，人民出版社 2009 年版，第 11 页。
② 《马克思恩格斯文集》第 1 卷，人民出版社 2009 年版，第 38 页。
③ 《马克思恩格斯文集》第 1 卷，人民出版社 2009 年版，第 14 页。
④ 《马克思恩格斯文集》第 1 卷，人民出版社 2009 年版，第 44 页。
⑤ 《马克思恩格斯文集》第 1 卷，人民出版社 2009 年版，第 46 页。
⑥ 参见《马克思恩格斯文集》第 1 卷，人民出版社 2009 年版，第 46 页。

遭到了失败，未等克服面前的障碍，就有了自己的障碍，未等表现出自己的宽宏大度的本质，就表现了自己心胸狭隘的本质"①。因此，德国资产阶级不可能像法国资产阶级那样承担起"解放者"的历史任务。此外，马克思又阐明，德国人民既不能局限于对他们现实的国家和法的制度的直接否定，也不能局限于他们观念上的国家和法的制度的直接实现。因为无论是"实现"前者还是"实现"后者，结果都是在德国建立资本主义制度，而德国人民只要"观察邻近各国的生活"，就会看到资本主义制度造成的社会现实。因此，德国革命的前景不是"政治解放"，而应是"人的解放"。

第二，"人的解放"是由无产阶级完成的。与提出"普遍的人的解放"的目标相联系，马克思明确肯定无产阶级是这一解放的物质承担者和社会力量。他认为，无产阶级是资本主义工业运动的产物，"是由于社会的**急剧解体**、特别是由于中间等级的解体而产生的群众"，是"**人为造成**的贫民"；无产阶级是一个"遭受普遍苦难而具有普遍性质的"特别的阶级，无产者的贫困不是局部的贫困，而是普遍的贫困，不是一般的贫困，而是资本主义工业运动必然不断产生的赤贫。"工业运动"和资本主义制度人为造成了一无所有的无产者阶级，也就剥夺了无产者作为"人"的自由、人权和人格。因此，无产阶级所受到的"不是**特殊的不公正**，而是**普遍的不公正**"，无产阶级"表明人的**完全丧失**，并因而只有通过**人的完全回复**才能回复自己本身"②。总之，无产阶级是"非市民社会阶级的市民社会阶级"③，即资产阶级社会自身的对立面、否定方面，是"人的解放"的动力和承担者，是唯一能够从根本上进行革命、摧毁一切奴役制、实现"人的解放"的阶级。

第三，无产阶级的历史使命及其前景。马克思认为，无产阶级是同德国国家制度的前提——"轻视人，使人非人化"处于全面的对立的阶级。在资本主义制度下，无产阶级要解放自己，必须从根本上变革现存社会，"**推翻**使人成为被侮辱、被奴役、被遗弃和被蔑视的东西的**一切关系**"④，"**否定私有财产**"，"摧毁**一切**奴役制"。无产阶级必须"解放其他一切社会领域"⑤，解放全人类，

---

① 《马克思恩格斯文集》第 1 卷，人民出版社 2009 年版，第 15—16 页。
② 《马克思恩格斯文集》第 1 卷，人民出版社 2009 年版，第 17 页。
③ 《马克思恩格斯文集》第 1 卷，人民出版社 2009 年版，第 16—17 页。
④ 《马克思恩格斯文集》第 1 卷，人民出版社 2009 年版，第 11 页。
⑤ 《马克思恩格斯文集》第 1 卷，人民出版社 2009 年版，第 17—18 页。

否则，无产阶级就不能解放自身。马克思阐述和论证了无产阶级的历史使命，认为资本主义制度建立在私有财产基础上，却剥夺了无产阶级的私有财产，因而无产阶级的存在本身就宣告了资本主义制度的解体；无产阶级要求公有制，不过是将自身被资本主义剥夺私有财产的结果提升为整个社会的原则。无产阶级的历史使命，是由无产阶级在资本主义社会中的客观地位决定的。

第四，人的解放的"头脑"是哲学，"心脏"是无产阶级。马克思在《导言》中明确了在实现"普遍的人的解放"过程中哲学和无产阶级的历史地位和作用。他指出："这个解放的**头脑**是**哲学**，它的**心脏**是**无产阶级**。哲学不消灭无产阶级，就不能成为现实；无产阶级不把哲学变成现实，就不可能消灭自身。"① 这也是整个《导言》的结论。马克思在这里用"头脑"和"心脏"作比喻，生动地阐明了哲学和阶级、理论和实践不可分割的关系。他强调，哲学只有同无产阶级解放斗争的实践相结合，理论只有掌握群众，才能转化为物质力量，变成现实。无产阶级争取解放的斗争也离不开哲学，离不开科学理论的指导，无产阶级只有把哲学当作自己的精神武器，才能获得解放。

三、重要意义

《导言》在马克思主义哲学史上占有重要地位。在《导言》中，马克思从唯物主义和无神论的立场出发，剖析了宗教的社会根源和社会本质，论述了对黑格尔法哲学的批判同对德国现实社会批判的关系，阐释了革命理论同革命实践相统一的思想，阐明了无产阶级的历史使命，指出无产阶级是唯一能够消灭任何奴役、实现人的解放的阶级，论述了无产阶级和哲学的关系。《导言》蕴涵着马克思提出的新世界观的胚芽，特别是首次提出了无产阶级的历史使命。正如列宁后来指出的，关于无产阶级历史使命的学说是"马克思学说中的主要之点"②，"马克思首次提出这个学说是在 1844 年"③。因此，《导言》是马克思从唯心主义向唯物主义、从革命民主主义向共产主义转变过程中至关重要的一环。马克思与资产阶级启蒙学者从这里开始分道扬镳，马克思不再把人的解放仅仅归结于政治的解放。当然，《导言》作为马克思的早期著作，不可避免地带有费尔巴哈人本主义的痕迹，阅读时应加以注意。

---

① 《马克思恩格斯文集》第 1 卷，人民出版社 2009 年版，第 18 页。
② 《列宁专题文集 论马克思主义》，人民出版社 2009 年版，第 206 页。
③ 《列宁专题文集 论马克思主义》，人民出版社 2009 年版，第 61 页。

《导言》在发表以后被译成多种文字。1850 年其法译文以节选的形式收入海·艾韦贝克的著作《从最新的德国哲学看什么是宗教》。1887 年，《导言》的俄文版在日内瓦出版。1890 年 12 月 2 日至 10 日，《柏林人民报》重新发表了这篇《导言》。在我国，《导言》的中译文最早发表在 1935 年上海辛垦书店出版的《黑格尔法哲学批判》一书中，柳若水译，译名为《〈黑格尔法哲学批判〉导言》。

学习《导言》，有助于全面理解和把握马克思主义的宗教观，历史地、辩证地看待资产阶级革命和资本主义社会的历史进步性和历史局限性，特别是深刻理解无产阶级的历史使命和人的解放的宏伟目标，坚定无产阶级的革命立场、中国特色社会主义共同理想和共产主义远大理想。中国共产党是为中国人民谋幸福、为中华民族谋复兴的政党，也是为人类进步事业而奋斗的政党。中国共产党始终把为人类作出新的更大的贡献作为自己的使命。在中国特色社会主义新时代，我们要始终坚持以人民为中心，不断推进人的全面发展和社会全面进步，为最终实现人的解放不懈奋斗。

四、延伸阅读

马克思：《黑格尔法哲学批判》

《黑格尔法哲学批判》写于 1843 年 3 月中旬至 9 月底，是马克思未完成的一部手稿。在这部手稿中，马克思揭露了黑格尔思辨哲学的神秘主义性质，把被他颠倒了的逻辑观念和现实事物的关系颠倒过来，指出不应该从逻辑本身即一般逻辑出发，而应该把握特殊事物的特殊逻辑；批判黑格尔把市民社会从属于政治国家的观点，得出了市民社会决定政治国家的结论；批判了黑格尔关于君主、官僚决定国家制度的英雄史观，阐明了人民创造国家的思想；批判了黑格尔在国家发展问题上否认有质变的缓慢进化论，提出必须经过真正的革命来建立新国家的观点。阅读该书，有助于更好地理解《导言》中的基本思想和观点。

马克思：《论犹太人问题》

《论犹太人问题》写于 1843 年 10—12 月，与《导言》一起被列宁誉为马克思完成从唯心主义向唯物主义、从革命民主主义向共产主义转变的标志性著作。该文为批判青年黑格尔派的主要代表鲍威尔的《犹太人问题》和《现代犹太人和基督徒获得自由的能力》两篇著作中的错误观点而写的。马克思在文中驳斥了鲍威尔把犹太人的解放这一社会政治问题归结为纯粹宗教问题的错误论点，分析了市民社会与宗教的关系，指出宗教并不是政治压迫的原因，而是政治压迫的表现；政治解放不是要废除宗教，而是要实现宗教信仰的自由。与《导言》相呼应，该文最突出的特点是，论证和发挥了政治解放和人的解放之间的根本区别。

思考题：

1. 如何理解马克思关于对宗教的批判是对现实世界批判的前提的论断？

2. 为什么必须把对德国现存制度的批判提升到对黑格尔法哲学的批判？

3. 试析马克思关于"政治解放"与"人的解放"的思想。

4. 提出人的解放的"头脑"和"心脏"的理论意义何在？

5. 如何理解马克思所说的"宗教是人民的鸦片"？

卡·马克思

1844 年经济学哲学手稿（节选）

序　言

[XXXIX] 我在《德法年鉴》上曾预告要以**黑格尔**法哲学批判的形式对法学和国家学进行批判。① 在加工整理准备付印的时候发现，把仅仅针对思辨的批判同针对不同材料本身的批判混在一起，十分不妥，这样会妨碍阐述，增加理解的困难。此外，由于需要探讨的题目丰富多样，只有采用完全是格言式的叙述，才能把全部材料压缩在**一本**著作中，而这种格言式的叙述又会造成任意制造体系的**外观**。因此，我打算用不同的、独立的小册子来相继批判法、道德、政治等等，最后再以一本专门的著作来说明整体的联系、各部分的关系，并对这一切材料的思辨加工进行批判。② 由于这个原因，在本著作中谈到的国民经济学同国家、法、道德、市民生活等等的联系，只限于国民经济学本身专门涉及的这些题目的范围。

我用不着向熟悉国民经济学的读者保证，我的结论是通过完全经验的、以对国民经济学进行认真的批判研究为基础的分析得出的。③ 不消说，除了法国

---

① 指《黑格尔法哲学批判》这部著作。马克思本来计划在《德法年鉴》上发表这篇《导言》之后，接着完成在 1843 年已着手撰写的《黑格尔法哲学批判》并将其付印。《德法年鉴》停刊后，马克思逐渐放弃了这一计划。他在《1844 年经济学哲学手稿》的序言中曾说明了放弃这一计划的原因（见《马克思恩格斯文集》第 1 卷，人民出版社 2009 年版，第 111 页）。

　　1844 年 5—6 月以后，马克思已经忙于其他工作，并把经济学研究提到了首位。从 1844 年 9 月起，由于需要对青年黑格尔派进行反击，马克思开始把阐述新的革命的唯物主义世界观同批判青年黑格尔派结合起来，同批判德国资产阶级和小资产阶级的唯心主义世界观结合起来。马克思和恩格斯合著的《神圣家族》和《德意志意识形态》完成了这项任务。

② 这个计划未能实现。马克思没有写这些小册子，可能因为他后来认为，在对各种社会（其中包括资产阶级社会）的基础——生产关系作出科学的分析以前，要对法、道德、政治和上层建筑的其他范畴的问题进行独立的科学的考察是不可能的。

③ 手稿中删去下面一段话："与此相反，不学无术的评论家则企图用'乌托邦的词句'，或者还用'完全纯粹的、完全决定性的、完全批判的批判'、'不单是法的，而且是社会的、完全社会的社会'、'密集的大批群众'、'代大批群众发言的发言人'等等一类空话，来非难实证的批判者，以掩饰自己的极端无知和思想贫乏。这个评论家还应当首先提供证据，证明他除了神学的家务以外还有权过问世俗的事务。"——编者注

和英国的社会主义者的著作以外，我也利用了德国社会主义者的著作。① 但是，德国人为了这门科学而撰写的内容丰富而**有独创性的**著作，除去魏特林的著作，就要算《二十一印张》文集中**赫斯**的几篇论文和《德法年鉴》上**恩格斯的**《国民经济学批判大纲》。② 在《德法年鉴》上，我也十分概括地提到过本著作的要点。

此外，对国民经济学的批判，以及整个实证的批判，全靠**费尔巴哈**的发现给它打下真正的基础。③ 从费尔巴哈起才开始了**实证的**人道主义的和自然主义的批判④。**费尔巴哈的**著作越是得不到宣扬，这些著作的影响就越是扎实、深刻、广泛和持久；费尔巴哈著作是继黑格尔的《现象学》和《逻辑学》⑤ 之后包含着真正理论革命的唯一著作。

我认为，本著作的最后一章，即对**黑格尔的辩证法**和整个哲学的剖析，是完全必要的，因为当代**批判的神学家** [XL] 不仅没有完成这样的工作，甚至没

---

① 这时，马克思已经掌握了法文，对法国的文献十分熟悉。他研读了普·维·孔西得朗、皮·勒鲁、皮·约·蒲鲁东、埃·卡贝、泰·德萨米、菲·邦纳罗蒂、沙·傅立叶、劳蒂埃尔、弗·维尔加德尔和其他作者的著作，而且还经常作摘要。但他当时还没有掌握英文，因此只能通过德译本或法译本来利用英国社会主义者的著作。例如，罗·欧文的作品，他就是通过法译本和论述欧文观点的法国作家的著作来了解的。《1844 年经济学哲学手稿》正文和其他文献资料表明，马克思这时还没有具备他后来例如在《哲学的贫困》（写于 1847 年）中所显示出来的对英国社会主义者著作的渊博知识。

② 除了威·魏特林的主要著作《和谐与自由的保证》（1842 年）以外，马克思大概还指魏特林在他本人于 1841—1843 年出版的杂志《年轻一代》上所发表的文章，以及他为正义者同盟撰写的纲领性著作《现实的人类和理想的人类》（1838 年）。

　　在格·海尔维格出版的《来自瑞士的二十一印张》文集中，发表了莫·赫斯的三篇匿名文章：《社会主义和共产主义》、《行动的哲学》和《唯一和完全的自由》。

　　恩格斯的《国民经济学批判大纲》见《马克思恩格斯文集》第 1 卷，人民出版社 2009 年版，第 56—86 页。

③ 手稿中删去下面一句话："一些人出于狭隘的忌妒，另一些人则出于真正的愤怒，对费尔巴哈的《未来哲学》和《轶文集》中的《哲学改革纲要》——尽管这两部著作被悄悄地利用着——可以说策划了一个旨在埋没这两部著作的真正阴谋。"——编者注

④ 指路·费尔巴哈的整个唯物主义观点。费尔巴哈自己把这种观点称为"自然主义"和"人道主义"或"人本学"。这种观点阐发了这样一种思想：新哲学即费尔巴哈的哲学，使人这一自然界的不可分离的部分，成为自己的唯一的和最高的对象。费尔巴哈认为，这样的哲学即人本学包含着生理学，并将成为全面的科学；他断言，新时代的本质是把现实的、物质地存在着的东西神化；新哲学的本质则在于否定神学，确立唯物主义、经验主义、现实主义、人道主义。

⑤ 黑格尔的《精神现象学》第 1 版于 1807 年出版。《逻辑学》共三册，分别于 1812、1813 和 1816 年出版。1817 年，《哲学全书纲要》出版，1821 年，《法哲学原理》出版。

有认识到它的必要性——这是一种必然的**不彻底性**，因为即使是**批判的**神学家，毕竟还是**神学家**，就是说，他或者不得不从作为权威的哲学的一定前提出发，或者当他在批判的过程中以及由于别人的发现而对这些哲学前提产生怀疑的时候，就怯懦地和不适当地抛弃、**撇开**这些前提，仅仅以一种消极的、无意识的、诡辩的方式来表明他对这些前提的屈从和对这种屈从的恼恨。① ……
……

［异化劳动和私有财产］

［XXII］我们是从国民经济学的各个前提出发的。我们采用了它的语言和它的规律。我们把私有财产，把劳动、资本、土地的互相分离，工资、资本利润、地租的互相分离以及分工、竞争、交换价值概念等等当做前提。我们从国民经济学本身出发，用它自己的话指出，工人降低为商品，而且降低为最贱的商品；工人的贫困同他的生产的影响和规模成反比；竞争的必然结果是资本在少数人手中积累起来，也就是垄断的更惊人的恢复；最后，资本家和地租所得者之间、农民和工人之间的区别消失了，而整个社会必然分化为两个阶级，即

---

① 手稿中删去下面的文句："他是这样消极而无意识地表现出来的：一方面，他不断反复保证他自己的批判的**纯粹性**，另一方面，为了使观察者和他自己不去注意**批判**和它的诞生地——黑格尔的辩证法和整个德国哲学——之间必要的辩论，不去注意现代批判必须克服它自身的局限性和自发性，他反而企图制造假象，似乎批判只同它之外的某种狭隘的批判形式——比如说，18 世纪的批判形式——并同**群众**的局限性有关系。最后，当有人对他自己的哲学前提的本质有所发现——如费尔巴哈的发现——，批判的神学家一方面制造一种假象，似乎这些发现是他完成的，确切地说，他是这样制造这种假象的：他由于不能阐发这些发现的成果，就把这些成果以口号的形式抛给那**些**还受哲学束缚的作家；另一方面，他善于通过下述方式使自己确信，他自己的水平甚至超过这些发现：他发觉在费尔巴哈对黑格尔辩证法的批判中还缺少黑格尔辩证法的某些要素，这些要素还没有以经过批判的形式供他使用，这时，他自己并不试图或者也没有能力把这些要素引入正确的关系，反而以隐晦的、阴险的、怀疑的方式，搬用这些要素来反对费尔巴哈对黑格尔辩证法的批判。就是说，从自身开始的实证真理这一范畴刚刚以其特有的形态得到确立并显现出来，他就以一种神秘的方式搬用间接证明这一范畴来加以反对。神学的批判家认为，从哲学方面应当做出一切，来使他能够侈谈纯粹性、决定性以及完全批判的批判，是十分自然的；而当他感觉到例如黑格尔的某一因素为费尔巴哈所缺少时——因为神学的批判家并没有超出感觉而达到意识，尽管他还对'自我意识'和'精神'抱有唯灵论的偶像崇拜——，他就以为自己是真正克服哲学的人。"——编者注

有产者阶级和没有财产的**工人**阶级。

国民经济学从私有财产的事实出发。它没有给我们说明这个事实①。它把私有财产在现实中所经历的**物质**过程，放进一般的、抽象的公式，然后把这些公式当做**规律**。它不**理解**这些规律，就是说，它没有指明这些规律是怎样从私有财产的本质中产生出来的。国民经济学没有向我们说明劳动和资本分离以及资本和土地分离的原因。例如，当它确定工资和资本利润之间的关系时，它把资本家的利益当做最终原因；就是说，它把应当加以阐明的东西当做前提。同样，竞争到处出现，对此它则用外部情况来说明。至于这种似乎偶然的外部情况在多大程度上仅仅是一种必然的发展过程的表现，国民经济学根本没有向我们讲明。我们已经看到，交换本身在它看来是偶然的事实。**贪欲**以及**贪欲者之间的战争即竞争**，是国民经济学家所推动的仅有的车轮。②

正因为国民经济学不理解运动的联系，所以才把例如竞争的学说同垄断的学说，经营自由的学说同同业公会的学说，地产分割的学说同大地产的学说重新对立起来。因为竞争、经营自由、地产分割仅仅被阐述和理解为垄断、同业公会和封建所有制的偶然的、蓄意的、强制的结果，而不是必然的、不可避免的、自然的结果。

因此，我们现在必须弄清楚私有制、贪欲以及劳动、资本、地产三者的分离之间，交换和竞争之间、人的价值和人的贬值之间、垄断和竞争等等之间以及这全部异化和**货币**制度之间的本质联系。

我们不要像国民经济学家那样，当他想说明什么的时候，总是置身于一种虚构的原始状态。这样的原始状态什么问题也说明不了。③ 国民经济学家只是使问题堕入五里雾中。他把应当加以推论的东西即两个事物之间的例如分工

---

① 马克思在《让·巴蒂斯特·萨伊〈论政治经济学〉一书摘要》中对萨伊关于财富的性质和流通的原理的论述写有如下评注："私有财产是一个事实，国民经济学对此没有说明理由，但是，这个事实是国民经济学的基础"；"没有私有财产的财富是不存在的，国民经济学按其本质来说是发财致富的科学。因此，没有私有财产的政治经济学是不存在的。这样，整个国民经济学便建立在一个没有必然性的事实的基础上。"（见《马克思恩格斯全集》历史考证版第 4 部分第 2 卷第 316、319 页）

② 手稿中这段话下面删去一句话："我们现在必须回顾上述财产的物质运动的本质。"——编者注

③ 马克思在《亚·斯密〈国民财富的性质和原因的研究〉一书摘要》中写有如下评注："十分有趣的是斯密作的循环论证。为了说明分工，他假定有交换。但是为了使交换成为可能，他就以分工、以人的活动的差异为前提。他把问题置于原始状态，因而未解决问题。"（见《马克思恩格斯全集》历史考证版第 4 部分第 2 卷第 336 页）

和交换之间的必然关系，假定为事实、事件。神学家也是这样用原罪来说明恶的起源，就是说，他把他应当加以说明的东西假定为一种具有历史形式的事实。

我们且从**当前的**国民经济的事实出发。

工人生产的财富越多，他的生产的影响和规模越大，他就越贫穷。[①] 工人创造的商品越多，他就越变成廉价的商品。物的世界的**增值**同人的世界的**贬值**成正比。劳动生产的不仅是商品，它还生产作为**商品**的劳动自身和工人，而且是按它一般生产商品的比例生产的。

这一事实无非是表明：劳动所生产的对象，即劳动的产品，作为一种**异己的存在物**，作为**不依赖于**生产者的**力量**，同劳动相对立。劳动的产品是固定在某个对象中的、物化的劳动，这就是劳动的**对象化**。劳动的现实化就是劳动的对象化。在国民经济的实际状况中，劳动的这种现实化表现为工人的**非现实化**[②]，对象化表现为**对象的丧失**和**被对象奴役**，占有表现为**异化、外化**。[③]

劳动的现实化竟如此表现为非现实化，以致工人非现实化到饿死的地步。对象化竟如此表现为对象的丧失，以致工人被剥夺了最必要的对象——不仅是生活的必要对象，而且是劳动的必要对象。甚至连劳动本身也成为工人只有通过最大的努力和极不规则的间歇才能加以占有的对象。对对象的占有竟如此表现为异化，以致工人生产的对象越多，他能够占有的对象就越少，而且越受自己的产品即资本的统治。

这一切后果包含在这样一个规定中：工人对**自己的劳动的产品**的关系就是对一个**异己的**对象的关系。因为根据这个前提，很明显，工人在劳动中耗费的力量越多，他亲手创造出来反对自身的、异己的对象世界的力量就越强大，他自身、他的内部世界就越贫乏，归他所有的东西就越少。宗教方面的情况也是

---

① 这个结论在当时的社会批判性著作中相当流行。例如，威·魏特林在其著作《和谐与自由的保证》中就曾写道："正像在筑堤时要产生土坑一样，在积累财富时也要产生贫穷。"

② 马克思在这里使用了黑格尔的术语及其探讨对立的统一的方法，把 Verwirklichung（现实化）与 Entwirklichung（非现实化）对立起来。

③ 马克思在手稿中往往并列使用两个德文术语"Entfremdung"（异化）和"Entäußerung"（外化）来表示异化这一概念。但他有时赋予"Entäußerung"另一种意义，例如，用于表示交换活动，从一种状态向另一种状态转化，就是说，用于表示那些并不意味着敌对性和异己性的关系的经济现象和社会现象。

如此。人奉献给上帝的越多，他留给自身的就越少。① 工人把自己的生命投入对象；但现在这个生命已不再属于他而属于对象了。因此，这种活动越多，工人就越丧失对象。凡是成为他的劳动的产品的东西，就不再是他自身的东西。因此，这个产品越多，他自身的东西就越少。工人在他的产品中的**外化**，不仅意味着他的劳动成为对象，成为**外部的**存在，而且意味着他的劳动作为一种与他相异的东西不依赖于他而**在他之外**存在，并成为同他对立的独立力量；意味着他给予对象的生命是作为敌对的和相异的东西同他相对立。

[XXIII] 现在让我们来更详细地考察一下**对象化**，即工人的生产，以及对象即工人的产品在对象化中的**异化**、**丧失**。

没有**自然界**，没有**感性的外部世界**，工人什么也不能创造。自然界是工人的劳动得以实现、工人的劳动在其中活动、工人的劳动从中生产出和借以生产出自己的产品的材料。

但是，自然界一方面在这样的意义上给劳动提供**生活资料**，即没有劳动加工的对象，劳动就不能**存在**，另一方面，也在更狭隘的意义上提供**生活资料**，即维持**工人本身**的肉体生存的手段。

因此，工人越是通过自己的劳动**占有**外部世界、感性自然界，他就越是在两个方面失去**生活资料**：第一，感性的外部世界越来越不成为属于他的劳动的对象，不成为他的劳动的**生活资料**；第二，感性的外部世界越来越不给他提供直接意义的**生活资料**，即维持工人的肉体生存的手段。

因此，工人在这两方面成为自己的对象的奴隶：首先，他得到**劳动的对象**，也就是得到**工作**；其次，他得到**生存资料**。因此，他首先是作为**工人**，其次是作为**肉体的主体**，才能够生存。这种奴隶状态的顶点就是：他只有作为**工人**才能维持自己作为**肉体的主体**，并且只有作为**肉体的主体**才能是工人。

（按照国民经济学的规律，工人在他的对象中的异化表现在：工人生产得越多，他能够消费的越少；他创造的价值越多，他自己越没有价值、越低贱；工人的产品越完美，工人自己越畸形；工人创造的对象越文明，工人自己越野蛮；劳动越有力量，工人越无力；劳动越机巧，工人越愚笨，越成为

---

① 马克思在这里以自己的理解复述了费尔巴哈哲学关于宗教是人的本质的异化的论点。费尔巴哈说，为了使上帝富有，人就必须贫穷；为了使上帝成为一切，人就必须什么也不是。人在自身中否定了他在上帝身上所肯定的东西。

自然界的奴隶。）

国民经济学由于不考察工人（劳动）同产品的直接关系而掩盖劳动本质的异化。当然，劳动为富人生产了奇迹般的东西，但是为工人生产了赤贫。劳动生产了宫殿，但是给工人生产了棚舍。劳动生产了美，但是使工人变成畸形。劳动用机器代替了手工劳动，但是使一部分工人回到野蛮的劳动，并使另一部分工人变成机器。劳动生产了智慧，但是给工人生产了愚钝和痴呆。

劳动对它的产品的直接关系，是工人对他的生产的对象的关系。有产者对生产对象和生产本身的关系，不过是这前一种关系的**结果**，而且证实了这一点。对问题的这另一个方面我们将在后面加以考察。因此，当我们问劳动的本质关系是什么的时候，我们问的是**工人**对生产的关系。

以上我们只是从一个方面，就是从工人**对他的劳动产品的关系**这个方面，考察了工人的异化、外化。但是，异化不仅表现在结果上，而且表现在**生产行为**中，表现在**生产活动**本身中。如果工人不是在生产行为本身中使自身异化，那么工人活动的产品怎么会作为相异的东西同工人对立呢？产品不过是活动、生产的总结。因此，如果劳动的产品是外化，那么生产本身必然是能动的外化，活动的外化，外化的活动。在劳动对象的异化中不过总结了劳动活动本身的异化、外化。

那么，劳动的外化表现在什么地方呢？

首先，劳动对工人来说是**外在的东西**，也就是说，不属于他的本质；因此，他在自己的劳动中不是肯定自己，而是否定自己，不是感到幸福，而是感到不幸，不是自由地发挥自己的体力和智力，而是使自己的肉体受折磨、精神遭摧残。因此，工人只有在劳动之外才感到自在，而在劳动中则感到不自在，他在不劳动时觉得舒畅，而在劳动时就觉得不舒畅。因此，他的劳动不是自愿的劳动，而是被迫的**强制劳动**。因此，这种劳动不是满足一种需要，而只是满足劳动以外的那些需要的一种**手段**。劳动的异己性完全表现在：只要肉体的强制或其他强制一停止，人们就会像逃避瘟疫那样逃避劳动。外在的劳动，人在其中使自己外化的劳动，是一种自我牺牲、自我折磨的劳动。最后，对工人来说，劳动的外在性表现在：这种劳动不是他自己的，而是别人的；劳动不属于他；他在劳动中也不属于他自己，而是属于别人。在宗教中，人的幻想、人的头脑和人的心灵的自主活动对个人发生作用不取决于他个人，就是说，是作为某种异己的活动，神灵的或魔鬼的活动发生作用，同样，工人的活动也不是他的自主活动。① 他的活动属于别人，这种活动是他自身的丧失。

因此，结果是，人（工人）只有在运用自己的动物机能——吃、喝、生殖，至多还有居住、修饰等等——的时候，才觉得自己在自由活动，而在运用人的机能时，觉得自己只不过是动物。动物的东西成为人的东西，而人的东西成为动物的东西。

吃、喝、生殖等等，固然也是真正的人的机能。但是，如果加以抽象，使这些机能脱离人的其他活动领域并成为最后的和唯一的终极目的，那它们就是动物的机能。

我们从两个方面考察了实践的人的活动即劳动的异化行为。第一，工人对**劳动产品**这个异己的、统治着他的对象的关系。这种关系同时也是工人对感性的外部世界、对自然对象——异己的与他敌对的世界——的关系。第二，在**劳动**过程中劳动对**生产行为**的关系。这种关系是工人对他自己的活动——一种异己的、不属于他的活动——的关系。在这里，活动是受动；力量是无力；生殖是去势；工人**自己的**体力和智力，他个人的生命——因为，生命如果不是活动，又是什么呢？——是不依赖于他、不属于他、转过来反对他自身的活动。这是**自我异化**，而上面所谈的是**物**的异化。

［XXIV］我们现在还要根据在此以前考察的**异化劳动**的两个规定推出它的第三个规定。

人是类存在物，不仅因为人在实践上和理论上都把类——他自身的类以及其他物的类——当做自己的对象；而且因为——这只是同一种事物的另一种说法——人把自身当做现有的、有生命的类来对待，因为人把自身当做**普遍的**因而也是自由的存在物来对待。②

无论是在人那里还是在动物那里，类生活从肉体方面来说就在于人（和动物一样）靠无机界生活，而人和动物相比越有普遍性，人赖以生活的无机界的

---

① 这里表述的思想与费尔巴哈的论点相呼应。费尔巴哈认为宗教和唯心主义哲学是人的存在及其精神活动的异化。费尔巴哈写道，上帝作为对人来说的某种至高的、非人的东西，是理性的客观本质；上帝和宗教就是幻想的对象性本质。他还写道，黑格尔逻辑学的本质是主体的活动，是主体的被窃走的思维，而绝对哲学则使人自身的本质、人的活动在人那里异化。

② 马克思在本段和下一段利用了费尔巴哈哲学中表述人和整个人类时所用的术语，并且创造性地吸取了他的思想：人把人的"类本质"、人的社会性质异化在宗教中；宗教以人同动物的本质区别为基础，以意识为基础，而意识严格说来只是在存在物的类成为存在物的对象、本质的地方才存在；人不像动物那样是片面的存在物，而是普遍的、无限的存在物。

范围就越广阔。从理论领域来说，植物、动物、石头、空气、光等等，一方面作为自然科学的对象，一方面作为艺术的对象，都是人的意识的一部分，是人的精神的无机界，是人必须事先进行加工以便享用和消化的精神食粮；同样，从实践领域来说，这些东西也是人的生活和人的活动的一部分。人在肉体上只有靠这些自然产品才能生活，不管这些产品是以食物、燃料、衣着的形式还是以住房等等的形式表现出来。在实践上，人的普遍性正是表现为这样的普遍性，它把整个自然界——首先作为人的直接的生活资料，其次作为人的生命活动的对象（材料）① 和工具——变成人的无机的身体。自然界，就它自身不是人的身体而言，是人的**无机的身体**。人靠自然界**生活**。这就是说，自然界是人为了不致死亡而必须与之处于持续不断的交互作用过程的、人的**身体**。所谓人的肉体生活和精神生活同自然界相联系，不外是说自然界同自身相联系，因为人是自然界的一部分。

异化劳动，由于（1）使自然界同人相异化，（2）使人本身，使他自己的活动机能，使他的生命活动同人相异化，因此，异化劳动也就使**类**同人相异化；对人来说，异化劳动把**类生活**变成维持个人生活的手段。第一，它使类生活和个人生活异化；第二，它把抽象形式的个人生活变成同样是抽象形式和异化形式的类生活的目的。②

因为，首先，劳动这种**生命活动**、这种**生产生活**本身对人来说不过是满足一种需要即维持肉体生存的需要的一种**手段**。而生产生活就是类生活。这是产生生命的生活。一个种的整体特性、种的类特性就在于生命活动的性质，而自由的有意识的活动恰恰就是人的类特性。生活本身仅仅表现为**生活的手段**。

动物和自己的生命活动是直接同一的。动物不把自己同自己的生命活动区别开来。它就是**自己的生命活动**。人则使自己的生命活动本身变成自己意志的和自己意识的对象。他具有有意识的生命活动。这不是人与之直接融为一体的

---

① 手稿中"材料"写在"对象"的上方。——编者注

② 类、类生活、类本质都是费尔巴哈使用的术语，它们表示人的概念、真正人的生活的概念。真正人的生活以友谊和善良的关系，即以爱为前提，这些都是类的自我感觉或关于个人属于人群这种能动意识。费尔巴哈认为，类本质使每个具体的个人能够在无限多的不同个人中实现自己。费尔巴哈也承认人们之间确实存在着利益的相互敌对和对立关系，但是在他看来，这种关系不是产生于阶级社会的历史的现实条件，即资产阶级社会的经济生活条件，而是人的真正本质即类本质同人相异化的结果，是人同大自然本身预先决定了的和谐的类生活人为地但绝非不可避免地相脱离的结果。

那种规定性。有意识的生命活动把人同动物的生命活动直接区别开来。正是由于这一点，人才是类存在物。或者说，正因为人是类存在物，他才是有意识的存在物，就是说，他自己的生活对他来说是对象。仅仅由于这一点，他的活动才是自由的活动。异化劳动把这种关系颠倒过来，以致人正因为是有意识的存在物，才把自己的生命活动，自己的**本质**变成仅仅维持自己**生存**的手段。

通过实践创造**对象世界**，**改造无机界**，人证明自己是有意识的类存在物，就是说是这样一种存在物，它把类看做自己的本质，或者说把自身看做类存在物。诚然，动物也生产。动物为自己营造巢穴或住所，如蜜蜂、海狸、蚂蚁等。但是，动物只生产它自己或它的幼仔所直接需要的东西；动物的生产是片面的，而人的生产是全面的；动物只是在直接的肉体需要的支配下生产，而人甚至不受肉体需要的影响也进行生产，并且只有不受这种需要的影响才进行真正的生产；动物只生产自身，而人再生产整个自然界；动物的产品直接属于它的肉体，而人则自由地面对自己的产品。动物只是按照它所属的那个种的尺度和需要来构造，而人却懂得按照任何一个种的尺度来进行生产，并且懂得处处都把固有的尺度运用于对象；因此，人也按照美的规律来构造。

因此，正是在改造对象世界的过程中，人才真正地证明自己是**类存在物**。这种生产是人的能动的类生活。通过这种生产，自然界才表现为**他的**作品和他的现实。因此，劳动的对象是**人的类生活的对象化**：人不仅像在意识中那样在精神上使自己二重化，而且能动地、现实地使自己二重化，从而在他所创造的世界中直观自身。因此，异化劳动从人那里夺去了他的生产的对象，也就从人那里夺去了他的**类生活**，即他的现实的类对象性，把人对动物所具有的优点变成缺点，因为人的无机的身体即自然界被夺走了。

同样，异化劳动把自主活动、自由活动贬低为手段，也就把人的类生活变成维持人的肉体生存的手段。

因此，人具有的关于自己的类的意识，由于异化而改变，以致类生活对他来说竟成了手段。

这样一来，异化劳动导致：

（3）**人的类本质**，无论是自然界，还是人的精神的类能力，都变成了对人来说是**异己的**本质，变成了维持他的**个人生存的手段**。异化劳动使人自己的身体同人相异化，同样也使在人之外的自然界同人相异化，使他的精神本质、他的**人的**本质同人相异化。

（4）人同自己的劳动产品、自己的生命活动、自己的类本质相异化的直接结果就是**人同人相异化**。当人同自身相对立的时候，他也同**他**人相对立。凡是适用于人对自己的劳动、对自己的劳动产品和对自身的关系的东西，也都适用于人对他人、对他人的劳动和劳动对象的关系。

总之，人的类本质同人相异化这一命题，说的是一个人同他人相异化，以及他们中的每个人都同人的本质相异化。

人的异化，一般地说，人对自身的任何关系，只有通过人对他人的关系才得到实现和表现。

因此，在异化劳动的条件下，每个人都按照他自己作为工人所具有的那种尺度和关系来观察他人。

［XXV］我们的出发点是国民经济事实即工人及其生产的异化。我们表述了这一事实的概念：**异化的、外化的**劳动。我们分析了这一概念，因而我们只是分析了一个国民经济事实。

现在让我们看一看，应该怎样在现实中去说明和表述异化的、外化的劳动这一概念。

如果劳动产品对我来说是异己的，是作为异己的力量面对着我，那么它到底属于谁呢？

如果我自己的活动不属于我，而是一种异己的活动、一种被迫的活动，那么它到底属于谁呢？

属于**另一个**有别于我的存在物。

这个存在物是谁呢？

是**神**吗？确实，起初主要的生产活动，如埃及、印度、墨西哥建造神庙的活动等等，不仅是为供奉神而进行的，而且产品本身也是属于神的。但是，神从来不是劳动的唯一主宰。**自然界**也不是。况且，在人通过自己的劳动使自然界日益受自己支配的情况下，在工业奇迹使神的奇迹日益变得多余的情况下，如果人竟然为讨好这些力量而放弃生产的乐趣和对产品的享受，那岂不是十分矛盾的事情。

劳动和劳动产品所归属的那个**异己的**存在物，劳动为之服务和劳动产品供其享受的那个存在物，只能是**人**自身。

如果劳动产品不是属于工人，而是作为一种异己的力量同工人相对立，那么这只能是由于产品属于**工人之外的他人**。如果工人的活动对他本身来说是一种痛苦，那么这种活动就必然给他人带来**享受**和生活乐趣。不是神也不是自然界，只有人自身才能成为统治人的异己力量。

还必须注意上面提到的这个命题：人对自身的关系只有通过他对他人的关系，才成为对他来说是**对象性的、现实的**关系。因此，如果人对自己的劳动产品的关系、对对象化劳动的关系，就是对一个**异己的**、敌对的、强有力的、不依赖于他的对象的关系，那么他对这一对象所以发生这种关系就在于有另一个异己的、敌对的、强有力的、不依赖于他的人是这一对象的主宰。如果人把他自己的活动看做一种不自由的活动，那么他是把这种活动看做替他人服务的、受他人支配的、处于他人的强迫和压制之下的活动。

人同自身以及同自然界的任何自我异化，都表现在他使自身、使自然界跟另一些与他不同的人所发生的关系上。因此，宗教的自我异化也必然表现在世俗人对僧侣或者世俗人对耶稣基督——因为这里涉及精神世界——等等的关系上。在实践的、现实的世界中，自我异化只有通过对他人的实践的、现实的关系才能表现出来。异化借以实现的手段本身就是**实践的**。因此，通过异化劳动，人不仅生产出他对作为异己的、敌对的力量的生产对象和生产行为的关系，而且还生产出他人对他的生产和他的产品的关系，以及他对这些他人的关系。正像他把他自己的生产变成自己的非现实化，变成对自己的惩罚一样，正像他丧失掉自己的产品并使它变成不属于他的产品一样，他也生产出不生产的人对生产和产品的支配。正像他使他自己的活动同自身相异化一样，他也使与他相异的人占有非自身的活动。

到目前为止，我们只是从工人方面考察了这一关系；下面我们还要从非工人方面来加以考察。

总之，通过**异化的、外化的劳动**，工人生产出一个同劳动疏远的、站在劳动之外的人对这个劳动的关系。工人对劳动的关系，生产出资本家——或者不管人们给劳动的主宰起个什么别的名字——对这个劳动的关系。

因此，**私有财产**是**外化劳动**即工人对自然界和对自身的外在关系的产物、结果和必然后果。

因此，我们通过分析，从**外化劳动**这一概念，即从**外化的人**、异化劳动、异化的生命、**异化的人**这一概念得出**私有财产**这一概念。

诚然，我们从国民经济学得到作为**私有财产**运动之结果的**外化劳动（外化的生命）**这一概念。但是，对这一概念的分析表明，尽管私有财产表现为外化劳动的根据和原因，但确切地说，它是外化劳动的后果，正像神**原先**不是人类理智迷误的原因，而是人类理智迷误的结果一样。后来，这种关系就变成相互作用的关系。

私有财产只有发展到最后的、最高的阶段，它的这个秘密才重新暴露出来，就是说，私有财产一方面是外化劳动的**产物**，另一方面又是劳动借以外化的**手段**，是**这一外化的实现**。

这些论述使至今没有解决的各种矛盾立刻得到阐明。

（1）国民经济学虽然从劳动是生产的真正灵魂这一点出发，但是它没有给劳动提供任何东西，而是给私有财产提供了一切。蒲鲁东从这个矛盾得出了有利于劳动而不利于私有财产的结论。① 然而，我们看到，这个表面的矛盾是**异化劳动**同自身的矛盾，而国民经济学只不过表述了异化劳动的规律罢了。

因此，我们也看到，**工资**和**私有财产**是同一的，因为用劳动产品、劳动对象来偿付劳动本身的工资，不过是劳动异化的必然后果，因为在工资中，劳动并不表现为目的本身，而表现为工资的奴仆。下面我们要详细说明这个问题，现在还只是作出几点 [XXVI] 结论。②

强制提高工资（且不谈其他一切困难，不谈强制提高工资这种反常情况也只有靠强制才能维持），无非是**给奴隶以较多工资**，而且既不会使工人也不会使劳动获得人的身份和尊严。

甚至蒲鲁东所要求的**工资平等**，也只能使今天的工人对自己的劳动的关系变成一切人对劳动的关系。这时社会就被理解为抽象的资本家。③

---

① 马克思显然是指皮·约·蒲鲁东的著作《什么是财产?》。参看该书第3章第4—8节。

② 马克思在这段话里从广义上使用工资范畴，以表达资本家和雇佣工人这两个阶级之间的对抗性关系。

③ 这是马克思在批判皮·约·蒲鲁东的"平等"观念时所持的基本论点。蒲鲁东在《什么是财产?》一书中表述的"平等"观念是建立在资本主义关系基础上的。他的空想的、改良主义的药方规定，私有财产要由"公有财产"代替，而这种"公有财产"将以平等的小占有的形式，在"平等"交换产品的条件下掌握在直接生产者手中。这实际上是指均分私有财产。蒲鲁东是这样设想交换的"平等"的，即"联合的工人"始终得到同等的工资，因为在相互交换他们的产品时，即使产品实际上不同等，但每个人得到的仍然是相同的，而一个人的产品多于另一个人的产品的余额将处于交换之外，不会成为社会的财产，这样就完全不会破坏工资的平等。马克思认为，在蒲鲁东的理论中，社会是作为抽象的资本家出现的。他指出蒲鲁东没有考虑到即使在小（"平等"）占有制度下也仍然起作用的商品生产的现实矛盾。后来，马克思在《神圣家族》这部著作中表述了这样一个结论：蒲鲁东在经济异化范围内克服经济异化，就是说，实际上根本没有克服它。

工资是异化劳动的直接结果，而异化劳动是私有财产的直接原因。因此，随着一方衰亡，另一方也必然衰亡。

（2）从异化劳动对私有财产的关系可以进一步得出这样的结论：社会从私有财产等等解放出来、从奴役制解放出来，是通过**工人解放**这种**政治**形式来表现的，这并不是因为这里涉及的仅仅是工人的解放，而是因为工人的解放还包含普遍的人的解放；其所以如此，是因为整个的人类奴役制就包含在工人对生产的关系中，而一切奴役关系只不过是这种关系的变形和后果罢了。

正如我们通过**分析**从**异化的、外化的劳动**的概念得出**私有财产**的概念一样，我们也可以借助这两个因素来阐明国民经济学的一切**范畴**，而且我们将重新发现，每一个范畴，例如买卖、竞争、资本、货币，不过是这两个基本因素的**特定的、展开了的表现**而已。

但是，在考察这些范畴的形成以前，我们还打算解决两个任务：

（1）从**私有财产**对**真正人的和社会的财产**的关系来规定作为异化劳动的结果的**私有财产**的普遍**本质**。

（2）我们已经承认**劳动的异化**、劳动的**外化**这个事实，并对这一事实进行了分析。现在要问，人是怎样使自己的**劳动外化**、异化的？这种异化又是怎样由人的发展的本质引起的？我们把**私有财产的起源**问题**变为外化劳动**对人类发展进程的关系问题，就已经为解决这一任务得到了许多东西。因为人们谈到**私有财产**时，总以为是涉及人之外的东西。而人们谈到劳动时，则认为是直接关系到人本身。问题的这种新的提法本身就已包含问题的解决。

补入（1）私有财产的普遍本质以及私有财产对真正人的财产的关系。

在这里外化劳动分解为两个组成部分，它们互相制约，或者说，它们只是同一种关系的不同表现，**占有**表现为**异化、外化**，而**外化**表现为**占有**，异化表现为真正**得到公民权**。

我们已经考察了一个方面，考察了**外化**劳动对**工人本身**的关系，也就是说，考察了**外化劳动对自身的关系**。我们发现，这一关系的产物或必然结果是**非工人对工人和劳动的财产关系**。私有财产作为外化劳动的物质的、概括的表现，包含着这两种关系：**工人对劳动、对自己的劳动产品和对非工人的关系**，以及**非工人对工人和工人的劳动产品**的关系。

我们已经看到，对于通过劳动而**占有**自然界的工人来说，占有表现为异化，自主活动表现为替他人活动和表现为他人的活动，生命的活跃表现为生命的牺牲，对象的生产表现为对象的丧失，即对象转归异己力量、**异己的人**所有。现在我们就来考察一下这个同劳动和工人**疏远**的人对工人、劳动和劳动对象的关系。

首先必须指出，凡是在工人那里表现为**外化的、异化的活动**的东西，在非工人那里都表现为**外化的、异化的状态**。

其次，工人在生产中的**现实的**、实践的**态度**，以及他对产品的态度（作为一种内心状态），在同他相对立的非工人那里表现为**理论的态度**。

[XXVII] **第三**，凡是工人做的对自身不利的事，非工人都对工人做了，但是，非工人做的对工人不利的事，他对自身却不做。

……

［私有财产和共产主义］

×补入第XXXIX页。但是，**无产**和**有产**的对立，只要还没有把它理解为**劳动**和**资本**的对立，它还是一种无关紧要的对立，一种没有从它的**能动关系**上、它的**内在关系**上来理解的对立，还没有作为**矛盾**来理解的对立。① 这种对立即使没有私有财产的前进运动也能以**最初的**形式表现出来，如在古罗马、土耳其等。因此，它还不**表现为**由私有财产本身设定的对立。但是，作为对财产的排除的劳动，即私有财产的主体本质，和作为对劳动的排除的资本，即客体化的劳动，——这就是作为发展了的矛盾关系、因而也就是作为促使矛盾得到解决的能动关系的**私有财产**。

××补入同一页。自我异化的扬弃同自我异化走的是同一条道路。最初，对**私有财产**只是从它的客体方面来考察，——但是劳动仍然被看成它的本质。因此，它的存在形式就是"本身"应被消灭的**资本**。（蒲鲁东。）或者，劳动的**特殊方式**，即划一的、分散的因而是不自由的劳动，被理解为私有财产的**有害**

---

① 黑格尔在他的《逻辑学》中把"对立"和"矛盾"两个概念作了区分。在对立中两个方面的关系是这样的：其中的每一个方面为另一个方面所规定，因此都只是一个环节，但同时每一个方面也为自身所规定，这就使它具有独立性；相反，在矛盾中两个方面的关系是这样的：每一个方面都在自己的独立性中包含着另一个方面，因此两个方面的独立性都是被排斥的。

性的根源，理解为私有财产同人相异化的存在的根源——**傅立叶**，他和重农学派一样，也把**农业劳动**看成至少是**最好的**劳动，[1] 而**圣西门**则相反，他把**工业劳动**本身说成本质，因此他渴望工业家**独占**统治，渴望改善工人状况。[2] 最后，**共产主义**是被扬弃了的私有财产的**积极**表现；起先它是作为**普遍的**私有财产出现的。由于这种共产主义是从私有财产的**普遍性**来看私有财产关系的，所以共产主义

（1）在它的最初的形态中不过是私有财产关系的**普遍化**和**完成**。[3] 而作为这种关系的普遍化和完成，共产主义是以双重的形态表现出来的：首先，**实物财产**的统治在这种共产主义面前显得如此强大，以致它想把不能被所有的人作为**私有财产**占有的**一切**都消灭；它想用**强制的**方法把才能等等抛弃。在这种共产主义看来，物质的直接的**占有**是生活和存在的唯一目的；**工人**这个规定并没有被取消，而是被推广到一切人身上；私有财产关系仍然是共同体同物的世界的关系；最后，这个用普遍的私有财产来反对私有财产的运动是以一种动物的形式表现出来的：用**公妻制**——也就是把妇女变为**公有的**和**共有的**财产——来反对**婚姻**（它确实是一种**排他性的私有财产的形式**）。人们可以说，**公妻制**这种思想是这个还相当粗陋的和毫无思想的共产主义的**昭然若揭的秘密**。[4] 正像妇女从婚姻转向普遍卖淫一样，财富——也就是人的对象性的本质——的整个

---

[1] 沙·傅立叶对政治经济学抱着极端否定的态度，认为这是一门错误的科学。他在关于未来世界、所谓协作制度的空想中，违反经济发展的现实趋向和政治经济学的基本原理，断言在"合理制度"的条件下，工业生产只能被当做对农业的补充，当做在漫长的冬闲时期和大雨季节"避免情欲消沉的一种手段"。他还断言，上帝和大自然本身确定，协作制度下的人只能为工业劳动拿出四分之一的时间，工业劳动只是辅助性的、使农业多样化的作业。

[2] 昂·圣西门的这些论点，见他的《实业家问答》1824 年巴黎版。——编者注

[3] 马克思在这里所说的"共产主义"是指法国的格·巴贝夫、埃·卡贝、泰·德萨米，英国的罗·欧文和德国的威·魏特林所创立的空想主义的观点体系。

马克思所说的共产主义的最初形态，大概首先是指 1789—1794 年法国资产阶级革命影响下形成的巴贝夫及其拥护者关于"完全平等"的社会，以及在排挤私人经济的"国民公社"的基础上实现这种社会的空想主义观点。这种观点虽然也表现了当时无产阶级的要求，但整个说来还带有原始的、粗陋的、平均主义的性质。

[4] 在中世纪宗教共产主义共同体中，把妻子公有当做未来社会特征的观念颇为流行。1534—1535 年在明斯特掌权的德国再洗礼派试图根据这种观点引进一夫多妻制。托·康帕内拉在《太阳城》一书中就反对一夫一妻制。原始的共产主义共同体还有一些特征，如禁欲主义、对科学和艺术持否定态度。1830 年和 1840 年法国的秘密团体，如平均主义工人社和人道社也曾继承了原始的平均主义思想的某些特征。恩格斯在《大陆上社会改革的进展》（见《马克思恩格斯全集》中文第 2 版第 3 卷）一文中对此作过描述。

世界，也从它同私有者的排他性的婚姻的关系转向它同共同体的普遍卖淫关系。这种共产主义——由于它到处否定人的**个性**——只不过是私有财产的彻底表现，私有财产就是这种否定。普遍的和作为权力而形成的**忌妒**，是**贪欲**所采取的并且只是用**另一种**方式使自己得到满足的隐蔽形式。任何私有财产本身所产生的思想，**至少对于比自己更富足**的私有财产都含有忌妒和平均主义欲望，这种忌妒和平均主义欲望甚至构成竞争的本质。粗陋的共产主义者不过是充分体现了这种忌妒和这种从**想象的**最低限度出发的平均主义。他具有一个**特定的、有限制的**尺度。对整个文化和文明的世界的抽象否定，向**贫穷的**、需求不高的人——他不仅没有超越私有财产的水平，甚至从来没有达到私有财产的水平——的**非自然的**［Ⅳ］简单状态的倒退，恰恰证明对私有财产的这种扬弃决不是真正的占有。①

共同性只是**劳动**的共同性以及由共同的资本——作为普遍的资本家的**共同体**——所支付的**工资**的平等的共同性。相互关系的两个方面被提高到**想象的**普遍性：**劳动**是为每个人设定的天职，而**资本**是共同体的公认的普遍性和力量。

把**妇女**当做共同淫欲的**虏获物**和婢女来对待，这表现了人在对待自身方面的无限的退化，因为这种关系的秘密在**男人**对**妇女**的关系上，以及在对**直接的、自然的**类关系的理解方式上，都**毫不含糊地**、确凿无疑地、**明显地**、露骨地表现出来。人对人的直接的、自然的、必然的关系是**男人**对**妇女**的关系。在这种**自然的**类关系中，人对自然的关系直接就是人对人的关系，正像人对人的关系直接就是人对自然的关系，就是他自己的**自然的**规定。因此，这种关系通过**感性的**形式，作为一种显而易见的**事实**，**表现**出人的本质在何种程度上对人来说成为自然，或者自然在何种程度上成为人具有的人的本质。因此，从这种关系就可以判断人的整个文化教养程度。从这种关系的性质就可以看出，人在何种程度上对自己来说成为并把自身理解为**类存在物**、人。男人对妇女的关系是人对人**最自然的**关系。因此，这种关系表明人的**自然的**行为在何种程度上是**合乎人性的**，或者，人的本质在何种程度上对人来说成为**自然的**本质，他的**人的本性**在何种程度上对他来说成为**自然**。这种关系还表明，人的**需要**在何种程

---

① 让·雅·卢梭在《论科学和艺术》、《论人间不平等的起源和原因》等著作中认为，没有受到教育、文化和文明触动的状态，对人来说才是自然的，马克思则认为这种状态是非自然的。

度上成为**合乎人性的**需要，就是说，**别**人作为人在何种程度上对他来说成为需要，他作为最具有个体性的存在在何种程度上同时又是社会存在物。

由此可见，对私有财产的最初的积极的扬弃，即**粗陋的**共产主义，不过是私有财产的卑鄙性的一种**表现形式**，这种私有财产力图把自己设定为**积极的共同体**。

（2）共产主义（α）还具有政治性质，是民主的或专制的；（β）是废除国家的，但同时是尚未完成的，并且仍然处于私有财产即人的异化的影响下。这两种形式的共产主义都已经认识到自己是人向自身的还原或复归，是人的自我异化的扬弃；但是，因为它还没有理解私有财产的积极的本质，也还不了解需要所具有的**人的**本性，所以它还受私有财产的束缚和感染。它虽然已经理解私有财产这一概念，但是还不理解它的本质。

（3）**共产主义**是对**私有财产即人的自我异化的积极的**扬弃，因而是通过人并且为了人而对**人**的本质的真正**占有**；因此，它是人向自身、也就是向**社会的**即合乎人性的人的复归，这种复归是完全的复归，是自觉实现并在以往发展的全部财富的范围内实现的复归。这种共产主义，作为完成了的自然主义，等于人道主义，而作为完成了的人道主义，等于自然主义，它是人和自然界之间、人和人之间的矛盾的**真正解决**，是存在和本质、对象化和自我确证、自由和必然、个体和类之间的斗争的真正解决。它是历史之谜的解答，而且知道自己就是这种解答。①

［Ⅴ］因此，历史的全部运动，既是这种共产主义的**现实的**产生活动，即它的经验存在的诞生活动，同时，对它的思维着的意识来说，又是它的**被理解**和**被认识到的生成**运动；而上述尚未完成的共产主义则从个别的与私有财产相对立的历史形态中为自己寻找**历史的**证明，在现存的事物中寻找证明，它从运动中抽出个别环节（卡贝、维尔加德尔等人尤其喜欢卖弄这一套），把它们作为自己是历史的纯种的证明固定下来；但是，它这样做恰好说明：历史运动的绝大部分是同它的论断相矛盾的，如果它曾经存在过，那么它的这种**过去的**存在恰恰反驳了对**本质**的奢求。

不难看到，整个革命运动必然在**私有财产**的运动中，即在经济的运动中，

---

① 马克思在这里使用路·费尔巴哈的术语来表述自己的观点。文中所说的"历史之谜的解答"，是指从建立在私有制基础上的社会的客观矛盾的发展中得出共产主义必然性的结论。

为自己既找到经验的基础，也找到理论的基础。

这种物质的、直接感性的私有财产，是异化了的人的生命的物质的、感性的表现。私有财产的运动——生产和消费——是迄今为止全部生产的运动的感性展现，就是说，是人的实现或人的现实。宗教、家庭、国家、法、道德、科学、艺术等等，都不过是生产的一些特殊的方式，并且受生产的普遍规律的支配。因此，对私有财产的积极的扬弃，作为对人的生命的占有，是对一切异化的积极的扬弃，从而是人从宗教、家庭、国家等等向自己的合乎人性的存在即社会的存在的复归。宗教的异化本身只是发生在意识领域、人的内心领域，而经济的异化是现实生活的异化，——因此对异化的扬弃包括两个方面。不言而喻，在不同的民族那里，运动从哪个领域开始，这要看一个民族的真正的、公认的生活主要是在意识领域还是在外部世界进行，这种生活更多地是观念的生活还是现实的生活。共产主义是径直从无神论开始的（欧文）①，而无神论最初还根本不是共产主义；那种无神论主要还是一个抽象。——因此，无神论的博爱最初还只是哲学的、抽象的博爱，而共产主义的博爱则径直是现实的和直接追求实效的。——

我们已经看到，在被积极扬弃的私有财产的前提下，人如何生产人——他自己和别人；直接体现他的个性的对象如何是他自己为别人的存在，同时是这个别人的存在，而且也是这个别人为他的存在。但是，同样，无论是劳动的材料还是作为主体的人，都既是运动的结果，又是运动的出发点（并且二者必须是这个出发点，私有财产的历史必然性就在于此）。因此，社会性质是整个运动的普遍性质；正像社会本身生产作为人的人一样，社会也是由人生产的。活动和享受，无论就其内容或就其存在方式来说，都是社会的活动和社会的享受。自然界的人的本质只有对社会的人来说才是存在的；因为只有在社会中，自然界对人来说才是人与人联系的纽带，才是他为别人的存在和别人为他的存在，只有在社会中，自然界才是人自己的合乎人性的存在的基础，才是人的现实的生活要素。只有在社会中，人的自然的存在对他来说才是人的合乎人性的存在，并且自然界对他来说才成为人。因此，社会是人同自然界的完成了的本质的统一，是自然界的真正复活，是人的实现了的自然主义和自然界的实现了

① 指罗·欧文对一切宗教的批判言论。用欧文的话来说，宗教给人以危险的和可悲的前提，在社会中培植人为的敌对。欧文指出，宗教的褊狭性是达到普遍的和谐和快乐的直接障碍；欧文认为任何宗教观念都是极端谬误的。

的人道主义。①

［Ⅵ］社会的活动和社会的享受决**不仅仅**存在于**直接**共同的活动和直接**共同的**享受这种形式中，虽然**共同的**活动和**共同的**享受，即直接通过同别人的**实际交往**表现出来和得到确证的那种活动和享受，在社会性的上述**直接**表现以这种活动的内容的本质为根据并且符合这种享受的本性的地方都会出现。

甚至当我从事**科学**之类的活动，即从事一种我只在很少情况下才能同别人进行直接联系的活动的时候，我也是**社会的**，因为我是作为**人**活动的。不仅我的活动所需的材料——甚至思想家用来进行活动的语言——是作为社会的产品给予我的，而且我**本身的**存**在就是**社会的活动；因此，我从自身所做出的东西，是我从自身为社会做出的，并且意识到我自己是社会存在物。

我的**普遍**意识不过是以**现实**共同体、社会存在物为**生动**形态的那个东西的**理论**形态，而在今天，**普遍**意识是现实生活的抽象，并且作为这样的抽象是与现实生活相敌对的。因此，我的普遍意识的**活动**——作为一种活动——也是我作为社会存在物的**理论**存在。

首先应当避免重新把"社会"当做抽象的东西同个体对立起来。个体是社**会存在物**。因此，他的生命表现，即使不采取**共同的**、同他人一起完成的生命表现这种直接形式，也**是社会生活**的表现和确证。人的个体生活和类生活不是**各不相同的**，尽管个体生活的存在方式是——必然是——类生活的较为**特殊的**或者较为**普遍的**方式，而类生活是较为**特殊的**或者较为**普遍的**个体生活。

作为**类意识**，人确证自己的现实的**社会生活**，并且只是在思维中复现自己的现实存在；反之，类存在则在类意识中确证自己，并且在自己的普遍性中作为思维着的存在物自为地存在着。

因此，人是**特殊的**个体，并且正是人的特殊性使人成为个体，成为现实的、**单个的**社会存在物，同样，人也是**总体**，是观念的总体，是被思考和被感知的社会的自为的主体存在，正如人在现实中既作为对社会存在的直观和现实享受而存在，又作为人的生命表现的总体而存在一样。

可见，思维和存在虽有**区别**，但同时彼此又处于**统一**中。

死似乎是类对**特定的**个体的冷酷的胜利，并且似乎是同类的统一相矛盾

---

① 马克思在这一页结尾标示的通栏线下面写了一句话："卖淫不过是工人普遍卖淫的一个特殊表现，因为卖淫是一种关系，这种关系不仅包括卖淫者，而且包括逼人卖淫者——后者的下流无耻尤为严重——，因此，资本家等等也包括在卖淫这一范畴中。"——编者注

的；但是，特定的个体不过是一个**特定的类存在物**，而作为这样的存在物是迟早要死的。

//（4）**私有财产**不过是下述情况的感性表现：人变成对自己来说是**对象性的**，同时，确切地说，变成异己的和非人的对象；他的生命表现就是他的生命的外化，他的现实化就是他的非现实化，就是**异己的**现实。同样，对私有财产的积极的扬弃，就是说，为了人并且通过人对人的本质和人的生命、对象性的人和人的**产品的感性的**占有，不应当仅仅被理解为**直接的**、片面的**享受**，不应当仅仅被理解为**占有**、**拥有**。人以一种全面的方式，就是说，作为一个完整的人，占有自己的全面的本质。人对世界的任何一种**人的**关系——视觉、听觉、嗅觉、味觉、触觉、思维、直观、情感、愿望、活动、爱，——总之，他的个体的一切器官，正像在形式上直接是社会的器官的那些器官一样，[Ⅶ]是通过自己的**对象性**关系，即通过自己**同对象的关系**而对对象的占有，对**人的**现实的占有；这些器官同对象的关系，是**人的现实的实现**（因此，正像人的**本质规定和活动**是多种多样的一样，人的现实也是多种多样的），是人的**能动**和人的**受动**，因为按人的方式来理解的受动，是人的一种自我享受。//

//私有制使我们变得如此愚蠢而片面，以致一个对象，只有当它为我们所拥有的时候，就是说，当它对我们来说作为资本而存在，或者它被我们直接占有，被我们吃、喝、穿、住等等的时候，简言之，在它被我们**使用**的时候，才是**我们的**。尽管私有制本身也把占有的这一切直接实现仅仅看做**生活手段**，而它们作为手段为之服务的那种生活，是**私有制的生活**——劳动和资本化。//

//因此，**一切**肉体的和精神的感觉都被这**一切**感觉的单纯异化即拥有的感觉所代替。人的本质只能被归结为这种绝对的贫困，这样它才能够从自身产生出它的内在丰富性。（关于**拥有**这个范畴，见《二十一印张》文集中**赫斯**的论文。①）//

//因此，对私有财产的扬弃，是人的一切感觉和特性的彻底**解放**；但这种

---

① 关于**拥有**（Haben）这个范畴，可参看莫·赫斯的一些著作。他在《行动的哲学》一文中写道："正是求存在的欲望，即希求作为特定的个体性、作为受限制的自我、作为有限的存在物而持续存在的欲望，导致贪欲。反之，对一切规定性的否定，抽象的自我和抽象的共产主义，空洞的'自在之物'的结果、批判主义和革命的结果、无从满足的应有的结果，则导致存在和拥有。助动词就这样成了名词。"（见《来自瑞士的二十一印张》1843年苏黎世—温特图尔版第1卷第329页）

马克思和恩格斯在《神圣家族》中也谈到过"拥有"和"不拥有"。

扬弃之所以是这种解放，正是因为这些感觉和特性无论在主体上还是在客体上都成为**人的**。眼睛成为人的眼睛，正像眼睛的**对象**成为社会的、**人的**、由人并为了人创造出来的对象一样。因此，**感觉**在自己的实践中直接成为**理论家**。感觉为了物而同**物**发生关系，但物本身是对自身和对人的一种**对象性的**、**人的**关系，反过来也是这样。// //当物按人的方式同人发生关系时，我才能在实践上按人的方式同物发生关系。因此，需要和享受失去了自己的**利己主义**性质，而自然界失去了自己的纯粹的**有用性**，因为效用成了**人的**效用。

同样，别人的感觉和精神也为我**自己**所占有。因此，除了这些直接的器官以外，还以社会的**形式**形成**社会的**器官。例如，同他人直接交往的活动等等，成为我的**生命表现**的器官和对**人的**生命的一种占有方式。

不言而喻，**人的**眼睛与野性的、非人的眼睛得到的享受不同，人的**耳朵**与野性的耳朵得到的享受不同，如此等等。

我们知道，只有当对象对人来说成为**人的**对象或者说成为对象性的人的时候，人才不致在自己的对象中丧失自身。只有当对象对人来说成为**社会的**对象，人本身对自己来说成为社会的存在物，而社会在这个对象中对人来说成为本质的时候，这种情况才是可能的。//

//因此，一方面，随着对象性的现实在社会中对人来说到处成为人的本质力量的现实，成为人的现实，因而成为人**自己的**本质力量的现实，一切**对象**对他来说也就成为他自身的**对象化**，成为确证和实现他的个性的对象，成为**他的**对象，这就是说，对象成为**他自身**。对象**如何**对他来说成为他的对象，这取决于**对象的性质**以及与之相适应的**本质力量**的性质；因为正是这种关系的**规定性**形成一种特殊的、**现实的**肯定方式。**眼睛**对对象的感觉不同于**耳朵**，眼睛的对象**是**不同于**耳朵**的对象的。每一种本质力量的独特性，恰好就是这种本质力量的**独特的本质**，因而也是它的对象化的独特方式，是它的**对象性的**、**现实的**、活生生的**存在**的独特方式。因此，人不仅通过思维，［VIII］而且以**全部**感觉在对象世界中肯定自己。

另一方面，即从主体方面来看：只有音乐才激起人的音乐感；对于没有音乐感的耳朵来说，最美的音乐也**毫无意义**，**不是**对象，因为我的对象只能是我的一种本质力量的确证，就是说，它只能像我的本质力量作为一种主体能力自为地存在着那样才对我而存在，因为任何一个对象对我的意义（它只是对那个与它相适应的感觉来说才有意义）恰好都以**我的**感觉所及的程度为限。因此，社会的人的感觉不同于非社会的人的感觉。只是由于人的本质客观地展开的丰富性，主体的、**人**的感性的丰富性，如有音乐感的耳朵、能感受形式美的眼睛，总之，那些能成为人的享受的感觉，即确证自己是**人的**本质力量的**感觉**，才一部分发展起来，一部分产生出来。因为，不仅五官感觉，而且连所谓精神感觉、实践感觉（意志、爱等等），一句话，**人的**感觉、感觉的人性，都是由于**它的**对象的存在，由于**人化的**自然界，才产生出来的。

五官感觉的**形成**是迄今为止全部世界历史的产物。囿于粗陋的实际需要的**感觉**，也只具有**有限的**意义。//对于一个忍饥挨饿的人来说并不存在人的食物形式，而只有作为食物的抽象存在；食物同样也可能具有最粗糙的形式，而且不能说，这种进食活动与**动物的**进食活动有什么不同。忧心忡忡的、贫穷的人对最美丽的景色都没有什么**感觉**；经营矿物的商人只看到矿物的商业价值，而看不到矿物的美和独特性；他没有矿物学的感觉。因此，一方面为了使人的**感觉成为人的**，另一方面为了创造同人的本质和自然界的本质的全部丰富性相适应的**人的感觉**，无论从理论方面还是从实践方面来说，人的本质的对象化都是必要的。

通过**私有财产**及其富有和贫困——或物质的和精神的富有和贫困——的运动，正在生成的社会发现这种**形成**所需的全部材料；//**同样，已经生成的**社会创造着具有人的本质的这种全部丰富性的人，创造着**具有丰富的、全面而深刻的感觉**的人作为这个社会的恒久的现实。——//

我们看到，主观主义和客观主义，唯灵主义和唯物主义，活动和受动，只是在社会状态中才失去它们彼此间的对立，从而失去它们作为这样的对立面的存在；我们看到，//**理论的**对立本身的解决，**只有通过实践**方式，只有借助于人的实践力量，才是可能的；因此，这种对立的解决绝对不只是认识的任务，而是**现实**生活的任务，而**哲学**未能解决这个任务，正是因为哲学把这**仅仅**看做理论的任务。——//

//我们看到，**工业**的历史和工业的已经生成的**对象性的**存在，是一本打开**了的关于人的本质力量**的书，是感性地摆在我们面前的人的**心理学**；对这种心理学人们至今还没有从它同人的**本质**的联系，而总是仅仅从外在的有用性这种关系来理解，因为在异化范围内活动的人们仅仅把人的普遍存在，宗教，或者具有抽象普遍本质的历史，如政治、艺术和文学等等，[Ⅸ] 理解为人的本质力量的现实性和**人的类**活动。在**通常的、物质的工业**中（人们可以把这种工业理解为上述普遍运动的一部分，正像可以把这个运动本身理解为工业的一个**特殊**部分一样，因为全部人的活动迄今为止都是劳动，也就是工业，就是同自身相异化的活动），人的**对象化的本质力量**以**感性的、异己的、有用的对象**的形式，以异化的形式呈现在我们面前。如果**心理学**还没有打开这本书即历史的这个恰恰最容易感知的、最容易理解的部分，那么这种心理学就不能成为内容确实丰富的和**真正的科学**。∥如果科学从人的活动的如此广泛的丰富性中只知道那种可以用"**需要**"、"**一般需要！**"的话来表达的东西，那么人们对于这种**高傲地**撇开人的劳动的这一巨大部分而不感觉自身不足的科学究竟应该怎样想呢？——

　　自然科学展开了大规模的活动并且占有了不断增多的材料。而哲学对自然科学始终是疏远的，正像自然科学对哲学也始终是疏远的一样。过去把它们暂时结合起来，不过是**离奇的幻想**。存在着结合的意志，但缺少结合的能力。甚至历史编纂学也只是顺便地考虑到自然科学，仅仅把它看做是启蒙、有用性和某些伟大发现的因素。然而，自然科学却通过工业日益**在实践上**进入人的生活，改造人的生活，并为人的解放作准备，尽管它不得不直接地使非人化充分发展。**工业**是自然界对人，因而也是自然科学对人的**现实的**历史关系。因此，如果把工业看成人的**本质力量**的**公开**的展示，那么自然界的**人的本质**，或者人的**自然的**本质，也就可以理解了；因此，自然科学将抛弃它的抽象物质的方向，或者更确切地说，是抛弃唯心主义方向，从而成为**人的科学**的基础，正像它现在已经——尽管以异化的形式——成了真正人的生活的基础一样；说生活还有**别的**什么基础，**科学**还有别的什么基础——这根本就是谎言。∥在人类历史中即在人类社会的形成过程中生成的自然界，是人的**现实的**自然界；因此，通过工业——尽管以**异化**的形式——形成的自然界，是真正的、**人本学的**自然界。——∥

　　感性（见费尔巴哈）必须是一切科学的基础。科学只有从**感性**意识和**感性**需要这两种形式的感性出发，因而，科学只有从自然界出发，才是**现实的科**学。[1] 可见，全部历史是为了使"**人**"成为**感性**意识的对象和使"人作为人"

---

① 路·费尔巴哈《关于哲学改革的临时纲要》（《德国现代哲学和政论界轶文集》1843 年苏黎世—温特图尔版第 2 卷第 84—85 页）以及《未来哲学原理》1843 年苏黎世—温特图尔版第 58—70 页。——编者注

的需要成为需要而作准备的历史（发展的历史）①。历史本身是**自然史**的一个**现实**部分，即自然界生成为人这一过程的一个**现实**部分。自然科学往后将包括关于人的科学，正像关于人的科学包括自然科学一样：这将是**一门科学**。［X］人是自然科学的直接对象；因为直接的**感性自然界**，对人来说直接是**人**的感性（这是同一个说法），直接是**另一个**对他来说感性地存在着的人；因为他自己的感性，只有通过**别**人，才对他本身来说是人的感性。但是，**自然界是关于人的科学**的直接对象。人的第一个对象——人——就是自然界、感性；而那些特殊的、人的、感性的本质力量，正如它们只有在**自然**对象中才能得到客观的实现一样，只有在关于自然本质的科学中才能获得它们的自我认识。思维本身的要素，思想的生命表现的要素，即**语言**，具有感性的性质。自然界的**社会的**现实和**人的**自然科学或**关于人的自然科学**，是同一个说法。——

　　//我们看到，**富有的人和人的丰富的需要**代替了国民经济学上的**富有和贫困**。**富有的**人同时就是**需要**有人的生命表现的完整性的人，在这样的人的身上，他自己的实现作为内在的必然性、作为**需要**而存在。不仅人的**富有**，而且人的**贫困**，——在社会主义的前提下——同样具有**人的**因而是社会的意义。贫困是被动的纽带，它使人感觉到自己需要的最大财富是**他人**。因此，对象性的本质在我身上的统治，我的本质活动的感性爆发，是**激情**，从而激情在这里就成了我的本质的**活动**。——//

　　（5）任何一个**存在物**只有当它用自己的双脚站立的时候，才认为自己是独立的，而且只有当它依靠自己而**存在**的时候，它才是用自己的双脚站立的。靠别人恩典为生的人，把自己看成一个从属的存在物。但是，如果我不仅靠别人维持我的生活，而且别人还**创造**了我的**生活**，别人还是我的生活的**泉源**，那么我就完全靠别人的恩典为生；如果我的生活不是我自己的创造，那么我的生活就必定在我自身之外有这样一个根源。因此，**创造**［*Schöpfung*］是一个很难从人民意识中排除的观念。自然界的和人的通过自身的存在，对人民意识来说是**不能理解的**，因为这种存在是同实际生活的一切**明显的事实**相矛盾的。

　　……

　　但是，因为对社会主义的人来说，**整个所谓世界历史**不外是人通过人的劳动而诞生的过程，是自然界对人来说的生成过程，所以关于他通过自身而**诞**

---

① 手稿中"发展的历史"写在"作准备的历史"的上方。——编者注

生、关于他的**形成过程**，他有直观的、无可辩驳的证明。因为人和自然界的**实在性**，即人对人来说作为自然界的存在以及自然界对人来说作为人的存在，已经成为实际的、可以通过感觉直观的，所以关于某种**异己的**存在物、关于凌驾于自然界和人之上的存在物的问题，即包含着对自然界的和人的非实在性的承认的问题，实际上已经成为不可能的了。**无神论**，作为对这种非实在性的否定，已不再有任何意义，因为无神论是**对神的否定**，并且正是通过这种否定而设定**人**的存在；但是，社会主义作为社会主义已经不再需要这样的中介；它是从把人和自然界看做**本质**这种理论上和实践上的感性意识开始的。社会主义是人的不再以宗教的扬弃为中介的积极的自我意识，正像**现实生活**是人的不再以私有财产的扬弃即**共产主义**为中介的积极的现实一样。共产主义是作为否定的否定的肯定，因此，它是人的解放和复原的一个**现实的**、对下一段历史发展来说是必然的环节。**共产主义**是最近将来的必然的形态和有效的原则，但是，这样的共产主义并不是人类发展的目标，并不是人类社会的形态。——

[对黑格尔的辩证法和整个哲学的批判]

（6）在这一部分，为了便于理解和论证，对黑格尔的整个辩证法，特别是《现象学》和《逻辑学》中有关辩证法的叙述，以及最后对现代批判运动同黑格尔的关系略作说明，也许是适当的。——

现代德国的批判着意研究旧世界的内容，而且批判的发展完全拘泥于所批判的材料，以致对批判的方法采取完全非批判的态度，同时，对于我们如何对待黑格尔的辩证法这一**表面上看来是形式的**问题，而实际上是**本质的**问题，则完全缺乏认识。对于现代的批判同黑格尔的整个哲学，特别是同辩证法的关系问题是如此缺乏认识，以致像**施特劳斯**①和**布鲁诺·鲍威尔**这样的批判家仍然受到黑格尔逻辑学的束缚；前者是完全被束缚，后者在自己的《符类福音作者》中（与施特劳斯相反，他在这里用抽象的人的"自我意识"代替了"抽

---

① 大·施特劳斯《耶稣传》1835—1836 年蒂宾根版第 1—2 卷；《为我的著作〈耶稣传〉辩护和关于评述现代神学特性的论争文集》1837 年蒂宾根版第 1—3 册；《评述和批判。神学、人类学和美学方面的轶文集》1839 年莱比锡版；《基督教教理的历史发展及其同现代科学的斗争》1840—1841 年蒂宾根—斯图加特版第 1—2 卷。——编者注

象的自然界"的实体)①，甚至在《基督教真相》中，至少是有可能完全地被束缚。例如，《基督教真相》一书中说：

> "自我意识设定世界、设定差别，并且在它所创造的东西中创造自身，因为它重新扬弃了它的创造物同它自身的差别，因为它只是在创造活动中和运动中才是自己本身，——这个自我意识在这个运动中似乎就没有自己的目的了"，等等。或者说："他们〈法国唯物主义者〉还未能看到，宇宙的运动只有作为自我意识的运动，才能实际上成为自为的运动，从而达到同自身的统一。"②

这些说法甚至在语言上都同黑格尔的观点毫无区别，实际上，这是在逐字逐句重述黑格尔的观点。

［XII］鲍威尔在他的《自由的正义事业》一书中对格鲁培先生提出的"那么逻辑学的情况如何呢？"这一唐突的问题避而不答，却让他去问未来的批判家。③ 这表明，鲍威尔在进行批判活动（鲍威尔《符类福音作者》）时对于同黑格尔辩证法的关系是多么缺乏认识，而且在物质的批判活动之后也还缺乏这种认识。

但是，即使现在，在**费尔巴哈**不仅在收入《轶文集》的《纲要》中，而且更详细地在《未来哲学》中从根本上推翻了旧的辩证法和哲学之后；在无法完成这一事业的上述批判反而认为这一事业已经完成，并且宣称自己是"纯粹的、坚决的、绝对的、洞察一切的批判"之后；在批判以唯灵论的狂妄自大态度把整个历史运动归结为世界的其他部分——它把这部分世界与它自身对立起来而归入"群众"这一范畴——和它自身之间的关系，并且把一切独断的对立消融于它本身的聪明和世界的愚蠢之间、批判的基督和作为"**群氓**"的人类之间的**一个**独断的对立中之后；在批判每日每时以群众的愚钝无知来证明它本身的超群出众之后；在批判终于宣称这样一天——那时整个正在堕落的人类将聚

---

① 布·鲍威尔《符类福音作者的福音故事考证》1841 年莱比锡版第 1 卷第 VI—XV 页。——编者注

② 布·鲍威尔《基督教真相》1843 年苏黎世—温特图尔版第 113—115 页。——编者注

③ 见布·鲍威尔《自由的正义事业和我自己的事业》1842 年苏黎世—温特图尔版第 85、193—194 页。鲍威尔在这本书中既分析批判了奥·弗·格鲁培的小册子《布鲁诺·鲍威尔和大学的教学自由》（1842 年柏林版），也批判了菲·马尔海内克的《关于黑格尔哲学对基督教神学的意义的公开演讲绪论》（1842 年柏林版）。

未来的批判家指在《文学总汇报》上发表言论的青年黑格尔分子。

集在批判面前，由批判加以分类，而每一类人都将得到一份赤贫证明书——即将来临，即以这种形式宣告批判的**末日审判**①之后；在批判于报刊上宣布它既对人的感觉又对它自己独标一格地雄踞其上的世界具有优越性，而且只是不时从它那尖酸刻薄的口中发出奥林波斯山众神的哄笑声②之后，——在以批判的形式消逝着的唯心主义（青年黑格尔主义）做出这一切滑稽可笑的动作之后，这种唯心主义甚至一点也没想到现在已经到了同自己的母亲即黑格尔辩证法批判地划清界限的时候，甚至一点也没表明它对费尔巴哈辩证法的批判态度。这是对自身持完全非批判的态度。

费尔巴哈是唯一对黑格尔辩证法采取**严肃的**、**批判的**态度的人；只有他在这个领域内作出了真正的发现，总之，他真正克服了旧哲学。费尔巴哈成就的伟大以及他把这种成就贡献给世界时所表现的那种谦虚纯朴，同批判所持的相反的态度形成惊人的对照。

费尔巴哈的伟大功绩在于：（1）证明了哲学不过是变成思想的并且通过思维加以阐明的宗教，不过是人的本质的异化的另一种形式和存在方式；因此哲学同样应当受到谴责；③

（2）创立了**真正的唯物主义**和**实在的科学**，因为费尔巴哈使社会关系即"人与人之间的"关系也同样成为理论的基本原则；④

（3）他把基于自身并且积极地以自身为根据的肯定的东西同自称是绝对肯定的东西的那个否定的否定对立起来。⑤

费尔巴哈这样解释了黑格尔的辩证法（从而论证了要从肯定的东西即从感觉确定的东西出发）：

黑格尔从异化出发（在逻辑上就是从无限的东西、抽象的普遍的东西出发），从实体出发，从绝对的和不变的抽象出发，就是说，说得更通俗些，他从宗教和神学出发。

---

① 见梅·希策尔《苏黎世通讯》（1844 年《文学总汇报》第 5 期第 12、15 页）。并见马克思和恩格斯《神圣家族》第 7 章第 1 节《批判的群众》，第 9 章《批判的末日的审判》（《马克思恩格斯全集》中文第 1 版第 2 卷）。——编者注

② 见布·鲍威尔《本省通讯》（1844 年《文学总汇报》第 6 期第 30—32 页）。并见《马克思恩格斯文集》第 1 卷，人民出版社 2009 年版，第 348—355 页。——编者注

③ 路·费尔巴哈《未来哲学原理》1843 年苏黎世—温特图尔版第 1—33 页。——编者注

④ 路·费尔巴哈《未来哲学原理》1843 年苏黎世—温特图尔版第 77—84 页。——编者注

⑤ 路·费尔巴哈《未来哲学原理》1843 年苏黎世—温特图尔版第 62—70 页。——编者注

第二，他扬弃了无限的东西，设定了现实的、感性的、实在的、有限的、特殊的东西。（哲学，对宗教和神学的扬弃。）

第三，他重新扬弃了肯定的东西，重新恢复了抽象、无限的东西。宗教和神学的恢复。①

由此可见，费尔巴哈把否定的否定**仅仅**看做哲学同自身的矛盾，看做在否定神学（超验性等等）之后又肯定神学的哲学，即同自身相对立而肯定神学的哲学。

否定的否定所包含的肯定或自我肯定和自我确证，被认为是对自身还不能确信因而自身还受对立面影响的、对自身怀疑因而需要证明的肯定，即被认为是没有用自己的存在证明自身的、没有被承认的〔XIII〕肯定；因此，感觉确定的、以自身为根据的肯定是同这种肯定直接地而非间接地对立着的。

费尔巴哈还把否定的否定、具体概念看做在思维中超越自身的和作为思维而想直接成为直观、自然界、现实的思维。②

但是，因为黑格尔根据否定的否定所包含的肯定方面把否定的否定看成真正的和唯一的肯定的东西，而根据它所包含的否定方面把它看成一切存在的唯一真正的活动和自我实现的活动，所以他只是为历史的运动找到**抽象的**、**逻辑的**、**思辨的**表达，这种历史还不是作为既定的主体的人的**现实**历史，而只是人的**产生的活动**、人的**形成的历史**。——我们既要说明这一运动在黑格尔那里所采取的抽象形式，也要说明这一运动在黑格尔那里同现代的批判即同费尔巴哈的《基督教的本质》一书所描述的同一过程③的区别；或者更正确些说，要说明这一在黑格尔那里还是非批判的运动所具有的**批判的**形式。——

……

（选自《马克思恩格斯文集》第 1 卷，人民出版社
2009 年版，第 111—201 页）

---

① 路·费尔巴哈《未来哲学原理》1843 年苏黎世—温特图尔版第 33—58 页。——编者注
② 马克思在这里转述了路·费尔巴哈在《未来哲学原理》1843 年苏黎世—温特图尔版第 29—30 节中针对黑格尔的批判性意见。
③ 路·费尔巴哈《基督教的本质》1841 年莱比锡版第 37—247 页。——编者注

《1844 年经济学哲学手稿》（ 节选 ） 导读

　　马克思的《1844 年经济学哲学手稿》（以下简称《手稿》）是一部在马克思主义哲学创立和形成过程中具有承上启下地位的重要著作。在《手稿》中，马克思以人本学唯物主义为基础，以人的类本质的对象化与异化的扬弃为理论构架，第一次实现了哲学、政治经济学和共产主义理论的有机结合，批判资本主义制度，指出共产主义是人的解放的必然环节。虽然《手稿》还没有形成科学的历史唯物主义理论，但它是早年马克思哲学思想发展的一个制高点。

一、写作背景

　　《手稿》是马克思一部未完成的著作，写于 1844 年 4 月至 8 月，在马克思生前没有发表。1927 年，苏联出版的《马克思和恩格斯文库》第 3 卷附录摘要发表了这部手稿中的《第三手稿》（即笔记本Ⅲ），但这部分手稿被误认为是《神圣家族》的准备材料。1929 年 2 月，巴黎出版的《马克思主义评论》杂志第 1 期以《关于共产主义和私有制的札记》《关于需要、生产和分配的札记》为题发表了手稿另一些片段。1932 年，苏联的阿多拉茨基等人在编辑出版的《马克思恩格斯全集》历史考证版（MEGA[1]）第 1 部分第 3 卷中，以《1844 年经济学哲学手稿：国民经济学批判》为题全文发表了这部手稿。几乎与此同时，德国社会民主党理论家朗兹胡特和迈尔在编辑出版的《卡尔·马克思历史唯物主义早期著作集》中发表了题为《国民经济学和哲学》手稿的另一个德文版本。

　　《手稿》是马克思在得出"市民社会"即社会物质生活关系是政治国家和法的基础的结论以后，对政治经济学进行初步研究的产物。1843 年，马克思已通过对黑格尔法哲学的批判，得出了政治和思想的关系根源于物质生活关系的结论。1843 年 10 月底，马克思到了巴黎。他在编辑《德法年鉴》的过程中受到了恩格斯以及赫斯（1812 — 1875）的影响，开始着手系统地研究政治经济学。他认真研读了恩格斯的《国民经济学批判大纲》，按照恩格斯提供的线索，阅读了大量政治经济学著作，并对萨伊、斯密、李嘉图、穆勒和麦克库洛赫等经济学家的著作做了摘要和札记。这些笔记后来被称为"巴黎笔记"（1843 年 10 月—1845 年 1 月）。"巴黎笔记"展现了马克思对资产阶级政治经济学的积极批判和对一些重要问题的独到观点。比如在《詹姆斯·穆勒〈政治经济学原理〉一书摘要》中，马克思自己的议论占了相当大部分。因此，《手稿》不仅按其内容来说与"巴黎笔记"有内在的联系，甚至就写作顺序来说两者也可能是交叉进行的。

《手稿》的写作，是马克思对黑格尔哲学的反思以及对费尔巴哈哲学思想的借鉴。正是在 1843 年，费尔巴哈出版了后来有广泛影响的几部著作，即《基督教的本质》第二版、《关于哲学改革的临时纲要》以及《未来哲学原理》等。在这些著作中，费尔巴哈进一步批判了黑格尔哲学的唯心主义，把神学归结为人类学，并系统阐述了他的人本学唯物主义的主要原理。同年，德国早期社会主义者赫斯撰写了《金钱的本质》一文，并将其提交到了由马克思和卢格担任主编的《德法年鉴》编辑部。赫斯在文中已表述出这一核心观点：生产和交往规定了人的本质，而金钱不外是人的本质的异化。费尔巴哈和赫斯等人的思想，给当时的马克思以启迪和推动。当然，赫斯在理论水平和思想影响上不能同黑格尔和费尔巴哈相比，也不能同英国古典政治经济学家以及法国社会主义者的著作相比，但作为青年黑格尔派中由政治批判转入经济社会批判的第一人，他是提出德国哲学必须同英国古典政治经济学、法国社会主义结盟的倡导者。因此，马克思在《手稿》"序言"中将赫斯的几篇论文与恩格斯的《国民经济学批判大纲》一起，称为"内容丰富而**有独创性的**著作"①。正是在这一背景下，马克思进一步深化了自己的哲学批判，并将这一批判同对英国古典政治经济学和法国、英国空想社会主义的批判结合起来，发展和论证了自己已经获得的新观点，形成了《手稿》。

二、主要内容

《手稿》由三个未完成的手稿和序言组成。本教材节选了"序言"，"第一手稿"中的"异化劳动和私有财产"，"第三手稿"中的"私有财产和共产主义"和"对黑格尔的辩证法和整个哲学的批判"的部分内容。

（一）劳动的作用与异化劳动

对劳动作用的充分肯定和对异化劳动②的详细分析，构成了《手稿》的重要内容。马克思指出，劳动、生产是人的根本活动，是人类社会和历史过程的

---

① 《马克思恩格斯文集》第 1 卷，人民出版社 2009 年版，第 112 页。
② 马克思借助德国古典哲学的重要术语"异化"，并赋予新的含义，用来表达他关于劳动异化的概念。马克思在能够正确揭示和批判资本主义的本质之后，就不再使用这一概念了。

基础。但是，在资本主义条件下，劳动表现为奴役劳动者的异化劳动。马克思分析了异化劳动与私有财产的关系，指出了异化劳动的历史必然性、历史地位和历史暂时性，展示了人类克服劳动异化回归自由自觉劳动的未来远景。

第一，提出劳动、生产是人的能动的类生活。在《手稿》中，马克思第一次在理论上系统地探讨了劳动的性质及其作用。他认为，人对自己的确证，并不是靠单纯的意识活动，而主要是靠改造自然的生产劳动。劳动是人创造自己生命的活动，是人的生命活动，是人的类生活。正是通过生产劳动"创造**对象世界，改造**无机界，人证明自己是有意识的类存在物"①。劳动这种生命活动是人所独有的，人能够把它变成自己意识的对象，因此，它在本质上是自由自觉的，是人与动物相区别的根本标志。"有意识的生命活动把人同动物的生命活动直接区别开来。正是由于这一点，人才是类存在物。"② 他还强调，劳动、物质生产是感性世界的现实基础，"**工业**的历史和工业的已经生成的**对象性的**存在，是一本**打开了的关于人的本质力量**的书，是感性地摆在我们面前的人的**心理学**"③。人和人类社会在劳动中存在和发展，而自然界对人来说，也不像对动物那样直接地存在，它按照自己被人的劳动改造的程度而存在。他指出："在人类历史中即在人类社会的形成过程中生成的自然界，是人的**现实的**自然界；因此，通过工业……形成的自然界，是真正的、**人本学的**自然界。"④

应该承认，马克思此时对劳动及其历史作用的认识仍然带有费尔巴哈人本主义的痕迹。《手稿》中关于"类生活""类本质"的提法直接源于费尔巴哈，而构成这种人的类生活和类本质的劳动并不包括私有制条件下的"异化劳动"，也不包括满足人的"直接的肉体需要的"劳动，是指理想化的"自由自觉的活动"；对劳动的作用也主要是从"人的心理学""人本学的自然界"视角作出的。正如后来恩格斯在《路德维希·费尔巴哈和德国古典哲学的终结》中所说的，马克思主义是"在劳动发展史中找到了理解全部社会史的锁钥的新派别"⑤。马克思在《手稿》中对劳动及其作用的论述，说明他已经在正确的方向上迈出了重要的一步。

---

① 《马克思恩格斯文集》第 1 卷，人民出版社 2009 年版，第 162 页。
② 《马克思恩格斯文集》第 1 卷，人民出版社 2009 年版，第 162 页。
③ 《马克思恩格斯文集》第 1 卷，人民出版社 2009 年版，第 192 页。
④ 《马克思恩格斯文集》第 1 卷，人民出版社 2009 年版，第 193 页。
⑤ 《马克思恩格斯文集》第 4 卷，人民出版社 2009 年版，第 313 页。

　　第二，论述人与动物的根本区别。马克思认为，劳动作为自由自觉的活动是人的本质规定，是人的类特性。他把这种自由自觉的活动称为"自主活动"或"自由活动"。他强调，只有在扬弃了异化劳动的基础上，人的本质才会同自己的存在直接同一，自由活动才会成为劳动的经验事实。那时候，人将作为历史的前提和主体开始自己现实的历史，按照美的规律塑造自身并再生产整个自然界。马克思通过比较人与动物的生命活动，进一步阐述他对这一问题的理解：动物只生产其直接所需要的东西，动物只是在直接的肉体需要的支配下生产，而人甚至不受肉体需要的支配也进行生产，并且只有在不受这种需要的支配时才进行真正的生产；动物的生产是片面的，而人的生产是全面的；动物只生产自身，而人再生产整个自然界；动物的产品直接属于它的肉体，人则自由地面对自己的产品；"动物只是按照它所属的那个种的尺度和需要来构造，而人却懂得按照任何一个种的尺度来进行生产，并且懂得处处都把固有的尺度运用于对象；因此，人也按照美的规律来构造"①。因此，人能够有目的地"再生产整个自然界"，能够按照美的规律建造一个属于人的世界。这个世界不仅满足人的物质需要，而且使人从中观照自己的本质、体验劳动生活给自己带来的享受和乐趣，给人提供自由发展的广阔天地。

　　第三，提出整个世界历史是人通过人的劳动而诞生的过程，是自然界对人来说的生成过程。黑格尔曾经在神秘的形式下把世界历史描述成所谓"世界精神"自我异化和复归的否定之否定过程。马克思则把整个世界历史过程置于生产劳动之上，为其找到了经验的、实证性的基础。马克思指出：对社会主义的人来说，整个所谓世界历史不外是人通过人的劳动而诞生的过程，是自然界对人来说的生成过程，人和自然界的实在性，即人对人来说作为自然界的存在以及自然界对人来说作为人的存在，已经成为实际的、可以通过感觉直观的，所以"关于某种**异己的**存在物、关于凌驾于自然界和人之上的存在物的问题，即包含着对自然界的和人的非实在性的承认的问题，实际上已经成为不可能的了"②。

　　第四，认为资本主义条件下工人的劳动表现为异化劳动。马克思指出，确证人的本质力量的生产劳动，在资本主义条件下却表现为对劳动者——工人的

---

① 《马克思恩格斯文集》第 1 卷，人民出版社 2009 年版，第 163 页。
② 《马克思恩格斯文集》第 1 卷，人民出版社 2009 年版，第 196—197 页。

奴役。这种工人从事的但反过来奴役工人的劳动就是异化劳动。它与作为人的类生活的劳动相对立。他认为，在被国民经济学作为前提的资本主义私有制的状态下，"劳动的这种现实化表现为工人的**非现实化**，对象化表现为**对象的丧失和被对象奴役**，占有表现为**异化、外化**"①。在这里，马克思提出异化劳动概念，并以此为核心来展开对资本主义经济世界和资产阶级政治经济学的哲学批判。

在马克思看来，异化劳动表现在四个方面。第一个表现是劳动者同自己的劳动产品相异化。工人通过劳动生产出的产品不但不为工人所拥有，反而成为支配工人的异己的力量。工人生产的产品越多，他拥有的产品就越少，越是受到产品的奴役。第二个表现是劳动者同自己的劳动活动相异化。劳动对工人来说是外在的东西，工人在劳动中不是肯定自己，而是否定自己；不是感到幸福，而是感到不幸；不是自由地发挥自己的体力和智力，而是使自己的肉体受折磨、精神遭摧残。这种劳动不是自愿的劳动，而是被迫的强制劳动。只要各种强制一停止，人们就会逃避这种劳动。第三个表现是人同自己的类本质相异化。人是类存在物，自由自觉的活动即劳动是人的类本质。人的类本质必须对象化，而人在劳动中生产的产品、创造的对象世界正是自己的类本质的对象化和确证。然而，异化劳动表明了人既失去了自由自觉的劳动，也丧失了赖以实现和确证其活动的对象世界，因而导致了把类生活变成维持个人生活的手段，使人与自己的类本质相异化。第四个表现是人同人相异化。当工人与自己的劳动产品、自己的劳动、自己的类本质相分离时，必然意味着他人对工人本该拥有的东西的占有，因而必然导致人与人相对立。通过异化劳动，人不仅生产出他同作为异己的、敌对的力量的生产对象和生产的关系，而且生产出其他人同他的生产和他的产品的关系以及他同这些人的关系。马克思认为，异化劳动的上述对抗性质，既暴露了资本主义的非人性和反人道性，也暴露了资产阶级政治经济学对资本主义的非批判性。

第五，分析私有财产是异化劳动的产物，它又反过来成为劳动借以异化的手段。马克思认为，私有财产的秘密就是它与异化劳动之间的关系：异化劳动是私有财产的本质和根源，私有财产则是异化劳动借以实现的手段和形式。从根本上说，私有财产是劳动异化的必然结果。正因为劳动活动本身同劳动者异

① 《马克思恩格斯文集》第 1 卷，人民出版社 2009 年版，第 157 页。

化了，才使作为这种活动结果的劳动产品同劳动者相异化。私有财产所表现出来的奴役与被奴役关系是由异化劳动决定的，异化劳动是这种关系的内容，是私有财产的直接原因。反过来，私有财产作为异化劳动的结果一经产生，就不仅以物化的形式成为异化劳动借以实现的形式，而且会进一步加剧劳动的异化，成为异化劳动进一步加剧的手段。正是从异化劳动与私有财产的这一辩证关系出发，马克思强调，只有在资本主义社会，私有财产才发展到最后的、最高的阶段，才真正符合自己的概念；也只有在这个阶段中，私有财产的秘密才会完全暴露出来。《手稿》关于异化劳动是私有财产的本质和根源的论断，实际上深刻揭示了雇佣劳动与资本、工人与资本家相对立的社会关系。马克思由此得出结论："整个的人类奴役制就包含在工人对生产的关系中，而一切奴役关系只不过是这种关系的变形和后果罢了。"①

第六，论述劳动的异化及其扬弃是人的本质力量实现过程的基本内容。在马克思当时看来，异化劳动虽然有其不合理性，但是却有其深刻的历史必然性。他认为，历史是人的本质力量（以劳动为基本内容的对对象世界的创造）的实现过程，即使在私有财产制度下，人的本质力量也在异化的形式下实现着，异化和扬弃异化走着同一条道路，是同一过程的不同方面。这样一来，人的本质力量的实现就被理解为一个辩证的历史过程，而劳动的异化和异化的扬弃是这一过程的基本内容。因此，异化劳动不仅是需要加以道义谴责的非人状态，而且是人的本质力量实现过程中的必然阶段和环节。马克思提出，需要进一步探讨：人是怎样使自己的劳动外化、异化的？这种异化又是怎样由人的发展的本质引起的？这种从劳动自身发展中寻找异化劳动的原因的思路是极其深刻的。这种问题的新提法本身就已包含了对解决问题的思考。

（二）共产主义是人的解放的一个必然环节

马克思从经济学和哲学相结合的角度，通过对各种既有的社会主义和共产主义学说的批判，阐发了自己的共产主义见解。他强调，共产主义是扬弃私有财产的现实运动，是人的解放和复原的一个现实的必然的环节。在共产主义运动基础上建立起来的真正人的社会，是人与人、人与自然之间矛盾的彻底解决。

第一，批判既有的社会主义和共产主义学说。马克思指出："自我异化的

---

① 《马克思恩格斯文集》第 1 卷，人民出版社 2009 年版，第 167 页。

扬弃同自我异化走的是同一条道路。"① 私有财产发展到资本主义时期，其内在本质就开始暴露，超出了有产与无产之间的外在对立，成为资本与劳动之间的内在矛盾。资本主义私有财产的发展过程，既是劳动自我异化的发展过程，也是私有财产内在矛盾发展，最终实现劳动自我异化扬弃的过程。社会主义和共产主义学说正是这一过程的理论表现。

马克思首先批判了蒲鲁东、傅立叶和圣西门等人的社会主义学说。他指出，蒲鲁东认为不用消灭异化劳动，只要消灭资本和财产的占有方式，就可以扬弃异化，仍然没有完全摆脱私有财产的物化观念。傅立叶和圣西门看到了私有财产的本质在于异化劳动，但仍局限于劳动的特殊形式。傅立叶把资本主义的分工看作产生异化的根源，要求消灭资本主义的工商业分工，回到单一的农业劳动。圣西门则认为工业劳动是扬弃异化的途径，但他未看到工业中的资本和劳动的对立，幻想在保留资本家统治的条件下扬弃异化。马克思认为，只有从工人中产生出来的各种共产主义学说，才认识到作为私有财产本质的一般的异化劳动，因而是"扬弃了私有财产的积极表现"。不过其最初形式即以巴贝夫为代表的粗陋的平均共产主义，仍然停留在私有财产和雇佣劳动的普遍化上。巴贝夫之流把物质的直接占有看作是生活和存在的唯一目的，想把不能被所有人作为私有财产占有的一切都消灭；把雇佣工人的规定"推广到一切人身上去"；甚至通过极端的形式用普遍的私有财产来反对私有财产，例如用"公妻制"来反对婚姻。更进一步的形式则是卡贝、德萨米和布朗基等人的共产主义学说。他们有的试图在民主或专制的国家政权基础上达到对人的自我异化的扬弃，有的则试图通过废除国家进入无政府状态来实现人向自身的复归。这种共产主义已把自己理解为人的自我异化的扬弃，但没有理解"私有财产的积极本质"，也不了解"需要所具有的人的本性"，所以依然受着私有财产的束缚和感染。

第二，提出共产主义是扬弃私有财产的积极表现，是人的一切感觉和特性的彻底解放。马克思以"私有财产的积极本质"和"需要所具有的人的本性"为基础，阐发了自己对共产主义的理解。在他看来，共产主义是对私有财产的积极扬弃，是人的一切感觉和特性的彻底解放。在客体方面，《手稿》提出，作为对私有财产的积极扬弃，共产主义并不取消在私有财产制度下取得的一切

---

① 《马克思恩格斯文集》第 1 卷，人民出版社 2009 年版，第 182 页。

积极成果。迄今为止的劳动创造出来的对象世界正是人的本质（劳动）的对象化。共产主义让人重新占有对象世界，这是符合真正的人的本性的占有。"一切**对象**对他来说也就成为他自身的**对象化**，成为确证和实现他的个性的对象，成为**他的**对象，这就是说，对象成为**他自身**。"① 在主体方面，《手稿》认为这种占有是一个"完整的人"，以"全面的方式"，对自己的全面的本质加以占有；而不是个人的单独享有或据为己有（拥有），不是对物的直接的、片面的享受。人的感觉真正成为人的感觉，即"社会的人的感觉"，具有同人的本质和自然界的本质的全部丰富性相适应的人的感觉。因此，对私有财产的积极扬弃意味着彻底消灭人与人、人与自然界的敌对关系，建立起人对自己的本质、对其他人、对自然界的合乎人性的关系；人的活动不再局限于谋生和对对象的排他性拥有，而以全面的方式欣赏对象、享受生活、发展自己；人的需要和享受从单纯的利己主义中解放出来，自然界从纯粹的有用性中解放出来。通过对私有财产的积极扬弃，人的一切感觉和特性展现出无限的丰富性，而自然界则在人的活动作用下，展现出与人的全面的和谐关系。

第三，论述共产主义运动在私有财产的运动中为自己找到经验和理论的基础。共产主义作为对异化劳动和私有财产的积极扬弃，作为人向自身、向社会的人的复归，是私有财产矛盾运动达到最高阶段的必然结果，是资本主义社会中劳动与资本、工人与资本家对立和斗争达到极限的必然产物。它的根据和条件就存在于现实的社会运动中。马克思指出："整个革命运动必然在**私有财产**的运动中，即在经济的运动中，为自己既找到经验的基础，也找到理论的基础。"② 他认为，私有财产的运动本身包括物质的、感性的和意识的、观念的两个方面。生产和消费是迄今为止全部生产的运动的客观方面和感性表现，而宗教、法、道德、科学、艺术等等的异化只是发生在意识领域。但是，它们都不过是生产的一些特殊的方式，并且都受生产的普遍规律的支配。共产主义绝不是以往历史的简单中断，而是继承了以往历史长期发展积累起来的物质和精神财富，并为这种积累开辟了更为广阔的道路。因此对异化的扬弃也必须包括两个方面。当然，在不同的民族那里，共产主义运动从哪个领域开始，这要看一个民族的真正的、公认的生活主要是在意识领域中还是在外部世界中进行，这

---

① 《马克思恩格斯文集》第 1 卷，人民出版社 2009 年版，第 191 页。
② 《马克思恩格斯文集》第 1 卷，人民出版社 2009 年版，第 186 页。

种生活更多的是观念的生活还是现实的生活。

第四,提出社会是人同自然界的完成了的本质的统一。马克思指出,共产主义是人与自然的矛盾的彻底解决。到那时,人的社会性、人与人的关系性、自然的属人性才能够现实地建立起来,社会成为人同自然界的完成了的本质的统一。人作为个体是社会的存在物。人的活动和享受,无论就其内容或其存在方式来说,都是社会的,是社会的活动和社会的享受。人只有在社会中才成为现实的人,才有自己现实的个性和发展;而个性和发展本质上不过是社会生活的具体体现,内在于社会生活;个体的意识不过是个体作为社会存在物的理论存在。只有在社会中才能真正把握人的本质,自然界也只有在社会中才展现出对人的完整意义。因为,只有在社会中,自然界才成为人与人联系的纽带,成为人的现实的生活要素,成为人存在的基础;人的自然的存在才具有人的性质,而自然界对人来说才成为人的无机的身体。此外,人与自然在社会中的统一,也表现在理论上。由于人类史不过是自然史的一个部分,与自然史密不可分,人只有在关于自然本质的科学中才能获得自我认识。同样,自然科学也不能离开对人的研究,人就是自然科学的直接对象,而且只有在关于人的生产劳动的科学中才能获得对自然界的真切认识。因此,"自然科学往后将包括关于人的科学,正像关于人的科学包括自然科学一样:这将是**一门科学**"①。

第五,强调共产主义是人的解放和复原的现实的、必然的环节,但不是"人类的社会形式"。在《手稿》中,马克思把共产主义理解为积极扬弃私有财产的运动,理解为人的解放的一个现实的必然的环节,而不是"人类的社会形式"。在他看来,共产主义作为私有财产的扬弃,是以私有财产的存在为前提的;"人类的社会形式"已超越了共产主义与私有财产的对立,直接以人的本质的占有为基础,而不再以私有财产的扬弃(即共产主义)为中介。在这里,共产主义的地位相当于无神论在宗教和社会主义之间的地位。社会主义是人不再以宗教的扬弃为中介的积极的自我意识,正像现实生活是人不再以私有财产的扬弃即共产主义为中介的积极的现实一样。因此,马克思说:"共产主义是作为否定的否定的肯定,因此,它是人的解放和复原的一个**现实的**、对下一段历史发展来说是必然的环节。**共产主义**是最近将来的必然的形态和有效的原

---

① 《马克思恩格斯文集》第 1 卷,人民出版社 2009 年版,第 194 页。

则，但是，这样的共产主义并不是人类发展的目标，并不是人类社会的形态。"①

马克思在《手稿》中对共产主义的这一理解同后来的《共产党宣言》和《哥达纲领批判》中的思想既有区别又有联系。"共产主义"在后来被赋予了社会制度的新内涵，不再仅作为实现人的复归的必要环节，而是成为包括共产主义思想理论、现实运动和社会制度在内的三位一体的科学概念。但强调共产主义首先是一种以工人阶级解放为政治形式的"反对现实状况的现实运动"的思想则是一以贯之的。

（三）批判黑格尔的辩证法和哲学思想

与异化劳动理论的提出相关联，马克思在《手稿》中对黑格尔的辩证法和整个哲学思想进行了深刻的批判。

第一，指出黑格尔辩证法思想的功绩与不足。在《手稿》中，马克思着重指出黑格尔在历史观方面的主要功绩就体现在，把人的自我产生看作一个过程，把对象化看作外化及其扬弃，因而抓住了劳动的本质，把对象性的人、现实的因而是真正的人理解为人自己的劳动的结果。他认为，黑格尔描述的这一"绝对精神"的否定之否定运动实际上是对人的形成史的一种抽象的、逻辑的、思辨的表达。但他也指出，黑格尔哲学的局限性首先在于，它把人的劳动仅仅理解为"抽象的精神的劳动"，把人和自我意识等同起来。因此，人的本质的全部异化不过是自我意识的异化。这样一来，自我意识的异化不是人的现实异化的表现，人的现实异化反倒成了自我意识的异化的表现。克服人的现实异化的革命批判活动，在黑格尔那儿是本质的对象化，但并不都是人的本质的异化。异化以对象化为前提，是对象化在一定条件下变异的结果。

第二，批评施特劳斯和鲍威尔对黑格尔辩证法完全采取非批判的态度。为了说明批判黑格尔哲学特别是辩证法的必要性和意义，马克思批评了青年黑格尔派对于黑格尔哲学特别是辩证法的非批判态度，揭示了二者之间的真实关系。他认为，以施特劳斯和鲍威尔为代表的青年黑格尔派虽然在批判神学方面具有一定的功绩，并且自认为超越了黑格尔哲学，但实际上他们对自己的哲学同黑格尔哲学特别是辩证法的关系完全缺乏认识。他们从黑格尔哲学中抽取一些个别要素，把它作为自己哲学的基础——施特劳斯抽取了"实体"（群体的

---

① 《马克思恩格斯文集》第 1 卷，人民出版社 2009 年版，第 197 页。

无意识），而鲍威尔则抓住了"自我意识"（个体的自觉意识），并自以为超越了黑格尔哲学。然而实际上，他们仍然受到黑格尔逻辑学的束缚，甚至不免逐字逐句复述黑格尔的观点。

第三，提出费尔巴哈虽然克服了黑格尔哲学，但并未完成对黑格尔辩证法的批判分析。马克思指出："**费尔巴哈**是唯一对黑格尔辩证法采取**严肃的**、**批判的**态度的人；只有他在这个领域内作出了真正的发现，总之，他真正克服了旧哲学。"[1] 他认为，费尔巴哈的伟大功绩在于：一是证明了黑格尔哲学不过是变成思想的宗教，不过是人的本质的异化的另一种形式和存在方式。二是把"人与人之间的"社会关系当作理论的基本原则，创立了真正的唯物主义和实在的科学。三是把感性确定物即现实的自然界和人同黑格尔的"绝对精神"对立起来。但同时马克思也指出，费尔巴哈在深刻揭示黑格尔哲学的神学性质，强调以感性确定性作为根据来肯定人和自然界的实在性时，忽视了黑格尔用抽象思辨的方式表达的以否定之否定为形式的人和自然界的辩证发展思想。

第四，对黑格尔辩证法思想的批判性分析。马克思提出，当时的任务是既要说明人和人的历史发展运动在黑格尔那里所采取的抽象形式，也要说明这一运动在黑格尔那里所具有的批判形式。因此，他着力通过对黑格尔辩证法思想的批判性分析来改造辩证法思想。他认为，虽然黑格尔哲学描述的不是现实的人的自我创造过程，而是抽象的绝对精神的自我创造过程。但是，它却通过抽象思辨的形式深刻地揭示了人的历史和异化，而这就具体体现为黑格尔的辩证法。马克思把黑格尔的"自我意识"的人归结为"现实的人"，把黑格尔的精神劳动归结为物质生产劳动，把黑格尔的自我意识的异化归结为现实的人的异化，从而建立"彻底的自然主义或人道主义"[2]。应该说，在这里马克思对黑格尔辩证法的批判和改造还仅仅是初步的。他对黑格尔辩证法的唯心主义基础的批判直接依据了费尔巴哈；他对"作为推动原则和创造原则的否定性"[3] 的吸取和改造，也是以费尔巴哈"感觉确定的、以自身为根据的肯定"为前提进行的，强调这只适用于"人的**产生的活动**、人的**形成的历史**"[4]，而不适用于

---

① 《马克思恩格斯文集》第 1 卷，人民出版社 2009 年版，第 199 页。
② 《马克思恩格斯文集》第 1 卷，人民出版社 2009 年版，第 209 页。
③ 《马克思恩格斯文集》第 1 卷，人民出版社 2009 年版，第 205 页。
④ 《马克思恩格斯文集》第 1 卷，人民出版社 2009 年版，第 201 页。

"现实历史""现实生活"。《手稿》提出的"彻底的自然主义或人道主义"虽仍然带有费尔巴哈人本主义的色彩，但同时却包含新的历史观的胚芽。

三、重要意义

《手稿》继承和发展了《〈黑格尔法哲学批判〉导言》中的思想，为新世界观的系统构建作了必要准备，构成了马克思完成"两个转变"、创立新世界观的重要环节。在《手稿》中，马克思在研究和批判资产阶级政治经济学、黑格尔等人的哲学和空想共产主义理论的基础上，第一次把哲学、政治经济学和共产主义理论有机地结合起来，初步对自己的新观点进行了综合性的阐述。《手稿》包含着极为丰富的理论内容，论述了劳动即生产实践对于人的自身发展及其历史进步的重要意义，指出整个世界历史不外是人通过人的劳动而诞生的过程；批判地改造了德国古典哲学的异化概念，提出了异化劳动理论，用来分析资本主义的社会关系，揭露了资产阶级社会中资本与劳动之间不可调和的对立，说明私有财产的存在必然造成异化劳动，因而必然给工人阶级和整个人类带来灾难性后果，指出只有扬弃私有财产才能消除异化劳动，而要使社会从私有财产的统治下解放出来，必须通过工人解放这种政治形式；把共产主义理解为私有财产的积极扬弃，人和自然、人和人之间矛盾的真正解决，以及具有人的本质全部丰富性的人的创造和生成。此外，《手稿》还对自然史、人类史以及美的规律等问题提出了一系列深刻的见解。

《手稿》虽然出版较晚，但一经出版，便得到了广泛的传播。1932年苏联《马克思恩格斯全集》历史考证版（MEGA[1]）出版后，其中的《手稿》同年就被译成日文，1956年和1959年又被译为俄文和英文。1982年，苏联和民主德国合作编辑出版的《马克思恩格斯全集》新历史考证版（MEGA[2]）第1部分第2卷采取了两种编排方式。第一种以《手稿》的写作时间和写作阶段进行编排，第二种按逻辑结构和思想内容进行编排并加了标题。《手稿》最早由何思敬译成中文，1956年由人民出版社出版。1979年人民出版社还出版了刘丕坤的中译本。中央编译局多次对《手稿》进行翻译和校订，收录在我国1980年出版的《马克思恩格斯全集》第1版第42卷、2002年《马克思恩格斯全集》第2版第3卷和2009年《马克思恩格斯文集》第1卷中。后来，中央编译局按照手稿写作顺序编排的《1844年经济学哲学手稿》单行本于2014年、2018年由人民出版社两次出版，和过去单行本都不一样，此版带有很强的文献学意义，有助于更好地了解《手稿》。

马克思在《手稿》中提出和阐发的重要思想，可以帮助我们更加全面、更加历史地理解和把握马克思主义哲学的发展脉络，进一步加深对马克思主义科学的世界观和历史观的理解和把握。同时，应该看到，《手稿》毕竟是马克思主义创立过程中的著作，是马克思构建自己新世界观的酝酿和准备，既内含了各种观点发展的萌芽，也不可避免地带有费尔巴哈哲学的痕迹。正因如此，1932 年《手稿》全文发表以后，围绕《手稿》的理解和评价一直存有激烈的争论。有的学者因《手稿》中的人本主义因素而贬低甚至全盘否定其理论价值；有的学者则相反，无限度地拔高《手稿》的地位，试图用《手稿》否定马克思后来的思想发展、否定恩格斯以及以后的全部马克思主义发展。对此，我们必须正确认识《手稿》的理论价值和意义，准确理解和把握《手稿》中的思想观点。

四、延伸阅读

恩格斯：《国民经济学批判大纲》

这是恩格斯第一本政治经济学著作。写于 1843 年 9 月至 1844 年 1 月中旬，发表于 1844 年 2 月出版的《德法年鉴》上。恩格斯在文中强调，资产阶级政治经济学是为资本主义私有制而存在的，虽然自称代表全体人民的利益，但都是为资产阶级利益服务的。他逐一分析了价值、生产费用、地租、资本、工资等政治经济学基本范畴。他指出工人阶级的贫困、失业等现象的根源不在于人口过剩，而在于资本主义私有制。恩格斯还对消灭私有制后的未来社会进行了展望，强调在未来的社会中，社会再也没有无谓的竞争和危机、过剩和浪费。这部著作曾对马克思转向政治经济学研究，起了重要的促进作用，马克思对这部著作给予很高评价，认为它是"批判经济学范畴的天才大纲"。

马克思：《詹姆斯·穆勒〈政治经济学原理〉一书摘要》

这是马克思 1844 年在巴黎研究政治经济学时所做的一份笔记。第一次发表于《马克思恩格斯全集》1932 年历史考证版（MEGA[1]）第 1 部分第 3 卷。马克思对詹姆斯·穆勒《政治经济学原理》一书的四个部分（论生产；论分配；论交换；论消费）都做了摘要，并针对最后两个部分写下了大段评述。在笔记中，马克思提出了"谋生劳动"（或译为"营利劳动"）的概念，对异化问题作了探讨，并对分工、交换、需要、社会联系等作了较深入的讨论。这些论述同《1844年经济学哲学手稿》特别是其"第三手稿"的内容有着直接联系。

思考题：

1. 试析马克思的异化劳动理论。

2. 简述《手稿》中马克思的共产主义观，并说明其后来的演变。

3. 如何评价马克思在《手稿》中对黑格尔哲学的批判和对费尔巴哈哲学成就的肯定？

卡·马克思

关于费尔巴哈的提纲

1. 关于费尔巴哈①

一

从前的一切唯物主义（包括费尔巴哈的唯物主义）的主要缺点是：对对象、现实、感性，只是从**客体**的**或者直观**的形式去理解，而不是把它们当做**感性的人的活动**，当做**实践**去理解，不是从主体方面去理解。因此，和唯物主义相反，唯心主义却把**能动的**方面抽象地发展了，当然，唯心主义是不知道现实的、感性的活动本身的。费尔巴哈想要研究跟思想客体确实不同的感性客体，但是他没有把人的活动本身理解为**对象性的**［gegenständliche］活动。因此，他在《基督教的本质》中仅仅把理论的活动看做是真正人的活动，而对于实践则只是从它的卑污的犹太人的表现形式去理解和确定。因此，他不了解"革命的"、"实践批判的"活动的意义。

二

人的思维是否具有客观的［gegenständliche］真理性，这不是一个理论的问题，而是一个**实践的**问题。人应该在实践中证明自己思维的真理性，即自己思维的现实性和力量，自己思维的此岸性。关于思维——离开实践的思维——的现实性或非现实性的争论，是一个纯粹**经院哲学**②的问题。

三

关于环境和教育起改变作用的唯物主义学说忘记了：环境是由人来改变的，而教育者本人一定是受教育的。因此，这种学说必然会把社会分成两部

---

① 马克思 1845 年的稿本。——编者注
② 经院哲学也称烦琐哲学，是欧洲中世纪基督教学院中形成的一种哲学。经院哲学家们通过烦琐的抽象推理的方法来解释基督教教义和信条，实际上把哲学当做"神学的婢女"。

分，其中一部分凌驾于社会之上。

环境的改变和人的活动或自我改变的一致，只能被看做是并合理地理解为**革命的实践**。

四

费尔巴哈是从宗教上的自我异化，从世界被二重化为宗教世界和世俗世界这一事实出发的。他做的工作是把宗教世界归结于它的世俗基础。但是，世俗基础使自己从自身中分离出去，并在云霄中固定为一个独立王国，这只能用这个世俗基础的自我分裂和自我矛盾来说明。因此，对于这个世俗基础本身应当在自身中、从它的矛盾中去理解，并且在实践中使之发生革命。因此，例如，自从发现神圣家族的秘密在于世俗家庭之后，世俗家庭本身就应当在理论上和实践中被消灭。

五

费尔巴哈不满意**抽象的思维**而喜欢**直观**；但是他把感性不是看做**实践的**、人的感性的活动。

六

费尔巴哈把宗教的本质归结于**人的**本质。但是，人的本质不是单个人所固有的抽象物，在其现实性上，它是一切社会关系的总和。

费尔巴哈没有对这种现实的本质进行批判，因此他不得不：

（1）撇开历史的进程，把宗教感情固定为独立的东西，并假定有一种抽象的——**孤立的**——人的个体。

（2）因此，本质只能被理解为"类"，理解为一种内在的、无声的、把许多个人**自然地**联系起来的普遍性。

七

因此，费尔巴哈没有看到，"宗教感情"本身是社会的产物，而他所分析的抽象的个人，是属于一定的社会形式的。

八

全部社会生活在本质上是**实践的**。凡是把理论引向神秘主义的神秘东西，都能在人的实践中以及对这种实践的理解中得到合理的解决。

九

直观的唯物主义，即不是把感性理解为实践活动的唯物主义，至多也只能达到对单个人和市民社会的直观。

十

旧唯物主义的立脚点是市民社会，新唯物主义的立脚点则是人类社会或社会的人类。

十一

哲学家们只是用不同的方式**解释**世界，问题在于**改变**世界。

（选自《马克思恩格斯文集》第 1 卷，人民出版社
2009 年版，第 499—502 页）

《关于费尔巴哈的提纲》 导读

《关于费尔巴哈的提纲》（以下简称《提纲》）是马克思的新世界观——新唯物主义的奠基性文献。在《提纲》中，马克思着重论述了他创立的科学的实践观，并以此为基础，批判了包括费尔巴哈哲学在内的旧唯物主义以及以往的一切旧哲学，提出了马克思主义哲学这一新世界观的基本要点。

一、写作背景

《提纲》是 1845 年春马克思于布鲁塞尔写在其 1844 — 1847 年记事本中的一段笔记。笔记上端的另一种笔迹写道：1. 关于费尔巴哈。马克思生前没有发表《提纲》，1888 年恩格斯在准备出版《路德维希·费尔巴哈和德国古典哲学的终结》而阅读以前的一些文献时，找到这十一条关于费尔巴哈的提纲。恩格斯在该书"序言"中说："它作为包含着新世界观的天才萌芽的第一个文献，是非常宝贵的。"[①] 恩格斯在发表这个《提纲》时对个别地方作了文字修改，以《马克思论费尔巴哈》为题作为附录收入该书。后来，《马克思恩格斯全集》俄文版和德文版编者根据恩格斯在这篇序言中的提法将这一笔记定名为《关于费尔巴哈的提纲》。

《提纲》的写作为"新唯物主义"哲学世界观的创立奠定了基础。1843 年年底到 1844 年年初，马克思从唯心主义转向唯物主义、从革命民主主义转向共产主义，确认了宗教异化源于世俗世界、对国家和法的批判依赖于对市民社会的解剖、政治解放有别于人的解放。从《1844 年经济学哲学手稿》开始，马克思力图从哲学、政治经济学和共产主义理论的结合上揭示资本主义生产方式的本质和发展趋势，探索人类历史的规律。他同恩格斯分工合作，在《1844 年经济学哲学手稿》《英国状况 十八世纪》《神圣家族》等著作中，提出了一系列历史唯物主义的思想观点。特别是在写于 1845 年 3 月的《评弗里德里希·李斯特的著作〈政治经济学的国民体系〉》中，马克思最终抛弃了人本主义的词句，用"工业中形成的力量"与"工业的现有形式"的内在矛盾取代了作为"人的类本质"的"自由自觉的活动"与作为现实存在的"异化劳动"的外在

[①] 《马克思恩格斯文集》第 4 卷，人民出版社 2009 年版，第 266 页。

对立，表明构建新唯物主义的任务已经提上日程。在《提纲》中，马克思进一步发展了关于劳动、物质生产的思想观点，阐发和确立了科学的实践观，并提出了新唯物主义的基本构想。这些构想虽然是初步的、未展开的，但它却开启了哲学史上革命变革的序幕，为新唯物主义世界观的建立奠定了基础。可以说，《提纲》是马克思系统构建新唯物主义世界观的起始和标志。在《提纲》撰写后不久，马克思和恩格斯就一起开始了《德意志意识形态》的写作，并通过该书大体上完成了唯物主义历史观基本原理的系统制定工作。

《提纲》的写作是为了同以往的一切旧哲学彻底划清界限。马克思关于新唯物主义的构想，是在批判费尔巴哈哲学的基础上提出的。费尔巴哈哲学曾对马克思完成由唯心主义向唯物主义的转变产生了重要作用，但是费尔巴哈并没有超出形而上学唯物主义的局限，特别是在历史观上仍然是唯心主义的。马克思正是通过克服费尔巴哈唯物主义的局限性创立了新唯物主义。因此，要阐明新唯物主义的实质，必须划清两个界限：同唯心主义的根本对立以及同旧唯物主义的原则区别。

从现实背景来看，马克思批判费尔巴哈哲学也有着直接的迫切需要。促使马克思批判费尔巴哈哲学的直接原因，是 1844 年 10 月青年黑格尔派施蒂纳出版的著作《唯一者及其所有物》用抽象的"唯一者"批判费尔巴哈抽象的"人"。但实际上，只有从人与人的社会关系出发，才能真正把握现实的人类和现实的个人。施蒂纳不仅陷入了同抽象"一般"既相对立又畸形互补的抽象"个别"的另一极端，而且根本否定了隐藏在费尔巴哈抽象的"类本质"背后实际的社会关系，使费尔巴哈倒退了。尽管此时的马克思实际上已经超越了这种抽象的对立，但这种超越仍然带有许多费尔巴哈哲学的痕迹。施蒂纳正是以此为借口将《神圣家族》的作者称为"费尔巴哈的追随者"。因此，对于马克思来说，彻底同费尔巴哈划清界限日益地紧迫起来。同时，1844 年下半年后，与费尔巴哈哲学中消极因素有直接渊源关系的"真正的"社会主义思潮，在德国开始流行并对社会主义运动产生了一定影响。在这种情况下，马克思也必须通过批判费尔巴哈哲学来消除"真正的"社会主义思潮的不良影响，为社会主义运动奠定科学的理论基础。

二、主要内容

《提纲》由十一条构成，主要批判了包括费尔巴哈在内的旧唯物主义忽视主体能动性和唯心主义抽象地发展主体能动性的错误，阐明科学的实践观是新唯物主义的出发点，是其区别于包括旧唯物主义和唯心主义在内的一切旧哲学的本质特征；揭示了在思维的真理性标准、宗教异化的根源、历史主体与客体关系、社会生活和人的本质等一系列主要哲学问题上，新唯物主义同以费尔巴哈为代表的旧唯物主义的根本对立，批判了后者的直观性和唯心史观；阐明了新、旧唯物主义在阶级基础和社会基础上的区别，并从社会功能和历史使命的角度进一步揭示了新唯物主义同一切旧哲学的区别。

（一）批判旧唯物主义的根本缺陷是脱离实践理解客观对象

马克思首先基于对人类实践活动的唯物主义理解，批判了包括费尔巴哈哲学在内的旧唯物主义以及以往一切旧哲学的主要缺陷。

第一，旧唯物主义只是从客体的形式去理解对象，而不是从主体方面去理解对象。马克思指出，包括费尔巴哈哲学在内的以往的一切旧唯物主义的主要缺陷，就在于对对象只是从客体的形式去理解，而不是把它们当作人的实践活动和从主体的方面去理解。也就是说，旧唯物主义只肯定了对象外在于人的意识的客观性，以及人的意识对对象的直观性和依赖性，而没有看到人的实践活动也是对象性的，人对客体的实践活动也具有对象的意义。在这里，"对象"和"客体"是两个不同概念，"对象"是相对于"意识"的"客观存在"，而"客体"则是相对于"主体"的，只是指进入人的实践和认识活动的对象。肯定对象外在于人的意识的客观性，坚持对象世界对于人的意识的根源性作用，是客观地认识对象的前提。但如果把对象仅仅看作是独立于人的实践活动之外的客体，把对象和意识、世界和人的关系仅仅归结为一种直观的关系，显然是片面的。因为在与人的关系中，对象不仅具有客观存在性，而且又是人对客体进行能动改造过程中的对象。在人的能动改造中，对象发生着改变，人恰恰是通过对客观对象的能动改造而认识客观对象的。

第二，唯心主义抽象地发展了能动的方面，但并不理解现实的感性活动。与旧唯物主义相反，唯心主义肯定了人的活动对对象的能动作用，肯定了人对对象的意义。但它只是抽象地发展了能动的方面：只承认人的意识活动具有能动性，相对于实践的客观能动性来说是"抽象"的；同时认为这种能动作用也是"抽象"的，即只停留在观念地改变对象或建构客体，而不是现实地改变世界。唯心主义把人的活动归结为脱离对象而存在的意识活动，把这种意识活动视作对象的根据、本质和本原，否定对象外在于人的意识的客观性，完全否定人及其意识对对象的受动性和依赖性。在马克思看来，唯心主义之所以只能抽象地发展人的能动性，其根源也在于它没有真正理解人的实践活动。也就是说，它只知道人的精神活动，而不知道人的"现实的、感性的活动"。"现实的、感性的"原来是费尔巴哈的术语，意指对象不同于意识的、抽象的存在，是一种物质的、客观的存在。马克思借用这两个术语，是强调实践活动同样具有物质的、客观的对象性。显然，否定人的活动的客观性和物质性，夸大人的意识的能动性和主观性，与仅仅承认客体的客观性和人的活动的受动性，同样是片面的。

第三，费尔巴哈不了解"革命的""实践批判的"活动的意义。与黑格尔把意识、思想、精神当作哲学研究对象不同，费尔巴哈是要研究客观存在的感性客体和感性对象。但费尔巴哈没有把人的实践活动理解为对象性的活动，只看到人和自然是现实的感性客体和对象，而没有看到人的实践活动对感性世界和客体对象的能动作用。因此，他不可能理解人的实践活动对于认识和历史发展的意义，特别是对于改变现存世界的意义。在费尔巴哈看来，只有理论活动才是人的真正的活动，而实践活动则难以称得上是人的真正的活动，因为个人实践的利己性和功利性必然使这种活动成为个人追求私利的卑污活动。

（二）强调人应该在实践中证明自己思维的真理性

思维的真理性及其检验问题，是哲学认识论长期争论的问题。马克思从实践出发考察思维与存在的关系，提出了实践是检验思维真理性的唯一路径的思想，奠定了马克思主义认识论的基石。正是在这个意义上，列宁指出，实践的观点是马克思主义认识论首要的和基本的观点。

第一，人的思维是否具有客观的真理性，不是一个理论的问题，而是一个实践的问题。马克思认为，旧唯物主义不能从实践的观点去认识和理解客观对象，去认识和理解事物、现实、感性，也就不能把作为认识的来源和基础的实践当作检验人的认识和思维的真理性的标准。费尔巴哈曾对黑格尔的唯心主义的真理观进行过批判，认为由于黑格尔把自然与社会看作"绝对观念"的外化，因此黑格尔主张的思维与存在的同一，实际上是思维与思维自身的同一。在黑格尔那里，思维也就不可能有别的真理标准，只能以"理念"本身为标准，但"这个标准是不能决定思维中的真理也就是实际上的真理的"①。那么，能决定思维

① 《费尔巴哈哲学著作选集》上卷，商务印书馆1984年版，第179页。

真理性的标准是什么呢？费尔巴哈认为，"能决定这一点的唯一标准，乃是直观"①。然而，感性直观依然是一种认识活动，未能超出思想、精神的范围。针对费尔巴哈以及以往一切旧哲学在这种真理标准上的缺陷，马克思鲜明提出了关于真理标准的观点，指出："人的思维是否具有客观的［gegenständliche］真理性，这不是一个理论的问题，而是一个**实践的**问题。人应该在实践中证明自己思维的真理性"②。他第一次把实践引入认识论，作为检验人的思维真理性的客观标准。

　　第二，人应该在实践中证明自己思维的真理性，即自己思维的现实性和力量，自己思维的此岸性。马克思指出，人只有在实践中，才能证明思维所具有的真理性。他用三个词组揭示"真理性"的内涵：一是"思维的现实性"，即思维对对象把握的真实性及其程度；二是"思维的力量"，即思维通过实践改变对象以实现自己目标的有效性；三是"思维的此岸性"，即不存在彼岸的真理，思维总是人们现实生活的反映并为之服务的。真理是人们的主观意识对客观事物及其规律的正确反映，是主观同客观相符合、相一致。检验一种认识是否同客观对象相符合、相一致，这在主观范围内不能解决，只能通过人们的社会实践。而实践之所以能够成为检验思维的真理性的客观标准，是因为实践是思维与存在、主观与客观、目的与手段相统一的现实基础。实践既是人有目的、有意识的活动，具有主体目的性和主观能动性，又是能产生物质效果、转化为物质力量的活动，具有客观现实性，它不仅具有理性的普遍性，而且具有感性的直接性。因此，它能把主观和客观联系起来，通过它所产生的客观结果和实际效果，反过来检验支配它的思想认识是否正确，是否和客观相符合、相一致。

　　第三，关于离开实践的思维是否具有现实性的争论，是一个纯粹经院哲学的问题。在马克思看来，离开人的社会实践来谈论思维的真理性是没有意义的。尽管费尔巴哈以"直观"作为真理标准来反对黑格尔的"理念"，但是由于其"直观"依然局限在精神的范围之内，所以，他同黑格尔关于真理标准的争论，实际上依然是一种"离开实践的思维"是否具有现实性的争论，是一种"纯粹经院哲学"的争论。在这里，马克思关于真理与实践关系的论述，不仅

---

① 《费尔巴哈哲学著作选集》上卷，商务印书馆1984年版，第179页。
② 《马克思恩格斯文集》第1卷，人民出版社2009年版，第500页。

是一般认识论层面的理论研究，而且有其现实针对性。青年黑格尔派的哲学家们都声称自己揭示了世界的秘密，达到了真理的顶峰，都雄心勃勃地要改变世界。然而，他们的改变终究只是理论批判，似乎只要完成了理论批判，理论的真理性、现实性和力量就得到了现实化，就改变了世界。因此，马克思有针对性地指出，离开现实的实践活动，理论什么也实现不了，革命理论的价值只有在革命的实践中才能获得确证。

（三）阐明实践是人与环境、主体与客体相统一的现实基础

人与环境的关系问题，即主体与客体的关系问题是历史观基本问题的集中体现。马克思立足于实践的观点对人与环境、主体与客体的关系进行探索，提出了在实践基础上人与环境、主体与客体相统一的思想。

马克思认为，旧唯物主义离开实践讨论人和环境、教育的问题，只能走向自己的反面。旧唯物主义对对象、现实和感性等只从客体或直观的形式去理解，表现在历史观方面，是对人与社会环境相互关系的不正确的理解，即只看到了社会环境决定人，而忽视了人也作用于社会环境。18 世纪的法国唯物主义者在批判唯心主义和宗教神学的过程中，曾主张人是社会环境和教育制度的产物，提出了"人是环境的产物"这一著名命题，在当时反对封建神学中发挥了重要的作用。比如爱尔维修就指出："我们在人与人之间所见到的精神上的差异，是由于他们所处的不同的环境，由于他们所受的不同的教育所致。"[1] 但是，由于 18 世纪法国唯物主义者没有从实践的角度思考问题，所以他们并未看到人与环境、人与教育的关系是实践基础上的双向关系，片面强调了社会环境和教育制度对人的作用和影响的一面，忘记了"环境是由人来改变的，而教育者本人一定是受教育的"[2]。于是，他们在研究社会环境和教育制度时，又把好的社会环境和教育制度归结为少数先知和天才人物头脑的产物，认为正是这些少数先知、天才的"意见"支配社会历史，从而得出"意见支配世界"的结论。这样，他们不仅陷入逻辑上的循环论证，而且"把社会分成两部分，其中一部分凌驾于社会之上"[3]，从"人是环境的产物"回到"意见支配世界"，最终走向自己的反面，因而是不可能超出唯心主义历史观的。

马克思进一步强调，环境的改变和人自身改变的一致，只能被合理地理解

---

① 《十八世纪法国哲学》，商务印书馆 1963 年版，第 467—468 页。
② 《马克思恩格斯文集》第 1 卷，人民出版社 2009 年版，第 500 页。
③ 《马克思恩格斯文集》第 1 卷，人民出版社 2009 年版，第 500 页。

为革命的实践。只有把实践的观点引入历史观，才能科学合理地解决人与环境的关系问题。人创造环境，同样环境也改变人。这就是说，人存在于一定的环境中，并为环境所影响，但人不是消极被动地接受环境的影响，而是在实践中能动地改变着环境，并且人"在改造环境的同时也改变着自己"①。因此，只有从社会历史实践出发，把实践看作人与环境、主体与客体相统一的现实基础，才能超出"环境决定人"和"人决定环境"的二律背反，对历史的主客体关系作出科学的解答。

（四）强调实践是消除宗教异化及其世俗根源的根本途径

马克思认为，以费尔巴哈为代表的旧唯物主义在反对宗教的斗争中作出重大贡献，但由于无法真正揭示宗教产生的社会根源，对宗教的批判终究是不彻底的。他指出，宗教根源于现实世界，实践是消除宗教这一异化现象及其世俗根源的根本途径。

第一，费尔巴哈把宗教世界归结于其世俗基础，但未能找到产生宗教的社会根源和消除宗教的真正途径。费尔巴哈认为，上帝是人的本质的"自我异化"，上帝的本质不过是人的本质的虚幻反映，"上帝的人格性，本身不外乎就是人之被异化了的、被对象化了的人格性"②。"上帝的活动、恩典，乃是人的被异化了的自我活动，乃是被对象化了的自由意志。"③ 因此，费尔巴哈宗教批判的目的，就是把宗教世界还原于世俗世界，用对人的类本质的崇拜代替对上帝的崇拜。马克思认为，费尔巴哈哲学的一个重大贡献就是揭露了宗教的秘密，把宗教世界归结于它的世俗基础。但是，他只是停留在人的自然性和人的心理层面探讨宗教的根源，而没有进一步从现实社会的矛盾中寻找宗教的基础，因而没有找到产生宗教的真实根源和消灭宗教的真正途径。

第二，宗教产生的社会根源是世俗基础的自我分裂和自我矛盾。马克思认为，宗教的产生既有认识论的、心理学的原因，也有社会的、阶级的根源。在原始社会，由于生产力水平极其低下，人们把自然加以神圣化，从而产生了原始宗教。严格意义上的宗教是在阶级社会中产生的。在阶级社会中，阶级压迫和阶级剥削构成了社会的基本事实，被压迫被剥削阶级找不到自己受苦的真实原因和摆脱苦难获得幸福的道路，幻想死后到天国去摆脱苦难获得幸福，

---

① 《马克思恩格斯全集》第3卷，人民出版社1960年版，第234页。

② 《费尔巴哈哲学著作选集》下卷，生活·读书·新知三联书店1962年版，第267页。

③ 《费尔巴哈哲学著作选集》下卷，生活·读书·新知三联书店1962年版，第281页。

而剥削阶级也需要用宗教来麻醉被压迫被剥削阶级，使之安于现状，于是宗教获得了自己的社会保证。因此，宗教不过是"支配着人们日常生活的外部力量在人们头脑中的幻想的反映，在这种反映中，人间的力量采取了超人间的力量的形式"①。

第三，消除宗教的根本途径是变革产生宗教的世俗基础。马克思指出，要消除宗教就必须对其世俗基础本身进行分析，揭示其各种现实的矛盾和冲突，并通过革命的手段消除这些矛盾和冲突，变革产生宗教的世俗基础。就现存社会而言，就是在认识社会的阶级对立和阶级斗争的基础上，用革命的手段消灭阶级压迫和阶级剥削，进而消灭阶级，消除宗教赖以存在的社会阶级根源。马克思指出，对于世俗基础不仅应当在自身中、从它的矛盾中去理解，还应当"在实践中使之发生革命"②。

（五）提出人的本质在其现实性上是一切社会关系的总和

马克思批判了费尔巴哈抽象的人的学说，进一步阐述了他对人的本质的理解，提出人的本质是实践的产物和在现实性上是一切社会关系的总和。

第一，费尔巴哈把宗教的本质归结于人的本质具有积极意义。马克思认为费尔巴哈把宗教的本质归结于人的本质，是其宗教批判的一个重要成果。这可以从两个方面来理解：一是深化了宗教批判本身。把宗教的本质归结于人的本质，既超出了施特劳斯和鲍威尔仅仅将《圣经》故事归结为"群体无意识"和"个体自觉意识"的局限，强调宗教是具有类本质的"人"的异化；又超出了18世纪唯物主义者仅仅将宗教神学归结为人类"理性的迷误"或"无知"，强调了宗教是人的本质包括"理性、意志、心"的异化。二是客观上为世俗的批判创造了前提。把宗教世界归结于它的世俗基础，把上帝的本质归结于人的本质，必然推动人们沿着费尔巴哈的思路，从神学的研究走向世俗的批判，从对上帝的批判进入对人的探究。费尔巴哈将黑格尔思辨哲学的秘密归结为宗教神学，批判了唯心主义，恢复了唯物主义的权威，为世俗批判和人的探究寻找科学的方法论提供了出发点。这些都给当时的思想解放运动以极大推动。

第二，费尔巴哈对人的本质的理解仍然是抽象的。马克思认为，虽然费尔巴哈把宗教的本质归结于人的本质具有积极的意义，但他在人的本质问题上的

---

① 《马克思恩格斯文集》第9卷，人民出版社2009年版，第333页。
② 《马克思恩格斯文集》第1卷，人民出版社2009年版，第500页。

理解仍然是抽象的。他依然在旧唯物主义的思维圈子中徘徊，离开实践、离开人的历史发展和社会关系考察人的本质。他把人理解为自然的人，理解为抽象的个体；把人的本质理解为所有人具有的自然的共同性。费尔巴哈力图从人与自然、人与人的关系来把握人的本质，提出了"人的类本质"的观点。但由于离开了实践、离开了人的历史发展和社会关系，这种观点实际上是把人的本质理解为"单个人所固有的抽象物"，其出发点和结论都是错误的。一方面，其出发点就是假定了一种抽象的孤立个体。费尔巴哈主张从感性的、现实的人出发来考察人的本质。但他撇开了人的历史发展，其结果必然把人的宗教感情设想为独立自存的东西，并把人设想成自然个体，即不属于任何社会的"抽象的——**孤立的**——人的个体"①。另一方面，其结论只能是把人的本质理解为一种抽象的"类"。费尔巴哈强调人的本质是一种"类本质"，但他撇开了人在特定历史阶段结成的现实的社会关系，其结果只能看到人的自然性、人与人的自然联系，即"一种内在的、无声的、把许多个人**自然地**联系起来的普遍性"②。

第三，人的本质在其现实性上是一切社会关系的总和。马克思从科学的实践观出发，以社会历史的视角，对现实存在的人的本质进行探讨，提出人的本质，不是单个人所固有的抽象物，不是所有人的抽象共同性，"在其现实性上，它是一切社会关系的总和"③。具体地说，现实的人不仅是从事物质生产的人，而且是处在一定社会关系中的人。因此，人的本质首先表现在人们的社会关系中，社会关系是人的本质的直接规定和体现。各种社会关系都是现实的个人在从事物质实践的过程中建立和发展起来的。不同的社会实践水平决定了不同的社会关系，从而也决定了不同的人的本质。人们的社会实践是不断发展的，与其相适应，社会关系也不断发生变化，从而人的本质也处在不断地发展和丰富过程中。在现实生活中没有什么永恒不变的、抽象的人的本质。

第四，不能撇开社会历史孤立地谈宗教感情和人。马克思认为，费尔巴哈讲的作为人的本质的宗教感情，就是在实践的基础上形成的，是社会历史的产物。脱离实践、社会，撇开历史进程，孤立地讲宗教感情，只能使宗教感情抽象化和独立化，陷入唯心主义。每个人都属于一定社会形式的存在，其思想观念总是其存在的某种反映，包括歪曲的甚至颠倒的反映。而哲学家也不例外，

---

① 《马克思恩格斯文集》第1卷，人民出版社2009年版，第501页。
② 《马克思恩格斯文集》第1卷，人民出版社2009年版，第501页。
③ 《马克思恩格斯文集》第1卷，人民出版社2009年版，第501页。

只是他们囿于社会分工和思想观念上的局限而不自知罢了。事实上，费尔巴哈设想的永恒的人类宗教感情，就是一定的社会历史条件的产物；他分析的抽象的一般个人，也属于一定的社会形式，实际上不过是作为市民社会成员的个人。

（六）阐明全部社会生活在本质上是实践的

马克思从实践的观点出发，把实践看作人的全部社会生活的本质，阐明了新唯物主义的历史观的科学基础，以及它同包括旧唯物主义在内的以往一切旧哲学在历史观上的对立。

第一，社会生活的本质是实践。旧唯物主义和唯心主义总是把社会生活归结为人的精神活动。黑格尔把社会生活视作绝对观念自我运动的表现，而费尔巴哈也把社会生活归结为宗教和道德等意识形态。与此相对立，马克思则把包括精神生活在内的一切社会生活归结为实践活动。他运用科学的实践观考察社会生活，提出"全部社会生活在本质上是**实践的**"[1]，认为社会生活的本质就是人对自然界、社会关系和人自身的实践改造。实践构成社会生活的最基本、最基础的内容，社会生活的其他内容都是在它的基础上产生和发展的。马克思把实践规定为人的全部社会生活的本质，表明了新唯物主义历史观的科学基础和精神实质，体现了新唯物主义在历史观领域所实现的革命。

第二，一切把理论引向神秘主义的神秘东西都具有实践的根源。马克思认为，人的精神活动是在实践的基础上进行的，因而精神领域的问题必然可以在实践领域找到自己的根源。根据马克思的观点，实践规定了包括社会精神生活在内的全部社会生活的本质，人们可以在实践中以及对实践的理解中，寻找到一切理论的缘由，寻找到把理论引向神秘主义的神秘根源。例如，"就其本质来说是革命的批判的"辩证法之所以在黑格尔那里具有"神秘形式"，可以从当时德国经济和社会关系发展相对滞后，特别是德国资产阶级既要求变革，又因惧怕人民革命而带有妥协性和保守性的阶级实践中，找到其社会根源；宗教神秘主义，同样可以从阶级社会中各阶级对立和斗争的实践中看到其世俗基础。既然能够找到把理论引向神秘主义的神秘东西，找到理论与神秘主义根源的联系，那么也就能够在实践中通过对现存世界的改造，来解决和消除这些神秘东西或神秘的根源。

---

[1] 《马克思恩格斯文集》第 1 卷，人民出版社 2009 年版，第 501 页。

（七）阐明"新唯物主义"的阶级立场和历史使命

马克思还论述了新唯物主义与旧唯物主义在阶级基础、社会功能和历史任务等方面的对立，阐明了新唯物主义的无产阶级立场和改变世界的历史使命，从而全面展现出新世界观的风貌。

第一，旧唯物主义的立足点是市民社会，新唯物主义的立足点则是人类社会或社会的人类。马克思指出，以费尔巴哈为代表的旧唯物主义是以市民社会为立脚点的。这里所讲的"市民社会"（bürgerliche Gesellschaft），有"资产阶级社会"的意思。考察马克思直到《德意志意识形态》为止对该术语的用法，就会发现它包括两种含义：一是在社会结构意义上的，是指相对于政治国家和意识形态的物质生活领域。二是在历史分期意义上的，是指相对于"古典古代的和中世纪的共同体"① 和未来"共产主义"的纯粹基于财产关系的社会形式，即资产阶级社会。用马克思的话说，就是"真正的市民社会只是随同资产阶级发展起来的"②。这里的"市民社会"显然是指资产阶级社会，因为它是相对于"人类生活或社会的人类"，而不是相对于政治国家和意识形态而言的。也就是说，以费尔巴哈为代表的旧唯物主义，是以资产阶级和资产阶级社会为立脚点的。

旧唯物主义的阶级基础和社会基础决定了其在理论上对资产阶级和资产阶级社会的非批判性。马克思说："直观的唯物主义，即不是把感性理解为实践活动的唯物主义，至多也只能达到对单个人和市民社会的直观。"③ 以费尔巴哈为代表的旧唯物主义，只能把市民社会这一特定历史阶段的经验事实永恒化，并将其复制成为抽象的一般概念。于是，市民社会的人变成了人的一般、"抽象的人"，市民社会变成了社会的一般。而新唯物主义则是把真正人的社会（共产主义社会）或真正社会的人类（无产阶级）看作自己的立脚点，这种社会基础和阶级基础决定了它能够而且必须对资本主义持彻底的批判态度。在新唯物主义看来，资产阶级社会是历史发展的一个阶段，是一个把阶级压迫和剥削推向极致的社会形态，是应该而且必然被超越的社会。新唯物主义就是以超越资产阶级社会，实现共产主义、解放全人类作为自己的目标。同时，无产阶级是超越资产阶级社会、实现共产主义、解放全人类的主体，以代表无产阶级

① 《马克思恩格斯文集》第1卷，人民出版社2009年版，第582页。
② 《马克思恩格斯文集》第1卷，人民出版社2009年版，第582—583页。
③ 《马克思恩格斯文集》第1卷，人民出版社2009年版，第502页。

利益、为无产阶级争取解放斗争服务作为自己的价值取向。

第二，"哲学家们只是用不同的方式**解释**世界，问题在于**改变**世界。"① 在《提纲》结尾，马克思从哲学担负的历史任务的角度，鲜明地提出马克思主义哲学和以往一切旧哲学的本质区别。由于以往的哲学家不懂得实践在人类社会发展中的地位和作用，不懂得"全部社会生活在本质上是**实践的**"②，决定了他们实际上只能停留在思想领域，用不同的方式解释世界，而不可能真正将理论转变为革命的实践。这在费尔巴哈那里表现得最为明显。正如马克思和恩格斯后来指出的，费尔巴哈"和其他的理论家一样，他只是希望确立对**现存的**事实的正确理解，然而一个真正的共产主义者的任务却在于推翻这种现存的东西"③。与旧唯物主义以至一切旧哲学不同，马克思创立的新唯物主义是一种具有实践性的唯物主义，服从和服务于无产阶级改造现实的斗争。马克思和恩格斯后来强调："对**实践的**唯物主义者即**共产主义者**来说，全部问题都在于使现存世界革命化，实际地反对并改变现存的事物。"④

三、重要意义

《提纲》篇幅不长，简明扼要，但在马克思主义哲学史上占有十分重要的地位。《提纲》表明马克思不仅同唯心主义，而且同旧唯物主义彻底划清了界限，为创立新世界观奠定了基础。在《提纲》中，马克思批判了费尔巴哈和一切旧唯物主义忽视人的主观能动性、忽视实践作用的主要缺点，阐明了马克思主义实践观及其在马克思主义哲学中的基础地位，论述了实践是检验真理的标准的思想，说明了全部社会生活在本质上是实践的。马克思还批判了旧唯物主义者对人的本质的抽象理解，指出人的本质在其现实性上是一切社会关系的总和，从而把人的认识置于唯物史观的科学基础之上。正是这个包含着新世界观天才萌芽的第一个文献和马克思、恩格斯的《德意志意识形态》一书，标志着唯物史观的基本形成。

《提纲》在作为《路德维希·费尔巴哈和德国古典哲学的终结》的附录发表后，苏联马克思恩格斯列宁研究院在编辑《马克思恩格斯全集》历史考证版

---

① 《马克思恩格斯文集》第 1 卷，人民出版社 2009 年版，第 502 页。
② 《马克思恩格斯文集》第 1 卷，人民出版社 2009 年版，第 501 页。
③ 《马克思恩格斯文集》第 1 卷，人民出版社 2009 年版，第 549 页。
④ 《马克思恩格斯文集》第 1 卷，人民出版社 2009 年版，第 527 页。

（MEGA¹）时，将其作为独立文章收录，并将标题改为《关于费尔巴哈的提纲》。后来影响较大的《马克思恩格斯全集》俄文第二版沿用了这一标题，不过其内容仍然是经过恩格斯修改的；而民主德国马克思主义研究院编辑的《马克思恩格斯全集》德文版第三卷则收录了包括标题《关于费尔巴哈》在内的马克思《提纲》原稿。《提纲》最早的中译文发表在 1929 年上海沪滨书局出版的由林超真翻译的《宗教·哲学·社会主义》一书中。郭沫若在 20 世纪 30 年代翻译的《德意志意识形态》中也收录了《提纲》。新中国成立后，中央编译局在 1960 年出版的中文第一版《马克思恩格斯全集》第三卷中，不仅依照俄文第二版翻译收录了恩格斯的修改稿，而且根据民主德国的 1958 年德文版翻译收录了马克思的《提纲》原稿。

《提纲》不仅具有重大理论价值，也有重要现实意义。学习《提纲》，有助于我们深刻认识马克思主义新世界观在人类哲学史上实现的伟大变革及其意义，准确把握马克思主义哲学的精神实质和基本观点，划清马克思主义哲学同非马克思主义和反马克思主义哲学的界限，进一步树立科学的世界观、人生观和价值观。《提纲》关于实践在人的认识、社会生活和人与环境关系中的基础地位等方面论述，对于我们坚持实践第一的观点和实事求是的思想路线，在尊重客观规律基础上充分发挥主体能动性，为实现"两个一百年"奋斗目标和中华民族伟大复兴的中国梦而努力奋斗，具有重要指导意义。

四、延伸阅读

马克思和恩格斯：《神圣家族》

这是马克思和恩格斯合写的第一部重要哲学著作，初步阐述了唯物史观的一些重要思想。该书写于 1844 年 9 月至 11 月，1845 年 2 月在法兰克福出版，全名为《神圣家族，或对批判的批判所做的批判 驳布鲁诺·鲍威尔及其伙伴》。这里的"神圣家族"是对青年黑格尔派鲍威尔兄弟及其追随者的谑称，"批判的批判"是指他们的唯心主义哲学体系。该书全面地批判了以布鲁诺为首的青年黑格尔派的自我意识哲学，指出这一哲学是对黑格尔哲学的片面发展，从黑格尔的客观唯心主义转变为主观唯心主义。在批判鲍威尔等人的唯心主义历史观时，初步阐明了必须从社会物质生产出发观察历史，提出了人民群众是历史的创造者的原理，并对无产阶级的历史使命作了进一步的论证。列宁认为，这部著作奠定了"革命唯物主义的社会主义的基础"①。

毛泽东：《人的正确思想是从哪里来的？》

该文是毛泽东关于辩证唯物主义认识论问题的重要单篇著作之一，写于1963 年 5 月。原文为毛泽东修改《中共中央关于目前农村工作中若干问题的决定（草案）》（即"前十条"）时增写的一段文字。后来单独作为一篇文章发表。曾编入中国青年出版社 1964 年版《毛泽东著作选读》乙种本。后又收入中共中央文献编辑委员会编辑的、人民出版社 1986 年版《毛泽东著作选读》下册。毛泽东在文章中批驳了认识论根源上的唯心主义观点，阐述了辩证唯物主义认识论的基本原理和学习辩证唯物主义认识论的重要意义。

思考题：

1. 怎样理解"实践的观点是新唯物主义区别于一切旧哲学的本质特征"？

2. 如何理解"人应该在实践中证明自己思维的真理性"？

3. 马克思同费尔巴哈在人的本质问题上的根本区别何在？

4. 如何理解"哲学家们只是用不同的方式解释世界，问题在于改变世界"？

5. 结合新时代中国特色社会主义伟大实践，如何理解"实践创新是理论创新的源泉"？

---

① 《列宁专题文集　论马克思主义》，人民出版社 2009 年版，第 56 页。

卡·马克思和弗·恩格斯

德意志意识形态（节选）

第一卷　第一章
费 尔 巴 哈

唯物主义观点和唯心主义观点的对立

［Ⅰ］

正如德意志意识形态家们①所宣告的，德国在最近几年里经历了一次空前的变革。从施特劳斯开始的黑格尔体系的解体过程发展为一种席卷一切"过去的力量"的世界性骚动。在普遍的混乱中，一些强大的王国产生了，又匆匆消逝了，瞬息之间出现了许多英雄，但是马上又因为出现了更勇敢更强悍的对手而销声匿迹。这是一次革命，法国革命同它相比只不过是儿戏；这是一次世界斗争，狄亚多希②的斗争在它面前简直微不足道。一些原则为另一些原则所代替，一些思想勇士为另一些思想勇士所歼灭，其速度之快是前所未闻的。在1842—1845年这三年中间，在德国进行的清洗比过去三个世纪都要彻底得多。

据说这一切都是在纯粹的思想领域中发生的。

然而，不管怎么样，这里涉及的是一个有意义的事件：绝对精神的瓦解过程。在最后一点生命的火花熄灭之后，这具残骸③的各个组成部分就分解了，

---

① "意识形态家"原文为 Ideologe，过去曾译"思想家"、"玄想家"。Ideologe 一词是由 Ideologie（意识形态）派生出来的。为了保持这两个词译法的一致性，现将"思想家"、"玄想家"改为"意识形态家"。当时以青年黑格尔派为主要代表的德国哲学，颠倒意识与存在、思想与现实的关系，以纯思想批判代替反对现存制度的实际斗争。马克思和恩格斯把这种哲学称为"德意志意识形态"，把鼓吹这种哲学的人称为"德意志意识形态家"。——编者注

② 狄亚多希是马其顿亚历山大大帝的将领们，他们在亚历山大死后为争夺权力而彼此进行残酷的厮杀。在这场争斗的过程中（公元前4世纪末至3世纪初），亚历山大的帝国这个不巩固的、实行军事管理的联盟分裂为许多单独的国家。

③ 原文是 caput mortum，原意为"骷髅"；在化学中，是指蒸馏过程结束后的残留物。——编者注

它们重新化合，构成新的物质。那些以哲学为业，一直以经营绝对精神为生的人们，现在都扑向这种新的化合物。每个人都不辞劳苦地兜售他所得到的那一份。竞争不可避免。起初这种竞争还相当体面，并且循规蹈矩。后来，当商品充斥德国市场，而在世界市场上尽管竭尽全力也无法找到销路的时候，按照通常的德国方式，生意都因搞批量的和虚假的生产，因质量降低、原料掺假、伪造商标、买空卖空、票据投机以及没有任何现实基础的信用制度而搞糟了。竞争变成了激烈的斗争，而这个斗争现在却被吹嘘和构想成一种具有世界历史意义的变革，一种产生了十分重大的结果和成就的因素。

为了正确地评价这种甚至在可敬的德国市民心中唤起怡然自得的民族感情的哲学叫卖，为了清楚地表明这整个青年黑格尔派运动的狭隘性、地域局限性，特别是为了揭示这些英雄们的真正业绩和关于这些业绩的幻想之间的令人啼笑皆非的显著差异，就必须站在德国以外的立场上来考察一下这些喧嚣吵嚷。①

一　费尔巴哈

A. 一般意识形态，特别是德意志意识形态

德国的批判，直至它最近所作的种种努力，都没有离开过哲学的基地。这个批判虽然没有研究过自己的一般哲学前提，但是它谈到的全部问题终究是在一定的哲学体系即黑格尔体系的基地上产生的。不仅是它的回答，而且连它所提出的问题本身，都包含着神秘主义。对黑格尔的这种依赖关系正好说明了为什么在这些新出现的批判家中甚至没有一个人试图对黑格尔体系进行全面的批判，尽管他们每一个人都断言自己已经超越黑格尔哲学。他们和黑格尔的论战以及他们相互之间的论战，只局限于他们当中的每一个人都抓住黑格尔体系的某一方面，用它来反对整个体系，也反对别人所抓住的那些方面。起初他们还是抓住纯粹的、未加伪造的黑格尔的范畴，如"实体"和"自我意识"②，但

---

① 手稿中删去以下一段话："因此，我们在对这个运动的个别代表人物进行专门批判之前，先提出一些有关德国哲学和整个意识形态的一般意见，这些意见要进一步揭示所有代表人物共同的意识形态前提。这些意见将充分表明我们在进行批判时所持的观点，而表明我们的观点对于了解和说明以后各种批评意见是必要的。我们这些意见正是针对费尔巴哈的，因为只有他才至少向前迈进了一步，只有他的著作才可以认真地加以研究。"——编者注

② 大·施特劳斯和布·鲍威尔使用的基本范畴。——编者注

是后来却用一些比较世俗的名称如"类"、"唯一者"、"人"① 等等，使这些范畴世俗化。

从施特劳斯到施蒂纳的整个德国哲学批判都局限于对**宗教**观念的批判②。他们的出发点是现实的宗教和真正的神学。至于什么是宗教意识，什么是宗教观念，他们后来下的定义各有不同。其进步在于：所谓占统治地位的形而上学观念、政治观念、法律观念、道德观念以及其他观念也被归入宗教观念或神学观念的领域；还在于：政治意识、法律意识、道德意识被宣布为宗教意识或神学意识，而政治的、法律的、道德的人，总而言之，"**人**"，则被宣布为宗教的人。宗教的统治被当成了前提。一切占统治地位的关系逐渐地都被宣布为宗教的关系，继而被转化为迷信——对法的迷信，对国家的迷信等等。到处涉及的都只是教义和对教义的信仰。世界在越来越大的规模内被圣化了，直到最后可尊敬的圣麦克斯③完全把它宣布为圣物，从而一劳永逸地把它葬送为止。

老年黑格尔派认为，只要把一切都归入黑格尔的逻辑范畴，他们就**理解**了一切。青年黑格尔派则硬说一切都包含宗教观念或者宣布一切都是神学上的东西，由此来**批判**一切。青年黑格尔派同意老年黑格尔派的这样一个信念，即认为宗教、概念、普遍的东西统治着现存世界。不过一派认为这种统治是篡夺而加以反对，另一派则认为这种统治是合法的而加以赞扬。

既然青年黑格尔派认为，观念、思想、概念，总之，被他们变为某种独立东西的意识的一切产物，是人们的真正枷锁，就像老年黑格尔派把它们看做是人类社会的真正镣铐一样，那么不言而喻，青年黑格尔派只要同意识的这些幻想进行斗争就行了。既然根据青年黑格尔派的设想，人们之间的关系、他们的一切举止行为、他们受到的束缚和限制，都是他们意识的产物，那么青年黑格尔派完全合乎逻辑地向人们提出一种道德要求，要用人的、批判的或利己的意识④来代替他们现在的意识，从而消除束缚他们的限制。这种改变意识的要求，

---

① 路·费尔巴哈和麦·施蒂纳使用的基本范畴。——编者注
② 手稿中删去以下这段话："这种批判自以为是使世界消除一切灾难的绝对救世主。宗教总是被看做和解释成这些哲学家们所厌恶的一切关系的终极原因，他们的主要敌人。"——编者注
③ 指麦·施蒂纳（约·卡·施米特的笔名）。马克思和恩格斯在《德意志意识形态》中也用其他绰号称呼他，例如，称他为"圣桑乔"、"圣者"、"教父"、"乡下佬雅各"等等。——编者注
④ 指路·费尔巴哈、布·鲍威尔和麦·施蒂纳所说的意识。——编者注

就是要求用另一种方式来解释存在的东西，也就是说，借助于另外的解释来承认它。青年黑格尔派的意识形态家们尽管满口讲的都是所谓"震撼世界的"①词句，却是最大的保守派。如果说，他们之中最年轻的人宣称只为反对"**词句**"而斗争，那就确切地表达了他们的活动。不过他们忘记了：他们只是用词句来反对这些词句；既然他们仅仅反对这个世界的词句，那么他们就绝对不是反对现实的现存世界。这种哲学批判所能达到的唯一结果，是从宗教史上对基督教作一些说明，而且还是片面的说明。至于他们的全部其他论断，只不过是进一步修饰他们的要求：想用这样一些微不足道的说明作出具有世界历史意义的发现。

这些哲学家没有一个想到要提出关于德国哲学和德国现实之间的联系问题，关于他们所作的批判和他们自身的物质环境之间的联系问题。

———

1. 一般意识形态，特别是德国哲学

A.

我们开始要谈的前提不是任意提出的，不是教条，而是一些只有在臆想中才能撇开的现实前提。这是一些现实的个人，是他们的活动和他们的物质生活条件，包括他们已有的和由他们自己的活动创造出来的物质生活条件。因此，这些前提可以用纯粹经验的方法来确认。

全部人类历史的第一个前提无疑是有生命的个人的存在。② 因此，第一个需要确认的事实就是这些个人的肉体组织以及由此产生的个人对其他自然的关系。当然，我们在这里既不能深入研究人们自身的生理特性，也不能深入研究人们所处的各种自然条件——地质条件、山岳水文地理条件、气候条件以及其他条件。③ 任何历史记载都应当从这些自然基础以及它们在历史进程中由于人们的活动而发生的变更出发。

———

① "震撼世界的"一词是《维干德季刊》上一篇匿名文章的用语（见该杂志 1845 年第 4 卷第 327 页）。

② 手稿中删去以下这句话："这些个人把自己和动物区别开来的第一个历史行动不在于他们有思想，而在于他们开始生产自己的生活资料。"——编者注

③ 手稿中删去以下这句话："但是，这些条件不仅决定着人们最初的、自然形成的肉体组织，特别是他们之间的种族差别，而且直到如今还决定着肉体组织的整个进一步发展或不发展。"——编者注

可以根据意识、宗教或随便别的什么来区别人和动物。一当人开始**生产**自己的生活资料，即迈出由他们的肉体组织所决定的这一步的时候，人本身就开始把自己和动物区别开来。人们生产自己的生活资料，同时间接地生产着自己的物质生活本身。

人们用以生产自己的生活资料的方式，首先取决于他们已有的和需要再生产的生活资料本身的特性。这种生产方式不应当只从它是个人肉体存在的再生产这方面加以考察。更确切地说，它是这些个人的一定的活动方式，是他们表现自己生命的一定方式、他们的一定的**生活方式**。个人怎样表现自己的生命，他们自己就是怎样。因此，他们是什么样的，这同他们的生产是一致的——既和他们生产**什么**一致，又和他们**怎样**生产一致。因而，个人是什么样的，这取决于他们进行生产的物质条件。

这种生产第一次是随着**人口的增长**而开始的。而生产本身又是以个人彼此之间的**交往** ［Verkehr］① 为前提的。这种交往的形式又是由生产决定的。

————

各民族之间的相互关系取决于每一个民族的生产力、分工和内部交往的发展程度。这个原理是公认的。然而不仅一个民族与其他民族的关系，而且这个民族本身的整个内部结构也取决于自己的生产以及自己内部和外部的交往的发展程度。一个民族的生产力发展的水平，最明显地表现于该民族分工的发展程度。任何新的生产力，只要它不是迄今已知的生产力单纯的量的扩大（例如，开垦土地），都会引起分工的进一步发展。

一个民族内部的分工，首先引起工商业劳动同农业劳动的分离，从而也引起**城乡**的分离和城乡利益的对立。分工的进一步发展导致商业劳动同工业劳动的分离。同时，由于这些不同部门内部的分工，共同从事某种劳动的个人之间又形成不同的分工。这种种分工的相互关系取决于农业劳动、工业劳动和商业劳动的经营方式（父权制、奴隶制、等级、阶级）。在交往比较发达的条件下，同样的情况也会在各民族间的相互关系中出现。

————

① "交往"（Verkehr）这个术语在《德意志意识形态》中含义很广。它包括单个人、社会团体以及国家之间的物质交往和精神交往。马克思和恩格斯在这部著作中指出：物质交往，首先是人们在生产过程中的交往，这是任何其他交往的基础。《德意志意识形态》中所用的"交往形式"、"交往方式"、"交往关系"、"生产关系和交往关系"这些术语，表达了马克思和恩格斯在这个时期形成的生产关系概念。

分工的各个不同发展阶段，同时也就是所有制的各种不同形式。这就是说，分工的每一个阶段还决定个人在劳动材料、劳动工具和劳动产品方面的相互关系。

……

———

……

思想、观念、意识的生产最初是直接与人们的物质活动，与人们的物质交往，与现实生活的语言交织在一起的。人们的想象、思维、精神交往在这里还是人们物质行动的直接产物。表现在某一民族的政治、法律、道德、宗教、形而上学等的语言中的精神生产也是这样。人们是自己的观念、思想等等的生产者，① 但这里所说的人们是现实的、从事活动的人们，他们受自己的生产力和与之相适应的交往的一定发展——直到交往的最遥远的形态——所制约。意识〔das Bewußtsein〕在任何时候都只能是被意识到了的存在〔das bewußte Sein〕，而人们的存在就是他们的现实生活过程。如果在全部意识形态中，人们和他们的关系就像在照相机中一样是倒立成像的，那么这种现象也是从人们生活的历史过程中产生的，正如物体在视网膜上的倒影是直接从人们生活的生理过程中产生的一样。

德国哲学从天国降到人间；和它完全相反，这里我们是从人间升到天国。这就是说，我们不是从人们所说的、所设想的、所想象的东西出发，也不是从口头说的、思考出来的、设想出来的、想象出来的人出发，去理解有血有肉的人。我们的出发点是从事实际活动的人，而且从他们的现实生活过程中还可以描绘出这一生活过程在意识形态上的反射和反响的发展。甚至人们头脑中的模糊幻象也是他们的可以通过经验来确认的、与物质前提相联系的物质生活过程的必然升华物。因此，道德、宗教、形而上学和其他意识形态，以及与它们相适应的意识形式便不再保留独立性的外观了。它们没有历史，没有发展，而发展着自己的物质生产和物质交往的人们，在改变自己的这个现实的同时也改变着自己的思维和思维的产物。不是意识决定生活，而是生活决定意识。前一种考察方法从意识出发，把意识看做是有生命的个人。后一种符合现实

———

① 手稿中删去以下这句话："而且人们是受他们的物质生活的生产方式，他们的物质交往和这种交往在社会结构和政治结构中的进一步发展所制约的。"——编者注

生活的考察方法则从现实的、有生命的个人本身出发，把意识仅仅看做是**他们的**意识。

这种考察方法不是没有前提的。它从现实的前提出发，它一刻也不离开这种前提。它的前提是人，但不是处在某种虚幻的离群索居和固定不变状态中的人，而是处在现实的、可以通过经验观察到的、在一定条件下进行的发展过程中的人。只要描绘出这个能动的生活过程，历史就不再像那些本身还是抽象的经验主义者所认为的那样，是一些僵死的事实的汇集，也不再像唯心主义者所认为的那样，是想象的主体的想象活动。

在思辨终止的地方，在现实生活面前，正是描述人们实践活动和实际发展过程的真正的实证科学开始的地方。关于意识的空话将终止，它们一定会被真正的知识所代替。对现实的描述会使独立的哲学失去生存环境，能够取而代之的充其量不过是从对人类历史发展的考察中抽象出来的最一般的结果的概括。这些抽象本身离开了现实的历史就没有任何价值。它们只能对整理历史资料提供某些方便，指出历史资料的各个层次的顺序。但是这些抽象与哲学不同，它们绝不提供可以适用于各个历史时代的药方或公式。相反，只是在人们着手考察和整理资料——不管是有关过去时代的还是有关当代的资料——的时候，在实际阐述资料的时候，困难才开始出现。这些困难的排除受到种种前提的制约，这些前提在这里是根本不可能提供出来的，而只能从对每个时代的个人的现实生活过程和活动的研究中产生。这里我们只举出几个我们用来与意识形态相对照的抽象，并用历史的实例来加以说明。

[Ⅱ]

……

[……]① 实际上，而且对**实践的**唯物主义者即**共产主义者**来说，全部问题都在于使现存世界革命化，实际地反对并改变现存的事物。② 如果在费尔巴哈那里有时也遇见类似的观点，那么它们始终不过是一些零星的猜测，而且对费尔巴哈的总的观点的影响微乎其微，以致只能把它们看做是具有发展能力的

---

① 这里缺五页手稿。——编者注
② 马克思加了边注："费尔巴哈"。——编者注

萌芽。费尔巴哈对感性世界的"理解"一方面仅仅局限于对这一世界的单纯的直观，另一方面仅仅局限于单纯的感觉。费尔巴哈设定的是"**人**"，而不是"现实的历史的人"。① "人"实际上是"德国人"。在前一种情况下，在对感性世界的**直观**中，他不可避免地碰到与他的意识和他的感觉相矛盾的东西，这些东西扰乱了他所假定的感性世界的一切部分的和谐，特别是人与自然界的和谐。为了排除这些东西，他不得不求助于某种二重性的直观，这种直观介于仅仅看到"眼前"的东西的普通直观和看出事物的"真正本质"的高级的哲学直观之间。② 他没有看到，他周围的感性世界决不是某种开天辟地以来就直接存在的、始终如一的东西，而是工业和社会状况的产物，是历史的产物，是世世代代活动的结果，其中每一代都立足于前一代所奠定的基础上，继续发展前一代的工业和交往，并随着需要的改变而改变他们的社会制度。甚至连最简单的"感性确定性"的对象也只是由于社会发展、由于工业和商业交往才提供给他的。大家知道，樱桃树和几乎所有的果树一样，只是在几个世纪以前由于**商业**才移植到我们这个地区。由此可见，樱桃树只是**由于**一定的社会在一定时期的这种活动才为费尔巴哈的"感性确定性"所感知。③

……

一开始就进入历史发展过程的第三种关系是：每日都在重新生产自己生命的人们开始生产另外一些人，即繁殖。这就是夫妻之间的关系，父母和子女之间的关系，也就是**家庭**。这种家庭起初是唯一的社会关系，后来，当需要的增长产生了新的社会关系而人口的增多又产生了新的需要的时候，这种家庭便成为从属的关系了（德国除外）。这时就应该根据现有的经验材料来考察和阐明家庭，而不应该像通常在德国所做的那样，根据"家庭的概念"来考察和阐明家庭。此外，不应该把社会活动的这三个方面看做是三个不同的阶段，而只应该看做是三个方面，或者，为了使德国人能够明白，把它们看做是三个"因素"。从历史的最初时期起，从第一批人出现以来，这三个方面就同时存在着，而且现在也还在历史上起着作用。

---

① 马克思和恩格斯在这里和后面的论述，主要涉及路·费尔巴哈的著作《未来哲学原理》，并且从中引用了费尔巴哈的一些用语。
② 恩格斯加了边注："注意：费尔巴哈的错误不在于他使眼前的东西即感性外观从属于通过对感性事实作比较精确的研究而确认的感性现实，而在于他要是不用哲学家的'眼睛'，就是说，要是不戴哲学家的'眼镜'来观察感性，最终会对感性束手无策。"——编者注
③ 马克思加了边注："费尔巴哈"。——编者注

这样，生命的生产，无论是通过劳动而生产自己的生命，还是通过生育而生产他人的生命，就立即表现为双重关系：一方面是自然关系，另一方面是社会关系；社会关系的含义在这里是指许多个人的共同活动，不管这种共同活动是在什么条件下、用什么方式和为了什么目的而进行的。由此可见，一定的生产方式或一定的工业阶段始终是与一定的共同活动方式或一定的社会阶段联系着的，而这种共同活动方式本身就是"生产力"；由此可见，人们所达到的生产力的总和决定着社会状况，因而，始终必须把"人类的历史"同工业和交换的历史联系起来研究和探讨。但是，这样的历史在德国是写不出来的，这也是很明显的，因为对于德国人来说，要做到这一点不仅缺乏理解能力和材料，而且还缺乏"感性确定性"；而在莱茵河彼岸之所以不可能有关于这类事情的任何经验，是因为那里再没有什么历史。由此可见，人们之间一开始就有一种物质的联系。这种联系是由需要和生产方式决定的，它和人本身有同样长久的历史；这种联系不断采取新的形式，因而就表现为"历史"，它不需要用任何政治的或宗教的呓语特意把人们维系在一起。

只有现在，在我们已经考察了原初的历史的关系的四个因素、四个方面之后，我们才发现：人还具有"意识"①。但是这种意识并非一开始就是"纯粹的"意识。"精神"从一开始就很倒霉，受到物质的"纠缠"，物质在这里表现为振动着的空气层、声音，简言之，即语言。语言和意识具有同样长久的历史；语言**是**一种实践的、既为别人存在因而也为我自身而存在的、现实的意识。语言也和意识一样，只是由于需要，由于和他人交往的迫切需要才产生的。② 凡是有某种关系存在的地方，这种关系都是为我而存在的；动物不对什么东西发生**关系**，而且根本没有"关系"；对于动物来说，它对他物的关系不是作为关系存在的。因而，意识一开始就是社会的产物，而且只要人们存在着，它就仍然是这种产物。当然，意识起初只是对**直接的**可感知的环境的一种意识，是对处于开始意识到自身的个人之外的其他人和其他物的狭隘联系的一种意识。同时，它也是对自然界的一种意识，自然界起初是作为一种完全异己的、有无限威力的和不可制服的力量与人们对立的，人们同自然界的关系完全

---

① 马克思加了边注："人们之所以有历史，是因为他们必须生产自己的生命，而且必须用一定的方式来进行：这是受他们的肉体组织制约的，人们的意识也是这样受制约的。"——编者注

② 手稿中删去以下这句话："我对我的环境的关系是我的意识。"——编者注

像动物同自然界的关系一样，人们就像牲畜一样慑服于自然界，因而，这是对自然界的一种纯粹动物式的意识（自然宗教）①；但是，另一方面，意识到必须和周围的个人来往，也就是开始意识到人总是生活在社会中的。这个开始，同这一阶段的社会生活本身一样，带有动物的性质；这是纯粹的畜群意识，这里，人和绵羊不同的地方只是在于：他的意识代替了他的本能，或者说他的本能是被意识到了的本能。由于生产效率的提高，需要的增长以及作为二者基础的人口的增多，这种绵羊意识或部落意识获得了进一步的发展和提高。与此同时分工也发展起来。分工起初只是性行为方面的分工，后来是由于天赋（例如体力）、需要、偶然性等等才自发地或"自然地"形成的分工。分工只是从物质劳动和精神劳动分离的时候起才真正成为分工②。从这时候起意识**才能**现实地想象：它是和现存实践的意识不同的某种东西；它不用想象某种现实的东西就能**现实地**想象某种东西。从这时候起，意识才能摆脱世界而去构造"纯粹的"理论、神学、哲学、道德等等。但是，如果这种理论、神学、哲学、道德等等同现存的关系发生矛盾，那么，这仅仅是因为现存的社会关系同现存的生产力发生了矛盾。不过，在一定民族的各种关系的范围内，这种现象的出现也可能不是因为在该民族范围内出现了矛盾，而是因为在该民族意识和其他民族的实践之间，亦即在某一民族的民族意识和普遍意识之间③出现了矛盾（就像目前德国的情形那样）——既然这个矛盾似乎只表现为民族意识范围内的矛盾，那么在这个民族看来，斗争也就限于这种民族废物，因为这个民族就是废物本身。但是，意识本身究竟采取什么形式，这是完全无关紧要的。我们从这一大堆赘述中只能得出一个结论：上述三个因素即生产力、社会状况和意识，彼此之间可能而且一定会发生矛盾，因为**分工**使精神活动和物质活动④、享受和劳动、生产和消费由不同的个人来分担这种情况不仅成为可能，而且成为现实，而要使这三个因素彼此不发生矛盾，则只有再消灭分工。此外，不言而

① 马克思加了边注："这里立即可以看出，这种自然宗教或对自然界的这种特定关系，是由社会形式决定的，反过来也是一样。这里和任何其他地方一样，自然界和人的同一性也表现在：人们对自然界的狭隘的关系决定着他们之间的狭隘的关系，而他们之间的狭隘的关系又决定着他们对自然界的狭隘的关系，这正是因为自然界几乎还没有被历史的进程所改变。"——编者注
② 马克思加了边注："与此同时出现的是意识形态家、**僧侣**的最初形式"。——编者注
③ 马克思加了边注："宗教。具有真正的意识形态的德国人"。——编者注
④ 手稿中删去以下这句话："活动和思维，即没有思想的活动和没有活动的思想。"——编者注

喻，"幽灵"、"枷锁"、"最高存在物"、"概念"、"疑虑"显然只是孤立的个人的一种观念上的、思辨的、精神的表现，只是他的观念，即关于真正经验的束缚和界限的观念；生活的生产方式以及与此相联系的交往形式就在这些束缚和界限的范围内运动着。①

……

正是由于特殊利益和共同利益之间的这种矛盾，共同利益才采取**国家**这种与实际的单个利益和全体利益相脱离的独立形式，同时采取虚幻的共同体的形式，而这始终是在每一个家庭集团或部落集团中现有的骨肉联系、语言联系、较大规模的分工联系以及其他利益的联系的现实基础上，特别是在我们以后将要阐明的已经由分工决定的阶级的基础上产生的，这些阶级是通过每一个这样的人群分离开来的，其中一个阶级统治着其他一切阶级。从这里可以看出，国家内部的一切斗争——民主政体、贵族政体和君主政体相互之间的斗争，争取选举权的斗争等等，不过是一些虚幻的形式——普遍的东西一般说来是一种虚幻的共同体的形式——，在这些形式下进行着各个不同阶级间的真正的斗争（德国的理论家们对此一窍不通，尽管在《德法年鉴》和《神圣家族》中已经十分明确地向他们指出过这一点）。从这里还可以看出，每一个力图取得统治的阶级，即使它的统治要求消灭整个旧的社会形式和一切统治，就像无产阶级那样，都必须首先夺取政权，以便把自己的利益又说成是普遍的利益，而这是它在初期不得不如此做的。

……

最后，分工立即给我们提供了第一个例证，说明只要人们还处在自然形成的社会中，就是说，只要特殊利益和共同利益之间还有分裂，也就是说，只要分工还不是出于自愿，而是自然形成的，那么人本身的活动对人来说就成为一种异己的、同他对立的力量，这种力量压迫着人，而不是人驾驭着这种力量。原来，当分工一出现之后，任何人都有自己一定的特殊的活动范围，这个范围是强加于他的，他不能超出这个范围：他是一个猎人、渔夫或牧人，或者是一个批判的批判者，只要他不想失去生活资料，他就始终应该是这样的人。而在共产主义社会里，任何人都没有特殊的活动范围，而是都可以在任何部门内发

---

① 手稿中删去以下这句话："这种关于现存的经济界限的观念上的表现，不是纯粹理论上的，而且在实践的意识中也存在着，就是说，使自己自由存在的并且同现存的生产方式相矛盾的意识，不是仅仅构成宗教和哲学，而且也构成国家。"——编者注

展，社会调节着整个生产，因而使我有可能随自己的兴趣今天干这事，明天干那事，上午打猎，下午捕鱼，傍晚从事畜牧，晚饭后从事批判，这样就不会使我老是一个猎人、渔夫、牧人或批判者。社会活动的这种固定化，我们本身的产物聚合为一种统治我们、不受我们控制、使我们的愿望不能实现并使我们的打算落空的物质力量，这是迄今为止历史发展中的主要因素之一。受分工制约的不同个人的共同活动产生了一种社会力量，即成倍增长的生产力。因为共同活动本身不是自愿地而是自然形成的，所以这种社会力量在这些个人看来就不是他们自身的联合力量，而是某种异己的、在他们之外的强制力量。关于这种力量的起源和发展趋向，他们一点也不了解；因而他们不再能驾驭这种力量，相反，这种力量现在却经历着一系列独特的、不仅不依赖于人们的意志和行为反而支配着人们的意志和行为的发展阶段。

这种"**异化**"（用哲学家易懂的话来说）当然只有在具备了两个**实际**前提之后才会消灭。要使这种异化成为一种"不堪忍受的"力量，即成为革命所要反对的力量，就必须让它把人类的大多数变成完全"没有财产的"人，同时这些人又同现存的有钱有教养的世界相对立，而这两个条件都是以生产力的巨大增长和高度发展为前提的。另一方面，生产力的这种发展（随着这种发展，人们的**世界历史性的**而不是地域性的存在同时已经是经验的存在了）之所以是绝对必需的实际前提，还因为如果没有这种发展，那就只会有**贫穷**、极端贫困的普遍化；而在**极端贫困**的情况下，必须重新开始争取必需品的斗争，全部陈腐污浊的东西又要死灰复燃。其次，生产力的这种发展之所以是绝对必需的实际前提，还因为：只有随着生产力的这种普遍发展，人们的**普遍**交往才能建立起来；普遍交往，一方面，可以产生一切民族中同时都存在着"没有财产的"群众这一现象（普遍竞争），使每一民族都依赖于其他民族的变革；最后，地域性的个人为**世界历史性的**、经验上普遍的个人所代替。不这样，（1）共产主义就只能作为某种地域性的东西而存在；（2）交往的**力量**本身就不可能发展成为一种**普遍的**因而是不堪忍受的力量：它们会依然处于地方的、笼罩着迷信气氛的"状态"；（3）交往的任何扩大都会消灭地域性的共产主义。共产主义只有作为占统治地位的各民族"一下子"同时发生的行动，在经验上才是可能的，而这是以生产力的普遍发展和与此相联系的世界交往为前提的。

共产主义对我们来说不是应当确立的**状况**，不是现实应当与之相适应的**理想**。我们所称为共产主义的是那种消灭现存状况的**现实的**运动。这个运动的条件是由现有的前提产生的。

……

最后，我们从上面所阐述的历史观中还可以得出以下的结论：（1）生产力在其发展的过程中达到这样的阶段，在这个阶段上产生出来的生产力和交往手段在现存关系下只能造成灾难，这种生产力已经不是生产的力量，而是破坏的力量（机器和货币）。与此同时还产生了一个阶级，它必须承担社会的一切重负，而不能享受社会的福利，它被排斥于社会之外，因而不得不同其他一切阶级发生最激烈的对立；这个阶级构成了全体社会成员中的大多数，从这个阶级中产生出必须实行彻底革命的意识，即共产主义的意识，这种意识当然也可以在其他阶级中形成，只要它们认识到这个阶级的状况；（2）那些使一定的生产力能够得到利用的条件，是社会的一定阶级实行统治的条件，这个阶级的由其财产状况产生的社会权力，每一次都在相应的国家形式中获得**实践的**观念的表现，因此一切革命斗争都是针对在此以前实行统治的阶级的①；（3）迄今为止的一切革命始终没有触动活动的性质，始终不过是按另外的方式分配这种活动，不过是在另一些人中间重新分配劳动，而共产主义革命则针对活动迄今具有的**性质**，消灭**劳动**②，并消灭任何阶级的统治以及这些阶级本身，因为完成这个革命的是这样一个阶级，它在社会上已经不算是一个阶级，它已经不被承认是一个阶级，它已经成为现今社会的一切阶级、民族等等的解体的表现；（4）无论为了使这种共产主义意识普遍地产生还是为了实现事业本身，使人们普遍地发生变化是必需的，这种变化只有在实际运动中，在**革命**中才有可能实现；因此，革命之所以必需，不仅是因为没有任何其他的办法能够推翻**统治**阶级，而且还因为**推翻**统治阶级的那个阶级，只有在革命中才能抛掉自己身上的一切陈旧的肮脏东西，才能胜任重建社会的工作。③

---

① 马克思加了边注："这些人所关心的是维持现在的生产状况。"——编者注

② 手稿中删去以下这句话："消灭在……统治下活动的现代形式"。马克思在这里所说的"消灭劳动"，是指消灭资本主义私有制统治下的异化劳动。关于这种说法的含义，可见《马克思恩格斯文集》第1卷，人民出版社2009年版，第570—573、579—582页。关于异化劳动，可参看马克思《1844年经济学哲学手稿》。——编者注

③ 手稿中删去以下这段话："至于谈到革命的这种必要性，所有的共产主义者，不论是法国的、英国的或德国的，早就一致同意了，而圣布鲁诺却继续心安理得地幻想，认为'现实的人道主义'即共产主义所以取代'唯灵论的地位'（唯灵论根本没有什么地位）只是为了赢得崇敬。他继续幻想：那时候'灵魂将得救，人间将成为天国，天国将成为人间。'（神学家总是念念不忘天国）'那时候欢乐和幸福将要永世高奏天国的和谐曲'（第140页）。当末日审

由此可见，这种历史观就在于：从直接生活的物质生产出发阐述现实的生产过程，把同这种生产方式相联系的、它所产生的交往形式即各个不同阶段上的市民社会理解为整个历史的基础，从市民社会作为国家的活动描述市民社会，同时从市民社会出发阐明意识的所有各种不同的理论产物和形式，如宗教、哲学、道德等等，而且追溯它们产生的过程。这样做当然就能够完整地描述事物了（因而也能够描述事物的这些不同方面之间的相互作用）。① 这种历史观和唯心主义历史观不同，它不是在每个时代中寻找某种范畴，而是始终站在现实历史的**基础**上，不是从观念出发来解释实践，而是从物质实践出发来解释各种观念形态，由此也就得出下述结论：意识的一切形式和产物不是可以通过精神的批判来消灭的，不是可以通过把它们消融在"自我意识"中或化为"怪影"、"幽灵"、"怪想"② 等等来消灭的，而只有通过实际地推翻这一切唯心主义谬论所由产生的现实的社会关系，才能把它们消灭；历史的动力以及宗教、哲学和任何其他理论的动力是革命，而不是批判。这种观点表明：历史不是作为"源于精神的精神"消融在"自我意识"③ 中而告终的，历史的每一阶段都遇到一定的物质结果，一定的生产力总和，人对自然以及个人之间历史地形成的关系，都遇到前一代传给后一代的大量生产力、资金和环境，尽管一方面这些生产力、资金和环境为新的一代所改变，但另一方面，它们也预先规定新的一代本身的生活条件，使它得到一定的发展和具有特殊的性质。由此可见，这种观点表明：人创造环境，同样，环境也创造人。每个个人和每一代所遇到的现成的东西：生产力、资金和社会交往形式的总和，是哲学家们想象为"实体"和"人的本质"的东西的现实基础，是他们加以神化并与之斗争的东

判——这一切都要在这一天发生，燃烧着的城市火光在天空的映照将是这一天的朝霞——突然来临的时候，当耳边响起由这种'天国的和谐曲'传出的有炮声为之伴奏、有断头台为之击节的《马赛曲》和《卡马尼奥拉曲》旋律的时候；当卑贱的'群众'高唱着 ça ira, ça ira 并把'自我意识'吊在路灯柱上的时候，我们这位神圣的教父将会大吃一惊。圣布鲁诺毫无根据地为自己描绘了一幅'永世欢乐和幸福'的振奋人心的图画。'费尔巴哈的爱的宗教的追随者'对这种'欢乐和幸福'似乎有独特的想法，他们在谈到革命的时候，强调的是与'天国的和谐曲'截然不同的东西。我们没有兴致来事先构想圣布鲁诺在末日审判这一天的行为。至于应当把进行革命的无产者了解为反抗自我意识的'实体'或想要推翻批判的'群众'，还是了解为还没有足够的浓度来消化鲍威尔思想的一种精神'流出体'，这个问题也确实难以解决。"——编者注

① 马克思加了边注："费尔巴哈"。——编者注
② 麦·施蒂纳《唯一者及其所有物》一书中的用语。——编者注
③ 布·鲍威尔《评路德维希·费尔巴哈》一文中的用语。——编者注

西的现实基础，这种基础尽管遭到以"自我意识"和"唯一者"的身份出现的哲学家们的反抗，但它对人们的发展所起的作用和影响却丝毫也不因此而受到干扰。各代所遇到的这些生活条件还决定着这样的情况：历史上周期性地重演的革命动荡是否强大到足以摧毁现存一切的基础；如果还没有具备这些实行全面变革的物质因素，就是说，一方面还没有一定的生产力，另一方面还没有形成不仅反抗旧社会的个别条件，而且反抗旧的"生活生产"本身、反抗旧社会所依据的"总和活动"的革命群众，那么，正如共产主义的历史所证明的，尽管这种变革的**观念**已经表述过千百次，但这对于实际发展没有任何意义。

……

[Ⅲ]

统治阶级的思想在每一时代都是占统治地位的思想。这就是说，一个阶级是社会上占统治地位的**物质**力量，同时也是社会上占统治地位的**精神**力量。支配着物质生产资料的阶级，同时也支配着精神生产资料，因此，那些没有精神生产资料的人的思想，一般地是隶属于这个阶级的。占统治地位的思想不过是占统治地位的物质关系在观念上的表现，不过是以思想的形式表现出来的占统治地位的物质关系；因而，这就是那些使某一个阶级成为统治阶级的关系在观念上的表现，因而这也就是这个阶级的统治的思想。此外，构成统治阶级的各个个人也都具有意识，因而他们也会思维；既然他们作为一个阶级进行统治，并且决定着某一历史时代的整个面貌，那么，不言而喻，他们在这个历史时代的一切领域中也会这样做，就是说，他们还作为思维着的人，作为思想的生产者进行统治，他们调节着自己时代的思想的生产和分配；而这就意味着他们的思想是一个时代的占统治地位的思想。例如，在某一国家的某个时期，王权、贵族和资产阶级为夺取统治而争斗，因而，在那里统治是分享的，那里占统治地位的思想就会是关于分权的学说，于是分权就被宣布为"永恒的规律"。

……

把占统治地位的思想同进行统治的个人分割开来，主要是同生产方式的一定阶段所产生的各种关系分割开来，并由此得出结论说，历史上始终是思想占统治地位，这样一来，就很容易从这些不同的思想中抽象出"**思想**"、观念等等，并把它们当做历史上占统治地位的东西，从而把所有这些个别的思想和概念说成是历史上发展着的**概念**的"自我规定"。在这种情况下，从人的概念、想象中的人、人的本质、**人**中能引申出人们的一切关系，也就很自然了。思辨哲学就是这样做的。黑格尔本人在《历史哲学》的结尾承认，他"所考察的仅仅是**概念**的前进运动"，他在历史方面描述了"真正的**神正论**"（第 446 页）。^① 这样一来，就可以重新回复到"概念"的生产者，回复到理论家、意识形态家和哲学家，并得出结论说：哲学家、思维着的人本身自古以来就是在历史上占统治地位的。这个结论，如我们所看到的，早就由黑格尔表述过了。这样，证明精神在历史上的最高统治（施蒂纳的教阶制）的全部戏法，可以归结为以下三个手段：

第一，必须把进行统治的个人——而且是由于种种经验的原因、在经验的条件下和作为物质的个人进行统治的个人——的思想同这些进行统治的个人本身分割开来，从而承认思想或幻想在历史上的统治。

第二，必须使这种思想统治具有某种秩序，必须证明，在一个个相继出现的占统治地位的思想之间存在着某种神秘的联系，而要做到这一点，就得把这些思想看做是"概念的自我规定"（所以能这样做，是因为这些思想凭借自己的经验的基础，彼此确实是联系在一起的，还因为它们被**仅仅**当做思想来看待，因而就变成自我差别，变成由思维产生的差别）。

第三，为了消除这种"自我规定着的概念"的神秘外观，便把它变成某种人物——"自我意识"；或者，为了表明自己是真正的唯物主义者，又把它变成在历史上代表着"概念"的许多人物——"思维着的人"、"哲学家"、意识形态家，而这些人又被看做是历史的制造者、"监护人会议"、统治者^②。这样一来，就把一切唯物主义的因素从历史上消除了，就可以任凭自己的思辨之马自由奔驰了。

……

[Ⅳ]

……

共产主义和所有过去的运动不同的地方在于：它推翻一切旧的生产关系

---

① 黑格尔《历史哲学讲演录》1837 年柏林版（《黑格尔全集》第 9 卷）。——编者注
② 马克思加了边注："**人** = '思维着的人的精神'"。——编者注

和交往关系的基础，并且第一次自觉地把一切自发形成的前提看做是前人的创造，消除这些前提的自发性，使这些前提受联合起来的个人的支配。因此，建立共产主义实质上具有经济的性质，这就是为这种联合创造各种物质条件，把现存的条件变成联合的条件。共产主义所造成的存在状况，正是这样一种现实基础，它使一切不依赖于个人而存在的状况不可能发生，因为这种存在状况只不过是各个人之间迄今为止的交往的产物。这样，共产主义者实际上把迄今为止的生产和交往所产生的条件看做无机的条件。然而他们并不以为过去世世代代的意向和使命就是给他们提供资料，也不认为这些条件对于创造它们的个人来说是无机的。有个性的个人与偶然的个人之间的差别，不是概念上的差别，而是历史事实。在不同的时期，这种差别具有不同的含义，例如，等级在 18 世纪对于个人来说就是某种偶然的东西，家庭或多或少地也是如此。这种差别不是我们为每个时代划定的，而是每个时代本身在既存的各种不同的因素之间划定的，而且不是根据概念而是在物质生活冲突的影响下划定的。在后来时代（与在先前时代相反）被看做是偶然的东西，也就是在先前时代传给后来时代的各种因素中被看做是偶然的东西，是曾经与生产力发展的一定水平相适应的交往形式。生产力与交往形式的关系就是交往形式与个人的行动或活动的关系。（这种活动的基本形式当然是物质活动，一切其他的活动，如精神活动、政治活动、宗教活动等都取决于它。当然，物质生活的这样或那样的形式，每次都取决于已经发达的需求，而这些需求的产生，也像它们的满足一样，本身是一个历史过程，这种历史过程在羊或狗那里是没有的（这是施蒂纳顽固地提出来**反对人**的主要论据①），尽管羊或狗的目前形象无疑是历史过程的产物——诚然，不以它们的意愿为转移。）个人相互交往的条件，在上述这种矛盾产生以前，是与他们的个性相适合的条件，对于他们来说不是什么外部的东西；在这些条件下，生存于一定关系中的一定的个人独力生产自己的物质生活以及与这种物质生活有关的东西，因而这些条件是个人的自主活动的条件，并且是由这种自主活动产生出来的②。这样，在矛盾产生以前，人们进行生产的一定条件是同他们的现实的局限状态，同他们的片面存在相适应的，这种存在的片面性只是在

---

① 麦·施蒂纳《施蒂纳的评论者》一文中的议论；并见麦·施蒂纳《唯一者及其所有物》1845 年莱比锡版第 443 页。——编者注
② 马克思加了边注："交往形式本身的生产。"——编者注

矛盾产生时才表现出来，因而只是对于后代才存在。这时人们才觉得这些条件是偶然的桎梏，并且把这种视上述条件为桎梏的意识也强加给先前的时代。

……

市民社会包括各个人在生产力发展的一定阶段上的一切物质交往。它包括该阶段的整个商业生活和工业生活，因此它超出了国家和民族的范围，尽管另一方面它对外仍必须作为民族起作用，对内仍必须组成为国家。"市民社会"这一用语是在 18 世纪产生的，当时财产关系已经摆脱了古典古代的和中世纪的共同体。真正的市民社会①只是随同资产阶级发展起来的；但是市民社会这一名称始终标志着直接从生产和交往中发展起来的社会组织，这种社会组织在一切时代都构成国家的基础以及任何其他的观念的上层建筑的基础。

国家和法同所有制的关系

……因为资产阶级已经是一个**阶级**，不再是一个**等级**了，所以它必须在全国范围内而不再是在一个地域内组织起来，并且必须使自己通常的利益具有一种普遍的形式。由于私有制摆脱了共同体，国家获得了和市民社会并列并且在市民社会之外的独立存在；实际上国家不外是资产者为了在国内外相互保障各自的财产和利益所必然要采取的一种组织形式。目前国家的独立性只有在这样的国家里才存在：在那里，等级还没有完全发展成为阶级，在那里，比较先进的国家中已被消灭的等级还起着某种作用，并且那里存在某种混合体，因此在这样的国家里居民的任何一部分也不可能对居民的其他部分进行统治。德国的情况就正是这样。现代国家的最完善的例子就是北美。法国、英国和美国的一些近代著作家都一致认为，国家只是为了私有制才存在的，可见，这种思想也渗入日常的意识了。

因为国家是统治阶级的各个人借以实现其共同利益的形式，是该时代的整个市民社会获得集中表现的形式，所以可以得出结论：一切共同的规章都是以

---

① "市民社会"的原文是"bürgerliche Gesellschaft"，这个术语也有"资产阶级社会"的意思。——编者注

国家为中介的，都获得了政治形式。由此便产生了一种错觉，好像法律是以意志为基础的，而且是以脱离其现实基础的意志即**自由**意志为基础的。同样，法随后也被归结为法律。

（选自《马克思恩格斯文集》第 1 卷，人民出版社 2009 年版，第 512—584 页）

《德意志意识形态》（节选）导读

《德意志意识形态》（以下简称《形态》）全名为《德意志意识形态 对费尔巴哈、布·鲍威尔和施蒂纳所代表的现代德国哲学以及各式各样先知所代表的德国社会主义的批判》。《形态》是马克思主义哲学创立的标志。该书通过批判以费尔巴哈、鲍威尔和施蒂纳为代表的青年黑格尔派哲学，以及当时在德国流行的"真正的社会主义"思潮或"德国的社会主义"，首次较为系统地阐述了历史唯物主义的基本理论，为无产阶级和劳动群众提供了科学的世界观和方法论。

一、写作背景

《形态》不仅是马克思和恩格斯为了清算作为当时"德意志意识形态"的青年黑格尔派哲学，而且同时也是为告别"德意志意识形态"这一"过去的信仰"而写的。

青年黑格尔派哲学是当时德国资产阶级思想体系即所谓的"德意志意识形态"的主要代表，作为德国资产阶级民主革命的理论准备和先导，曾于1835—1845年期间在德国思想界和社会上产生了重要的影响和作用。青年黑格尔派虽然对封建神学、宗教以及专制主义进行了较为彻底的批判，但是仅仅局限于哲学观念上的批判，未能进一步深入到德国哲学与德国现实、哲学理论与社会物质环境之间的关系。

马克思和恩格斯曾经参与青年黑格尔派活动，与该派成员有过不同程度的接触和交往，其哲学思想也相互影响。但是随着马克思和恩格斯思想的发展，特别是他们从哲学批判转向政治经济学批判，从国家和法领域转向对市民社会的解剖后，通过发现现代无产阶级的历史使命，最终完成了从唯心主义向唯物主义、从革命民主主义向共产主义的转变，并经历了创立新唯物主义的艰难过程。在撰写《形态》时，马克思和恩格斯不仅在思想上已经实现了由唯心主义向唯物主义、由革命民主主义向共产主义的转变，而且弄清了一系列重大哲学问题。为此，他们需要选择适当的方式表达已经形成的共同见解，系统阐发新的世界观。这一任务正是通过《形态》的写作来完成的。因此，《形态》以科学的实践观为基础，批判了当时在德国流行的哲学意识形态，比较系统地论述了历史唯物主义基本理论，科学论证了共产主义运动的必然性，实现了哲学史上的伟大变革。

马克思和恩格斯于 1845 年秋至 1846 年 5 月共同撰写了《形态》，但这部著作在他们生前未能出版。他们也多次在德国寻找出版商出版该书，但由于书报检查机关的阻挠，加上出版商对书中所批判的哲学流派及其代表人物的同情，因而未能如愿，只有第二卷第四章在《威斯特伐利亚汽船》杂志 1847 年 8 月号和 9 月号上发表过。这部著作以手稿形式保存下来，没有总标题。现在的书名源于马克思在 1847 年 4 月 6 日发表的声明《驳卡尔·格律恩》中对这部著作的称呼。

二、主要内容

《形态》一书由两卷组成，第一卷第一章是全书的重点。第一卷包括三章，第一章批判了费尔巴哈人本主义哲学的唯心史观，阐明了社会存在决定社会意识、生产力和生产关系的矛盾是社会发展的根源等唯物史观的基本原理。第二章批判了布·鲍威尔用"个别的自我意识"将人抽象化的唯心史观。第三章批判了麦·施蒂纳将"我"视为"唯一者"这一极端个人主义哲学的唯心史观。在这一卷里，马克思和恩格斯还论述了关于共产主义和无产阶级革命的理论。第二卷批判了当时在德国流行的所谓"真正的社会主义"或"德国的社会主义"。"真正的社会主义"企图用德意志意识形态阐明共产主义"真理"，从现实的历史基础回到意识形态的基础上去，共产主义于是完全成为抽象人道主义的宣传。这种回避现实社会矛盾、脱离具体的阶级生活和现实关系而宣扬普遍的人类之爱的追求，无疑是一种假社会主义。马克思和恩格斯还揭示了这种假社会主义的哲学基础、社会根源和阶级本质。教材节选部分的思想观点主要集中在以下几个方面。

（一）提出从事物质生产的现实的个人是唯物主义历史观的出发点

在《形态》第一卷第一章中，马克思和恩格斯阐明了唯物主义历史观的出发点"是从事实际活动的人"（即与"抽象的个人"不同的从事实践活动的"现实的个人"）以及他们的活动和他们的物质生活条件，从而揭示了人类历史过程的主体，科学地规定了马克思主义哲学的研究对象。

第一，人类历史存在和发展的前提是现实的个人。《形态》阐述了人类历史的前提，这个前提就是现实的个人，是他们的活动和他们的物质生活条件。

马克思和恩格斯认为，这些条件可以用纯粹经验的方法来确认。他们指出，全部人类历史的第一个前提无疑是有生命的个人的存在。但是，这里所说的个人不是他们自己或别人想象中的那种个人，而是现实中的个人，也就是说，这些个人是从事物质生产活动的，因而是在一定的物质的、不受他们任意支配的界限、前提和条件下活动着的个人。

第二，物质生活资料的生产是人区别于动物的根本标志。近代以来，人开始逐渐成为哲学家们普遍关注的中心。然而，究竟应该如何理解人？人的本质是什么？青年黑格尔派的哲学家们像他们的老师黑格尔一样，主要从精神的角度来理解人，把人理解为自我意识的人、情感的人、宗教的人，并以此作为区分人与动物的主要标志。与此不同，马克思和恩格斯明确地把物质生产实践活动规定为人的基本特征，作为人区别于动物的根本标志。他们明确指出，可以根据意识、宗教或随便别的什么来区别人和动物。但人的本质是由他们的物质生产方式决定的，是由生产什么和怎样生产决定的。人们的物质生活资料的生产是具体的、历史的，是一个持续不断的发展过程。由此决定的人的本质也是具体的、历史的，是一个持续不断的发展过程。因此，马克思和恩格斯否定有先天的、不变的、抽象的人的本质，从物质实践的观点出发来理解和解释人的本质和人性，使马克思主义哲学的人性观同形形色色的先验主义的人性观区别开来。

第三，生产力决定分工，进而决定所有制和交往形式。马克思和恩格斯在把物质生产规定为人的本质和社会历史现实的基础上，对物质生产的内在矛盾进行了具体的分析。他们研究了生产力与交往形式的矛盾，并具体分析了社会分工与生产力和交往形式的关系。他们用"交往形式""交往方式""交往关系"等术语来表示"生产关系"这一概念，虽然这些术语还不够完善，但已经揭示了生产力与生产关系的矛盾及其运动，并将这一矛盾看作是社会各种矛盾中最基本的矛盾。在他们看来，生产力决定分工；分工既是生产力发展的结果，同时又是生产关系的前提和基础。

第四，人们的存在即人们的现实生活过程决定人们的意识。人们的意识、精神与他们的存在是什么关系呢？以往的历史观把人的精神、意识作为人的存在和社会历史的决定力量。与这种唯心主义历史观截然相反，马克思和恩格斯坚持从物质实践的观点出发，把意识、精神看作是"人们物质行动的直接产物"，认为思想、观念、意识的生产最初是直接与人们的物质活动，与人们的物质交往，与现实生活的语言交织在一起的。而且，表现在某一民族的政治、法律、道德、宗教、形而上学等的语言中的精神生产也是这样。因此，意识在任何时候都只能是被意识到了的存在，而人们的存在就是他们的现实生活过程。意识是随着人们的现实生活的改变而不断变化的，"不是意识决定生活，而是生活决定意识"①。他们认为，道德、宗教、哲学等各种社会意识形式没有自身独立的历史和发展，因为它们是受人们的物质生产和物质交往决定的。

第五，唯物主义历史观的出发点是从事实际活动的人。有生命的个人存在是人类历史的第一个前提，也是唯物主义历史观的出发点。马克思和恩格斯明确指出："我们的出发点是从事实际活动的人"②。这一出发点的确立打破了以往思想史和观念史的神秘性和欺骗性，使科学地认识人类社会历史成为可能。过去的历史观的根本缺陷在于不能真正理解生产实践在人类历史中的决定作用，而把它仅仅看成是与历史过程没有实质关系的附带因素。

（二）强调从社会物质资料生产出发来理解社会历史

在《形态》中，马克思和恩格斯发挥了马克思在《关于费尔巴哈的提纲》中提出的马克思主义的实践观，进一步揭示和阐述了实践在人类历史过程中的地位和作用，并以此为根据，来揭示和描述社会的结构，阐明历史向世界历史的转变过程。

第一，物质生产是整个现存的感性世界的基础。马克思和恩格斯在文中充分揭示了实践在人类历史发展过程中的地位和作用。他们还从发生学的角度揭示出，人们最基本的实践活动即物质生活资料的生产（简言之，物质生产）是"人的生存的第一个前提"，是人的"第一个历史活动"，是"一切历史的一种基本条件"。他们正是给予这一基本事实的全部意义和全部范围应有的重视，将其提升为唯物主义历史观的基本原则。在此基础上，他们进一步提出了"实践的唯物主义者"这一概念，并用其指称"共产主义者"，表明共产主义者是非常重视实践的。在他们看来，实现"人的解放"的现实手段也只能是实践。与费尔巴哈"只是希望确立对现存的事实的正确理解"③ 不同，他们不仅关注哲学理论的正确，客观地反映和解释现存世界，而且更关注改变现存世界，关注哲学理论向实践、向现实的转化：对实践的唯物主义者即共产主义者来说，

---

① 《马克思恩格斯文集》第 1 卷，人民出版社 2009 年版，第 525 页。
② 《马克思恩格斯文集》第 1 卷，人民出版社 2009 年版，第 525 页。
③ 《马克思恩格斯文集》第 1 卷，人民出版社 2009 年版，第 549 页。

全部问题都在于使现存世界革命化，实际地反对并改变现存的事物。

第二，人的生产表现为自然和社会的双重关系，历史表现为物质决定性和主体能动性的统一。马克思和恩格斯阐明了物质资料的生产与人的生产的关系，认为物质资料的生产本质上可以归结为人的生命的生产（自己生命的生产和他人生命的生产）。因为，物质生活资料的生产是为了满足和产生新的需要以及家庭（他人生命的生产）。而生命的生产，一方面表现为人与自然的关系，另一方面表现为人们之间的社会关系，两者是密不可分的。由此得出的结论是，一定的生产方式或一定的工业阶段始终是与一定的共同活动方式或一定的社会阶段联系着的，而这种共同活动方式本身就是"生产力"。由此可见，人们所达到的生产力的总和决定着社会状况，因而必须始终把"人类的历史"同工业和交换的历史联系起来研究和探讨。在这里，他们初步揭示了生产关系与生产力发展之间的关系，说明人们之间的社会关系在一开始就有一种物质的联系，这种联系是由需要和生产方式决定的。当然，马克思和恩格斯不仅强调了人的活动前提被决定的方面，同时也指出了"人改造自然""人改造人"的方面。也就是说，一方面，作为既定的生产力的上一代人的生产和工业决定下一代人的生存条件；另一方面，下一代人又通过生产实践改变这些生产生活条件。人既是环境的产物，同时人又通过生产、实践改造环境。由此，马克思和恩格斯不仅论述了历史决定论的思想，同时又阐明了人的主体能动性问题。

第三，不是意识决定生活，而是生活决定意识。意识是人所具有的精神现象，它在人的活动和历史发展中都起着一定的作用，对意识与生活关系的理解，唯物主义和唯心主义存在着根本分歧。马克思和恩格斯认为，意识是由社会物质生活和交往关系决定的，所谓的观念史并不具有真正意义上的独立性，它依附于人们的物质生产和物质交往，人们在改变现实的同时也改变着自己的思维和思维的产物。意识的产生最初直接与人们的物质活动、交往、语言交织在一起。观念、思维等产物这时还是人们物质关系的直接产物。随着生产的发展，特别是分工的出现，意识得到了进一步发展，尤其是由于物质劳动与精神劳动的分离，社会上出现了脱离物质劳动而专门从事精神劳动的人，才逐渐使意识获得了独立的外观。然而，这种独立的外观只是相对的，意识内容归根到底是由现实生活和社会关系决定的。因此，虽然意识是人类历史的一个非常重要的因素，但它并非是历史发展的最根本的因素。

第四，分工是阶级和国家的产生以及人的实践活动发生异化的根源。马克思和恩格斯认为，要能够理解意识与意识形态的本质，正确把握人类社会历史的存在和发展，必须了解分工的历史起源及其后果。分工起初只是性行为方面的分工，后来是由于天赋（例如体力）、需要、偶然性等等才自发地或"自然地形成"分工，分工只是从物质劳动和精神劳动分离的时候起才真正成为分工。分工不仅使精神活动和物质活动、享受和劳动、生产和消费由不同的个人来分担这种情况成为可能，而且成为现实。分工包含着生产力、社会状况和意识等因素之间的矛盾，与人类早期分工产生的同时也出现了劳动及其产品的不平等的分配，因而产生了私有制。随着分工的发展也产生了单个人的利益或单个家庭的利益与所有互相交往的个人的共同利益之间的矛盾；而且这种共同利益不是仅仅作为一种"普遍的东西"存在于观念之中，而首先是作为彼此有了分工的个人之间的相互依存关系存在于现实之中。正是由于特殊利益和共同利益之间的这种矛盾，共同利益才采取国家这种与实际的单个利益和全体利益相脱离的独立形式，采取虚幻的共同体的形式。就是说，只要特殊利益和共同利益之间还有分裂，只要分工还不是出于自愿，而是自然形成的，那么人本身的活动对人来说就成为一种异己的、同他对立的力量，这种力量压迫着人，而不是人驾驭着这种力量。可见，分工是阶级和国家的产生以及人的实践活动发生异化的根源。在马克思和恩格斯看来，如果生产力向前发展，分工发生变化，人们与劳动材料、工具和产品的关系发生变化，那么人们在生产和交往中的物质关系以及经济组织也会发生变化，从而引起国家和观念的上层建筑发生变化。

第五，受生产力制约的交往形式即市民社会，是历史的发源地和舞台。马克思和恩格斯通过对社会历史的考察，指出将交往关系从各种社会关系中划分出来的、作为社会结构中具有决定性的因素的是"市民社会"。他们认为，"市民社会"是国家和观念的上层建筑的基础。不同历史时期生产力的发展决定了人们在生产、社会中的地位和发挥作用的方式的差别，也就是说交往形式即"市民社会"受生产力的制约。同时，交往形式又构成了整个社会赖以存在的经济基础，决定了整个社会的面貌。正因如此，人类历史才呈现出不同的发展阶段，人类就是在不同的交往形式这个舞台上表演着不同的悲喜剧。

第六，历史向世界历史的转变是一个经验事实。在哲学史上，黑格尔曾提出了有关"世界历史"的思想，把人类的统一历史称为"世界历史"，并对其发展的各个阶段作了具体的描述。但黑格尔却把"世界历史"理解为"世界精神"发展的历史，即精神自身提升到自我意识和自觉的过程。马克思和恩格斯继承和改造了黑格尔关于世界历史的思想，把人类历史理解为一种经验的、客观的发展过程，理解为以物质生产力发展为基础的、从地域和民族性历史向世界性历史的转变过程。这一过程，既是人类历史的进步过程，也是人类历史的必然趋向。他们强调，历史向世界历史的转变，不是像黑格尔等德国哲学家们所想象的"'自我意识'、世界精神或者某个形而上学幽灵的某种纯粹的抽象行动"①，而是完全物质的、可以通过经验证明的行动，每一个过着实际日常生活的个人都可以证明这种行动。各民族的原始封闭状态由于生产方式和交往的日益发展，不同民族之间自然形成的分工就会被逐渐消灭，单个民族的历史就不可避免地成为世界历史。而且，各个相互影响的活动范围在这个发展进程中越是扩大，各民族的原始封闭状态由于日益完善的生产方式、交往以及因交往而自然形成的不同民族之间的分工消灭得越是彻底，历史也就越是成为世界历史。

（三）论述在社会上占统治地位的思想是统治阶级的思想

在《形态》中，马克思和恩格斯用专门篇章论述了作为上层建筑的意识形态的本质、特征，深刻地揭示了唯心主义历史观的认识论根源。

第一，统治阶级的思想在每一个时代都是占统治地位的思想。马克思和恩格斯认为，意识形态实质上是统治阶级的思想体系。社会存在决定社会意识，意识虽然没有自己独立的历史，却具有独立的外表，具有相对于社会存在的独立性。由于分工使少数人从事精神劳动，这些人总是不可避免地把意识和产生它们的现实基础分裂开来，并使之系统化，赋予它以普遍性的意义和"自我规定"的特性。对统治阶级来说，要实施自己的统治，不仅要在物质力量方面占有统治地位，而且要在意识形态领域占有统治地位。而统治阶级在物质力量方面所占的统治地位，也就决定它必然同时也是社会上占统治地位的精神力量，支配着精神生产资料。这表明，统治阶级的统治，不仅表现在社会物质领域和政治领域中，而且也必然表现在思想领域中。统治阶级之所以需要思想、意识形态，是因为他们不仅需要支配物质生产资料，还需要支配精神生产资料。只有这样，统治阶级才能实现长久统治。

第二，占统治地位的思想不过是占统治地位的物质关系在观念上的表现。

---

① 《马克思恩格斯文集》第 1 卷，人民出版社 2009 年版，第 541 页。

马克思和恩格斯进一步深刻揭示了意识形态的根源，认为统治阶级在社会物质关系领域居统治地位，统治阶级的物质关系是社会上占统治地位的物质关系，而占统治地位的思想不过是占统治地位的物质关系在观念上的表现，不过是以思想的形式表现出来的占统治地位的物质关系。可见，在意识形态问题上，马克思和恩格斯彻底坚持了不是人们的意识决定人们的存在，而是人们的社会存在决定人们的意识的观点。由于意识形态是统治阶级物质关系的反映和表现，因此它为统治阶级物质关系的存在和发展服务，是维持和巩固统治阶级的统治的必要条件。

第三，统治阶级维持思想统治需要职业思想家。马克思和恩格斯认为，意识形态作为占统治地位的思想，主要是统治阶级中有概括能力的思想家的产物。在统治阶级内部，一部分人是以该阶级的思想家的面貌出现的，他们把编造这一阶级关于自身的幻想当作主要的谋生之道，这就是职业思想家的产生。历史上的许多思想家，他们好像是独立的思想者，是为思想而存在的。而思想家的"独立性"或"超阶级性"给统治思想增添了神秘性和迷惑性。但是，职业思想家的职责实际上就是"编造这一阶级关于自身的幻想"①，职业思想家的独立性不过是一种假象而已，依附性是职业思想家的基本属性。

第四，历史唯心主义的认识论根源。统治阶级中的职业思想家是如何编造思想的？马克思和恩格斯将其归结为这样三个相互关联的手段：一是把进行统治的个人的思想同这些进行统治的个人本身分割开来，从而承认思想或幻想在历史上的统治。这样，就割裂了思想与个人、思想与阶级的联系，为思想的独立化创造了前提条件。二是使这种思想统治具有某种秩序，证明在一个承继着另一个而出现的占统治地位的思想之间存在着某种神秘的联系，而要做到这一点就得把这些思想看作是"概念的自我规定"。这样就割断了思想和其现实基础的联系，进一步把这些思想独立化、神秘化，好像这些思想本身有自己独立的历史和独立的发展。三是为了消除这种"自我规定着的概念"的神秘外观，便把它变成某种人物——"自我意识"或"思维着的人""哲学家""意识形态家"等。总之，为了保证政治和思想统治，统治阶级总是不遗余力地建构自己的思想，并保证其成为社会的统治思想，总要在历史上找出各种统治思想的体现者和代表者。

---

① 《马克思恩格斯文集》第1卷，人民出版社2009年版，第551页。

（四）阐明生产力与交往形式之间的矛盾运动是社会变迁的内在根据

在《形态》中，马克思和恩格斯通过对人的实践活动的分析，第一次阐明了生产力与交往形式之间的辩证关系，揭示了人类历史发展的内在根源和动力。

第一，资本主义大工业和无产阶级是生产力与交往形式矛盾运动的产物。不同的交往形式即生产关系是与不同的生产发展水平相适应的，生产力与交往形式之间"适应——不适应——适应"的矛盾运动是资本主义大工业和无产阶级产生的内在根据。马克思和恩格斯通过详细考察生产力发展推动所有制形式变革的历史来证明这一结论。他们指出，工场手工业经过长期的发展才摆脱了行会的束缚，所有制关系也随之发生了变化，工人和雇主的关系发生了变化，行会中帮工和师傅之间的宗法关系被工人和资本家之间的金钱关系所代替。工场手工业很快暴露出其局限性，大工业逐渐取代了工场手工业，与此同时形成了现代无产阶级。

第二，"一切历史冲突都根源于生产力和交往形式之间的矛盾"①。马克思和恩格斯认为在生产力与交往形式的关系中，生产力是决定整个社会面貌和社会发展最基本的因素。生产力的发展和状况决定了分工和所有制的方式，进而决定着人们的交往形式。交往形式并不是完全被动的因素，它对生产力有一定的反作用，当它不适应生产力的发展时，就会成为一种阻碍生产力发展的力量，从而产生各种社会冲突。这种矛盾在历史上的表现形式多种多样，比如阶级冲突、民族冲突、思想斗争、政治斗争等，但实际上它们都不过是生产力和交往形式这一矛盾所体现的附带形式。

第三，资本主义社会生产力与交往形式矛盾的发展必然导致共产主义。资本主义社会生产力与交往形式矛盾的发展使工人完全成为资本家的工具，使劳动本身成为工人不堪忍受的东西。马克思和恩格斯认为，无产者为了解放自己，就必须消灭他们面临的生存条件，消灭雇佣劳动。这样，他们也就同现代国家处于直接的对立中，所以，他们应当推翻国家，使自己的个性得以实现，这就是共产主义社会的到来。

第四，对共产主义的价值目标进行了系统阐述。马克思和恩格斯认为，共

---

① 《马克思恩格斯文集》第 1 卷，人民出版社 2009 年版，第 567—568 页。

产主义是"各个人在自己的联合中并通过这种联合获得自己的自由"① 的一种"真正的共同体"。这种"真正的共同体"区别于过去的各种"虚假的共同体"。在共产主义这个共同体中，革命无产者控制了自己和全体社会成员的生存条件。这个共同体是每个个人的一种联合，这种联合把个人的自由发展和运动的条件置于他们的控制之下。而这些条件从前是受偶然性支配的，并且是作为某种独立的东西同单个人对立的。为此，共产主义运动必须推翻一切旧的生产关系和交往关系的基础，并且自觉地消除一切自发形成的前提对个人的压迫和统治，使这些前提受联合起来的个人支配。

第五，共产主义是对私有制、固定分工和异化的扬弃。马克思和恩格斯认为，只有实现共产主义，才能使劳动成为一种"自主活动"，消除固定分工和私有制及其所带来的异化，使每个人的个性获得自由而全面的发展。"只有在这个阶段上，自主活动才同物质生活一致起来，而这又是同各个人向完全的个人的发展以及一切自发性的消除相适应的。同样，劳动向自主活动的转化，同过去受制约的交往向个人本身的交往的转化，也是相互适应的。随着联合起来的个人对全部生产力的占有，私有制也就终结了。"② 在马克思和恩格斯那里，"自主活动"是同强制劳动和雇佣劳动相对立的，是强制劳动和雇佣劳动的扬弃形式，是共产主义阶段人的实践活动的特征。他们认为，在以往社会，自主活动的存在是偶然的，劳动已经丧失了自主活动的假象，成了摧残人的生命的形式；只有到了共产主义社会，人们才能真正做到和实现自主活动，即"对生产工具一定总和的占有"以及"个人本身的才能的一定总和的发挥"。③

第六，"市民社会"即物质交往关系的总和，构成国家和观念上层建筑的基础。马克思和恩格斯运用"市民社会"这一概念在不同的语境和文本中的内涵是有差异的。从其本来的意义上说，"市民社会"是一个特殊性的概念，指的是近代资本主义发展的一种经济和社会结构，甚至直接指"资本主义社会"本身。在《形态》中，马克思和恩格斯将"市民社会"作为一个普遍性的概念来使用，指的是人们在生产和交换中所发生的物质关系，以及直接从生产和交换中发展起来的社会组织。由于"市民社会"这一名称始终标志着直接从生产和交往中发展起来的社会组织，在它身上体现了一定的生产力和交往形式的具

---

① 《马克思恩格斯文集》第 1 卷，人民出版社 2009 年版，第 571 页。
② 《马克思恩格斯文集》第 1 卷，人民出版社 2009 年版，第 582 页。
③ 《马克思恩格斯文集》第 1 卷，人民出版社 2009 年版，第 581 页。

体内容及其矛盾性。因而，市民社会"在一切时代都构成国家的基础以及任何其他的观念的上层建筑的基础"①。

第七，国家是统治阶级的各个人借以实现其共同利益的形式，法是现存所有制关系的表达。马克思和恩格斯认为，国家是交往关系发展到一定阶段产生的，是分工和私有制的产物。国家作为阶级统治的工具，"是统治阶级的各个人借以实现其共同利益的形式"②。现代资本主义国家则是与现代资本主义私有制相适应的，尽管它具有以前的国家所不曾具有的普遍形式和独立性，但它不过是"资产者为了在国内外相互保障各自的财产和利益所必然要采取的一种组织形式"③。国家是政治上层建筑的核心，一切共同的规章制度都以国家为中介并获得自己的政治形式。而法作为一种规章制度，也无非是统治阶级意志的普遍表现，是一定所有制关系的表达。

三、重要意义

《形态》比较系统地阐述了唯物史观的基本原理，阐明了从事实践活动的"现实的个人"是历史唯物主义的出发点，从而把唯物史观界定为关于人的实践活动和实际发展过程的科学；指出社会历史观的基本问题是社会存在与社会意识的关系问题，论述了社会存在决定社会意识的历史唯物主义的基本观点，批判了社会意识决定社会存在的历史唯心主义观点；论述了物质生产在人类历史发展中的决定作用，指出生产力与交往形式的矛盾运动是推动社会发展的基本动力，推动着历史向世界历史转变；从哲学上考察了未来社会理想——共产主义及其价值目标——人的自由全面发展；论述了分工、意识形态、世界历史、自主活动等一系列重要的哲学理论问题等。这些新见解、新理论，标志着马克思和恩格斯哲学革命性变革的基本完成，为新世界观同工人运动的结合奠定了思想基础。马克思主义哲学的基本精神之一，在于从理性与价值的双重考察和有机统一的历史分析中，达到对社会历史规律的合理把握，这是马克思主义哲学考察人类社会发展规律和人类解放路径的基本原则，彰显了马克思主义哲学面向现实实践、发展创新的本质特征。

《形态》第一卷第一章第一次发表是在 1924 年，由苏共中央马克思恩格斯

---

① 《马克思恩格斯文集》第 1 卷，人民出版社 2009 年版，第 583 页。
② 《马克思恩格斯文集》第 1 卷，人民出版社 2009 年版，第 584 页。
③ 《马克思恩格斯文集》第 1 卷，人民出版社 2009 年版，第 584 页。

研究院发表了该章的俄译本，由梁赞诺夫主编。《形态》全书第一次发表是在1932 年，以德文原文形式发表于《马克思和恩格斯全集》历史考证版（MEGA[1]）第一部分第 5 卷。1962 年荷兰阿姆斯特丹国际社会历史研究所新发现《形态》第一卷第一章两张 4 页手稿片段，苏共中央马克思列宁主义研究院对该章作了重新整理编排，并在 1965 年苏联《哲学研究》杂志第 10 期、第 11期两期发表，1966 年又出版了其单行本。1966 年民主德国《德国哲学杂志》第 10 期也用德文发表了该章的新编版本。《形态》第一卷第一章的第一个中文译本是由郭沫若翻译的，1938 年由上海言行出版社出版，书名为《德意志意识形态》；1942 年 7 月上海珠林书店还出版了克士（周建人）翻译的这一章的中译文，书名为《德意志观念体系》。

《形态》系统阐明了历史唯物主义基本原理，对于我们学习掌握马克思主义世界观和方法论具有重要意义。唯物史观是马克思的两大发现之一，是马克思主义的核心内容，也是我们学习马克思主义的重点所在。学习《形态》最重要的就是要深刻领会和掌握书中所阐发的历史唯物主义基本原理，以及认识世界和改造世界的立场、观点和方法。历史唯物主义认为，社会存在决定社会意识，生产力决定生产关系，经济基础决定上层建筑，人民群众是历史的创造者，人类社会是在社会矛盾运动中由低级向高级不断发展的，资本主义基本矛盾的发展必然冲破资本主义的桎梏，人类终将走向共产主义。在新的历史条件下，认真学习和研究《形态》有助于我们更好地认识人类历史发展规律，坚定共产主义远大理想和中国特色社会主义共同理想。

四、延伸阅读

马克思：《评弗里德里希·李斯特的著作〈政治经济学的国民体系〉》

这是马克思于 1845 年 3 月写的一篇书评。马克思认为，李斯特体系的理论部分完全是一种与世俗的英国和法国的经济学完全不同的"理想化"的经济学。马克思在系统地批判李斯特主要论点的基础上，阐述了自己在一些经济学范畴上的观点。马克思用历史唯物主义的生产力概念破除了李斯特美化"生产力"的神秘灵光，马克思还指出，在生产力中，人的生产力是主体。这些思想在《德意志意识形态》中得到了系统的阐述和发挥。

马克思：《哲学的贫困》第二章

1847 年 1 月，马克思开始着手撰写这部著作，4 月初完稿并付印。该书是为批判蒲鲁东《经济矛盾的体系，或贫困的哲学》而写的，全书共两章。其中的第二章深刻揭示了蒲鲁东经济学方法论的唯心主义和形而上学实质，从四个方面深化了《德意志意识形态》中的思想：（1）深化了物质生产方式的原理，指出生产关系具有客观性、历史性和系统性，其运动根源于内在的矛盾性。（2）考察了工场手工业的形成及其向机器大工业的过渡，分析了资本主义生产方式的内在矛盾。（3）指出"最强大的一种生产力是革命阶级本身"，强调了罢工、工人同盟对于工人群众的团结教育作用和政治革命对于工人阶级解放的决定意义。（4）揭示了空想社会主义的历史根源和历史局限，将蒲鲁东界定为"小资产阶级社会主义者"。

思考题：

1. 为什么说《形态》是马克思主义哲学创立的标志？

2. 唯物史观与唯心史观的本质区别是什么，它们各有哪些特征？

3. 如何准确把握《形态》中的"意识形态"概念？

4. 如何理解马克思世界历史理论的基本逻辑及其当代意义？

卡·马克思和弗·恩格斯

共产党宣言（节选）

1872 年德文版序言

共产主义者同盟①这个在当时条件下自然只能是秘密团体的国际工人组织，1847 年 11 月在伦敦举行的代表大会上委托我们两人起草一个准备公布的详细的理论和实践的党纲。结果就产生了这个《宣言》，《宣言》原稿在二

---

① 共产主义者同盟是历史上第一个建立在科学社会主义基础上的无产阶级政党，1847 年在伦敦成立。共产主义者同盟的前身是 1836 年成立的正义者同盟，这是一个主要由无产阶级化的手工业工人组成的德国政治流亡者秘密组织，后期也有一些其他国家的人参加。随着形势的发展，正义者同盟的领导成员终于确信马克思和恩格斯的理论是正确的，并认识到必须使同盟摆脱旧的密谋传统和方式，遂于 1847 年邀请马克思和恩格斯参加正义者同盟，协助同盟改组。1847 年 6 月，正义者同盟在伦敦召开第一次代表大会，按照恩格斯的倡议把同盟的名称改为共产主义者同盟，因此这次大会也是共产主义者同盟的第一次代表大会。大会还批准了以无产阶级政党组织原则为基础的章程草案，并用"全世界无产者，联合起来！"的战斗口号取代了正义者同盟原来的"人人皆兄弟！"的口号。同年 11 月 29 日—12 月 8 日举行的同盟第二次代表大会通过了章程，大会委托马克思和恩格斯起草同盟的纲领，这就是 1848 年 2 月问世的《共产党宣言》。

由于法国革命爆发，在伦敦的同盟中央委员会于 1848 年 2 月底把同盟的领导权移交给了以马克思为首的布鲁塞尔区部委员会。在马克思被驱逐出布鲁塞尔并迁居巴黎以后，巴黎于 3 月初成了新的中央委员会的驻在地，恩格斯也当选为中央委员。

1848 年 3 月下半月—4 月初，马克思、恩格斯和数百名德国工人（他们多半是共产主义者同盟盟员）回国参加已经爆发的德国革命。马克思和恩格斯在 3 月下旬所写的《共产党在德国的要求》（见《马克思恩格斯全集》中文第 1 版第 5 卷）是共产主义者同盟在这次革命中的政治纲领。当时，由马克思任主编的《新莱茵报》已成为共产主义者同盟的指导中心。

虽然 1848 年二月革命的失败使共产主义者同盟遭受了打击，但同盟仍然于 1849—1850 年进行了改组并继续开展活动。1850 年夏，共产主义者同盟中央委员会内部在策略问题上的原则性分歧达到了极其尖锐的程度。以马克思和恩格斯为首的中央委员会多数派坚决反对维利希—沙佩尔集团提出的宗派主义、冒险主义的策略，反对该集团无视革命发展的客观规律和德国及欧洲其他各国的现实政治形势而主张立即发动革命。1850 年 9 月中，维利希—沙佩尔集团的分裂活动最终导致同盟与该集团决裂。1851 年 5 月，由于警察迫害和大批盟员被捕，共产主义者同盟在德国的活动实际上已陷于停顿。1852 年 11 月 17 日，科隆共产党人案件宣判后不久，同盟根据马克思的建议宣告解散。

共产主义者同盟在国际工人运动史上起了巨大的作用，它是培养无产阶级革命家的学校，是国际工人协会（第一国际）的前身，相当多的前共产主义者同盟盟员都积极参加了国际工人协会的筹建工作。

月革命①前几星期送到伦敦付印。《宣言》最初用德文出版，它用这种文字在德国、英国和美国至少印过 12 种不同的版本。第一个英译本是由海伦·麦克法林女士翻译的，于 1850 年在伦敦《红色共和党人》杂志上发表，1871 年至少又有三种不同的英译本在美国出版。法译本于 1848 年六月起义②前不久第一次在巴黎印行，最近又有法译本在纽约《社会主义者报》上发表；现在有人在准备新译本。波兰文译本在德文本初版问世后不久就在伦敦出现。俄译本是 60 年代在日内瓦出版的。丹麦文译本也是在原书问世后不久就出版了。

　　不管最近 25 年来的情况发生了多大的变化，这个《宣言》中所阐述的一般原理整个说来直到现在还是完全正确的。某些地方本来可以作一些修改。这些原理的实际运用，正如《宣言》中所说的，随时随地都要以当时的历史条件为转移，所以第二章末尾提出的那些革命措施根本没有特别的意义。如果是在今天，这一段在许多方面都会有不同的写法了。由于最近 25 年来大工业有了巨大发展而工人阶级的政党组织也跟着发展起来，由于首先有了二月革命的实际经验而后来尤其是有了无产阶级第一次掌握政权达两月之久的巴黎公社③的实际经验，所以这个纲领现在有些地方已经过时了。特别是公社已经证明："工人阶级不能简单地掌握现成的国家机器，并运用它来达到自己

---

① 二月革命指 1848 年 2 月爆发的法国资产阶级民主革命。代表金融资产阶级利益的"七月王朝"推行极端反动的政策，反对任何政治改革和经济改革，阻碍资本主义发展，加剧对无产阶级和农民的剥削，引起全国人民的不满；农业歉收和经济危机进一步加深了国内矛盾。1848 年 2 月 22—24 日巴黎爆发革命，推翻了"七月王朝"，建立了资产阶级共和派的临时政府，宣布成立法兰西第二共和国。二月革命为欧洲 1848—1849 年革命拉开了序幕。无产阶级和小资产阶级积极参加了这次革命，但革命果实却落到了资产阶级手里。

② 1848 年六月起义指 1848 年 6 月巴黎无产阶级的起义。二月革命后，无产阶级要求把革命推向前进，资产阶级共和派政府推行反对无产阶级的政策，6 月 22 日颁布了封闭"国家工场"的挑衅性法令，激起巴黎工人的强烈反抗。6 月 23—26 日，巴黎工人举行了大规模武装起义。6 月 25 日，镇压起义的让·巴·菲·布瑞亚将军在枫丹白露哨兵站被起义者打死，两名起义者后来被判处死刑。经过四天英勇斗争，起义被资产阶级共和派政府残酷镇压下去。马克思论述这次起义时指出："这是分裂现代社会的两个阶级之间的第一次大规模的战斗。这是保存还是消灭资产阶级制度的斗争。"

③ 巴黎公社是 1871 年法国无产阶级在巴黎建立的人类历史上第一个无产阶级政权。1871 年 3 月 18 日，巴黎无产者举行武装起义，夺取了政权；28 日巴黎公社宣告成立。公社打碎了资产阶级国家机器，废除常备军代之以人民武装，废除官僚制度代之以民主选举产生的、对选民负责的、受群众监督的公职人员。公社没收逃亡资本家的企业交给工人管理，并颁布一系列保护劳动者利益的法令。5 月 28 日，巴黎公社在国内外反对势力的打击下遭到失败，总共只存在了 72 天。

的目的。"（见《法兰西内战。国际工人协会总委员会宣言》德文版第 19 页，那里对这个思想作了更详细的阐述。）其次，很明显，对于社会主义文献所作的批判在今天看来是不完全的，因为这一批判只包括到 1847 年为止；同样也很明显，关于共产党人对待各种反对党派的态度的论述（第四章）虽然在原则上今天还是正确的，但是就其实际运用来说今天毕竟已经过时，因为政治形势已经完全改变，当时所列举的那些党派大部分已被历史的发展彻底扫除了。

但是《宣言》是一个历史文件，我们已没有权利来加以修改。下次再版时也许能加上一篇论述 1847 年到现在这段时期的导言。这次再版太仓促了，我们来不及做这件工作。

卡尔·马克思　弗里德里希·恩格斯
1872 年 6 月 24 日于伦敦

1882 年俄文版序言

巴枯宁翻译的《共产党宣言》俄文第一版，60 年代初①由《钟声》印刷所出版。当时西方认为这件事（《宣言》译成**俄文**出版）不过是著作界的一件奇闻。这种看法今天是不可能有了。

当时（1847 年 12 月）卷入无产阶级运动的地区是多么狭小，这从《宣言》最后一章《共产党人对各国各种反对党派的态度》② 中可以看得很清楚。在这一章里，正好没有说到俄国和美国。那时，俄国是欧洲全部反动势力的最后一支庞大后备军；美国正通过移民吸收欧洲无产阶级的过剩力量。这两个国家，都向欧洲提供原料，同时又都是欧洲工业品的销售市场。所以，这两个国家不管怎样当时都是欧洲现存秩序的支柱。

今天，情况完全不同了！正是欧洲移民，使北美能够进行大规模的农业生产，这种农业生产的竞争震撼着欧洲大小土地所有制的根基。此外，这种移民还使美国能够以巨大的力量和规模开发其丰富的工业资源，以至于很快就会摧

---

① 应是 1869 年。——编者注
② 《宣言》最后一章的标题应是《共产党人对各种反对党派的态度》。——编者注

毁西欧特别是英国迄今为止的工业垄断地位。这两种情况反过来对美国本身也起着革命作用。作为整个政治制度基础的农场主的中小土地所有制，正逐渐被大农场的竞争所征服；同时，在各工业区，人数众多的无产阶级和神话般的资本积聚第一次发展起来了。

现在来看看俄国吧！在 1848—1849 年革命期间，不仅欧洲的君主，而且连欧洲的资产者，都把俄国的干涉看做是帮助他们对付刚刚开始觉醒的无产阶级的唯一救星。沙皇被宣布为欧洲反动势力的首领。现在，沙皇在加特契纳成了革命的俘虏①，而俄国已是欧洲革命运动的先进部队了。

《共产主义宣言》②的任务，是宣告现代资产阶级所有制必然灭亡。但是在俄国，我们看见，除了迅速盛行起来的资本主义狂热和刚开始发展的资产阶级土地所有制外，大半土地仍归农民公共占有。那么试问：俄国公社，这一固然已经大遭破坏的原始土地公共占有形式，是能够直接过渡到高级的共产主义的公共占有形式呢？或者相反，它还必须先经历西方的历史发展所经历的那个瓦解过程呢？

对于这个问题，目前唯一可能的答复是：假如俄国革命将成为西方无产阶级革命的信号而双方互相补充的话，那么现今的俄国土地公有制便能成为共产主义发展的起点。

卡尔·马克思　弗里德里希·恩格斯

1882 年 1 月 21 日于伦敦

1883 年德文版序言

本版序言不幸只能由我一个人署名了。马克思这位比其他任何人都更应受到欧美整个工人阶级感谢的人物，已经长眠于海格特公墓，他的墓上已经初次长出了青草。在他逝世以后，就更谈不上对《宣言》作什么修改或补充了。因此，我认为更有必要在这里再一次明确地申述下面这一点。

---

① 1881 年 3 月 1 日民意党人刺杀沙皇亚历山大二世以后，亚历山大三世因害怕民意党人采取新的恐怖行动，终日藏匿在彼得堡附近的加特契纳行宫内，因而被人们戏谑地称为"加特契纳的俘虏"。

② 即《共产党宣言》。——编者注

贯穿《宣言》的基本思想：每一历史时代的经济生产以及必然由此产生的社会结构，是该时代政治的和精神的历史的基础；因此（从原始土地公有制解体以来）全部历史都是阶级斗争的历史，即社会发展各个阶段上被剥削阶级和剥削阶级之间、被统治阶级和统治阶级之间斗争的历史；而这个斗争现在已经达到这样一个阶段，即被剥削被压迫的阶级（无产阶级），如果不同时使整个社会永远摆脱剥削、压迫和阶级斗争，就不再能使自己从剥削它压迫它的那个阶级（资产阶级）下解放出来。——这个基本思想完全是属于马克思一个人的。①

这一点我已经屡次说过，但正是现在必须在《宣言》正文的前面也写明这一点。

弗·恩格斯

1883 年 6 月 28 日于伦敦

共产党宣言

一个幽灵，共产主义的幽灵，在欧洲游荡。为了对这个幽灵进行神圣的围剿，旧欧洲的一切势力，教皇和沙皇、梅特涅和基佐、法国的激进派和德国的警察，都联合起来了。

有哪一个反对党不被它的当政的敌人骂为共产党呢？又有哪一个反对党不拿共产主义这个罪名去回敬更进步的反对党人和自己的反动敌人呢？

从这一事实中可以得出两个结论：

共产主义已经被欧洲的一切势力公认为一种势力；

现在是共产党人向全世界公开说明自己的观点、自己的目的、自己的意图并且拿党自己的宣言来反驳关于共产主义幽灵的神话的时候了。

为了这个目的，各国共产党人集会于伦敦，拟定了如下的宣言，用英文、

---

① 恩格斯在 1890 年德文版转载该序言时在此处加了一个注："我在英译本序言中说过：'在我看来这一思想对历史学必定会起到像达尔文学说对生物学所起的那样的作用，我们两人早在 1845 年前的几年中就已经逐渐接近了这个思想。当时我个人独自在这方面达到什么程度，我的《英国工人阶级状况》一书就是最好的说明。但是到 1845 年春我在布鲁塞尔再次见到马克思时，他已经把这个思想考虑成熟，并且用几乎像我在上面所用的那样明晰的语句向我说明了。'"——编者注

法文、德文、意大利文、佛拉芒文和丹麦文公之于世。

一　资产者和无产者①

至今一切社会的历史②都是阶级斗争的历史。

自由民和奴隶、贵族和平民、领主和农奴、行会师傅③和帮工，一句话，压迫者和被压迫者，始终处于相互对立的地位，进行不断的、有时隐蔽有时公开的斗争，而每一次斗争的结局都是整个社会受到革命改造或者斗争的各阶级同归于尽。

在过去的各个历史时代，我们几乎到处都可以看到社会完全划分为各个不同的等级，看到社会地位分成多种多样的层次。在古罗马，有贵族、骑士、平民、奴隶，在中世纪，有封建主、臣仆、行会师傅、帮工、农奴，而且几乎在每一个阶级内部又有一些特殊的阶层。

从封建社会的灭亡中产生出来的现代资产阶级社会并没有消灭阶级对立。它只是用新的阶级、新的压迫条件、新的斗争形式代替了旧的。

但是，我们的时代，资产阶级时代，却有一个特点：它使阶级对立简单化了。整个社会日益分裂为两大敌对的阵营，分裂为两大相互直接对立的阶级：资产阶级和无产阶级。

从中世纪的农奴中产生了初期城市的城关市民；从这个市民等级中发展出最初的资产阶级分子。

---

① 恩格斯在 1888 年英文版上加了一个注："资产阶级是指占有社会生产资料并使用雇佣劳动的现代资本家阶级。无产阶级是指没有自己的生产资料，因而不得不靠出卖劳动力来维持生活的现代雇佣工人阶级。"——编者注

② 恩格斯在 1888 年英文版上加了一个注："这是指有**文字**记载的全部历史。在 1847 年，社会的史前史、成文史以前的社会组织，几乎还没有人知道。后来，哈克斯特豪森发现了俄国的土地公有制，毛勒证明了这种公有制是一切条顿族的历史起源的社会基础，而且人们逐渐发现，农村公社是或者曾经是从印度到爱尔兰的各地社会的原始形态。最后，摩尔根发现了**氏族**的真正本质及其对**部落**的关系，这一卓绝发现把这种原始共产主义社会的内部组织的典型形式揭示出来了。随着这种原始公社的解体，社会开始分裂为各个独特的、终于彼此对立的阶级。关于这个解体过程，我曾经试图在《家庭、私有制和国家的起源》（1886 年斯图加特第 2 版）中加以探讨。"——编者注

③ 恩格斯在 1888 年英文版上加了一个注："行会师傅就是在行会中享有全权的会员，是行会内部的师傅，而不是行会的首领。"——编者注

美洲的发现、绕过非洲的航行，给新兴的资产阶级开辟了新天地。东印度和中国的市场、美洲的殖民化、对殖民地的贸易、交换手段和一般商品的增加，使商业、航海业和工业空前高涨，因而使正在崩溃的封建社会内部的革命因素迅速发展。

以前那种封建的或行会的工业经营方式已经不能满足随着新市场的出现而增加的需求了。工场手工业代替了这种经营方式。行会师傅被工业的中间等级排挤掉了；各种行业组织之间的分工随着各个作坊内部的分工的出现而消失了。

但是，市场总是在扩大，需求总是在增加。甚至工场手工业也不再能满足需要了。于是，蒸汽和机器引起了工业生产的革命。现代大工业代替了工场手工业；工业中的百万富翁、一支一支产业大军的首领、现代资产者，代替了工业的中间等级。

大工业建立了由美洲的发现所准备好的世界市场。世界市场使商业、航海业和陆路交通得到了巨大的发展。这种发展又反过来促进了工业的扩展，同时，随着工业、商业、航海业和铁路的扩展，资产阶级也在同一程度上发展起来，增加自己的资本，把中世纪遗留下来的一切阶级排挤到后面去。

由此可见，现代资产阶级本身是一个长期发展过程的产物，是生产方式和交换方式的一系列变革的产物。

资产阶级的这种发展的每一个阶段，都伴随着相应的政治上的进展①。它在封建主统治下是被压迫的等级，在公社②里是武装的和自治的团体，在一些地方组成独立的城市共和国③，在另一些地方组成君主国中的纳税的第三等级④；后来，在工场手工业时期，它是等级君主国⑤或专制君主国中同贵族抗衡的势力，而且是大君主国的主要基础；最后，从大工业和世界市场建立的时

---

① "相应的政治上的进展"在1888年英文版中是"这个阶级的相应的政治上的进展"。——编者注
② 恩格斯在1888年英文版上加了一个注："法国的新兴城市，甚至在它们从封建主手里争得地方自治和'第三等级'的政治权利以前，就已经称为'公社'了。一般说来，这里是把英国当做资产阶级经济发展的典型国家，而把法国当做资产阶级政治发展的典型国家。"
恩格斯在1890年德文版上加了一个注："意大利和法国的市民，从他们的封建主手中买得或争得最初的自治权以后，就把自己的城市共同体称为'公社'。"——编者注
③ 在1888年英文版中这里加上了"（例如在意大利和德国）"。——编者注
④ 在1888年英文版中这里加上了"（例如在法国）"。——编者注
⑤ "等级君主国"在1888年英文版中是"半封建君主国"。——编者注

候起，它在现代的代议制国家里夺得了独占的政治统治。现代的国家政权不过是管理整个资产阶级的共同事务的委员会罢了。

资产阶级在历史上曾经起过非常革命的作用。

资产阶级在它已经取得了统治的地方把一切封建的、宗法的和田园诗般的关系都破坏了。它无情地斩断了把人们束缚于天然尊长的形形色色的封建羁绊，它使人和人之间除了赤裸裸的利害关系，除了冷酷无情的"现金交易"，就再也没有任何别的联系了。它把宗教虔诚、骑士热忱、小市民伤感这些情感的神圣发作，淹没在利己主义打算的冰水之中。它把人的尊严变成了交换价值，用一种没有良心的贸易自由代替了无数特许的和自力挣得的自由。总而言之，它用公开的、无耻的、直接的、露骨的剥削代替了由宗教幻想和政治幻想掩盖着的剥削。

资产阶级抹去了一切向来受人尊崇和令人敬畏的职业的神圣光环。它把医生、律师、教士、诗人和学者变成了它出钱招雇的雇佣劳动者。

资产阶级撕下了罩在家庭关系上的温情脉脉的面纱，把这种关系变成了纯粹的金钱关系。

资产阶级揭示了，在中世纪深受反动派称许的那种人力的野蛮使用，是以极端怠惰作为相应补充的。它第一个证明了，人的活动能够取得什么样的成就。它创造了完全不同于埃及金字塔、罗马水道和哥特式教堂的奇迹；它完成了完全不同于民族大迁徙①和十字军征讨②的远征。

资产阶级除非对生产工具，从而对生产关系，从而对全部社会关系不断地进行革命，否则就不能生存下去。反之，原封不动地保持旧的生产方式，却是过去的一切工业阶级生存的首要条件。生产的不断变革，一切社会状况不停的动荡，永远的不安定和变动，这就是资产阶级时代不同于过去一切时代的地

---

① 民族大迁徙指公元3—7世纪日耳曼、斯拉夫及其他部落向罗马帝国的大规模迁徙。4世纪上半叶，日耳曼部落中的西哥特人因遭到匈奴人的进攻侵入罗马帝国。经过长期的战争，西哥特人于5世纪在西罗马帝国境内定居下来，建立了自己的国家。日耳曼人的其他部落也相继在欧洲和北非建立了独立的国家。民族大迁徙对摧毁罗马帝国的奴隶制度和推动西欧封建制度的产生起了重要的作用。

② 十字军征讨指11—13世纪西欧天主教会、封建主和大商人打着从伊斯兰教徒手中解放圣地耶路撒冷的宗教旗帜，主要对东地中海沿岸伊斯兰教国家发动的侵略战争。因参加者的衣服上缝有红十字，故称"十字军"。十字军征讨前后共八次，历时近200年，最后以失败而告终。十字军征讨给东方国家的人民带来了深重的灾难，也使西欧国家的人民遭受惨重的牺牲，但是，它在客观上也对东西方的经济和文化交流起到了一定的促进作用。

方。一切固定的僵化的关系以及与之相适应的素被尊崇的观念和见解都被消除了，一切新形成的关系等不到固定下来就陈旧了。一切等级的和固定的东西都烟消云散了，一切神圣的东西都被亵渎了。人们终于不得不用冷静的眼光来看他们的生活地位、他们的相互关系。

不断扩大产品销路的需要，驱使资产阶级奔走于全球各地。它必须到处落户，到处开发，到处建立联系。

资产阶级，由于开拓了世界市场，使一切国家的生产和消费都成为世界性的了。使反动派大为惋惜的是，资产阶级挖掉了工业脚下的民族基础。古老的民族工业被消灭了，并且每天都还在被消灭。它们被新的工业排挤掉了，新的工业的建立已经成为一切文明民族的生命攸关的问题；这些工业所加工的，已经不是本地的原料，而是来自极其遥远的地区的原料；它们的产品不仅供本国消费，而且同时供世界各地消费。旧的、靠本国产品来满足的需要，被新的、要靠极其遥远的国家和地带的产品来满足的需要所代替了。过去那种地方的和民族的自给自足和闭关自守状态，被各民族的各方面的互相往来和各方面的互相依赖所代替了。物质的生产是如此，精神的生产也是如此。各民族的精神产品成了公共的财产。民族的片面性和局限性日益成为不可能，于是由许多种民族的和地方的文学形成了一种世界的文学①。

资产阶级，由于一切生产工具的迅速改进，由于交通的极其便利，把一切民族甚至最野蛮的民族都卷到文明中来了。它的商品的低廉价格，是它用来摧毁一切万里长城、征服野蛮人最顽强的仇外心理的重炮。它迫使一切民族——如果它们不想灭亡的话——采用资产阶级的生产方式；它迫使它们在自己那里推行所谓的文明，即变成资产者。一句话，它按照自己的面貌为自己创造出一个世界。

资产阶级使农村屈服于城市的统治。它创立了巨大的城市，使城市人口比农村人口大大增加起来，因而使很大一部分居民脱离了农村生活的愚昧状态。正像它使农村从属于城市一样，它使未开化和半开化的国家从属于文明的国家，使农民的民族从属于资产阶级的民族，使东方从属于西方。

资产阶级日甚一日地消灭生产资料、财产和人口的分散状态。它使人口密

---

① "文学"一词德文是"Literatur"，这里泛指科学、艺术、哲学、政治等等方面的著作。——编者注

集起来，使生产资料集中起来，使财产聚集在少数人的手里。由此必然产生的结果就是政治的集中。各自独立的、几乎只有同盟关系的、各有不同利益、不同法律、不同政府、不同关税的各个地区，现在已经结合为一个拥有**统一的政府**、**统一的法律**、**统一的民族阶级利益**和**统一的关税**的**统一的民族**。

资产阶级在它的不到一百年的阶级统治中所创造的生产力，比过去一切世代创造的全部生产力还要多，还要大。自然力的征服，机器的采用，化学在工业和农业中的应用，轮船的行驶，铁路的通行，电报的使用，整个整个大陆的开垦，河川的通航，仿佛用法术从地下呼唤出来的大量人口——过去哪一个世纪料想到在社会劳动里蕴藏有这样的生产力呢？

由此可见，资产阶级赖以形成的生产资料和交换手段，是在封建社会里造成的。在这些生产资料和交换手段发展的一定阶段上，封建社会的生产和交换在其中进行的关系，封建的农业和工场手工业组织，一句话，封建的所有制关系，就不再适应已经发展的生产力了。这种关系已经在阻碍生产而不是促进生产了。它变成了束缚生产的桎梏。它必须被炸毁，它已经被炸毁了。

起而代之的是自由竞争以及与自由竞争相适应的社会制度和政治制度、资产阶级的经济统治和政治统治。

现在，我们眼前又进行着类似的运动。资产阶级的生产关系和交换关系，资产阶级的所有制关系，这个曾经仿佛用法术创造了如此庞大的生产资料和交换手段的现代资产阶级社会，现在像一个魔法师一样不能再支配自己用法术呼唤出来的魔鬼了。几十年来的工业和商业的历史，只不过是现代生产力反抗现代生产关系、反抗作为资产阶级及其统治的存在条件的所有制关系的历史。只要指出在周期性的重复中越来越危及整个资产阶级社会生存的商业危机就够了。在商业危机期间，总是不仅有很大一部分制成的产品被毁灭掉，而且有很大一部分已经造成的生产力被毁灭掉。在危机期间，发生一种在过去一切时代看来都好像是荒唐现象的社会瘟疫，即生产过剩的瘟疫。社会突然发现自己回到了一时的野蛮状态；仿佛是一次饥荒、一场普遍的毁灭性战争，使社会失去了全部生活资料；仿佛是工业和商业全被毁灭了。这是什么缘故呢？因为社会上文明过度，生活资料太多，工业和商业太发达。社会所拥有的生产力已经不能再促进资产阶级文明和资产阶级所有制关系的发展；相反，生产力已经强大到这种关系所不能适应的地步，它已经受到这种关系的阻碍；而它一着手克服这种障碍，就使整个资产阶级社会陷入混乱，就使资产阶级所有制的存在受到威胁。资产阶级的关系已经太狭窄了，再容纳不了它本身所造成的财富了。资产阶级用什么办法来克服这种危机呢？一方面不得不消灭大量生产力，另一方面夺取新的市场，更加彻底地利用旧的市场。这究竟是怎样的一种办法呢？这不过是资产阶级准备更全面更猛烈的危机的办法，不过是使防止危机的手段越来越少的办法。

资产阶级用来推翻封建制度的武器，现在却对准资产阶级自己了。

但是，资产阶级不仅锻造了置自身于死地的武器；它还产生了将要运用这种武器的人——现代的工人，即**无产者**。

随着资产阶级即资本的发展，无产阶级即现代工人阶级也在同一程度上得到发展；现代的工人只有当他们找到工作的时候才能生存，而且只有当他们的劳动增殖资本的时候才能找到工作。这些不得不把自己零星出卖的工人，像其他任何货物一样，也是一种商品，所以他们同样地受到竞争的一切变化、市场的一切波动的影响。

由于推广机器和分工，无产者的劳动已经失去了任何独立的性质，因而对工人也失去了任何吸引力。工人变成了机器的单纯的附属品，要求他做的只是极其简单、极其单调和极容易学会的操作。因此，花在工人身上的费用，几乎只限于维持工人生活和延续工人后代所必需的生活资料。但是，商品的价格，从而劳动的价格①，是同它的生产费用相等的。因此，劳动越使人感到厌恶，工资也就越减少。不仅如此，机器越推广，分工越细致，劳动量②也就越增加，这或者是由于工作时间的延长，或者是由于在一定时间内所要求的劳动的增加，机器运转的加速，等等。

现代工业已经把家长式的师傅的小作坊变成了工业资本家的大工厂。挤在工厂里的工人群众就像士兵一样被组织起来。他们是产业军的普通士兵，受着各级军士和军官的层层监视。他们不仅仅是资产阶级的、资产阶级国家的奴隶，他们每日每时都受机器、受监工、首先是受各个经营工厂的资产者本人的奴役。这种专制制度越是公开地把营利宣布为自己的最终目的，它就越是可

---

① 马克思和恩格斯在他们的早期著作中曾经使用"出卖劳动"、"劳动价格"这些概念。马克思后来纠正了这一说法，认为工人出卖的不是他们的劳动，而是他们的劳动力。恩格斯在《〈雇佣劳动与资本〉1891年单行本导言》中对此作了详细说明（见《马克思恩格斯文集》第1卷第708—709页）。

② "劳动量"在1888年英文版中是"劳动负担"。——编者注

鄙、可恨和可恶。

手的操作所要求的技巧和气力越少，换句话说，现代工业越发达，男工也就越受到女工和童工的排挤。对工人阶级来说，性别和年龄的差别再没有什么社会意义了。他们都只是劳动工具，不过因为年龄和性别的不同而需要不同的费用罢了。

当厂主对工人的剥削告一段落，工人领到了用现钱支付的工资的时候，马上就有资产阶级中的另一部分人——房东、小店主、当铺老板等等向他们扑来。

以前的中间等级的下层，即小工业家、小商人和小食利者，手工业者和农民——所有这些阶级都降落到无产阶级的队伍里来了，有的是因为他们的小资本不足以经营大工业，经不起较大的资本家的竞争；有的是因为他们的手艺已经被新的生产方法弄得不值钱了。无产阶级就是这样从居民的所有阶级中得到补充的。

无产阶级经历了各个不同的发展阶段。它反对资产阶级的斗争是和它的存在同时开始的。

最初是单个的工人，然后是某一工厂的工人，然后是某一地方的某一劳动部门的工人，同直接剥削他们的单个资产者作斗争。他们不仅仅攻击资产阶级的生产关系，而且攻击生产工具本身[①]；他们毁坏那些来竞争的外国商品，捣毁机器，烧毁工厂，力图恢复已经失去的中世纪工人的地位。

在这个阶段上，工人是分散在全国各地并为竞争所分裂的群众。工人的大规模集结，还不是他们自己联合的结果，而是资产阶级联合的结果，当时资产阶级为了达到自己的政治目的必须而且暂时还能够把整个无产阶级发动起来。因此，在这个阶段上，无产者不是同自己的敌人作斗争，而是同自己的敌人的敌人作斗争，即同专制君主制的残余、地主、非工业资产者和小资产者作斗争。因此，整个历史运动都集中在资产阶级手里；在这种条件下取得的每一个胜利都是资产阶级的胜利。

但是，随着工业的发展，无产阶级不仅人数增加了，而且结合成更大的集体，它的力量日益增长，而且它越来越感觉到自己的力量。机器使劳动的差别

---

① 这句话在1888年英文版中是"他们不是攻击资产阶级的生产关系，而是攻击生产工具本身"。——编者注

越来越小，使工资几乎到处都降到同样低的水平，因而无产阶级内部的利益、生活状况也越来越趋于一致。资产者彼此间日益加剧的竞争以及由此引起的商业危机，使工人的工资越来越不稳定；机器的日益迅速的和继续不断的改良，使工人的整个生活地位越来越没有保障；单个工人和单个资产者之间的冲突越来越具有两个阶级的冲突的性质。工人开始成立反对资产者的同盟①；他们联合起来保卫自己的工资。他们甚至建立了经常性的团体，以便为可能发生的反抗准备食品。有些地方，斗争爆发为起义。

工人有时也得到胜利，但这种胜利只是暂时的。他们斗争的真正成果并不是直接取得的成功，而是工人的越来越扩大的联合。这种联合由于大工业所造成的日益发达的交通工具而得到发展，这种交通工具把各地的工人彼此联系起来。只要有了这种联系，就能把许多性质相同的地方性的斗争汇合成全国性的斗争，汇合成阶级斗争。而一切阶级斗争都是政治斗争。中世纪的市民靠乡间小道需要几百年才能达到的联合，现代的无产者利用铁路只要几年就可以达到了。

无产者组织成为阶级，从而组织成为政党这件事，不断地由于工人的自相竞争而受到破坏。但是，这种组织总是重新产生，并且一次比一次更强大、更坚固、更有力。它利用资产阶级内部的分裂，迫使他们用法律形式承认工人的个别利益。英国的十小时工作日法案②就是一个例子。

旧社会内部的所有冲突在许多方面都促进了无产阶级的发展。资产阶级处于不断的斗争中：最初反对贵族；后来反对同工业进步有利害冲突的那部分资产阶级；经常反对一切外国的资产阶级。在这一切斗争中，资产阶级都不得不向无产阶级呼吁，要求无产阶级援助，这样就把无产阶级卷进了政治

---

① 在 1888 年英文版中这里加上了"（工联）"。——编者注

② 英国工人阶级从 18 世纪末开始争取用立法手段限制工作日，从 19 世纪 30 年代起，广大无产阶级群众投入争取十小时工作日的斗争。十小时工作日法案是英国议会在 1847 年 6 月 8 日通过的，作为法律于 1848 年 5 月 1 日起生效。该法律将妇女和儿童的日劳动时间限制为 10 小时。但是，许多英国工厂主并不遵守这项法律，他们寻找种种借口把工作日从早晨 5 时半延续到晚上 8 时半。工厂视察员伦·霍纳的报告就是很好的证明（参看《马克思恩格斯文集》第 5 卷第 314—330 页）。

恩格斯在《十小时工作日问题》和《英国的十小时工作日法》（见《马克思恩格斯全集》中文第 2 版第 10 卷）中对该法案作了详细分析。关于英国工人阶级争取正常工作日的斗争，马克思在《资本论》第 1 卷第八章（见《马克思恩格斯文集》第 5 卷第 267—350 页）中作了详细考察。

运动。于是，资产阶级自己就把自己的教育因素①即反对自身的武器给予了无产阶级。

其次，我们已经看到，工业的进步把统治阶级的整批成员抛到无产阶级队伍里去，或者至少也使他们的生活条件受到威胁。他们也给无产阶级带来了大量的教育因素②。

最后，在阶级斗争接近决战的时期，统治阶级内部的、整个旧社会内部的瓦解过程，就达到非常强烈、非常尖锐的程度，甚至使得统治阶级中的一小部分人脱离统治阶级而归附于革命的阶级，即掌握着未来的阶级。所以，正像过去贵族中有一部分人转到资产阶级方面一样，现在资产阶级中也有一部分人，特别是已经提高到能从理论上认识整个历史运动的一部分资产阶级思想家，转到无产阶级方面来了。

在当前同资产阶级对立的一切阶级中，只有无产阶级是真正革命的阶级。其余的阶级都随着大工业的发展而日趋没落和灭亡，无产阶级却是大工业本身的产物。

中间等级，即小工业家、小商人、手工业者、农民，他们同资产阶级作斗争，都是为了维护他们这种中间等级的生存，以免于灭亡。所以，他们不是革命的，而是保守的。不仅如此，他们甚至是反动的，因为他们力图使历史的车轮倒转。如果说他们是革命的，那是鉴于他们行将转入无产阶级的队伍，这样，他们就不是维护他们目前的利益，而是维护他们将来的利益，他们就离开自己原来的立场，而站到无产阶级的立场上来。

流氓无产阶级是旧社会最下层中消极的腐化的部分，他们在一些地方也被无产阶级革命卷到运动里来，但是，由于他们的整个生活状况，他们更甘心于被人收买，去干反动的勾当。

在无产阶级的生活条件中，旧社会的生活条件已经被消灭了。无产者是没有财产的；他们和妻子儿女的关系同资产阶级的家庭关系再没有任何共同之处了；现代的工业劳动，现代的资本压迫，无论在英国或法国，无论在美国或德国，都是一样的，都使无产者失去了任何民族性。法律、道德、宗教在他们看来全都是资产阶级偏见，隐藏在这些偏见后面的全都是资产阶级

---

① "教育因素"在1888年英文版中是"政治教育和普通教育的因素"。——编者注
② "大量的教育因素"在1888年英文版中是"启蒙和进步的新因素"。——编者注

利益。

过去一切阶级在争得统治之后，总是使整个社会服从于它们发财致富的条件，企图以此来巩固它们已经获得的生活地位。无产者只有废除自己的现存的占有方式，从而废除全部现存的占有方式，才能取得社会生产力。无产者没有什么自己的东西必须加以保护，他们必须摧毁至今保护和保障私有财产的一切。

过去的一切运动都是少数人的，或者为少数人谋利益的运动。无产阶级的运动是绝大多数人的，为绝大多数人谋利益的独立的运动。无产阶级，现今社会的最下层，如果不炸毁构成官方社会的整个上层，就不能抬起头来，挺起胸来。

如果不就内容而就形式来说，无产阶级反对资产阶级的斗争首先是一国范围内的斗争。每一个国家的无产阶级当然首先应该打倒本国的资产阶级。

在叙述无产阶级发展的最一般的阶段的时候，我们循序探讨了现存社会内部或多或少隐蔽着的国内战争，直到这个战争爆发为公开的革命，无产阶级用暴力推翻资产阶级而建立自己的统治。

我们已经看到，至今的一切社会都是建立在压迫阶级和被压迫阶级的对立之上的。但是，为了有可能压迫一个阶级，就必须保证这个阶级至少有能够勉强维持它的奴隶般的生存的条件。农奴曾经在农奴制度下挣扎到公社成员的地位，小资产者曾经在封建专制制度的束缚下挣扎到资产者的地位。现代的工人却相反，他们并不是随着工业的进步而上升，而是越来越降到本阶级的生存条件以下。工人变成赤贫者，贫困比人口和财富增长得还要快。由此可以明显地看出，资产阶级再不能做社会的统治阶级了，再不能把自己阶级的生存条件当做支配一切的规律强加于社会了。资产阶级不能统治下去了，因为它甚至不能保证自己的奴隶维持奴隶的生活，因为它不得不让自己的奴隶落到不能养活它反而要它来养活的地步。社会再不能在它统治下生存下去了，就是说，它的生存不再同社会相容了。

资产阶级生存和统治的根本条件，是财富在私人手里的积累，是资本的形成和增殖；资本的条件是雇佣劳动。雇佣劳动完全是建立在工人的自相竞争之上的。资产阶级无意中造成而又无力抵抗的工业进步，使工人通过结社而达到的革命联合代替了他们由于竞争而造成的分散状态。于是，随着大工业的发展，资产阶级赖以生产和占有产品的基础本身也就从它的脚下被挖掉了。它首先生产的是它自身的掘墓人。资产阶级的灭亡和无产阶级的胜利是同样不可避免的。

二　无产者和共产党人

共产党人同全体无产者的关系是怎样的呢？

共产党人不是同其他工人政党相对立的特殊政党。

他们没有任何同整个无产阶级的利益不同的利益。

他们不提出任何特殊的①原则，用以塑造无产阶级的运动。

共产党人同其他无产阶级政党不同的地方只是：一方面，在无产者不同的民族的斗争中，共产党人强调和坚持整个无产阶级共同的不分民族的利益；另一方面，在无产阶级和资产阶级的斗争所经历的各个发展阶段上，共产党人始终代表整个运动的利益。

因此，在实践方面，共产党人是各国工人政党中最坚决的、始终起推动作用的部分②；在理论方面，他们胜过其余无产阶级群众的地方在于他们了解无产阶级运动的条件、进程和一般结果。

共产党人的最近目的是和其他一切无产阶级政党的最近目的一样的：使无产阶级形成为阶级，推翻资产阶级的统治，由无产阶级夺取政权。

共产党人的理论原理，决不是以这个或那个世界改革家所发明或发现的思想、原则为根据的。

这些原理不过是现存的阶级斗争、我们眼前的历史运动的真实关系的一般表述。废除先前存在的所有制关系，并不是共产主义所独具的特征。

一切所有制关系都经历了经常的历史更替、经常的历史变更。

例如，法国革命废除了封建的所有制，代之以资产阶级的所有制。

共产主义的特征并不是要废除一般的所有制，而是要废除资产阶级的所有制。

但是，现代的资产阶级私有制是建立在阶级对立上面、建立在一些人对另

---

① "特殊的"在1888年英文版中是"宗派的"。——编者注
② "最坚决的、始终起推动作用的部分"在1888年英文版中是"最先进的和最坚决的部分，推动所有其他部分前进的部分"。——编者注

一些人的剥削①上面的产品生产和占有的最后而又最完备的表现。

从这个意义上说，共产党人可以把自己的理论概括为一句话：消灭私有制。

有人责备我们共产党人，说我们要消灭个人挣得的、自己劳动得来的财产，要消灭构成个人的一切自由、活动和独立的基础的财产。

好一个劳动得来的、自己挣得的、自己赚来的财产！你们说的是资产阶级财产出现以前的那种小资产阶级的、小农的财产吗？那种财产用不着我们去消灭，工业的发展已经把它消灭了，而且每天都在消灭它。

或者，你们说的是现代的资产阶级的私有财产吧？

但是，难道雇佣劳动、无产者的劳动，会给无产者创造出财产来吗？没有的事。这种劳动所创造的是资本，即剥削雇佣劳动的财产，只有在不断产生出新的雇佣劳动来重新加以剥削的条件下才能增殖的财产。现今的这种财产是在资本和雇佣劳动的对立中运动的。让我们来看看这种对立的两个方面吧。

做一个资本家，这就是说，他在生产中不仅占有一种纯粹个人的地位，而且占有一种社会的地位。资本是集体的产物，它只有通过社会许多成员的共同活动，而且归根到底只有通过社会全体成员的共同活动，才能运动起来。

因此，资本不是一种个人力量，而是一种社会力量。

因此，把资本变为公共的、属于社会全体成员的财产，这并不是把个人财产变为社会财产。这里所改变的只是财产的社会性质。它将失掉它的阶级性质。

现在，我们来看看雇佣劳动。

雇佣劳动的平均价格是最低限度的工资，即工人为维持其工人的生活所必需的生活资料的数额。因此，雇佣工人靠自己的劳动所占有的东西，只够勉强维持他的生命的再生产。我们决不打算消灭这种供直接生命再生产用的劳动产品的个人占有，这种占有并不会留下任何剩余的东西使人们有可能支配别人的劳动。我们要消灭的只是这种占有的可怜的性质，在这种占有下，工人仅仅为增殖资本而活着，只有在统治阶级的利益需要他活着的时候才能活着。

在资产阶级社会里，活的劳动只是增殖已经积累起来的劳动的一种手段。

---

① "一些人对另一些人的剥削"在1888年英文版中是"少数人对多数人的剥削"。——编者注

在共产主义社会里，已经积累起来的劳动只是扩大、丰富和提高工人的生活的一种手段。

因此，在资产阶级社会里是过去支配现在，在共产主义社会里是现在支配过去。在资产阶级社会里，资本具有独立性和个性，而活动着的个人却没有独立性和个性。

而资产阶级却把消灭这种关系说成是消灭个性和自由！说对了。的确，正是要消灭资产者的个性、独立性和自由。

在现今的资产阶级生产关系的范围内，所谓自由就是自由贸易、自由买卖。

但是，买卖一消失，自由买卖也就会消失。关于自由买卖的言论，也像我们的资产者的其他一切关于自由的大话一样，仅仅对于不自由的买卖来说，对于中世纪被奴役的市民来说，才是有意义的，而对于共产主义要消灭买卖、消灭资产阶级生产关系和资产阶级本身这一点来说，却是毫无意义的。

我们要消灭私有制，你们就惊慌起来。但是，在你们的现存社会里，私有财产对十分之九的成员来说已经被消灭了；这种私有制之所以存在，正是因为私有财产对十分之九的成员来说已经不存在。可见，你们责备我们，是说我们要消灭那种以社会上的绝大多数人没有财产为必要条件的所有制。

总而言之，你们责备我们，是说我们要消灭你们的那种所有制。的确，我们是要这样做的。

从劳动不再能变为资本、货币、地租，一句话，不再能变为可以垄断的社会力量的时候起，就是说，从个人财产不再能变为资产阶级财产①的时候起，你们说，个性被消灭了。

由此可见，你们是承认，你们所理解的个性，不外是资产者、资产阶级私有者。这样的个性确实应当被消灭。

共产主义并不剥夺任何人占有社会产品的权力，它只剥夺利用这种占有去奴役他人劳动的权力。

有人反驳说，私有制一消灭，一切活动就会停止，懒惰之风就会兴起。

这样说来，资产阶级社会早就应该因懒惰而灭亡了，因为在这个社会里劳者不获，获者不劳。所有这些顾虑，都可以归结为这样一个同义反复：一旦没

---

①　在 1888 年英文版中这里加上了"变为资本"。——编者注

有资本，也就不再有雇佣劳动了。

所有这些对共产主义的物质产品的占有方式和生产方式的责备，也被扩展到精神产品的占有和生产方面。正如阶级的所有制的终止在资产者看来是生产本身的终止一样，阶级的教育的终止在他们看来就等于一切教育的终止。

资产者唯恐失去的那种教育，对绝大多数人来说是把人训练成机器。

但是，你们既然用你们资产阶级关于自由、教育、法等等的观念来衡量废除资产阶级所有制的主张，那就请你们不要同我们争论了。你们的观念本身是资产阶级的生产关系和所有制关系的产物，正像你们的法不过是被奉为法律的你们这个阶级的意志一样，而这种意志的内容是由你们这个阶级的物质生活条件来决定的。

你们的利己观念使你们把自己的生产关系和所有制关系从历史的、在生产过程中是暂时的关系变成永恒的自然规律和理性规律，这种利己观念是你们和一切灭亡了的统治阶级所共有的。谈到古代所有制的时候你们所能理解的，谈到封建所有制的时候你们所能理解的，一谈到资产阶级所有制你们就再也不能理解了。

消灭家庭！连极端的激进派也对共产党人的这种可耻的意图表示愤慨。

现代的、资产阶级的家庭是建立在什么基础上的呢？是建立在资本上面，建立在私人发财上面的。这种家庭只是在资产阶级那里才以充分发展的形式存在着，而无产者的被迫独居和公开的卖淫则是它的补充。

资产者的家庭自然会随着它的这种补充的消失而消失，两者都要随着资本的消失而消失。

你们是责备我们要消灭父母对子女的剥削吗？我们承认这种罪状。

但是，你们说，我们用社会教育代替家庭教育，就是要消灭人们最亲密的关系。

而你们的教育不也是由社会决定的吗？不也是由你们进行教育时所处的那种社会关系决定的吗？不也是由社会通过学校等等进行的直接的或间接的干涉决定的吗？共产党人并没有发明社会对教育的作用；他们仅仅是要改变这种作用的性质，要使教育摆脱统治阶级的影响。

无产者的一切家庭联系越是由于大工业的发展而被破坏，他们的子女越是由于这种发展而被变成单纯的商品和劳动工具，资产阶级关于家庭和教育、关于父母和子女的亲密关系的空话就越是令人作呕。

但是，你们共产党人是要实行公妻制的啊。整个资产阶级异口同声地向我们这样叫喊。

资产者是把自己的妻子看做单纯的生产工具的。他们听说生产工具将要公共使用，自然就不能不想到妇女也会遭到同样的命运。

他们想也没有想到，问题正在于使妇女不再处于单纯生产工具的地位。

其实，我们的资产者装得道貌岸然，对所谓的共产党人的正式公妻制表示惊讶，那是再可笑不过了。公妻制无需共产党人来实行，它差不多是一向就有的。

我们的资产者不以他们的无产者的妻子和女儿受他们支配为满足，正式的卖淫更不必说了，他们还以互相诱奸妻子为最大的享乐。

资产阶级的婚姻实际上是公妻制。人们至多只能责备共产党人，说他们想用正式的、公开的公妻制来代替伪善地掩蔽着的公妻制。其实，不言而喻，随着现在的生产关系的消灭，从这种关系中产生的公妻制，即正式的和非正式的卖淫，也就消失了。

有人还责备共产党人，说他们要取消祖国，取消民族。

工人没有祖国。决不能剥夺他们所没有的东西。因为无产阶级首先必须取得政治统治，上升为民族的阶级①，把自身组织成为民族，所以它本身还是民族的，虽然完全不是资产阶级所理解的那种意思。

随着资产阶级的发展，随着贸易自由的实现和世界市场的建立，随着工业生产以及与之相适应的生活条件的趋于一致，各国人民之间的民族分隔和对立日益消失。

无产阶级的统治将使它们更快地消失。联合的行动，至少是各文明国家的联合的行动，是无产阶级获得解放的首要条件之一。

人对人的剥削一消灭，民族对民族的剥削就会随之消灭。

民族内部的阶级对立一消失，民族之间的敌对关系就会随之消失。

从宗教的、哲学的和一切意识形态的观点对共产主义提出的种种责难，都不值得详细讨论了。

人们的观念、观点和概念，一句话，人们的意识，随着人们的生活条件、

---

① "民族的阶级"在1888年英文版中是"民族的领导阶级"。——编者注

人们的社会关系、人们的社会存在的改变而改变，这难道需要经过深思才能了解吗？

思想的历史除了证明精神生产随着物质生产的改造而改造，还证明了什么呢？任何一个时代的统治思想始终都不过是统治阶级的思想。

当人们谈到使整个社会革命化的思想时，他们只是表明了一个事实：在旧社会内部已经形成了新社会的因素，旧思想的瓦解是同旧生活条件的瓦解步调一致的。

当古代世界走向灭亡的时候，古代的各种宗教就被基督教战胜了。当基督教思想在 18 世纪被启蒙思想击败的时候，封建社会正在同当时革命的资产阶级进行殊死的斗争。信仰自由和宗教自由的思想，不过表明自由竞争在信仰领域①里占统治地位罢了。

"但是"，有人会说，"宗教的、道德的、哲学的、政治的、法的观念等等在历史发展的进程中固然是不断改变的，而宗教、道德、哲学、政治和法在这种变化中却始终保存着。

此外，还存在着一切社会状态所共有的永恒真理，如自由、正义等等。但是共产主义要废除永恒真理，它要废除宗教、道德，而不是加以革新，所以共产主义是同至今的全部历史发展相矛盾的。"

这种责难归结为什么呢？至今的一切社会的历史都是在阶级对立中运动的，而这种对立在不同的时代具有不同的形式。

但是，不管阶级对立具有什么样的形式，社会上一部分人对另一部分人的剥削却是过去各个世纪所共有的事实。因此，毫不奇怪，各个世纪的社会意识，尽管形形色色、千差万别，总是在某些共同的形式中运动的，这些形式，这些意识形式，只有当阶级对立完全消失的时候才会完全消失。

共产主义革命就是同传统的所有制关系实行最彻底的决裂；毫不奇怪，它在自己的发展进程中要同传统的观念实行最彻底的决裂。

不过，我们还是把资产阶级对共产主义的种种责难撇开吧。

前面我们已经看到，工人革命的第一步就是使无产阶级上升为统治阶级，争得民主。

无产阶级将利用自己的政治统治，一步一步地夺取资产阶级的全部资本，

---

① "信仰领域"在 1872、1883 和 1890 年德文版中是"知识领域"。——编者注

把一切生产工具集中在国家即组织成为统治阶级的无产阶级手里，并且尽可能快地增加生产力的总量。

要做到这一点，当然首先必须对所有权和资产阶级生产关系实行强制性的干涉，也就是采取这样一些措施，这些措施在经济上似乎是不够充分的和无法持续的，但是在运动进程中它们会越出本身，① 而且作为变革全部生产方式的手段是必不可少的。

这些措施在不同的国家里当然会是不同的。

但是，最先进的国家几乎都可以采取下面的措施：

1. 剥夺地产，把地租用于国家支出。

2. 征收高额累进税。

3. 废除继承权。

4. 没收一切流亡分子和叛乱分子的财产。

5. 通过拥有国家资本和独享垄断权的国家银行，把信贷集中在国家手里。

6. 把全部运输业集中在国家手里。

7. 按照共同的计划增加国家工厂和生产工具，开垦荒地和改良土壤。

8. 实行普遍劳动义务制，成立产业军，特别是在农业方面。

9. 把农业和工业结合起来，促使城乡对立②逐步消灭。③

10. 对所有儿童实行公共的和免费的教育。取消现在这种形式的儿童的工厂劳动。把教育同物质生产结合起来，等等。

当阶级差别在发展进程中已经消失而全部生产集中在联合起来的个人④的手里的时候，公共权力就失去政治性质。原来意义上的政治权力，是一个阶级用以压迫另一个阶级的有组织的暴力。如果说无产阶级在反对资产阶级的斗争中一定要联合为阶级，通过革命使自己成为统治阶级，并以统治阶级的资格用暴力消灭旧的生产关系，那么它在消灭这种生产关系的同时，也就消灭了阶级对立的存在条件，消灭了阶级本身的存在条件⑤，从而消灭了它自己这个阶级

---

① 在 1888 年英文版中这里加上了"使进一步向旧的社会制度进攻成为必要"。——编者注

② "对立"在 1872、1883 和 1890 年德文版中是"差别"。——编者注

③ 在 1888 年英文版中这一条是："把农业和工业结合起来；通过把人口更平均地分布于全国的办法逐步消灭城乡差别。"——编者注

④ "联合起来的个人"在 1888 年英文版中是"巨大的全国联合体"。——编者注

⑤ "消灭了阶级本身的存在条件"在 1872、1883 和 1890 年德文版中是"消灭了阶级本身"。——编者注

的统治。

　　代替那存在着阶级和阶级对立的资产阶级旧社会的，将是这样一个联合体，在那里，每个人的自由发展是一切人的自由发展的条件。

（选自《马克思恩格斯文集》第 2 卷，人民出版社

2009 年版，第 3—53 页）

《共产党宣言》（节选）导读

　　《共产党宣言》（以下简称《宣言》）是马克思和恩格斯为世界上第一个无产阶级政党——共产主义者同盟撰写的纲领，是马克思主义哲学同工人运动相结合的光辉篇章和马克思主义的纲领性文献。它不仅标志着科学社会主义的诞生，也标志着马克思主义的公开问世和国际共产主义运动的兴起。

一、写作背景

　　《宣言》写作于 1847 年年底，发表于 1848 年 2 月，是马克思和恩格斯受共产主义者同盟第二次代表大会委托起草的。《宣言》第一次对马克思主义基本原理作了公开而全面的阐述，在世界范围内得到了广泛传播，极大地推动了国际无产阶级的革命斗争、被压迫民族的解放运动和整个人类的进步事业。

　　19 世纪上半叶的欧洲，正经历一场空前的社会变革。资本主义的生产关系逐步巩固，以蒸汽动力革命为基础的工业化迅猛发展，人类工业文明时代已经到来。然而，在资本主义国家，经济危机频频发生，贫富差距不断扩大，社会矛盾日益突出，无产阶级和广大劳动人民生活艰难困苦。资产阶级为开辟世界市场，用血与火开路，到处建立殖民地，使民族国家之间的矛盾日益激化。19 世纪 30—50 年代，新兴的工人阶级不断发起反对资产阶级的斗争，先后爆发了法国里昂工人起义、英国工人宪章运动、德国西里西亚纺织工人起义。但由于缺乏科学理论的指导，这些斗争相继失败。时代呼唤科学理论，《宣言》就是适应这一时代呼唤的产物。

　　马克思和恩格斯在创立历史唯物主义的过程中，一直致力于把这一科学的理论同工人运动的实践结合起来。《宣言》的写作，就是这一结合的典范。从1843 年开始，马克思和恩格斯就同英法工人组织有了联系。1846 年 2 月，他们在比利时建立了布鲁塞尔共产主义通讯委员会。1847 年 6 月，在他们的帮助下，国际性工人组织"正义者同盟"召开代表大会，并按照恩格斯的倡议把同盟的名称改为"共产主义者同盟"。恩格斯参加了这次会议，并受大会委托起草了同盟纲领的第一稿《共产主义信条草案》（以下简称《草案》）。《草案》围绕"共产主义者的目的"展开，阐述了作为"理想的社会制度"的共产主义社会的基本特征，提出"实现这一目的"的途径是"废除私有财产，代之以财产公有"，要"启发并团结无产阶级"，采取包括革命在内的斗争形式等重要内容。大会批准了以无产阶级政党组织原则为基础的章程草案，并用"全世界无产者联合起来！"的口号取代了正义者同盟"人人皆兄弟"的口号。

1847年10月，恩格斯在各支部讨论的基础上，写作了纲领第二稿《共产主义原理》（以下简称《原理》）。《原理》将共产主义定义为"关于无产阶级解放的条件的学说"，从"什么是无产阶级"出发，提出建立共产主义"这种新的社会制度"，接着说明实现共产主义制度的条件、方式和最初步骤，勾画了共产主义的经济、社会和文化图景。虽然第二稿更加成熟，但恩格斯并不满意，因此没有提交给委员会。

1847年11月，马克思和恩格斯出席了同盟第二次代表大会，并受大会委托起草一个详尽的理论和实践纲领。从会后到1848年1月，由马克思执笔，与恩格斯共同完成了起草工作，创作了《宣言》。

二、主要内容

《宣言》深刻阐述了马克思主义的科学世界观，深刻阐述了马克思主义政党的先进品格，深刻阐述了马克思主义政党的政治立场，深刻阐述了马克思主义政党的崇高理想，深刻阐述了马克思主义的革命纲领，深刻阐述了马克思主义政党的国际主义精神。《宣言》是一部科学洞见人类社会发展规律的经典著作，是一部充满斗争精神、批判精神、革命精神的经典著作，是一部秉持人民立场、为人民大众谋利益、为全人类谋解放的经典著作。

《宣言》由序言和正文两个部分组成。序言有七篇，其中有两篇由马克思和恩格斯合写，五篇由恩格斯撰写。正文分为四章。第一章主要阐述了阶级斗争理论和无产阶级的历史地位，科学证明了资产阶级的灭亡和无产阶级的胜利是同样不可避免的客观规律。第二章主要阐述了无产阶级政党的纲领，驳斥了资产阶级攻击共产党人的种种责难，论述了无产阶级革命和无产阶级专政的基本思想。第三章主要批判了当时流行的各种社会主义，包括封建的社会主义、小资产阶级的社会主义、德国"真正的社会主义"、资产阶级改良主义的社会主义、空想社会主义等。第四章主要阐述了共产党对其他党派的策略，指出共产党人要立足于现实，要积极支持并参加当时的革命斗争，要牢记无产阶级的革命原则和最终目标。

《宣言》是马克思和恩格斯第一次对马克思主义基本原理的系统阐述，主要包括以下基本内容：（1）社会存在决定社会意识的历史唯物主义的原理，阐述了生产力决定生产关系，经济基础决定政治、精神等上层建筑是人类社会运动发展演变的基本规律。（2）用历史唯物主义观点阐明了原始土地公有制解体以来的全部历史都是阶级斗争的历史，指出了阶级斗争在阶级社会推动历史发展的重要作用。（3）对资本主义作了深刻而系统的分析，科学评价了资产阶级的历史作用，揭示了资本主义的内在矛盾及其发展趋势，论证了资本主义必然灭亡和共产主义必然胜利的客观规律。（4）系统地论述了无产阶级的形成和工人运动的发展过程，揭示了无产阶级的阶级特点和历史使命，概括了未来新社会的根本特征。（5）论述了共产党的性质、特点、基本纲领和策略原则，为无产阶级政党的建设奠定了坚实的理论基础。

教材节选了马克思和恩格斯的 1872 年德文版《宣言》和 1882 年俄文版《宣言》序言，恩格斯的 1883 年德文版序言，以及正文第一章和第二章。概括起来有以下几个方面的主要内容。

（一）贯穿《宣言》的基本思想

学习《宣言》，最根本的是要掌握其基本思想。序言对贯穿《宣言》的基本思想作了非常精辟的概括，强调唯物史观是"《宣言》的基本思想"，《宣言》的一般原理必须"以当时的历史条件为转移"①，同各国具体实践相结合，并在肯定《宣言》的一般原理整个说来是完全正确的同时，指出其一些具体结论要随着历史的发展作必要的修改。在 1882 年俄文版序言中，马克思和恩格斯结合俄国的历史条件和当时世界无产阶级运动的现实，明确提出"假如俄国革命将成为西方无产阶级革命的信号而双方互相补充的话，那么现今的俄国土地公有制便能成为共产主义发展的起点"②。

在 1883 年德文版序言中，恩格斯明确指出，贯穿《宣言》的基本思想是："每一历史时代的经济生产以及必然由此产生的社会结构，是该时代政治的和精神的历史的基础；因此（从原始土地公有制解体以来）全部历史都是阶级斗争的历史，即社会发展各个阶段上被剥削阶级和剥削阶级之间、被统治阶级和统治阶级之间斗争的历史；而这个斗争现在已经达到这样一个阶段，即被剥削被压迫的阶级（无产阶级），如果不同时使整个社会永远摆脱剥削、压迫和阶

---

① 《马克思恩格斯文集》第 2 卷，人民出版社 2009 年版，第 5 页。
② 《马克思恩格斯文集》第 2 卷，人民出版社 2009 年版，第 8 页。

级斗争，就不再能使自己从剥削它压迫它的那个阶级（资产阶级）下解放出来。"①

这个概括强调了唯物史观的基本原理是科学共产主义学说的根本理论基础，既突出了阶级斗争在人类历史上的作用，又依据 19 世纪 60—70 年代以来原始社会史研究所提供的新史料，给《宣言》关于"至今一切社会的历史都是阶级斗争的历史"② 的论断，加上了"从原始土地公有制解体以来"③ 的限定，使《宣言》关于阶级斗争思想的表述更为准确，充分体现了马克思发现人类历史发展规律的伟大贡献。

同时，无产阶级如果不同时使整个社会永远摆脱剥削和压迫就不能使自己获得解放的基本观点，清楚地告诉人们，关于无产阶级历史使命的学说，是《宣言》基本思想的最终归宿。列宁指出，关于无产阶级历史使命的学说是"马克思学说中的主要的一点"，《宣言》"已对这个学说作了完整的、系统的、至今仍然是最好的阐述"④。早在《〈黑格尔法哲学批判〉导言》和《论犹太人问题》中，马克思在论证"人的解放"同"政治解放"的根本区别时，就指出人的解放的"头脑"是哲学，"心脏"是无产阶级。《宣言》进一步从唯物史观出发，指出无产阶级代表了新的生产力，除了自己的劳动力之外没有任何私有财产，处于现今社会的最下层，代表了绝大多数人的利益，因而它只有使整个社会摆脱阶级划分，才能争得自身的解放。这就科学地论证了无产阶级必然成为资本主义的掘墓人和共产主义的建设者。

（二）资产阶级的灭亡和无产阶级的胜利是不可避免的

《宣言》第一章历史地考察了资产阶级的形成、发展及其历史作用，揭示了资本主义生产方式的内在矛盾，论证了这种矛盾的最终结果只能是资产阶级的灭亡和无产阶级的胜利。

第一，高度评价资产阶级的历史作用。马克思和恩格斯是资本主义制度和资产阶级社会的批判者，但谁都没有像他们那样给了资产阶级如此高度的历史评价。马克思和恩格斯指出，资产阶级在历史上曾经起过非常革命的作用：首先，创造了巨大的生产力。它在不到一百年的阶级统治中所创造的生产力，比

① 《马克思恩格斯文集》第 2 卷，人民出版社 2009 年版，第 9 页。
② 《马克思恩格斯文集》第 2 卷，人民出版社 2009 年版，第 31 页。
③ 《马克思恩格斯文集》第 2 卷，人民出版社 2009 年版，第 9 页。
④ 《列宁专题文集　论马克思主义》，人民出版社 2009 年版，第 61 页。

过去一切世代创造的全部生产力还要多、还要大。其次，变革了社会关系。"在它已经取得了统治的地方把一切封建的、宗法的和田园诗般的关系都破坏了"①。再次，改变了人们的观念。"一切固定的僵化的关系以及与之相适应的素被尊崇的观念和见解都被消除了，一切新形成的关系等不到固定下来就陈旧了。一切等级的和固定的东西都烟消云散了，一切神圣的东西都被亵渎了"②。最后，开辟了世界历史。大工业把世界各国人民互相联系了起来，把所有地方的小市场联合成为一个世界大市场，使一切国家的生产和消费都成了全球性的，过去那种地方和民族的闭关自守状态，被各民族的各方面的互相往来和互相依赖所代替了。

第二，指出资产阶级生产关系已经开始阻碍社会生产力的发展。资产阶级在反对封建主义的斗争中曾充当过社会规律的执行者，但在资本主义生产关系下发展起来的生产力，最终必然同这一生产关系发生矛盾和冲突。马克思、恩格斯指出，几十年来的工业和商业的历史，只不过是现代生产力反抗现代生产关系、反抗作为资产阶级及其统治的存在条件的所有制关系的历史。周期性的经济危机，表明一种以现代生产力发展为条件的、消除资本主义生产关系的社会要求已经产生。资产阶级用以打击封建主义的武器，又对准资产阶级自身了。这就是历史的辩证法。

第三，揭出无产阶级"反对资产阶级的斗争是和它的存在同时开始的"③。消除资本主义生产关系的要求必须通过一种社会力量才能实现，这就是无产阶级。无产阶级反对资产阶级的斗争是和它的存在同时开始的。马克思和恩格斯考察了这一斗争的不同阶段：从个人的反抗，发展为有组织的工人运动；从最初的捣毁机器，发展到对资本主义生产关系的反抗；从同专制残余、地主、非工业资产者和小资产者作斗争，发展到同资产阶级的阶级对抗；从经济斗争，发展到组织成政党的政治斗争；从地方性的分散斗争，发展到全国和国际性的斗争。马克思和恩格斯系统地总结了无产阶级从自在阶级到自为阶级、从自发斗争到自觉斗争的历史经验。

第四，论证了现代工人阶级是真正革命的阶级。马克思和恩格斯通过对比各个阶级对待现代生产力和资本主义私有制的态度指出，资本主义经济危机的

① 《马克思恩格斯文集》第 2 卷，人民出版社 2009 年版，第 33—34 页。
② 《马克思恩格斯文集》第 2 卷，人民出版社 2009 年版，第 34—35 页。
③ 《马克思恩格斯文集》第 2 卷，人民出版社 2009 年版，第 39 页。

频繁发生，必然导致资产阶级同其他阶级矛盾的激化。但是，在所有反对资产阶级的阶级中，"只有无产阶级是真正革命的阶级"①。这是因为中间等级，即小工业家、小商人、手工业者、农民，都会随着大工业的发展而日趋没落和消亡。他们同资产阶级作斗争，都是为了维护中间等级的生存，所以不是革命的，而是保守的。流氓无产阶级尽管处于社会的最下层，往往会被卷到运动里来，但是由于他们是社会消极的腐化的部分，更甘心于被人收买，去干反动的勾当。只有现代无产者是大工业本身的产物和现代社会的基础，又没有什么自己的东西必须加以保护，才能成为旧世界的埋葬者和新社会的建设者。

第五，提出资产阶级的灭亡和无产阶级的胜利是同样不可避免的论断。《宣言》从生产力的社会化和无产阶级的发展壮大两个方面论证了资本主义社会的发展趋势。马克思和恩格斯认为，资产阶级对财富的占有必然推动生产力的不断扩张，加剧其同资本主义私有制的矛盾；而现代生产力的无限扩张，又必然导致无产阶级队伍不断扩大和集中，使工人通过结社而达到的革命联合代替了他们由于竞争而造成的分散状态。于是，随着大工业的发展，资产阶级赖以生产和占有产品的基础本身也就从它的脚下被挖掉了，"不仅锻造了置自身于死地的武器；它还产生了将要运用这种武器的人——现代的工人，即**无产者**"②。他们由此得出结论："资产阶级的灭亡和无产阶级的胜利是同样不可避免的。"③ 这一结论的根据是资本主义自身矛盾的历史发展，"历史本身就是审判官，而无产阶级就是执刑者"④。这就深刻揭示了资本主义社会的发展规律。

（三）无产阶级的历史使命和共产主义前景

在深刻揭示资本主义的内在矛盾和历史趋势的基础上，《宣言》第二章从共产党人和无产阶级的关系出发，进一步论证了无产阶级的历史使命和共产主义的未来图景，阐述了无产阶级实现自身使命的具体条件和途径，为无产阶级实现自身使命提供了理论保证。

第一，共产党代表无产阶级的共同利益，是先进性政党。《宣言》强调，建立自己独立的、以科学共产主义为指导的政党，是无产阶级实现自己历史使命的首要条件和组织保证。马克思和恩格斯强调了党的阶级性和先进性。共产

① 《马克思恩格斯文集》第 2 卷，人民出版社 2009 年版，第 41 页。
② 《马克思恩格斯文集》第 2 卷，人民出版社 2009 年版，第 38 页。
③ 《马克思恩格斯文集》第 2 卷，人民出版社 2009 年版，第 43 页。
④ 《马克思恩格斯文集》第 2 卷，人民出版社 2009 年版，第 581 页。

党之所以能够领导无产阶级革命运动，首先是因为共产党人代表了无产阶级的根本利益：在无产阶级的不同阶层、不同民族之间，共产党人始终代表了无产阶级的共同利益；在无产阶级和资产阶级的斗争的各个发展阶段上，共产党人始终代表了整个运动的利益。其次是因为共产党人在理论和实践上的先进性：在理论方面，共产党人胜过其余无产阶级群众的地方在于他们了解无产阶级运动的条件、进程和一般结果；在实践方面，共产党人能够成为各国工人政党中最坚决的、始终起推动作用的部分。

第二，共产党的最近目标是无产阶级夺取政权，最终目标是消灭私有制。《宣言》指出，确定正确的行动目标和纲领，是无产阶级实现自己伟大历史使命的实践前提。只有将《宣言》的基本思想同不同民族、不同发展阶段的现实状况结合起来，才能制定既富有远见、又冷静现实的行动目标，才能把最低纲领和最高纲领辩证地统一起来。在《宣言》中，马克思和恩格斯提出，共产党人的最近目的和其他一切无产阶级政党的最近目的是一样的：使无产阶级形成为阶级，推翻资产阶级的统治，由无产阶级夺取政权。而共产党人的最终目标则是消灭私有制。他们强调："共产党人可以把自己的理论概括为一句话：消灭私有制。"[1] 当然，这里所说的消灭私有制，并不是要废除一般的所有制，而是要废除资产阶级的所有制。

第二，无产阶级夺取政权后的任务是尽快地增加生产力的总量。《宣言》阐述了无产阶级夺取政权后的基本任务，揭示了无产阶级实现自己伟大历史使命的根本途径和政治保证。夺取政权，是无产阶级解放的决定性前提，但并不是最终目的，而是为了利用自己的政治统治，一步一步地夺取资产阶级的全部资本，把一切生产工具集中在国家即组织成为统治阶级的无产阶级手里，并且尽可能快地增加生产力的总量。这段论述体现了马克思主义在国家问题上最重要的思想，即发展生产、搞好建设是无产阶级夺取政权后的根本任务。后来，马克思和恩格斯依据 1848 年欧洲革命和 1871 年巴黎公社革命的历史经验作了更加深刻的论证。

第四，无产阶级的历史使命是消灭阶级和阶级的统治。马克思和恩格斯明确提出，无产阶级要不间断地进行革命，直到把一切大大小小的有产阶级的统治全都消灭，直到无产阶级夺得国家政权，直到无产者的联合不仅在一个国家

---

[1] 《马克思恩格斯文集》第 2 卷，人民出版社 2009 年版，第 45 页。

内，而且在世界一切举足轻重的国家内都发展到使这些国家的无产者之间的竞争停止，至少是发展到使那些有决定意义的生产力集中到了无产者手中。无产阶级进行这一切革命变革的实质，用马克思的话说，就是要消灭阶级、实现向无阶级社会的过渡。

第五，无产阶级伟大历史使命的完成，就是共产主义社会的实现。《宣言》用极为凝练的语言概括了共产主义社会的本质特征："代替那存在着阶级和阶级对立的资产阶级旧社会的，将是这样一个联合体，在那里，每个人的自由发展是一切人的自由发展的条件。"① 后来，马克思在《资本论》中将这一重要思想表述为"自由人的联合体"。1894 年 1 月 3 日，意大利的卡内帕请恩格斯为即将在日内瓦出版的周刊《新纪元》找一段题词，用来描述未来的社会主义纪元，区别但丁曾说的"一些人统治，另一些人受苦难"的旧纪元。恩格斯在回信中原封不动地重复了《宣言》的这段话②。他对这一思想的重申，清楚地表明人的自由发展是共产主义运动的崇高目标。当然，人的自由发展既是崇高目标，也是一个发展过程。它是与生产力的发展状况和社会历史条件紧密联系在一起的，是逐步发展和完善的过程。

三、重要意义

《宣言》的问世是人类思想史上的一个伟大事件。《宣言》是第一次全面阐述科学社会主义原理的伟大著作，"向全世界公开说明自己的观点、自己的目的、自己的意图"③，矗立起一座马克思主义精神丰碑。它科学论证了社会主义替代资本主义的历史必然性，系统阐述了科学社会主义的一般原理，明确划清了科学社会主义与其他社会主义流派的界限，奠定了无产阶级政党学说的基础，为全世界无产阶级和劳动群众争取自由解放提供了强大思想武器。《宣言》揭示的人类社会最终走向共产主义的必然趋势，奠定了共产党人坚定理想信念、坚守精神家园的理论基础。《宣言》的发表及其在实践中的运用，实现了人类思想史和社会发展史上的伟大革命，深刻影响了人类历史的发展进程。《宣言》蕴涵了丰富的哲学思想，鲜明体现了马克思主义哲学本质上是工人阶级的世界观，成为工人阶级自觉意识的理论基础和共产主义现实运动的理论表

---

① 《马克思恩格斯文集》第 2 卷，人民出版社 2009 年版，第 53 页。
② 参见《马克思恩格斯文集》第 10 卷，人民出版社 2009 年版，第 827 页。
③ 《马克思恩格斯文集》第 2 卷，人民出版社 2009 年版，第 30 页。

现，真正获得了"改变世界"的意义。

《宣言》一经问世就震动了世界，在世界上产生了巨大而深远的影响。170多年来，它被翻译成 200 多种语言，出版了数千个版本，极大地推动了国际无产阶级的革命斗争、被压迫民族的解放运动和整个人类的进步事业。1848 年 2 月，《宣言》第一个德文单行本在伦敦秘密出版。1850 年英国宪章派机关刊物《红色共和党人》刊登《宣言》英译文时，第一次指出了作者的姓名。到 19 世纪 60 年代末，已出现了英文、法文、俄文、波兰文、意大利文和丹麦文等各种译本。1872 年，出版了新的德文版《宣言》。这一版和后来的 1883 年德文版与 1890 年德文版，书名改为《共产主义宣言》。19 世纪 70 年代后，《宣言》进一步被翻译成西班牙文、罗马尼亚文、保加利亚文、瑞典文、荷兰文、挪威文等译本。正如恩格斯在"1888 年英文版序言"中所说的，《宣言》的历史在很大程度上反映着现代工人阶级运动的历史，它无疑是全部社会主义文献中传播最广和最具有国际性的著作，是从西伯利亚到加利福尼亚的千百万工人公认的共同纲领。《宣言》发表后发展起来的欧洲工人运动，特别是 20 世纪以来俄国十月革命和东方被压迫民族的解放运动，都显示出其在推动世界历史发展进程中发挥的巨大作用。

《宣言》在中国的翻译、出版和传播，直接促成了中国共产党的成立，影响和教育了几代共产党人。中国较早自觉地研究和介绍《宣言》的是李大钊。1919 年 4 月，李大钊和陈独秀创办的《每周评论》刊登了《宣言》的第二章结束部分，并指出：这个宣言是马克思和恩格斯最重大的意见；其要旨在于主张阶级斗争，要求各劳工的联合，是表示新时代的文书。1920 年 8 月，由陈望道翻译的《宣言》第一个中文全译本出版，此后有莫斯科外文出版局出版的《宣言》中译本，还有中国的华岗（1930）、成仿吾和徐冰（1938）、博古（1943）等翻译多个中译本出版。

《宣言》是一个内容丰富的理论宝库，值得我们反复学习、深入研究，不断从中汲取思想营养。尽管今天的时代发生了很大变化，但《宣言》所阐述的基本原理仍然是我们认识世界和改造世界的科学指南。《宣言》从唯物史观出发，科学论证了人类社会发展的各个历史阶段和总趋势，深刻阐明了"两个必然"，即"资产阶级的灭亡和无产阶级的胜利是同样不可避免的"科学论断，为正确把握共产党执政规律、社会主义建设规律、人类社会发展规律，坚定共产主义的理想信念，不忘初心、牢记使命，提供了坚实的理论依据。《宣言》

所确定的共产主义奋斗目标始终鼓舞人们不断前进，在人类思想史上影响极为广泛而深远。《宣言》阐述的一系列需要长期坚持的科学社会主义基本原则，比如消灭剥削制度、无产阶级解放和人类解放、坚持共产党的领导以及无产阶级革命胜利后要大力发展生产力等，为我们在新的历史条件下坚持和发展中国特色社会主义指明了正确方向。中国共产党开辟的新民主主义革命道路、社会主义革命道路、社会主义建设道路、中国特色社会主义道路，都是把马克思主义基本原理同中国具体实际相结合的伟大创造。中国共产党是《宣言》精神的忠实传人。马克思的世界历史思想，对于我们正确认识当今世界格局和经济全球化的发展趋势，推动构建人类命运共同体具有重要指导意义。当前，世界多极化、经济全球化、社会信息化、文化多样化深入发展，各国相互关联、相互依存程度之深前所未有，充分印证了马克思、恩格斯在《宣言》中所作的科学预见。学习《宣言》，就是要把《宣言》蕴含的科学原理和科学精神运用到统揽伟大斗争、伟大工程、伟大事业、伟大梦想的实践中去，不断谱写新时代坚持和发展中国特色社会主义新篇章。

四、延伸阅读

马克思：《哥达纲领批判》

《哥达纲领批判》是科学社会主义的重要文献，包括马克思的《德国工人党纲领批注》和他在 1875 年 5 月 5 日给威·白拉克的信。在这部著作中，马克思逐条批判了纲领草案中的拉萨尔主义观点，阐述了科学社会主义的基本原理，丰富和发展了科学社会主义理论。该书主要从两个方面发展了《宣言》的思想：（1）第一次提出"过渡时期"理论，发展了无产阶级专政思想，提出"在资本主义社会和共产主义社会之间，有一个从前者变为后者的革命转变时期。同这个时期相适应的也有一个政治上的过渡时期，这个时期的国家只能是无产阶级的革命专政"。（2）第一次明确提出共产主义社会两阶段学说。指出第一阶段是刚刚从资本主义社会中产生出来的，因此它在经济、道德和精神等各方面都还带着它脱胎出来的那个旧社会的痕迹，只能实行"按劳分配"。只有在共产主义高级阶段上才能实行按需分配。

恩格斯：《在马克思墓前的讲话》

这是恩格斯 1883 年 3 月 17 日在伦敦海格特公墓安葬马克思（逝世于 3 月 14 日）时用英语发表的讲话。恩格斯在讲话中对马克思一生的理论和实践贡献作了高度评价。他指出，作为科学家，马克思十分重视科学中的每一个重大发现，把科学看成是一种在历史上起推动作用的、革命的力量；作为革命家，他毕生满腔热情、坚忍不拔和卓有成效地为无产阶级解放事业而奋斗。恩格斯再次重申，唯物史观和剩余价值学说是马克思一生的两个伟大发现。阅读这篇讲话，有助于加深对《宣言》重要意义的理解。阅读时应着重领会马克思主义政治经济学与哲学历史观、方法论之间的内在统一关系。

习近平：《学习马克思主义基本理论是共产党人的必修课》①

2018 年 4 月 23 日，习近平总书记在十九届中央政治局第五次集体学习时，就《宣言》及其时代意义发表重要讲话。他指出，《宣言》是第一次全面阐述科学社会主义原理的伟大著作，深刻阐述了马克思主义的科学世界观，深刻阐述了马克思主义政党的先进品格，深刻阐述了马克思主义政党的政治立场，深刻阐述了马克思主义政党的崇高理想，深刻阐述了马克思主义的革命纲领，深刻阐述了马克思主义政党的国际主义精神。《宣言》一经问世，就在实践上推动了世界社会主义发展，深刻改变了人类历史进程。中国共产党是《宣言》精神的忠实传人。阅读这篇讲话，有助于加深对《宣言》重要意义的理解。

习近平：《在纪念马克思诞辰 200 周年大会上的讲话》

2018 年 5 月 4 日，习近平总书记在纪念马克思诞辰 200 周年大会上发表重要讲话。他指出，马克思是全世界无产阶级和劳动人民的革命导师，是马克思主义的主要创始人，是马克思主义政党的缔造者和国际共产主义的开创者，是近代以来最伟大的思想家。马克思主义是科学的理论，创造性地揭示了人类社会发展规律。马克思主义是人民的理论，第一次创立了人民实现自身解放的思想体系。马克思主义是实践的理论，指引着人民改造世界的行动。马克思主义是不断发展的开放的理论，始终站在时代前沿。马克思主义极大推进了人类文明进程，至今依然是具有重大国际影响的思想体系和话语体系。马克思至今依然被公认为"千年第一思想家"。

思考题：

1. 《宣言》的基本原理至今仍是正确的，而对它的运用为什么又随时随地

① 习近平总书记在十九届中央政治局第五次集体学习时的讲话，以《学习马克思主义基本理论是共产党人的必修课》为题发表在《求是》2019 年第 22 期。

都要以当时的历史条件为转移?

2. 如何认识阶级斗争规律和历史发展规律的内在联系?

3. 共产党的历史使命是什么,如何认识共产党和工人阶级、工人运动之间的关系?

4. 联系实际阐述如何认识"两个必然"?

5. 如何认识《共产党宣言》关于经济全球化的思想对当今世界的重大意义?

卡·马克思

《政治经济学批判》序言

我考察资产阶级经济制度是按照以下的顺序：**资本、土地所有制、雇佣劳动；国家、对外贸易、世界市场**。在前三项下，我研究现代资产阶级社会分成的三大阶级的经济生活条件；其他三项的相互联系是一目了然的。第一册论述资本，其第一篇由下列各章组成：（1）商品；（2）货币或简单流通；（3）资本一般。前两章构成本分册的内容。我面前的全部材料形式上都是专题论文，它们是在相隔很久的几个时期内写成的，目的不是为了付印，而是为了自己弄清问题，至于能否按照上述计划对它们进行系统整理，就要看环境如何了。

我把已经起草的一篇总的导言压下了，因为仔细想来，我觉得预先说出正要证明的结论总是有妨害的，读者如果真想跟着我走，就要下定决心，从个别上升到一般。不过在这里倒不妨谈一下我自己研究政治经济学的经过。

我学的专业本来是法律，但我只是把它排在哲学和历史之次当做辅助学科来研究。1842—1843 年间，我作为《莱茵报》的编辑，第一次遇到要对所谓物质利益发表意见的难事。莱茵省议会关于林木盗窃和地产析分的讨论，当时的莱茵省总督冯·沙培尔先生就摩泽尔农民状况同《莱茵报》展开的官方论战，最后，关于自由贸易和保护关税的辩论，是促使我去研究经济问题的最初动因。另一方面，在善良的"前进"愿望大大超过实际知识的当时，在《莱茵报》上可以听到法国社会主义和共产主义的带着微弱哲学色彩的回声。我曾表示反对这种肤浅言论，但是同时在和奥格斯堡《总汇报》的一次争论中坦率承认，我以往的研究还不容许我对法兰西思潮的内容本身妄加评判。我倒非常乐意利用《莱茵报》发行人以为把报纸的态度放温和些就可以使那已经落在该报头上的死刑判决撤销的幻想，以便从社会舞台退回书房。

为了解决使我苦恼的疑问，我写的第一部著作是对黑格尔法哲学的批判性的分析，这部著作的导言曾发表在 1844 年巴黎出版的《德法年鉴》上。我的研究得出这样一个结果：法的关系正像国家的形式一样，既不能从它们本身来理解，也不能从所谓人类精神的一般发展来理解，相反，它们根源于物质的生活关系，这种物质的生活关系的总和，黑格尔按照 18 世纪的英国人和法国人的先例，概括为"市民社会"，而对市民社会的解剖应该到政治经济学中去寻求。我在巴黎开始研究政治经济学，后来因基佐先生下令驱逐而移居布鲁塞尔，在那里继续进行研究。我所得到的，并且一经得到就用于指导我的研究工作的总的结果，可以简要地表述如下：人们在自己生活的社会生产中发生一定的、必然的、不以他们的意志为转移的关系，即同他们的物质生产力的一定发展阶段相适合的生产关系。这些生产关系的总和构成社会的经济结构，即有法律的和政治的上层建筑竖立其上并有一定的社会意识形式与之相适应的现实基础。物质生活的生产方式制约着整个社会生活、政治生活和精神生活的过程。不是人们的意识决定人们的存在，相反，是人们的社会存在决定人们的意识。社会的物质生产力发展到一定阶段，便同它们一直在其中运动的现存生产关系或财产关系（这只是生产关系的法律用语）发生矛盾。于是这些关系便由生产力的发展形式变成生产力的桎梏。那时社会革命的时代就到来了。随着经济基础的变更，全部庞大的上层建筑也或慢或快地发生变革。在考察这些变革时，必须时刻把下面两者区别开来：一种是生产的经济条件方面所发生的物质的、可以用自然科学的精确性指明的变革，一种是人们借以意识到这个冲突并力求把它克服的那些法律的、政治的、宗教的、艺术的或哲学的，简言之，意识形态的形式。我们判断一个人不能以他对自己的看法为根据，同样，我们判断这样一个变革时代也不能以它的意识为根据；相反，这个意识必须从物质生活的矛盾中，从社会生产力和生产关系之间的现存冲突中去解释。无论哪一个社会形态，在它所能容纳的全部生产力发挥出来以前，是决不会灭亡的；而新的更高的生产关系，在它的物质存在条件在旧社会的胎胞里成熟以前，是决不会出现的。所以人类始终只提出自己能够解决的任务，因为只要仔细考察就可以发现，任务本身，只有在解决它的物质条件已经存在或者至少是在生成过程中的时候，才会产生。大体说来，亚细亚的、古希腊罗马的、封建的和现代资产阶级的生产方式可以看做是经济的社会形态演进的几个时代。资产阶级的生产关系是社会生产过程的最后一个对抗形式，这里所说的对抗，不是指个人的对抗，而是指从个人的社会生活条件中生长出来的对抗；但是，在资产阶级社会的胎胞里发展的生产力，同时又创造着解决这种对抗的物质条件。因此，人类社会的史前时期就以这种社会形态而告终。

自从弗里德里希·恩格斯批判经济学范畴的天才大纲[①]（在《德法年鉴》

---

① 指恩格斯的《国民经济学批判大纲》，见《马克思恩格斯文集》第 1 卷。——编者注

上）发表以后，我同他不断通信交换意见，他从另一条道路（参看他的《英国工人阶级状况》①）得出同我一样的结果。当 1845 年春他也住在布鲁塞尔时，我们决定共同阐明我们的见解与德国哲学的意识形态的见解的对立，实际上是把我们从前的哲学信仰清算一下。这个心愿是以批判黑格尔以后的哲学的形式来实现的。两厚册八开本的原稿②早已送到威斯特伐利亚的出版所，后来我们才接到通知说，由于情况改变，不能付印。既然我们已经达到了我们的主要目的——自己弄清问题，我们就情愿让原稿留给老鼠的牙齿去批判了。在我们当时从这方面或那方面向公众表达我们见解的各种著作中，我只提出恩格斯与我合著的《共产党宣言》和我自己发表的《关于自由贸易的演说》③。我们见解中有决定意义的论点，在我的 1847 年出版的为反对蒲鲁东而写的著作《哲学的贫困》④ 中第一次作了科学的、虽然只是论战性的概述。我用德文写的关于《雇佣劳动》⑤ 一书，汇集了我在布鲁塞尔德意志工人协会上对于这个问题的讲演，这本书的印刷由于二月革命和我因此被迫离开比利时而中断。

1848 年和 1849 年《新莱茵报》的出版以及随后发生的一些事变，打断了我的经济研究工作，到 1850 年我才能在伦敦重新进行这一工作。英国博物馆中堆积着政治经济学史的大量资料，伦敦对于考察资产阶级社会是一个方便的地点，最后，随着加利福尼亚和澳大利亚金矿的发现，资产阶级社会看来进入了新的发展阶段，这一切决定我再从头开始，批判地仔细钻研新的材料。这些研究一部分自然要涉及似乎完全属于本题之外的学科，在这方面不得不多少费些时间。但是使我所能够支配的时间特别受到限制的，是谋生的迫切需要。八年来，我一直为第一流的美国英文报纸《纽约每日论坛报》撰稿（写作真正的报纸通讯在我只是例外），这使我的研究工作必然时时间断。然而，由于评论英国和大陆突出经济事件的论文在我的投稿中占很大部分，我不得不去熟悉政治经济学这门科学本身范围以外的实际的细节。

我以上简短地叙述了自己在政治经济学领域进行研究的经过，这只是要证明，我的见解，不管人们对它怎样评论，不管它多么不合乎统治阶级的自私的

---

① 见《马克思恩格斯文集》第 1 卷。——编者注
② 指马克思和恩格斯的《德意志意识形态》手稿。——编者注
③ 见《马克思恩格斯文集》第 1 卷。——编者注
④ 见《马克思恩格斯文集》第 1 卷。——编者注
⑤ 即《雇佣劳动与资本》，见《马克思恩格斯文集》第 1 卷。——编者注

偏见，却是多年诚实研究的结果。但是在科学的入口处，正像在地狱的入口处一样，必须提出这样的要求：

　　"这里必须根绝一切犹豫；

　　这里任何怯懦都无济于事。"①

卡尔·马克思

1859 年 1 月于伦敦

（选自《马克思恩格斯文集》第 2 卷，人民出版社

2009 年版，第 588—594 页）

---

① 但丁《神曲·地狱篇》第 3 部第 14—15 行。——编者注

《〈政治经济学批判〉 序言》 导读

《〈政治经济学批判〉序言》（以下简称《序言》）是马克思为他在 1858 年 11 月—1859 年 1 月写成的《政治经济学批判。第一分册》所写的序言，在马克思主义哲学史上占有重要地位。《序言》回顾了马克思研究政治经济学和发现唯物史观的过程，对唯物史观作了经典表述。

一、写作背景

马克思创立和发展唯物史观始终是和他的政治经济学研究不可分割的。正是通过分析和批判"市民社会"，他完成了世界观的根本变革，逐步建立起完善的唯物史观，并不断促成马克思政治经济学的理论及其体系的创立日趋成熟。马克思原来学的专业是法律，只是在 1842—1843 年编辑《莱茵报》期间，因遇到对物质利益发表意见的难题，开始了经济学的研究，并准备撰写一部"政治经济学批判"巨著。为此，他先后于 1843 年 10 月—1845 年 1 月、1850 年 9 月—1853 年 8 月写下了包括含有丰富经济学内容的《巴黎笔记》和《伦敦笔记》。现深受关注的《1844 年经济学哲学手稿》（1844 年 4—8 月写成）乃是《巴黎笔记》的重要组成部分。《伦敦笔记》有 1250 页，共摘录了 300 多部著作和众多报刊资料，为写作《政治经济学批判》作出了更进一步直接的准备。

从 1857 年下半年开始，为迎接欧洲已爆发的经济危机可能引起的革命，马克思加紧了政治经济学的研究，直到 1858 年 5 月，写成了 50 多个印张的包括《导言》《政治经济学批判》《七个笔记本的索引》等在内的经济学手稿，史称《1857—1858 年经济学手稿》，也就是《资本论》的第一个手稿。

在这手稿的"导言"中，马克思明确提出了不同于资产阶级经济学的研究对象与方法，从而使《政治经济学批判》自始至终都贯穿着对资产阶级古典政治经济学的批判性继承发展和开拓创新。同时，马克思在写作过程中还调整提出了六册结构的经济研究计划：（1）资本；（2）地产；（3）雇佣劳动；（4）国家；（5）国际贸易；（6）世界市场。本章所说的《〈政治经济学批判〉序言》，就是马克思为《政治经济学批判。第一分册》所写的"序言"。

马克思在这个"序言"中，根据当时在欧洲并未发生如原先预期将因经济危机而引发革命的事实，以及自己此前所进行的包括上述一系列经济学研究实践经验的总结，并将之升华到哲学高度，从而作出了唯物史观的经典表述。

二、主要内容

作为《政治经济学批判。第一分册》的序言，其最重要的内容是对历史唯物主义基本结论的精练表述。马克思强调，这些结论是他通过政治经济学研究所得到的，并且一经得到又成为指导自己进一步进行政治经济学研究的方法论原则。这些内容主要可以从经济社会形态的结构、经济社会形态的演进、资本主义社会形态的历史地位和历史趋势三个方面来把握。

（一）论述生产力与生产关系、经济基础与上层建筑的矛盾运动和社会形态的结构

《序言》进一步发展和丰富了《德意志意识形态》的思想，凝练地阐述了马克思主义关于社会结构的基本观点。

第一，物质生活资料的生产是其他各种社会历史活动的基础。物质生产是历史的前提和社会的基础。在《序言》中，马克思从两个方面深化了他在《德意志意识形态》中的有关思想：一是通过对劳动过程的分析，从社会和自然的关系上进一步阐明了生产劳动是人类不同于动物的存在方式，物质资料的生产是人类社会的永恒的基础。二是从人类社会内部不同活动领域的关系上，进一步阐明了物质生产活动是其他一切社会活动的基础。他强调，人类的社交、政治、科学、艺术、宗教等非生产活动，归根结底必须以物质生产活动所能提供的物质资料和游离出来的自由时间为基础。

第二，人们在社会生产中形成与物质生产力的一定发展阶段相适应的生产关系。在《序言》中，马克思不仅把人们在经济活动中的关系统一为"生产关系"，而且从三个方面深化了生产关系的含义：一是任何生产必然是社会的生产，人们在物质生产活动中，不仅要同自然界发生关系，而且必然要结成一定的相互关系。脱离社会的孤立个人的生产，不过是资产阶级经济学家编造出来的。二是生产关系是客观的、不以人们的意志为转移的，人们不能自由地选择自己的生产关系。三是生产关系总是一定的、历史的，是同物质生产力的一定发展阶段相适合的，人们之所以不能自由地选择自己的生产关系，根本原因在于生产力是一种既得的力量，人们不能自由地选择自己的生产力。

第三，生产关系的总和构成上层建筑与之相适应的经济基础。马克思不仅用"经济结构"和"现实基础"范畴取代了《德意志意识形态》中仍然带有

黑格尔遗迹的"市民社会"概念，而且将"国家和法"与"意识形态"概括为更为一般的"上层建筑"范畴，进一步发展了这对范畴及其相互关系的原理。他认为，任何社会都存在着不同层次的生产力，因而也相应地存在着不同类型的生产关系，但其中必然有一种生产关系处于支配地位。这种占支配地位的生产关系的总和构成社会的经济基础。而政治法律制度，以及法律观念、政治观念和宗教、道德、艺术、哲学等等社会意识形态都是由这一经济基础所决定并为之服务的。

第四，物质生活的生产方式制约着整个社会生活、政治生活和精神生活的过程。在马克思看来，整个社会生活主要是由物质生活、政治生活和精神生活构成的。人们如何生产自己的物质生活，是人们如何进行整个社会生活的前提和基础，并且决定着人们如何进行政治生活和精神生活。不同物质生活的生产方式从根本上制约着不同的社会生活、政治生活和精神生活；物质生活的生产方式发展变化是整个社会生活、政治生活和精神生活发生变化的根本性原因。

第五，社会存在决定社会意识。社会存在决定社会意识的观点，是马克思对哲学历史观基本问题的最明确的解答。他强调，不是人们的意识决定人们的存在，相反，是人们的社会存在决定人们的意识。这既从根本上揭示了唯物史观与唯心史观的根本对立，因为后者主张社会意识决定社会存在；也划清了唯物史观同自然主义历史观的界限，因为后者把人们的存在归结为自然存在，否定人的社会性，否定社会史同自然史的本质区别。

（二）生产力与生产关系、经济基础与上层建筑的矛盾运动和社会形态的演进

在《序言》中，马克思进一步发展了《德意志意识形态》中关于"一切历史冲突都根源于生产力和交往形式之间的矛盾"[①]的思想，提出社会发展的动力理论。

第一，生产关系变成社会物质生产力发展的桎梏是社会革命的根源。生产力与生产关系的矛盾不仅是社会形态的基础，也是社会发展和形态演进的根源。在生产力与生产关系的矛盾中，生产力是能动的和活跃的因素，而生产关系作为生产的一定社会形式则是相对稳定的。因此，随着生产力的发展，生产关系必然从原先生产力得以现实化的条件逐渐转化为生产力进一步发展的桎

---

① 《马克思恩格斯文集》第1卷，人民出版社2009年版，第567—568页。

梏。人们为了不丧失已经取得的生产力成果，就必然要打破原有生产关系的束缚，用新的生产关系取代它。就对抗性的"经济的社会形态"来说，这种取代最终必然引发社会革命。社会革命的目的就是解放生产力，使生产力获得更大的发展空间。

第二，随着经济基础的变革，上层建筑也或快或慢地发生变革。经济基础与上层建筑的矛盾运动是社会形态整体变革的关键环节。生产力发展所引起的生产关系的变革，必然构成对以原来生产关系为基础并为之服务的庞大的上层建筑的冲击，从而引起它的抗拒。因此，要使生产力从原来的生产关系栚梏中解放出来，就必须通过社会革命变革以这种生产关系为基础并为之服务的上层建筑，通过上层建筑的变革为生产关系的变革开辟道路，从而解放和发展生产力。由于上层建筑对经济基础具有相对独立性和能动的反作用，也由于上层建筑本身各个不同组成部分的多样性，它们同经济基础的关系也各不相同，因而其变革有快有慢，不能简单看待。但是，上层建筑必然随着经济基础的变革而变革，则是毫无疑问的。

第三，意识形态的变化应该从社会生产力与生产关系之间的现存冲突中去解释。马克思特别强调了变革时代意识形态斗争的特殊性和复杂性，并提出考察社会变革的方法论原则。与生产的经济条件方面所发生的物质的、可以用自然科学的精确性指明的变革相比，意识形态的特殊性在于，它不是纯粹客观的、中立的，而是直接实践的、与不同阶级利害攸关的，是人们借以意识到生产力与生产关系之间的冲突并力求克服它的形式。当然，这也带来了复杂性，容易产生各种意识形态幻象，从而掩盖和歪曲了社会变革的本质和根源。因此，判断社会变革不能以它的意识为根据，而只能坚持唯物史观的基本观点，透过重重迷雾，从社会生产力与生产关系之间的现存冲突中去找出其真实的本质和真正的根源。

第四，社会形态的更替只有在解决它的物质条件已经存在时才能实现。在《序言》中，马克思既坚持社会形态更替的必然性，又坚持社会形态更替的物质条件性。他强调，无论哪一个社会形态，在它所能容纳的全部生产力发挥出来以前，是决不会灭亡的；而新的更高的生产关系，在它的物质存在条件在旧社会的胎胞里成熟以前，是决不会出现的。也就是说，社会形态的更替不是通过凭空制造革命就能实现的，它必须在物质条件已经存在或者至少是在生成过程中的时候才能实现。"两个决不会"论断，是马克思对唯物史观和社会主义学说的重大发展和补充。在《共产党宣言》中，马克思和恩格斯得出了"两个不可避免"（即"资产阶级的灭亡和无产阶级的胜利是同样不可避免的"①）的结论。通过对革命实践的总结和经济学的深入研究，马克思开始认识到周期性危机与革命高潮之间的复杂关系，在《序言》中补充了上述论断。马克思关于"两个决不会"的思想，进一步完善了《共产党宣言》中对资本主义发展趋势所作出的结论，告诫人们必须清醒地看到社会主义取代资本主义的艰巨性和长期性，在坚持社会形态更替的历史必然性的同时，强调了这种更替的实现需要具备一定的历史条件、经历一定的历史过程，发展了唯物史观的社会发展理论。因此，坚持社会形态更替的必然性并不是赞成革命可以无视物质条件的主观制造；坚持社会形态更替的物质条件性也并不是否定革命的必定到来。坚定的革命信念和务实的科学精神的统一，是革命者应有的态度。

（三）人类社会的史前时期将以资本主义社会形态而告终

《序言》进一步提出了唯物史观的历史分期理论，从整个人类历史发展根本趋势的高度揭示了共产主义代替资本主义的必然性。

第一，亚细亚的、古希腊罗马的、封建的和现代资产阶级的生产方式可以看作是经济的社会形态演进的几个时代。在唯物史观中，生产方式不仅是每一个社会形态结构的现实基础，也是不同历史阶段区别的客观标准。《序言》正是依据生产方式的区别将人类历史划分为四种经济的社会形态。需要说明的是，这里的"古希腊罗马的"生产方式是指古希腊罗马的奴隶制，"封建的和现代资产阶级的生产方式"分别是指西方中世纪的封建制和现代资产阶级经济形式。而所谓"亚细亚的"生产方式只是当时马克思对原初的社会形态的一种推断，而并不是指历史上的原始社会。因为直到19世纪70年代以后，随着人类学的发展，人们才发现原始社会并不是具有对抗性质的经济的社会形态，而所谓"亚细亚的"生产方式不过是"原生的社会形态"解体的产物，是从"原生的（公有制的）社会形态"向"次生的（私有制的）社会形态"过渡的形式。对原始社会的研究，马克思在晚年"人类学笔记"中进行了丰富和完善。

第二，资产阶级的生产关系是社会生产过程的最后一个对抗形式。《序言》以历史分期理论为基础，揭示了资本主义社会的历史地位和历史趋势，强调资

---

① 《马克思恩格斯文集》第2卷，人民出版社2009年版，第43页。

产阶级的生产关系是社会生产过程的最后一个对抗形式。马克思提出，这里的对抗，不是指个人的对抗，而是指个人的社会生活条件中生长出来的对抗，是指社会经济关系及由其决定的整个社会关系的对抗。诸如人与人之间剥削与被剥削、压迫与被压迫、控制与被控制等等。而之所以说资产阶级的生产关系是社会生产过程的最后一个对抗形式，一方面是因为资产阶级生产关系把社会生产过程中的对抗发展到了顶点；另一方面是因为在资产阶级社会中发展的生产力又在为解决这种对抗创造着条件。

第三，人类社会从史前时期到真正的历史时期的转变。这里讲的"人类社会的史前时期"与后来通称原始社会为"史前时期"不同，主要是指以对抗性的社会生活条件为基础的经济的社会形态时期。马克思不仅从经济的社会形态的角度划分了人类历史发展的四个阶段，而且进一步揭示了人类历史的未来发展方向。他认为，随着人类社会的史前时期的终结，人类开始了真正的历史时期，在那里，每个人都成为"建立在个人全面发展和他们共同的、社会的生产能力成为从属于他们的社会财富这一基础上的自由个性"①。由此，《序言》就从整个人类历史发展的高度深刻地揭示了共产主义代替资本主义的历史必然性和共产主义的历史定位。这构成了唯物史观全部理论的最后结论和最终归宿。

三、重要意义

《序言》第一次对唯物史观基本原理作了经典的表述，为无产阶级及其解放运动提供了科学世界观，为人们认识人类社会的基本结构和发展趋势提供了科学方法。梅林认为，这个经典表述可以称为"确定了历史唯物主义的本质的名言"②。列宁强调，《序言》对运用到人类社会和人类社会史的唯物主义基本原理作了周密说明，指出了把历史当作一个十分复杂并充满矛盾但毕竟是有规律的统一过程来研究的途径。

《序言》最早由范寿康译成中文，1921年1月发表在上海《东方杂志》第18卷第1号。《序言》被收入人民出版社1995年版、2012年版《马克思恩格斯选集》第2卷和人民出版社2009年版《马克思恩格斯文集》第2卷。

《序言》从社会经济形态进行划分的大的历史"时代"，与党的十九大报告

---

① 《马克思恩格斯文集》第8卷，人民出版社2009年版，第52页。
② ［德］弗·梅林：《马克思传》，樊集译，生活·读书·新知三联书店1965年版，第329页。

所强调的中国特色社会主义进入了新时代，不是同一个概念，后者是从党和国家事业发展的角度提出来的，特指中国特色社会主义发展已经站在一个新的历史起点上，处在一个新的历史方位上。尽管我们所处的时代同马克思所处的时代相比发生了巨大而深刻的变化，但从世界社会主义 500 年的大视野来看，我们依然处在马克思所说的历史时代。

今天，学习《序言》仍然有着重要意义。《序言》强调，人类社会总是在生产力与生产关系、经济基础与上层建筑矛盾运动中向前发展的，是一个有规律的发展过程，对于正确认识人类社会的发展变革和我国的全面深化改革实践具有重要的意义。"解放和发展社会生产力是社会主义的本质要求，是中国共产党人接力探索、着力解决的重大问题。新中国成立以来特别是改革开放以来，我们党带领人民坚定不移解放和发展社会生产力，走完了西方几百年的发展历程，推动我国快速成为世界第二大经济体。我们要勇于全面深化改革，自觉通过调整生产关系激发社会生产力发展活力，自觉通过完善上层建筑适应经济基础发展要求，让中国特色社会主义更加符合规律地向前发展。"[①] 必须坚持和完善我国社会主义基本经济制度和分配制度，毫不动摇巩固和发展公有制经济，毫不动摇鼓励、支持、引导非公有制经济发展，推动各种所有制取长补短、相互促进、共同发展，同时公有制主体地位不能动摇，国有经济主导作用不能动摇，这是保证我国各族人民共享发展成果的制度性保证，也是巩固党的执政地位、坚持我国社会主义制度的重要保证。《序言》中提出的"两个决不会"的思想与《共产党宣言》中提出的"两个必然"的思想构成了一个相对完整的思想系统：一方面从社会的发展趋势来说，资本主义必然灭亡、社会主义必然胜利；另一方面，社会主义代替资本主义是一个具有长期性、复杂性和艰巨性的历史发展过程。《序言》提出的唯物史观的基本原理也是我们认识和分析社会现实问题的重要方法论和指导原则，是我们坚定中国特色社会主义共同理想和共产主义远大理想的重要思想根据。

四、延伸阅读

马克思：《〈政治经济学批判〉导言》

《〈政治经济学批判〉导言》（以下简称《导言》）写于 1857 年 8 月下旬。

---

① 习近平：《在纪念马克思诞辰 200 周年大会上的讲话》，人民出版社 2018 年版，第 18 页。

马克思生前并未发表，1902—1903 年由考茨基首次刊登于《新时代》杂志，并作为"附录"收入《政治经济学批判》新版。它包括四个部分：一是政治经济学的研究对象。在肯定对象"首先是物质生产"的同时，强调了生产的社会性，"在社会中进行生产的个人"，"这些个人的一定社会性质的生产"。批判了资产阶级经济学家从"一切生产的一般条件"出发的抽象性和非历史性。二是生产与分配、交换、消费的一般关系。说明必须在上述四环节内在统一的再生产过程中研究生产，批判了资产阶级经济学家割裂上述统一，把生产过程孤立化和自然化的错误。三是政治经济学的方法。深入阐发和论证"从抽象上升到具体的方法"是"科学上正确的方法"，指出这一方法同黑格尔同名方法的本质区别，并依据这一方法对马克思本人政治经济学著作结构安排进行了说明，提出了"五篇结构"的最初分篇计划。四是唯物史观的基本要点。这一部分并未完成，只写了"不该忘记的"几点。其中，以艺术发展为例，对精神生产的发展同物质生产发展不平衡关系的阐述较为充分。《导言》不仅与《序言》在时间上首尾呼应，在内容上也互为补充。《序言》侧重于哲学历史观，《导言》则侧重于哲学方法论。

恩格斯：《卡尔·马克思〈政治经济学批判。第一分册〉》

恩格斯的这一篇书评是应马克思的要求写的，写于 1859 年 8 月，发表在 8 月 6 日和 20 日的《人民报》第 14、16 期。该文批判了资产阶级政治经济学的局限性，阐述了马克思创立唯物史观和唯物辩证法的伟大贡献，主要包括两方面内容：一是认为马克思政治经济学"本质上是建立在唯物主义历史观的基础上的"，指出马克思在《序言》中所扼要阐述的唯物主义历史观的基本原理，"不仅对于经济学，而且对于一切历史科学（凡不是自然科学的科学都是历史科学）都是一个具有革命意义的发现"[①]；二是高度评价马克思创立唯物辩证法的意义，指出这个方法的制定"是一个其意义不亚于唯物主义基本观点的成果"[②]，并且阐明了马克思政治经济学研究中逻辑方法和历史方法的辩证统一。阅读这篇书评，有助于更好地理解《序言》及《政治经济学批判。第一分册》的思想。

习近平：在十八届中共中央政治局第二十八次集体学习时的讲话

2015 年 11 月 23 日，十八届中共中央政治局就马克思主义政治经济学基本

[①]　《马克思恩格斯文集》第 2 卷，人民出版社 2009 年版，第 597 页。

[②]　《马克思恩格斯文集》第 2 卷，人民出版社 2009 年版，第 603 页。

原理和方法论进行第二十八次集体学习。习近平总书记在主持学习时强调，党的十一届三中全会以来，我们党把马克思主义政治经济学基本原理同改革开放新的实践结合起来，不断丰富和发展马克思主义政治经济学，形成了当代中国马克思主义政治经济学的许多重要理论成果，比如，关于社会主义本质的理论，关于社会主义初级阶段基本经济制度的理论，关于树立和落实创新、协调、绿色、开放、共享的发展理念的理论，关于发展社会主义市场经济、使市场在资源配置中起决定性作用和更好发挥政府作用的理论，关于我国经济发展进入新常态的理论，关于推动新型工业化、信息化、城镇化、农业现代化相互协调的理论，关于用好国际国内两个市场、两种资源的理论，关于促进社会公平正义、逐步实现全体人民共同富裕的理论，等等。这些理论成果，是适应当代中国国情和时代特点的政治经济学，不仅有力指导了我国经济发展实践，而且开拓了马克思主义政治经济学新境界。

思考题：

1. 如何全面理解《序言》所阐明的历史唯物主义关于社会结构的理论？
2. 如何深入理解由社会基本矛盾推动的社会形态的演进？
3. 为什么说资产阶级的生产关系是社会生产过程的最后一个对抗形式？
4. 试述《序言》中"两个决不会"思想与《共产党宣言》中"两个必然"思想之间的理论关系及其现实意义。
5. 如何理解马克思在《序言》中提出的"时代"？如何理解中国特色社会主义进入了新时代？

卡·马克思

资本论 第一卷（节选）

第一版序言

我把这部著作的第一卷交给读者。这部著作是我 1859 年发表的《政治经济学批判》的续篇。初篇和续篇相隔很久，是由于多年的疾病一再中断了我的工作。

……

万事开头难，每门科学都是如此。所以本书第一章，特别是分析商品的部分，是最难理解的。其中对价值实体和价值量的分析，我已经尽可能地做到通俗易懂。以货币形式为完成形态的价值形式，是极无内容和极其简单的。然而，两千多年来人类智慧对这种形式进行探讨的努力，并未得到什么结果[①]，而对更有内容和更复杂的形式的分析，却至少已接近于成功。为什么会这样呢？因为已经发育的身体比身体的细胞容易研究些。并且，分析经济形式，既不能用显微镜，也不能用化学试剂。二者都必须用抽象力来代替。而对资产阶级社会说来，劳动产品的商品形式，或者商品的价值形式，就是经济的细胞形式。在浅薄的人看来，分析这种形式好像是斤斤于一些琐事。这的确是琐事，但这是显微解剖学所要做的那种琐事。

因此，除了价值形式那一部分外，不能说这本书难懂。当然，我指的是那些想学到一些新东西、因而愿意自己思考的读者。

物理学家是在自然过程表现得最确实、最少受干扰的地方观察自然过程的，或者，如有可能，是在保证过程以其纯粹形态进行的条件下从事实验的。我要在本书研究的，是资本主义生产方式以及和它相适应的生产关系和交换关系。到现在为止，这种生产方式的典型地点是英国。因此，我在理论阐述上主要用英国作为例证。但是，如果德国读者看到英国工农业工人所处的境况而伪善地耸耸肩膀，或者以德国的情况远不是那样坏而乐观地自我安慰，那我就要

[①] 见《马克思恩格斯文集》第 5 卷，人民出版社 2009 年版，第 74—75 页。——编者注

大声地对他说：这正是说的阁下的事情！

问题本身并不在于资本主义生产的自然规律所引起的社会对抗的发展程度的高低。问题在于这些规律本身，在于这些以铁的必然性发生作用并且正在实现的趋势。工业较发达的国家向工业较不发达的国家所显示的，只是后者未来的景象。

撇开这点不说。在资本主义生产已经在我们那里完全确立的地方，例如在真正的工厂里，由于没有起抗衡作用的工厂法，情况比英国要坏得多。在其他一切方面，我们也同西欧大陆所有其他国家一样，不仅苦于资本主义生产的发展，而且苦于资本主义生产的不发展。除了现代的灾难而外，压迫着我们的还有许多遗留下来的灾难，这些灾难的产生，是由于古老的、陈旧的生产方式以及伴随着它们的过时的社会关系和政治关系还在苟延残喘。不仅活人使我们受苦，而且死人也使我们受苦。死人抓住活人！

德国和西欧大陆其他国家的社会统计，与英国相比是很贫乏的。然而它还是把帷幕稍稍揭开，使我们刚刚能够窥见幕内美杜莎的头。如果我国各邦政府和议会像英国那样，定期指派委员会去调查经济状况，如果这些委员会像英国那样，有全权去揭发真相，如果为此能够找到像英国工厂视察员、编写《公共卫生》报告的英国医生、调查女工童工受剥削的情况以及居住和营养条件等等的英国调查委员那样内行、公正、坚决的人们，那么，我国的情况就会使我们大吃一惊。柏修斯需要一顶隐身帽来追捕妖怪。我们却用隐身帽紧紧遮住眼睛和耳朵，以便有可能否认妖怪的存在。

决不要在这上面欺骗自己。正像18世纪美国独立战争给欧洲中等阶级敲起了警钟一样，19世纪美国南北战争又给欧洲工人阶级敲起了警钟。在英国，变革过程已经十分明显。它达到一定程度后，一定会波及大陆。在那里，它将采取较残酷的还是较人道的形式，那要看工人阶级自身的发展程度而定。所以，现在的统治阶级，撇开其较高尚的动机不说，他们的切身利益也迫使他们除掉一切可以由法律控制的、妨害工人阶级发展的障碍。因此，我在本卷中还用了很大的篇幅来叙述英国工厂立法的历史、内容和结果。一个国家应该而且可以向其他国家学习。一个社会即使探索到了本身运动的自然规律——本书的最终目的就是揭示现代社会的经济运动规律——，它还是既不能跳过也不能用法令取消自然的发展阶段。但是它能缩短和减轻分娩的痛苦。

为了避免可能产生的误解，要说明一下。我决不用玫瑰色描绘资本家和地主的面貌。不过这里涉及的人，只是经济范畴的人格化，是一定的阶级关系和利益的承担者。我的观点是把经济的社会形态的发展理解为一种自然史的过程。不管个人在主观上怎样超脱各种关系，他在社会意义上总是这些关系的产物。同其他任何观点比起来，我的观点是更不能要个人对这些关系负责的。

在政治经济学领域内，自由的科学研究遇到的敌人，不只是它在一切其他领域内遇到的敌人。政治经济学所研究的材料的特殊性质，把人们心中最激烈、最卑鄙、最恶劣的感情，把代表私人利益的复仇女神召唤到战场上来反对自由的科学研究。例如，英国高教会派宁愿饶恕对它的三十九条信纲中的三十八条信纲进行的攻击，而不饶恕对它的现金收入的三十九分之一进行的攻击。在今天，同批评传统的财产关系相比，无神论本身是一种很小的过失。但在这方面，进步仍然是无可怀疑的。以最近几星期内发表的蓝皮书《就工业和工联问题同女王陛下驻外使团的信函往来》为例。英国女王驻外使节在那里坦率地说，在德国，在法国，一句话，在欧洲大陆的一切文明国家，现有的劳资关系的变化同英国一样明显，一样不可避免。同时，大西洋彼岸的北美合众国副总统威德先生也在公众集会上说：在奴隶制废除后，资本关系和土地所有权关系的变化会提到日程上来！这是时代的标志，不是用紫衣黑袍遮掩得了的。这并不是说明天就会出现奇迹。但这表明，甚至在统治阶级中间也已经透露出一种模糊的感觉：现在的社会不是坚实的结晶体，而是一个能够变化并且经常处于变化过程中的有机体。

这部著作的第二卷将探讨资本的流通过程（第二册）和总过程的各种形式（第三册），第三卷即最后一卷（第四册）将探讨理论史。

任何的科学批评的意见我都是欢迎的。而对于我从来就不让步的所谓舆论的偏见，我仍然遵守伟大的佛罗伦萨人的格言：

走你的路，让人们去说罢！

卡尔·马克思

1867 年 7 月 25 日于伦敦

（选自《马克思恩格斯文集》第 5 卷，人民出版社

2009 年版，第 7—13 页）

第 二 版 跋

……

《资本论》在德国工人阶级广大范围内迅速得到理解，是对我的劳动的最好的报酬。一个在经济方面站在资产阶级立场上的人，维也纳的工厂主迈尔先生，在普法战争期间发行的一本小册子中说得很对：被认为是德国世袭财产的卓越的理论思维能力，已在德国的所谓有教养的阶级中完全消失了，但在德国工人阶级中复活了。

在德国，直到现在，政治经济学一直是外来的科学。古斯塔夫·冯·居利希在他的《商业、工业和农业的历史叙述》中，特别是在1830年出版的该书的前两卷中，已经大体上谈到了在我们这里妨碍资本主义生产方式发展、因而也妨碍现代资产阶级社会建立的历史条件。可见，政治经济学在我国缺乏生长的土壤。它作为成品从英国和法国输入；德国的政治经济学教授一直是学生。别国的现实在理论上的表现，在他们手中变成了教条集成，被他们用包围着他们的小资产阶级世界的精神去解释，就是说，被曲解了。……

从1848年起，资本主义生产在德国迅速地发展起来，现在正是它的欺诈盛行的时期。但是我们的专家还是命运不好。当他们能够不偏不倚地研究政治经济学时，在德国的现实中没有现代的经济关系。而当这些关系出现时，他们所处的境况已经不再容许他们在资产阶级的视野之内进行不偏不倚的研究了。只要政治经济学是资产阶级的政治经济学，就是说，只要它把资本主义制度不是看做历史上过渡的发展阶段，而是看做社会生产的绝对的最后的形式，那就只有在阶级斗争处于潜伏状态或只是在个别的现象上表现出来的时候，它还能够是科学。

拿英国来说。英国古典政治经济学是属于阶级斗争不发展的时期的。它的最后的伟大的代表李嘉图，终于有意识地把阶级利益的对立、工资和利润的对立、利润和地租的对立当做他的研究的出发点，因为他天真地把这种对立看做社会的自然规律。这样，资产阶级的经济科学也就达到了它的不可逾越的界限。还在李嘉图活着的时候，就有一个和他对立的人西斯蒙第批判资产阶级的经济科学了。

随后一个时期，从1820年到1830年，在英国，政治经济学方面的科学活动极为活跃。这是李嘉图的理论庸俗化和传播的时期，同时也是他的理论同旧的学派进行斗争的时期。这是一场出色的比赛。当时的情况，欧洲大陆知道得很少，因为论战大部分是分散在杂志论文、关于时事问题的著作和抨击性小册子上。这一论战的不偏不倚的性质——虽然李嘉图的理论也例外地被用做攻击资产阶级经济的武器——可由当时的情况来说明。一方面，大工业本身刚刚脱离幼年时期；大工业只是从 1825 年的危机才开始它的现代生活的周期循环，就证明了这一点。另一方面，资本和劳动之间的阶级斗争被推到后面：在政治方面是由于纠合在神圣同盟周围的政府和封建主同资产阶级所领导的人民大众之间发生了纠纷；在经济方面是由于工业资本和贵族土地所有权之间发生了纷争。这种纷争在法国是隐藏在小块土地所有制和大土地所有制的对立后面，在英国则在谷物法颁布后公开爆发出来。这个时期英国的政治经济学文献，使人想起魁奈医生逝世后法国经济学的狂飙时期，但这只是像晚秋晴日使人想起春天一样。1830 年，最终决定一切的危机发生了。

资产阶级在法国和英国夺得了政权。从那时起，阶级斗争在实践方面和理论方面采取了日益鲜明的和带有威胁性的形式。它敲响了科学的资产阶级经济学的丧钟。现在问题不再是这个或那个原理是否正确，而是它对资本有利还是有害，方便还是不方便，违背警章还是不违背警章。无私的研究让位于豢养的文丐的争斗，不偏不倚的科学探讨让位于辩护士的坏心恶意。……

1848 年大陆的革命也在英国产生了反应。那些还要求有科学地位、不愿单纯充当统治阶级的诡辩家和献媚者的人，力图使资本的政治经济学同这时已不容忽视的无产阶级的要求调和起来。于是，以约翰·斯图亚特·穆勒为最著名代表的平淡无味的混合主义产生了。这宣告了"资产阶级"经济学的破产，关于这一点，俄国的伟大学者和批评家尼·车尔尼雪夫斯基在他的《穆勒政治经济学概述》中已作了出色的说明。

可见，在资本主义生产方式的对抗性质在法国和英国通过历史斗争而明显地暴露出来以后，资本主义生产方式才在德国成熟起来，同时，德国无产阶级比德国资产阶级在理论上已经有了更明确的阶级意识。因此，当资产阶级政治经济学作为一门科学看来在德国有可能产生的时候，它又成为不可能了。

在这种情况下，资产阶级政治经济学的代表人物分成了两派。一派是精明的、贪利的实践家，他们聚集在庸俗经济学辩护论的最浅薄的因而也是最成功的代表巴师夏的旗帜下；另一派是以经济学教授资望自负的人，他们追随约·

斯·穆勒，企图调和不能调和的东西。① 德国人在资产阶级经济学衰落时期，也同在它的古典时期一样，始终只是学生、盲从者和模仿者，是外国大商行的小贩。

所以，德国社会特殊的历史发展，排除了"资产阶级"经济学在德国取得任何独创的成就的可能性，但是没有排除对它进行批判的可能性。就这种批判代表一个阶级而论，它能代表的只是这样一个阶级，这个阶级的历史使命是推翻资本主义生产方式和最后消灭阶级。这个阶级就是无产阶级。

德国资产阶级的博学的和不学无术的代言人，最初企图像他们在对付我以前的著作时曾经得逞那样，用沉默置《资本论》于死地。当这种策略已经不再适合当时形势的时候，他们就借口批评我的书，开了一些药方来"镇静资产阶级的意识"，但是他们在工人报刊上（例如约瑟夫·狄慈根在《人民国家报》上发表的文章）遇到了强有力的对手，至今还没有对这些对手作出答复。②

1872 年春，彼得堡出版了《资本论》的优秀的俄译本。初版 3 000 册现在几乎已售卖一空。1871 年，基辅大学政治经济学教授尼·季别尔先生在他的《李嘉图的价值和资本理论》一书中就已经证明，我的价值、货币和资本的理论就其要点来说是斯密—李嘉图学说的必然的发展。使西欧读者在阅读他的这本出色的著作时感到惊异的，是纯理论观点的始终一贯。

人们对《资本论》中应用的方法理解得很差，这已经由对这一方法的各种互相矛盾的评论所证明。

……

德国的评论家当然大叫什么黑格尔的诡辩。彼得堡的《欧洲通报》在一篇

---

① 关于穆勒的较详细的评述，见《马克思恩格斯文集》第 5 卷，人民出版社 2009 年版，第590—592 页。——编者注

② 德国庸俗经济学的油嘴滑舌的空谈家，指责我的著作的文体和叙述方法。对于《资本论》文字上的缺点，我本人的评判比任何人都更为严厉。然而，为了使这些先生及其读者受益和愉快，我要在这里援引一篇英国的和一篇俄国的评论。同我的观点完全敌对的《星期六评论》在其关于德文第一版的短评中说道：叙述方法"使最枯燥无味的经济问题具有一种独特的魅力"。1872 年 4 月 20 日的《圣彼得堡消息报》也说："除了少数太专门的部分以外，叙述的特点是通俗易懂，明确，尽管研究对象的科学水平很高却非常生动。在这方面，作者……和大多数德国学者大不相同，这些学者……用含糊不清、枯燥无味的语言写书，以致普通人看了脑袋都要裂开。"但是，对现代德国民族自由党教授的著作的读者说来，要裂开的是和脑袋完全不同的东西。

专谈《资本论》的方法的文章（1872 年 5 月号第 427—436 页）中，认为我的研究方法是严格的实在论的，而叙述方法不幸是德国辩证法的。作者写道：

"如果从外表的叙述形式来判断，那么最初看来，马克思是最大的唯心主义哲学家，而且是德国的极坏的唯心主义哲学家。而实际上，在经济学的批判方面，他是他的所有前辈都无法比拟的实在论者……　决不能把他称为唯心主义者。"

我回答这位作者先生的最好的办法，是从他自己的批评中摘出几段话来，这几段话也会使某些不懂俄文原文的读者感到兴趣。

这位作者先生从我的《政治经济学批判》序言（1859 年柏林版第 4—7 页，在那里我说明了我的方法的唯物主义基础）中摘引一段话后说：

"在马克思看来，只有一件事情是重要的，那就是发现他所研究的那些现象的规律。而且他认为重要的，不仅是在这些现象具有完成形式和处于一定时期内可见到的联系中的时候支配着它们的那个规律。在他看来，除此而外，最重要的是这些现象变化的规律，这些现象发展的规律，即它们由一种形式过渡到另一种形式，由一种联系秩序过渡到另一种联系秩序的规律。他一发现了这个规律，就详细地来考察这个规律在社会生活中表现出来的各种后果……　所以马克思竭力去做的只是一件事：通过准确的科学研究来证明社会关系的一定秩序的必然性，同时尽可能完善地指出那些作为他的出发点和根据的事实。为了这个目的，只要证明现有秩序的必然性，同时证明这种秩序不可避免地要过渡到另一种秩序的必然性就完全够了，而不管人们相信或不相信，意识到或没有意识到这种过渡。马克思把社会运动看做受一定规律支配的自然史过程，这些规律不仅不以人的意志、意识和意图为转移，反而决定人的意志、意识和意图……　既然意识要素在文化史上只起着这种从属作用，那么不言而喻，以文化本身为对象的批判，比任何事情更不能以意识的某种形式或某种结果为依据。这就是说，作为这种批判的出发点的不能是观念，而只能是外部的现象。批判将不是把事实和观念比较对照，而是把一种事实同另一种事实比较对照。对这种批判唯一重要的是，对两种事实进行尽量准确的研究，使之真正形成相互不同的发展阶段，但尤其重要的是，对各种秩序的序列、对这些发展阶段所表现出来的顺序和联系进行同样准确的研究……　但是有人会说，经济生活的一般规律，不管是应用于现在或过去，都是一样的。马克思否认的正是这一点。在他看来，这样的抽象规律是不存在的……　根据他的意见，恰恰相反，每个历史时期都有它自己的规律……　一旦生活经过了一定的发展时期，由一定阶段进入另一阶段时，它就开始受另外的规律支配。总之，经济生活呈现出的现象和生物学的其他领域的发展史颇相类似……　旧经济学家不懂得经济规律的性质，他们把经济规律同物理学定律和化学定律相比拟……　对现象所作的更深刻的分析证明，各种社会有机体像动植物有机体一样，彼此根本不同……　由于这些有机体的整个结构不同，它们的各个器官有差别，以及器官借以发生作用的条件不一样等等，同一个现象就受完全不同的规律支配。例如，马克思否认人口规律在任何时候在任何地方都是一样的。相反地，他断言每个发展阶段有它自己的人口规律……　生产力的发展水平不同，生产关系和支配生产关系的规律也就不同。马克思给自己提出的目的是，从这个观点出发去研究和说明资本主义经济制度，这样，他只不过是极其科学地表述了任何对经济生活进行准确的研究必须具有的目的……　这种研究的科学价值在于阐明支配着一定社会有机体的产生、生存、发展和死亡以及为另一更高的有机体所代替的特殊规律。马克思的这本书确实具有这种价值。"

这位作者先生把他称为我的实际方法的东西描述得这样恰当，并且在谈到我个人对这种方法的运用时又抱着这样的好感，那他所描述的不正是辩证方法吗？

当然，在形式上，叙述方法必须与研究方法不同。研究必须充分地占有材料，分析它的各种发展形式，探寻这些形式的内在联系。只有这项工作完成以后，现实的运动才能适当地叙述出来。这点一旦做到，材料的生命一旦在观念上反映出来，呈现在我们面前的就好像是一个先验的结构了。

我的辩证方法，从根本上来说，不仅和黑格尔的辩证方法不同，而且和它截然相反。在黑格尔看来，思维过程，即甚至被他在观念这一名称下转化为独立主体的思维过程，是现实事物的创造主，而现实事物只是思维过程的外部表现。我的看法则相反，观念的东西不外是移入人的头脑并在人的头脑中改造过的物质的东西而已。

将近30年以前，当黑格尔辩证法还很流行的时候，我就批判过黑格尔辩证法的神秘方面。但是，正当我写《资本论》第一卷时，今天在德国知识界发号施令的、愤懑的、自负的、平庸的模仿者们，却已高兴地像莱辛时代大胆的莫泽斯·门德尔松对待斯宾诺莎那样对待黑格尔，即把他当做一条"死狗"了。因此，我公开承认我是这位大思想家的学生，并且在关于价值理论的一章中，有些地方我甚至卖弄起黑格尔特有的表达方式。辩证法在黑格尔手中神秘化了，但这决没有妨碍他第一个全面地有意识地叙述了辩证法的一般运动形式。在他那里，辩证法是倒立着的。必须把它倒过来，以便发现神秘外壳中的合理内核。

辩证法，在其神秘形式上，成了德国的时髦东西，因为它似乎使现存事物显得光彩。辩证法，在其合理形态上，引起资产阶级及其空论主义的代言人的恼怒和恐怖，因为辩证法在对现存事物的肯定的理解中同时包含对现存事物的否定的理解，即对现存事物的必然灭亡的理解；辩证法对每一种既成的形式都是从不断的运动中，因而也是从它的暂时性方面去理解；辩证法不崇拜任何东西，按其本质来说，它是批判的和革命的。

使实际的资产者最深切地感到资本主义社会充满矛盾的运动的，是现代工业所经历的周期循环的各个变动，而这种变动的顶点就是普遍危机。这个危机又要临头了，虽然它还处于预备阶段；由于它的舞台的广阔和它的作用的强烈，它甚至会把辩证法灌进新的神圣普鲁士德意志帝国的暴发户们的头脑里去。

卡尔·马克思

1873 年 1 月 24 日于伦敦

（选自《马克思恩格斯文集》第 5 卷，人民出版社 2009 年版，第 14—23 页）

第一章　商　　品

4. 商品的拜物教性质及其秘密

最初一看，商品好像是一种简单而平凡的东西。对商品的分析表明，它却是一种很古怪的东西，充满形而上学的微妙和神学的怪诞。就商品是使用价值来说，不论从它靠自己的属性来满足人的需要这个角度来考察，或者从它作为人类劳动的产品才具有这些属性这个角度来考察，它都没有什么神秘的地方。很明显，人通过自己的活动按照对自己有用的方式来改变自然物质的形态。……

可见，商品的神秘性质不是来源于商品的使用价值。这种神秘性质也不是来源于价值规定的内容。因为，第一，不管有用劳动或生产活动怎样不同，它们都是人体的机能，而每一种这样的机能不管内容和形式如何，实质上都是人的脑、神经、肌肉、感官等等的耗费。这是一个生理学上的真理。第二，说到作为决定价值量的基础的东西，即这种耗费的持续时间或劳动量，那么，劳动的量可以十分明显地同劳动的质区别开来。在一切社会状态下，人们对生产生活资料所耗费的劳动时间必然是关心的，虽然在不同的发展阶段上关心的程度不同。① 最后，一旦人们以某种方式彼此为对方劳动，他们的劳动也就取得社

---

① 第二版注：在古日耳曼人中，一摩尔根土地的面积是按一天的劳动来计算的。因此，摩尔根又叫做 Tagwerk ［一日的工作］（或 Tagwanne）（jurnale 或 jurnalis, terra jurnalis, jornalis 或 diurnalis），Mannwerk ［一人的工作］，Mannskraft ［一人的力量］，Mannsmaad, Mannshauet ［一人的收割量］ 等等。见格奥尔格·路德维希·冯·毛勒《马尔克制度、农户制度、乡村制度、城市制度和公共政权的历史概论》1854 年慕尼黑版第 129 页及以下几页。

会的形式。

可是，劳动产品一旦采取商品形式就具有的谜一般的性质究竟是从哪里来的呢？显然是从这种形式本身来的。人类劳动的等同性，取得了劳动产品的等同的价值对象性这种物的形式；用劳动的持续时间来计量的人类劳动力的耗费，取得了劳动产品的价值量的形式；最后，生产者的劳动的那些社会规定借以实现的生产者关系，取得了劳动产品的社会关系的形式。

可见，商品形式的奥秘不过在于：商品形式在人们面前把人们本身劳动的社会性质反映成劳动产品本身的物的性质，反映成这些物的天然的社会属性，从而把生产者同总劳动的社会关系反映成存在于生产者之外的物与物之间的社会关系。由于这种转换，劳动产品成了商品，成了可感觉而又超感觉的物或社会的物。……商品形式和它借以得到表现的劳动产品的价值关系，是同劳动产品的物理性质以及由此产生的物的关系完全无关的。这只是人们自己的一定的社会关系，但它在人们面前采取了物与物的关系的虚幻形式。因此，要找一个比喻，我们就得逃到宗教世界的幻境中去。在那里，人脑的产物表现为赋有生命的、彼此发生关系并同人发生关系的独立存在的东西。在商品世界里，人手的产物也是这样。我把这叫做拜物教。劳动产品一旦作为商品来生产，就带上拜物教性质，因此拜物教是同商品生产分不开的。

商品世界的这种拜物教性质，像以上分析已经表明的，是来源于生产商品的劳动所特有的社会性质。

使用物品成为商品，只是因为它们是彼此独立进行的私人劳动的产品。这种私人劳动的总和形成社会总劳动。因为生产者只有通过交换他们的劳动产品才发生社会接触，所以，他们的私人劳动的独特的社会性质也只有在这种交换中才表现出来。换句话说，私人劳动在事实上证实为社会总劳动的一部分，只是由于交换使劳动产品之间、从而使生产者之间发生了关系。因此，在生产者面前，他们的私人劳动的社会关系就表现为现在这个样子，就是说，不是表现为人们在自己劳动中的直接的社会关系，而是表现为人们之间的物的关系和物之间的社会关系。

劳动产品只是在它们的交换中，才取得一种社会等同的价值对象性，这种对象性是与它们的感觉上各不相同的使用对象性相分离的。劳动产品分裂为有用物和价值物，实际上只是发生在交换已经十分广泛和十分重要的时候，那时有用物是为了交换而生产的，因而物的价值性质还在物本身的生产中就被注意到了。从那时起，生产者的私人劳动真正取得了二重的社会性质。一方面，生产者的私人劳动必须作为一定的有用劳动来满足一定的社会需要，从而证明它们是总劳动的一部分，是自然形成的社会分工体系的一部分。另一方面，只有在每一种特殊的有用的私人劳动可以同任何另一种有用的私人劳动相交换从而相等时，生产者的私人劳动才能满足生产者本人的多种需要。完全不同的劳动所以能够相等，只是因为它们的实际差别已被抽去，它们已被化成它们作为人类劳动力的耗费、作为抽象的人类劳动所具有的共同性质。私人生产者的头脑把他们的私人劳动的这种二重的社会性质，只是反映在从实际交易，产品交换中表现出来的那些形式中，也就是把他们的私人劳动的社会有用性，反映在劳动产品必须有用，而且是对别人有用的形式中；把不同种劳动的相等这种社会性质，反映在这些在物质上不同的物即劳动产品具有共同的价值性质的形式中。

可见，人们使他们的劳动产品彼此当做价值发生关系，不是因为在他们看来这些物只是同种的人类劳动的物质外壳。恰恰相反，他们在交换中使他们的各种产品作为价值彼此相等，也就使他们的各种劳动作为人类劳动而彼此相等。他们没有意识到这一点，但是他们这样做了。① ……

产品交换者实际关心的问题，首先是他用自己的产品能换取多少别人的产品，就是说，产品按什么样的比例交换。当这些比例由于习惯而逐渐达到一定的稳固性时，它们就好像是由劳动产品的本性产生的。例如，一吨铁和两盎司金的价值相等，就像一磅金和一磅铁虽然有不同的物理属性和化学属性，但是重量相等一样。实际上，劳动产品的价值性质，只是通过劳动产品表现为价值量才确定下来。价值量不以交换者的意志、设想和活动为转移而不断地变动着。在交换者看来，他们本身的社会运动具有物的运动形式。不是他们控制这一运动，而是他们受这一运动控制。要有充分发达的商品生产，才能从经验本身得出科学的认识，理解到彼此独立进行的，但作为自然形成的社会分工部分而互相全面依赖的私人劳动，不断地被化为它们的社会的比例尺度，这是因为在私人劳动产品的偶然的不断变动的交换比例中，生产这些产品的社会必要劳动时间作为起调节作用的自然规律强制地为自己开辟道路，就像房屋倒在人的

---

① 第二版注：因此，当加利阿尼说价值是人和人之间的一种关系时，他还应当补充一句：这是被物的外壳掩盖着的关系。（加利阿尼《货币论》，载于库斯托第编《意大利政治经济学名家文集·现代部分》1803 年米兰版第 3 卷第 221 页）

头上时重力定律强制地为自己开辟道路一样。① 因此，价值量由劳动时间决定是一个隐藏在商品相对价值的表面运动后面的秘密。这个秘密的发现，消除了劳动产品的价值量纯粹是偶然决定的这种假象，但是决没有消除价值量的决定所采取的物的形式。

对人类生活形式的思索，从而对这些形式的科学分析，总是采取同实际发展相反的道路。这种思索是从事后开始的，就是说，是从发展过程的完成的结果开始的。给劳动产品打上商品烙印，因而成为商品流通的前提的那些形式，在人们试图了解它们的内容而不是了解它们的历史性质（这些形式在人们看来已经是不变的了）以前，就已经取得了社会生活的自然形式的固定性。因此，只有商品价格的分析才导致价值量的决定，只有商品共同的货币表现才导致商品的价值性质的确定。但是，正是商品世界的这个完成的形式——货币形式，用物的形式掩盖了私人劳动的社会性质以及私人劳动者的社会关系，而不是把它们揭示出来。如果我说，上衣、皮靴等等把麻布当做抽象的人类劳动的一般化身而同它发生关系，这种说法的荒谬是一目了然的。但是当上衣、皮靴等等的生产者使这些商品同作为一般等价物的麻布（或者金银，这丝毫不改变问题的性质）发生关系时，他们的私人劳动同社会总劳动的关系正是通过这种荒谬形式呈现在他们面前。

这种种形式恰好形成资产阶级经济学的各种范畴。对于这个历史上一定的社会生产方式即商品生产的生产关系来说，这些范畴是有社会效力的，因而是客观的思维形式。因此，一旦我们逃到其他的生产形式中去，商品世界的全部神秘性，在商品生产的基础上笼罩着劳动产品的一切魔法妖术，就立刻消失了。

……

最后，让我们换一个方面，设想有一个自由人联合体，他们用公共的生产资料进行劳动，并且自觉地把他们许多个人劳动力当做一个社会劳动力来使用。……这个联合体的总产品是一个社会产品。这个产品的一部分重新用做生产资料。这一部分依旧是社会的。而另一部分则作为生活资料由联合体成员消费。因此，这一部分要在他们之间进行分配。这种分配的方式会随着社会生产有机体本身的特殊方式和随着生产者的相应的历史发展程度而改变。

① "我们应该怎样理解这个只有通过周期性的革命才能为自己开辟道路的规律呢？这是一个以当事人的无意识活动为基础的自然规律。"（弗里德里希·恩格斯《国民经济学批判大纲》，载于阿尔诺德·卢格和卡尔·马克思编的《德法年鉴》1844年巴黎版）

仅仅为了同商品生产进行对比，我们假定，每个生产者在生活资料中得到的份额是由他的劳动时间决定的。这样，劳动时间就会起双重作用。劳动时间的社会的有计划的分配，调节着各种劳动职能同各种需要的适当的比例。另一方面，劳动时间又是计量生产者在共同劳动中个人所占份额的尺度，因而也是计量生产者在共同产品的个人可消费部分中所占份额的尺度。在那里，人们同他们的劳动和劳动产品的社会关系，无论在生产上还是在分配上，都是简单明了的。

在商品生产者的社会里，一般的社会生产关系是这样的：生产者把他们的产品当做商品，从而当做价值来对待，而且通过这种物的形式，把他们的私人劳动当做等同的人类劳动来互相发生关系。对于这种社会来说，崇拜抽象人的基督教，特别是资产阶级发展阶段的基督教，如新教、自然神教等等，是最适当的宗教形式。……只有当实际日常生活的关系，在人们面前表现为人与人之间和人与自然之间极明白而合理的关系的时候，现实世界的宗教反映才会消失。只有当社会生活过程即物质生产过程的形态，作为自由联合的人的产物，处于人的有意识有计划的控制之下的时候，它才会把自己的神秘的纱幕揭掉。但是，这需要有一定的社会物质基础或一系列物质生存条件，而这些条件本身又是长期的、痛苦的发展史的自然产物。

……

（选自《马克思恩格斯文集》第 5 卷，人民出版社 2009 年版，第 88—97 页）

第五章　劳动过程和价值增殖过程

1. 劳 动 过 程

……

劳动首先是人和自然之间的过程，是人以自身的活动来中介、调整和控制人和自然之间的物质变换的过程。人自身作为一种自然力与自然物质相对立。为了在对自身生活有用的形式上占有自然物质，人就使他身上的自然力——臂和腿、头和手运动起来。当他通过这种运动作用于他身外的自然并改变自然时，也就同时改变他自身的自然。他使自身的自然中蕴藏着的潜力发挥出来，并且使这种力的活动受他自己控制。在这里，我们不谈最初的动物式的本能的劳动形式。现在，工人是作为他自己的劳动力的卖者出现在商品市场上。对于这种状态来说，人类劳动尚未摆脱最初的本能形式的状态已经是太古时代的事了。我们要考察的是专属于人的那种形式的劳动。蜘蛛的活动与织工的活动相似，蜜蜂建筑蜂房的本领使人间的许多建筑师感到惭愧。但是，最蹩脚的建筑师从一开始就比最灵巧的蜜蜂高明的地方，是他在用蜂蜡建筑蜂房以前，已经在自己的头脑中把它建成了。劳动过程结束时得到的结果，在这个过程开始时就已经在劳动者的表象中存在着，即已经观念地存在着。他不仅使自然物发生形式变化，同时他还在自然物中实现自己的目的，这个目的是他所知道的，是作为规律决定着他的活动的方式和方法的，他必须使他的意志服从这个目的。但是这种服从不是孤立的行为。除了从事劳动的那些器官紧张之外，在整个劳动时间内还需要有作为注意力表现出来的有目的的意志，而且，劳动的内容及其方式和方法越是不能吸引劳动者，劳动者越是不能把劳动当做他自己体力和智力的活动来享受，就越需要这种意志。

劳动过程的简单要素是：有目的的活动或劳动本身，劳动对象和劳动资料。

土地（在经济学上也包括水）最初以食物，现成的生活资料供给人类①，它未经人的协助，就作为人类劳动的一般对象而存在。所有那些通过劳动只是同土地脱离直接联系的东西，都是天然存在的劳动对象。例如从鱼的生活要素即水中分离出来的即捕获的鱼，在原始森林中砍伐的树木，从地下矿藏中开采的矿石。相反，已经被以前的劳动可以说滤过的劳动对象，我们称为原料。例如，已经开采出来正在洗的矿石。……

劳动资料是劳动者置于自己和劳动对象之间、用来把自己的活动传导到劳动对象上去的物或物的综合体。……土地是他的原始的食物仓，也是他的原始的劳动资料库。……劳动资料的使用和创造，虽然就其萌芽状态来说已为某几种动物所固有，但是这毕竟是人类劳动过程独有的特征，所以富兰克林给人下

---

① "土地的自然产品，数量很小，并且完全不取决于人，自然提供这点产品，正像给一个青年一点钱，使他走上勤劳致富的道路一样。"（詹姆斯·斯图亚特《政治经济学原理》1770 年都柏林版第 1 卷第 116 页）

的定义是"a toolmaking animal",制造工具的动物。动物遗骸的结构对于认识已经绝种的动物的机体有重要的意义,劳动资料的遗骸对于判断已经消亡的经济的社会形态也有同样重要的意义。各种经济时代的区别,不在于生产什么,而在于怎样生产,用什么劳动资料生产。[①] 劳动资料不仅是人类劳动力发展的测量器,而且是劳动借以进行的社会关系的指示器。……

……

可见,在劳动过程中,人的活动借助劳动资料使劳动对象发生预定的变化。过程消失在产品中。它的产品是使用价值,是经过形式变化而适合人的需要的自然物质。劳动与劳动对象结合在一起。劳动对象化了,而对象被加工了。在劳动者方面曾以动的形式表现出来的东西,现在在产品方面作为静的属性,以存在的形式表现出来。劳动者纺纱,产品就是纺成品。

如果整个过程从其结果的角度,从产品的角度加以考察,那么劳动资料和劳动对象二者表现为生产资料[②],劳动本身则表现为生产劳动。[③]

……

可见,一个使用价值究竟表现为原料、劳动资料还是产品,完全取决于它在劳动过程中所起的特定的作用,取决于它在劳动过程中所处的地位,随着地位的改变,它的规定也就改变。

……

劳动消费它自己的物质要素,即劳动对象和劳动资料,把它们吞食掉,因而是消费过程。这种生产消费与个人消费的区别在于:后者把产品当做活的个人的生活资料来消费,而前者把产品当做劳动即活的个人发挥作用的劳动力的生活资料来消费。因此,个人消费的产物是消费者本身,生产消费的结果是与消费者不同的产品。

……

劳动过程,就我们在上面把它描述为它的简单的、抽象的要素来说,是制造使用价值的有目的的活动,是为了人类的需要而对自然物的占有,是人和自然之间的物质变换的一般条件,是人类生活的永恒的自然条件,因此,

---

① 在从工艺上比较各个不同的生产时代时,真正的奢侈品在一切商品中意义最小。

② 例如,把尚未捕获的鱼叫做渔业的生产资料,好像是奇谈怪论。但是至今还没有发明一种技术,能在没有鱼的水中捕鱼。

③ 这个从简单劳动过程的观点得出的生产劳动的定义,对于资本主义生产过程是绝对不够的。

它不以人类生活的任何形式为转移，倒不如说，它为人类生活的一切社会形式所共有。……

劳动过程，就它是资本家消费劳动力的过程来说，显示出两个特殊现象。

工人在资本家的监督下劳动，他的劳动属于资本家。……

其次，产品是资本家的所有物，而不是直接生产者工人的所有物。……

2. 价值增殖过程

……

……正如商品本身是使用价值和价值的统一一样，商品生产过程必定是劳动过程和价值形成过程的统一。

现在我们就把生产过程作为价值形成过程来考察。

我们知道，每个商品的价值都是由物化在该商品的使用价值中的劳动的量决定的，是由生产该商品的社会必要劳动时间决定的。这一点也适用于作为劳动过程的结果而归我们的资本家所有的产品。因此，首先必须计算对象化在这个产品中的劳动。

假定这个产品是棉纱。

生产棉纱，首先要有原料，例如 10 磅棉花。而棉花的价值是多少，在这里先用不着探究，因为资本家已经在市场上按照棉花的价值例如 10 先令把它购买了。……我们再假定，棉花加工时消耗的纱锭量代表纺纱用掉的一切其他劳动资料，价值为 2 先令。如果 12 先令的金额是 24 个劳动小时或 2 个工作日的产物，那么首先可以得出，2 个工作日对象化在棉纱中。

……

生产棉花所需要的劳动时间，是生产以棉花为原料的棉纱所需要的劳动时间的一部分，因而包含在棉纱中。生产纱锭所需要的劳动时间也是如此，因为没有纱锭的磨损或消费，棉花就不能纺成纱。[①]

……

因此，生产资料即棉花和纱锭的表现为 12 先令价格的价值，是棉纱价值

[①] "影响商品价值的，不仅是直接花费在商品上的劳动，而且还有花费在协助这种劳动的器具、工具和建筑物上的劳动。"（李嘉图《政治经济学原理》1821 年伦敦第 3 版第 1 章第 16 页）

或产品价值的组成部分。

……

在劳动过程中，劳动不断由动的形式转为存在形式，由运动形式转为对象性形式。一小时终了时，纺纱运动就表现为一定量的棉纱，于是一定量的劳动，即一个劳动小时，对象化在棉花中。我们说劳动小时，也就是纺纱工人的生命力在一小时内的耗费，因为在这里，纺纱劳动只有作为劳动力的耗费，而不是作为纺纱这种特殊劳动才具有意义。

……

同劳动本身一样，在这里，原料和产品也都与我们从本来意义的劳动过程的角度考察时完全不同了。原料在这里只是当做一定量劳动的吸收器。……

……

在劳动力出卖时，曾假定它的日价值＝3先令，在3先令中体现了6个劳动小时，而这也就是生产出工人每天平均的生活资料量所需要的劳动量。现在，如果我们的纺纱工人在1个劳动小时内把$1\frac{2}{3}$磅棉花转化为$1\frac{2}{3}$磅棉纱，他在6小时内就会把10磅棉花转化为10磅棉纱。因此，在纺纱过程中，棉花吸收了6个劳动小时。这个劳动时间表现为3先令金额。这样，由于纺纱本身，棉花就被加上了3先令的价值。

现在我们来看看产品即10磅棉纱的总价值。在这10磅棉纱中对象化了$2\frac{1}{2}$个工作日：2日包含在棉花和纱锭量中，$\frac{1}{2}$日是在纺纱过程中被吸收的。这个劳动时间表现为15先令金额。因此，同10磅棉纱的价值相一致的价格是15先令，1磅棉纱的价格是1先令6便士。

我们的资本家愣住了。产品的价值等于预付资本的价值。预付的价值没有增殖，没有产生剩余价值，因此，货币没有转化为资本。……

让我们更仔细地来看一看。劳动力的日价值是三先令，因为在劳动力本身中对象化了半个工作日，就是说，因为每天生产劳动力所必要的生活资料要费半个工作日。但是，包含在劳动力中的过去劳动和劳动力所能提供的活劳动，劳动力一天的维持费和劳动力一天的耗费，是两个完全不同的量。前者决定它的交换价值，后者构成它的使用价值。维持一个工人24小时的生活只需要半个工作日，这种情况并不妨碍工人劳动一整天。因此，劳动力的价值和劳动力在劳动过程中的价值增殖，是两个不同的量。资本家购买劳动力时，正是看中了这个价值差额。劳动力能制造棉纱或皮靴的有用属性，只是一个必要条件，因为劳动必须以有用的形式耗费，才能形成价值。但是，具有决定意义的，是这个商品独特的使用价值，即它是价值的源泉，并且是大于它自身的价值的源泉。这就是资本家希望劳动力提供的独特的服务。在这里，他是按照商品交换的各个永恒规律行事的。事实上，劳动力的卖者，和任何别的商品的卖者一样，实现劳动力的交换价值而让渡劳动力的使用价值。他不交出后者，就不能取得前者。劳动力的使用价值即劳动本身不归它的卖者所有，正如已经卖出的油的使用价值不归油商所有一样。货币占有者支付了劳动力的日价值，因此，劳动力一天的使用即一天的劳动就归他所有。劳动力维持一天只费半个工作日，而劳动力却能发挥作用或劳动一整天，因此，劳动力使用一天所创造的价值比劳动力自身一天的价值大一倍。这种情况对买者是一种特别的幸运，对卖者也决不是不公平。

　　我们的资本家早就预见到了这种情况，这正是他发笑的原因。因此，工人在工场中遇到的，不仅是6小时而且是12小时劳动过程所必需的生产资料。如果10磅棉花吸收6个劳动小时，转化为10磅棉纱，那么20磅棉花就会吸收12个劳动小时，转化为20磅棉纱。我们来考察一下这个延长了的劳动过程的产品。现在，在这20磅棉纱中对象化了5个工作日，其中4个工作日对象化在已消耗的棉花和纱锭量中，1个工作日是在纺纱过程中被棉花吸收的。5个工作日用金来表现是30先令，或1镑10先令。因此这就是20磅棉纱的价格。1磅棉纱仍然和以前一样值1先令6便士。但是，投入劳动过程的商品的价值总和是27先令。棉纱的价值是30先令。产品的价值比为了生产产品而预付的价值增长了$\frac{1}{9}$。27先令转化为30先令，带来了3先令的剩余价值。戏法终于变成了。货币转化为资本了。

　　问题的一切条件都履行了，商品交换的各个规律也丝毫没有违反。等价物换等价物。作为买者，资本家对每一种商品——棉花、纱锭和劳动力——都按其价值支付。然后他做了任何别的商品购买者所做的事情。他消费它们的使用价值。劳动力的消费过程（同时是商品的生产过程）提供的产品是20磅棉纱，价值30先令。资本家在购买商品以后，现在又回到市场上来出售商品。他卖棉纱是1先令6便士一磅，既不比它的价值贵，也不比它的价值贱。然而他从流通中取得的货币比原先投入流通的货币多3先令。他的货币转化为资本的这整个过程，既在流通领域中进行，又不在流通领域中进行。它是以流通为中介，因为它以在商品市场上购买劳动力为条件。它不在流通中进行，因为流通只是为价值增殖过程作准备，而这个过程是在生产领域中进行的。所以，"在这个最美好的世界上，一切都十全十美"。①

……

如果我们现在把价值形成过程和价值增殖过程比较一下，就会知道，价值增殖过程不外是超过一定点而延长了的价值形成过程。如果价值形成过程只持续到这样一点，即资本所支付的劳动力价值恰好为新的等价物所补偿，那就是单纯的价值形成过程。如果价值形成过程超过这一点而持续下去，那就成为价值增殖过程。

其次，如果我们把价值形成过程和劳动过程比较一下，就会知道，劳动过程的实质在于生产使用价值的有用劳动。在这里，运动只是从质的方面来考察，从它的特殊的方式和方法，从目的和内容方面来考察。在价值形成过程中，同一劳动过程只是表现出它的量的方面。所涉及的只是劳动操作所需要的时间，或者说，只是劳动力被有用地消耗的时间长度。在这里，进入劳动过程的商品，已经不再作为在劳动力有目的地发挥作用时执行一定职能的物质因素了。它们只是作为一定量的对象化劳动来计算。无论是包含在生产资料中的劳动，或者是由劳动力加进去的劳动，都只按时间尺度计算。它等于若干小时、若干日等等。

但是，劳动只是在生产使用价值所耗费的时间是社会必要时间的限度内才被计算。……

我们看到，以前我们分析商品时所得出的创造使用价值的劳动和创造价值的同一个劳动之间的区别，现在表现为生产过程的不同方面的区别了。

作为劳动过程和价值形成过程的统一，生产过程是商品生产过程；作为劳动过程和价值增殖过程的统一，生产过程是资本主义生产过程，是商品生产的资本主义形式。

……

（选自《马克思恩格斯文集》第5卷，人民出版社2009年版，第207—230页）

---

① "在这个最美好的世界上，一切都十全十美"（Tout pour lemieux dans le meilleur des mondes possibles）是伏尔泰小说《老实人》中的一句格言。

第二十四章　所谓原始积累

7. 资本主义积累的历史趋势

资本的原始积累，即资本的历史起源，究竟是指什么呢？既然它不是奴隶和农奴直接转化为雇佣工人，因而不是单纯的形式变换，那么它就只是意味着直接生产者的被剥夺，即以自己劳动为基础的私有制的解体。

私有制作为社会的、集体的所有制的对立物，只是在劳动资料和劳动的外部条件属于私人的地方才存在。但是私有制的性质，却依这些私人是劳动者还是非劳动者而有所不同。私有制在最初看来所表现出的无数色层，只不过反映了这两极间的各种中间状态。

劳动者对他的生产资料的私有权是小生产的基础，而小生产又是发展社会生产和劳动者本人的自由个性的必要条件。诚然，这种生产方式在奴隶制度、农奴制度以及其他从属关系中也是存在的。但是，只有在劳动者是自己使用的劳动条件的自由私有者，农民是自己耕种的土地的自由私有者，手工业者是自己运用自如的工具的自由私有者的地方，它才得到充分发展，才显示出它的全部力量，才获得适当的典型的形式。

这种生产方式是以土地和其他生产资料的分散为前提的。它既排斥生产资料的积聚，也排斥协作，排斥同一生产过程内部的分工，排斥对自然的社会统治和社会调节，排斥社会生产力的自由发展。它只同生产和社会的狭隘的自然产生的界限相容。要使它永远存在下去，那就像贝魁尔公正地指出的那样，等于"下令实行普遍的中庸"。它发展到一定的程度，就产生出消灭它自身的物质手段。从这时起，社会内部感到受它束缚的力量和激情就活动起来。这种生产方式必然要被消灭，而且已经在消灭。它的消灭，个人的分散的生产资料转化为社会的积聚的生产资料，从而多数人的小财产转化为少数人的大财产，广大人民群众被剥夺土地、生活资料、劳动工具，——人民群众遭受的这种可怕的残酷的剥夺，形成资本的前史。这种剥夺包含一系列的暴力方法，其中我们只考察了那些具有划时代意义的资本原始积累的方法。对直接生产者的剥夺，是用最残酷无情的野蛮手段，在最下流、最龌龊、最卑鄙和最可恶的贪欲的驱使下完成的。靠自己劳动挣得的私有制，即以各个独立劳动者与其劳动条件相结合为基础的私有制，被资本主义私有制，即以剥削他人的但形式上是自由的劳动为基础的私有制所排挤。①

一旦这一转化过程使旧社会在深度和广度上充分瓦解，一旦劳动者转化为无产者，他们的劳动条件转化为资本，一旦资本主义生产方式站稳脚跟，劳动的进一步社会化，土地和其他生产资料的进一步转化为社会地使用的即公共的生产资料，从而对私有者的进一步剥夺，就会采取新的形式。现在要剥夺的已经不再是独立经营的劳动者，而是剥削许多工人的资本家了。

这种剥夺是通过资本主义生产本身的内在规律的作用，即通过资本的集中进行的。一个资本家打倒许多资本家。随着这种集中或少数资本家对多数资本家的剥夺，规模不断扩大的劳动过程的协作形式日益发展，科学日益被自觉地应用于技术方面，土地日益被有计划地利用，劳动资料日益转化为只能共同使用的劳动资料，一切生产资料因作为结合的、社会的劳动的生产资料使用而日益节省，各国人民日益被卷入世界市场网，从而资本主义制度日益具有国际的性质。随着那些掠夺和垄断这一转化过程的全部利益的资本巨头不断减少，贫困、压迫、奴役、退化和剥削的程度不断加深，而日益壮大的、由资本主义生产过程本身的机制所训练、联合和组织起来的工人阶级的反抗也不断增长。资本的垄断成了与这种垄断一起并在这种垄断之下繁盛起来的生产方式的桎梏。生产资料的集中和劳动的社会化，达到了同它们的资本主义外壳不能相容的地步。这个外壳就要炸毁了。资本主义私有制的丧钟就要响了。剥夺者就要被剥夺了。

从资本主义生产方式产生的资本主义占有方式，从而资本主义的私有制，是对个人的、以自己劳动为基础的私有制的第一个否定。但资本主义生产由于自然过程的必然性，造成了对自身的否定。这是否定的否定。这种否定不是重新建立私有制，而是在资本主义时代的成就的基础上，也就是说，在协作和对土地及靠劳动本身生产的生产资料的共同占有的基础上，重新建立个人所有制。

以个人自己劳动为基础的分散的私有制转化为资本主义私有制，同事实上已经以社会的生产经营为基础的资本主义所有制转化为社会所有制比较起来，

---

① "我们是处于社会的全新状态中……我们努力使任何一种所有制同任何一种劳动相分离。"（西斯蒙第《政治经济学新原理》第2卷第434页）

自然是一个长久得多、艰苦得多、困难得多的过程。前者是少数掠夺者剥夺人民群众，后者是人民群众剥夺少数掠夺者。①

（选自《马克思恩格斯文集》第5卷，人民出版社
2009年版，第872—875页）

----

① "资产阶级无意中造成而又无力抵抗的工业进步，使工人通过结社而达到的革命联合代替了他们由于竞争而造成的分散状态。于是，随着大工业的发展，资产阶级赖以生产和占有产品的基础本身也就从它的脚下被挖掉了。它首先生产的是它自身的掘墓人。资产阶级的灭亡和无产阶级的胜利是同样不可避免的……　在当前同资产阶级对立的一切阶级中，只有无产阶级是真正革命的阶级。其余的阶级都随着大工业的发展而日趋没落和灭亡，无产阶级却是大工业本身的产物。中间等级，即小工业家、小商人、手工业者、农民，他们同资产阶级作斗争，都是为了维护他们这种中间等级的生存，以免于灭亡……　他们甚至是反动的，因为他们力图使历史的车轮倒转。"（卡尔·马克思和弗·恩格斯《共产党宣言》1848年伦敦版第11、9页）

《资本论》第一卷（节选）导读

  《资本论》是马克思耗费毕生精力创作的鸿篇巨制，是马克思主义发展史上一部具有划时代意义的经典著作，是"工人阶级的圣经"。它深刻揭示了资本主义生产关系的本质和资本主义生产方式的运动规律，科学论证了社会主义必然代替资本主义的历史趋势，蕴涵着丰富的哲学思想。

一、写作背景

  19世纪30—40年代，资本主义生产方式在英、法、德等欧洲主要国家逐渐占据了统治地位。随着资本主义的迅速发展，资本主义社会的基本矛盾充分暴露出来，从1825年开始出现周期性经济危机。资本主义生产方式的确立及其基本矛盾的激化，为科学认识资本主义生产方式提供了客观条件。在此之前，以亚当·斯密、大卫·李嘉图为代表的古典政治经济学家，将研究从流通领域深入到资本主义的生产过程，在一定程度上揭示了资本主义生产方式的内部联系。但由于历史和阶级的局限性，它把资本主义当作自然和永恒的社会制度，因此不可能科学揭示资本主义社会经济关系的本质及其发展规律，但为马克思创作《资本论》提供了重要的思想材料。

  《资本论》的创作出版过程也是马克思主义政治经济学逐步成熟、不断完善的历史过程。《资本论》作为马克思继《政治经济学批判。第一分册》之后最主要的经济学著作，是马克思在整理《政治经济学批判》第二分册的过程中改变写作计划的产物。1859年《政治经济学批判。第一分册》，包括"商品"和"货币"两章出版后，从1861年8月起，马克思以"《政治经济学批判》续"为标题，开始撰写第三章"资本一般"，在写作过程中，马克思不断发现新的理论问题，因而不断地改写。到1863年7月，马克思完成了一部由23个笔记本构成的篇幅巨大的手稿，现被称为《1861—1863年经济学手稿》。这部手稿除了关于"资本生产过程"及相关理论的阐述外，还有超过　半篇幅的以"剩余价值理论"为题的剩余价值理论批判史。1862年，马克思改变了原有的写作计划，把第三章"资本一般"以"资本论"为标题单独出版，而"政治经济学批判"这个名称只作为副标题。这样，《政治经济学批判》的"六册"结构就转变为《资本论》"四卷"① 结构：（1）资本的生产过程；（2）资本的流通过程；（3）资本主义生产总过程；（4）剩余价值理论史。

根据新的写作计划，在写完《1861—1863 年经济学手稿》后，1863 年 8 月，马克思开始按新的计划写作《资本论》，到 1865 年年底完成了一至三册草稿，现被称为《1863—1865 年经济学手稿》。此手稿较为完整地展现了《资本论》的体系逻辑。1867 年 9 月，《资本论》第一卷出版。此外，马克思还为《资本论》第二卷先后写下了 8 个手稿。恩格斯 1885 年据此编辑出版了《资本论》第二卷。1894 年，恩格斯以《1863—1865 年经济学手稿》第三册为基础整理出版了《资本论》第三卷。后来，恩格斯计划以《1861—1863 年经济学手稿》的"剩余价值理论"部分等为基础整理"剩余价值理论史"。恩格斯逝世后，考茨基认为自己不宜作如此大量的删节，最终将其编为与《资本论》并行的《剩余价值学说史》，于 1905—1910 年间分三卷出版。1956—1962 年苏联又重新整理出版了第四卷手稿，命名为《剩余价值理论》。

马克思生前出版了《资本论》第一卷的德文第一版（1867）和第二版（1872—1873）以及俄文版（1872）和法文版（1872—1875）。其中，法文版经马克思的改写，"在原本之外有独立的科学价值"②。马克思逝世后，恩格斯除编辑出版《资本论》第二卷（德文两版，1885、1893）和第三卷（德文版，1894）外，定稿了第一卷德文第三版（1883）、英文版（1887）和德文第四版（1890）的出版工作。其中，德文第四版经过全面的校订，成为《资本论》第一卷后来各种译本的范本。

二、主要内容

《资本论》第一卷研究资本的生产过程。首先是资本生产过程的一般前提（商品和货币）和特殊前提（劳动力成为商品），然后分析直接生产过程（绝对剩余价值的生产和相对剩余价值的生产），最后从再生产过程的角度分析剩余价值的资本化（资本的积累过程），揭示资本主义生产方式的历史趋势。第二卷研究资本的流通过程。首先从质和量上考察个别资本的循环和周转，然后上升到社会总资本的再生产，全面揭示了流通过程中剩余价值的实现和资本的

---

① 马克思原定为三卷四册，恩格斯将原第二卷的两册独立为两卷，四册遂变为四卷。参见《马克思恩格斯文集》第 3 卷，人民出版社 2009 年版，第 456 页。

② 《马克思恩格斯文集》第 5 卷，人民出版社 2009 年版，第 27 页。

再生产。第三卷研究资本主义生产总过程。分析了剩余价值转化为利润，利润分割造成的资本分化，完整地再现了资本主义生产总过程的表象形态，即剩余价值的各种转化形式（产业利润、商业利润、利息、资本主义地租等）和资本的各种特殊形式（产业资本、商业资本、借贷资本、银行资本等）。第四卷研究政治经济学核心问题即剩余价值理论的详细批判史，揭示分析了古典经济学的产生（斯密以前）、成熟（斯密和李嘉图）和解体（李嘉图之后）的全过程。

节选的是《资本论》第一卷第一版序言、第二版跋和第一章第四节、第五章第一二节、第二十四章第七节的内容。

（一）历史唯物主义的深化发展及其在经济学研究中的运用

《资本论》第一卷第一版序言（1867年7月），对《资本论》四卷结构及其同《政治经济学批判》的关系和经济学研究方法的特殊性作了说明，同时着重指明了《资本论》的研究对象和目的，强调了政治经济学研究的特殊性质。

首先，《资本论》的研究对象是资本主义生产方式以及和它相适应的生产关系和交换关系。马克思对《资本论》研究对象的规定有三层含义：一是肯定了《资本论》作为经济学著作，其对象是物质生产中形成的经济关系，即生产方式以及和它相适应的生产关系和交往关系，而非物与物之间的关系。[①] 二是强调了《资本论》不是对历史上所有的经济关系的研究，而是对资本主义生产方式以及和它相适应的经济关系的专门研究。三是强调《资本论》是在整体上再现资本主义经济关系的系统，它涉及资本主义经济关系的各个方面、各个环节。

其次，《资本论》的研究目的是揭示资本主义社会的经济运动规律。马克思在第一版序言中指出："我要在本书研究的，是资本主义生产方式以及和它相适应的生产关系和交换关系。"[②] 运动规律。在论述中，马克思还强调了经济规律的客观性和必然性。他说："我的观点是把经济的社会形态的发展理解为一种自然史的过程。"[③] 特别是在资本主义经济的社会形态中，人"只是经济

① 恩格斯说："经济学研究的不是物，而是人和人之间的关系，归根到底是阶级和阶级之间的关系；可是这些关系总是同物结合着，并且作为物出现"。（《马克思恩格斯文集》第2卷，人民出版社2009年版，第604页。）
② 《马克思恩格斯文集》第5卷，人民出版社2009年版，第8页。
③ 《马克思恩格斯文集》第5卷，人民出版社2009年版，第10页。

范畴的人格化，是一定的阶级关系和利益的承担者"①；资本主义生产的客观经济规律以一种铁的必然性发生作用；"工业较发达的国家向工业较不发达的国家所显示的，只是后者未来的景象"②。因此，《资本论》的研究目的是通过对资本主义社会经济运动规律的揭示，展现资本主义生产方式的本质和发展趋势，为国际共产主义运动提供坚实的理论支撑。

最后，《资本论》必将受到来自资产阶级及其代言人的挑战。第一版序言在肯定政治经济学科学性质的同时，强调了它不同于其他科学的特殊性质。这是因为政治经济学研究的对象是社会经济活动中人与人之间的经济关系，或经济利益关系这种特殊性质，会把人们心中最激烈、最卑鄙、最恶劣的感情，把代表私人利益的复仇女神召唤到战场上来反对自由的科学研究。因此，在政治经济学领域内，自由的科学研究遇到的敌人，不只是它在一切其他领域内遇到的敌人。特别是由于资本主义生产方式的发展和阶级矛盾的激化，随着古典经济学派的衰落，科学的政治经济学已经只能由无产阶级来继承和发展，它必将受到来自资产阶级及其代言人更多的攻击。马克思"欢迎科学批评"和"不对舆论偏见让步"的声明，充分体现了他为真理而斗争的大无畏精神，同时也表明了马克思主义政治经济学是具有强烈阶级意识的科学。

（二）《资本论》的方法是唯物辩证法

《资本论》第一卷第二版跋（1873年1月）简要说明了新版的修改；阐明德国资产阶级不可能创立自己独立的经济学理论的历史根源和整个资产阶级经济学的衰落；在第一版序言强调政治经济学特殊性的基础上，重点论述了《资本论》的方法及其同黑格尔辩证法的关系。

第一，《资本论》的方法正是唯物辩证法。针对资产阶级学界对《资本论》方法理解的各种混乱现象，为了说明自己的方法，马克思在跋中详细引证了俄国经济学家考夫曼对《资本论》方法的评论。考夫曼的评论包括以下几个要点：一是特别注意研究资本主义社会经济现象及其变化的规律；二是把社会运动看作是受一定的客观规律支配的自然史过程；三是在马克思那里，这些规律不仅不以人的意志为转移，反而决定人的意志；四是特别强调研究每个社会自

---

① 《马克思恩格斯文集》第5卷，人民出版社2009年版，第10页。
② 《马克思恩格斯文集》第5卷，人民出版社2009年版，第8页。

己特有的经济规律；五是《资本论》的价值是阐明了支配着一定社会有机体的产生、生存、发展和死亡以及为另一更高的有机体所代替的特殊规律。① 马克思对此评论作了充分肯定，指出《资本论》的方法"正是辩证方法"。

第二，《资本论》的辩证方法是对黑格尔辩证法的唯物主义改造。针对德国资产阶级学者认为《资本论》的方法是"黑格尔的诡辩"的攻击，马克思简要但极为全面地说明了自己的辩证法同黑格尔辩证法的关系。首先，二者密切相关。马克思高度评价黑格尔"第一个全面地有意识地叙述了辩证法的一般运动形式"②。公开承认自己是这位大思想家的学生。其次，二者在叙述形式上相似。叙述方法在形式上与研究方法不同，通过研究揭示了材料的生命以后，观念地再现对象的过程，看起来就像是一个先验的结构了。最后，二者存在本质区别。在黑格尔看来，思维过程是现实事物的创造主，现实事物只是思维过程的外部表现。而马克思则强调，观念的东西不外是移入人的头脑并在人的头脑中改造过的物质的东西而已；思维过程只是现实事物的主观反映。

第三，辩证法按其本质来说是批判的和革命的。马克思不仅强调《资本论》中辩证法的唯物主义基础，还进一步揭示了辩证法的本质。他指出，辩证法在黑格尔的神秘形式上是德国的时髦东西，因为它似乎使现存事物显得光彩。合理形态上的辩证法则引起资产阶级及其空论主义的代言人的恼怒和恐怖，因为辩证法在对现存事物的肯定的理解中同时包含对现存事物的否定的理解，即对现存事物的必然灭亡的理解；它对每一种既成形式都是从不断的运动中即其暂时性方面去理解；它不崇拜任何东西。因此，辩证法在本质上是批判的和革命的。

第四，《资本论》的整个结构体系是具体运用唯物辩证法的生动体现。在第二版跋中，马克思说："在形式上，叙述方法必须与研究方法不同。"③ 研究必须先要占有材料，具体分析事物的各种发展形式，找出其内在联系后才能有条不紊地叙述出来。所以《资本论》第一、二、三卷就按照这样与研究进程相反的程序来叙述，即遵循由抽象到具体、由简单到复杂、历史与逻辑相统一的原则来构建整个结构体系。

（三）商品的拜物教性质及其秘密

《资本论》应用唯物史观的一个重要成果，就是提出了商品拜物教理论，

① 参见《马克思恩格斯文集》第 5 卷，人民出版社 2009 年版，第 20—21 页。
② 《马克思恩格斯文集》第 5 卷，人民出版社 2009 年版，第 22 页。
③ 《马克思恩格斯文集》第 5 卷，人民出版社 2009 年版，第 21 页。

揭示了资本主义社会物与物的关系掩盖下的人与人的关系的奥秘。

第一，劳动产品一旦作为商品来生产，就带上了拜物教性质。马克思所谓的"拜物教"，是从宗教现象借用于社会现象，并赋予其特定含义的概念。在宗教世界的幻境中，人脑的产物表现为赋有生命的、彼此发生关系并同人发生关系的独立存在的东西——神。在商品世界里，人手的产物也是这样。劳动产品本来是一种简单而平凡的东西，可是一旦作为商品来生产，就带上拜物教性质，变成一种"可感觉而又超感觉的物"①，充满了形而上学的微妙和神学的怪诞。

第二，商品拜物教来源于生产商品的劳动特有的社会性质。马克思认为，商品的拜物教性质不是来源于其使用价值，不论它靠自己的属性来满足人的需要，还是它作为劳动产品才具有这些属性，都没有神秘之处；也不是来源于价值规定的内容。不论是作为形成价值内容的体力、脑力的耗费或构成价值量基础的劳动量，还是价值表现了劳动的一般社会性，都不是其拜物教性质的来源。商品拜物教性质的根源在于生产商品的劳动的特殊社会性。商品生产者进行彼此独立的私人劳动，只有通过交换劳动产品才发生社会接触，所以他们的私人劳动只有通过交换才表现为社会劳动。正是私人劳动和社会劳动的这种矛盾造成了商品形式，把生产者同总劳动的社会关系反映成生产者之外的物与物之间的关系，使他们本身的社会运动具有物的运动形式。不是他们控制这一运动，而是他们受这一运动控制。

第三，货币拜物教是商品拜物教的发展和完成。货币拜物教是商品拜物教的进一步发展。从历史发展本身来说，商品内在的私人劳动和社会劳动之间的矛盾，在交换过程中表现为不同商品之间的外在对立，最终使一种特殊商品从商品世界中分离出来，成为其余一切商品的一般等价物即货币。货币本身的私人劳动的特殊形态，以至金银的自然属性，最终表现为社会劳动的一般形式。同时，从社会认识的特点来说，人们对人类生活形式的思索，总是采取同实际发展相反的道路，从过程的结果开始的。因而只有在货币产生以后，人们才开始注意和思考劳动产品的商品形式。这两方面原因结合起来，就造成了货币拜物教更为颠倒和错乱的幻象：似乎"只有商品价格的分析才导致价值量的决定，只有商品共同的货币表现才导致商品的价值性质的确定"②。"正是商品世

---

① 《马克思恩格斯文集》第 5 卷，人民出版社 2009 年版，第 89 页。
② 《马克思恩格斯文集》第 5 卷，人民出版社 2009 年版，第 93 页。

界的这个完成的形式——货币形式，用物的形式掩盖了私人劳动的社会性质以及私人劳动者的社会关系，而不是把它们揭示出来。"①

第四，商品拜物教和货币拜物教是一种历史性的现象。通过对商品拜物教和货币拜物教社会根源的揭示，马克思论证了拜物教的历史性。他认为，既然商品和货币的拜物教性质根源于生产商品的劳动的特殊社会性，根源于私人劳动和社会劳动之间的矛盾，那么"一旦我们逃到其他的生产形式中去，商品世界的全部神秘性，在商品生产的基础上笼罩着劳动产品的一切魔法妖术，就立刻消失了"②。当社会进入"自由人联合体"，物质生产过程成为自由结合的人的劳动过程，处于人的有意识有计划的控制之下，产品上就不会再有神秘纱幕。而在"自由人联合体"，人们用公共的生产资料进行劳动，自觉地把他们的个人劳动力当作一个社会劳动力来使用，因而其总产品是一个社会产品。这个产品的一部分重新用作生产资料，仍归社会；另一部分作为消费资料在联合体成员之间分配。假定每个生产者分得的份额由其劳动时间决定，劳动时间就会成为生产和分配的双重尺度：作为生产尺度，它通过社会的有计划的分配，调节各种劳动职能同各种需要的比例；作为分配尺度，它按照生产者在共同劳动中的份额，把可消费部分分配给个人。在这里，人同劳动和劳动产品的社会关系，在生产和分配上都是简单明了的。

（四）资本主义生产的本质和发展趋势

在《资本论》中，马克思深刻揭示了资本主义生产的本质和发展趋势，进一步丰富了唯物史观的理论内容，为科学社会主义奠定了坚实基础。

第一，劳动过程和价值增殖过程。《资本论》第一卷第五章分析了资本主义生产过程的二重性，论述了作为一般劳动过程及其在资本主义生产方式下的具体特点，揭示了价值增殖过程即剩余价值的生产和占有是资本主义生产过程的本质。

马克思指出，劳动首先是人和自然之间的过程，是人以自身的活动来中介、调整和控制人和自然之间的物质变换的过程。"有目的的活动或劳动本身"同劳动对象和劳动资料一起，是构成"劳动过程"的三要素。③他详细分析了劳动过程的简单要素，认为人的劳动是有目的的活动，它不仅使自然物发生形

① 《马克思恩格斯文集》第5卷，人民出版社2009年版，第93页。
② 《马克思恩格斯文集》第5卷，人民出版社2009年版，第93页。
③ 参见《马克思恩格斯文集》第5卷，人民出版社2009年版，第208页。

式变化，同时还在自然物中实现自己的目的。使用和创造劳动资料是人类劳动过程独有的特征，劳动资料"不仅是人类劳动力发展的测量器，而且是劳动借以进行的社会关系的指示器"①。从产品生产的角度看，劳动资料和劳动对象一起表现为生产资料，劳动本身则表现为生产劳动。而劳动过程，是人类生活的永恒的自然条件，它为人类生活的一切社会形式所共有。但在资本主义条件下，劳动过程具有自己的特点：一是工人在资本家的监督下劳动，其劳动属于资本家；二是产品是资本家的所有物，而不是工人的所有物。

马克思重点分析了价值增殖过程，指出商品生产过程是劳动过程和价值形成过程的统一，而价值增殖过程不外是超过一定点而延长了的价值形成过程。如果价值形成过程只持续到资本所支付的劳动力价值恰好为新的等价物所补偿，就是单纯的价值形成过程；而一旦超过这一点，它就转化为价值增殖过程。在这里，具有决定意义的是劳动力商品独特的使用价值，即它是价值的源泉，并且是大于它自身的价值的源泉，而这正是资本家希望劳动力提供的独特的服务。

通过对资本主义生产过程的二重性特别是价值增殖过程的分析，马克思论证了剩余价值的形成机制。货币转化为资本的这整个过程，既在流通领域中进行，又不在流通领域中进行。它是以流通为中介，因为它以在商品市场上购买劳动力为条件；它不在流通中进行，因为流通只是为价值增殖过程作准备，而这个增殖过程是在生产领域中进行的。通过论证剩余价值的形成，马克思揭穿了资本主义剥削的秘密，论证了资本主义生产方式的对抗性本质。

第二，资本主义积累的历史趋势。《资本论》第一卷第二十四章第七节，深入分析了资本原始积累和资本本身积累的历史过程，通过资本主义同简单商品经济的比较分析，论证了剥夺者被剥夺是资本主义积累的历史趋势，是资本主义生产方式无法逃避的历史命运。

马克思认为，有两种不同性质的私有制，即劳动者私有制和剥削者私有制。以劳动者私有制为基础的小生产在历史上曾经是发展社会生产和劳动者本人的自由个性的必要条件，发挥过积极作用。但它排斥生产力的社会化，只同生产和社会的狭隘的自然产生的界限相容。因此，这种靠自己劳动挣得的私有制发展到一定阶段，就不可避免地要被资本主义私有制，即以剥削别人的但形

---

① 《马克思恩格斯文集》第5卷，人民出版社2009年版，第210页。

式上是自由的劳动为基础的私有制所排挤。

资本主义私有制正是通过原始积累的过程，运用暴力手段剥夺小生产者发展起来的。对直接生产者的剥夺，是用最残酷无情的野蛮手段，在最下流、最龌龊、最卑鄙和最可恶的贪欲的驱使下完成的。一旦资本主义生产方式站稳脚跟，随着劳动的进一步社会化，土地和其他生产资料的进一步转化为社会地使用的即公共的生产资料，从而对私有者的进一步剥夺，就会采取新的形式。这时要剥夺的已经不再是独立经营的劳动者，而是剥削许多工人的资本家了。这种剥夺是通过资本本身的积累、兼并，即通过资本的集中进行的。随着这种集中或少数资本家对多数资本家的剥夺，一方面生产力不断社会化和不断发展，另一方面资本主义的私人占有制也不断加剧。资本主义基本矛盾的激化和发展必然推动其阶级矛盾和社会矛盾的加剧和发展，日益壮大的、由资本主义生产过程本身的机制所训练、联合和组织起来的工人阶级的反抗也在增长。从资本主义积累的趋势看，资本的垄断终将变成与这种垄断一起并在这种垄断之下繁盛起来的生产方式的桎梏。生产资料的集中和劳动的社会化，最终将会达到同它们的资本主义外壳不能相容的地步。那时，这个外壳就要炸毁了。资本主义私有制的丧钟就要响了。剥夺者就要被剥夺了。这就科学揭示了资本主义必然灭亡、社会主义必然胜利，是不以人的意志为转移的客观规律。

马克思指出，从资本原始积累到资本本身的积累，这一资本主义积累的全过程，就是一个否定之否定过程。资本主义以前，劳动者和生产资料直接结合；在资本主义社会，劳动者一无所获，生产资料归资本家所有；取代资本主义的新社会，将实现以社会化大生产为条件的劳动者对生产资料的共同占有（即新的直接结合）。资本主义的私有制是对劳动者的个人私有制的否定，但它又必然造成对自身的否定。这种否定不是重新建立私有制，而是在资本主义时代成就的基础上，也就是说，在协作和对土地及靠劳动本身生产的生产资料的共同占有的基础上，重新建立个人所有制，而非回到私有制。

三、重要意义

《资本论》是最重要的马克思主义经典著作之一，它经受了时间和实践的检验，闪耀着真理的光芒。习近平总书记在纪念马克思诞辰 200 周年大会上指出："1867 年问世的《资本论》是马克思主义最厚重、最丰富的著作，被誉为

'工人阶级的圣经'。"①《资本论》坚持辩证唯物主义和历史唯物主义的世界观和方法论，揭示了资本主义社会的经济运动规律，阐述了资本主义产生、发展和灭亡的规律，根据对资本主义内在矛盾的分析，论证了资本主义被共产主义取代的历史必然性，为科学社会主义奠定了牢固的理论基础。《资本论》的内容极其丰富，不仅在政治经济学领域实现了革命性变革，而且标志着唯物辩证法和唯物史观自身的发展完善。正如列宁所说，"虽说马克思没有遗留下'**逻辑**'（大写字母的），但他遗留下《资本论》的**逻辑**"②。

《资本论》把高度的科学性和革命性结合在一起，为工人阶级和劳动人民的解放事业提供了强大理论武器，它的诞生极大地推动了世界历史的进程。作为"工人阶级的圣经"，《资本论》启迪了欧洲工人阶级的阶级意识，推动了发达资本主义国家的工人运动；唤醒了被压迫民族的民族意识，推动了东方民族的解放运动；促进了整个人类意识的历史反省，推动了整个人类的进步运动，极大地改变了从西方到东方乃至整个世界的面貌。正如《资本论》第一卷出版之后恩格斯曾指出的："自从世界上有资本家和工人以来，没有一本书像我们面前这本书那样，对于工人具有如此重要的意义。"③

《资本论》以各种文字在世界很多国家和地区出版。《资本论》最早的中译文是发表于 1920 年 10 月上海《国民》月刊上的费觉天译的《资本论自叙》。20 世纪 30 年代初出版了第一卷的三种节选译本。第一个三卷全译本是郭大力、王亚南的译本，1938 年上海读书生活出版社出版，新中国成立后人民出版社出版了两个修订版。第二个全译本是中央编译局的译本，1972 年由人民出版社出版，成为后来更为通行的中文版本。新中国成立后出版的《马克思恩格斯全集》《马克思恩格斯选集》都收录了《资本论》的全部或部分内容，《马克思恩格斯文集》收录了《资本论》三卷内容的最新译文。

在当代，《资本论》仍然具有重大的思想指导意义。其一，它是解决当代人类文明困境的强大思想武器。《资本论》的生命力，源于它对资本主义本质和趋势的揭示，当代资本主义面临的系统性制度性危机，表明资本主义无法解决自身的矛盾。2008 年国际金融危机爆发后，西方出现了《资本论》热销的现象，充分证明了马克思这部巨著的时代价值。其二，《资本论》阐明了社会主

① 习近平：《在纪念马克思诞辰 200 周年大会上的讲话》，人民出版社 2018 年版，第 3 页。
② 《列宁专题文集 论辩证唯物主义和历史唯物主义》，人民出版社 2009 年版，第 145 页。
③ 《马克思恩格斯文集》第 3 卷，人民出版社 2009 年版，第 79 页。

义是资本主义内在矛盾发展导致的自我否定，因而具有历史必然性，有助于我们在新时代更好地理解中国特色社会主义的逻辑依据和理论前提，进一步坚定中国特色社会主义道路自信、理论自信、制度自信、文化自信。其三，《资本论》是应用唯物辩证法和唯物史观的典范，充分展示了马克思主义的科学性和革命性，为我们掌握马克思主义的立场、观点、方法，提供了坚实的理论基础。其四，《资本论》阐述了社会化大生产和商品经济规律，对当代中国发展社会主义市场经济，建设社会主义现代化强国有重要指导意义。

四、延伸阅读

马克思：《1857—1858 年经济学手稿》（选读）

《1857—1858 年经济学手稿》是《资本论》的最初基础。重点选读手稿的主体部分"货币章"中关于"三大社会形式"和资本的伟大的文明作用及其局限性的论述；"资本章"中关于剩余劳动和自由时间的关系，特别是关于"劳动是实在的自由"的观点以及对前资本主义生产形式的考察。

列宁：《什么是"人民之友"以及他们如何攻击社会民主党人？》（第一编）

本文写于 1894 年 4 月，同年 6 月刊印，包括两个部分，分别回击米海洛夫斯基对马克思主义理论和俄国社会民主党人的攻击。该文第一部分中对"《资本论》只是经济著作"观点的驳斥，深化了对《资本论》历史观和方法论的理解。主要有：唯物史观提出时是"假设"，在《资本论》中得到了证明；唯物史观就是马克思主义的社会学；社会形态理论和两个"归结"是唯物史观的核心内容；辩证法是社会学的科学方法，与黑格尔的"三段式"有本质区别。

思考题：

1. 如何理解《资本论》划时代的重大意义？
2. 马克思在《资本论》中是怎样阐发唯物辩证法的本质的？
3. 商品拜物教的表现和秘密在哪里？怎样破除这种拜物教？
4. 怎样理解马克思在《资本论》中提出的"重新建立个人所有制"的论断？

弗·恩格斯

反杜林论（节选）

三个版本的序言

一

这部著作决不是什么"内心冲动"的结果。恰恰相反。

三年前，当杜林先生突然以社会主义的行家兼改革家身份向当代挑战的时候，我在德国的友人再三向我请求，要我在当时的社会民主党中央机关报《人民国家报》上对这一新的社会主义理论进行评析。他们认为，为了不在如此年轻的、不久前才最终统一起来的党内造成派别分裂和混乱局面的新的可能，这样做是完全必要的。……此外，还可以看到，这个新改宗者受到了一部分社会主义出版物的热忱欢迎，……还有些人已经打算以通俗的形式在工人中散布这种学说。最后，杜林先生及其小宗派采用各种大吹大擂和阴谋的手法，迫使《人民国家报》对这种如此野心勃勃的新学说明确表态。

虽然如此，我还是过了一年才下决心放下其他工作，着手来啃这一个酸果。这是一只一上口就不得不把它啃完的果子；它不仅很酸，而且很大。这种新的社会主义理论是以某种新哲学体系的最终实际成果的形式出现的。因此，必须联系这个体系来研究这一理论，同时研究这一体系本身；必须跟着杜林先生进入一个广阔的领域，在这个领域中，他谈到了所有可能涉及的东西，而且还不止这些东西。这样就产生了一系列的论文，它们从1877年初开始陆续发表在《人民国家报》的续刊——莱比锡的《前进报》上，现汇集成书，献给读者。

由此可见，对象本身的性质迫使批判不得不详尽，这样的详尽是同这一对象的学术内容即同杜林著作的学术内容极不相称的。但是，批判之所以这样详尽，还可以归因于另外两种情况。一方面，这样做使我在这本书所涉及到的很不相同的领域中，有可能正面阐发我对这些在现时具有较为普遍的科学意义或实践意义的争论问题的见解。这在每一章里都可以看到，尽管这本书的目的并不是以另一个体系去同杜林先生的"体系"相对立，可是希望读者不要忽略我所提出的各种见解之间的内在联系。我现在已有充分的证据，表明我在这方面的工作不是完全没有成效的。

另一方面，"创造体系的"杜林先生在当代德国并不是个别的现象。近来，天体演化学、一般自然哲学、政治学、经济学等等的体系如雨后春笋出现在德国。最不起眼的哲学博士，甚至大学生，动辄就要创造一个完整的"体系"。……甚至德国的社会主义，特别是自从有了杜林先生的范例以后，近来也十分热衷于高超的胡说，造就出以"科学"自炫但对这种科学又"确实什么也没有学到"①的各色人物。这是一种幼稚病，它表明德国大学生开始向社会民主主义转变，而这种幼稚病是和这一转变分不开的，可是我们的工人因有非常健康的本性，一定会克服这种幼稚病。

如果在那些我最多只能以涉猎者的资格发表看法的领域里我不得不跟着杜林先生走，那么这不是我的过错。在这种情况下，我大多只是限于举出确切的、无可争辩的事实去反驳我的论敌的错误的或歪曲的论断。在法学上以及在自然科学的某些问题上，我就是这样做的。在其他情况下，涉及的是理论自然科学的一般观点，就是说，是这样一个领域，在那里，专业自然科学家也不得不越出他的专业的范围，而涉及到邻近的领域——在那里，他像微耳和先生所承认的，也和我们任何人一样只是一个"半通"②。在这里，人们对于表达上的些许不确切之处和笨拙之处会相互谅解，我希望也能够得到这样的谅解。

……

1878 年 6 月 11 日于伦敦

二

本书要出新版，是出乎我意料的。本书所批判的对象现在几乎已被遗忘了；这部著作不仅在 1877 年至 1878 年间分篇登载于莱比锡的《前进报》上，以飨成千上万的读者，而且还汇编成单行本大量发行。我在几年前对杜林先生的评论，现在怎么还能使人发生兴趣呢？

---

① "确实什么也没有学到"这句流传很广的话，有人认为出自法国海军上将德·帕纳 1796 年的一封信，另有人认为此话出自法国外交大臣沙·达来朗之口，是针对保皇党人讲的，认为他们没有能够从 18 世纪末法国资产阶级革命中吸取任何教训。

② "半通"的说法出自鲁·微耳和 1877 年 9 月 22 日在慕尼黑德国自然科学家和医生第五十次代表大会第三次全体会议上所作的报告。见鲁·微耳和《现代国家中的科学自由》1877 年柏林版第 13 页。

　　这首先是下述情况造成的：在反社会党人法①颁布之后，这部著作和几乎所有当时正在流行的我的其他著作一样，立即在德意志帝国遭到查禁。谁只要不是死抱住神圣同盟②各国的传统的官僚偏见不放，谁就一定会明白这种措施带来的效果：被禁的书籍两倍、三倍地畅销，这暴露了柏林的大人先生们的无能，他们颁布了禁令，却不能执行。事实上，由于帝国政府的帮忙，我的若干短篇著作发行了比我自身努力所能达到的更多的新版；我没有时间对正文作适当的修订，而大部分只好干脆任其照旧版翻印。

　　不过还有另一种情况。本书所批判的杜林先生的"体系"涉及非常广泛的理论领域，这使我不能不跟着他到处跑，并以自己的见解去反驳他的见解。因此消极的批判成了积极的批判；论战转变成对马克思和我所主张的辩证方法和共产主义世界观的比较连贯的阐述，而这一阐述包括了相当多的领域。我们的这一世界观，首先在马克思的《哲学的贫困》和《共产主义宣言》③中问世，经过足足20年的潜伏阶段，到《资本论》出版以后，就越来越迅速地为日益广泛的各界人士所接受。现在，它已远远越出欧洲的范围，在一切有无产者和无畏的科学理论家的国家里，都受到了重视和拥护。因此，看来有这样的读者，他们对于这一问题的兴趣极大，他们由于对论战中所作的正面阐述感兴趣，因而愿意了解现在在许多方面已经失去对象的同杜林观点的论战。

　　顺便指出：本书所阐述的世界观，绝大部分是由马克思确立和阐发的，而只有极小的部分是属于我的，所以，我的这种阐述不可能在他不了解的情况卜进行，这在我们相互之间是不言而喻的。在付印之前，我曾把全部原稿念给他听，而且经济学那一编的第十章（《〈批判史〉论述》）就是马克思写的，只是

---

① 反社会党人法即反社会党人非常法，是俾斯麦政府在帝国国会多数的支持下于1878年10月19日通过并于10月21日生效的一部法律，其目的在于反对社会主义运动和工人运动。这部法律将德国社会民主党置于非法地位，党的一切组织、群众性的工人组织被取缔，社会主义的和工人的刊物都被查禁，社会主义文献被没收，社会民主党人遭到镇压。但是，社会民主党在马克思和恩格斯的积极帮助下战胜了自己队伍中的机会主义分子和极"左"分子，得以在非常法生效期间正确地把地下工作同利用合法机会结合起来，大大加强和扩大了自己在群众中的影响。在日益壮大的工人运动的压力下，反社会党人非常法于1890年10月1日被废除。

② 神圣同盟是欧洲各专制君主镇压欧洲各国进步运动和维护封建君主制度的反动联盟。该同盟是战胜拿破仑第一以后，由俄国沙皇亚历山大一世和奥地利首相梅特涅倡议，于1815年9月26日在巴黎建立的，同时还缔结了神圣同盟条约。几乎所有的欧洲君主国家都参加了该同盟。这些国家的君主负有相互提供经济、军事和其他方面援助的义务，以维持维也纳会议上重新划定的边界和镇压各国革命。

③ 即《共产党宣言》。——编者注

由于外部的原因，我才不得不很遗憾地把它稍加缩短。在各种专业上互相帮助，这早就成了我们的习惯。

现在的新版，除了一章，其余都按第一版翻印，未作修改。一方面，我没有时间作彻底的修订，尽管我很想修改某些叙述。我担负着编印马克思遗稿的责任，这比其他一切事情都远为重要。此外，我的良心也不允许我作任何修改。本书是一部论战性的著作，我觉得，既然我的对手不能作什么修改，那我这方也理应不作什么修改。我只能要求有反驳杜林先生的答辩的权利。可是杜林先生针对我的论战所写的东西，我没有看过，而且如无特殊的必要，我也不想去看；我在理论上对他的清算已告结束。况且，杜林先生后来遭到柏林大学的卑劣的、不公正的对待，我对他更应当遵守文字论战的道义准则。当然，这所大学为了这件事受到了谴责。一所大学既然可以在人所共知的情况下剥夺杜林先生的教学自由，那么如果有人要在同样的人所共知的情况下把施韦宁格先生硬塞给它，它也就不应当感到惊讶了。①

……

马克思和我，可以说是唯一把自觉的辩证法从德国唯心主义哲学中拯救出来并运用于唯物主义的自然观和历史观的人。可是要确立辩证的同时又是唯物主义的自然观，需要具备数学和自然科学的知识。马克思是精通数学的，可是对于自然科学，我们只能作零星的、时停时续的、片断的研究。因此，当我退出商界并移居伦敦②，从而有时间进行研究的时候，我尽可能地使自己在数学和自然科学方面来一次彻底的——像李比希所说的——"脱毛"③，八年当中，我把大部分时间用在这上面。当我不得不去探讨杜林先生的所谓自然哲学时，

---

① 杜林（1863 年起任柏林大学非公聘讲师，1873 年起任私立女子中学教员）从 1872 年开始就在自己的著作中猛烈抨击大学的教授们。例如，在《力学一般原则批判史》（1872 年）第一版中，他就指责海·亥姆霍兹故意对罗·迈尔的著作保持缄默。杜林还尖锐地批评了大学的各种制度，因此遭到了反动教授们的迫害。1876 年，根据大学教授们的倡议，他被剥夺了在女子中学任教的资格。在《力学一般原则批判史》第二版（1877 年）和论妇女教育的小册子（1877 年）中，杜林再次提出了自己的指责，言辞更加激烈。1877 年 7 月，根据哲学系的要求，他被剥夺了在大学执教的权利。而俾斯麦的私人医生恩·施韦宁格于 1884 年被任命为柏林大学教授。
② 恩格斯于 1869 年 7 月 1 日停止了在曼彻斯特的欧门—恩格斯公司的工作，于 1870 年 9 月 29 日迁居伦敦。
③ 尤·李比希在他关于农业化学的主要著作的导言中谈到自己的科学观点的发展时指出："化学正在取得异常迅速的进展，而希望赶上它的化学家们则处于不断脱毛的状态。不适于飞翔的旧羽毛从翅膀上脱落下来，而代之以新生的羽毛，这样飞起来就更有力更轻快。"见尤·李比希《化学在农业和生理学中的应用》1862 年不伦瑞克第 7 版第 1 卷第 26 页。

我正处在这一脱毛过程的中间。……

……

不过，要从相互联系上，而且在每个单独的领域中这样做，却是一项艰巨的工作。不仅所要掌握的这个领域几乎是无穷无尽的，而且就是在这整个的领域内，自然科学本身也正处在急剧的变革过程中，以致那些即使把全部空闲时间用来干这件事的人，也很难跟踪不失。可是自从卡尔·马克思去世之后，更紧迫的义务占去了我全部的时间，所以我不得不中断我的工作。目前我只好满足于本书所作的概述，等将来有机会再把所获得的成果汇集发表，或许同马克思所遗留下来的极其重要的数学手稿一齐发表。①

……

1885 年 9 月 23 日于伦敦

三

这一新版，除了几处无足轻重的文字上的修改，都是照前一版翻印的。只有一章，即第二编第十章《〈批判史〉论述》，我作了重要的增补，理由如下。

……

最后，我感到十分满意的是，自从第二版以来，本书所主张的观点已经深入科学界和工人阶级的公众意识，而且是在世界上一切文明国家里。

弗·恩格斯
1894 年 5 月 23 日于伦敦

（选自《马克思恩格斯文集》第 9 卷，人民出版社
2009 年版，第 7—18 页）

引　论

一　概　论

现代社会主义，就其内容来说，首先是对现代社会中普遍存在的有财产者

---

① 指恩格斯的《自然辩证法》和马克思的数学手稿。马克思的数学手稿共有 1 000 多页，写于 19 世纪 50 年代末至 80 年代初。

和无财产者之间、资产者和雇佣工人之间的阶级对立以及生产中普遍存在的无政府状态这两个方面进行考察的结果。但是，就其理论形式来说，它起初表现为 18 世纪法国伟大的启蒙学者们所提出的各种原则的进一步的、据称是更彻底的发展。① 同任何新的学说一样，它必须首先从已有的思想材料出发，虽然它的根子深深扎在经济的事实中。

在法国为行将到来的革命启发过人们头脑的那些伟大人物，本身都是非常革命的。他们不承认任何外界的权威，不管这种权威是什么样的。宗教、自然观、社会、国家制度，一切都受到了最无情的批判；一切都必须在理性的法庭面前为自己的存在作辩护或者放弃存在的权利。思维着的知性成了衡量一切的唯一尺度。那时，如黑格尔所说的，是世界用头立地的时代。② 最初，这句话的意思是：人的头脑以及通过头脑的思维发现的原理，要求成为人类的一切活动和社会结合的基础；后来这句话又有了更广泛的含义：同这些原理相矛盾的现实，实际上都被上下颠倒了。以往的一切社会形式和国家形式、一切传统观念，都被当做不合理性的东西扔到垃圾堆里去了；到现在为止，世界所遵循的只是一些成见；过去的一切只值得怜悯和鄙视。只是现在阳光才照射出来。从今以后，迷信、非正义、特权和压迫，必将为永恒的真理、永恒的正义、基于自然的平等和不可剥夺的人权所取代。

现在我们知道，这个理性的王国不过是资产阶级的理想化的王国；永恒的正义在资产阶级的司法中得到实现；平等归结为法律面前的资产阶级的平等；被宣布为最主要的人权之一的是资产阶级的所有权；而理性的国家、卢梭的社会契约③在实践中表现为，而且也只能表现为资产阶级的民主共和国。18 世纪

----

① 在《引论》的草稿中，这一段是这样写的："**现代社会主义**，虽然实质上是由于对现存社会中有财产者和无财产者之间、工人和剥削者之间的阶级对立进行考察而产生的，但是，就其理论形式来说，起初却表现为 18 世纪法国伟大的启蒙学者们所提出的各种原则的更彻底的、进一步的发展，因为它的最初代表摩莱里和马布利也是属于启蒙学者之列的。"——编者注

② 恩格斯在《社会主义从空想到科学的发展》中的这个地方加了一个注，见《马克思恩格斯文集》第 3 卷第 523 页。

③ 社会契约是让·雅·卢梭提出的政治理论。按照这一理论，人们最初生活在自然状态，在这种状态下，人人都是平等的。私有财产的形成和不平等的占有关系的发展决定了人们从自然状态向市民状态的过渡，并导致以社会契约为基础的国家的形成。政治上的不平等的进一步发展破坏了这种社会契约，导致某种新的自然状态的形成。能够消除这一自然状态的，据说是以某种新的社会契约为基础的理性国家。

　　卢梭在 1755 年阿姆斯特丹版的《论人间不平等的起源和原因》以及 1762 年阿姆斯特丹版的《社会契约论，或政治权利的原则》这两部著作中详细阐述了这一理论。

伟大的思想家们，也同他们的一切先驱者一样，没有能够超出他们自己的时代使他们受到的限制。

但是，除了封建贵族和资产阶级之间的对立，还存在着剥削者和被剥削者、游手好闲的富人和从事劳动的穷人之间的普遍的对立。正是由于这种情形，资产阶级的代表才能标榜自己不是某一特殊的阶级的代表，而是整个受苦人类的代表。不仅如此，资产阶级从它产生的时候起就背负着自己的对立物：资本家没有雇佣工人就不能存在，随着中世纪的行会师傅发展成为现代的资产者，行会帮工和行会外的短工便相应地发展成为无产者。虽然总的说来，资产阶级在同贵族斗争时有理由认为自己同时代表当时的各个劳动阶级的利益，但是在每一个大的资产阶级运动中，都爆发过作为现代无产阶级的发展程度不同的先驱者的那个阶级的独立运动。例如，德国宗教改革和农民战争时期的托马斯·闵采尔派，英国大革命时期的平等派①，法国大革命时期的巴贝夫。伴随着一个还没有成熟的阶级的这些革命暴动，产生了相应的理论表现；在16世纪和17世纪有理想社会制度的空想的描写②，而在18世纪已经有了直接共产主义的理论（摩莱里和马布利）。平等的要求已经不再限于政治权利方面，它也应当扩大到个人的社会地位方面；不仅应当消灭阶级特权，而且应当消灭阶级差别本身。禁欲主义的、斯巴达式的共产主义，是这种新学说的第一个表现形式。后来出现了三个伟大的空想主义者：圣西门、傅立叶和欧文。在圣西门那里，除无产阶级的倾向外，资产阶级的倾向还有一定的影响。欧文在资本主义生产最发达的国家里，在这种生产所造成的种种对立的影响下，直接从法国唯物主义出发，系统地阐述了他的消除阶级差别的方案。

所有这三个人有一个共同点：他们都不是作为当时已经历史地产生的无产阶级的利益的代表出现的。他们和启蒙学者一样，并不是想解放某一个阶级，而是想解放全人类。他们和启蒙学者一样，想建立理性和永恒正义的王国；但是他们的王国和启蒙学者的王国是有天壤之别的。按照这些启蒙学者的原则建立起来的资产阶级世界也是不合理性的和非正义的，所以也应该像封建制度和

① 指"真正平等派"，又称"掘地派"。他们是17世纪英国资产阶级革命时期的激进派，代表城乡贫民阶层的利益，要求消灭土地私有制，宣传原始的平均共产主义思想，并企图通过集体开垦公有土地来实现这种思想。

② 这里首先是指空想共产主义的代表人物托·莫尔的著作《乌托邦》（1516年出版）和托·康帕内拉的《太阳城》（1623年出版）。

一切更早的社会制度一样被抛到垃圾堆里去。真正的理性和正义至今还没有统治世界，这只是因为它们没有被人们正确地认识。所缺少的只是个别的天才人物，现在这种人物已经出现而且已经认识了真理；至于天才人物是在现在出现，真理正是在现在被认识到，这并不是从历史发展的联系中必然产生的、不可避免的事情，而纯粹是一种侥幸的偶然现象。这种天才人物在 500 年前也同样可能诞生，这样他就能使人类免去 500 年的迷误、斗争和痛苦。

这种见解本质上是英国和法国的一切社会主义者以及包括魏特林在内的第一批德国社会主义者的见解。对所有这些人来说，社会主义是绝对真理、理性和正义的表现，只要它被发现了，它就能用自己的力量征服世界；因为绝对真理是不依赖于时间、空间和人类的历史发展的，所以，它在什么时候和什么地方被发现，那纯粹是偶然的事情。同时，绝对真理、理性和正义在每个学派的创始人那里又是各不相同的；而因为在每个学派的创始人那里，绝对真理、理性和正义的独特形式又是由他们的主观知性、他们的生活条件、他们的知识水平和思维训练水平所决定的，所以，解决各种绝对真理的这种冲突的办法就只能是它们互相磨损。由此只能得出一种折中的不伦不类的社会主义，这种社会主义实际上直到今天还统治着法国和英国大多数社会主义工人的头脑，它是由各学派创始人的比较温和的批判性言论、经济学原理和关于未来社会的观念组成的色调极为复杂的混合物，这种混合物的各个组成部分，在辩论的激流中越是磨去其锋利的棱角，就像溪流中的卵石一样，这种混合物就越容易构成。为了使社会主义变为科学，就必须首先把它置于现实的基础之上。

在此期间，同 18 世纪的法国哲学并列和继它之后，近代德国哲学产生了，并且在黑格尔那里完成了。它的最大的功绩，就是恢复了辩证法这一最高的思维形式。……

当我们通过思维来考察自然界或人类历史或我们自己的精神活动的时候，首先呈现在我们眼前的，是一幅由种种联系和相互作用无穷无尽地交织起来的画面，其中没有任何东西是不动的和不变的，而是一切都在运动、变化、生成和消逝。这种原始的、素朴的、但实质上正确的世界观是古希腊哲学的世界观，而且是由赫拉克利特最先明白地表述出来的：一切都存在而又不存在，因为一切都在**流动**，都在不断地变化，不断地生成和消逝。但是，这种观点虽然正确地把握了现象的总画面的一般性质，却不足以说明构成这幅总画面的各个细节；而我们要是不知道这些细节，就看不清总画面。为了认识这些细节，我们不得不把它们从自然的或历史的联系中抽出来，从它们的特性、它们的特殊的原因和结果等等方面来分别加以研究。这首先是自然科学和历史研究的任务；而这些研究部门，由于十分明显的原因，在古典时代的希腊人那里只占有从属的地位，因为他们首先必须搜集材料。精确的自然研究只是在亚历山大里亚时期①的希腊人那里才开始，而后来在中世纪由阿拉伯人继续发展下去；可是，真正的自然科学只是从 15 世纪下半叶才开始，从这时起它就获得了日益迅速的进展。把自然界分解为各个部分，把各种自然过程和自然对象分成一定的门类，对有机体的内部按其多种多样的解剖形态进行研究，这是最近 400 年来在认识自然界方面获得巨大进展的基本条件。但是，这种做法也给我们留下了一种习惯：把各种自然物和自然过程孤立起来，撇开宏大的总的联系去进行考察，因此，就不是从运动的状态，而是从静止的状态去考察；不是把它们看做本质上变化的东西，而是看做固定不变的东西；不是从活的状态，而是从死的状态去考察。这种考察方式被培根和洛克从自然科学中移植到哲学中以后，就造成了最近几个世纪所特有的局限性，即形而上学的思维方式。

在形而上学者看来，事物及其在思想上的反映即概念，是孤立的、应当逐个地和分别地加以考察的、固定的、僵硬的、一成不变的研究对象。他们在绝对不相容的对立中思维；他们的说法是："是就是，不是就不是；除此以外，都是鬼话。"② 在他们看来，一个事物要么存在，要么就不存在；同样，一个事物不能同时是自身又是别的东西。正和负是绝对互相排斥的；原因和结果也同样是处于僵硬的相互对立中。初看起来，这种思维方式对我们来说似乎是极为可信的，因为它是合乎所谓常识的。然而，常识在日常应用的范围内虽然是极可尊敬的东西，但它一跨入广阔的研究领域，就会碰到极为惊人的变故。形而上学的考察方式，虽然在相当广泛的、各依对象性质而大小不同的领域中是合理的，甚至必要的，可是它每一次迟早都要达到一个界限，一超过这个界限，它就会变成片面的、狭隘的、抽象的，并且陷入无法解决的矛盾，因为它看到一个一个的事物，忘记它们互相间的联系；看到它们的存在，忘记它们的生成

① 亚历山大里亚时期是指公元前 3 世纪到公元 7 世纪时期。这个时期因埃及的一个港口城市亚历山大里亚（位于地中海沿岸）成了当时国际经济关系最大中心之一而得名。在这一时期，许多科学，如数学和力学（欧几里得和阿基米德）、地理学、天文学、解剖学、生理学等等，都获得了很大的发展。

② 参看《新约全书·马太福音》第 5 章第 37 节。——编者注

和消逝；看到它们的静止，忘记它们的运动；因为它只见树木，不见森林。例如，在日常生活中，我们知道并且可以肯定地说，某一动物存在还是不存在；但是，在进行较精确的研究时，我们就发现，这有时是极其复杂的事情。这一点法学家们知道得很清楚，他们为了判定在子宫内杀死胎儿是否算是谋杀，曾绞尽脑汁去寻找一条合理的界限，结果总是徒劳。同样，要确定死亡的那一时刻也是不可能的，因为生理学证明，死亡并不是突然的、一瞬间的事情，而是一个很长的过程。同样，任何一个有机体，在每一瞬间都既是它本身，又不是它本身；在每一瞬间，它消化着外界供给的物质，并排泄出其他物质；在每一瞬间，它的机体中都有细胞在死亡，也有新的细胞在形成；经过或长或短的一段时间，这个机体的物质便完全更新了，由其他物质的原子代替了，所以，每个有机体永远是它本身，同时又是别的东西。在进行较精确的考察时，我们也发现，某种对立的两极，例如正和负，既是彼此对立的，又是彼此不可分离的，而且不管它们如何对立，它们总是互相渗透的；同样，原因和结果这两个概念，只有应用于个别场合时才有其本来的意义；可是，只要我们把这种个别的场合放到它同宇宙的总联系中来考察，这两个概念就交汇起来，融合在普遍相互作用的看法中，而在这种相互作用中，原因和结果经常交换位置；在此时或此地是结果，在彼时或彼地就成了原因，反之亦然。

所有这些过程和思维方法都是形而上学思维的框子所容纳不下的。相反，对辩证法来说，上述过程正好证明它的方法是正确的，因为辩证法在考察事物及其在观念上的反映时，本质上是从它们的联系、它们的联结、它们的运动、它们的产生和消逝方面去考察的。自然界是检验辩证法的试金石，而且我们必须说，现代自然科学为这种检验提供了极其丰富的、与日俱增的材料，并从而证明了，自然界的一切归根到底是辩证地而不是形而上学地发生的。可是，由于学会辩证地思维的自然科学家到现在还屈指可数，所以，现在理论自然科学中普遍存在的并使教师和学生、作者和读者同样感到绝望的那种无限混乱的状态，完全可以从已经发现的成果和传统的思维方式之间的这个冲突中得到说明。

因此，要精确地描绘宇宙、宇宙的发展和人类的发展，以及这种发展在人们头脑中的反映，就只有用辩证的方法，只有不断地注意生成和消逝之间、前进的变化和后退的变化之间的普遍相互作用才能做到。近代德国哲学一开始就是以这种精神进行活动的。康德一开始他的学术生涯，就把牛顿的稳定的太阳系和太阳系经过有名的第一推动后的永恒存在变成了历史的过程，即太阳和一切行星由旋转的星云团产生的过程。同时，他已经作出了这样的结论：太阳系的产生也预示着它将来的不可避免的灭亡。过了半个世纪，他的观点由拉普拉斯从数学上作出了证明；又过了半个世纪，分光镜证明了，在宇宙空间存在着凝聚程度不同的炽热的气团。①

这种近代德国哲学在黑格尔的体系中完成了，在这个体系中，黑格尔第一次——这是他的伟大功绩——把整个自然的、历史的和精神的世界描写为一个过程，即把它描写为处在不断的运动、变化、转变和发展中，并企图揭示这种运动和发展的内在联系②。从这个观点来看，人类的历史已经不再是乱七八糟的、统统应当被这时已经成熟了的哲学理性的法庭所唾弃并最好尽快被人遗忘的毫无意义的暴力行为，而是人类本身的发展过程，而思维的任务现在就是要透过一切迷乱现象探索这一过程的逐步发展的阶段，并且透过一切表面的偶然性揭示这一过程的内在规律性。

黑格尔没有解决这个任务，这在这里没有多大关系。他的划时代的功绩是提出了这个任务。这不是任何个人所能解决的任务。虽然黑格尔和圣西门一样是当时最博学的人物，但是他毕竟受到了限制，首先是他自己的必然有限的知识的限制，其次是他那个时代的在广度和深度方面都同样有限的知识和见解的限制。但是，除此以外还有第三种限制。黑格尔是唯心主义者，就是说，在他看来，他头脑中的思想不是现实的事物和过程的或多或少抽象的反映，相反，在他看来，事物及其发展只是在世界出现以前已经在某个地方存在着的"观念"的现实化的反映。这样，一切都被头足倒置了，世界的现实联系完全被颠倒了。所以，不论黑

---

① 根据伊·康德的星云假说，太阳系是从原始星云（拉丁文：nebula——雾）发展而来的。康德在 1755 年柯尼斯堡和莱比锡出版的著作《自然通史和天体论，或根据牛顿原理试论宇宙的结构和机械起源》中阐述了这一假说。这本书是匿名出版的。

　　皮·拉普拉斯关于太阳系的构成的假说最初是在法兰西共和四年（1796 年）在巴黎出版的《宇宙体系论》第 1—2 卷最后一章中阐述的。在他生前编好，死后即 1835 年出版的此书的最后一版（第 6 版）中，这个假说是在第七个注中阐述的。

　　宇宙空间存在着类似康德—拉普拉斯星云假说所设想的原始星云的炽热的气团，是由英国天文学家威·哈金斯于 1864 年用光谱学方法证实的，他在天文学中广泛地运用了古·基尔霍夫和罗·本生在 1859 年发明的光谱分析法。恩格斯在这里参考了安·赛奇《太阳》1872 年不伦瑞克版第 787、789—790 页。

② 在《引论》的草稿中，对黑格尔哲学作了如下的描述："就哲学被看做是凌驾于其他一切科学之上的特殊科学来说，黑格尔体系是哲学的最后的最完善的形式。全部哲学都随着这个体系没落了。但是留下的是辩证的思维方式以及关于自然的、历史的和精神的世界是一个无止境地运动着和转变着的、处在不断的生成和消逝过程中的世界的观点。现在不再向哲学，而是向**一切**科学提出这样的要求：在自己的特殊领域内揭示这个不断的转变过程的运动规律。而这就是黑格尔哲学留给它的继承者的遗产。"——编者注

格尔如何正确地和天才地把握了一些个别的联系，但由于上述原因，就是在细节上也有许多东西不能不是牵强的、造作的、虚构的，一句话，被歪曲的。黑格尔的体系作为体系来说，是一次巨大的流产，但也是这类流产中的最后一次。就是说，它还包含着一个无法解决的内在矛盾：一方面，它以历史的观点作为基本前提，即把人类的历史看做一个发展过程，这个过程按其本性来说在认识上是不能由于所谓绝对真理的发现而结束的；但是另一方面，它又硬说它自己就是这种绝对真理的化身。关于自然和历史的无所不包的、最终完成的认识体系，是同辩证思维的基本规律相矛盾的；但是，这样说决不排除，相反倒包含下面一点，即对整个外部世界的有系统的认识是可以一代一代地取得巨大进展的。

一旦了解到以往的德国唯心主义是完全荒谬的，那就必然导致唯物主义，但是要注意，并不是导致18世纪的纯粹形而上学的、完全机械的唯物主义。同那种以天真的革命精神简单地抛弃以往的全部历史的做法相反，现代唯物主义把历史看做人类的发展过程，而它的任务就在于发现这个过程的运动规律。无论在18世纪的法国人那里，还是在黑格尔那里，占统治地位的自然观都认为，自然界是一个沿着狭小的圆圈循环运动的、永远不变的整体，牛顿所说的永恒的天体和林耐所说的不变的有机物种也包含在其中。同这种自然观相反，现代唯物主义概括了自然科学的新近的进步，从这些进步来看，自然界同样也有自己的时间上的历史，天体和在适宜条件下生存在天体上的有机物种都是有生有灭的；至于循环，即使能够存在，其规模也要大得无比。在这两种情况下，现代唯物主义本质上都是辩证的，而且不再需要任何凌驾于其他科学之上的哲学了。一旦对每一门科学都提出要求，要它们弄清它们自己在事物以及关于事物的知识的总联系中的地位，关于总联系的任何特殊科学就是多余的了。于是，在以往的全部哲学中仍然独立存在的，就只有关于思维及其规律的学说——形式逻辑和辩证法。其他一切都归到关于自然和历史的实证科学中去了。

但是，自然观的这种变革只能随着研究工作提供相应的实证的认识材料而实现，而在这期间一些在历史观上引起决定性转变的历史事实却老早就发生了。1831年在里昂发生了第一次工人起义①；在1838—1842年，第一次全国性

---

① 1831年初，法国丝织业中心里昂的工人掀起了一场以要求提高工价为主要目标的运动，工人多次举行集会、请愿、游行。10月间，与包买商谈判达成最低工价协议。但随之在七月王朝商业大臣的支持下，包买商撕毁协议。1831年11月21日，工人举行抗议示威，与军警发生冲突，随后转为自发的武装起义。工人一度占领里昂城。起义很快被七月王朝政府镇压下去。

的工人运动，即英国宪章派的运动①，达到了高潮。无产阶级和资产阶级之间的阶级斗争一方面随着大工业的发展，另一方面随着资产阶级新近取得的政治统治的发展，在欧洲最先进的国家的历史中升到了重要地位。事实日益令人信服地证明，资产阶级经济学关于资本和劳动的利益一致、关于自由竞争必将带来普遍和谐和人民的普遍福利的学说完全是撒谎。② 所有这些事实都再也不能置之不理了，同样，作为这些事实的理论表现（虽然是极不完备的表现）的法国和英国的社会主义也不能再置之不理了。但是，旧的、还没有被排除掉的唯心主义历史观不知道任何基于物质利益的阶级斗争，而且根本不知道任何物质利益；生产和一切经济关系，在它那里只是被当做"文化史"的从属因素顺便提一下。

新的事实迫使人们对以往的全部历史作一番新的研究，结果发现：以往的**全部**历史，都是阶级斗争的历史③；这些互相斗争的社会阶级在任何时候都是生产关系和交换关系的产物，一句话，都是自己时代的**经济**关系的产物；因而每一时代的社会经济结构形成现实基础，每一个历史时期的由法的设施和政治设施以及宗教的、哲学的和其他的观念形式所构成的全部上层建筑，归根到底都应由这个基础来说明。这样一来，唯心主义从它的最后的避难所即历史观中被驱逐出去了，一种唯物主义的历史观被提出来了，用人们的存在说明他们的意识，而不是像以往那样用人们的意识说明他们的存在这样一条道路已经找到了。

---

① 指宪章运动。宪章运动是 19 世纪 30—50 年代中期英国工人的政治运动，其口号是争取实施人民宪章。人民宪章要求实行普选权并为保障工人享有此项权利而创造种种条件。按照列宁所下的定义，宪章运动是"世界上第一次广泛的、真正群众性的、政治上已经成型的无产阶级革命运动"（见《列宁全集》中文第 2 版第 36 卷第 292 页）。宪章运动曾出现过三次高潮，其衰落的原因在于英国工商业垄断的加强、工人阶级政治上的不成熟，以及英国资产阶级用超额利润收买英国工人阶级上层（"工人贵族"），造成了英国工人阶级中机会主义倾向的增长，这种倾向增长的表现就是工联领袖放弃了对宪章运动的支持。
② 在《引论》的草稿中，接着有下面一段话："在法国，1834 年的里昂起义也宣告了无产阶级反对资产阶级的斗争。英国和法国的社会主义理论获得了历史价值，并且也必然在德国引起反响和评论，虽然在德国，生产还只是刚刚开始摆脱小规模的经营。因此，现在与其说在德国还不如说在德国人中间形成的理论的社会主义，其全部材料都不得不是进口的……"——编者注
③ 在《社会主义从空想到科学的发展》德文第一版（1883 年）中，恩格斯对这个原理作了如下更加确切的表述："以往的全部历史，除原始状态外，都是阶级斗争的历史。"（见《马克思恩格斯文集》第 3 卷第 544 页）

可是，以往的社会主义同这种唯物主义历史观是不相容的，正如法国唯物主义的自然观同辩证法和近代自然科学不相容一样。以往的社会主义固然批判了现存的资本主义生产方式及其后果，但是，它不能说明这个生产方式，因而也就不能对付这个生产方式；它只能简单地把它当做坏东西抛弃掉。但是，问题在于：一方面应当说明资本主义生产方式的历史联系和它在一定历史时期存在的必然性，从而说明它灭亡的必然性；另一方面应当揭露这种生产方式的一直还隐蔽着的内在性质，因为以往的批判主要是针对有害的后果，而不是针对事物的进程本身。这已经由于**剩余价值**的发现而完成了。已经证明，无偿劳动的占有是资本主义生产方式和通过这种生产方式对工人进行的剥削的基本形式；即使资本家按照劳动力作为商品在商品市场上所具有的全部价值来购买他的工人的劳动力，他从这种劳动力榨取的价值仍然比他对这种劳动力的支付要多；这种剩余价值归根到底构成了有产阶级手中日益增加的资本量由以积累起来的价值量。这样就说明了资本主义生产和资本生产的过程。

这两个伟大的发现——唯物主义历史观和通过剩余价值揭开资本主义生产的秘密，都应当归功于**马克思**。由于这两个发现，社会主义变成了科学，现在首先要做的是对这门科学的一切细节和联系作进一步的探讨。

当欧根·杜林先生大叫大嚷地跳上舞台，宣布他在哲学、政治经济学和社会主义中已实行了全面的变革的时候，理论上的社会主义和已经死去的哲学方面的情形大体上就是这样。

现在我们来看看，杜林先生对我们许下了什么诺言，他又是怎样履行他的诺言的。

（选自《马克思恩格斯文集》第 9 卷，人民出版社 2009 年版，第 19—30 页）

第一编 哲 学

三 分类。先验主义

按照杜林先生的说法，哲学是对世界和生活的意识的最高形式的阐发，在更广的意义上说，还包括一切知识和意愿的原则。……除了一切存在的基本形式，哲学只有两个真正的研究对象，即自然界和人类世界。这样，在我们的材料整理上就自然而然地分成了三部分，这就是：一般的世界模式论，关于自然原则的学说，以及最后关于人的学说。在这个序列中，同时也包含某种内在的逻辑次序，因为适用于一切存在的那些形式的原则走在前面，而运用这些原则的对象性领域则按其从属次序跟在后面。

杜林先生就是这样说的，而且这里几乎完全是逐字逐句地引述的。

可见，他所谓的**原则**，就是从**思维**而不是从外部世界得来的那些形式的原则，这些原则应当被运用于自然界和人类，因而自然界和人类都应当适应这些原则。但是，思维从什么地方获得这些原则呢？从自身中吗？不，因为杜林先生自己说：纯粹观念的领域只限于逻辑模式和数学形式（而且我们将会看到，后者是错误的）。逻辑模式只能同**思维**形式有关系；但是这里所谈的只是**存在**的形式，外部世界的形式，思维永远不能从自身中，而只能从外部世界中汲取和引出这些形式。这样一来，全部关系都颠倒了：原则不是研究的出发点，而是它的最终结果；这些原则不是被应用于自然界和人类历史，而是从它们中抽象出来的；不是自然界和人类去适应原则，而是原则只有在符合自然界和历史的情况下才是正确的。这是对事物的唯一唯物主义的观点，而杜林先生的相反的观点是唯心主义的，它把事物完全头足倒置了，从思想中，从世界形成之前就久远地存在于某个地方的模式、方案或范畴中，来构造现实世界，这完全像**一个叫做黑格尔的人**的做法。

确实是这样。我们可以把黑格尔的《全书》① 以及它的全部热昏的胡话同杜林先生的最后的终极的真理对照一下。在杜林先生那里首先是一般的世界模式论，这在黑格尔那里称为**逻辑学**。其次，他们两人把这些模式或者说逻辑范畴应用于自然界，就是自然哲学；而最后，把它们应用于人类，就是黑格尔叫做精神哲学的东西。这样，杜林这套序列的"内在的逻辑次序"就"自然而然地"引导我们回到了黑格尔的《全书》，它如此忠实地抄袭《全书》，竟使黑格尔学派的永世流浪的犹太人柏林的米希勒教授②感激涕零。

---

① 《全书》指黑格尔的《哲学全书纲要》，该书第 1 部为《逻辑学》，第 2 部为《自然哲学》，第 3 部为《精神哲学》。黑格尔哲学的研究者将《全书》中的《逻辑学》称做《小逻辑》，以区别于黑格尔的另一部《逻辑学》，后者被称为《大逻辑》。

② 恩格斯称卡·米希勒为"黑格尔学派的永世流浪的犹太人"，显然是由于米希勒始终不渝地笃信被肤浅理解的黑格尔主义。例如，1876 年，米希勒开始出版五卷集的《哲学体系》，其总的结构完全是模仿黑格尔的《哲学全书纲要》。见卡·米希勒《作为精确科学的哲学体系（包括逻辑、自然哲学和精神哲学）》1876—1881 年第 1—5 卷。

如果完全自然主义地把"意识"、"思维"当做某种现成的东西，当做一开始就和存在、自然界相对立的东西，那么结果总是如此。如果这样，那么意识和自然，思维和存在，思维规律和自然规律如此密切地相适应，就非常奇怪了。可是，如果进一步问：究竟什么是思维和意识，它们是从哪里来的，那么就会发现，它们都是人脑的产物，而人本身是自然界的产物，是在自己所处的环境中并且和这个环境一起发展起来的；这里不言而喻，归根到底也是自然界产物的人脑的产物，并不同自然界的其他联系相矛盾，而是相适应的。①

……

不言而喻，在这样的意识形态的基础上是不可能建立任何唯物主义学说的。我们以后会看到，杜林先生不得不一再把有意识的行动方式，即直截了当地叫做上帝的东西，硬塞给自然界。

此外，我们的现实哲学家把全部现实的基础从现实世界搬到思想世界，还有另一种动机。关于这种一般世界模式论、关于这种存在的形式原则的科学，正是杜林先生的哲学的基础。如果世界模式论不是从头脑中，而仅仅是**通过头**脑从现实世界中得来的，如果存在的原则是从实际存在的事物中得来的，那么为此我们所需要的就不是哲学，而是关于世界和世界中所发生的事情的实证知识；由此产生的也不是哲学，而是实证科学。但是这样一来，杜林先生的整部著作就是徒劳无益的东西了。

其次，既然这样的哲学已不再需要，那么任何体系，甚至哲学的自然体系也就不再需要了。关于自然界所有过程都处在一种系统联系中的认识，推动科学到处从个别部分和整体上去证明这种系统联系。但是，对这种联系作恰当的、毫无遗漏的、科学的陈述，对我们所处的世界体系形成精确的思想映象，这无论对我们还是对所有时代来说都是不可能的。如果在人类发展的某一时期，这种包括世界各种联系——无论是物质的联系还是精神的和历史的联系——的最终完成的体系建立起来了，那么，人的认识的领域就从此完结，而且从社会按照那个体系来安排的时候起，未来的历史的进一步发展就中断了，——这是荒唐的想法，是纯粹的胡说。这样人们就碰到一个矛盾：一方面，要毫无遗漏地从所有的联系中去认识世界体系；另一方面，无论是从人们

---

① 1885年准备出版《反杜林论》第二版时，恩格斯曾经打算在这个地方加一条注释，后来，他把这条注释的草稿（《关于现实世界中数学上的无限之原型》）收入《自然辩证法》。

的本性或世界体系的本性来说，这个任务是永远不能完全解决的。但是，这个矛盾不仅存在于世界和人这两个因素的本性中，而且还是所有智力进步的主要杠杆，它在人类的无限的前进发展中一天天不断得到解决，这正像某些数学课题在无穷级数或连分数中得到解答一样。事实上，世界体系的每一个思想映象，总是在客观上受到历史状况的限制，在主观上受到得出该思想映象的人的肉体状况和精神状况的限制。可是杜林先生一开始就宣布，他的思维方式是排除受主观主义限制的世界观的任何趋向的。我们在前面已经看到，杜林先生是无所不在的——在一切可能的天体上。现在我们又看到，他是无所不知的。他解决了科学的最终课题，从而封闭了一切科学走向未来的道路。

……

四　世界模式论

……

……第一，思维既把相互联系的要素联合为一个统一体，同样也把意识的对象分解为它们的要素。没有分析就没有综合。第二，思维，如果它不做蠢事的话，只能把这样一些意识的要素综合为一个统一体，在这些意识的要素中或者在它们的现实原型中，这个统一体**以前**就已经**存在**了。如果我把鞋刷子综合在哺乳动物的统一体中，那它决不会因此就长出乳腺来。可见，存在的统一性，或者说把存在理解为一个统一体的根据，正是需要加以证明的；当杜林先生向我们保证，他认为存在是统一的而不是什么两重性的东西的时候，他无非是向我们发表他的无足轻重的意见罢了。

……

当我们说到**存在**，并且**仅仅**说到存在的时候，统一性只能在于：我们所说的一切对象**都是存在的**、实有的。它们被综合在这种存在的统一性中，而不在任何别的统一性中；说它们**都是存在的**这个一般性论断，不仅不能赋予它们其他共同的或非共同的特性，而且暂时排除了对所有这些特性的考虑。因为只要我们离开存在是所有这些事物的共同点这一简单的基本事实，哪怕离开一毫米，这些事物的**差别**就开始出现在我们眼前。至于这些差别是否在于一些是白的，另一些是黑的，一些是有生命的，另一些是无生命的，一些是所谓此岸的，另一些是所谓彼岸的，那我们是不能根据把单纯的存在同样地加给一切事物这一点来作出判断的。

世界的统一性并不在于它的存在，尽管世界的存在是它的统一性的前提，因为世界必须先**存在**，然后才能是**统一的**。在我们的视野的范围之外，存在甚至完全是一个悬而未决的问题。世界的真正的统一性在于它的物质性，而这种物质性不是由魔术师的三两句话所证明的，而是由哲学和自然科学的长期的和持续的发展所证明的。

……

（选自《马克思恩格斯文集》第9卷，人民出版社
2009年版，第37—47页）

九　道德和法。永恒真理

……

人的思维是至上的吗？在我们回答"是"或"不是"以前，我们必须先研究一下：什么是人的思维。它是单个人的思维吗？不是。但是，它只是作为无数亿过去、现在和未来的人的个人思维而存在。如果我现在说，这种概括于我的观念中的所有这些人（包括未来的人）的思维是**至上的**，是能够认识现存世界的，只要人类足够长久地延续下去，只要在认识器官和认识对象中没有给这种认识规定界限，那么，我只是说了些相当陈腐而又相当无聊的空话。因为最可贵的结果就是使得我们对我们现在的认识极不信任，因为很可能我们还差不多处在人类历史的开端，而将来会纠正**我们**的错误的后代，大概比我们有可能经常以十分轻蔑的态度纠正其认识错误的前代要多得多。

杜林先生本人宣布下面这一点是一种必然性：意识，因而也包括思维和认识，都只能表现在一系列的个人中。我们能够说这些个人中的每一个人的思维具有至上性，这只是就这样一点而言的，即我们不知道有任何一种力量能够强制处在健康清醒状态的每一个人接受某种思想。但是，至于说到每一个人的思维所达到的认识的至上意义，那么我们人家都知道，它是根本谈不上的，而且根据到目前为止的一切经验看来，这些认识所包含的需要改善的东西，无例外地总是要比不需要改善的或正确的东西多得多。

换句话说，思维的至上性是在一系列非常不至上地思维着的人中实现的；

拥有无条件的真理权的认识是在一系列相对的谬误中实现的；二者都只有通过人类生活的无限延续才能完全实现。

在这里，我们又遇到了在上面已经遇到过的矛盾①：一方面，人的思维的性质必然被看做是绝对的，另一方面，人的思维又是在完全有限地思维着的个人中实现的。这个矛盾只有在无限的前进过程中，在至少对我们来说实际上是无止境的人类世代更迭中才能得到解决。从这个意义来说，人的思维是至上的，同样又是不至上的，它的认识能力是无限的，同样又是有限的。按它的本性、使命、可能和历史的终极目的来说，是至上的和无限的；按它的个别实现情况和每次的现实来说，又是不至上的和有限的。

永恒真理的情况也是一样。如果人类在某个时候达到了只运用永恒真理，只运用具有至上意义和无条件真理权的思维成果的地步，那么人类或许就到达了这样的一点，在那里，知识世界的无限性就现实和可能而言都穷尽了，从而就实现了数清无限数这一著名的奇迹。

然而，不正是存在着如此确凿的、以致在我们看来表示任何怀疑都等于发疯的那种真理吗？二乘二等于四，三角形三内角的和等于两个直角，巴黎在法国，人不吃饭就会饿死，等等，这些不都是这种真理吗？这不就是说，还是存在着**永恒**真理，最后的终极的真理吗？

确实是这样。我们可以按照早已知道的方法把整个认识领域分成三大部分。第一个部分包括所有研究非生物界的并且或多或少能用数学方法处理的科学，即数学、天文学、力学、物理学、化学。如果有人喜欢对极简单的事物使用大字眼，那么也可以说，这些科学的**某些**成果是永恒真理，是最后的终极的真理，所以这些科学也叫做**精密**科学。然而决不是一切成果都是如此。由于变数的应用以及它的可变性被推广于无限小和无限大，一向非常循规蹈矩的数学犯了原罪；它吃了智慧果，这为它开辟了获得最大成就但也造成谬误的道路。……最后的终极的真理在这里随着时间的推移变得非常罕见了。

……

第二类科学是研究活的有机体的科学。在这一领域中，展现出如此错综复杂的相互关系和因果联系，以致不仅每个已经解决的问题都引起无数的新问题，而且每一个问题也多半都只能一点一点地、通过一系列常常需要花几百年

---

① 见《马克思恩格斯文集》第 9 卷，人民出版社 2009 年版，第 40 页。——编者注

时间的研究才能得到解决；此外，对各种相互联系作系统理解的需要，总是一再迫使我们在最后的终极的真理的周围造起茂密的假说之林。……因此，谁想在这里确立确实是真正的不变的真理，那么他就必须满足于一些陈词滥调，如所有的人必定要死，所有的雌性哺乳动物都有乳腺等等；他甚至不能说，高等动物是靠胃和肠而不是靠头脑消化的，因为集中于头脑的神经活动对于消化是必不可少的。

但是，在第三类科学中，即在按历史顺序和现今结果来研究人的生活条件、社会关系、法的形式和国家形式及其由哲学、宗教、艺术等等组成的观念上层建筑的历史科学中，永恒真理的情况还更糟。……因此，在这里认识在本质上是相对的，因为它只限于了解只存在于一定时代和一定民族中的、而且按其本性来说是暂时的一定社会形式和国家形式的联系和结果。因此，谁要在这里猎取最后的终极的真理，猎取真正的、根本不变的真理，那么他是不会有什么收获的，除非是一些陈词滥调和老生常谈，例如，人一般地说不劳动就不能生活，人直到现在总是分为统治者和被统治者，拿破仑死于 1821 年 5 月 5 日，如此等等。

但是，值得注意的是：正是在这一领域，我们最常遇到所谓永恒真理，最后的终极的真理等等。宣布二乘二等于四，鸟有喙，或诸如此类的东西为永恒真理的，只是这样的人，他企图从永恒真理的存在得出结论：在人类历史的领域内也存在着永恒真理、永恒道德、永恒正义等等，它们要求具有同数学的认识和应用相似的适用性和有效范围。这时，我们可以准确地预料，这位人类的朋友一有机会就向我们声明：一切以往的永恒真理的制造者或多或少都是蠢驴和骗子，全都陷入谬误，犯了错误；但是**他们的**谬误和**他们的**错误的存在是合乎自然规律的，并且证明真理和合乎实际的东西掌握在**他手里**；而他这个现在刚出现的预言家在提包里带着已经准备好的最后的终极的真理，永恒道德和永恒正义。这一切已经出现过成百上千次，如果现在还有人竟如此轻率地认为，别人做不到这一点，只有他才能做到，那就不能不令人感到奇怪了。但是在这里，我们至少还遇到了这样一位预言家，他在别人否认任何个人能提供最后的终极的真理的时候，照例总是表现出高度的义愤。这样的否认，甚至单纯的怀疑，都是软弱状态、极端紊乱、虚无、比单纯的虚无主义更坏的腐蚀性怀疑、一片混乱以及诸如此类的可爱的东西。像所有的预言家那样，他也没有作批判性的科学的研究和判断，而只是直接进行道义上的谴责。

我们本来在上面还可以举出研究人的思维规律的科学，即逻辑学和辩证法。但是在这方面，永恒真理的情况也不见得好些。杜林先生把本来意义的辩证法宣布为纯粹的无稽之谈，而已经写成的和现在还在写的关于逻辑学的许多书籍充分证明，在这里播下的最后的终极的真理也远比有些人所想的要稀少得多。

此外，我们根本不用担心我们现在所处的认识阶段和先前的一切阶段一样都不是最后的。这一阶段已经包括大量的认识材料，并且要求每一个想在任何专业内成为内行的人进行极深刻的专门研究。但是认识就其本性而言，或者对漫长的世代系列来说是相对的而且必然是逐步趋于完善的，或者就像在天体演化学、地质学和人类历史中一样，由于历史材料不足，甚至永远是有缺陷的和不完善的，而谁要以真正的、不变的、最后的终极的真理的标准来衡量认识，那么，他只是证明他自己的无知和荒谬，即使真正的动机并不像在这里那样是要求个人不犯错误。真理和谬误，正如一切在两极对立中运动的逻辑范畴一样，只是在非常有限的领域内才具有绝对的意义；这一点我们刚才已经看到了，即使是杜林先生，只要他稍微知道一点正是说明一切两极对立的不充分性的辩证法的初步知识，他也会知道的。只要我们在上面指出的狭窄的领域之外应用真理和谬误的对立，这种对立就变成相对的，因而对精确的科学的表达方式来说就是无用的；但是，如果我们企图在这一领域之外把这种对立当做绝对有效的东西来应用，那我们就会完全遭到失败；对立的两极都向自己的对立面转化，真理变成谬误，谬误变成真理。……可见，关于最后的终极的真理，例如在物理学上，情况就是这样。因此，真正科学的著作照例要避免使用像谬误和真理这种教条式的道德的说法，而这种说法我们在现实哲学这样的著作中到处可以碰到，这种著作想强迫我们把空空洞洞的信口胡说当做至上的思维的至上的结论来接受。

……

如果说，在真理和谬误的问题上我们没有什么前进，那么在善和恶的问题上就更没有前进了。这一对立完全是在道德领域中，也就是在属于人类历史的领域中运动，在这里播下的最后的终极的真理恰恰是最稀少的。善恶观念从一个民族到另一个民族、从一个时代到另一个时代变更得这样厉害，以致它们常常是互相直接矛盾的。但是，如果有人反驳说，无论如何善不是恶，恶不是善；如果把善恶混淆起来，那么一切道德都将完结，而每个人都将可以为所欲为了。杜林先生的意见，只要除去一切隐晦玄妙的词句，就是这样的。但是问题毕竟不是这样简单地解决的。如果事情真的这样简单，那么关于善和恶就根本不会有争论了，每个人都会知道什么是善，什么是恶。但是今天的情形是怎样的呢？今天向我们宣扬的是什么样的道德呢？首先是由过去信教时代传下来的基督教的封建的道德，这种道德主要又分成天主教的和新教的道德，其中又不乏不同分支，从耶稣会①天主教的和正统新教的道德，直到松弛的启蒙的道德。和这些道德并列的，有现代资产阶级的道德，和资产阶级道德并列的，又有未来的无产阶级道德，所以仅仅在欧洲最先进国家中，过去、现在和将来就提供了三大类同时和并列地起作用的道德论。哪一种是合乎真理的呢？如果就绝对的终极性来说，哪一种也不是；但是，现在代表着现状的变革、代表着未来的那种道德，即无产阶级道德，肯定拥有最多的能够长久保持的因素。

但是，如果我们看到，现代社会的三个阶级即封建贵族、资产阶级和无产阶级都各有自己的特殊的道德，那么我们由此只能得出这样的结论：人们自觉地或不自觉地，归根到底总是从他们阶级地位所依据的实际关系中——从他们进行生产和交换的经济关系中，获得自己的伦理观念。

但是在上述三种道德论中还是有一些对所有这三者来说都是共同的东西——这不至少就是一成不变的道德的一部分吗？——这三种道德论代表同一历史发展的三个不同阶段，所以有共同的历史背景，正因为这样，就必然有许多共同之处。不仅如此，对同样的或差不多同样的经济发展阶段来说，道德论必然是或多或少地互相一致的。从动产的私有制发展起来的时候起，在一切存在着这种私有制的社会里，道德戒律一定是共同的：切勿偷盗②。这个戒律是否因此而成为永恒的道德戒律呢？绝对不会。在偷盗动机已被消除的社会里，就是说在随着时间的推移顶多只有精神病患者才会偷盗的社会里，如果一个道德说教者想庄严地宣布一条永恒真理：切勿偷盗，那他将会遭到什么样的嘲笑啊！

因此，我们拒绝想把任何道德教条当做永恒的、终极的、从此不变的伦理规律强加给我们的一切无理要求，这种要求的借口是，道德世界也有凌驾于历史和

---

① 耶稣会是天主教的修会之一，以对抗宗教改革运动为宗旨。耶稣会会士以各种形式渗入社会各阶层进行活动，为达到目的而不择手段，在欧洲声誉不佳。

② 参看《旧约全书·出埃及记》第 20 章第 15 节和《旧约全书·申命记》第 5 章第 19 节。——编者注

民族差别之上的不变的原则。相反，我们断定，一切以往的道德论归根到底都是当时的社会经济状况的产物。而社会直到现在是在阶级对立中运动的，所以道德始终是阶级的道德；它或者为统治阶级的统治和利益辩护，或者当被压迫阶级变得足够强大时，代表被压迫者对这个统治的反抗和他们的未来利益。没有人怀疑，在这里，在道德方面也和人类认识的所有其他部门一样，总的说是有过进步的。但是我们还没有越出阶级的道德。只有在不仅消灭了阶级对立，而且在实际生活中也忘却了这种对立的社会发展阶段上，超越阶级对立和超越对这种对立的回忆的、真正人的道德才成为可能。现在可以去评价杜林先生的自我吹嘘了。他竟在旧的阶级社会中要求在社会革命的前夜把一种永恒的、不以时间和现实变化为转移的道德强加给未来的无阶级的社会！我们姑且假定他对这种未来社会的结构至少是有概略了解的，——这一点我们直到现在还不知道。

……

十　道德和法。平等

我们已经不止一次地领教了杜林先生的方法。他的方法就是：把每一类认识对象分解成它们的所谓最简单的要素，把同样简单的所谓不言而喻的公理应用于这些要素，然后再进一步运用这样得出的结论。……

……

虽然我们关于杜林先生对平等观念的浅薄而拙劣的论述已经谈完，但是我们对平等观念本身的论述没有因此结束，这一观念特别是通过卢梭起了一种理论的作用，在大革命中和大革命之后起了一种实际的政治的作用，而今天在差不多所有国家的社会主义运动中仍然起着巨大的鼓动作用。这一观念的科学内容的确立，也将确定它对无产阶级鼓动的价值。

一切人，作为人来说，都有某些共同点，在这些共同点所及的范围内，他们是平等的，这样的观念自然是非常古老的。但是现代的平等要求与此完全不同；这种平等要求更应当是从人的这种共同特性中，从人就他们是人而言的这种平等中引申出这样的要求：一切人，或至少是一个国家的一切公民，或一个社会的一切成员，都应当有平等的政治地位和社会地位。要从这种相对平等的原始观念中得出国家和社会中的平等权利的结论，要使这个结论甚至能够成为某种自然而然的、不言而喻的东西，必然要经过而且确实已经经过几千年。在最古老的自然形成的公社中，最多只谈得上公社成员之间的平等权利，妇女、奴隶和外地人自然不在此列。在希腊人和罗马人那里，人们的不平等的作用比任何平等要大得多。如果认为希腊人和野蛮人、自由民和奴隶、公民和被保护民、罗马的公民和罗马的臣民（该词是在广义上使用的），都可以要求平等的政治地位，那么这在古代人看来必定是发了疯。在罗马帝国时期，所有这些区别，除自由民和奴隶的区别外，都逐渐消失了；这样，至少对自由民来说产生了私人的平等，在这种平等的基础上罗马法发展起来了，它是我们所知道的以私有制为基础的法的最完备形式。但是只要自由民和奴隶之间的对立还存在，就谈不上从一般**人的**平等得出的法的结论，这一点我们不久前在北美合众国各蓄奴州里还可以看得到。

基督教只承认一切人的**一种**平等，即原罪的平等，这同它曾经作为奴隶和被压迫者的宗教的性质是完全适合的。此外，基督教至多还承认上帝的选民的平等，但是这种平等只是在开始时才被强调过。在新宗教的最初阶段同样可以发现财产共有的痕迹，这与其说是来源于真正的平等观念，不如说是来源于被迫害者的团结。僧侣和俗人对立的确立，很快就使这种基督教平等的萌芽也归于消失。——日耳曼人在西欧的横行，逐渐建立了空前复杂的社会的和政治的等级制度，从而在几个世纪内消除了一切平等观念，但是同时使西欧和中欧卷入了历史的运动，在那里第一次创造了一个牢固的文化区域，并在这个区域内第一次建立了一个由互相影响和互相防范的、主要是民族国家所组成的体系。这样就准备了一个基础，后来只是在这个基础上才有可能谈人的平等和人权的问题。

此外，在封建的中世纪的内部孕育了这样一个阶级，这个阶级在它进一步的发展中，注定成为现代平等要求的代表者，这就是资产阶级。资产阶级本身最初是一个封建等级，当15世纪末海上航路的伟大发现为它开辟了一个新的更加广阔的活动场所时，它使封建社会内部的主要靠手工进行的工业和产品交换发展到比较高的水平。欧洲以外的、以前只在意大利和黎凡特①之间进行的贸易，这时已经扩大到了美洲和印度，就重要性来说，很快就超过了欧洲各国之间的和每个国家内部的交换。美洲的黄金和白银在欧洲泛滥起来，它好似一种瓦解因素渗入封建社会的一切罅隙、裂缝和细孔。手工业生产不再能满足日益增长的需要；在最先进的国家的主要工业部门里，手工业生产为工场手工业代替了。

---

① 地中海东岸诸国的旧称。——编者注

可是社会的政治结构决不是紧跟着社会经济生活条件的这种剧烈的变革立即发生相应的改变。当社会日益成为资产阶级社会的时候，国家制度仍然是封建的。大规模的贸易，特别是国际贸易，尤其是世界贸易，要求有自由的、在行动上不受限制的商品占有者，他们作为商品占有者是有平等权利的，他们根据对他们所有人来说都平等的、至少在当地是平等的权利进行交换。从手工业向工场手工业转变的前提是，有一定数量的自由工人（所谓自由，一方面是他们摆脱了行会的束缚，另一方面是他们失去了自己使用自己劳动力所必需的资料），他们可以和厂主订立契约出租他们的劳动力，因而作为缔约的一方是和厂主权利平等的。最后，一切人类劳动由于而且只是由于都是一般**人类**劳动而具有的等同性和同等意义①，在现代资产阶级经济学的价值规律中得到了自己的不自觉的，但最强烈的表现，根据这一规律，商品的价值是由其中所包含的社会必要劳动来计量的②。——但是，在经济关系要求自由和平等权利的地方，政治制度却每一步都以行会束缚和各种特权同它对抗。地方特权、差别关税以及各种各样的特别法令，不仅在贸易方面打击外国人或殖民地居民，而且还时常打击本国的各类国民；行会特权处处和时时都一再阻挡着工场手工业发展的道路。无论在哪里，道路都不是自由通行的，对资产阶级竞争者来说机会都不是平等的，而自由通行和机会平等是首要的和愈益迫切的要求。

社会的经济进步一旦把摆脱封建桎梏和通过消除封建不平等来确立权利平等的要求提上日程，这种要求就必定迅速地扩大其范围。只要为工业和商业的利益提出这一要求，就必须为广大农民要求同样的平等权利。农民遭受着从十足的农奴制开始的各种程度的奴役，他们必须把自己绝大部分的劳动时间无偿地献给仁慈的封建领主，此外，还得向领主和国家交纳无数的贡税。另一方面，也不能不要求废除封建特惠、贵族免税权以及个别等级的政治特权。由于人们不再生活在像罗马帝国那样的世界帝国中，而是生活在那些相互平等地交往并且处在差不多相同的资产阶级发展阶段的独立国家所组成的体系中，所以这种要求就很自然地获得了普遍的、超出个别国家范围的性质，而自由和平等也很自然地被宣布为**人权**。这种人权的特殊资产阶级性质的典型表现是美国宪法，它最先承认了人权，同时确认了存在于美国的有色人种奴隶制：阶级特权

---

① 参看马克思《资本论》第 1 卷，《马克思恩格斯文集》第 5 卷第 70—75 页。——编者注
② 从资产阶级社会的经济条件中这样推导出现代平等观念，首先是由马克思在《资本论》中作出的。

不受法律保护，种族特权被神圣化。

可是大家知道，从资产阶级由封建时代的市民等级破茧而出的时候起，从中世纪的等级转变为现代的阶级的时候起，资产阶级就由它的影子即无产阶级不可避免地一直伴随着。同样地，资产阶级的平等要求也由无产阶级的平等要求伴随着。从消灭阶级**特权**的资产阶级要求提出的时候起，同时就出现了消灭**阶级本身**的无产阶级要求——起初采取宗教的形式，借助于原始基督教，以后就以资产阶级的平等理论本身为依据了。无产阶级抓住了资产阶级所说的话，指出：平等应当不仅仅是表面的，不仅仅在国家的领域中实行，它还应当是实际的，还应当在社会的、经济的领域中实行。尤其是从法国资产阶级自大革命开始把公民的平等提到重要地位以来，法国无产阶级就针锋相对地提出社会的、经济的平等的要求，这种平等成了法国无产阶级所特有的战斗口号。

因此，无产阶级所提出的平等要求有双重意义。或者它是对明显的社会不平等，对富人和穷人之间、主人和奴隶之间、骄奢淫逸者和饥饿者之间的对立的自发反应——特别是在初期，例如在农民战争中，情况就是这样；它作为这种自发反应，只是革命本能的表现，它在这里，而且仅仅在这里找到自己被提出的理由。或者它是从对资产阶级平等要求的反应中产生的，它从这种平等要求中吸取了或多或少正当的、可以进一步发展的要求，成了用资本家本身的主张发动工人起来反对资本家的鼓动手段；在这种情况下，它是和资产阶级平等本身共存亡的。在上述两种情况下，无产阶级平等要求的实际内容都是**消灭阶级**的要求。任何超出这个范围的平等要求，都必然要流于荒谬。我们已经举出了关于这方面的例子，当我们转到杜林先生关于未来的幻想时，我们还会发现更多的这类例子。

可见，平等的观念，无论以资产阶级的形式出现，还是以无产阶级的形式出现，本身都是一种历史的产物，这一观念的形成，需要一定的历史条件，而这种历史条件本身又以长期的以往的历史为前提。所以，这样的平等观念说它是什么都行，就不能说它是永恒的真理。如果它现在对广大公众来说——在这种或那种意义上——是不言而喻的，如果它像马克思所说的，"已经成为国民的牢固的成见"①，那么这不是由于它具有公理式的真理性，而是由于18世纪

---

① 见马克思《资本论》第1卷，《马克思恩格斯文集》第5卷第75页。恩格斯在《反杜林论》中引用的是《资本论》第一卷德文第二版，只是在为出版《反杜林论》第三版而修改第二编第十章时，才引用了《资本论》第一卷德文第三版。因此，《反杜林论》中《资本论》的有些引文与现在通行的《资本论》德文第四版的文字略有差异。

的思想得到普遍传播和仍然合乎时宜。……

十一　道德和法。自由和必然

……

如果不谈所谓自由意志、人的责任能力、必然和自由的关系等问题，就不能很好地议论道德和法的问题。现实哲学对这一问题的解答，不仅有一个，而且甚至有两个。

"人们用来代替一切伪自由学说的，是这样一种关系的合乎经验的特性，在这种关系中，一方面是理性的认识，另方面是本能的冲动，双方似乎联成一个合力。动力学的这种基本事实应当从观察中取得，而且为了对尚未发生的事情进行预测，要按照性质和大小尽可能地作出一般的估计。这样，几千年来人们为之费尽心机的关于内在自由的愚蠢幻想不仅被彻底扫除，而且还被生活的实际安排所需要的某种积极的东西所代替。"

根据这种看法，自由是在于：理性的认识把人拉向右边，非理性的冲动把人拉向左边，而在这样的力的平行四边形中，真正的运动就按对角线的方向进行。这样说来，自由就是认识和冲动、知性和非知性之间的平均值，而在每一个人身上，这种自由的程度，用天文学的术语来说，可以根据经验用"人差"①来确定。但是在几页以后，杜林先生又说：

"我们把道德责任建立在自由上面，但是这种自由在我们看来，只不过是按照先天的和后天的知性对自觉动机的感受。所有这样的动机，尽管会觉察到行动中可能出现对立，总是以不可回避的自然规律性起着作用；但是，当我们应用道德杠杆时，我们正是估计到了这种不可回避的强制。"

这第二个关于自由的定义随随便便地就给了第一个定义一记耳光，它又只是对黑格尔观念的极端庸俗化。黑格尔第一个正确地叙述了自由和必然之间的关系。在他看来，自由是对必然的认识。"必然只有在它没有被理解时才是盲目的。"② 自由不在于幻想中摆脱自然规律而独立，而在于认识这些规律，从而

---

① 人差指确定天体通过已知平面瞬间的系统误差，这种误差是以观察员的心理生理特点和记录天体通过时刻的方式为转移的。

② 见黑格尔《哲学全书纲要》第 1 部（即《小逻辑》）第 147 节附释。——编者注

能够有计划地使自然规律为一定的目的服务。这无论对外部自然的规律，或对支配人本身的肉体存在和精神存在的规律来说，都是一样的。这两类规律，我们最多只能在观念中而不能在现实中把它们互相分开。因此，意志自由只是借助于对事物的认识来作出决定的能力。因此，人对一定问题的判断越是**自由**，这个判断的内容所具有的**必然性**就越大；而犹豫不决是以不知为基础的，它看来好像是在许多不同的和相互矛盾的可能的决定中任意进行选择，但恰好由此证明它的不自由，证明它被正好应该由它支配的对象所支配。因此，自由就在于根据对自然界的必然性的认识来支配我们自己和外部自然；因此它必然是历史发展的产物。最初的、从动物界分离出来的人，在一切本质方面是和动物本身一样不自由的；但是文化上的每一个进步，都是迈向自由的一步。在人类历史的初期，发现了从机械运动到热的转化，即摩擦生火；在到目前为止的发展的末期，发现了从热到机械运动的转化，即蒸汽机。而尽管蒸汽机在社会领域中实现了巨大的解放性的变革——这一变革还没有完成一半——，但是毫无疑问，就世界性的解放作用而言，摩擦生火还是超过了蒸汽机，因为摩擦生火第一次使人支配了一种自然力，从而最终把人同动物界分开。蒸汽机永远不能在人类的发展中引起如此巨大的飞跃，尽管在我们看来，蒸汽机确实是所有那些以它为依靠的巨大生产力的代表，唯有借助于这些生产力，才有可能实现这样一种社会状态，在这里不再有任何阶级差别，不再有任何对个人生活资料的忧虑，并且第一次能够谈到真正的人的自由，谈到那种同已被认识的自然规律和谐一致的生活。但是，整个人类历史还多么年轻，硬说我们现在的观点具有某种绝对的意义，那是多么可笑，这一点从下述的简单的事实中就可以看到：到目前为止的全部历史，可以称为从实际发现机械运动转化为热到发现热转化为机械运动这样一段时间的历史。

当然，杜林先生对历史的看法是不同的。一般说来，历史作为谬误的历史、无知和野蛮的历史、暴力和奴役的历史，是现实哲学所厌恶的一个对象，但是具体说来，历史被分为两大段落：（1）从物质的自身等同的状态到法国革命，（2）从法国革命到杜林先生；在这里，

19世纪"在实质上还是反动的，在精神方面，它甚至比18世纪还更加这样〈!〉"。虽然如此，它已经孕育着社会主义，因而也孕育着"比法国革命的先驱们和英雄们所臆想的〈!〉更加巨大的变革的萌芽"。

现实哲学对于到目前为止的历史的蔑视，是以下述议论为理由的：

"如果想到未来的那些千年的系列，那么要靠原始记载来作历史回忆的那很少的几个千年，连同这期间的以往人类状态，是没有多大意义的……　人类作为整体来说，还很年轻，如果有朝一日科学的回忆不是以千年而是以万年来计算，那么，我们的制度在精神上不成熟的幼稚状态，对于以后将被视为太古时代的我们的时代来说，将具有无可争辩的意义，不言而喻的前提。"

我们不去推敲最后一句话的真正"天然的语言形式"，我们仅仅指出下面两点：第一，这个"太古时代"在一切情况下，对一切未来的世代来说，总还是一个极有趣的历史时期，因为它建立了全部以后的更高的发展的基础，因为它以人从动物界分离出来为出发点，并且以克服将来联合起来的人们永远不会再遇到的那些困难为内容。第二，同这个太古时代相比，未来的、不再为这些困难和障碍所妨碍的历史时期，将有空前的科学、技术和社会的成果，所以，选择这个太古时代的终结作为一个时机，以便利用在我们这个十分"落后"和"退步"的世纪的精神上不成熟的幼稚状态的基础上所发现的最后的终极的真理、不变的真理和根底深厚的概念，来为这些未来的千年制定种种规范，这无论如何是非常奇怪的。人们只有成为哲学上的理查·瓦格纳（但没有瓦格纳那样的才能），才看不到：对于到目前为止的历史发展的这一切蔑视，同样非常适用于这个历史发展的所谓最后成果，即所谓现实哲学。

……

（选自《马克思恩格斯文集》第9卷，人民出版社2009年版，第89—122页）

第二编　政治经济学

二　暴　力　论

……

这样，杜林先生为了证明暴力是"历史上基础性的东西"而特意编造的天真的例子证明：暴力仅仅是手段，相反，经济利益才是目的。目的比用来达到目的的手段要具有大得多的"基础性"，同样，在历史上，关系的经济方面也比政治方面具有大得多的基础性。因此，上述例子证明的同它所要证明的正好相反。在鲁滨逊和星期五的例子上如此，在到目前为止的一切统治和奴役的事例上也都是如此。用杜林先生的优雅词汇来说，压迫始终是"达到糊口目的的手段"（指最广义的糊口目的），但是无论何时何地，它都不是什么为"达到自己目的"而实行的政治组合。只有像杜林先生这样的人才能设想，捐税在国家中只是"次等的结果"，或者，进行统治的资产阶级和被统治的无产阶级的目前的政治组合是为了"达到自己目的"而存在，而不是为了进行统治的资产者的"糊口目的"，即为了榨取利润和积累资本而存在。

现在回过头来再谈我们的两个男人。鲁滨逊"手持利剑"把星期五变成自己的奴隶。但是鲁滨逊为了做到这一点，除利剑之外还需要别的东西。并不是每个人都能使用奴隶服役。为了能使用奴隶，必须掌握两种东西：第一，奴隶劳动所需的工具和对象；第二，维持奴隶困苦生活所需的资料。因此，先要在生产上达到一定的阶段，并在分配的不平等上达到一定的程度，奴隶制才会成为可能。奴隶劳动要成为整个社会中占统治地位的生产方式，生产、贸易和财富积聚就要有大得多的增长。在古代自然形成的土地公有的公社中，奴隶制或是根本还没有出现，或是只起极其次要的作用。在最初的农民城市罗马，情形也是如此；当罗马变成"世界城市"，意大利的地产日益集中于人数不多的非常富有的所有者阶级手里的时候，农民人口才被奴隶人口所排挤。波斯战争时期，在科林斯奴隶数目达到 46 万，在埃吉纳岛达到 47 万，平均每个自由民有 10 个奴隶①，为此，除"暴力"之外，还需要其他东西，即高度发展的工艺美术业和手工业以及广泛的贸易。美国的奴隶制对暴力的依赖，要比它对英国的棉纺织工业的依赖少得多；在不种植棉花的地方，或者不像边境各州那样为各植棉州蓄奴的地区，奴隶制未经使用暴力就自行消失，这仅仅是因为奴隶制不上算。

这样，杜林先生把现代的所有制叫做基于暴力的所有制，并且称它为

"这样一种统治形式，这种统治形式的基础不仅在于禁止同胞使用天然的生活资料，而且更重要

---

① 恩格斯的这些材料引自恩·库尔齐乌斯的《希腊史》1869 年柏林第 3 版第 2 卷第 48、731 页。大约在 1876 年 3 月底至 5 月底，恩格斯对该书全三卷曾作过大量摘录。

得多的是在于强迫人们从事奴隶的劳役"——

他就把全部关系弄颠倒了。

要强迫人们从事任何形式的奴隶的劳役，强迫者就必须拥有劳动资料，他只有借助这些劳动资料才能使用被奴役者；而在实行奴隶制的情况下，除此以外，他还必须拥有用来维持奴隶生活所必需的生活资料。这样，在任何情况下，他都必须拥有一定的超过平均水平的财产。但是这种财产是怎样来的呢？无论如何，有一点是清楚的：虽然财产可以由掠夺而得，就是说可以建立在**暴力**基础上，但是决不是必须如此。它可以通过劳动、偷窃、经商、欺骗等办法取得。无论如何，财产必须先由劳动生产出来，然后才能被掠夺。

私有财产在历史上的出现，决不是掠夺和暴力的结果。相反，在一切文明民族的古代自然形成的公社中，私有财产已经存在了，虽然只限于某几种对象。在这种公社的内部，最初是在同外地人进行的交换中，它就已经发展成商品的形式。公社的产品越是采取商品的形式，就是说，产品中为生产者自己消费的部分越小，为交换目的而生产的部分越大，在公社内部，原始的自发的分工被交换排挤得越多，公社各个社员的财产状况就越不平等，旧的土地公有制就被埋葬得越深，公社就越迅速地瓦解为小农的乡村。东方的专制制度以及东征西讨的游牧民族的不断更迭的统治，几千年来都对这些旧的公社无可奈何；由大工业产品的竞争引起的自然形成的家庭工业的逐渐破坏，却使公社日益瓦解。在这里，像目前在摩泽尔河地区和霍赫瓦尔德地区仍在进行的"农户公社"公有耕地的分配一样，谈不上什么暴力；农民恰恰认为，耕地公有被耕地私有取而代之，对自己是有利的。① 甚至原始贵族的形成，像在凯尔特人中、日耳曼人中和在印度旁遮普是在土地公有制的基础上发生的那样，最初也完全不是基于暴力，而是基于自愿和习惯。私有财产的形成，到处都是由于生产关系和交换关系发生变化，都是为了提高生产和促进交换——因而都是由于经济的原因。在这里，暴力没有起任何作用。显然，在掠夺者能够**占有**他人的财物以前，私有财产的制度必须是已经存在了；因此，暴力虽然可以改变占有状况，但是不能创造私有财产本身。

甚至"强迫人们从事奴隶的劳役"的最现代的形式，即雇佣劳动，我们也

---

① 参看格·汉森《特里尔专区的农户公社（世代相承的协作社）》1863年柏林版。——编者注

不能用暴力或基于暴力的所有制去说明。我们已经说过,劳动产品转化为商品,即不是为自身消费而是为交换所进行的产品生产,对古代公社的瓦解,因而对私有制的直接或间接的普遍化,起了怎样的作用。马克思在《资本论》中再清楚不过地证明(杜林先生小心翼翼地对此甚至一字不提),商品生产达到一定的发展程度,就转变为资本主义的生产;在这个阶段上,"以商品生产和商品流通为基础的占有规律或私有权规律,通过它本身的、内在的、不可避免的辩证法转变为自己的对立物。表现为最初活动的等价物交换,已经变得仅仅在表面上是交换,因为,第一,用来交换劳动力的那部分资本本身只是不付等价物而占有的他人的劳动产品的一部分;第二,这部分资本不仅必须由它的生产者即工人来补偿,而且在补偿时还要加上新的剩余额〈余额〉……最初,在我们看来,所有权似乎是以自己的劳动为基础的……现在〈据马克思分析的结果〉,所有权对于资本家来说,表现为占有他人无酬劳动的权利,而对于工人来说,则表现为不能占有自己的产品。所有权和劳动的分离,成了似乎是一个以它们的同一性为出发点的规律的必然结果"。① 换句话说,即使我们排除任何掠夺、任何暴力行为和任何欺骗的可能性,即使假定一切私有财产起初都基于占有者自己的劳动,而且在往后的全部进程中,都只是相等的价值和相等的价值进行交换,那么,在生产和交换的进一步发展中也必然要产生现代资本主义的生产方式,生产资料和生活资料必然被一个人数很少的阶级所垄断,而另一个构成人口绝大多数的阶级必然沦为一无所有的无产者,必然出现狂热生产和商业危机的周期交替,出现整个现在的生产无政府状态。全部过程都由纯经济的原因来说明,而根本不需要用掠夺、暴力、国家或任何政治干预来说明。"基于暴力的所有制",在这里,原来也不过是用来掩饰对真实的事物进程毫不了解的一句大话。

历史地说,这个进程是资产阶级的发展史。如果"政治状态是经济状况的决定性的原因",那么,现代资产阶级就不应当是在反对封建制度的斗争中发展起来的,而应当是封建制度自愿生产的宠儿。任何人都知道,实际情形正好相反。资产阶级起初是一个被压迫的等级,它不得不向进行统治的封建贵族交纳贡税,它由各种各样的依附农和农奴补充自己的队伍,它在反对贵族的不断斗争中占领了一个又一个的阵地,最后,在最发达的国家中取代了贵族的统

---

① 参看马克思《资本论》第1卷,《马克思恩格斯文集》第5卷第673—674页。——编者注

治；在法国它直接推翻了贵族，在英国它逐步地使贵族资产阶级化，并把贵族同化，作为它自己装潢门面的上层。它是怎样达到这个地步的呢？只是通过"经济状况"的改变，而政治状态的改变则是或早或迟，或自愿或经过斗争随之发生的。资产阶级反对封建贵族的斗争是城市反对乡村、工业反对地产、货币经济反对自然经济的斗争，在这一斗争中，资产者的决定性的武器是他们的**经济上的**权力手段，这些手段由于工业（起初是手工业，后来扩展成为工场手工业）的发展和商业的扩展而不断增长起来。在这整个斗争中，政治暴力始终在贵族方面，只有一个时期是例外，那时王权利用资产阶级反对贵族，以便利用一个等级去控制另一个等级；但是，自从政治上还软弱无力的资产阶级因其经济力量的增长而开始变得危险起来的时候起，王权又和贵族联合起来，因而起初在英国随后在法国引起了资产阶级的革命。在法国，在"政治状态"还没有发生变化的时候，"经济状况"已经发展得超过它了。就政治状态来说，贵族拥有一切，资产者一无所有；可是就社会状况来说，那时资产者是国家里最重要的阶级，而贵族已经丧失了他们的全部社会职能，他们只是继续取得固定收入，以作为失去这些职能的补偿。不仅如此，资产阶级在他们的全部生产中，还受到早已被这种生产（不但被工场手工业，而且甚至被手工业）所超过的中世纪封建政治形式的箝制，受到所有那些已经成为生产的障碍和桎梏的无数行会特权以及各地和各省的关税壁垒的箝制。资产阶级的革命结束了这种状况。但是，革命不是按照杜林先生的原则，使经济状况适应政治状态（贵族和王权在长时期内正是枉费心机地企图这样做的），而是相反，把陈腐的政治废物抛开，并造成使新的"经济状况"能够存在和发展的政治状态。"经济状况"在这个与之适合的政治的和法的氛围中蓬勃地发展起来，以致资产阶级已经接近贵族在1789年所处的地位了：它不仅日益成为社会的多余，而且日益成为社会的障碍；它日益脱离生产活动，日益像旧时的贵族那样成为一个只收取固定收入的阶级；它不是用任何暴力的戏法，而是以纯经济的方法，实现了它自己的地位的变革，并造成了新的阶级，即无产阶级。此外，它决不愿意它自己的行为和活动产生这样的结果，相反，这种结果是在违背它的意志和愿望的情况下以不可抗拒的力量实现的；它拥有的生产力发展得超过了它的驾驭能力，好似以自然的必然性把整个资产阶级社会推向毁灭，或者推向变革。资产者现在求助于暴力，以挽救日趋瓦解的"经济状况"免于崩溃，他们这样做只是证明：他们陷入了杜林先生陷入的那条迷途，以为"政治状态是经济状况的决定性的原因",他们完全和杜林先生一样想入非非,以为用"本原的东西",用"直接的政治暴力"就能改造那些"次等的事实",即经济状况及其不可避免的发展,用克虏伯炮和毛瑟枪就能把蒸汽机和由它推动的现代机器的经济结果,把世界贸易以及现代银行和信用的发展的经济结果从世界上消除掉。

(选自《马克思恩格斯文集》第 9 卷,人民出版社
2009 年版,第 167—173 页)

四　暴力论(续完)

......

杜林先生断言,人对人的统治是人对自然界的统治的前提。如果他一般地只想以此来表明:我们现代的整个经济状况,目前已经达到的农业和工业的发展阶段,是在阶级对立中,在统治关系和奴役关系中展开的社会历史的结果,那么他所说的不过是《共产主义宣言》[①] 发表以来早已成为老生常谈的事情。问题恰恰是要去说明阶级和统治关系的产生,如果杜林先生对这个问题总是只用"暴力"这个词来回答,那么这并不能使我们前进一步。被统治者和被剥削者在任何时代都比统治者和剥削者多得多,所以真正的力量总是在前者的手里,仅仅这一简单的事实就足以说明整个暴力论的荒谬性。因此,问题仍然是要去说明统治关系和奴役关系。

这些关系是通过两种途径产生的。

人们最初怎样脱离动物界(就狭义而言),他们就怎样进入历史:他们还是半动物,是野蛮的,在自然力量面前还无能为力,还不认识他们自己的力量;所以他们像动物一样贫困,而且生产能力也未必比动物强。那时普遍存在着生活状况的某种平等,对于家长,也存在着社会地位的某种平等,至少没有社会阶级,这种状况在后来的文明民族的自然形成的农业公社中还继续存在着。在每个这样的公社中,一开始就存在着一定的共同利益,维护这种利益的工作,虽然是在全体的监督之下,却不能不由个别成员来担当:如解决争端;制止个别人越权;监督用水,特别是在炎热的地方;最后,在非常原始的状态

---

① 即《共产党宣言》。——编者注

下执行宗教职能。这样的职位，在任何时候的原始公社中，例如在最古的德意志的马尔克公社中可以看到，甚至在今天的印度还可以看到。不言而喻，这些职位被赋予了某种全权，这是国家权力的萌芽。生产力逐渐提高；较稠密的人口使各个公社之间在一些场合产生共同利益，在另一些场合又产生相互抵触的利益，而这些公社集合为更大的整体又引起新的分工，建立保护共同利益和防止相互抵触的利益的机构。这些机构，作为整个集体的共同利益的代表，在对每一个公社的关系上已经处于特别的、在一定情况下甚至是对立的地位，它们很快就变得更加独立了，这种情况的出现，部分地是由于职位的世袭（这种世袭在一切事情都是自发地进行的世界里差不多是自然而然地形成的），部分地是由于同别的集团的冲突的增多，使得这种机构越来越必不可少了。在这里我们没有必要来深入研究：社会职能对社会的这种独立化怎样逐渐上升为对社会的统治；起先的公仆在情况有利时怎样逐步变为主人；这种主人怎样分别成为东方的暴君或总督，希腊的部落首领，凯尔特人的族长等等；在这种转变中，这种主人在什么样的程度上终究也使用了暴力；最后，各个统治人物怎样结合成一个统治阶级。在这里，问题仅仅在于确定这样的事实：政治统治到处都是以执行某种社会职能为基础，而且政治统治只有在它执行了它的这种社会职能时才能持续下去。不管在波斯和印度兴起和衰落的专制政府有多少，每一个专制政府都十分清楚地知道它们首先是河谷灌溉的总管，在那里，没有灌溉就不可能有农业。只有文明的英国人才在印度忽视了这一点；他们听任灌溉渠道和水闸毁坏，现在，由于周期性地发生饥荒，他们才终于发现，他们忽视了唯一能使他们在印度的统治至少同他们前人的统治一样具有某种合理性的那种行动。

但是，除了这样的阶级形成过程之外，还有另一种阶级形成过程。农业家族内的自发的分工，达到一定的富裕程度时，就有可能吸收一个或几个外面的劳动力到家族里来。在旧的土地公有制已经崩溃或者至少是旧的土地共同耕作已经让位于各个家族分得地块单独耕作的那些地方，上述情形尤为常见。生产已经发展到这样一种程度：现在人的劳动力所能生产的东西超过了单纯维持劳动力所需要的数量；维持更多的劳动力的资料已经具备了；使用这些劳动力的资料也已经具备了；劳动力获得了某种**价值**。但是公社本身和公社所属的集团还不能提供多余的可供自由支配的劳动力。战争却提供了这种劳动力，而战争就像相邻几个公社集团的同时并存一样古老。先前人们不知道怎样处理战俘，因此就简单地把他们杀掉，在更早的时候甚至把他们吃掉。但是在这时已经达到的"经济状况"的水平上，战俘获得了某种价值；因此人们就让他们活下来，并且使用他们的劳动。这样，不是暴力支配经济状况，而是相反，暴力被迫为经济状况服务。**奴隶制**被发现了。奴隶制很快就在一切已经发展得超过古代公社的民族中成了占统治地位的生产形式，但是归根到底也成为它们衰落的主要原因之一。只有奴隶制才使农业和工业之间的更大规模的分工成为可能，从而使古代世界的繁荣，使希腊文化成为可能。没有奴隶制，就没有希腊国家，就没有希腊的艺术和科学；没有奴隶制，就没有罗马帝国。没有希腊文化和罗马帝国所奠定的基础，也就没有现代的欧洲。我们永远不应该忘记，我们的全部经济、政治和智力的发展，是以奴隶制既成为必要、又得到公认这种状况为前提的。在这个意义上，我们有理由说：没有古希腊罗马的奴隶制，就没有现代的社会主义。

讲一些泛泛的空话来痛骂奴隶制和其他类似的现象，对这些可耻的现象发泄高尚的义愤，这是最容易不过的事情。可惜，这样做仅仅说出了一件人所共知的事情，这就是：这种古希腊罗马的制度已经不再适合我们目前的状况和由这种状况所决定的我们的感情。但是，这种制度是怎样产生的，它为什么存在，它在历史上起了什么作用，关于这些问题，我们并没有因此而得到任何的说明。如果我们深入地研究一下这些问题，我们就不得不说——尽管听起来是多么矛盾和离奇——在当时的情况下，采用奴隶制是一个巨大的进步。人类是从野兽开始的，因此，为了摆脱野蛮状态，他们必须使用野蛮的、几乎是野兽般的手段，这毕竟是事实。古代的公社，在它们继续存在的地方，从印度到俄国，在数千年中曾经是最野蛮的国家形式即东方专制制度的基础。只是在公社瓦解的地方，各民族才靠自身的力量继续向前迈进，它们最初的经济进步就在于借助奴隶劳动来提高和进一步发展生产。有一点是清楚的：当人的劳动的生产率还非常低，除了必要生活资料只能提供很少的剩余的时候，生产力的提高、交往的扩大、国家和法的发展、艺术和科学的创立，都只有通过更大的分工才有可能，这种分工的基础是从事单纯体力劳动的群众同管理劳动、经营商业和掌管国事以及后来从事艺术和科学的少数特权分子之间的大分工。这种分工的最简单的完全自发的形式，正是奴隶制。在古代世界、特别是希腊世界的历史前提之下，进步到以阶级对立为基础的社会，这只能通过奴隶制的形式来完成。甚至对奴隶来说，这也是一种进步；

成为大批奴隶来源的战俘以前都被杀掉，在更早的时候甚至被吃掉，现在至少能保全生命了。

在这里我们顺便补充一下，剥削阶级和被剥削阶级、统治阶级和被压迫阶级之间的到现在为止的一切历史对立，都可以从人的劳动的这种相对不发展的生产率中得到说明。只要实际从事劳动的居民必须占用很多时间来从事自己的必要劳动，因而没有多余的时间来从事社会的公共事务——劳动管理、国家事务、法律事务、艺术、科学等等，总是必然有一个脱离实际劳动的特殊阶级来从事这些事务；而且这个阶级为了它自己的利益，从来不会错过机会来把越来越沉重的劳动负担加到劳动群众的肩上。只有通过大工业所达到的生产力的极大提高，才有可能把劳动无例外地分配给一切社会成员，从而把每个人的劳动时间大大缩短，使一切人都有足够的自由时间来参加社会的公共事务——理论的和实际的公共事务。因此，只是在现在，任何统治阶级和剥削阶级才成为多余的，而且成为社会发展的障碍；也只是在现在，统治阶级和剥削阶级，无论拥有多少“直接的暴力”，都将被无情地消灭。

因此，既然杜林先生因为希腊文化是以奴隶制为基础而对它嗤之以鼻，那他可以用同样的理由去责备希腊人没有蒸汽机和电报。既然他断言，我们现代的雇佣奴役制只能解释为奴隶制的稍有变化和稍微缓和的遗物，而不能从它本身（即从现代社会的经济规律）去加以说明，那么这种论断，要么只是说雇佣劳动同奴隶制一样，是奴役和阶级统治的形式——这是每个小孩子都知道的——，要么就是错误的。因为根据同样的理由，我们也可以说，雇佣劳动只能被解释为缓和的吃人形式，现在到处都已经证实，吃人曾是处理战败的敌人的原始形式。

由此可以清楚地看到，对于经济的发展，暴力在历史中起着什么样的作用。第一，一切政治权力起先都是以某种经济的、社会的职能为基础的，随着社会成员由于原始公社的瓦解而变为私人生产者，因而和社会公共职能的执行者更加疏远，这种权力不断得到加强。第二，政治权力在对社会独立起来并且从公仆变为主人以后，可以朝两个方向起作用。或者它按照合乎规律的经济发展的精神和方向发生作用，在这种情况下，它和经济发展之间没有任何冲突，经济发展加快速度。或者它违反经济发展而发生作用，在这种情况下，除去少数例外，它照例总是在经济发展的压力下陷于崩溃。这少数例外就是个别的征服事件：比较野蛮的征服者杀光或者驱逐某个地方的居民，并且由于不会利用生产力而使生产力遭到破坏或衰落下去。例如在摩尔西班牙，基督徒就是这样对待摩尔人赖以从事高度发展的农业和园艺业的大部分灌溉工程的。由比较野蛮的民族进行的每一次征服，不言而喻，都阻碍了经济的发展，摧毁了大批的生产力。但是在长时期的征服中，比较野蛮的征服者，在绝大多数情况下，都不得不适应由于征服而面临的比较高的"经济状况"；他们为被征服者所同化，而且多半甚至不得不采用被征服者的语言。但是，如果撇开征服的情况不谈，当某一个国家内部的国家权力同它的经济发展处于对立地位的时候——直到现在，几乎一切政治权力在一定的发展阶段上都是这样——，斗争每次总是以政治权力被推翻而告终。经济发展总是毫无例外地和无情地为自己开辟道路，最近这方面最显著的例子，就是我们已经提到过的法国大革命。如果根据杜林先生的学说，某个国家的经济状况以及与此相关的经济制度完全依赖于政治暴力，那就根本不能理解，为什么弗里德里希-威廉四世在 1848 年之后，尽管有"英勇军队"[①]，却不能把中世纪的行会制度和其他浪漫的狂念，嫁接到本国的铁路、蒸汽机以及刚刚开始发展的大工业上去；或者为什么强暴得多的俄国沙皇[②]不但不能偿付他的债务，而且如果不利用西欧的"经济状况"不断借债，甚至不能保持他的"暴力"。

在杜林先生看来，暴力是绝对的坏事，第一次暴力行为是原罪，他的全部叙述只是哀诉这一暴力行为怎样作为原罪玷污了到现在为止的全部历史，一切自然规律和社会规律怎样被这种恶魔力量即暴力可耻地歪曲了。但是，暴力在历史中还起着另一种作用，革命的作用；暴力，用马克思的话说，是每一个孕育着新社会的旧社会的助产婆[③]；它是社会运动借以为自己开辟道路并摧毁僵化的垂死的政治形式的工具——关于这些，杜林先生一个字也没有提到。他只是在叹息和呻吟中承认这样一种可能性：为了推翻进行剥削的经济，也许需要暴力，这很遗憾！因为在他看来，暴力的任何使用都会使暴力使用者道德堕落。他说这话竟不顾每一次革命的胜利带来的道德上和精神上的巨大跃进！而且这话是在德国说的，在那里，人民可能被迫进行的暴力

① 引自弗里德里希-威廉四世给普鲁士军队的新年文告（1849 年 1 月 1 日）。1849 年以来，这一用语就在革命的工人运动中被用来表示普鲁士德意志的军国主义行为。对这一文告的批判，见马克思《新年贺词》（《马克思恩格斯全集》中文第 1 版第 6 卷第 186—192 页）。
② 亚历山大二世。——编者注
③ 参看马克思《资本论》第 1 卷，《马克思恩格斯文集》第 5 卷第 861 页。——编者注

冲突至少有一个好处，即扫除三十年战争①的屈辱在民族意识中造成的奴才气。而这种枯燥的、干瘪的、软弱无力的传教士的思维方式，竟要强加给历史上最革命的政党！

（选自《马克思恩格斯文集》第9卷，人民出版社2009年版，第185—192页）

---

① 三十年战争（1618—1648年）是一次全欧洲范围的战争，由新教徒和天主教徒之间的斗争引起，是欧洲国家集团之间矛盾尖锐化的结果。德国是这场战争的主要场所，是战争参加者进行军事掠夺和侵略的对象。

三十年战争分为四个时期：捷克时期（1618—1624年），丹麦时期（1625—1629年），瑞典时期（1630—1635年）以及法国瑞典时期（1635—1648年）。

三十年战争以1648年缔结威斯特伐利亚和约而告结束，和约的签订加深了德国政治上的分裂。

《反杜林论》（节选）导读

　　恩格斯的《反杜林论》是全面系统阐述马克思主义基本理论的重要著作，是马克思主义哲学重要的代表作之一。它是以同杜林论战的形式写成的，文笔犀利，思想深刻。

一、写作背景

　　《反杜林论》写于 1876—1878 年，是为适应国际无产阶级革命形势和解决德国社会主义工人党内部思想斗争的需要而写的。19 世纪 70 年代，欧洲工人运动进入了一个新的发展阶段，马克思主义已经在国际工人运动中取得主导地位。与此同时，资产阶级也加紧对马克思主义的攻击和歪曲，以达到瓦解工人运动的目的；而在国际工人运动中，有些人也试图通过对马克思主义的攻击和歪曲夺取思想上的主导权。1875 年，德国工人运动中的两派，爱森纳赫派和拉萨尔派达成合并协议。在制定统一的新党纲时，爱森纳赫派的领导人在协商中作了无原则的妥协，把一些拉萨尔主义的错误观点写进纲领草案中。这次合并虽然在组织上实现了统一，但在思想上和理论上却导致了混乱。德国社会主义工人党亟须在理论上取得统一和提高。捍卫马克思主义、巩固马克思主义在国际工人运动中的主导地位，推动国际工人运动的健康发展，成为马克思和恩格斯担负的一个重要任务。

　　欧根·杜林（1833—1921）是德国小资产阶级思想家，曾在柏林大学任讲师。1875 年前后，他打着"社会主义的行家"兼"改革家"的旗号，发表了《哲学教程》《国民经济学和社会经济学教程》以及《国民经济学和社会主义批判史》三部著作，试图建立哲学、政治经济学和社会主义的一整套理论，并向马克思主义发起进攻。在哲学方面，杜林把马克思的辩证法和黑格尔的辩证法等同起来；在经济学方面，他攻击马克思的劳动价值学说和剩余价值学说；在社会主义理论方面，他力图否定马克思阐明的社会主义取代资本主义的客观必然性。一时间许多青年大学生成为杜林思想的崇拜者，甚至在德国社会主义工人党内也出现不少追捧者。这其中的主要原因是：其一，杜林以激进的社会主义者的面目出现，公开宣称自己是德国社会主义工人党的积极支持者，他在攻击马克思思想观点的同时，也批评拉萨尔主义的观点，以革新者的姿态迷惑了德国社会主义工人党的成员。其二，他的社会主义思想具有迷惑性，很多人未能识破其机会主义的性质，他在其社会主义理论体系中提出了"共同社会"概念，强调在现有的经济制度下，存在着工人摆脱雇佣奴隶制的可能性，其实现途径主要是依靠工人的社会自助。其三，杜林创造了庞大的理论体系，特别是其哲学体系很庞杂，具有欺骗性而不易被人识破，他同时利用大学讲坛大肆宣扬其思想观点，以使自己的理论传播得更加广泛。

为了回击杜林对马克思主义的进攻，巩固马克思主义在德国社会主义工人党内的主导地位，推动德国社会主义工人党在思想上的统一和理论水平上的提高，应德国社会主义工人党领导人李卜克内西的请求，恩格斯在和马克思商量后，决定对杜林实施反击，撰写了《反杜林论》一书。马克思和恩格斯关注杜林的观点，缘于杜林在1867年12月《现代知识补充材料》杂志第3卷第3期上发表了对马克思《资本论》第1卷的评论。1875年前后，杜林出版著作公开攻击马克思主义，恩格斯毅然决定中断《自然辩证法》的写作，全力反击杜林。1876年5月24日，恩格斯给马克思写信表示打算批判杜林的著作，马克思回信表示坚决支持，于是恩格斯立即着手这项工作。5月28日，他在给马克思的信中确定了他的著作的总计划和性质。从1876年5月开始准备到1878年6月完成，历时两年时间。《反杜林论》最初是以论文的形式陆续发表在德国社会主义工人党机关报《前进报》上，《反杜林论》的发表引起了德国社会主义工人党内杜林追捧者的强烈反对。1877年5月在哥达举行的第三次党代表大会上，一部分杜林追捧者力图阻止在党的中央机关报《前进报》上发表恩格斯批判杜林的文章。由于他们的影响和干扰，该报发表《反杜林论》内容时断时续。

1878年7月，恩格斯将系列论文编辑成书，书名是《欧根·杜林先生在科学中实行的变革》，这是恩格斯讽刺性地套用1865年在慕尼黑出版的杜林著作《凯里在国民经济学和社会科学中实行的变革》的书名而起的，后来简称《反杜林论》。1878年10月底，《反杜林论》出版不久，俾斯麦政府实行反社会党人法，此书和恩格斯的其他著作一起在德国遭到查禁。1880年，恩格斯应保尔·拉法格的请求，把《反杜林论》改成一个小册子，名为《社会主义从空想到科学的发展》。1885年和1894年，《反杜林论》先后出版了第二版和第三版。

二、主要内容

《反杜林论》一书，包括序言、引论和正文。正文分为三编即"哲学"

"政治经济学""社会主义",分别系统阐发了马克思主义三个组成部分的基本内容,并第一次揭示了三者之间的内在联系。本教材节选的部分主要是序言、引论、第一编的主要内容和第二编的部分内容。

(一)马克思主义的主要组成部分及其内在联系

引论中的概论是全书的总纲。恩格斯系统阐述了社会主义从空想到科学的发展过程,论证了马克思主义哲学、政治经济学、科学社会主义的基本观点以及三者之间的内在联系。

第一,科学社会主义是社会经济和思想发展以及工人阶级实践的产物。科学社会主义的产生既有物质经济根源,也有思想来源。资本主义生产方式的基本矛盾是科学社会主义产生的物质经济根源。社会化大生产和资本主义私人占有之间的矛盾是资本主义社会一切矛盾、弊端和灾难的总根源,对于这一矛盾及其运动的考察,在理论上的表现方式是现代社会主义。18世纪法国启蒙学者思想特别是19世纪的空想社会主义,是科学社会主义产生的直接思想来源。启蒙学者提出对封建社会进行理性批判,提出"一切都必须在理性的法庭面前为自己的存在作辩护或者放弃存在的权利"[1]。这是具有历史进步意义的,但"这个理性的王国不过是资产阶级的理想化的王国"[2]。就其阶级基础来说,空想社会主义是无产阶级不成熟的阶级状况的理论表现。这些社会主义理论由于脱离社会历史发展的客观规律,始终找不到实现社会主义的社会力量和革命道路,因此只能是空想。"为了使社会主义变为科学,就必须首先把它置于现实的基础之上。"[3]"置于现实的基础之上",就是说探讨一切社会变迁和政治变革的根本原因,不应到先天理性原则中去寻找,而应到资本主义生产方式和交换方式中去寻找,到无产阶级实践中去寻找。而要实现这一革命,必须有科学的世界观和方法论,需要有世界观上的革命性变革。

第二,唯物辩证法奠定了科学认识社会的理论基础。恩格斯深入考察了人类认识史和哲学发展史,论述了马克思主义哲学的变革以及唯物辩证法的产生,论证了科学的世界观和方法论对于社会主义从空想到科学发展的重要作用,指出"现代唯物主义本质上都是辩证的"[4]这一论断,不仅在自然观上坚

[1] 《马克思恩格斯文集》第9卷,人民出版社2009年版,第19—20页。
[2] 《马克思恩格斯文集》第9卷,人民出版社2009年版,第20页。
[3] 《马克思恩格斯文集》第9卷,人民出版社2009年版,第22页。
[4] 《马克思恩格斯文集》第9卷,人民出版社2009年版,第28页。

持辩证思维的方法，而且在历史观上以辩证的思维方法为前提。唯物史观的创立，是马克思主义哲学实现革命性变革的关键。唯物史观的创立及其在现代社会中的应用，只有借助于辩证法才有可能。马克思和恩格斯正是在唯物史观基础上扬弃了黑格尔的辩证法，并把它运用于人类历史的研究。他们对以往的全部历史作了深入研究，发现了人类社会发展规律，创立了唯物史观。辩证唯物主义、历史唯物主义本质上是一致的，唯物主义与辩证法的统一、唯物辩证的自然观和唯物辩证的历史观的统一，是马克思主义哲学的重要特征。

在此基础上，恩格斯系统论述了唯物史观的基本原理。以往的全部历史都是阶级斗争的历史；任何时代的阶级斗争都是自己时代的经济关系的产物；每一时代的社会经济结构形成现实基础，每一个历史时期的由法的设施和政治设施以及宗教的、哲学的和其他的观念形式所构成的全部上层建筑，归根到底都应由这个基础来说明；等等。这就科学说明了社会历史是由经济必然性决定的自然历史过程，每一种生产方式都有其产生、发展和灭亡的历史，从而揭示了人类社会发展的普遍规律。

第三，唯物史观和剩余价值学说这两大发现使社会主义从空想变成科学。恩格斯具体审视了以往的社会主义理论的局限及唯心史观的错误，并指出了它们同唯物主义历史观是不相容的。它们不是剖析资本主义生产方式的客观的物质经济事实，发现社会主义的必然性，而是到天才人物的头脑中去寻找；不是用社会存在说明人们的社会意识，而是用抽象的理性说明社会存在。它们虽然无情地揭露了资本主义剥削的罪恶，却不能指出这种剥削是在哪里和怎样发生的。这样，它们既"不能说明这个生产方式，因而也就不能对付这个生产方式；它只能简单地把它地当做坏东西抛弃掉"①。也就是说，它们不是从现实的人类社会及其发展规律出发，既不能科学地揭示资本主义生产方式产生、本质及其发展规律，也找不到实现自己理想的依靠力量和现实途径。因此，以往的社会主义学说只能陷于空想，而不能变为现实。只有用唯物辩证的历史观来代替形而上学的唯心史观，才能使社会主义立足于现实之上成为可能。

马克思和恩格斯运用唯物史观和唯物辩证法研究资本主义生产方式的矛盾运动，研究资本主义经济的发展过程，一方面说明资本主义生产方式的历史联系和它在一定历史时期的必然性，从而说明它灭亡的必然性，另一方面揭露这

---

① 《马克思恩格斯文集》第 9 卷，人民出版社 2009 年版，第 387 页。

种生产方式内部的一直还隐蔽着的性质，现在这一任务"已经由于**剩余价值**的发现而完成了"①。马克思主义政治经济学，"本质上是建立在**唯物主义历史观**的基础上的"②。唯物史观和剩余价值学说的发现，社会主义的任务"不再是构想出一个尽可能完善的社会制度，而是研究必然产生这两个阶级及其相互斗争的那种历史的经济的过程；并在由此造成的经济状况中找出解决冲突的手段"③。恩格斯认为这个问题的解决，是马克思划时代的功绩。正是这两大发现，使社会主义由空想变成了科学。

（二）世界的统一性在于它的物质性

恩格斯揭露和批判了杜林在构造哲学体系的原则和方法上的观点，分析了杜林世界观和认识论的唯心主义和形而上学的性质，论述了辩证唯物主义的物质观。

第一，揭露杜林世界模式论的唯心主义和形而上学实质。恩格斯揭露了杜林颠倒思维原则和客观存在关系的唯心主义错误，认为杜林把原则看作在世界形成之前就永恒地存在着，并以此来构造现实世界的东西，这就颠倒了思维原则和客观存在的关系，其性质是先验唯心主义的。杜林错误的根源，在于他完全形而上学地而非历史地看待事物，把意识、思维当成某种现成的东西，而不去考虑意识产生和发展的过程，不能辩证地理解思维和存在的对立统一关系。针对杜林从原则出发构造体系的先验唯心主义方法，恩格斯阐明了原则和现实世界的关系，提出"原则不是研究的出发点，而是它的最终结果；……原则只有在符合自然界和历史的情况下才是正确的"④。

第二，阐明世界的统一性并不在于它的存在，而在于它的物质性。杜林世界模式论是从"存在的唯一性"推论出"世界的统一性"，用"思维的统一性"推论出"世界的统一性"，从"包罗万象的存在是唯一的"推论出"世界统一于存在的结论"。恩格斯指出杜林在这里的两个错误：一是把存在的唯一性变成它的统一性，二是用世界统一的概念来说明现实世界的统一。事实则恰恰相反，不是思维的统一性决定存在的同一性，而是世界的统一性决定思维的统一性。杜林错误的根源，在于他不理解"存在"的科学含义及其和世界统一

---

① 《马克思恩格斯文集》第9卷，人民出版社2009年版，第30页。
② 《马克思恩格斯文集》第2卷，人民出版社2009年版，第597页。
③ 《马克思恩格斯文集》第9卷，人民出版社2009年版，第388页。
④ 《马克思恩格斯文集》第9卷，人民出版社2009年版，第38页。

性的辩证关系。恩格斯科学阐述了"存在"的基本内容，论述了存在与世界统一性的辩证关系，强调世界的统一性并不在于它的存在，而在于它的物质性，这是由哲学和自然科学的长期的持续的发展来证明的。

世界的统一性在于它的物质性，这一重要命题包含两层含义：其一，世界的本质是物质，物质是精神的基础和前提，而精神是派生性的。这是唯物主义区别于唯心主义的基本思想。其二，物质世界是多样性的统一，物质既具有多种形态，又具有其基本共同特性，即客观实在性。恩格斯后来在《自然辩证法》中对物质概念进行过说明，指出辩证唯物主义的物质概念，是从现实的各种不同的具体物质形态的总和中抽象出来的，是对物质的共同属性的把握。列宁在《唯物主义和经验批判主义》一书中专门论述过哲学的物质定义，强调物质是标志客观实在的哲学范畴，并对恩格斯和杜林在"世界的统一性"问题上的论战进行了科学总结。

（三）真理的相对性和道德的历史性

在有关"道德和法"的章节中，恩格斯批判了杜林的永恒真理观和永恒道德观，指出杜林形而上学绝对主义的真理观是其道德观的哲学基础，并进一步论述马克思主义的真理观和道德观。

第一，批判杜林的永恒真理观的绝对主义性质。杜林为了论证他的道德原则的永恒性和普遍适用性，提出了"永恒真理"的观点，认为真正的真理是根本不变的，"永恒真理"在现实的认识中是真实存在的，"把认识的正确性设想成是受时间和现实变化影响的，那完全是愚蠢"①。恩格斯指出，杜林的永恒真理观，是以形而上学的思维方式为基础的绝对主义真理观，忽视了认识的历史性，把人们在一定历史条件下获得的认识作了非历史的理解。杜林"企图从永恒真理的存在得出结论：在人类历史的领域内也存在着永恒真理、永恒道德、永恒正义等等"②。

第二，批判杜林的永恒真理观，阐述真理的相对性。在恩格斯看来，杜林的错误并不在于承认永恒真理的存在，而是在于他把当下的真理看成永恒的，并把这个看法推广到一切领域。他任意使用"永恒真理"的大字眼，实际上是对科学真理的庸俗化。人们对真理的认识和把握是一个过程。恩格斯从人们关

---

① 《马克思恩格斯文集》第 9 卷，人民出版社 2009 年版，第 90 页。
② 《马克思恩格斯文集》第 9 卷，人民出版社 2009 年版，第 95 页。

于无机界、有机界、人类社会的认识成果的实际情况，具体说明了真理以及人们对它的把握总是不断发展的，因而每个历史条件下人们获得的真理在本质上总是相对的，而人们把握绝对真理正是通过人们把握相对真理的无限延续来实现的。

第三，提出思维至上性是在一系列非至上的思维着的人中实现的。杜林的永恒真理观是以肯定思维的至上性、贬抑思维的非至上性为前提的。在这里，思维的至上性，是指思维所具有的对整个世界的完全正确把握的性质；而思维的非至上性，是指思维所具有的对世界的相对的、有限的正确把握的性质。杜林认为，个人的思维都是至上的、无限的。恩格斯则批判认为，思维的至上性只有在人类的层面上才是可能的，而每个人的思维总是非至上的、有限的。然而，思维的至上性和非至上性之间存在着密切的关系，可以说，思维既有至上性，又有非至上性。人类思维的至上性是在一系列非至上的思维着的人们中实现的，只有通过人类生活的无限延续才能完全实现。而它的个别实现和每次的实现，又是非至上的。杜林就是没有看到这一点，从而陷入了非此即彼的片面思维中。

第四，阐明真理和谬误的对立只是在非常有限的领域内才具有绝对的意义。针对杜林认为真正的真理是不变的绝对主义观点，恩格斯分析了真理和谬误之间的关系，进一步说明认识的辩证性质。他认为，在特定条件下，在认识论中，真理和谬误的对立"只是在非常有限的领域内才具有绝对的意义"①。在一定条件下，真理和谬误的对立是绝对的，二者界限不能混淆。但是，一旦超出这个一定的范围，真理和谬误的对立就是相对的了。恩格斯批评说，只要杜林稍微知道一点"辩证法的初步知识"②，他就会知道"只要我们在上面指出的狭窄的领域之外应用真理和谬误的对立，这种对立就变成相对的……对立的两极都向自己的对立面转化，真理变成谬误，谬误变成真理"③。

第五，提出道德观念是从各个阶级进行生产和交换的经济关系中产生的。恩格斯认为，杜林之所以宣扬"永恒真理""终极真理"的观点，就是企图论证在社会历史领域永恒道德的存在。他从数学公理和抽象的人性论出发，论证道德原则是永恒的，是凌驾于历史和现今民族特性的差别之上的，具有"绝对

① 《马克思恩格斯文集》第9卷，人民出版社2009年版，第96页。
② 《马克思恩格斯文集》第9卷，人民出版社2009年版，第96页。
③ 《马克思恩格斯文集》第9卷，人民出版社2009年版，第96页。

的适用性"。恩格斯批判了杜林的超历史、超阶级的永恒道德观，阐述了马克思主义道德观的主要内容。首先，恩格斯批判了杜林的永恒道德观，阐述了道德的历史性、阶级性。他认为，"一切以往的道德论归根到底都是当时的社会经济状况的产物"①，并随经济关系的变化而变化的，根本不存在永恒不变的道德原则。恩格斯依据原始社会、封建社会、资本主义社会经济状况不同决定了人们的道德观念也不同的事实，强调在阶级社会中，道德具有强烈的阶级性。由于不同阶级之间利益的根本对立，决定不同阶级的道德观念以及善恶标准也不一样，根本不存在超阶级的道德观念。其次，恩格斯肯定了共同的经济基础所决定的道德的共同性的存在。"对同样的或差不多同样的经济发展阶段来说，道德论必然是或多或少地互相一致的。"② 但这种共同性也是相对的，会随着经济基础的变化而变化。最后，恩格斯指出，只有消灭了私有制和阶级对立的经济基础，真正人的道德才成为可能。总之，恩格斯从社会存在决定社会意识、经济基础决定上层建筑的基本原理出发，提供了分析道德和对人们行为进行道德评价的理论和方法。

（四）平等观念是一种历史的产物

杜林在历史观领域，从抽象的人和人性出发，主张超阶级、超历史的平等观，否认了道德、平等的社会历史根源，陷入了唯心史观。恩格斯对其进行分析批判，论述了马克思主义平等观的基本内容。

第一，指出杜林的平等观念充分暴露出其唯心主义和形而上学性质。杜林在研究社会生活问题时，强调必须用数学公理的方法，把认识的对象分解成所谓的"最简单的要素"，以此进行推理，最后得出自己需要的结论。杜林认为，社会生活中最简单的要素是"两个人"，平等就是"两个人的意志"彼此完全的平等。他把这个原则当作"公理"，说这个公理不仅是"道德上的正义的基本形式"，而且也是"法律上的正义的基本形式"③。杜林正是"按照这一基本模式来说明非正义、暴力、奴役，一句话，说明全部以往的应唾弃的历史的"④。恩格斯指出，杜林的平等观是超阶级、超历史的抽象的平等观，是唯心主义和形而上学在平等问题上的典型表现。杜林对某一对象的特性不是从对象

---

① 《马克思恩格斯文集》第 9 卷，人民出版社 2009 年版，第 99 页。
② 《马克思恩格斯文集》第 9 卷，人民出版社 2009 年版，第 99 页。
③ 《马克思恩格斯文集》第 9 卷，人民出版社 2009 年版，第 102 页。
④ 《马克思恩格斯文集》第 9 卷，人民出版社 2009 年版，第 104 页。

本身去认识，而是从对象的概念中逻辑地推论出来，纯粹是一种本末倒置的唯心主义。他强调，如果脱离一切现实的社会关系和阶级关系，这两个人就不是现实的人，而是两个十足的幽灵，是杜林想象出来的抽象的人性。而两个人的意志彼此完全的平等则只是杜林的臆想，在现实的社会中是不可能存在的。所以，杜林的平等观不过是资产阶级抽象平等观的翻版。

第二，论述平等观念的形成和发展是社会客观发展的反映。恩格斯论述了平等的本质及其特征，认为平等观念像道德观念一样植根于社会经济状况，是对一定经济关系的反映。平等不是从来就有的，也不是永恒不变的；平等是相对的，不是绝对的，它是随着经济社会的变化而变化的。平等观念具有历史性和具体性，在阶级社会具有阶级性。恩格斯还对平等观念的发展过程，进行了详尽的历史和阶级考察，进一步说明绝对平等是不存在的。他指出："平等的观念，无论以资产阶级的形式出现，还是以无产阶级的形式出现，本身都是一种历史的产物，这一观念的形成，需要一定的历史条件，而这种历史条件本身又以长期的以往的历史为前提。"[1]

第三，阐明无产阶级平等要求的实质是消灭私有制。恩格斯认为，资产阶级平等观与无产阶级平等观的根本对立表现在：无产阶级平等观是要求消灭阶级剥削、消灭私有制，资产阶级平等观只要求消灭封建地主阶级的特权，不消灭私有制。平等观念根源于社会的经济基础，建立在私有制基础上的平等观念只能是形式上的平等，它是资产阶级的利益诉求。而无产阶级平等要求的实质只能是消灭私有制，因为私有制是人类不平等的根源和基础，只有消灭了不平等的根源和基础才能谈得上事实上的平等。无产阶级平等要求的内容只能是彻底地消灭阶级，而决不是各个阶级的人人绝对平等，因为私有制的集中表现就是社会被分割为利益对立的阶级。

（五）自由是对必然的认识

恩格斯揭露和批判了杜林在法的方面的自我吹嘘和无知，以及在自由和必然关系问题上的谬论，科学地解决了自由和必然之间的辩证关系。恩格斯认为，杜林在自由和必然问题上陷入了理论混乱。杜林的自由与必然的思想是为其道德和法的观点提供立论依据的，他歪曲自由和必然的关系，给自由下了两个定义：第一，自由是合理的认识和本能冲动的合力，这种合力的大小可能因

---

[1]《马克思恩格斯文集》第 9 卷，人民出版社 2009 年版，第 113 页。

人而异，和必然没有关系；第二，自由是人的理性"对自觉动机的感受"①，而自觉动机又受自然规律不可避免的强制。恩格斯批判指出，杜林关于自由和必然的关系，一是自相矛盾的，二是形而上学地割裂自由和必然的关系，又陷入了机械决定论，否认了人的自由。

与此不同，恩格斯在实践基础上既唯物又辩证地阐明自由与必然的关系。他针对杜林在自由与必然关系问题上的错误，全面系统地论述了自由和必然的关系。首先，自由不在于摆脱自然规律而独立，而是恰恰相反，是以自然界和社会的客观必然性为前提的，这就明确划清了唯物主义决定论和唯心主义非决定论的界限。其次，自由是对必然性的认识，自由的大小取决于对客观必然性认识的深浅。再次，更为重要的是，自由是依据对必然性的认识去支配外部世界，即有效地改造世界。不管是对必然性的认识，还是对外部世界的改造，都要靠人们的社会实践。因此，实践是自由和必然相互转化的基础和条件。最后，自由是历史发展的产物，人类的发展过程是从必然王国走向自由王国的过程。列宁在《唯物主义和经验批判主义》一书中，高度评价了这一思想在认识论上的重要意义。毛泽东在 1962 年《在扩大的中央工作会议上的讲话》中进一步提出了自由是对必然的认识和对客观世界的改造的思想。

（六）暴力是每一个孕育着新社会的旧社会的助产婆

恩格斯在"第二编 政治经济学"中的"暴力论"和"暴力论（续完）"两节中，批判了杜林的"暴力论"，阐明了经济与政治的辩证关系，论述了暴力在社会发展中的作用。

第一，阐明暴力是手段、经济利益是目的。杜林在《国民经济学和社会经济学教程》一书中，提出了政治决定经济的暴力论思想，并以此作为其经济学的理论基础，认为政治暴力是社会生活的本原的东西，是产生私有制和阶级的根源，并斥责暴力的作用，以暴力说明历史过程，颠倒了经济和政治暴力的关系。恩格斯认为杜林的原理并不独特，已像历史记载本身一样古老了。从有文字记载的历史以来，所谓政治暴力指的是国家以及国家权力的主要支柱——军队、警察等等。以往很多思想家在政治和经济的关系问题上不了解经济的决定作用，认为国家机器具有强制性的作用，历史发展的动力是由少数人的动机决

---

① 《马克思恩格斯文集》第 9 卷，人民出版社 2009 年版，第 120 页。

定的，这是唯心史观的突出表现之一。而唯物史观认为，"暴力仅仅是手段，相反，经济利益才是目的"①。不是暴力决定经济状况，而是政治暴力为经济服务。

第二，论述私有制在历史上出现，决不是掠夺和暴力的结果。针对杜林的暴力产生奴役制的观点，恩格斯认为奴役制是生产发展和分配关系变化的产物。一个人想要奴役另一个人必须具备两种东西：一是奴隶劳动所需要的工具和对象；二是维持奴隶最低限度的生活资料，这些都需要一定水平的财产。而这些财产，是生产力发展到一定阶段才能生产出来的。只有先有私有财产，然后暴力才能掠夺。奴役制的产生不是暴力作用的结果，而是生产力发展的结果。他还详细分析了阶级产生和私有制产生的原因、过程，进一步证明私有制的形成不是暴力的结果，而是由于纯粹经济的原因造成的。在人类社会发展的历史过程中，暴力虽然可以改变占有状况，但是不能创造私有财产本身，私有制的产生、更替和消灭的根源，不是政治暴力，而是社会经济的发展。

第三，暴力是社会运动借以为自己开辟道路并摧毁僵化的垂死的政治形式的工具。在杜林看来，暴力造成奴役制，就是原罪，因此就是绝对的坏事。对此，恩格斯科学地论述了政治和经济的关系，在肯定经济决定作用的前提下，分析了暴力在历史上的作用，指出暴力不是绝对的坏事。暴力的好坏，取决于它对经济和社会发展作用的性质。暴力在一定的社会历史条件下起着革命的作用，它是每一个孕育着新社会的旧社会的助产婆：是社会运动借以为自己开辟道路并摧毁僵化的垂死的政治形式的工具。马克思主义强调，由于无产阶级和资产阶级之间不可调和的对抗性，无产阶级革命必须通过暴力的手段，打碎资产阶级国家机器，建立无产阶级专政，才能彻底改变资本主义生产方式，为发展生产力开辟广阔道路。革命暴力是无产阶级获得解放、用无产阶级专政代替资产阶级专政的一般原则。

三、重要意义

《反杜林论》总结了马克思主义诞生以来无产阶级革命的经验和自然科学成就，在马克思主义发展史上具有重要意义。它第一次系统阐述了马克思主义

---

① 《马克思恩格斯文集》第9卷，人民出版社2009年版，第167页。

的三个组成部分——哲学、政治经济学和科学社会主义及其内在联系，通篇贯穿了唯物辩证法和唯物史观的科学世界观和方法论。该书在马克思主义哲学方面有着极大的贡献，批判了杜林的唯心主义先验论，阐明了唯物主义的反映论，论述了物质决定意识的观点；批判了杜林在世界统一性问题上的折中主义，论述了世界统一于物质的原理；批判了杜林在时间、物质、运动问题上的谬论，论述了运动是物质存在的方式，时间和空间是物质存在的形式的思想；批判了杜林在道德和法的问题上的唯心主义和形而上学谬论，论述了马克思主义关于真理、平等、自由和必然的唯物辩证观点；批判了杜林的形而上学观点，系统论述了唯物辩证法的三个基本规律；批判了杜林夸大暴力的作用、否定经济的决定作用的谬论，论述了马克思主义关于经济与政治暴力的关系的思想。因此，被列宁誉为"是一部内容十分丰富、十分有益的书"[1]，"同《共产党宣言》一样，都是每个觉悟工人必读的书籍"[2]。

《反杜林论》的出版和传播，有力捍卫和发展了马克思主义，成功地促使德国社会主义工人党摆脱杜林思想的影响，维护了马克思主义在党内的主导地位，进一步推动了国际工人运动的健康发展，大大加强了各国无产阶级政党的思想理论建设。《反杜林论》对中国革命和建设也产生了重要影响。毛泽东在长征途中一直带着它，在延安时期，更是反复阅读。毛泽东曾经说过，恩格斯在这本书里把马克思主义集中得很好，确实是我们共产党人不能不看的书。看了这本书，比较全面地了解了马克思主义，对《矛盾论》《实践论》的写作帮助很大。该书的第一个中译本由吴黎平（即吴亮平）翻译，1930年在上海江南书店出版；同年上海昆仑书店还出版了钱铁如翻译的《反杜林论》上册。1940年，吴黎平翻译的《反杜林论》校订本在延安的解放社出版。新中国成立后，人民出版社先后于1955年、1974年出版了该译本的第二个、第三个校订本，后来出版的《马克思恩格斯全集》《马克思恩格斯选集》以及《马克思恩格斯文集》，都收录了这部著作。

在新的历史条件下，学习恩格斯的这部著作，有助于正确理解马克思主义理论体系的科学性，更加牢固地树立马克思主义的科学世界观，更加自觉地运用马克思主义的科学方法论指导实践。特别是，恩格斯在书中所强调的为了使

---

[1] 《列宁专题文集　论马克思主义》，人民出版社2009年版，第58页。
[2] 《列宁专题文集　论马克思主义》，人民出版社2009年版，第67页。

社会主义变为科学，就必须首先把它置于现实的基础之上，这对于今天我们坚持一切从实际出发，坚持和发展马克思主义，理解和把握马克思主义中国化最新成果，具有启示意义。

四、延伸阅读

列宁：《马克思主义的三个来源和三个组成部分》

该文是为纪念马克思逝世 30 周年而作，发表于 1913 年《启蒙》杂志第 3 期。列宁在文中继承和发展了恩格斯在《反杜林论》中的思想观点，进一步阐明了马克思主义的理论渊源、科学体系和本质特征，指出马克思主义是完备而严密的科学世界观，而绝不是离开世界文明发展大道而产生的一种故步自封、僵化不变的学说；马克思学说是对德国古典哲学、英国古典政治经济学和法国空想社会主义的批判继承和发展。列宁还扼要地阐述了马克思主义哲学、政治经济学和科学社会主义的基本观点，指出马克思主义具有无限的力量，它把伟大的认识工具给了人类，特别是给了工人阶级。

习近平：在十八届中共中央政治局第二十次集体学习时的讲话

2015 年 1 月 23 日，十八届中共中央政治局就辩证唯物主义基本原理和方法论进行第二十次集体学习。习近平总书记在主持学习时强调，辩证唯物主义是中国共产党人的世界观和方法论。我们党要团结带领人民实现"两个一百年"奋斗目标、实现中华民族伟大复兴的中国梦，必须不断接受马克思主义哲学智慧的滋养，更加自觉地坚持和运用辩证唯物主义世界观和方法论，更好在实际工作中把握现象和本质、形式和内容、原因和结果、偶然和必然、可能和现实、内因和外因、共性和个性的关系，增强辩证思维、战略思维能力，把各项工作做得更好。

思考题：

1. 恩格斯是怎样全面系统阐述马克思主义的基本组成部分及其内在联系的？
2. 为什么说世界的统一性不在于它的存在，而在于它的物质性？
3. 恩格斯如何阐述真理的相对性与绝对性的关系？
4. 结合实际试述恩格斯关于平等和自由的思想。

5. 恩格斯批判错误思潮的方法论对我们有何启示？

6. 在新的历史条件下，如何更好地坚持和运用辩证唯物主义基本原理和方法论？

弗·恩格斯

自然辩证法（节选）

［导　言］

　　现代的自然研究不同于古代人的天才的自然哲学的直觉，也不同于阿拉伯人的非常重要的、但是零散的并且大部分都无果而终的发现，它是唯一得到科学的、系统的、全面的发展的自然研究——现代的自然研究同整个近代史一样，发端于这样一个伟大的时代，这个时代，我们德国人根据我们当时所遭遇的民族不幸称之为宗教改革，法国人称之为文艺复兴，而意大利人则称之为 16 世纪，但这些名称没有一个能把这个时代充分地表达出来。这个时代是从 15 世纪下半叶开始的。王权依靠市民摧毁了封建贵族的权力，建立了巨大的、实质上以民族为基础的君主国，而现代的欧洲国家和现代的资产阶级社会就在这种君主国里发展起来；当市民和贵族还在互相争斗时，德国农民战争就预告了未来的阶级斗争，因为德国农民战争不仅把起义的农民引上了舞台——这已经不是什么新鲜事了——，而且在农民之后，把现代无产阶级的先驱也引上了舞台，他们手持红旗，高喊财产公有的要求。拜占庭灭亡时抢救出来的手稿，罗马废墟中发掘出来的古代雕像，在惊讶的西方面前展示了一个新世界——希腊古代；在它的光辉的形象面前，中世纪的幽灵消逝了；意大利出现了出人意料的艺术繁荣，这种艺术繁荣好像是古典古代的反照，以后就再也不曾达到过。在意大利、法国、德国都产生了新的文学，即最初的现代文学；英国和西班牙跟着很快进入了自己的古典文学时代。旧世界的界限被打破了；直到这个时候才真正发现了地球，奠定了以后的世界贸易以及从手工业过渡到工场手工业的基础，而工场手工业则构成现代大工业的起点。教会的精神独裁被摧毁了，日耳曼语各民族大部分都直截了当地抛弃了它，接受了新教，同时，在罗曼语各民族那里，一种从阿拉伯人那里吸收过来并从新发现的希腊哲学那里得到营养的开朗的自由思想，越来越深地扎下了根，为 18 世纪的唯物主义作了准备。

　　这是人类以往从来没有经历过的一次最伟大的、进步的变革，是一个需要巨人并且产生了巨人的时代，那是一些在思维能力、激情和性格方面，在多才多艺和学识渊博方面的巨人。给资产阶级的现代统治打下基础的人物，决没有市民局限性。相反，这些人物都不同程度地体现了那种勇于冒险的时代特征。那时，几乎没有一个著名人物不曾作过长途的旅行，不会说四五种语言，不在好几个专业上放射出光芒。莱奥纳多·达·芬奇不仅是大画家，而且也是大数学家、力学家和工程师，他在物理学的各种不同分支中都有重要的发现。阿尔布雷希特·丢勒是画家、铜版雕刻家、雕塑家、建筑师，此外还发明了一种筑城学体系，这种筑城学体系已经包含了一些在很久以后又被蒙塔朗贝尔和近代德国筑城学采用的观念。马基雅弗利是政治家、历史编纂学家、诗人，同时又是第一个值得一提的近代军事著作家。路德不但清扫了教会这个奥吉亚斯的牛圈，而且也清扫了德国语言这个奥吉亚斯的牛圈，创造了现代德国散文，并且创作了成为 16 世纪《马赛曲》的充满胜利信心的赞美诗的词和曲。① 那个时代的英雄们还没有成为分工的奴隶，而分工所产生的限制人的、使人片面化的影响，在他们的后继者那里我们是常常看到的。而尤其突出的是，他们几乎全都置身于时代运动中，在实际斗争中意气风发，站在这一方面或那一方面进行斗争，有人用舌和笔，有人用剑，有些人则两者并用。因此他们具有成为全面的人的那种性格上的丰富和力量。书斋里的学者是例外：他们不是二流或三流的人物，就是唯恐烧着自己手指的小心翼翼的庸人。

自然研究当时也在普遍的革命中发展着，而且它本身就是彻底革命的，因为它必须为争取自己的生存权利而斗争。自然研究同开创了近代哲学的意大利伟大人物携手并进，并使自己的殉道者被送到火刑场和宗教裁判所的牢狱。值得注意的是，新教徒在迫害自由的自然研究方面超过了天主教徒。塞尔维特正要发现血液循环过程的时候，加尔文便烧死了他，而且还活活地把他烤了两个钟头；而宗教裁判所则只是满足于直截了当地烧死乔尔丹诺·布鲁诺。

自然研究通过一个革命行动宣布了自己的独立，仿佛重演了路德焚毁教谕的行动，这个革命行动就是哥白尼那本不朽著作的出版，他用这本著作向自然事物方面的教会权威提出了挑战，虽然他当时还有些胆怯，而且可以说直到临

① 路德通过翻译圣经创造了现代德国散文，促进了德国语言的发展。路德翻译的圣经第一个全译本于 1534 年在维滕贝格出版。

路德的赞美诗《我们的主是坚固堡垒》被海涅称赞为"宗教改革的马赛曲"（《德国的宗教和哲学史》第 2 册）。恩格斯在 1885 年 5 月 15 日给海·施留特尔的信中也用了海涅的这句话。

终之际才采取了这一行动。从此自然研究便开始从神学中解放出来，尽管彼此间一些不同主张的争论一直延续到现在，而且在许多人的头脑中还远没有得到解决。但是科学的发展从此便大踏步地前进，而且很有力量，可以说同从其出发点起的（时间）距离的平方成正比。这种发展仿佛要向世界证明：从此以后，对有机物的最高产物即人的精神起作用的，是一种和无机物的运动规律正好相反的运动规律。

在自然科学的这一刚刚开始的最初时期，主要工作是掌握现有的材料。……

然而，这个时期的突出特征是形成了一种独特的总观点，其核心就是**自然界绝对不变**的看法。不管自然界本身是怎样产生的，只要它一旦存在，那么它在存在的时候就总是这个样子。……自然界中的任何变化、任何发展都被否定了。开初那样革命的自然科学，突然面对着一个彻头彻尾保守的自然界，在这个自然界中，今天的一切都和一开始的时候一模一样，而且直到世界末日或万古永世，一切都仍将和一开始的时候一模一样。

18 世纪上半叶的自然科学在知识上，甚至在材料的整理上大大超过了希腊古代，但是在以观念形式把握这些材料上，在一般的自然观上却大大低于希腊古代。在希腊哲学家看来，世界在本质上是某种从混沌中产生出来的东西，是某种发展起来的东西、某种生成的东西。在我们所探讨的这个时期的自然科学家看来，世界却是某种僵化的东西、某种不变的东西，而在他们中的大多数人看来，是某种一下子就造成的东西。科学还深深地禁锢在神学之中。它到处寻找，并且找到了一种不能从自然界本身来解释的外来的推动作为最后的原因。……这时的自然科学所达到的最高的普遍的思想，是关于自然界的安排的合目的性的思想，是浅薄的沃尔弗式的目的论，根据这种理论，猫被创造出来是为了吃老鼠，老鼠被创造出来是为了给猫吃，而整个自然界被创造出来是为了证明造物主的智慧。当时的哲学博得的最高荣誉就是：它没有被同时代的自然知识的狭隘状况引入迷途，它——从斯宾诺莎一直到伟大的法国唯物主义者——坚持从世界本身来说明世界，并把细节的证明留给未来的自然科学。

我把 18 世纪的唯物主义者也算入这个时期，因为除了上面所叙述的，再也没有其他的自然科学材料可供他们利用。康德的划时代的著作①对于他们依

---

① 伊·康德的划时代的著作指康德于 1755 年在柯尼斯堡和莱比锡匿名出版的著作《自然通史和天体论，或根据牛顿原理试论宇宙的结构和机械起源》，康德在这部著作中提出了星云假说。

然是一个秘密，而拉普拉斯在他们以后很久才出现。我们不要忘记：这种陈旧的自然观，虽然由于科学的进步而显得漏洞百出，但是它仍然统治了 19 世纪的整个上半叶①，并且一直到现在，所有学校里主要还在讲授它。②

在这种僵化的自然观上打开第一个突破口的，不是一位自然科学家，而是一位哲学家。1755 年，**康德的**《自然通史和天体论》出版。关于第一推动的问题被排除了；地球和整个太阳系表现为某种在时间的进程中**生成的东西**。如果大多数自然科学家对于思维并不像牛顿在"物理学，当心形而上学啊！"③ 这个警告中那样表现出厌恶，那么他们一定会从康德的这个天才发现中得出结论，从而避免无穷无尽的弯路，省去在错误方向上浪费的无法估算的时间和劳动，因为在康德的发现中包含着一切继续进步的起点。如果地球是某种生成的东西，那么它现在的地质的、地理的和气候的状况，它的植物和动物，也一定是某种生成的东西，它不仅在空间中必然有彼此并列的历史，而且在时间上也必然有前后相继的历史。如果当时立即沿着这个方向坚决地继续研究下去，那么自然科学现在就会大大超过它目前的水平。但是哲学能够产生什么成果呢？康德的著作没有产生直接的成果，直到很多年以后拉普拉斯和赫歇尔才充实了

---

① 恩格斯在此处页边上写着："旧自然观的知识，为把全部自然科学概括为一个整体提供了基础：法国的百科全书派还是纯粹机械地进行罗列，后来圣西门和由黑格尔完成的德国自然哲学同时做过这方面的工作。"——编者注

② 有一个人以自己的科学成就提供了排除上述观点的极其重要的材料，可是直到 1861 年，这个人居然还毫不动摇地相信这种观点，下面这段典型的表述就是证明：

"我们的太阳系的所有安排，就我们所能观察到的而言，就是为了保持现存的东西，保持其长久不变。正如从远古以来，地球上的任何一种动物，任何一种植物，都没有变得更完美些，或者说根本就没有变过样；正如我们在一切有机体中只见到各个阶段彼此**并列**，而不是前后**相继**；正如我们本身的种属从躯体方面来看始终是一样的，——同样，甚至同时存在的诸天体的极大的多样性，也并没有使我们有理由认为，这各种形式无非是各种不同的发展阶段，正好相反，一切被创造出来的东西本身具有**同样的**完美性。"（梅特勒《通俗天文学》1861 年柏林第 5 版第 316 页）

③ 指伊·牛顿在他的基本著作《自然哲学的数学原理》第 2 版第 3 册的结尾部分《总识》中所表达的思想。牛顿写道："到目前为止，我已用重力说明了天体现象和海洋的潮汐。但是我没有指出重力本身的原因。"他在列举了重力的某些性质以后接着说："至今我还不能从种种现象推论出重力的这些性质的原因，假说这个东西我是不考虑的。凡不是从现象中推论出来的，都应该叫做假说；凡是假说，不管它是形而上学的或物理学的，力学的或隐蔽性质的，都不能用于实验哲学之中。在这种哲学中，一切定理都由现象推论而来，并用归纳法加以概括。"

黑格尔也注意到牛顿的这种看法，他在《哲学全书纲要》第 98 节附释 1 中指出："牛顿……直接警告物理学，不要陷入形而上学……"

这部著作的内容，并且作了更详细的论证，因此才使"星云假说"逐渐受人重视。进一步的一些发现使它终于获得了胜利；其中最重要的发现是：恒星的自行；宇宙空间中具有阻抗的介质得到证实；宇宙物质的化学同一性以及康德所假定的炽热星云团的存在通过光谱分析得到证明①。

但是，如果这个逐渐被认识到的观点，即关于自然界不是**存在着**，而是**生成着**和**消逝着**的观点，没有从其他方面得到支持，那么大多数自然科学家是否会这样快地意识到变化着的地球竟承载着不变的有机体这样一个矛盾，那倒是值得怀疑的。……

……

……因此，不仅无机界和有机界之间的鸿沟缩减到最小限度，而且机体种源说过去遇到的一个最根本的困难也被排除了。新的自然观就其基本点来说已经完备：一切僵硬的东西溶解了，一切固定的东西消散了，一切被当做永恒存在的特殊的东西变成了转瞬即逝的东西，整个自然界被证明是在永恒的流动和循环中运动着。

————

于是我们又回到了希腊哲学的伟大创立者的观点：整个自然界，从最小的东西到最大的东西，从沙粒到太阳，从原生生物到人，都处于永恒的产生和消逝中，处于不断的流动中，处于不息的运动和变化中。只有这样一个本质的差别：在希腊人那里是天才的直觉，在我们这里则是以实验为依据的严格科学的研究的结果，因而其形式更加明确得多。当然，对这种循环的经验证明并不是完全没有缺陷的，但是这些缺陷与已经确立的东西相比是无足轻重的，而且会一年一年地得到弥补。如果我们想到科学的最主要的部门——超出行星范围的天文学、化学、地质学——作为科学而存在还不足 100 年，生理学的比较方法作为科学而存在还不足 50 年，而几乎一切生命发展的基本形式即细胞被发现还不到 40 年，那么这种证明在细节上怎么会没有缺陷呢!②

————

从旋转的、炽热的气团中（它们的运动规律也许要经过几个世纪的观察弄

———

① 恩格斯在此处页边上写着："同样是由康德发现的潮汐对地球自转的阻碍作用现在才被认识。"——编者注
② 手稿中本段上下端均用横线同上下文隔开，中间画有几道斜线，恩格斯通常以这一方式表示手稿相应段落已在其他著作中利用。——编者注

清了恒星的自行以后才能揭示出来），经过收缩和冷却，发展出了以银河最外端的星环为界限的我们的宇宙岛的无数个太阳和太阳系。这一发展显然不是到处都具有同样的速度。在我们的星系中，黑暗的、不仅仅是行星的天体的存在，即熄灭了的太阳的存在，越来越迫使天文学予以承认（梅特勒）；另一方面，属于我们这一星系的（依据赛奇的观点）还有一部分气状星云，它们是还没有形成的太阳；这并不排斥这样的情况：另一些星云如梅特勒所认为的，是一些遥远的独立宇宙岛，这些宇宙岛的相对发展阶段要用分光镜才能确定。①

拉普拉斯以一种至今尚未被超越的方法详细地证明了一个太阳系是如何从一个单独的气团中发展起来的；以后的科学越来越证实了他的说法。

在这样形成的各个天体——太阳以及行星和卫星上，最初是我们称为热的那种物质运动形式占优势。甚至在今天太阳还具有的那种温度下，也是谈不上元素的化合物的；对太阳的进一步的观察将会表明，在这种场合下热会在多大程度上转变为电和磁；在太阳上发生的机械运动不过是由于热和重力发生冲突而造成的，这在现在几乎已成定论。

单个的天体越小，冷却得越快。首先冷却的是卫星、小行星和流星，正如我们的月球早已死寂一样。行星冷却较慢，而最慢的是中心天体。

随着进一步的冷却，相互转化的物理运动形式的交替就越来越占有重要地位，直到最后达到这样一点，从这一点起，化学亲和性开始起作用，以前化学上没有区分的元素现在彼此在化学上区分开来，获得了化学性质，相互发生化合作用。这些化合作用随着温度的下降（这不仅对每一种元素，而且对元素的每一种化合作用都产生不同的影响），随着一部分气态物质由于温度下降先变成液态，然后又变成固态，随着这样造成的新条件，而不断地变换。

当行星有了一层硬壳而且在其表面有了积水的时候，行星固有的热同中心天体传递给它的热相比就开始越来越处于次要地位。它的大气层变成我们现在所理解的气象现象的活动场所，它的表面成为地质变化的场所，在这些地质变化中，大气层的沉降物所起的沉积作用，同来自炽热而流动的地球内核的慢慢减弱的外张作用相比越来越占有优势。

---

① 恩格斯在这里以及后面利用了下列著作：约·亨·梅特勒《宇宙的奇妙结构，或通俗天文学》1861 年柏林增订第 5 版和安·赛奇《太阳》1872 年不伦瑞克版。

恩格斯在《导言》的第二部分利用了他从这两本著作中作的摘录，这些摘录大概是 1876 年 1—2 月作的（见《马克思恩格斯全集》中文第 1 版第 20 卷第 618—622 页）。

最后，一旦温度降低到至少在相当大的一部分地面上不再超过能使蛋白质生存的限度，那么在具备其他适当的化学的先决条件的情况下，就形成了活的原生质。这些先决条件是什么，今天我们还不知道，这是不足为怪的，因为直到现在连蛋白质的化学式都还没有确定下来，我们甚至还不知道化学上不同的蛋白体究竟有多少，而且只是在大约十年前才认识到，完全无结构的蛋白质执行着生命的一切主要机能：消化、排泄、运动、收缩、对刺激的反应、繁殖。

也许经过了多少万年，才形成了进一步发展的条件，这种没有形态的蛋白质由于形成核和膜而得以产生第一个细胞。而随着这第一个细胞的产生，也就有了整个有机界的形态发展的基础；我们根据古生物学档案的完整类比材料可以假定，最初发展出来的是无数种无细胞的和有细胞的原生生物，其中只有加拿大假原生物①留传了下来；在这些原生生物中，有一些逐渐分化为最初的植物，另一些则分化为最初的动物。从最初的动物中，主要由于进一步的分化而发展出了动物的无数的纲、目、科、属、种，最后发展出神经系统获得最充分发展的那种形态，即脊椎动物的形态，而在这些脊椎动物中，最后又发展出这样一种脊椎动物，在它身上自然界获得了自我意识，这就是人。

人也是由分化而产生的。不仅从个体方面来说是如此——从一个单独的卵细胞分化为自然界所产生的最复杂的有机体，而且从历史方面来说也是如此。经过多少万年的努力，手脚的分化，直立行走，最后终于确定下来，于是人和猿区别开来，于是奠定了分音节的语言的发展和人脑的巨大发展的基础，这种发展使人和猿之间的鸿沟从此不可逾越了。手的专业化意味着**工具**的出现，而工具意味着人所特有的活动，意味着人对自然界进行改造的反作用，意味着生产。狭义的动物也有工具，然而这只是它们的身躯的肢体，蚂蚁、蜜蜂、海狸就是这样；动物也进行生产，但是它们的生产对周围自然界的作用在自然界面前只等于零。只有人能够做到给自然界打上自己的印记，因为他们不仅迁移植物，而且也改变了他们的居住地的面貌、气候，甚至还改变了动植物本身，以致他们活动的结果只能和地球的普遍灭亡一起消失。而人所以能做到这一点，首先和主要是借助于手。甚至蒸汽机这一直到现在仍是人改造自然界的最强有力的工具，正因为是工具，归根到底还是要依靠手。但是随着手的发展，

---

① 加拿大假原生物（Eozoon canadense）是在加拿大发现的一种化石，曾被看做最古的原始有机体的遗骸（见亨·阿·尼科尔森《地球古代生命史》1876 年爱丁堡—伦敦版第 70—71 页）。1878 年德国动物学家卡·默比乌斯否定关于这种化石的有机起源的意见。

头脑也一步一步地发展起来，首先产生了对取得某些实际效益的条件的意识，而后来在处境较好的民族中间，则由此产生了对制约着这些条件的自然规律的理解。随着自然规律知识的迅速增加，人对自然界起反作用的手段也增加了；如果人脑不随着手、不和手一起、不是部分地借助于手而相应地发展起来，那么单靠手是永远造不出蒸汽机来的。

随同人，我们进入了**历史**。动物也有一部历史，即动物的起源和逐渐发展到今天这样的状态的历史。但是这部历史对它们来说是被创造出来的，如果说它们自己也参与了创造，那也是不自觉和不自愿的。相反，人离开狭义的动物越远，就越是有意识地自己创造自己的历史，未能预见的作用、未能控制的力量对这一历史的影响就越小，历史的结果和预定的目的就越加符合。但是，如果用这个尺度来衡量人类的历史，甚至衡量现代最发达的民族的历史，我们就会发现：在这里，预定的目的和达到的结果之间还总是存在着极大的出入。未能预见的作用占据优势，未能控制的力量比有计划运用的力量强大得多。只要人的最重要的历史活动，这种使人从动物界上升到人类并构成人的其他一切活动的物质基础的历史活动，即人的生活必需品的生产，也就是今天的社会生产，还被未能控制的力量的意外的作用所左右，而人所期望的目的只是作为例外才能实现，而且往往适得其反，那么情况就不能不是这样。我们在最先进的工业国家中已经降服了自然力，迫使它为人们服务；这样我们就无限地增加了生产，现在一个小孩所生产的东西，比以前的 100 个成年人所生产的还要多。而结果又怎样呢？过度劳动日益增加，群众日益贫困，每十年发生一次大崩溃。达尔文并不知道，当他证明经济学家们当做最高的历史成就加以颂扬的自由竞争、生存斗争是动物界的正常状态的时候，他对人们，特别是对他的同胞作了多么辛辣的讽刺。只有一种有计划地生产和分配的自觉的社会生产组织，才能在社会方面把人从其余的动物中提升出来，正像一般生产曾经在物种方面把人从其余的动物中提升出来一样。历史的发展使这种社会生产组织日益成为必要，也日益成为可能。一个新的历史时期将从这种社会生产组织开始，在这个时期中，人自身以及人的活动的一切方面，尤其是自然科学，都将突飞猛进，使以往的一切都黯然失色。

但是，一切产生出来的东西，都注定要灭亡①。也许经过多少亿年，多少

---

① 歌德《浮士德》第 1 部第 3 场《书斋》。——编者注

万代生了又死；但是这样一个时期会无情地到来，那时日益衰竭的太阳热将不再能融解从两极逼近的冰，那时人们越来越聚集在赤道周围，最终连在那里也不再能够找到足以维持生存的热，那时有机生命的最后痕迹也将渐渐地消失，而地球，一个像月球一样死寂的冰冻的球体，将在深深的黑暗里沿着越来越狭小的轨道围绕着同样死寂的太阳旋转，最后就落到太阳上面。有的行星遭到这种命运比地球早些，有的比地球晚些；代替配置得和谐的、光明的、温暖的太阳系的，只是一个寒冷的、死去的球体，它在宇宙空间里循着自己的孤寂的轨道运行着。像我们的太阳系一样，我们的宇宙岛的其他一切星系或早或迟地都要遭到这样的命运，无数其他的宇宙岛的星系都是如此，还有这样一些星系，它们发出的光在地球上还有活人的眼能接受时将不会达到地球，甚至连这样一些星系也要遭到同样的命运。

……

有一点是肯定的：曾经有一个时期，我们的宇宙岛的物质把如此大量的运动——究竟是何种运动，我们到现在还不知道——转化成了热，以致（依据梅特勒的说法）从中可能产生了至少包括 2 000 万颗星的诸太阳系，而这些太阳系的逐渐死寂同样是不容置疑的。这个转化是怎样进行的呢？关于我们的太阳系的将来的遗骸①是否总是重新变为新的太阳系的原料，我们和赛奇神父一样，一无所知。在这里，我们要么必须求助于造物主，要么不得不作出如下的结论：形成我们的宇宙岛的太阳系的炽热原料，是按自然的途径，即通过运动的转化产生出来的，而这种转化是运动着的物质**天然具有的**，因而转化的条件也必然要由物质再生产出来，尽管这种再生产要到亿万年之后才或多或少偶然地发生，然而也正是在这种偶然中包含着必然性。

这种转化的可能性越来越得到承认。现在人们得出了这样的见解：诸天体的最终命运是互相碰在一起。人们甚至已经计算这种碰撞必然产生的热量。天文学所报道的新星的突然闪现和已知旧星的同样突然的亮度增加，用这种碰撞最容易说明。同时，不仅我们的行星群绕着太阳运动，我们的太阳在我们的宇宙岛内运动，而且我们的整个宇宙岛也在宇宙空间中不断运动，和其余的宇宙岛处于暂时的相对的平衡中；因为连自由浮动的物体的相对平衡也只有在相互

---

① 遗骸的原文是"caput mortuum"，直译是骷髅，转意是遗骸，燃烧、化学反应等等之后的残渣；这里指熄灭的太阳和落在太阳上失去生命的行星。——编者注

制约的运动中才能存在；此外，还有一些人认为宇宙空间中的温度不是到处都一样的。最后，我们知道，我们的宇宙岛的无数个太阳的热，除了极小的一部分以外，都消失在空间里，甚至不能把宇宙空间的温度提高百万分之一摄氏度。这全部巨大的热量变成了什么呢？它是不是永远用于为宇宙空间供暖的尝试，是不是实际上已不复存在而只在理论上仍然存在于宇宙空间的温度已上升百亿分之一度或更低度数这一事实中？这个假定否认了运动的不灭性；它认可这样一种可能：由于诸天体不断地相互碰在一起，一切现存的机械运动都变为热，而且这种热将发散到宇宙空间中去，因此尽管存在"力的不灭性"，一切运动还是会停下来（在这里顺便可以看出，用力的不灭性这个说法替代运动的不灭性这个说法，这是多么错误）。于是我们得出这样一个结论：发散到宇宙空间中去的热一定有可能通过某种途径（指明这一途径，将是以后某个时候自然研究的课题）转变为另一种运动形式，在这种运动形式中，它能够重新集结和活动起来。因此，阻碍已死的太阳重新转化为炽热气团的主要困难便消除了。

此外，诸天体在无限时间内永恒重复的先后相继，不过是无数天体在无限空间内同时并存的逻辑补充——这一原理的必然性，甚至德雷帕的反理论的美国人头脑也不得不承认了①。

这是物质运动的一个永恒的循环，这个循环完成其轨道所经历的时间用我们的地球年是无法量度的，在这个循环中，最高发展的时间，即有机生命的时间，尤其是具有自我意识和自然界意识的人的生命的时间，如同生命和自我意识的活动空间一样，是极为有限的；在这个循环中，物质的每一有限的存在方式，不论是太阳或星云，个别动物或动物种属，化学的化合或分解，都同样是暂时的，而且除了永恒变化着的、永恒运动着的物质及其运动和变化的规律以外，再没有什么永恒的东西了。但是，不论这个循环在时间和空间中如何经常地和如何无情地完成着，不论有多少亿个太阳和地球产生和灭亡，不论要经历多长时间才能在一个太阳系内而且只在**一个**行星上形成有机生命的条件，不论有多么多的数也数不尽的有机物必定先产生和灭亡，然后具有能思维的脑子的动物才从它们中间发展出来，并在一个很短的时间内找到适于生存的条件，而

---

① "无限空间中的无数天体导致无限时间中天体先后相继的概念。"（德雷帕《欧洲智力发展史》第2卷第［325］页）

后又被残酷地毁灭，我们还是确信：物质在其一切变化中仍永远是物质，它的任何一个属性任何时候都不会丧失，因此，物质虽然必将以铁的必然性在地球上再次毁灭物质的最高的精华——思维着的精神，但在另外的地方和另一个时候又一定会以同样的铁的必然性把它重新产生出来。

（选自《马克思恩格斯文集》第9卷，人民出版社
2009年版，第408—426页）

神灵世界中的自然研究

深入人民意识的辩证法有一个古老的命题：两极相联。根据这个道理，我们在寻找幻想、轻信和迷信的极端表现时，如果不是面向像德国自然哲学那样竭力把客观世界嵌入自己主观思维框子内的自然科学派别，而是面向与此相反的派别，即一味吹捧经验、极端蔑视思维而实际上思想极度贫乏的派别，我们就不致于犯什么错误。后一个学派在英国占据统治地位。它的始祖，备受称颂的弗兰西斯·培根就已经渴望他的新的经验归纳法能够付诸应用，并首先做到：延年益寿，在某种程度上使人返老还童，改形换貌，易身变体，创造新种，腾云驾雾，呼风唤雨。他抱怨这种研究无人问津，他在他的自然史中开出了制取黄金和创造种种奇迹的正式的丹方。① 同样，伊萨克·牛顿在晚年也热衷于注释《约翰启示录》②。因此，难怪近年来以几个远非最差的人物为代表的英国经验主义，看来竟不可救药地迷恋于从美国输入的招魂术和降神术。

......

够了。这里已经看得一清二楚，究竟什么是从自然科学走向神秘主义的最可靠的道路。这并不是过度滋蔓的自然哲学理论，而是蔑视一切理论、怀疑一切思维的最肤浅的经验。证明神灵存在的并不是那种先验的必然性，而是华莱士先生、克鲁克斯先生之流的经验的观察。既然我们相信克鲁克斯利用光谱分

---

① 指弗·培根计划写的百科全书式的著作《伟大的复兴》，特别是它的第三部分。培根的计划未能完全实现。该著作第三部分的材料以《自然现象，或可作为哲学基础的自然的和实验的历史》为标题于1622年在伦敦出版。

② 伊·牛顿以神学为题材的最著名的著作是他逝世六年后于1733年在伦敦出版的《评但以理书和圣约翰启示录》。

析进行的观察（铊这种金属就是由此发现的），或者相信华莱士在马来群岛所获得的动物学上的丰富的发现，人们就要求我们同样去相信这两位研究者在唯灵论方面的经验和发现。而如果我们认为，在这里毕竟有一个小小的区别，即前一种发现可以验证，而后一种却不能，那么降神者就会反驳我们说：不是这么回事，他们是乐于给我们提供机会来验证这些神灵现象的。

实际上，蔑视辩证法是不能不受惩罚的。对一切理论思维尽可以表示那么多的轻视，可是没有理论思维，的确无法使自然界中的两件事实联系起来，或者洞察二者之间的既有的联系。在这里，问题只在于思维正确或不正确，而轻视理论显然是自然主义地进行思维，因而是错误地进行思维的最可靠的道路。但是，根据一个自古就为人们所熟知的辩证法规律，错误的思维贯彻到底，必然走向原出发点的反面。所以，经验主义者蔑视辩证法便受到惩罚：连某些最清醒的经验主义者也陷入最荒唐的迷信中，陷入现代唯灵论中去了。

……

事实上，单凭经验是对付不了唯灵论者的。第一，那些"高级的"现象，只有当有关的"研究者"已经着迷到像克鲁克斯自己天真无比地描绘的那样，只能看到他应看到或他想看到的东西的时候，才能够显现出来。第二，唯灵论者并不在乎成百件的所谓事实被揭露为骗局，成打的所谓神媒被揭露为下流的江湖骗子。只要所谓的奇迹还没有被**逐一**揭穿，唯灵论者就仍然有足够的活动地盘，华莱士在伪造神灵照片的事件中就一清二楚地说明了这一点。伪造物的存在，正好证明了真实物的真实。

……

（选自《马克思恩格斯文集》第 9 卷，人民出版社
2009 年版，第 442—452 页）

辩　证　法

（阐明辩证法这门同形而上学相对立的关于联系的科学的一般性质。）

———

可见，辩证法的规律是从自然界的历史和人类社会的历史中抽象出来的。

辩证法的规律无非是历史发展的这两个方面和思维本身的最一般的规律。它们实质上可归结为下面三个规律：

量转化为质和质转化为量的规律；

对立的相互渗透的规律；

否定的否定的规律。

所有这三个规律都曾经被黑格尔按照其唯心主义的方式当做纯粹的**思维**规律而加以阐明：第一个规律是在他的《逻辑学》的第一部分即存在论中；第二个规律占据了他的《逻辑学》的整个第二部分，这也是全书的最重要的部分，即本质论；最后，第三个规律表现为构筑整个体系的基本规律。错误在于：这些规律是作为思维规律强加于自然界和历史的，而不是从它们中推导出来的。由此就产生了整个牵强的并且常常是令人震惊的结构：世界，不管它愿意与否，必须适应于某种思想体系，而这种思想体系本身又只是人类思维的某一特定发展阶段的产物。如果我们把事情顺过来，那么一切都会变得很简单，在唯心主义哲学中显得极端神秘的辩证法规律就会立即变得简单而朗若白昼了。

……

我们在这里不打算写辩证法的手册，而只想说明辩证法规律是自然界的实在的发展规律，因而对于理论自然研究也是有效的。因此，我们不能深入地考察这些规律之间的内部联系。

……

（选自《马克思恩格斯文集》第9卷，人民出版社
2009年版，第463—464页）

劳动在从猿到人的转变中的作用

政治经济学家说：劳动是一切财富的源泉。其实，劳动和自然界在一起才是一切财富的源泉，自然界为劳动提供材料，劳动把材料转变为财富。但是劳动的作用还远不止于此。劳动是整个人类生活的第一个基本条件，而且达到这样的程度，以致我们在某种意义上不得不说：劳动创造了人本身。

在好几十万年以前，在地质学家叫做第三纪的那个地质时代的某个还不能确切肯定的时期，大概是在这个时代的末期，在热带的某个地方——可能是现在已经沉入印度洋底的一大片陆地上，生活着一个异常高度发达的类人猿的种属。达尔文曾经向我们大致地描述了我们的这些祖先：它们浑身长毛，有胡须和尖耸的耳朵，成群地生活在树上。[①]

这种猿类，大概首先由于它们在攀援时手干着和脚不同的活这样一种生活方式的影响，在平地上行走时也开始摆脱用手来帮忙的习惯，越来越以直立姿势行走。由此就**迈出了从猿过渡到人的具有决定意义的一步**。

……

如果说我们的遍体长毛的祖先的直立行走一定是先成为习惯，并且随着时间的推移才成为必然，那么这就必须有这样的前提：手在此期间已经越来越多地从事其他活动了。在猿类中，手和脚的使用也已经有某种分工了。……但是，正是在这里我们看到，甚至和人最相似的猿类的不发达的手，同经过几十万年的劳动而高度完善化的人手相比，竟存在着多么大的差距。骨节和筋肉的数目和一般排列，两者是相同的，然而即使最低级的野蛮人的手，也能做任何猿手都模仿不了的数百种动作。任何一只猿手都不曾制造哪怕是一把最粗笨的石刀。

因此，我们的祖先在从猿过渡到人的好几十万年的过程中逐渐学会的使自己的手能做出的一些动作，在开始时只能是非常简单的。最低级的野蛮人，甚至那种可以认为已向更近乎兽类的状态倒退而同时躯体也退化了的野蛮人，也远远高于这种过渡性的生物。在人用手把第一块石头做成石刀以前，可能已经过了一段漫长的时间，和这段时间相比，我们所知道的历史时间就显得微不足道了。但是具有决定意义的一步迈出了：**手变得自由了**，并能不断掌握新的技能，而由此获得的更大的灵活性便遗传下来，并且一代一代地增加着。

所以，手不仅是劳动的器官，**它还是劳动的产物**。只是由于劳动，由于总是要去适应新的动作，由于这样所引起的肌肉、韧带以及经过更长的时间引起的骨骼的特殊发育遗传下来，而且由于这些遗传下来的灵巧性不断以新的方式应用于新的越来越复杂的动作，人的手才达到这样高度的完善，以致像施魔法

---

① 参看查·达尔文《人类起源和性的选择》第 1 卷第 6 章《论人类的血缘和谱系》。——编者注

一样产生了拉斐尔的绘画、托瓦森的雕刻和帕格尼尼的音乐。

……

更加重要得多的是手的发展对机体其余部分的直接的、可证明的反作用。我们已经说过，我们的猿类祖先是一种群居的动物，人，一切动物中最爱群居的动物，显然不可能来源于某种非群居的最近的祖先。随着手的发展、随着劳动而开始的人对自然的支配，在每一新的进展中扩大了人的眼界。他们在自然对象中不断地发现新的、以往所不知道的属性。另一方面，劳动的发展必然促使社会成员更紧密地互相结合起来，因为劳动的发展使互相支持和共同协作的场合增多了，并且使每个人都清楚地意识到这种共同协作的好处。一句话，这些正在生成中的人，已经达到彼此间**不得不说些什么**的地步了。需要也就造成了自己的器官：猿类的不发达的喉头，由于音调的抑扬顿挫的不断加多，缓慢地然而肯定无疑地得到改造，而口部的器官也逐渐学会发出一个接一个的清晰的音节。

语言是从劳动中并和劳动一起产生出来的，这个解释是唯一正确的，拿动物来比较，就可以证明。动物，甚至高度发达的动物，彼此要传递的信息很少，不用分音节的语言就可以互通信息。在自然状态下，没有一种动物会感到不能说话或不能听懂人的语言是一种缺陷。它们经过人的驯养，情形就完全不同了。狗和马在和人的接触中所养成的对于分音节的语言的听觉十分敏锐，以致它们在它们的想象力所及的范围内，能够很容易地学会听懂任何一种语言。此外，它们还获得了如对人表示依恋、感激等等的表达感受的能力，而这种能力是它们以前所没有的。和这些动物经常接触的人几乎不能不相信：有足够的情况表明，这些动物**现在**感到没有说话能力是一个缺陷。不过，它们的发音器官可惜过分地专门朝特定方向发展了，再也无法补救这种缺陷。但是，只要有发音器官，这种不能说话的情形在某种限度内是可以克服的。鸟的口部器官和人的口部器官肯定是根本不同的，然而鸟是唯一能学会说话的动物，而且在鸟里面叫声最令人讨厌的鹦鹉说得最好。人们别再说鹦鹉不懂得它自己所说的是什么了。它一连几个小时唠唠叨叨重复它那几句话，的确纯粹是出于喜欢说话和喜欢跟人交往。但是在它的想象力所及的范围内，它也能学会懂得它所说的是什么。如果我们把骂人话教给鹦鹉，使它能够想象到这些话的意思（这是从热带回来的水手们的一种主要娱乐），然后惹它发怒，那么我们马上会看到，它会像柏林卖菜的女贩一样正确地使用它的骂人话。它在乞求美味食品时也有这样的情形。

首先是劳动，然后是语言和劳动一起，成了两个最主要的推动力，在它们的影响下，猿脑就逐渐地过渡到人脑；后者和前者虽然十分相似，但是要大得多和完善得多。随着脑的进一步的发育，脑的最密切的工具，即感觉器官，也进一步发育起来。正如语言的逐渐发展必然伴随有听觉器官的相应的完善化一样，脑的发育也总是伴随有所有感觉器官的完善化。鹰比人看得远得多，但是人的眼睛识别东西远胜于鹰。狗比人具有锐敏得多的嗅觉，但是它连被人当做各种物的特定标志的不同气味的百分之一也辨别不出来。至于触觉，在猿类中刚刚处于最原始的萌芽状态，只是由于劳动才随着人手本身而一同形成。——脑和为它服务的感官、越来越清楚的意识以及抽象能力和推理能力的发展，又反作用于劳动和语言，为这二者的进一步发展不断提供新的推动力。这种进一步的发展，并不是在人同猿最终分离时就停止了，而是在此以后大体上仍然大踏步地前进着，虽然在不同的民族和不同的时代就程度和方向来说是不同的，有时甚至由于局部的和暂时的退步而中断；由于随着完全形成的人的出现又增添了新的因素——**社会**，这种发展一方面便获得了强有力的推动力，另一方面又获得了更加确定的方向。

从攀树的猿群进化到人类社会之前，一定经过了几十万年——这在地球的历史上只不过相当于人的生命中的一秒钟①。但是人类社会最后毕竟出现了。人类社会区别于猿群的特征在我们看来又是什么呢？是**劳动**。猿群满足于把它们由于地理位置或由于抵抗了邻近的猿群而占得的觅食地区的食物吃光。为了获得新的觅食地区，它们进行迁徙和战斗，但是除了无意中用自己的粪便肥沃土地以外，它们没有能力从觅食地区索取比自然界的赐予更多的东西。一旦所有可能的觅食地区都被占据了，猿类就不能再扩大繁殖了；这种动物的数目最多只能保持不变。但是一切动物对待食物都是非常浪费的，并且常常毁掉还处在胚胎状态中的新生的食物。狼不像猎人那样爱护第二年就要替它生小鹿的牝鹿；希腊的山羊不等幼嫩的灌木长大就把它们吃光，它们把这个国家所有的山岭都啃得光秃秃的。动物的这种"掠夺行为"在物种的渐变过程中起了重要的作用，因为这种行为强迫动物去适应不同于惯用食物的食物，因此它们的血液

---

① 这方面的一流权威威廉·汤姆生爵士曾经计算过：从地球冷却到植物和动物能在地面上生存的时候起，已经过去了**一亿年多一点**。

就获得了和过去不同的化学成分，整个身体的结构也渐渐变得不同了，而从前某个时候固定下来的物种也就灭绝了。毫无疑义，这种掠夺行为有力地促进了我们的祖先转变成人。在智力和适应能力远远高于其他一切猿种的某个猿种中，这种掠夺行为必然造成的结果就是食用植物的数目越来越扩大，食用植物中可食用的部分也越来越增多，总之，就是食物越来越多样化，随之摄入身体内的物质，即向人转变的化学条件，也越来越多样化。但是，这一切还不是真正的劳动。劳动是从制造工具开始的。我们所发现的最古老的工具是些什么东西呢？根据已发现的史前时期的人的遗物来判断，并且根据最早历史时期的人群和现在最不开化的野蛮人的生活方式来判断，最古老的工具是些什么东西呢？是打猎的工具和捕鱼的工具，而前者同时又是武器。但是打猎和捕鱼的前提是从只吃植物过渡到同时也吃肉，而这又是向人转变的重要一步。**肉类食物**几乎现成地含有身体的新陈代谢所必需的各种最重要的物质；它缩短了消化过程以及身体内其他植物性过程即同植物生活相应的过程的时间，因此为过真正动物的生活赢得了更多的时间、更多的物质和更多的精力。这种正在生成中的人离植物界越远，他超出动物界的程度也就越高。如果说除吃肉外还要习惯于吃植物这一情况使野猫和野狗变成了人的奴仆，那么除吃植物外也要吃肉的习惯则大大促进了正在生成中的人的体力和独立性。但是最重要的还是肉食对于脑的影响；脑因此得到了比过去丰富得多的为脑本身的营养和发展所必需的物质，因而它就能够一代一代更迅速更完善地发育起来。请素食主义者先生们恕我直言，如果不吃肉，人是不会到达现在这个地步的，至于说在我们所知道的一切民族中，都曾经有一个时期由于吃肉而竟吃起人来（柏林人的祖先，韦累塔比人或维耳茨人，在 10 世纪还吃他们的父母）①，这在今天同我们已经毫不相干。

　　肉食引起了两个新的有决定意义的进步，即火的使用和动物的驯养。前者更加缩短了消化过程，因为它为嘴提供了可说是已经半消化了的食物；后者使肉食更加丰富起来，因为它在打猎之外开辟了新的更经常性的肉食来源，除此以外还提供了奶和奶制品之类的新的食品，而这类食品就其养分来说至少不逊于肉类。这样，对于人来说，这两种进步就直接成为新的解放手段。这里逐一

---

① 参看雅·格林《德国古代法》1854 年格丁根第 2 版第 488 页所引用的德国修道士拉·诺特克尔（约 952—1022 年）的证明材料。恩格斯在其未完成的著作《爱尔兰史》中也引证了诺特克尔的这个材料（见《马克思恩格斯全集》中文第 1 版第 16 卷第 559 页）。

详谈它们的各种间接的影响，未免扯得太远，虽然对于人类和社会的发展来说，这些影响也具有非常重大的意义。

正如人学会吃一切可以吃的东西一样，人也学会了在任何气候下生活。人分布在所有可居住的地面上，人是唯一能独立自主地这样做的动物。其他的动物，虽然也习惯于各种气候，但这不是独立自主的行为，而只是跟着人学会这样做的，例如家畜和有害小动物就是这样。从原来居住的常年炎热的地带，迁移到比较冷的、一年中分成冬季和夏季的地带，就产生了新的需要：要有住房和衣服以抵御寒冷和潮湿，要有新的劳动领域以及由此而来的新的活动，这就使人离开动物越来越远了。

由于手、说话器官和脑不仅在每个人身上，而且在社会中发生共同作用，人才有能力完成越来越复杂的动作，提出并达到越来越高的目的[①]。劳动本身经过一代又一代变得更加不同、更加完善和更加多方面了。除打猎和畜牧外，又有了农业，农业之后又有了纺纱、织布、冶金、制陶和航海。伴随着商业和手工业，最后出现了艺术和科学；从部落发展成了民族和国家。法和政治发展起来了，而且和它们一起，人间事物在人的头脑中的虚幻的反映——宗教，也发展起来了。在所有这些起初表现为头脑的产物并且似乎支配着人类社会的创造物面前，劳动的手的较为简陋的产品退到了次要地位；何况能作出劳动计划的头脑在社会发展的很早的阶段上（例如，在简单的家庭中），就已经能不通过自己的手而是通过别人的手来完成计划好的劳动了。迅速前进的文明完全被归功于头脑，归功于脑的发展和活动；人们已经习惯于用他们的思维而不是用他们的需要来解释他们的行为（当然，这些需要是反映在头脑中，是进入意识的）。这样，随着时间的推移，便产生了唯心主义世界观，这种世界观，特别是从古典古代世界没落时起，就支配着人的头脑。它现在还非常有力地支配着人的头脑，甚至达尔文学派的唯物主义自然科学家们对于人类的产生也不能提出明确的看法，因为他们在那种意识形态的影响下，认识不到劳动在这中间所起的作用。

正如我们已经指出的，动物通过它们的活动同样也改变外部自然界，虽然在程度上不如人。我们也看到：动物对环境的这些改变又反过来作用于改变环境的动物，使它们发生变化。因为在自然界中任何事物都不是孤立发生的。每

---

① 恩格斯在此处手稿的页边上写着："感觉器官"。——编者注

个事物都作用于别的事物，反之亦然，而且在大多数场合下，正是忘记这种多方面的运动和相互作用，才妨碍我们的自然科学家看清最简单的事物。……

……但是一切动物的一切有计划的行动，都不能在地球上打下自己的意志的印记。这一点只有人才能做到。

一句话，动物仅仅**利用**外部自然界，简单地通过自身的存在在自然界中引起变化；而人则通过他所作出的改变来使自然界为自己的目的服务，来**支配**自然界。① 这便是人同其他动物的最终的本质的差别，而造成这一差别的又是劳动。

但是我们不要过分陶醉于我们人类对自然界的胜利。对于每一次这样的胜利，自然界都对我们进行报复。每一次胜利，起初确实取得了我们预期的结果，但是往后和再往后却发生完全不同的、出乎预料的影响，常常把最初的结果又消除了。美索不达米亚、希腊、小亚细亚以及其他各地的居民，为了得到耕地，毁灭了森林，但是他们做梦也想不到，这些地方今天竟因此而成为不毛之地，因为他们使这些地方失去了森林，也就失去了水分的积聚中心和贮藏库。阿尔卑斯山的意大利人，当他们在山南坡把那些在山北坡得到精心保护的枞树林砍光用尽时，没有预料到，这样一来，他们就把本地区的高山畜牧业的根基毁掉了；他们更没有预料到，他们这样做，竟使山泉在一年中的大部分时间内枯竭了，同时在雨季又使更加凶猛的洪水倾泻到平原上。在欧洲推广马铃薯的人，并不知道他们在推广这种含粉块茎的同时也使瘰疬症传播开来了。因此我们每走一步都要记住：我们决不像征服者统治异族人那样支配自然界，决不像站在自然界之外的人似的去支配自然界——相反，我们连同我们的肉、血和头脑都是属于自然界和存在于自然界之中的；我们对自然界的整个支配作用，就在于我们比其他一切生物强，能够认识和正确运用自然规律。

事实上，我们一天天地学会更正确地理解自然规律，学会认识我们对自然界习常过程的干预所造成的较近或较远的后果。特别自本世纪自然科学大踏步前进以来，我们越来越有可能学会认识并从而控制那些至少是由我们的最常见的生产行为所造成的较远的自然后果。而这种事情发生得越多，人们就越是不仅再次地感觉到，而且也认识到自身和自然界的一体性，那种关于精神和物质、人类和自然、灵魂和肉体之间的对立的荒谬的、反自然的观点，也就越不

---

① 恩格斯在此处手稿的页边上写着："改良"。——编者注

可能成立了，这种观点自古典古代衰落以后出现在欧洲并在基督教中得到最高度的发展。

但是，如果说我们需要经过几千年的劳动才多少学会估计我们的生产行为**在自然方面的**较远的影响，那么我们想学会预见这些行为**在社会方面的**较远的影响就更加困难得多了。我们曾提到过马铃薯以及随之而来的瘰疬症的蔓延。但是，同工人降低到以马铃薯为生这一事实对各国人民大众的生活状况所带来的影响比起来，同 1847 年爱尔兰因马铃薯遭受病害而发生的大饥荒比起来，瘰疬症又算得了什么呢？在这次饥荒中，有 100 万吃马铃薯或差不多专吃马铃薯的爱尔兰人进了坟墓，并有 200 万人逃亡海外。当阿拉伯人学会蒸馏酒精的时候，他们做梦也想不到，他们由此而制造出来的东西成了使当时还没有被发现的美洲的土著居民灭绝的主要工具之一。以后，当哥伦布发现美洲的时候，他也不知道，他因此复活了在欧洲早已被抛弃的奴隶制度，并奠定了贩卖黑奴的基础。17 世纪和 18 世纪从事制造蒸汽机的人们也没有料到，他们所制作的工具，比其他任何东西都更能使全世界的社会状态发生革命，特别是在欧洲，由于财富集中在少数人一边，而另一边的绝大多数人则一无所有，起初使得资产阶级赢得社会的和政治的统治，尔后使资产阶级和无产阶级之间发生阶级斗争，而这一阶级斗争的结局只能是资产阶级的垮台和一切阶级对立的消灭。但是，就是在这一领域中，我们也经过长期的、往往是痛苦的经验，经过对历史材料的比较和研究，渐渐学会了认清我们的生产活动在社会方面的间接的、较远的影响，从而有可能去控制和调节这些影响。

但是要实行这种调节，仅仅有认识还是不够的。为此需要对我们的直到目前为止的生产方式，以及同这种生产方式一起对我们的现今的整个社会制度实行完全的变革。

到目前为止的一切生产方式，都仅仅以取得劳动的最近的、最直接的效益为目的。那些只是在晚些时候才显现出来的、通过逐渐的重复和积累才产生效应的较远的结果，则完全被忽视了。原始的土地公有制，一方面同眼界极短浅的人们的发展状态相适应，另一方面以可用土地的一定剩余为前提，这种剩余为应付这种原始经济的意外的灾祸提供了某种回旋余地。这种剩余的土地用光了，公有制也就衰落了。而一切较高的生产形式，都导致居民分为不同的阶级，因而导致统治阶级和被压迫阶级之间的对立；这样一来，生产只要不以被压迫者的最贫乏的生活需要为限，统治阶级的利益就会成为生产的推动因素。

在西欧现今占统治地位的资本主义生产方式中，这一点表现得最为充分。支配着生产和交换的一个个资本家所能关心的，只是他们的行为的最直接的效益。不仅如此，甚至连这种效益——就所制造的或交换的产品的效用而言——也完全退居次要地位了；销售时可获得的利润成了唯一的动力。

资产阶级的社会科学，即古典政治经济学，主要只研究人以生产和交换为取向的行为在社会方面所产生的直接预期的影响。这同以这种社会科学为其理论表现的社会组织是完全相适合的。在各个资本家都是为了直接的利润而从事生产和交换的地方，他们首先考虑的只能是最近的最直接的结果。当一个厂主卖出他所制造的商品或者一个商人卖出他所买进的商品时，只要获得普通的利润，他就满意了，至于商品和买主以后会怎么样，他并不关心。关于这些行为在自然方面的影响，情况也是这样。西班牙的种植场主曾在古巴焚烧山坡上的森林，以为木灰作为肥料足够最能赢利的咖啡树利用**一个**世代之久，至于后来热带的倾盆大雨竟冲毁毫无保护的沃土而只留下赤裸裸的岩石，这同他们又有什么相干呢？在今天的生产方式中，面对自然界和社会，人们注意的主要只是最初的最明显的成果，可是后来人们又感到惊讶的是：取得上述成果的行为所产生的较远的后果，竟完全是另外一回事，在大多数情况下甚至是完全相反的；需求和供给之间的和谐，竟变成二者的两极对立，每十年一次的工业周期的过程就显示了这种对立，德国在"崩溃"① 期间也体验到了这种对立的小小的前奏；以自己的劳动为基础的私有制，必然进一步发展为劳动者丧失财产，同时一切财产越来越集中在不劳动的人的手中；[……]②

（选自《马克思恩格斯文集》第 9 卷，人民出版社 2009 年版，第 550—563 页）

---

① 指 1873 年世界经济危机，这场危机席卷了奥地利、德国、北美、英国、法国、荷兰、比利时、意大利、俄国等国家，具有猛烈而深刻的特点。在德国，这场危机从 1873 年 5 月以"大崩溃"开始，一直延续到 70 年代末。

② 手稿到此中断。——编者注

《自然辩证法》（节选）导读

《自然辩证法》是马克思主义自然观和科学观的代表作。恩格斯在这部著作中，通过对当时自然科学新成果的概括和总结，系统阐述了马克思主义的自然观，深刻揭示了唯物辩证法的自然科学基础，进一步丰富和完善了马克思主义哲学。

一、写作背景

《自然辩证法》的创作是进一步丰富和论证马克思主义哲学世界观的需要。确立辩证唯物主义世界观，不仅要善于总结社会历史发展的规律和无产阶级革命斗争的经验，还必须对自然科学发展的成果进行概括和总结。恩格斯一贯重视对自然科学的研究，高度评价科学在推动生产和社会发展中的作用。在《国民经济学批判大纲》中，他认为科学的发明和科学思想是劳动要素中的精神要素，科学"日益使自然力受人类支配"①。在《英国状况 十八世纪》中指出："各门科学在 18 世纪已经具有自己的科学形式，因此它们终于一方面和哲学，另一方面和实践结合起来了。科学和哲学结合的结果就是唯物主义（牛顿的学说和洛克的学说同样是唯物主义的前提）、启蒙运动和法国的政治革命。科学和实践结合的结果就是英国的社会革命。"② 他和马克思在《德意志意识形态》中阐发唯物史观时，全面论述了自然科学和社会生产的相互关系。一方面，"如果没有工业和商业，哪里会有自然科学呢？甚至这个'纯粹的'自然科学也只是由于商业和工业，由于人们的感性活动才达到自己的目的和获得自己的材料的"③；另一方面，自然科学又反过来推动了生产的发展，例如理论力学的发展就是大工业形成的条件之一。恩格斯研究自然辩证法的根本目的在于，通过总结和概括自然科学发展的新成果，揭示自然发展变化的规律，进一步论证辩证唯物主义世界观的科学性。

19 世纪 50—60 年代，恩格斯开始了对自然观和科学观的系统研究。在全

---

① 《马克思恩格斯文集》第 1 卷，人民出版社 2009 年版，第 77 页。
② 《马克思恩格斯文集》第 1 卷，人民出版社 2009 年版，第 97 页。
③ 《马克思恩格斯文集》第 1 卷，人民出版社 2009 年版，第 529 页。

面研究各门科学的基础上，重点研究了 19 世纪上半叶自然科学的"三大发现"①。在 1858 年 7 月 14 日给马克思的信中，恩格斯指出 19 世纪 30 年代以来自然科学的成就处处显示出自然界的辩证性质，特别提到细胞理论的建立、物理中各种力的相互关系的发现和胚胎发育阶段所显示的生物进化。1859 年达尔文《物种起源》出版后，恩格斯立即和马克思通信交换意见。他们一致认为，这"为我们的观点提供了自然史的基础"②。1873 年年初，恩格斯打算写作一部批判庸俗唯物主义者毕希纳的著作，不久又改变计划，在 1873 年 5 月 30 日致马克思的信和题为《自然科学的辩证法》的札记中，提出了写作《自然辩证法》的初步构思。从此时起到马克思逝世前，以写作《反杜林论》所造成的中断（1876 年 5 月底—1878 年 6 月）为界，恩格斯《自然辩证法》的写作可以分为两个阶段：前期完成了几乎所有的札记（94 篇），并写了一篇较完整的论文"导言"；后期拟订了未来著作的具体写作计划，写完了几乎所有的论文。1882 年 11 月 23 日，恩格斯致信马克思说："现在必须尽快地结束自然辩证法。"③ 但马克思逝世后，恩格斯全身心投入《资本论》第二、三卷的整理出版之中。除了 1885—1886 年作了个别补充（《〈费尔巴哈〉的删略部分》）外，直到 1895 年恩格斯去世，也未能实现这一写作计划。

二、主要内容

《自然辩证法》作为恩格斯的主要哲学著作之一，包括 10 篇论文、169 篇札记和片段、2 个计划草案，内容十分丰富。根据恩格斯为《自然辩证法》拟订的"1878 年的计划"，可分为五个部分：一是"历史导论"，主要是"导言"，阐述了自然科学发展的历史，论证了辩证唯物主义自然观创立的必然性。二是"黑格尔以来的理论发展进程。哲学和自然科学"，说明哲学对自然科学的指导作用。三是"辩证法作为科学"，阐述了辩证法的基本规律和范畴，并依据自然科学材料进行了论证。四是"物质的运动形式以及各门科学的联系"和"各门科学的辩证内容"，阐述了各门自然科学研究对象和理论内容的辩证法。五是"自然界和社会"，主要是《劳动在从猿到人的转变中的作用》，提出了"劳动创造了人本身"的思想，论述了人（社会）和自然相互作用的原理。

---

① 具体指细胞学说、能量守恒和转化定律、生物进化论。
② 《马克思恩格斯全集》第 30 卷，人民出版社 1975 年版，第 131 页。
③ 《马克思恩格斯全集》第 35 卷，人民出版社 1971 年版，第 115 页。

教材主要节选了《自然辩证法》中的"导言""神灵世界中的自然研究""辩证法""劳动在从猿到人的转变中的作用"等篇章。在这些篇章中，恩格斯阐述了辩证唯物主义自然观代替形而上学自然观的历史必然性以及唯物辩证法对自然科学研究的重要意义；特别是通过对"劳动创造了人本身"这个观点的分析，阐明了从自然界向人类社会的转化过程和人类活动与自然界之间的辩证关系，在拓展自然辩证法思想的同时，丰富和发展了唯物史观。

（一）论述辩证唯物主义自然观代替形而上学自然观的历史必然性

在"导言"中，恩格斯系统考察了自然科学的形成发展和哲学自然观的历史演化，论证了辩证唯物主义自然观的产生是自然科学进一步发展的内在要求。

第一，古代自然哲学中天才的直觉的自然观及其局限性。在古代，自然科学尚未从哲学中分化出来，人们只能运用直觉和猜测的方法认识自然界，由此形成了自发的辩证自然观。在古希腊哲学家看来，世界在本质上是某种从混沌中产生出来的、发展和生成着的东西。但是"自然现象的总的联系还没有在细节上得到证明，这种联系在希腊人那里是直接观察的结果"①，是笼统的、朴素的和缺乏科学基础的。正是这种局限性，使其无力反抗中世纪神学自然观的统治，更不可能抵御以经验科学为基础的近代形而上学自然观的进攻。

第二，近代自然科学的兴起和形而上学自然观的局限。近代自然科学诞生于文艺复兴时期和宗教改革时代，其根源在于资本主义的兴起。从哥白尼的"日心说"开始，自然科学从哲学中分化出来，从宗教、神学中解放出来，开始大踏步前进。但直到牛顿和林耐为止，它尚未超出自己的最初阶段。"在这种情况下，占首要地位的必然是最基本的自然科学，即关于地球上的物体和天体的力学，和它靠近并且为它服务的，是一些数学方法的发现和完善化。"② 因此，孤立、静止的研究方法和对自然的机械论看法，成了那个时代的一般特征，并经过培根和洛克，上升为形而上学的哲学自然观。形而上学自然观否定了中世纪自然观的神学目的论，在知识和材料的整理上明显超过了希腊古代，是历史的进步。但它在关于自然总体的观点上却落后于希腊古代，而且若要将其贯彻到底，就不可避免地陷入唯心主义或神学泥潭之中。牛顿的上帝"第一

---

① 《马克思恩格斯文集》第 9 卷，人民出版社 2009 年版，第 438 页。
② 《马克思恩格斯文集》第 9 卷，人民出版社 2009 年版，第 411 页。

次推动"，就是明证。

第三，形而上学自然观的溶解和辩证唯物主义自然观的孕育。伴随着产业革命，自然科学发展到了一个新的阶段。形而上学自然观被打开了一个又一个的缺口。特别是"三大发现"，使人们对自然过程的相互联系的认识大大前进了。形而上学的观点已经站不住脚了，"新的自然观就其基本点来说已经完备：一切僵硬的东西溶解了，一切固定的东西消散了，一切被当做永恒存在的特殊的东西变成了转瞬即逝的东西，整个自然界被证明是在永恒的流动和循环中运动着"①。辩证唯物主义自然观应运而生了。

（二）自然界无限发展的辩证图景

在"导言"的后半部分，恩格斯依据当时自然科学的成就，以系统演化的形式描绘出一幅自然界运动和发展的辩证图景。

从原始星云到人类社会的辩证发展。恩格斯认为，从原始星云到人类社会的演化都是物质分化的结果。原始星云由于收缩和冷却，分化出无数个太阳和太阳系。在太阳系的行星即地球上，随着温度的下降，从最初热运动占优势，逐渐分化出物理的和化学的运动形式，并从气态中分化出液态和固态形成不同的圈层，进而出现了两次飞跃：分化出生命和人。第二次飞跃的意义更加伟大，随同人的出现，我们进入了历史；在人身上，自然界达到了自我意识。

自然界是一个无限发展过程。在自然界的辩证图景中，物质的任何有限的存在方式，都同样是暂时的，除了永恒运动着的物质及其运动规律外，再没有什么永恒的东西。太阳系、地球、生命和人类，都是在自然界发展到一定阶段上产生的，也都要遭遇到死亡的命运。不过，这并不意味着宇宙最终将归于死寂。这里的关键在于，对"运动不灭原理"不仅要从量上更要从质上去把握，看到各种运动形式相互转化能力的无限性。其实，承认天体在无限时间内的永恒重复的先后相继，不过是无数天体在无限空间内同时并存的逻辑补充。所以，恩格斯说："物质在其一切变化中仍永远是物质，它的任何一个属性任何时候都不会丧失，因此，物质虽然必将以铁的必然性在地球上再次毁灭物质的最高的精华——思维着的精神，但在另外的地方和另一个时候又一定会以同样的铁的必然性把它重新产生出来。"②

① 《马克思恩格斯文集》第9卷，人民出版社2009年版，第418页。
② 《马克思恩格斯文集》第9卷，人民出版社2009年版，第426页。

（三）唯物辩证法对自然科学的重要作用

阐明唯物辩证法对自然科学的重要作用，是《自然辩证法》的核心内容。恩格斯不仅阐明了辩证法的规律和范畴，说明它们是从自然界和人类社会的历史中抽象出来的；同时紧密结合近代科学研究的特点和各门科学的理论内容，论证了辩证法是自然科学最重要的思维形式。

第一，辩证法的规律是从自然界和人类社会的历史中抽象出来的。在"辩证法作为科学"的手稿中，恩格斯集中阐述了辩证法的规律、范畴及其客观依据。他指出，辩证法是关于普遍联系的科学。"辩证法的规律是从自然界的历史和人类社会的历史中抽象出来的。辩证法的规律无非是历史发展的这两个方面和思维本身的最一般的规律。它们实质上可归结为下面三个规律：量转化为质和质转化为量的规律；对立的相互渗透的规律；否定的否定的规律。"① 他把辩证法分为客观辩证法和主观辩证法，强调主观辩证法是对客观辩证法的反映，并具体考察了辩证法的一系列范畴，如单一和复合、同一和差异、必然和偶然、原因和结果以及抽象和具体、归纳和演绎、分析和综合等。

第二，辩证法对自然科学来说是最重要的思维形式。在《反杜林论》"旧序"中，恩格斯进一步从科学研究新阶段的特点出发，论证了辩证法对于自然科学的重要意义。18 世纪中叶前，"自然科学主要是**搜集材料的**科学"②，处于搜集材料的阶段，研究的方法主要是"归纳、分析、比较、观察和实验"③。此后自然科学进入理论领域，迫切需要在各种知识领域之间确立正确的关系，进行理论的概括和综合。于是，"经验的方法不中用了，在这里只有理论思维才管用。"④ 恩格斯指出，从形而上学向辩证思维复归可以仅仅通过自然科学本身的力量来实现，但那是一个旷日持久、步履艰难的过程。更好的方式是研究哲学史、向以往的哲学学习。在历史上的哲学中，有两种形态对现代的自然科学格外有益，这就是希腊哲学和德国古典哲学，必须批判地继承它们的优秀成果。

第三，物质运动的形式和各种科学的联系。辩证法对自然科学的指导意义，首先体现在研究对象的规定上。恩格斯认为，自然科学并不是要探寻世界

---

① 《马克思恩格斯文集》第 9 卷，人民出版社 2009 年版，第 463 页。
② 《马克思恩格斯文集》第 4 卷，人民出版社 2009 年版，第 299 页。
③ 《马克思恩格斯文集》第 1 卷，人民出版社 2009 年版，第 331 页。
④ 《马克思恩格斯文集》第 9 卷，人民出版社 2009 年版，第 435 页。

的不变"本质"或"根源"，而是要研究物质的不同运动形式，各种不同的科学就是对运动的这些形式的反映。他基于当时的自然科学，划分出机械运动、物理运动、化学运动、生物运动和社会运动五种形式，各门科学分别对应于一种运动形式。物质运动形式的特殊性是科学分类的客观依据。

第四，自然科学中充满着辩证法。辩证法对自然科学的指导意义，还体现在各门学科的研究过程和理论成果中。恩格斯广泛研究了力学、物理学、化学和生物学的科学理论，揭示出辩证法不仅在这些学科所反映的不同运动形式及其相互联系中普遍存在，也在这些学科的研究进程和理论发展中普遍存在。正因为各门自然科学中充满着辩证法，所以自然科学家和哲学家应当相互学习。他指出："现今的自然科学家，不论愿意与否，都不可抗拒地被迫关心理论上的一般结论，同样，每个从事理论研究的人也不可抗拒地被迫接受现代自然科学的成果。"①

（四）自然科学理论研究中的经验主义与理论思维

辩证法的理论思维对自然科学的重要意义，不仅在科学研究的发展成就中得到了证实，而且为当时科学界的教训从反面所证明。《神灵世界中的自然研究》一文，就是恩格斯为此而写的。

第一，经验主义与神秘主义"两极相联"。这里的典型，就是某些著名的自然科学家堕入神秘主义泥潭的事例。当时英国著名的进化论者华莱士、化学元素铊的发现者克鲁克斯等人，都成为降神术活动的狂热参与者，其根源就在于蔑视辩证法，轻视理论思维，只相信感觉经验。恩格斯指出，这一事例本身恰恰证明了辩证法的一个古老命题：两极相联。"我们在寻找幻想、轻信和迷信的极端表现时，如果不是面向像德国自然哲学那样竭力把客观世界嵌入自己主观思维框子内的自然科学派别，而是面向与此相反的派别，即一味吹捧经验、极端蔑视思维而实际上思想极度贫乏的派别，我们就不致于犯什么错误。"②

第二，经验主义与自然科学上的唯心主义。"神灵世界的自然研究"作为一种极端的例子，证明了经验主义同自然科学上的唯心主义之间存在着一条由此达彼的桥梁。人们常常以为自然科学家由于研究的对象和性质，自发地倾向

---

① 《马克思恩格斯文集》第9卷，人民出版社2009年版，第435页。
② 《马克思恩格斯文集》第9卷，人民出版社2009年版，第442页。

唯物主义，实际上这是完全错误的。以数学为例，如果不承认数学中的虚数和多维空间也带有某种实在性，那么承认神媒的神灵世界也就不再有什么障碍了。恩格斯强调，即便是像数学这样公认的抽象领域，也涉及思维与存在的关系，"人们总是以为，这里所研究的是人的精神的纯粹的'自由创造物和想象物'，而客观世界提供不出任何相应的东西。然而实际情形恰恰相反。自然界对这一切想象的量都提供了样本。"①

第三，自然科学研究必须重视"理论的思考"。恩格斯强调了哲学对自然科学的重要作用，认为哲学是一种理论思维，不管自然科学家采取什么样的态度，他们还得受哲学的支配。因为无论是使自然界中的两件事联系起来，或者洞察二者之间的既有联系，自然科学家都离不开理论思维。因此，问题只在于受什么样的哲学支配。企图通过完全摆脱哲学影响来保证自然研究的科学性，恰恰会成为最蹩脚的哲学的奴隶。牛顿发出的"物理学，当心形而上学啊！"②的警告，只有在其"形而上学"不是指哲学，而是就反辩证法的意义来说才是正确的。

（五）从自然界向人类社会发展的辩证法

《劳动在从猿到人的转变中的作用》不仅在篇章编排上，而且在理论逻辑上构成了《自然辩证法》的最后部分。该文从"劳动创造了人本身"的核心观点出发，阐明了从自然界向人类社会的转化过程以及人类活动与自然界之间的辩证关系，在拓展自然辩证法思想的同时，丰富和发展了唯物史观。

第一，劳动创造了人本身。人类起源问题自古以来就是引起人们思考的一个谜。达尔文进化论解决了"人由何而来"的问题，肯定了猿是人类的祖先。马克思主义进一步回答了"人如何而来"的问题。这就是恩格斯指出的："劳动创造了人本身。"③ 恩格斯阐述了从猿转变成人的主要过程和环节：（1）直立行走迈出了转变的第一步，手的专门化是转变的决定性环节，手不仅是劳动的器官，更是劳动的产物。（2）语言从劳动中并和劳动一起产生出来，语言一经产生又进一步推动了人类社会性的发展。（3）首先是劳动，然后是语言和劳动一起，成为猿脑演化为人脑的两个最重要的推动力，与此相联系，感觉器官也进一步发育起来。在此基础上，人类意识形成和发展起来，人类终于从动物

① 《马克思恩格斯文集》第9卷，人民出版社2009年版，第540页。
② 《马克思恩格斯文集》第9卷，人民出版社2009年版，第460页。
③ 《马克思恩格斯文集》第9卷，人民出版社2009年版，第550页。

界分化出来，形成了人类社会。

第二，劳动是"人同其他动物的最终的本质的差别"①。劳动不仅是人得以产生的决定性动力，也是人同其他动物的本质区别。这是因为劳动是人的生存方式。动物的生存是一种本能的活动，因而只能消极地适应自然界、利用自然物；而人则通过劳动改造外部自然物来满足自己的需要。恩格斯指出："动物仅仅**利用**外部自然界，简单地通过自身的存在在自然界中引起变化；而人则通过他所作出的改变来使自然界为自己的目的服务，来**支配**自然界。这便是人同其他动物的最终的本质的差别，而造成这一差别的又是劳动。"②

第三，人在认识和正确运用自然规律的过程中协调自身同自然界的关系。人通过劳动使自然界为自己的目的服务，来支配自然界；但不要忘记，人是自然界的一部分，仍然存在于自然界之中并受自然规律制约。人之所以能够支配自然，是因为人认识和掌握了自然规律。如果违背了自然规律，就会受到惩罚。美索不达米亚和希腊等地居民，为了得到耕地，把大片森林砍光了。但是他们没有想到，这些地区由于水土流失，以后竟变成了不毛之地。恩格斯关于人与自然统一的思想以及生态保护思想，特别是关于"自然界报复"的思想，发人深省。人类要尊重自然，正确运用自然规律。

第四，通过变革资本主义生产关系实现人与自然关系的协调发展。实现人与自然关系的协调发展，既是一个认识问题，更是一个社会问题。不仅因为认识社会规律比认识自然规律更加困难，而且因为即使达到了这种认识也不等于就能够做到对社会生活的自觉调节。因为在阶级社会里，统治阶级总是按照本阶级的利益去调节社会生活，特别是资本主义经济的自发性更使这种调节成为不可能。"为此需要对我们的直到目前为止的生产方式，以及同这种生产方式一起对我们的现今的整个社会制度实行完全的变革。"③ 也就是说，只有彻底变革资本主义制度，才能从根本上调节人与自然的关系，实现人类生产的长远发展。只有这样，人类才有可能支配和调节生产活动较远的社会影响，从而不仅在物种关系而且在社会关系方面，把自己从其余动物中提升出来，成为自然界和社会的主人，实现从必然王国向自由王国的飞跃。恩格斯强调人与自然的统一，强调人自身与自然界的一体性，坚决反对"那种关于精神和物质、人类和

---

① 《马克思恩格斯文集》第9卷，人民出版社2009年版，第559页。
② 《马克思恩格斯文集》第9卷，人民出版社2009年版，第559页。
③ 《马克思恩格斯文集》第9卷，人民出版社2009年版，第561页。

自然、灵魂和肉体之间的对立的荒谬的、反自然的观点"①。

三、重要意义

《自然辩证法》是马克思主义创始人对于自然科学史的首次专门研究，是在总结和反思自然科学理论成果的基础上对马克思主义自然观和科学观的首次系统阐发。《自然辩证法》总结了19世纪中叶自然科学取得的新成就，深刻阐述了辩证唯物主义的自然观、认识论，辩证法的基本原理和一般规律，提出了劳动在从猿到人的转变过程中起决定作用的思想，以及人与自然、社会的关系，不仅开创了自然辩证法研究的先河，而且为马克思主义哲学体系的建构奠定了更加坚实的基础。同时，这部著作批判了各种各样的唯心主义和形而上学观念，澄清了一系列理论是非，为无产阶级和广大劳动人民认识世界和改造世界提供了思想武器。

《自然辩证法》的手稿在恩格斯生前没有发表过。恩格斯逝世后，德国有关报刊发表了收录于《自然辩证法》手稿的两篇论文：《劳动在从猿到人的转变中的作用》发表在1896—1897年《新时代》第14卷第1册上；《神灵世界中的自然研究》发表在1898年德国的《世界新历画报》年鉴上。直到1925年，《自然辩证法》以德文和俄文对照的形式第一次发表于《马克思恩格斯文库》莫斯科版第2卷中。1941年，苏联马克思恩格斯列宁研究院推出新版。1985年，《马克思恩格斯全集》历史考证版（MEGA^2）在第一部分第26卷，分别按手稿写作顺序和内容刊出了《自然辩证法》的两个版本。《自然辩证法》先后出版过至少四种中译本：1932年8月上海神州国光社的杜畏之的译本，1950年9月北京三联书店的郑易里的译本，1955年2月人民出版社的曹葆华、于光远、谢宁的译本，1984年10月人民出版社的于光远等的译编本。

《自然辩证法》已经写作一百多年了，虽然随着自然科学突飞猛进，不少哲学概括在今天已经有了进一步的丰富和发展，但它体现的马克思主义自然观和科学观却始终没有过时。而且，这种科学的人与自然关系的思想越来越为人类社会发展所证明，成为今天提出"生态文明""绿色发展"的重要理论依据。习近平总书记在多次讲话中引用过恩格斯在《自然辩证法》中的重要论述："不要过分陶醉于我们人类对自然界的胜利。对于每一次这样的胜利，自然界

---

① 《马克思恩格斯文集》第9卷，人民出版社2009年版，第560页。

都对我们进行报复。每一次胜利，起初确实取得了我们预期的结果，但是往后和再往后却发生完全不同的、出乎预料的影响，常常把最初的结果又消除了。"① 人与自然是生命共同体，人类要尊重自然、顺应自然、保护自然。人类只有遵循自然规律才能有效防止在开发利用自然上走弯路，人类对大自然的伤害最终都会伤及人类自身。我们要建设的现代化是人与自然和谐共生的现代化，生态文明建设是关系中华民族永续发展的根本大计。我们要牢固树立社会主义生态文明观，必须践行绿水青山就是金山银山的理念，坚持节约资源和保护环境的基本国策，坚持节约优先、保护优先、自然恢复为主的方针，坚持走生产发展、生活富裕、生态良好的文明发展道路，建设美丽中国。

四、延伸阅读

马克思：《经济学手稿（1861—1863 年）》第三章

该章是《资本论》"机器和大工业"部分的奠基性手稿，系统考察了机器体系形成和产业革命的全过程，阐明了科学技术的社会性质及其对资本主义生产方式、社会关系和阶级斗争的巨大影响，是马克思系统阐发其科学技术观的重要文献。该章从科技社会学的角度，全面揭示了科学、技术和社会之间的辩证关系，与恩格斯《自然辩证法》侧重科学认识论和科学方法论的研究，形成了内容和视角上的互补。

思考题：

1. 如何认识自然界是辩证发展的无限过程？

2. 什么是马克思主义的自然观和科学观？它们在马克思主义理论体系中处于什么地位？

3. 如何认识劳动对社会和人自身发展的决定性意义？

4. 结合实际试述恩格斯关于人与自然、社会协调发展的思想。

5. 试论马克思主义自然观与生态文明建设的内在联系。

6. 根据马克思主义哲学经典著作，谈谈对"绿水青山就是金山银山"的理解。

---

① 《马克思恩格斯文集》第 9 卷，人民出版社 2009 年版，第 559—560 页。

弗·恩格斯

家庭、私有制和国家的起源（节选）

就路易斯·亨·摩尔根的研究成果而作

1884 年第一版序言

以下各章，在某种程度上是实现遗愿。不是别人，正是卡尔·马克思曾打算联系他的——在某种限度内我可以说是我们两人的——唯物主义的历史研究所得出的结论来阐述摩尔根的研究成果，并且只是这样来阐明这些成果的全部意义。原来，摩尔根在美国，以他自己的方式，重新发现了 40 年前马克思所发现的唯物主义历史观，并且以此为指导，在把野蛮时代和文明时代加以对比的时候，在主要点上得出了与马克思相同的结果。正如德国的职业经济学家多年来热心地抄袭《资本论》同时又顽强地抹杀它一样，英国"史前史"科学的代表对摩尔根的《古代社会》①，也用了同样的办法。我这本书，只能稍稍补偿我的亡友未能完成的工作。不过，我手中有他写在摩尔根一书的详细摘要②中的批语，这些批语我在本书中有关的地方就加以引用。

根据唯物主义观点，历史中的决定性因素，归根结底是直接生活的生产和再生产。但是，生产本身又有两种。一方面是生活资料即食物、衣服、住房以及为此所必需的工具的生产；另一方面是人自身的生产，即种的繁衍。一定历史时代和一定地区内的人们生活于其下的社会制度，受着两种生产的制约：一方面受劳动的发展阶段的制约，另一方面受家庭的发展阶段的制约。劳动越不发展，劳动产品的数量，从而社会的财富越受限制，社会制度就越在较大程度上受血族关系的支配。然而，在以血族关系为基础的这种社会结构中，劳动生产率日益发展起来；与此同时，私有制和交换、财产差别、使用他人劳动力的

---

① 路易斯·亨利·摩尔根《古代社会，或人类从蒙昧时代经过野蛮时代到文明时代的发展过程的研究》1877 年伦敦麦克米伦公司版。该书在美国刊印，在伦敦极难买到。作者已于数年前去世。

② 马克思《路易斯·亨·摩尔根〈古代社会〉一书摘要》，见《马克思恩格斯全集》中文第 1 版第 45 卷。——编者注

可能性，从而阶级对立的基础等等新的社会成分，也日益发展起来；这些新的社会成分在几个世代中竭力使旧的社会制度适应新的条件，直到两者的不相容性最后导致一个彻底的变革为止。以血族团体为基础的旧社会，由于新形成的各社会阶级的冲突而被炸毁；代之而起的是组成为国家的新社会，而国家的基层单位已经不是血族团体，而是地区团体了。在这种社会中，家庭制度完全受所有制的支配，阶级对立和阶级斗争从此自由开展起来，这种阶级对立和阶级斗争构成了直到今日的全部**成文**史的内容。

摩尔根的伟大功绩，就在于他在主要特点上发现和恢复了我们成文史的这种史前的基础，并且在北美印第安人的血族团体中找到了一把解开希腊、罗马和德意志上古史上那些极为重要而至今尚未解决的哑谜的钥匙。而他的著作也并非一日之功。他研究自己所得的材料，到完全掌握为止，前后大约有40年。然而也正因为如此，他这本书才成为今日划时代的少数著作之一。

在后面的叙述中，读者大体上很容易辨别出来，哪些是属于摩尔根的，哪些是我补充的。在关于希腊和罗马历史的章节中，我没有局限于摩尔根的例证，而是补充了我所掌握的材料。关于凯尔特人和德意志人的章节，基本上是属于我的；在这里，摩尔根所掌握的差不多只是第二手的材料，而关于德意志人的材料——除了塔西佗以外——还只是弗里曼先生的不高明的自由主义的赝品①。经济方面的论证，对摩尔根的目的来说已经很充分了，对我的目的来说就完全不够，所以我把它全部重新改写过了。最后，凡是没有明确引证摩尔根而作出的结论，当然都由我来负责。

弗·恩格斯写于1884年3月底—5月26日

（选自《马克思恩格斯文集》第4卷，人民出版社2009年版，第15—17页）

九　野蛮时代和文明时代

我们已经根据希腊人、罗马人和德意志人这三大实例，探讨了氏族制度的

① 爱·弗里曼《比较政治》1873年伦敦版。——编者注

解体。最后，我们来研究一下那些在野蛮时代高级阶段已经破坏了氏族社会组织，而随着文明时代的到来又把它完全消灭的一般经济条件。在这里，马克思的《资本论》对我们来说是和摩尔根的著作同样必要的。

氏族在蒙昧时代中级阶段发生，在高级阶段继续发展起来，就我们现有的资料来判断，到了野蛮时代低级阶段，它便达到了全盛时代。所以现在我们就从这一阶段开始。

这一阶段应当以美洲红种人为例；在这一阶段上，我们发现氏族制度已经完全形成。一个部落分为几个氏族，通常是分为两个；① 随着人口的增加，这些最初的氏族每一个又分裂为几个女儿氏族，对这些女儿氏族来说，母亲氏族便是胞族；部落本身分裂成几个部落，在其中的每一个部落中，我们多半又可以遇到那些老氏族；部落联盟至少是在个别情况下把亲属部落联合在一起。这种简单的组织，是同它所由产生的社会状态完全适应的。它无非是这种社会状态所特有的、自然长成的结构；它能够处理在这样组织起来的社会内部一切可能发生的冲突。对外的冲突，则由战争来解决；这种战争可能以部落的消灭而告终，但从没能以它的被奴役而告终。氏族制度的伟大，但同时也是它的局限，就在于这里没有统治和奴役存在的余地。在氏族制度内部，还没有权利和义务的分别；参与公共事务，实行血族复仇或为此接受赎罪，究竟是权利还是义务这种问题，对印第安人来说是不存在的；在印第安人看来，这种问题正如吃饭、睡觉、打猎究竟是权利还是义务的问题一样荒谬。同样，部落和氏族分为不同的阶级也是不可能的。这就使我们不能不对这种状态的经济基础加以研究了。

人口是极其稀少的；只有在部落的居住地才比较稠密，在这种居住地的周围，首先是一片广大的狩猎地带，其次是把这个部落同其他部落隔离开来的中立的防护森林。分工是纯粹自然产生的；它只存在于两性之间。男子作战、打猎、捕鱼，获取食物的原料，并制作为此所必需的工具。妇女管家，制备衣食——做饭、纺织、缝纫。男女分别是自己活动领域的主人：男子是森林中的主人，妇女是家里的主人。男女分别是自己所制造的和所使用的工具的所有者：男子是武器、渔猎用具的所有者，妇女是家内用具的所有者。家户经济是共产制的，包括几个、往往是许多个家庭。② 凡是共同制作和使用的东西，都

---

① "通常是分为两个；"是恩格斯在 1891 年版增补的。——编者注
② 特别是在美洲的西北沿岸，见班克罗夫特的著作。在夏洛特皇后群岛上的海达人部落中，还有700 人聚居在一所房屋中的家户经济。在努特卡人那里，整个部落都聚居在一所房屋中生活。

是共同财产：如房屋、园圃、小船。所以，在这里，而且也只有在这里，才真正存在着文明社会的法学家和经济学家所捏造的"自己劳动所得的财产"——现代资本主义所有制还依恃着的最后一个虚伪的法律借口。

但是，人们并不是到处都停留在这个阶段。在亚洲，他们发现了可以驯服并且在驯服后可以繁殖的动物。野生的雌水牛，需要去猎取；但已经驯服的雌水牛，每年可生一头小牛，此外还可以挤奶。有些最先进的部落——雅利安人、闪米特人，也许还有图兰人——，其主要的劳动部门起初就是驯养牲畜，只是到后来才又有繁殖和看管牲畜。游牧部落从其余的野蛮人群中分离出来——这是**第一次社会大分工**。游牧部落生产的生活资料，不仅比其余的野蛮人多，而且也不相同。同其余的野蛮人比较，他们不仅有数量多得多的乳、乳制品和肉类，而且有兽皮、绵羊毛、山羊毛和随着原料增多而日益增加的纺织物。这就第一次使经常的交换成为可能。在更早的阶段上，只能有偶然的交换；制造武器和工具的特殊技能，可能导致暂时的分工。例如，在许多地方，都发现石器时代晚期的石器作坊的无可置疑的遗迹；在这种作坊中发展了自己技能的匠人们，大概是为全体工作，正如印度的氏族公社的终身手艺人至今仍然如此一样。在这个阶段上，除了部落内部发生的交换以外，决不可能有其他的交换，而且，即使是部落内部的交换，也仍然是一种例外的事件。但是，自从游牧部落分离出来以后，我们就看到，各不同部落的成员之间进行交换以及把交换作为一种经常制度来发展和巩固的一切条件都具备了。起初是部落和部落之间通过各自的氏族酋长来进行交换；但是当畜群开始变为特殊财产①的时候，个人交换便越来越占优势，终于成为交换的唯一形式。不过，游牧部落用来同他们的邻人交换的主要物品是牲畜；牲畜变成了一切商品都用来估价并且到处都乐于与之交换的商品——一句话，牲畜获得了货币的职能，在这个阶段上就已经起货币的作用了。在商品交换刚刚产生的时候，对货币商品的需要，就以这样的必然性和速度发展起来了。

园圃种植业大概是亚洲的低级阶段野蛮人所不知道的，但它在那里作为田野耕作的先驱而出现决不迟于中级阶段。在图兰高原的气候条件下，在漫长而严寒的冬季，没有饲料储备，游牧生活是不可能的；因此，牧草栽培和谷物种植，在这里就成了必要条件。黑海以北的草原，也是如此。但谷物一旦作为家

---

① 在1884年版中不是"特殊财产"，而是"私有财产"。——编者注

畜饲料而种植，它很快也成了人类的食物。耕地仍然是部落的财产，最初是交给氏族使用，后来由氏族交给家庭公社使用，最后①交给个人使用；他们对耕地或许有一定的占有权，但是没有更多的权利。

在这一阶段工业的成就中，特别重要的有两件。第一是织布机；第二是矿石冶炼和金属加工。铜、锡以及二者的合金——青铜是顶顶重要的金属；青铜可以制造有用的工具和武器，但是并不能排挤掉石器；这一点只有铁才能做到，而当时还不知道冶铁。金和银已开始用于首饰和装饰，其价值肯定已比铜和青铜高。

一切部门——畜牧业、农业、家庭手工业——中生产的增加，使人的劳动力能够生产出超过维持劳动力所必需的产品。同时，这也增加了氏族、家庭公社或个体家庭的每个成员所担负的每日的劳动量。吸收新的劳动力成为人们向往的事情了。战争提供了新的劳动力：俘虏变成了奴隶。第一次社会大分工，在使劳动生产率提高，从而使财富增加并且使生产领域扩大的同时，在既定的总的历史条件下，必然地带来了奴隶制。从第一次社会大分工中，也就产生了第一次社会大分裂，分裂为两个阶级：主人和奴隶、剥削者和被剥削者。

至于畜群怎样并且在什么时候从部落或氏族的共同占有变为各个家庭家长的财产，我们至今还不得而知。不过，基本上，这一过渡一定是在这个阶段上发生的。随着畜群和其他新的财富的出现，便发生了对家庭的革命。谋取生活资料总是男子的事情，谋取生活资料的工具是由男子制造的，并且是他们的财产。畜群是新的谋取生活资料的工具，最初对它们的驯养和以后对它们的照管都是男子的事情。因此，牲畜是属于他们的；用牲畜交换来的商品和奴隶，也是属于他们的。这时谋生所得的全部剩余都归了男子；妇女参加它的享用，但在财产中没有她们的份儿。"粗野的"战士和猎人，以在家中次于妇女而占第二位为满足，但"比较温和的"牧人，却依恃自己的财富挤上了首位，把妇女挤到了第二位。而妇女是不能抱怨的。家庭内的分工决定了男女之间的财产分配；这一分工仍然和以前一样，可是它现在却把迄今所存在的家庭关系完全颠倒了过来，这纯粹是因为家庭以外的分工已经不同了。从前保证妇女在家中占统治地位的同一原因——妇女只限于从事家务劳动——，现在却保证男子在家中占统治地位：妇女的家务劳动现在同男子谋取生活资料的劳动比较起来已经

---

① "交给家庭公社使用，最后"是恩格斯在1891年版上增补的。——编者注

相形见绌；男子的劳动就是一切，妇女的劳动是无足轻重的附属品。在这里就已经表明，只要妇女仍然被排除于社会的生产劳动之外而只限于从事家庭的私人劳动，那么妇女的解放，妇女同男子的平等，现在和将来都是不可能的。妇女的解放，只有在妇女可以大量地、社会规模地参加生产，而家务劳动只占她们极少的工夫的时候，才有可能。而这只有依靠现代大工业才能办到，现代大工业不仅容许大量的妇女劳动，而且是真正要求这样的劳动，并且它还力求把私人的家务劳动逐渐溶化在公共的事业中。

随着男子在家中的实际统治的确立，实行男子独裁的最后障碍便崩毁了。这种独裁，由于母权制的倾覆、父权制的实行、对偶婚制向专偶制的逐步过渡而被确认，并且永久化了。但是这样一来，在古代的氏族制度中就出现了一个裂口：个体家庭已经成为一种力量，并且以威胁的姿态起来与氏族对抗了。

下一步把我们引向野蛮时代高级阶段，一切文明民族都在这个时期经历了自己的英雄时代：铁剑时代，但同时也是铁犁和铁斧的时代。铁已在为人类服务，它是在历史上起过革命作用的各种原料中最后的和最重要的一种原料。所谓最后的，是指直到马铃薯的出现为止。铁使更大面积的田野耕作，广阔的森林地区的开垦，成为可能；它给手工业工人提供了一种其坚硬和锐利非石头或当时所知道的其他金属所能抵挡的工具。所有这些，都是逐渐实现的；最初的铁往往比青铜还软。所以，石制武器只是慢慢地消失的；不仅在《希尔德布兰德之歌》① 中，而且在 1066 年的黑斯廷斯会战②中都还使用石斧。但是，进步现在是不可遏止地、更少间断地、更加迅速地进行着。用石墙、城楼、雉堞围绕着石造或砖造房屋的城市，已经成为部落或部落联盟的中心；这是建筑艺术上的巨大进步，同时也是危险增加和防卫需要增加的标志。财富在迅速增加，但这是个人的财富；织布业、金属加工业以及其他一切彼此日益分离的手工业，显示出生产的日益多样化和生产技术的日益改进；农业现在除了提供谷物、豆科植物和水果以外，也提供植物油和葡萄酒，这些东西人们已经学会了制造。如此多样的活动，已经不能由同一个人来进行了；于是发生了**第二次大**

① 《希尔德布兰德之歌》这部英雄史诗，是古代德意志叙事诗文献，反映了民族大迁徙后期东哥特人的习俗，流传于 8 世纪，保留下来的仅是一些片段。
② 1066 年 10 月 14 日侵入英国的诺曼底公爵威廉的军队在黑斯廷斯附近同盎格鲁撒克逊人展开了会战。盎格鲁撒克逊人的军队由于在自己的军事组织中还保留着公社制度的残余，使用的也是原始的武器装备，因此被击败。盎格鲁撒克逊国王哈罗德战死，而威廉则成为英国国王，称威廉一世，史称征服者威廉一世。

分工：手工业和农业分离了。生产的不断增长以及随之而来的劳动生产率的不断增长，提高了人的劳动力的价值；在前一阶段上刚刚产生并且是零散现象的奴隶制，现在成为社会制度的一个根本的组成部分；奴隶们不再是简单的助手了；他们被成批地赶到田野和工场去劳动。随着生产分为农业和手工业这两大主要部门，便出现了直接以交换为目的的生产，即商品生产；随之而来的是贸易，不仅有部落内部和部落边境的贸易，而且海外贸易也有了。然而，所有这一切都还很不发达；贵金属开始成为占优势的和普遍性的货币商品，但是还不是铸造的货币，只是不作加工按重量交换罢了。

除了自由民和奴隶的差别以外，又出现了富人和穷人的差别——随着新的分工，社会又有了新的阶级划分。各个家庭家长之间的财产差别，炸毁了各地迄今一直保存着的旧的共产制家庭公社；同时也炸毁了为这种公社而实行的土地的共同耕作。耕地起初是暂时地，后来便永久地分配给各个家庭使用，它向完全的私有财产的过渡，是逐渐进行的，是与对偶婚制向专偶制的过渡平行地发生的。个体家庭开始成为社会的经济单位了。

住得日益稠密的居民，对内和对外都不得不更紧密地团结起来。亲属部落的联盟，到处都成为必要的了；不久，各亲属部落的融合，从而分开的各个部落领土融合为一个民族〔Volk〕的整个领土，也成为必要的了。民族的军事首长——勒克斯、巴赛勒斯、狄乌丹斯——，成了不可缺少的常设的公职人员。还不存在人民大会的地方，也出现了人民大会。军事首长、议事会和人民大会构成了继续发展为军事民主制的氏族社会的各机关。其所以称为"军事"，是因为战争以及进行战争的组织现在已经成为民族生活的正常功能。邻人的财富刺激了各民族的贪欲，在这些民族那里，获取财富已成为最重要的生活目的之一。他们是野蛮人：掠夺在他们看来比用劳动获取更容易甚至更光荣。以前打仗只是为了对侵犯进行报复，或者是为了扩大已经感到不够的领土；现在打仗，则纯粹是为了掠夺，战争成了经常性的行当。在新的设防城市的周围屹立着高峻的墙壁并非无故：它们的堑壕成了氏族制度的墓穴，而它们的城楼已经高耸入文明时代了。内部也发生了同样的情形。掠夺战争加强了最高军事首长以及下级军事首长的权力；习惯地由同一家庭选出他们的后继者的办法，特别是从父权制实行以来，就逐渐转变为世袭制，他们最初是耐心等待，后来是要求，最后便僭取这种世袭制了；世袭王权和世袭贵族的基础奠定下来了。于是，氏族制度的机关就逐渐挣脱了自己在民族中，在氏族、胞族和部落中的根子，而整个氏族制度就转化为自己的对立物：它从一个自由处理自己事务的部落组织转变为掠夺和压迫邻近部落的组织，而它的各机关也相应地从人民意志的工具转变为独立的、压迫和统治自己人民的机关了。但是，如果不是对财富的贪欲把氏族成员分裂成富人和穷人，如果不是"同一氏族内部的财产差别把利益的一致变为氏族成员之间的对抗"（马克思语）①，如果不是奴隶制的盛行已经开始使人认为用劳动获取生活资料是只有奴隶才配做的、比掠夺更可耻的活动，那么这种情况是决不会发生的。

————

这样，我们就走到文明时代的门槛了。它是由分工方面的一个新的进步开始的。在野蛮时代低级阶段，人们只是直接为了自身的消费而生产；间或发生的交换行为也是个别的，只限于偶然的剩余物。在野蛮时代中级阶段，我们看到游牧民族已经有牲畜作为财产，这种财产，到了畜群具有相当规模的时候，就可以经常提供超出自身消费的若干余剩；同时，我们也看到了游牧民族和没有畜群的落后部落之间的分工，从而看到了两个并存的不同的生产阶段，也就是看到了进行经常交换的条件。在野蛮时代高级阶段，又进一步发生了农业和手工业之间的分工，于是劳动产品中日益增加的一部分是直接为了交换而生产的，这就把单个生产者之间的交换提升为社会的生活必需。文明时代巩固并加强了所有这些已经发生的各次分工，特别是通过加剧城市和乡村的对立（或者是像古代那样，城市在经济上统治乡村，或者是像中世纪那样，乡村在经济上统治城市）而使之巩固和加强，此外它又加上了一个第三次的、它所特有的、有决定意义的重要分工：它创造了一个不再从事生产而只从事产品交换的阶级——**商人**。在此以前，阶级的形成的一切萌芽，还都只是与生产相联系的；它们把从事生产的人分成了领导者和执行者，或者分成了规模较大和较小的生产者。这里首次出现一个阶级，它根本不参与生产，但完全夺取了生产的领导权，并在经济上使生产者服从自己；它成了每两个生产者之间的不可缺少的中间人，并对他们双方都进行剥削。在可以使生产者免除交换的辛劳和风险，可以使他们的产品的销路扩展到遥远的市场，而自己因此就成为居民当中最有用的阶级的借口下，一个寄生阶级，真正的社会寄生虫阶级形成了，它从国内和

————————————

① 马克思《路易斯·亨·摩尔根〈古代社会〉一书摘要》，参看《马克思恩格斯全集》中文第1版第45卷第522页。——编者注

国外的生产上榨取油水，作为对自己的非常有限的实际贡献的报酬，它很快就获得了大量的财富和相应的社会影响；正因为如此，它在文明时期便取得了越来越荣誉的地位和对生产的越来越大的统治权，直到最后它自己也生产出自己的产品——周期性的商业危机为止。

不过，在我们正在考察的这个发展阶段上，年轻的商人阶级还丝毫没有预感到它未来的伟大事业。但是这个阶级正在形成并且使自己成为必不可少的，而这就够了。随着这个阶级的形成，出现了**金属货币**即铸币，随着金属货币就出现了非生产者统治生产者及其生产的新手段。商品的商品被发现了，这种商品以隐蔽的方式包含着其他一切商品，它是可以任意变为任何值得向往和被向往的东西的魔法手段。谁有了它，谁就统治了生产世界。但是谁首先有了它呢？商人。他们把货币崇拜牢牢掌握在自己的手中。他们尽心竭力地叫人们知道，一切商品，从而一切商品生产者，都应该毕恭毕敬地匍匐在货币面前。他们在实践上证明，在这种财富本身的化身面前，其他一切财富形式都不过是一个影子而已。以后货币的权力再也没有像在它的这个青年时代那样，以如此原始的粗野和横暴的形式表现出来。在使用货币购买商品之后，出现了货币借贷，随着货币借贷出现了利息和高利贷。后世的立法，没有一个像古雅典和古罗马的立法那样残酷无情地、无可挽救地把债务人投在高利贷债权人的脚下——这两种立法都是作为习惯法而自发地产生的，都只有经济上的强制。

除了表现为商品和奴隶的财富以外，除了货币财富以外，这时还出现了表现为地产的财富。各个人对于原来由氏族或部落给予他们的小块土地的占有权，现在变得如此牢固，以致这些小块土地作为世袭财产而属于他们了。他们最近首先力求实现的，正是要摆脱氏族公社索取这些小块土地的权利，这种权利对他们已成为桎梏了。这种桎梏他们是摆脱了，但是不久他们也失去了新的土地所有权。完全的、自由的土地所有权，不仅意味着不折不扣和毫无限制地占有土地的可能性，而且也意味着把它出让的可能性。只要土地是氏族的财产，这种可能性就不存在。但是，当新的土地占有者彻底摆脱了氏族和部落的最高所有权这一桎梏的时候，他也就挣断了迄今把他同土地密不可分地连在一起的纽带。这意味着什么，和土地私有权同时被发明出来的货币，向他作了说明。土地现在可以成为出卖和抵押的商品了。土地所有权刚一确立，抵押就被发明出来了（见关于雅典的一章）。像淫游和卖淫紧紧跟着专偶制而来一样，如今抵押也紧紧跟着土地所有权而来了。你们曾希望有完全的、自由的、可以出售的土地所有权，那么好了，现在你们得到它了——这就是你所希望的，乔治·唐丹![1]

这样，随着贸易的扩大，随着货币和货币高利贷、土地所有权和抵押的产生，财富便迅速地积聚和集中到一个人数很少的阶级手中，与此同时，大众日益贫困化，贫民的人数也日益增长。新的财富贵族，只要从一开始就恰巧不是旧的部落显贵，便把部落显贵完全排挤到后面去了（在雅典，在罗马，以及在德意志人中间）。随着这种按照财富把自由民分成各个阶级的划分，奴隶的人数特别是在希腊便大大增加[2]，奴隶的强制性劳动构成了整个社会的上层建筑所赖以建立的基础。

现在我们来看看，在这种社会变革中，氏族制度怎么样了。面对着没有它的参与而兴起的新因素，它显得软弱无力。氏族制度的前提，是一个氏族或部落的成员共同生活在纯粹由他们居住的同一地区中。这种情况早已不存在了。氏族和部落到处都杂居在一起，到处都有奴隶、被保护民和外地人在公民中间居住着。直到野蛮时代中级阶段末期才达到的定居状态，由于居住地受商业活动、职业变换和土地所有权转让的影响而变动不定，所以时常遭到破坏。氏族团体的成员再也不能集会来处理自己的共同事务了；只有不重要的事情，例如宗教节日，还勉强能够安排。除了氏族团体有责任并且能够予以保证的需要和利益以外，由于谋生条件的变革及其所引起的社会结构的变化，又产生了新的需要和利益，这些新的需要和利益不仅同旧的氏族制度格格不入，而且还千方百计在破坏它。由于分工而产生的手工业集团的利益，城市的对立于乡村的特殊需要，都要求有新的机构；但是，每一个这种集团都是由属于极不相同的氏族、胞族和部落的人们组成的，甚至还包括外地人在内；因此，这种机构必须在氏族制度以外，与它并列地形成，从而又是与它对立的。——同时，在每个氏族团体中，也表现出利益的冲突，这种冲突由于富人和穷人、高利贷者和债务人结合于同一氏族和同一部落中而达到最尖锐的地步。——此外，又加上了大批新的、氏族公社以外的居民，他们在当地已经能够成为一种力量，像罗马的情况那样，同时他们人数太多，不可能被逐渐接纳到血缘亲属的血族和部落中来。氏族公社作为一种封闭的享有特权的团体与这一批居民相对立；原始的

---

[1] 莫里哀《乔治·唐丹》第 1 幕第 9 场。——编者注

[2] 雅典奴隶的人数见《马克思恩格斯文集》第 4 卷第 136 页。在科林斯城全盛时代，奴隶的人数达 46 万人，在埃吉纳达 47 万人；在这两个地方奴隶的人数都等于自由民的 10 倍。

自然形成的民主制变成了可憎的贵族制。——最后，氏族制度是从那种没有任何内部对立的社会中生长出来的，而且只适合于这种社会。除了舆论以外，它没有任何强制手段。但是现在产生了这样一个社会，它由于自己的全部经济生活条件而必然分裂为自由民和奴隶，进行剥削的富人和被剥削的穷人，而这个社会不仅再也不能调和这种对立，反而必然使这些对立日益尖锐化。一个这样的社会，只能或者存在于这些阶级相互间连续不断的公开斗争中，或者存在于第三种力量的统治下，这第三种力量似乎站在相互斗争着的各阶级之上，压制它们的公开的冲突，顶多容许阶级斗争在经济领域内以所谓合法形式决出结果来。氏族制度已经过时了。它被分工及其后果即社会之分裂为阶级所炸毁。它**被国家代替**了。

————

前面我们已经分别考察了国家在氏族制度的废墟上兴起的三种主要形式。雅典是最纯粹、最典型的形式：在这里，国家是直接地和主要地从氏族社会本身内部发展起来的阶级对立中产生的。在罗马，氏族社会变成了封闭的贵族制，它的四周则是人数众多的、站在这一贵族制之外的、没有权利只有义务的平民；平民的胜利炸毁了旧的血族制度，并在它的废墟上面建立了国家，而氏族贵族和平民不久便完全溶化在国家中了。最后，在战胜了罗马帝国的德意志人中间，国家是直接从征服广大外国领土中产生的，氏族制度不能提供任何手段来统治这样广阔的领土。但是，由于同这种征服相联系的，既不是跟旧有居民的严重斗争，也不是更加进步的分工；由于被征服者和征服者差不多处于同一经济发展阶段，从而社会的经济基础依然如故，所以，氏族制度能够以改变了的、地区的形式，即以马尔克制度的形式，继续存在几个世纪，甚至在以后的贵族血族和城市望族的血族中，甚至在农民的血族中，例如在迪特马申①，还以削弱了的形式复兴了一个时期。

可见，国家决不是从外部强加于社会的一种力量。国家也不像黑格尔所断言的是"伦理观念的现实"，"理性的形象和现实"。② 确切地说，国家是社会在一定发展阶段上的产物；国家是承认：这个社会陷入了不可解决的自我矛盾，分裂为不可调和的对立面而又无力摆脱这些对立面。而为了使这些对立

———

① 对于氏族的本质至少已有大致概念的第一个历史编纂学家是尼布尔，这应归功于他熟悉迪特马申的血族。但是他的错误也是直接由此而来的。

② 黑格尔《法哲学原理》第 257 和 360 节。——编者注

面，这些经济利益互相冲突的阶级，不致在无谓的斗争中把自己和社会消灭，就需要有一种表面上凌驾于社会之上的力量，这种力量应当缓和冲突，把冲突保持在"秩序"的范围以内；这种从社会中产生但又自居于社会之上并且日益同社会相异化的力量，就是国家。

国家和旧的氏族组织不同的地方，第一点就是它**按地区**来划分它的国民。正如我们所看到的，由血缘关系形成和联结起来的旧的氏族公社已经很不够了，这多半是因为它们是以氏族成员被束缚在一定地区为前提的，而这种束缚早已不复存在。地区依然，但人们已经是流动的了。因此，按地区来划分就被作为出发点，并允许公民在他们居住的地方实现他们的公共权利和义务，不管他们属于哪一氏族或哪一部落。这种按照居住地组织国民的办法是一切国家共同的。因此，我们才觉得这种办法很自然；但是我们已经看到，当它在雅典和罗马能够代替按血族来组织的旧办法以前，曾经需要进行多么顽强而长久的斗争。

第二个不同点，是**公共权力**的设立，这种公共权力已经不再直接就是自己组织为武装力量的居民了。这个特殊的公共权力之所以需要，是因为自从社会分裂为阶级以后，居民的自动的武装组织已经成为不可能了。奴隶也包括在居民以内；9万雅典公民，对于365 000奴隶来说，只是一个特权阶级。雅典民主制的国民军，是一种贵族的、用来对付奴隶的公共权力，它控制奴隶使之服从；但是如前所述，为了也控制公民使之服从，宪兵队也成为必要了。这种公共权力在每一个国家里都存在。构成这种权力的，不仅有武装的人，而且还有物质的附属物，如监狱和各种强制设施，这些东西都是以前的氏族社会所没有的。在阶级对立还没有发展起来的社会和偏远的地区，这种公共权力可能极其微小，几乎是若有若无的，像有时在美利坚合众国的某些地方所看到的那样。但是，随着国内阶级对立的尖锐化，随着彼此相邻的各国的扩大和它们人口的增加，公共权力就日益加强。就拿我们今天的欧洲来看吧，在这里，阶级斗争和争相霸占已经把公共权力提升到大有吞食整个社会甚至吞食国家之势的高度。

为了维持这种公共权力，就需要公民缴纳费用——**捐税**。捐税是以前的氏族社会完全没有的。但是现在我们却十分熟悉它了。随着文明时代的向前进展，甚至捐税也不够了；国家就发行票据，借债，即发行**公债**。关于这点，老欧洲也已经屡见不鲜了。

官吏既然掌握着公共权力和征税权，他们就作为社会机关而凌驾于社会之上。从前人们对于氏族制度的机关的那种自由的、自愿的尊敬，即使他们能够获得，也不能使他们满足了；他们作为同社会相异化的力量的代表，必须用特别的法律来取得尊敬，凭借这种法律，他们享有了特殊神圣和不可侵犯的地位。文明国家的一个最微不足道的警察，都拥有比氏族社会的全部机构加在一起还要大的"权威"；但是文明时代最有势力的王公和最伟大的国家要人或统帅，也可能要羡慕最平凡的氏族酋长所享有的，不是用强迫手段获得的，无可争辩的尊敬。后者是站在社会之中，而前者却不得不企图成为一种处于社会之外和社会之上的东西。

由于国家是从控制阶级对立的需要中产生的，由于它同时又是在这些阶级的冲突中产生的，所以，它照例是最强大的、在经济上占统治地位的阶级的国家，这个阶级借助于国家而在政治上也成为占统治地位的阶级，因而获得了镇压和剥削被压迫阶级的新手段。因此，古希腊罗马时代的国家首先是奴隶主用来镇压奴隶的国家，封建国家是贵族用来镇压农奴和依附农的机关，现代的代议制的国家是资本剥削雇佣劳动的工具。但也例外地有这样的时期，那时互相斗争的各阶级达到了这样势均力敌的地步，以致国家权力作为表面上的调停人而暂时得到了对于两个阶级的某种独立性。17世纪和18世纪的专制君主制，就是这样，它使贵族和市民等级彼此保持平衡；法兰西第一帝国特别是第二帝国的波拿巴主义，也是这样，它唆使无产阶级去反对资产阶级，又唆使资产阶级来反对无产阶级。使统治者和被统治者都显得同样滑稽可笑的这方面的最新成就，就是俾斯麦国家的新的德意志帝国：在这里，资本家和工人彼此保持平衡，并为了破落的普鲁士土容克的利益而遭受同等的欺骗。

此外，在历史上的大多数国家中，公民的权利是按照财产状况分级规定的，这直接地宣告国家是有产阶级用来防御无产阶级的组织。在按照财产状况划分阶级的雅典和罗马，就已经是这样。在中世纪的封建国家中，也是这样，在那里，政治上的权力地位是按照地产来排列的。现代的代议制国家的选举资格，也是这样。但是，对财产差别的这种政治上的承认，决不是本质的东西。相反，它标志着国家发展的低级阶段。国家的最高形式，民主共和国，在我们现代的社会条件下正日益成为一种不可避免的必然性，它是无产阶级和资产阶级之间的最后决定性斗争只能在其中进行到底的国家形式——这种民主共和国已经不再正式讲什么财产差别了。在这种国家中，财富是间接地但也是更可靠地运用它的权力的。其形式一方面是直接收买官吏（美国是这方面的典型例子），另一方面是政府和交易所结成联盟，而公债越增长，股份公司越是不仅把运输业而且把生产本身集中在自己手中，越是把交易所变成自己的中心，这一联盟就越容易实现。除了美国以外，最新的法兰西共和国，也是这方面的一个显著例证，甚至一本正经的瑞士，在这方面也做出了自己的成绩。不过，为了使政府和交易所结成这种兄弟般的联盟，并不一定要有民主共和国，除英国以外，新的德意志帝国也证明了这一点，在德国，很难说普选制究竟是把谁抬得更高，是把俾斯麦还是把布莱希勒德。最后，有产阶级是直接通过普选制来统治的。只要被压迫阶级——在我们这里就是无产阶级——还没有成熟到能够自己解放自己，这个阶级的大多数人就仍将承认现存的社会秩序是唯一可行的秩序，而在政治上成为资本家阶级的尾巴，构成它的极左翼。但是，随着被压迫阶级成熟到能够自己解放自己，它就作为独立的党派结合起来，选举自己的代表，而不是选举资本家的代表了。因此，普选制是测量工人阶级成熟性的标尺。在现今的国家里，普选制不能而且永远不会提供更多的东西；不过，这也就足够了。在普选制的温度计标示出工人的沸点的那一天，他们以及资本家同样都知道该怎么办了。

所以，国家并不是从来就有的。曾经有过不需要国家，而且根本不知国家和国家权力为何物的社会。在经济发展到一定阶段而必然使社会分裂为阶级时，国家就由于这种分裂而成为必要了。现在我们正在以迅速的步伐走向这样的生产发展阶段，在这个阶段上，这些阶级的存在不仅不再必要，而且成了生产的真正障碍。阶级不可避免地要消失，正如它们从前不可避免地产生一样。随着阶级的消失，国家也不可避免地要消失。在生产者自由平等的联合体的基础上按新方式来组织生产的社会，将把全部国家机器放到它应该去的地方，即放到古物陈列馆去，同纺车和青铜斧陈列在一起。

————

所以，根据以上所述，文明时代是社会发展的这样一个阶段，在这个阶段上，分工、由分工而产生的个人之间的交换，以及把这两者结合起来的商品生产，得到了充分的发展，完全改变了先前的整个社会。

先前的一切社会发展阶段上的生产在本质上是共同的生产，同样，消费也是在较大或较小的共产制共同体内部直接分配产品。生产的这种共同性是在极狭小的范围内实现的，但是它随身带来的是生产者对自己的生产过程和产品的支配。他们知道，产品的结局将是怎样：他们把产品消费掉，产品不离开他们的手；只要生产在这个基础上进行，它就不可能越出生产者的支配范围，也不会产生鬼怪般的、对他们来说是异己的力量，像在文明时代经常地和不可避免地发生的那样。

但是，分工慢慢地侵入了这种生产过程。它破坏生产和占有的共同性，它使个人占有成为占优势的规则，从而产生了个人之间的交换——这是如何发生的，我们前面已经探讨过了。商品生产逐渐地成了占统治地位的形式。

随着商品生产，即不再是为了自己消费而是为了交换的生产的出现，产品必然易手。生产者在交换的时候交出自己的产品；他不再知道产品的结局将会怎样。当货币以及随货币而来的商人作为中间人插进生产者之间的时候，交换过程就变得更加错综复杂，产品的最终命运就变得更加不确定了。商人是很多的，他们谁都不知道谁在做什么。商品现在已经不仅是从一手转到另一手，而且是从一个市场转到另一个市场；生产者丧失了对自己生活领域内全部生产的支配权，这种支配权商人也没有得到。产品和生产都任凭偶然性来摆布了。

但是，偶然性只是相互依存性的一极，它的另一极叫做必然性。在似乎也是受偶然性支配的自然界中，我们早就证实，在每一个领域内，都有在这种偶然性中去实现自身的内在的必然性和规律性。而适用于自然界的，也适用于社会。一种社会活动，一系列社会过程，越是超出人们的自觉的控制，越是超出他们支配的范围，越是显得受纯粹的偶然性的摆布，它所固有的内在规律就越是以自然的必然性在这种偶然性中去实现自身。这些规律也支配着商品生产和商品交换的偶然性：它们作为异己的、起初甚至是未被认识的、其本性尚待努力研究和探索的力量，同各个生产者和交换的参加者相对立。商品生产的这些经济规律，随这个生产形式的发展阶段的不同而有所变化，但是总的说来，整个文明期都处在这些规律的支配之下。直到今天，产品仍然支配着生产者；直到今天，社会的全部生产仍然不是由共同制定的计划，而是由盲目的规律来调节，这些盲目的规律，以自发的威力，最后在周期性商业危机的风暴中显示着自己的作用。

上面我们已经看到，在相当早的生产发展阶段上，人的劳动力就能够提供大大超过维持生产者生存所需要的产品了，这个发展阶段，基本上就是产生分工和个人之间的交换的那个阶段。这时，用不了多久就又发现一个伟大的"真理"：人也可以成为商品；如果把人变为奴隶，人力①也是可以交换和消费的。人们刚刚开始交换，他们本身也就被交换起来了。主动态变成了被动态，不管人们愿意不愿意。

随着在文明时代获得最充分发展的奴隶制的出现，就发生了社会分成剥削阶级和被剥削阶级的第一次大分裂。这种分裂继续存在于整个文明期。奴隶制是古希腊罗马时代世界所固有的第一个剥削形式；继之而来的是中世纪的农奴制和近代的雇佣劳动制。这就是文明时代的三大时期所特有的三大奴役形式；公开的而近来是隐蔽的奴隶制始终伴随着文明时代。

文明时代所由以开始的商品生产阶段，在经济上有下列特征：（1）出现了金属货币，从而出现了货币资本、利息和高利贷；（2）出现了作为生产者之间的中间阶级的商人；（3）出现了土地私有制和抵押；（4）出现了作为占统治地位的生产形式的奴隶劳动。与文明时代相适应并随之彻底确立了自己的统治地位的家庭形式是专偶制、男子对妇女的统治，以及作为社会经济单位的个体家庭。国家是文明社会的概括，它在一切典型的时期毫无例外地都是统治阶级的国家，并且在一切场合在本质上都是镇压被压迫被剥削阶级的机器。此外，文明时代还有如下的特征：一方面，是把城市和乡村的对立作为整个社会分工的基础固定下来；另一方面，是实行所有者甚至在死后也能够据以处理自己财产的遗嘱制度。这种同古代氏族制度直接冲突的制度，在雅典直到梭伦时代之前还没有过；在罗马，它很早就已经实行了，究竟在什么时候我们不知道②；在德意志人中间，这种制度是由教士引入的，为的是使诚实的德意志人能够毫无阻碍地将自己的遗产遗赠给教会。

文明时代以这种基本制度完成了古代氏族社会完全做不到的事情。但是，它是用激起人们的最卑劣的冲动和情欲，并且以损害人们的其他一切禀赋为代价而使之变本加厉的办法来完成这些事情的。鄙俗的贪欲是文明时代从它存在

---

① 在1884年版中不是"人力"，而是"人的劳动力"。——编者注

② 拉萨尔的《既得权利体系》一书第二部的中心，主要是这样一个命题：罗马的遗嘱制同罗马本身一样古老，以致在罗马历史上，从未"没有过无遗嘱制的时代"，遗嘱制确切些说是在罗马以前的时代从对死者的崇拜中产生的。拉萨尔作为一个虔诚的老年黑格尔派，不是从罗马人的社会关系中，而是从意志的"思辨概念"中引申出罗马的法的规定，从而得出了上述的完全非历史的论断。这在该书中是不足为奇的，因为该书根据同一个思辨概念得出结论，认为在罗马的继承制中财产的转移纯粹是次要的事情。拉萨尔不仅相信罗马法学家，特别是较早时期的罗马法学家的幻想，而且还比他们走得更远。

的第一日起直至今日的起推动作用的灵魂；财富，财富，第三还是财富——不是社会的财富，而是这个微不足道的单个的个人的财富，这就是文明时代唯一的、具有决定意义的目的。如果说在文明时代的怀抱中科学曾经日益发展，艺术高度繁荣的时期一再出现，那也不过是因为现代的一切积聚财富的成就不这样就不可能获得罢了。

由于文明时代的基础是一个阶级对另一个阶级的剥削，所以它的全部发展都是在经常的矛盾中进行的。生产的每一进步，同时也就是被压迫阶级即大多数人的生活状况的一个退步。对一些人是好事，对另一些人必然是坏事，一个阶级的任何新的解放，必然是对另一个阶级的新的压迫。这一情况的最明显的例证就是机器的采用，其后果现在已是众所周知的了。如果说在野蛮人中间，像我们已经看到的那样，不大能够区别权利和义务，那么文明时代却使这两者之间的区别和对立连最愚蠢的人都能看得出来，因为它几乎把一切权利赋予一个阶级，另方面却几乎把一切义务推给另一个阶级。

但是，这并不是应该如此的。凡对统治阶级是好的，对整个社会也应该是好的，因为统治阶级把自己与整个社会等同起来了。所以文明时代越是向前进展，它就越是不得不给它所必然产生的种种坏事披上爱的外衣，不得不粉饰它们，或者否认它们——一句话，即实行流俗的伪善，这种伪善，无论在较早的那些社会形式下还是在文明时代初期阶段都是没有的，并且最后在下述说法中达到了极点：剥削阶级对被压迫阶级进行剥削，完全是为了被剥削阶级本身的利益；如果被剥削阶级不懂得这一点，甚至想要造反，那就是对行善的人即对剥削者的一种最卑劣的忘恩负义行为。①

现在把摩尔根对文明时代的评断引在下面作一个结束：

"自从进入文明时代以来，财富的增长是如此巨大，它的形式是如此繁多，它的用途是如此广泛，为了所有者的利益而对它进行的管理又是如此巧妙，以致这种财富对人民说来已经**变成了一种无法控制的力量。人类的智慧在自己的创造物面前感到迷惘而不知所措了。**然而，总有一天，人类的理智一定会强健到能够支配财富，一定会规定国家对它所保护的财产的关系，以及所有者的权利的范围。社会的利益绝对地高于个人的利益，必须使这两者处于一种公正而和

① 我最初打算引用散见于沙尔·傅立叶著作中的对文明时代的卓越的批判，同摩尔根和我自己对文明时代的批判并列。可惜我没有时间来做这个工作了。现在我只想说明，傅立叶已经把专偶制和土地所有制作为文明时代的主要特征，他把文明时代叫做富人对穷人的战争。同样，我们也发现他有一个深刻的观点，即认为在一切不完善的、分裂为对立面的社会中，个体家庭（les familles incohérentes）是一种经济单位。

谐的关系之中。只要进步仍将是未来的规律，像它对于过去那样，那么单纯追求财富就不是人类的最终的命运了。自从文明时代开始以来所经过的时间，只是人类已经经历过的生存时间的一小部分，只是人类将要经历的生存时间的一小部分。社会的瓦解，即将成为以财富为唯一的最终目的的那个历程的终结，因为这一历程包含着自我消灭的因素。管理上的民主，社会中的博爱，权利的平等，教育的普及，将揭开社会的下一个更高的阶段，经验、理智和科学正在不断向这个阶段努力。**这将是古代氏族的自由、平等和博爱的复活，但却是在更高级形式上的复活。**"（摩尔根《古代社会》第 552 页）

弗·恩格斯写于 1884 年 3 月底—5 月底

（选自《马克思恩格斯文集》第 4 卷，人民出版社
2009 年版，第 177—198 页）

《家庭、私有制和国家的起源》（节选）导读

《家庭、私有制和国家的起源》（以下简称《起源》）是恩格斯运用历史唯物主义基本原理分析社会历史发展和国家起源的一部经典著作。该书继《德意志意识形态》之后，进一步论述了两种生产理论，把唯物史观拓展到原始社会史研究领域，揭示了家庭、私有制和国家的起源，丰富和发展了历史唯物主义特别是马克思主义社会发展观和国家学说。

一、写作背景

《起源》是恩格斯在系统总结了马克思和他长期研究成果的基础上撰写的。整个 19 世纪上半叶，社会的史前状态、全部成文史以前的社会组织，几乎还不为人所知。从 19 世纪中叶开始，人类学逐渐发展起来，在原始社会史的研究方面取得了许多成果，提供了不少有价值的资料和理论观点。特别是 19 世纪 70 年代以后，以美国人类学家摩尔根的《古代社会》为代表，原始社会中的生产技术、婚姻家庭、氏族部落等重大问题的研究取得了重大成果。马克思从 1853 年开始，对俄国、塞尔维亚和西班牙等地的农村公社、德国的马尔克等进行了广泛的研究，特别是以 50 年代末《政治经济学批判大纲》中"资本主义以前的生产形式"和 70 年代末至 80 年代初包括《路易斯·亨·摩尔根〈古代社会〉一书摘要》（以下简称《摘要》）在内的"人类学笔记"为标志进行了两次大规模的系统研究。恩格斯从 19 世纪 60 年代末开始，也对爱尔兰的古代史、德国的马尔克和古希腊的氏族制度等进行了研究，到 80 年代初，系统地研究原始社会史的条件已经具备。于是，恩格斯主要根据摩尔根的研究成果和马克思的《摘要》，并进一步阅读了泰罗《人类原始历史和文明的产生研究》、巴霍芬《母权论。根据古代世界的宗教和法权本质对古代世界的妇女统治的研究》等数十部著作，结合此前的研究成果，写了《起源》一书。

《起源》的写作是为了实现马克思的"遗愿"，继续马克思"未能完成的工作"。[①] 马克思逝世后，恩格斯在整理马克思的遗稿时，发现了他 1880—1881 年间对美国人类学家摩尔根《古代社会》一书所作的详细摘要、批语和补

---

① 《马克思恩格斯文集》第 4 卷，人民出版社 2009 年版，第 15 页。

充材料。马克思之所以如此重视摩尔根的著作，有两方面的原因：首先，"摩尔根在美国，以他自己的方式，重新发现了 40 年前马克思所发现的唯物主义历史观，并且以此为指导，在把野蛮时代和文明时代加以对比的时候，在主要点上得出了与马克思相同的结果"①；其次，摩尔根为唯物史观的扩展提供了"我们成文史的这种史前的基础"②。因此，恩格斯认为非常有必要以马克思的笔记为基础，写一部专门的著作，进一步论证和发展唯物史观。

《起源》是进一步批判资产阶级在家庭、私有制和国家问题上谬论的需要。长期以来，资产阶级学者一直把个体家庭、私有财产和国家神圣化，攻击共产主义者要消灭家庭、财产和国家，就是要消灭人们之间最亲密的关系，剥夺个人一切活动和自由、个性的基础，制造社会的无政府状态。《共产党宣言》已经通过揭露现代资产阶级的家庭、私有财产和国家的本质批驳了这些谬论。而人类学发展特别是摩尔根的著作又证明了原始社会并不存在个体家庭、私有财产和国家。因此，恩格斯决定利用这些新证据，进一步从它们的起源角度论证其历史性，批判形形色色的唯心主义历史观和国家理论，彻底破除资产阶级在家庭、私有制和国家问题上的谬论，捍卫历史唯物主义和科学社会主义学说。

写作《起源》也是为了通过系统地研究原始社会史以丰富和发展唯物史观。研究人类社会发展的一般规律，必须研究原始社会规律。唯物史观是关于人类社会发展的一般规律的理论。缺少对原始社会历史的分析，历史唯物主义就是不全面的，仅仅限于阶级社会的历史；而且就阶级社会本身的历史来说也是不全面的，因为它无法揭示阶级和阶级社会的起源，从而也就没有揭示阶级社会发生、发展和灭亡的全过程。因此，将唯物史观拓展到原始社会史的研究，揭示原始社会的本质和规律，阐明私有制、阶级和国家的起源，是直接关系到唯物史观普遍性和科学性的重大课题。

应该注意的是，尽管《起源》主要是根据摩尔根的《古代社会》一书而作的，但二者有本质上的不同。《古代社会》的写作完全是出于学术研究，《起源》的写作则主要是为了进一步丰富和发展唯物史观。二者在内容上也有很大的差异。例如，在氏族问题上，《古代社会》主要是说明氏族的结构和特征，而《起源》则进一步研究了氏族制度存在和发展的经济根源，从而揭示了氏族

① 《马克思恩格斯文集》第 4 卷，人民出版社 2009 年版，第 15 页。
② 《马克思恩格斯文集》第 4 卷，人民出版社 2009 年版，第 16 页。

的社会本质及其发展规律；在私有制、阶级和国家的问题上，《古代社会》只是在某些章节中简略提到私有制和阶级的问题，未作重点论述，而《起源》则把私有制、阶级、国家的产生、本质及发展趋势作为全书的重点进行探讨。对此，恩格斯在《起源》的第一版序言中作了简要说明。

《起源》1884 年用德文写成，同年 10 月在瑞士苏黎世出版。1885 年出版波兰文、罗马尼亚文和意大利文译本。其中，意大利文译本是经恩格斯本人审定的，1886 年和 1889 年在德国斯图加特重新装订出版。第一个塞尔维亚文译本也于 19 世纪 80 年代末出版。1890 年，恩格斯积累了有关原始社会史的新材料，对原文作了许多修改和订正，对"家庭"一章作了重要补充。1891 年年底，在德国斯图加特出版了经过修改和补充的《起源》第四版。这部著作在恩格斯生前还被译成法文（1893）、保加利亚文（1893）、西班牙文（1894）和俄文（1894）。

二、主要内容

《起源》全书由序言和正文构成。序言部分包括了 1884 年第一版序言、1891 年第四版序言，其中第一版序言中完整地表述了两种生产理论。正文部分包括九章内容。第一、二章主要是根据摩尔根的研究成果，探讨了人类发展的三个阶段以及与这三个阶段相对应的家庭婚姻形态；第三章到第八章，分别以易洛魁人、希腊人、罗马人和德意志民族为研究对象，分析了氏族组织的特征，氏族向国家演进的历史，阐述了国家的特征、历史类型和形成方式。第九章是一个总结，系统论述了一系列历史唯物主义的基本原理和马克思主义的国家理论。教材节选的是 1884 年的第一版序言和第九章"野蛮时代和文明时代"的主要内容。

（一）两种生产理论的内容及其地位

《起源》对唯物史观的重要贡献之一，就是恩格斯在第一版序言中全面地阐述的两种生产理论。这不仅有助于准确地把握唯物史观的实质，也为研究原始社会提供了方法论指导。

早在《德意志意识形态》中，马克思恩格斯就提出和论述过两种生产理论，马克思在《1857—1858 年经济学手稿》中也有过相关论述，但这些相关论述相对不够集中和系统。《起源》第一次系统地阐发了两种生产理论的内涵。首先，直接生活的生产和再生产的内容有两种：一种是物质生活资料即食物、衣服、住房以及为此所必需的工具的生产；另一种是人自身的生产即种的繁衍。其次，从人类漫长发展的历史进程看，两种生产都是历史中的决定性因素，即人类自身的生产也属于历史发展中的决定性因素。当然，两种生产的地位并不始终均等，而是随着人类文明的不断发展发生了重大变化。人自身生产的决定性地位由强变弱，物质生活资料生产的地位不断由弱变强，在整个阶级社会，物质生活资料的生产都居于支配地位。最后，社会制度和上层建筑的状况受到两种生产的制约，既受劳动即物质生产的制约，又受家庭即人口生产的制约；当然这种制约的情况也在发生变化，劳动越不发达，生产力状况越低下，社会制度就越受到人自身生产即血族关系的制约，而随着生产力水平的提高，劳动对社会制度的制约作用日益凸显。

在恩格斯看来，两种生产的地位和作用，在不同的历史阶段是不同的。在人类文明不发达、生产力非常低下的原始社会，人自身的生产以及由此形成的血缘亲属关系及其社会形式——婚姻家庭，对原始社会的社会制度起着主要的决定作用。这个历史阶段的社会结构是一种"以血族关系为基础的"① 社会结构。在这个以"血族关系"为基础的社会，物质生产只起次要的决定作用。但是，劳动生产力在原始社会逐步发展起来，从而劳动产品的数量、社会财富的数量不断增加起来，于是物质生产的决定作用逐渐从次要的地位上升到主要的地位，生产力的发展成为历史发展的根本力量，而人自身生产的决定作用则逐渐从主要的地位降低到次要的地位。当然，人自身生产在文明社会中也不是不再发生作用了，它对历史发展的促进或延缓作用，是通过对生产力的影响而显示出来的。两种生产地位的变化，揭示了原始社会和文明社会在社会结构方面的异质性。进入文明社会之后，人类社会结构的基础也发生了根本变化，从"以血族关系为基础"转变为以所有制为基础，"家庭制度完全受所有制的支配"，② 阶级对立和阶级斗争从此自由开展起来，成为有文字记载以来人类历史的主要内容。

两种生产理论具有重要的理论意义和实践意义，必须正确理解该理论的内涵及两种生产在人类历史发展中的地位和作用。首先，要正确地理解物质生活的生产和物质资料的生产之间的关系。恩格斯认为，物质生活的生产包括物质

---

① 《马克思恩格斯文集》第 4 卷，人民出版社 2009 年版，第 16 页。
② 《马克思恩格斯文集》第 4 卷，人民出版社 2009 年版，第 16 页。

资料的生产和人类自身的生产两种，不能把它们完全割裂开来或对立起来。直接生活的生产首先是物质资料的生产，因为人们为了能够创造历史，必须能够生活，而为了生活，就需要衣、食、住以及其他物品。第一个历史活动就是满足这些需要的资料的生产，这是人类社会存在和发展的基本前提。因此，物质资料的生产更根本。其次，不能抽象地理解恩格斯提出的两种生产理论。两种生产在社会发展中所起的作用不是抽象的，它是受一定时间、空间及其他历史条件制约的。正如恩格斯所说，"一定历史时代和一定地区内的人们生活于其下的社会制度，受着两种生产的制约"①。这里的"一定历史时代""一定地区"都是指特定条件。人类自身的生产在不同时代对社会发展是起促进还是延缓作用，要作具体的历史分析，不能一概而论。离开特定的社会历史条件，抽象地谈两种生产在社会发展中的作用或者把两种生产对立起来，都是不正确的。

（二）婚姻家庭关系和氏族社会理论

为更好地阐明所有制、阶级、国家的起源和发展问题，丰富唯物史观的基本原理，恩格斯用了很大的篇幅论述婚姻家庭和氏族社会问题。

第一，论述原始社会婚姻家庭由自然选择向社会选择的过渡。在《起源》中，恩格斯将原始社会家庭关系的演化划分为四个阶段，即血缘家庭、普那路亚家庭（伙婚制家庭）、对偶制家庭（偶婚制家庭）、专偶制家庭。他指出，上述四种家庭关系演化的动力，经历了一个从自然选择向社会选择的转变过程。由血缘的群婚发展到普那路亚群婚（主要是禁止族内婚）主要是自然选择的结果。恩格斯说："不容置疑，凡近亲繁殖因这一进步而受到限制的部落，其发展一定要比那些依然把兄弟姊妹婚姻当做惯例和规定的部落更加迅速，更加完全。"② 但是，由群婚制向对偶制家庭的过渡，特别是专偶制家庭的形成，则主要是社会选择的结果，即主要是生产力发展的结果。原始社会后期生产力的发展，使一个男人的劳动不仅能养活自己还有剩余，这就产生了父亲要求亲生子女继承财产的需要，专偶制家庭就形成了。这一过程证明：原始时代家庭的发展，是由起初的自然选择起主要作用，到社会生产力发展起主要作用的过程。

---

① 《马克思恩格斯文集》第4卷，人民出版社2009年版，第16页。
② 《马克思恩格斯文集》第4卷，人民出版社2009年版，第49页。

第二，分析氏族制度的起源和基本特征。恩格斯认为，氏族作为原始社会的社会组织和社会制度，是人类历史发展到一定阶段的产物，它自身也有一个发生、发展和消灭的历史过程。他指出："**氏族**制度，在绝大多数情况下，都是从普那路亚家庭中直接发生的。"① 氏族起源于族外婚，严格禁止集团内部通婚是氏族制度与血缘家庭的根本区别。最早出现的氏族是母系氏族，由胞族、部落和部落联盟聚成一整套组织结构。因此，氏族具有三个基本特征：一是氏族是一个同族共居的禁止内部通婚的血族团体；二是氏族是一个原始共产制的经济单位，氏族成员在一起共同生产和共同生活；三是氏族是一个原始民主制的社会管理机关，是一个"自由处理自己事务的部落组织"②。

第三，论述氏族制度的解体及其根源。氏族制度虽然是美妙的，但它注定是要灭亡的。原始社会末期，随着生产力的发展，出现了一些新的现象，进而导致氏族制度的解体。一是社会分工和商品交换的发展，导致各氏族、各部落、各民族之间的相互杂居，破坏了氏族共居的自然前提。二是社会分工和私有制的发展，破坏了氏族制度原始共产制的经济基础。三是富人和穷人之间的利益对立，破坏了氏族制度存在的政治基础。在上述因素作用下，氏族制度已经过时了。正如恩格斯在该书序言中所说："以血族团体为基础的旧社会，由于新形成的各社会阶级的冲突而被炸毁；代之而起的是组成为国家的新社会"③。

（三）私有制、阶级和国家的产生及其发展规律

从氏族解体到国家产生，是人类社会的一次根本性的变革，其根源于私有制的发展和阶级的产生瓦解了原始社会的土地公有制和人们之间的血缘联系。《起源》第九章集中阐述了私有制、阶级和国家的产生及其发展规律。

第一，分析社会分工的发展与私有制的产生。早在 19 世纪 40 年代，恩格斯就指出："社会制度中的任何变化，所有制关系中的每一次变革，都是产生了同旧的所有制关系不再相适应的新的生产力的必然结果。私有制本身就是这样产生的。"④ 私有制作为一种经济制度，是随着生产力和社会分工的

---

① 《马克思恩格斯文集》第 4 卷，人民出版社 2009 年版，第 52 页。
② 《马克思恩格斯文集》第 4 卷，人民出版社 2009 年版，第 184 页。
③ 《马克思恩格斯文集》第 4 卷，人民出版社 2009 年版，第 16 页。
④ 《马克思恩格斯文集》第 1 卷，人民出版社 2009 年版，第 684 页。

发展在原始社会末期产生的。具体包括四个方面的内容：其一，社会分工的发展是私有制产生的物质根源。一方面，分工本身就包含着生产工具和劳动资料在不同的劳动者之间的分配，就是说人们因社会分工的不同而导致占有不同生产资料的可能。另一方面，社会分工引起商品交换，而商品交换的发展就把社会分解为一群群私有生产者。其二，独立的个体劳动方式的出现，是私有制产生的又一原因。随着生产力的发展，当以往共同劳动的任务可以由单个家庭独立进行时，当集体劳动的方式被个体劳动方式所代替时，人们的所有制关系也就从公社公有制转化为家庭的私有制。其三，生产资料从公有制到私有制的转变，也是氏族制度中个人所有制发展的结果。其四，私有制的产生又是以物质财富达到一定程度的积累为前提的，它是财富积累的必然结果。

第二，阐明阶级的形成与人类文明的开端。恩格斯认为，阶级是一个历史范畴。它的起源是同社会经济发展和私有制出现联系在一起的。生产力的发展以及剩余产品的出现是阶级产生的物质前提。阶级的实质就在于一个集团能够占有另一个集团的劳动，要使这种占有能够实现，必须有可供占有的产品。阶级产生的直接原因是生产资料的私有制。私有制的产生和发展使对剩余劳动的占有由可能变为现实。私有制造成人与人之间在经济结构中的不同地位，不仅刺激占有别人剩余劳动的贪欲，而且为这种占有提供客观条件。

阶级产生的具体过程同社会的三次大分工的发展密切相关。恩格斯通过三次大分工，分析了阶级形成的具体过程。第一次大分工是发生于野蛮时代中期的农业和畜牧业的分工，它使交换成为经常性的活动，同时促使劳动生产率提高到可以提供剩余产品的程度，造成了剥削的可能性。在这种条件下，战俘开始变为奴隶，社会第一次分裂为两个阶级。第二次大分工是发生于野蛮时代高级阶段的手工业和农业的分工，出现了以交换为目的的商品生产和金属货币，奴隶成为社会制度的组成部分，并在财产分化的基础上出现了新的阶级分化。氏族制度和原始公有制解体了，个体家庭和私有制逐渐成为社会的基础。第三次大分工是商品流通过程从生产过程中独立出来，它标志着社会进入了文明时代。铸币和商人的出现造成了新的剥削手段和剥削形式，进一步加剧了阶级分化，家庭奴隶制发展为劳动奴隶制，社会完全建立在奴隶劳动的基础上。人类的第一个文明社会——奴隶社会开始了。

恩格斯指出:"文明时代是社会发展的这样一个阶段"①,它以私有制为基础,以阶级对立为主要特征,以国家为主要标志。奴隶制是古代世界所固有的第一个剥削形式,继之而来的是中世纪的农奴制和近代的雇佣劳动制。这就是文明时代的三大时期所具有的三大奴役形式。恩格斯同时揭露了文明时代的本质及其特征:卑劣的贪欲是文明时代发展的动力,发财致富是阶级社会的唯一目的。一个阶级对另一个阶级的剥削是文明时代的基础,实行习惯性的伪善是文明时代的统治手段,但是这样的文明时代是用血与火写成的。随着生产力的发展,私有制社会终将被共产主义社会所代替。

第三,揭示国家的起源、本质和发展趋势。恩格斯在分别分析了国家在氏族制度废墟上兴起的三种具体形式——雅典式、罗马式和德意志式之后,概括了国家产生的原因及过程。其一,国家是社会分工发展的必然产物,是公共职能部门独立化的结果。其二,国家是私有制发展的必然产物。其三,国家是阶级矛盾不可调和的产物。国家表示这个社会陷入了不可解决的内在矛盾,分裂为不可调和的对立而又无力摆脱这些对立面的产物。表面上国家居于社会之上,实际上并不是代表全社会各阶级共同利益的全民机构。其四,国家是异族杂居的必然产物。

在此基础上,恩格斯揭示了国家的特征、实质。国家和旧的氏族组织的区别,即它按地区来划分它的国民,与社会相分离的特殊公共权力的设立,以及从居民中收取捐税以维持这种公共权力。他强调,国家作为阶级矛盾不可调和的产物,其实质是统治者用来镇压被统治阶级的工具。在此基础上,恩格斯进一步论述了国家的发展阶段和最终命运。在前资本主义时期,国家对国民权利直接按照财产状况加以限制,从而公开表明自己是有产阶级的统治工具。甚至在现代代议制国家产生的初期仍然如此。然而,对财产差别的这种政治上的承认只是标志着国家发展的低级阶段。资产阶级的民主共和国取消了对公民权利的财产限制,财富是间接地却是更加可靠地运用着自己的权力,阶级斗争才以最公开和最彻底的形式进行着。这种阶级斗争最终必然导致无产阶级专政,并通过这一专政最后消灭私有制和阶级。"随着阶级的消失,国家也不可避免地要消失。在生产者自由平等的联合体的基础上按新方式来组织生产的社会,将把全部国家机器放到它应该去的地方,即放到古物陈列馆去,同纺车和青铜斧

---

① 《马克思恩格斯文集》第 4 卷,人民出版社 2009 年版,第 193 页。

陈列在一起。"① 这一重要论断表明，国家是一个历史范畴，其产生和最终的消亡都是历史的必然。

三、重要意义

《起源》运用历史唯物主义基本原理科学地阐明了人类社会早期发展阶段的历史，论述了氏族组织的结构、特点和作用以及家庭的起源和发展，揭示了原始社会制度解体和以私有制为基础的阶级社会形成过程，分析了国家从阶级对立中产生的历史条件、本质特征、组织和统治形式，指出了国家必将随着阶级的消灭和共产主义的胜利而消亡，由此揭示了国家在人类发展过程中的地位和作用，是正确理解马克思主义国家观的重要文献。正如列宁在《论国家》一文中指出的，"我希望你们在研究国家问题的时候看看恩格斯的著作《家庭、私有制和国家的起源》。这是现代社会主义的基本著作之一"。②

在我国，最早提到《起源》内容的是旅法学员创办的刊物《新世纪》。最早发表《起源》片段中译文的是同盟会成员在日本东京创办的《天义报》。此后，《起源》的部分内容由恽代英译成中文，于 1920 年发表在上海《东方杂志》第 17 卷第 19—20 号上。1922—1923 年，蔡和森在上海大学讲授"私有财产和家庭制度起源"课程，1924 年编写出版了《社会进化史》一书，在书中系统介绍了《起源》。1929 年，上海新生命书局出版了李膺扬的中译本。在大革命期间，《社会进化史》被各地农民运动讲习所和一些党组织列为教材和学习读物，影响许多人走上了革命道路。这一时期介绍《起源》的还有李达等人。1941 年，学术出版社又出版了张仲实的中译本。

学习《起源》特别是两种生产理论和国家学说，有助于我们更加深入地理解和掌握历史唯物主义的基本原理，深入理解和掌握马克思主义的国家学说。在《起源》中，恩格斯对家庭、私有制、阶级和国家等一系列重大理论问题进行了科学分析和系统论述，阐明国家是生产力和社会自身发展运动的产物，是特定历史发展阶段的现象。这些分析和论述，为人们把握人类社会政治现象及其发展规律提供了科学依据，为运用历史唯物主义的立场观点方法认识国家、民主、自由、人权等社会政治现象提供了科学依据。正如同列

---

① 《马克思恩格斯文集》第 4 卷，人民出版社 2009 年版，第 193 页。
② 《列宁专题文集 论辩证唯物主义和历史唯物主义》，人民出版社 2009 年版，第 284 页。

宁指出的："我所以提到这部著作，是因为它在这方面提供了正确观察问题的方法。它从叙述历史开始，讲国家是怎样产生的。"①《起源》有助于各国工人阶级认识国家的本质以及作用，有助于深刻认识坚持和完善中国特色社会主义制度、推进国家治理体系和治理能力现代化的极端重要性。《起源》关于两种生产的理论，对于正确处理人口发展和社会发展的关系具有重要的指导意义。

四、延伸阅读

马克思：《路易斯·亨·摩尔根〈古代社会〉一书摘要》

该手稿写于 1880 年 10 月到 1881 年 2 月。在《摘要》中，马克思着重发挥了两个重要思想。一是原始社会双重基础的思想，在对《古代社会》作摘要时，马克思改变了原书的结构和顺序，把第二编抽出来放到最后，确认了生产技术的发展和家庭形式的变化是私有制和国家产生的基础。二是原始社会同现代社会在社会结构上具有异质性的思想。马克思强调："最古老的**组织**是以**氏族、胞族和部落**为基础的**社会组织**"②。马克思的这些思想，构成了恩格斯《家庭、私有制和国家的起源》的理论基础。

列宁：《论国家》

《论国家》是列宁 1919 年 7 月 11 日在斯维尔德洛夫大学讲演的记录，最初由苏联列宁研究院于 1929 年 1 月 18 日发表在《真理报》上。《论国家》一文针对当时各国资产阶级、国内孟什维克和社会革命党人散布的关于国家问题的谬论以及对苏维埃政权的攻击，强调必须"阅读恩格斯的著作《家庭、私有制和国家的起源》"，并围绕"什么是国家，它是怎样产生的，为彻底推翻资本主义而奋斗的工人阶级政党——共产党对国家的态度基本上应当是怎样的"这一中心，阐释了国家问题"是全部政治的根本问题"，研究国家问题必须把握基本的历史联系和社会划分为阶级的事实，国家的实质是维护阶级统治的机器，要注意国家形式的多样性与国家阶级实质的关系。他在评析历史上三种类型的剥削阶级国家的基础上，指出无产阶级必须夺取并掌握国家机器，利用国家机器去"消灭一切剥削"，创造条件，消灭阶级和阶

---

① 《列宁专题文集 论辩证唯物主义和历史唯物主义》，人民出版社 2009 年版，第 284 页。
② 《马克思恩格斯全集》第 45 卷，人民出版社 1985 年版，第 405 页。

级差别，进而消灭国家。

思考题：

1. 如何全面理解两种生产理论的科学内涵及其当代价值？

2. 怎样理解私有制和阶级的起源？

3. 如何理解国家的起源、本质和发展趋势？

4. 运用《家庭、私有制和国家的起源》的有关国家理论，结合实际谈谈如何认识全面建设社会主义现代化强国？

弗·恩格斯

路德维希·费尔巴哈和德国古典哲学的终结

1888 年单行本序言

马克思在《政治经济学批判》（1859 年柏林版）的序言中说，1845 年我们两人在布鲁塞尔着手"共同阐明我们的见解"——主要由马克思制定的唯物主义历史观——"与德国哲学的意识形态的见解的对立，实际上是把我们从前的哲学信仰清算一下。这个心愿是以批判黑格尔以后的哲学的形式来实现的。两厚册八开本的原稿早已送到威斯特伐利亚的出版所，后来我们才接到通知说，由于情况改变，不能付印。既然我们已经达到了我们的主要目的——自己弄清问题，我们就情愿让原稿留给老鼠的牙齿去批判了"①。

从那时起已经过了 40 多年，马克思也已逝世，而我们两人谁也没有过机会回到这个题目上来。关于我们和黑格尔的关系，我们曾经在一些地方作了说明，但是无论哪个地方都不是全面系统的。至于费尔巴哈，虽然他在好些方面是黑格尔哲学和我们的观点之间的中间环节，我们却从来没有回顾过他。

这期间，马克思的世界观远在德国和欧洲境界以外，在世界的一切文明语言中都找到了拥护者。另一方面，德国的古典哲学在国外，特别是在英国和斯堪的纳维亚各国，有某种复活。甚至在德国，各大学里借哲学名义来施舍的折中主义残羹剩汁，看来已叫人吃厌了。

在这种情况下，我感到越来越有必要把我们同黑格尔哲学的关系，我们怎样从这一哲学出发又怎样同它脱离，作一个简要而又系统的阐述。同样，我也感到我们还要还一笔信誉债，就是要完全承认，在我们的狂飙突进时期，费尔巴哈给我们的影响比黑格尔以后任何其他哲学家都大。所以，当《新时代》杂志编辑部要我写一篇批评文章来评述施达克那本论费尔巴哈的书②时，我也就

---

① 见马克思《〈政治经济学批判〉序言》（《马克思恩格斯文集》第 2 卷第 593 页）。——编者注

② 哲学博士卡·尼·施达克《路德维希·费尔巴哈》1885 年斯图加特斐·恩克出版社版。——编者注

欣然同意了。我的这篇文章发表在该杂志 1886 年第 4 期和第 5 期，现在经过修订以单行本出版。

在这篇稿子送去付印以前，我又把 1845—1846 年的旧稿①找出来看了一遍。其中关于费尔巴哈的一章没有写完。已写好的部分是阐述唯物主义历史观的；这种阐述只是表明当时我们在经济史方面的知识还多么不够。旧稿中缺少对费尔巴哈学说本身的批判；所以，旧稿对现在这一目的是不适用的。可是我在马克思的一本旧笔记中找到了十一条关于费尔巴哈的提纲，现在作为本书附录刊印出来。这是匆匆写成的供以后研究用的笔记，根本没有打算付印。但是它作为包含着新世界观的天才萌芽的第一个文献，是非常宝贵的。

弗里德里希·恩格斯
1888 年 2 月 21 日于伦敦

路德维希·费尔巴哈和德国古典哲学的终结

一

我们面前的这部著作②使我们返回到一个时期，这个时期就时间来说离我们不过一代之久，但是它对德国现在的一代人却如此陌生，似乎已经相隔整整一个世纪了。然而这终究是德国准备 1848 年革命的时期；那以后我国所发生的一切，仅仅是 1848 年的继续，仅仅是革命遗嘱的执行罢了。

正像在 18 世纪的法国一样，在 19 世纪的德国，哲学革命也作了政治变革的前导。但是这两个哲学革命看起来是多么不同啊！法国人同整个官方科学，同教会，常常也同国家进行公开的斗争；他们的著作在国外，在荷兰或英国印刷，而他们本人则随时都可能进巴士底狱③。相反，德国人是一些教授，一些由国家任命的青年的导师，他们的著作是公认的教科书，而全部发展的最终体系，即黑格尔的体系，甚至在某种程度上已经被推崇为普鲁士王国的国家哲学！在这些教授后面，在他们的迂腐晦涩的言词后面，在他们的笨拙枯燥的语

---

① 指马克思和恩格斯《德意志意识形态》手稿。——编者注
② 哲学博士卡·尼·施达克《路德维希·费尔巴哈》1885 年斯图加特斐·恩克出版社版。
③ 巴士底狱是 14—18 世纪巴黎的城堡和国家监狱。从 16 世纪起，主要用来囚禁政治犯。

句里面竟能隐藏着革命吗？那时被认为是革命代表人物的自由派，不正是最激烈地反对这种使人头脑混乱的哲学吗？但是，不论政府或自由派都没有看到的东西，至少有一个人在 1833 年已经看到了，这个人就是亨利希·海涅。①

举个例子来说吧。不论哪一个哲学命题都没有像黑格尔的一个著名命题那样引起近视的政府的感激和同样近视的自由派的愤怒，这个命题就是：

"凡是现实的都是合乎理性的，凡是合乎理性的都是现实的。"②

这显然是把现存的一切神圣化，是在哲学上替专制制度、警察国家、专断司法、书报检查制度祝福。弗里德里希-威廉三世是这样认为的，他的臣民也是这样认为的。但是，在黑格尔看来，决不是一切现存的都无条件地也是现实的。在他看来，现实性这种属性仅仅属于那同时是必然的东西；

"现实性在其展开过程中表明为必然性"；

所以，他决不认为政府的任何一个措施——黑格尔本人举"某种税制"为例——都已经无条件地是现实的。③ 但是必然的东西归根到底会表明自己也是合乎理性的。因此，黑格尔的这个命题应用于当时的普鲁士国家，只是意味着：这个国家只在它是必然的时候是合乎理性的，是同理性相符合的。如果说它在我们看来终究是恶劣的，而它尽管恶劣却继续存在，那么，政府的恶劣可以从臣民的相应的恶劣中找到理由和解释。当时的普鲁士人有他们所应得的政府。

但是，根据黑格尔的意见，现实性决不是某种社会状态或政治状态在一切环境和一切时代所具有的属性。恰恰相反，罗马共和国是现实的，但是把它排斥掉的罗马帝国也是现实的。法国的君主制在 1789 年已经变得如此不现实，即如此丧失了任何必然性，如此不合理性，以致必须由大革命（黑格尔总是极其

---

① 指海涅在其著作《论德国宗教和哲学的历史》中关于德国哲学革命的言论。这部著作发表于 1833—1834 年，是对德国精神生活中所发生事件的评论。海涅的评论贯穿了这样的思想：当时由黑格尔哲学总其成的德国哲学革命，是德国即将到来的民主革命的序幕。

② 恩格斯在这里套用了黑格尔《法哲学原理》序言中的话。——编者注

③ 参看黑格尔《哲学全书纲要》第 1 部《逻辑学》第 147 节；第 142 节附释。该书第一版于 1817 年在海德堡出版。

热情地谈论这次大革命）来把它消灭。所以，在这里，君主制是不现实的，革命是现实的。这样，在发展进程中，以前一切现实的东西都会成为不现实的，都会丧失自己的必然性、自己存在的权利、自己的合理性；一种新的、富有生命力的现实的东西就会代替正在衰亡的现实的东西——如果旧的东西足够理智，不加抵抗即行死亡，那就和平地代替；如果旧的东西抗拒这种必然性，那就通过暴力来代替。这样一来，黑格尔的这个命题，由于黑格尔的辩证法本身，就转化为自己的反面：凡在人类历史领域中是现实的，随着时间的推移，都会成为不合理性的，就是说，注定是不合理性的，一开始就包含着不合理性；凡在人们头脑中是合乎理性的，都注定要成为现实的，不管它同现存的、表面的现实多么矛盾。按照黑格尔的思维方法的一切规则，凡是现实的都是合乎理性的这个命题，就变为另一个命题：凡是现存的，都一定要灭亡。①

但是，黑格尔哲学（我们在这里只限于考察这种作为从康德以来的整个运动的完成的哲学）的真实意义和革命性质，正是在于它彻底否定了关于人的思维和行动的一切结果具有最终性质的看法。哲学所应当认识的真理，在黑格尔看来，不再是一堆现成的、一经发现就只要熟读死记的教条了；现在，真理是在认识过程本身中，在科学的长期的历史发展中，而科学从认识的较低阶段向越来越高的阶段上升，但是永远不能通过所谓绝对真理的发现而达到这样一点，在这一点上它再也不能前进一步，除了袖手一旁惊愕地望着这个已经获得的绝对真理，就再也无事可做了。在哲学认识的领域是如此，在任何其他的认识领域以及在实践行动的领域也是如此。历史同认识一样，永远不会在人类的一种完美的理想状态中最终结束；完美的社会、完美的"国家"是只有在幻想中才能存在的东西；相反，一切依次更替的历史状态都只是人类社会由低级到高级的无穷发展进程中的暂时阶段。每一个阶段都是必然的，因此，对它发生的那个时代和那些条件说来，都有它存在的理由；但是对它自己内部逐渐发展起来的新的、更高的条件来说，它就变成过时的和没有存在的理由了；它不得不让位于更高的阶段，而这个更高的阶段也要走向衰落和灭亡。正如资产阶级依靠大工业、竞争和世界市场在实践中推翻了一切稳固的、历来受人尊崇的制度一样，这种辩证哲学推翻了一切关于最终的绝对真理和与之相应的绝对的人类状态的观念。在它面前，不存在任何最终的东西、绝对的东西、神圣的东

---

① 这里套用了歌德《浮士德》第 1 部第 3 场《书斋》中靡菲斯特斐勒司的话。——编者注

西；它指出所有一切事物的暂时性；在它面前，除了生成和灭亡的不断过程、无止境地由低级上升到高级的不断过程，什么都不存在。它本身就是这个过程在思维着的头脑中的反映。诚然，它也有保守的方面：它承认认识和社会的一定阶段对它那个时代和那种环境来说都有存在的理由，但也不过如此而已。这种观察方法的保守性是相对的，它的革命性质是绝对的——这就是辩证哲学所承认的唯一绝对的东西。

我们在这里用不着去研究这种观察方法是否同自然科学的现状完全符合的问题，自然科学预言了地球本身存在的可能的末日和它适合居住状况的相当肯定的末日，从而承认，人类历史不仅有上升的过程，而且有下降的过程。无论如何，我们离社会历史开始下降的转折点还相当遥远，我们也不能要求黑格尔哲学去研究当时还根本没有被自然科学提到日程上来的问题。

但是这里确实必须指出一点：黑格尔并没有这样清楚地作出如上的阐述。这是他的方法必然要得出的结论，但是他本人从来没有这样明确地作出这个结论。原因很简单，因为他不得不去建立一个体系，而按照传统的要求，哲学体系是一定要以某种绝对真理来完成的。所以，黑格尔，特别是在《逻辑学》①中，尽管如此强调这种永恒真理不过是逻辑的或历史的过程本身，他还是觉得自己不得不给这个过程一个终点，因为他总得在某个地方结束他的体系。在《逻辑学》中，他可以再把这个终点作为起点，因为在这里，终点即绝对观念——它所以是绝对的，只是因为他关于这个观念绝对说不出什么来——"外化"也就是转化为自然界，然后在精神中，即在思维中和在历史中，再返回到自身。但是，要在全部哲学的终点上这样返回到起点，只有一条路可走。这就是把历史的终点设想成人类达到对这个绝对观念的认识，并宣布对绝对观念的这种认识已经在黑格尔的哲学中达到了。但是这样一来，黑格尔体系的全部教条内容就被宣布为绝对真理，这同他那消除一切教条东西的辩证方法是矛盾的；这样一来，革命的方面就被过分茂密的保守的方面所窒息。在哲学的认识上是这样，在历史的实践上也是这样。人类既然通过黑格尔这个人想出了绝对观念，那么在实践上也一定达到了能够在现实中实现这个绝对观念的地步。因此，绝对观念对同时代人的实践的政治的要求不可提得太高。因此，我们在

---

① 黑格尔《逻辑学》1812—1816 年纽伦堡版。这部著作共分三册：《客观逻辑。存在论》（1812）、《客观逻辑。本质论》（1813）和《主观逻辑或概念论》（1816）。

《法哲学》的结尾发现，绝对观念应当在弗里德里希-威廉三世向他的臣民再三许诺而又不予兑现的那种等级君主制中得到实现，就是说，应当在有产阶级那种适应于当时德国小资产阶级关系的、有限的和温和的间接统治中得到实现；在这里还用思辨的方法向我们论证了贵族的必要性。

可见，单是体系的内部需要就足以说明，为什么彻底革命的思维方法竟产生了极其温和的政治结论。这个结论的特殊形式当然是由下列情况造成的：黑格尔是一个德国人，而且和他的同时代人歌德一样，拖着一根庸人的辫子。歌德和黑格尔在各自的领域中都是奥林波斯山上的宙斯，但是两人都没有完全摆脱德国庸人的习气。

但是，这一切并没有妨碍黑格尔的体系包括了以前任何体系所不可比拟的广大领域，而且没有妨碍它在这一领域中阐发了现在还令人惊奇的丰富思想。**精神现象学**（也可以叫做同精神胚胎学和精神古生物学类似的学问，是对个人意识各个发展阶段的阐述，这些阶段可以看做人类意识在历史上所经过的各个阶段的缩影）、逻辑学、自然哲学、精神哲学，而精神哲学又分成各个历史部门来研究，如历史哲学、法哲学、宗教哲学、哲学史、美学等等——在所有这些不同的历史领域中，黑格尔都力求找出并指明贯穿这些领域的发展线索；同时，因为他不仅是一个富于创造性的天才，而且是一个百科全书式的学识渊博的人物，所以他在各个领域中都起了划时代的作用。当然，由于"体系"的需要，他在这里常常不得不求救于强制性的结构，对这些结构，直到现在他的渺小的敌人还发出如此可怕的喊叫。但是这些结构仅仅是他的建筑物的骨架和脚手架；人们只要不是无谓地停留在它们面前，而是深入到大厦里面去，那就会发现无数的珍宝，这些珍宝就是在今天也还保持着充分的价值。在一切哲学家那里，正是"体系"是暂时性的东西，这恰恰因为"体系"产生于人类精神的永恒的需要，即克服一切矛盾的需要。但是，假定一切矛盾都一下子永远消除了，那么我们就达到了所谓绝对真理，世界历史就完结了，而世界历史虽然已经无事可做，却一定要继续发展下去——因而这是一个新的、不可解决的矛盾。一旦我们认识到（就获得这种认识来说，归根到底没有一个人比黑格尔本人对我们的帮助更大），这样给哲学提出的任务，无非就是要求一个哲学家完成那只有全人类在其前进的发展中才能完成的事情，那么以往那种意义上的全部哲学也就完结了。我们把沿着这个途径达不到而且任何单个人都无法达到的"绝对真理"撇在一边，而沿着实证科学和利用辩证思维对这些科学成果进行概括的途径去追求可以达到的相对真理。总之，哲学在黑格尔那里完成了，一方面，因为他在自己的体系中以最宏伟的方式概括了哲学的全部发展；另一方面，因为他（虽然是不自觉地）给我们指出了一条走出这些体系的迷宫而达到真正地切实地认识世界的道路。

可以理解，黑格尔的体系在德国的富有哲学味道的气氛中曾发生了多么巨大的影响。这是一次胜利进军，它延续了几十年，而且决没有随着黑格尔的逝世而停止。相反，正是从 1830 年到 1840 年，"黑格尔主义"取得了独占的统治，它甚至或多或少地感染了自己的敌手；正是在这个时期，黑格尔的观点自觉地或不自觉地大量渗入了各种科学，也渗透了通俗读物和日报，而普通的"有教养的意识"就是从这些通俗读物和日报中汲取自己的思想材料的。但是，这一全线胜利仅仅是一种内部斗争的序幕罢了。

黑格尔的整个学说，如我们所看到的，为容纳各种极不相同的实践的党派观点留下了广阔场所；而在当时的理论的德国，有实践意义的首先是两种东西：宗教和政治。特别重视黑格尔的**体系**的人，在两个领域中都可能是相当保守的；认为辩证**方法**是主要的东西的人，在政治上和宗教上都可能属于最极端的反对派。黑格尔本人，虽然在他的著作中相当频繁地爆发出革命的怒火，但是总的说来似乎更倾向于保守的方面；他在体系上所花费的"艰苦的思维劳动"倒比他在方法上所花费的要多得多。到 30 年代末，他的学派内的分裂越来越明显了。左翼，即所谓青年黑格尔派，在反对虔诚派的正统教徒和封建反动派的斗争中一点一点地放弃了在哲学上对当前的紧迫问题所采取的超然态度，由于这种态度，他们的学说在此之前曾经得到国家的容忍，甚至保护；到了 1840 年，正统教派的虔诚和封建专制的反动随着弗里德里希-威廉四世登上了王座，这时人们就不可避免地要公开站在这一派或那一派方面了。斗争依旧是用哲学的武器进行的，但已经不再是为了抽象的哲学目的；问题已经直接是要消灭传统的宗教和现存的国家了。如果说在《德国年鉴》中实践的最终目的主要还是穿着哲学的外衣出场，那么，在 1842 年的《莱茵报》① 上青年黑格尔

---

① 指《莱茵政治、商业和工业日报》，该报是德国的一家日报，青年黑格尔派的喉舌，1842 年 1 月 1 日 1843 年 3 月 31 日在科隆出版。该报由莱茵省一些反对普鲁士专制政体的资产阶级人士创办，曾吸收了几个青年黑格尔分子撰稿。1842 年 4 月马克思开始为该报撰稿，同年 10 月起成为该报编辑部成员。《莱茵报》也发表过许多恩格斯的文章。在马克思担任编辑期间，该报的革命民主主义性质日益明显，政府对该报进行了特别严格的检查，1843 年 4 月 1 日将其查封。

学派已经直接作为努力向上的激进资产阶级的哲学出现，只是为了迷惑书报检查机关才用哲学伪装起来。

但是，政治在当时是一个荆棘丛生的领域，所以主要的斗争就转为反宗教的斗争；这一斗争，特别是从 1840 年起，间接地也是政治斗争。1835 年出版的施特劳斯的《耶稣传》成了第一个推动力。后来，布鲁诺·鲍威尔反对该书中所阐述的福音神话发生说，证明许多福音故事都是作者自己虚构的。两人之间的争论是在"自我意识"对"实体"的斗争这一哲学幌子下进行的。神奇的福音故事是在宗教团体内部通过不自觉的、传统的创作神话的途径形成的呢，还是福音书作者自己虚构的——这个问题竟扩展为这样一个问题：在世界历史中起决定作用的力量是"实体"呢，还是"自我意识"；最后，出现了施蒂纳，现代无政府主义的先知（巴枯宁从他那里抄袭了许多东西），他用他的至上的"唯一者"① 压倒了至上的"自我意识"。

我们不打算更详细地考察黑格尔学派解体过程的这一方面。在我们看来，更重要的是：对现存宗教进行斗争的实践需要，把大批最坚决的青年黑格尔分子推回到英国和法国的唯物主义。他们在这里跟自己的学派的体系发生了冲突。唯物主义把自然界看做唯一现实的东西，而在黑格尔的体系中自然界只是绝对观念的"外化"，可以说是这个观念的下降；无论如何，思维及其思想产物即观念在这里是本原的，而自然界是派生的，只是由于观念的下降才存在。他们就在这个矛盾中彷徨，尽管程度各不相同。

这时，费尔巴哈的《基督教的本质》出版了。它直截了当地使唯物主义重新登上王座，这就一下子消除了这个矛盾。自然界是不依赖任何哲学而存在的；它是我们人类（本身就是自然界的产物）赖以生长的基础；在自然界和人以外不存在任何东西，我们的宗教幻想所创造出来的那些最高存在物只是我们自己的本质的虚幻反映。魔法被破除了；"体系"被炸开并被抛在一旁了，矛盾既然仅仅是存在于想象之中，也就解决了。——这部书的解放作用，只有亲身体验过的人才能想象得到。那时大家都很兴奋：我们一时都成为费尔巴哈派了。马克思曾经怎样热烈地欢迎这种新观点，而这种新观点又是如何强烈地影响了他（尽管还有种种批判性的保留意见），这可以从《神圣家族》中看出来。

甚至这部书的缺点也加强了它的一时的影响。美文学的、有时甚至是夸张

---

① 指麦·施蒂纳《唯一者及其所有物》1845 年莱比锡版。——编者注

的笔调赢得了广大的读者，无论如何，在抽象而费解的黑格尔主义的长期统治以后，使人们的耳目为之一新。对于爱的过度崇拜也是这样。这种崇拜，尽管不能认为有道理，在"纯粹思维"的已经变得不能容忍的至高统治下也是情有可原的。但是我们不应当忘记，从1844年起在德国的"有教养的"人们中间像瘟疫一样传播开来的"真正的社会主义"，正是同费尔巴哈的这两个弱点紧密相连的。它以美文学的词句代替了科学的认识，主张靠"爱"来实现人类的解放，而不主张用经济上改革生产的办法来实现无产阶级的解放，一句话，它沉溺在令人厌恶的美文学和泛爱的空谈中了。它的典型代表就是卡尔·格律恩先生。

还有一点不应当忘记：黑格尔学派虽然解体了，但是黑格尔哲学并没有被批判地克服。施特劳斯和鲍威尔各自抓住黑格尔哲学的一个方面，在论战中互相攻击。费尔巴哈打破了黑格尔的体系，简单地把它抛在一旁。但是简单地宣布一种哲学是错误的，还制服不了这种哲学。像对民族的精神发展有过如此巨大影响的黑格尔哲学这样的伟大创作，是不能用干脆置之不理的办法来消除的。必须从它的本来意义上"扬弃"它，就是说，要批判地消灭它的形式，但是要救出通过这个形式获得的新内容。下面可以看到，这一任务是怎样实现的。

但是这时，1848年的革命毫不客气地把全部哲学都撇在一旁，正如费尔巴哈把他的黑格尔撇在一旁一样。这样一来，费尔巴哈本人也被挤到后台去了。

二

全部哲学，特别是近代哲学的重大的基本问题，是思维和存在的关系问题。在远古时代，人们还完全不知道自己身体的构造，并且受梦中景象的影响①，于是就产生一种观念：他们的思维和感觉不是他们身体的活动，而是一种独特的、寓于这个身体之中而在人死亡时就离开身体的灵魂的活动。从这个时候起，人们不得不思考这种灵魂对外部世界的关系。如果灵魂在人死时离开肉体而继续活着，那就没有理由去设想它本身还会死亡；这样就产生了

① 在蒙昧人和低级野蛮人中间，现在还流行着这样一种观念：梦中出现的人的形象是暂时离开肉体的灵魂；因而现实的人要对自己出现于他人梦中时针对做梦者而采取的行为负责。例如伊姆·特恩于1884年在圭亚那的印第安人中就发现了这种情形。

灵魂不死的观念，这种观念在那个发展阶段出现决不是一种安慰，而是一种不可抗拒的命运，并且往往是一种真正的不幸，例如在希腊人那里就是这样。关于个人不死的无聊臆想之所以普遍产生，不是因为宗教上的安慰的需要，而是因为人们在普遍愚昧的情况下不知道对已经被认为存在的灵魂在肉体死后该怎么办。由于十分相似的原因，通过自然力的人格化，产生了最初的神。随着各种宗教的进一步发展，这些神越来越具有了超世界的形象，直到最后，通过智力发展中自然发生的抽象化过程——几乎可以说是蒸馏过程，在人们的头脑中，从或多或少有限的和互相限制的许多神中产生了一神教的唯一的神的观念。

因此，思维对存在、精神对自然界的关系问题，全部哲学的最高问题，像一切宗教一样，其根源在于蒙昧时代的愚昧无知的观念。但是，这个问题，只是在欧洲人从基督教中世纪的长期冬眠中觉醒以后，才被十分清楚地提了出来，才获得了它的完全的意义。思维对存在的地位问题，这个在中世纪的经院哲学中也起过巨大作用的问题：什么是本原的，是精神，还是自然界？——这个问题以尖锐的形式针对着教会提了出来：世界是神创造的呢，还是从来就有的？

哲学家依照他们如何回答这个问题而分成了两大阵营。凡是断定精神对自然界说来是本原的，从而归根到底承认某种创世说的人（而创世说在哲学家那里，例如在黑格尔那里，往往比在基督教那里还要繁杂和荒唐得多），组成唯心主义阵营。凡是认为自然界是本原的，则属于唯物主义的各种学派。

除此之外，唯心主义和唯物主义这两个用语本来没有任何别的意思，它们在这里也不是在别的意义上使用的。下面我们可以看到，如果给它们加上别的意义，就会造成怎样的混乱。

但是，思维和存在的关系问题还有另一个方面：我们关于我们周围世界的思想对这个世界本身的关系是怎样的？我们的思维能不能认识现实世界？我们能不能在我们关于现实世界的表象和概念中正确地反映现实？用哲学的语言来说，这个问题叫做思维和存在的同一性问题，绝大多数哲学家对这个问题都作了肯定的回答。例如在黑格尔那里，对这个问题的肯定回答是不言而喻的，因为我们在现实世界中所认识的，正是这个世界的思想内容，也就是那种使世界成为绝对观念的逐步实现的东西，这个绝对观念是从来就存在的，是不依赖于世界并且先于世界而在某处存在的；但是思维能够认识那一开始就已经是思想内容的内容，这是十分明显的。同样明显的是，在这里，要证明的东西已经默默地包含在前提里面了。但是，这决不妨碍黑格尔从他的思维和存在的同一性的论证中作出进一步的结论：他的哲学因为对他的思维来说是正确的，所以也就是唯一正确的；而思维和存在的同一性要得到证实，人类就要马上把他的哲学从理论转移到实践中去，并按照黑格尔的原则来改造整个世界。这是他和几乎所有的哲学家所共有的幻想。

但是，此外，还有其他一些哲学家否认认识世界的可能性，或者至少是否认彻底认识世界的可能性。在近代哲学家中，休谟和康德就属于这一类，而他们在哲学的发展上是起过很重要的作用的。对驳斥这一观点具有决定性的东西，凡是从唯心主义观点出发所能说的，黑格尔都已经说了；费尔巴哈所增加的唯物主义的东西，与其说是深刻的，不如说是机智的。对这些以及其他一切哲学上的怪论的最令人信服的驳斥是实践，即实验和工业。既然我们自己能够制造出某一自然过程，按照它的条件把它生产出来，并使它为我们的目的服务，从而证明我们对这一过程的理解是正确的，那么康德的不可捉摸的"自在之物"就完结了。动植物体内所产生的化学物质，在有机化学开始把它们一一制造出来以前，一直是这种"自在之物"；一旦把它们制造出来，"自在之物"就变成为我之物了，例如茜草的色素——茜素，我们已经不再从地里的茜草根中取得，而是用便宜得多、简单得多的方法从煤焦油里提炼出来了。哥白尼的太阳系学说有 300 年之久一直是一种假说，这个假说尽管有 99%、99.9%、99.99% 的可靠性，但毕竟是一种假说；而当勒维烈从这个太阳系学说所提供的数据中，不仅推算出必定存在一个尚未知道的行星，而且还推算出这个行星在太空中的位置的时候，当后来加勒确实发现了这个行星①的时候，哥白尼的学说就被证实了。如果新康德主义者企图在德国复活康德的观点，而不可知论者企图在英国复活休谟的观点（在那里休谟的观点从来没有绝迹），那么，鉴于这两种观点在理论上和实践上早已被驳倒，这种企图在科学上就是开倒车，而在实践上只是一种暗中接受唯物主义而当众又加以拒绝的羞羞答答的做法。

但是，在从笛卡儿到黑格尔和从霍布斯到费尔巴哈这一长时期内，推动哲学家前进的，决不像他们所想象的那样，只是纯粹思想的力量。恰恰相反，真

_____

① 德国天文学家约·加勒于 1846 年 9 月 23 日发现了海王星。——编者注

正推动他们前进的，主要是自然科学和工业的强大而日益迅猛的进步。在唯物主义者那里，这已经是一目了然的了，而唯心主义体系也越来越加进了唯物主义的内容，力图用泛神论来调和精神和物质的对立；因此，归根到底，黑格尔的体系只是一种就方法和内容来说唯心主义地倒置过来的唯物主义。

由此可以明白，为什么施达克在他对费尔巴哈的评述中，首先研究费尔巴哈对思维和存在的关系这个基本问题的立场。在简短的导言里，作者对以前的，特别是从康德以来的哲学家的见解，都是用不必要的晦涩难懂的哲学语言来阐述的，并且由于过分形式主义地拘泥于黑格尔著作中的个别词句而大大贬低了黑格尔。在这个导言以后，他详细地叙述了费尔巴哈的有关著作中相继表现出来的这位哲学家的"形而上学"本身的发展进程。这一部分叙述得很用心、很明白，不过像整本书一样，哲学用语堆砌得太多，而这决不是到处都不可避免的。作者越是不保持同一学派或者哪怕是费尔巴哈本人的用语，越是把各种流派，特别是现在流行的自封的哲学派别的用语混在一起，这种堆砌所造成的混乱就越大。

费尔巴哈的发展进程是一个黑格尔主义者（诚然，他从来不是完全正统的黑格尔主义者）走向唯物主义的发展进程，这一发展使他在一定阶段上同自己的这位先驱者的唯心主义体系完全决裂了。他势所必然地终于认识到，黑格尔的"绝对观念"之先于世界的存在，在世界之前就有的"逻辑范畴的预先存在"，不外是对世界之外的造物主的信仰的虚幻残余；我们自己所属的物质的、可以感知的世界，是唯一现实的；而我们的意识和思维，不论它看起来是多么超感觉的，总是物质的、肉体的器官即人脑的产物。物质不是精神的产物，而精神本身只是物质的最高产物。这自然是纯粹的唯物主义。但是费尔巴哈到这里就突然停止不前了。他不能克服通常的哲学偏见，即不反对事情本身而反对唯物主义这个名称的偏见。他说：

"在我看来，唯物主义是人的本质和人类知识的大厦的基础；但是，我认为它不是生理学家、狭义的自然科学家如摩莱肖特所认为的而且从他们的观点和专业出发所必然认为的那种东西，即大厦本身。向后退时，我同唯物主义者完全一致；但是往前进时就不一致了。"①

---

① 这段引文在卡·施达克的《路德维希·费尔巴哈》1885 年斯图加特版第 166 页上引用过。引文摘自卡·格律恩《路德维希·费尔巴哈的书简、遗稿及其哲学特征的阐述》1874 年莱比锡—海德堡版第 2 卷第 308 页。

费尔巴哈在这里把唯物主义这种建立在对物质和精神关系的特定理解上的一般世界观同这一世界观在特定的历史阶段即 18 世纪所表现的特殊形式混为一谈了。不仅如此，他还把唯物主义同它的一种肤浅的、庸俗化了的形式混为一谈，18 世纪的唯物主义现在就以这种形式继续存在于自然科学家和医生的头脑中，并且被毕希纳、福格特和摩莱肖特在 50 年代拿着到处叫卖。但是，像唯心主义一样，唯物主义也经历了一系列的发展阶段。甚至随着自然科学领域中每一个划时代的发现，唯物主义也必然要改变自己的形式；而自从历史也得到唯物主义的解释以后，一条新的发展道路也在这里开辟出来了。

上一世纪的唯物主义主要是机械唯物主义，因为那时在所有自然科学中只有力学，而且只有固体（天上的和地上的）力学，简言之，即重力的力学，达到了某种完善的地步。化学刚刚处于幼稚的燃素说的形态中。生物学尚在襁褓中；对植物和动物的机体只作过粗浅的研究，并用纯粹机械的原因来解释；正如在笛卡儿看来动物是机器一样，在 18 世纪的唯物主义者看来，人是机器。仅仅运用力学的尺度来衡量化学性质的和有机性质的过程（在这些过程中，力学定律虽然也起作用，但是被其他较高的定律排挤到次要地位），这是法国古典唯物主义的一个特有的，但在当时不可避免的局限性。

这种唯物主义的第二个特有的局限性在于：它不能把世界理解为一种过程，理解为一种处在不断的历史发展中的物质。这是同当时的自然科学状况以及与此相联系的形而上学的即反辩证法的哲学思维方法相适应的。人们已经知道，自然界处在永恒的运动中。但是根据当时的想法，这种运动是永远绕着一个圆圈旋转，因而始终不会前进；它总是产生同一结果。这种想法在当时是不可避免的。康德的太阳系起源理论刚刚提出，而且还只是被看做纯粹的奇谈。地球发展史，即地质学，还完全没有人知道，而关于现今的生物是由简单到复杂的长期发展过程的结果的看法，当时还根本不可能科学地提出来。因此，对自然界的非历史观点是不可避免的。根据这一点大可不必去责备 18 世纪的哲学家，因为连黑格尔也有这种观点。在黑格尔看来，自然界只是观念的"外化"，它不能在时间上发展，只能在空间扩展自己的多样性，因此，它把自己所包含的一切发展阶段同时地、并列地展示出来，并且注定永远重复始终是同一的过程。黑格尔把发展是在空间以内，但在时间（这是一切发展的基本条件）以外发生的这种谬论强加于自然界，恰恰是在地质学、胚胎学、植物和动物生理学以及有机化学都已经建立起来，并且在这些新科学的基础上到处都出现了对后来的进化论的天才预想（例如歌德和拉马克）的时候。但是，体系要求这样，于是，方法为了迎合体系就不得不背叛自己。

这种非历史观点也表现在历史领域中。在这里，反对中世纪残余的斗争限制了人们的视野。中世纪被看做是千年普遍野蛮状态造成的历史的简单中断；中世纪的巨大进步——欧洲文化领域的扩大，在那里一个挨着一个形成的富有生命力的大民族，以及 14 世纪和 15 世纪的巨大的技术进步，这一切都没有被人看到。这样一来，对伟大历史联系的合理看法就不可能产生，而历史至多不过是一部供哲学家使用的例证和图解的汇集罢了。

50 年代在德国把唯物主义庸俗化的小贩们，根本没有突破他们的老师们的这些局限。自然科学后来获得的一切进步，仅仅成了他们否认有世界创造主存在的新证据；实际上，他们所做的事情决不是进一步发展理论。如果说唯心主义当时已经智穷才竭，并且由于 1848 年革命受到了致命的打击，那么，它感到满足的是，唯物主义在这个时候更是江河日下。费尔巴哈拒绝为这种唯物主义负责是完全对的；只是他不应该把这些巡回传教士的学说同一般唯物主义混淆起来。

但是，这里应当注意两种情况。第一，费尔巴哈在世时，自然科学也还处在剧烈的酝酿过程中，这一过程只是在最近 15 年才达到了足以澄清问题的相对完成的地步；新的认识材料以空前的规模被提供出来，但是，只是到最近才有可能在纷纷涌来的这一大堆杂乱的发现中建立起联系，从而使它们有了条理。虽然三个决定性的发现——细胞、能量转化和以达尔文命名的进化论的发现，费尔巴哈在世时全看到了，但是，这位在乡间过着孤寂生活的哲学家怎么能够对科学充分关注，给这些发现以足够的评价呢？何况对这些发现就连当时的自然科学家有的还持有异议，有的还不懂得充分利用。这里只能归咎于德国的可怜状况，由于这种状况，当时哲学讲席都被那些故弄玄虚的折中主义的小识小见之徒占据了，而比所有这些人高明百倍的费尔巴哈，却不得不在穷乡僻壤中过着农民式的孤陋寡闻的生活。因而，现在已经成为可能的、排除了法国唯物主义的一切片面性的、历史的自然观，始终没有为费尔巴哈所了解，这就不是他的过错了。

第二，费尔巴哈说得完全正确：纯粹自然科学的唯物主义虽然

"是人类知识的大厦的基础，但不是大厦本身"。

　　因为，我们不仅生活在自然界中，而且生活在人类社会中，人类社会同自然界一样也有自己的发展史和自己的科学。因此，问题在于使关于社会的科学，即所谓历史科学和哲学科学的总和，同唯物主义的基础协调起来，并在这个基础上加以改造。但是，这一点费尔巴哈是做不到的。他虽然有"基础"，但是在这里仍然受到传统的唯心主义的束缚，这一点他自己也是承认的，他说：

　　"向后退时，我同唯物主义者是一致的；但是往前进时就不一致了。"

　　但是在这里，在社会领域内，正是费尔巴哈本人没有"前进"，没有超过自己在 1840 年或 1844 年的观点，这仍旧主要是由于他的孤寂生活，这种生活迫使这位比其他任何哲学家都更爱好社交的哲学家从他的孤寂的头脑中，而不是从同与他才智相当的人们的友好或敌对的接触中产生出自己的思想。费尔巴哈在这个领域内究竟在多大程度上仍然是唯心主义者，我们将在下面加以详细的考察。

　　这里还应当指出，施达克在找费尔巴哈的唯心主义时找错了地方。他说：

　　"费尔巴哈是唯心主义者，他相信人类的进步。"（第 19 页）"唯心主义仍旧是一切的基础、根基。在我们看来，实在论只是在我们追求自己的理想的意图时使我们不致误入迷途而已。难道同情、爱以及对真理和正义的热诚不是理想的力量吗？"（第Ⅷ页）

　　第一，在这里无非是把对理想目的的追求叫做唯心主义。但这些目的至多同康德的唯心主义及其"绝对命令"有必然联系；然而康德自己把他的哲学叫做"先验的唯心主义"，决不是因为那里也讲到道德的理想，而完全是由于别的理由，这是施达克会记得的。有一种迷信，认为哲学唯心主义的中心就是对道德理想即对社会理想的信仰，这种迷信是在哲学之外产生的，是在那些把席勒诗歌中符合他们需要的少数哲学上的只言片语背得烂熟的德国庸人中产生的。没有一个人比恰恰是十足唯心主义者的黑格尔更尖锐地批评了康德的软弱无力的"绝对命令"（它之所以软弱无力，是因为它要求不可能的东西，因而永远达不到任何现实的东西），没有一个人比他更辛辣地嘲笑了席勒所传播的那种沉湎于不能实现的理想的庸人习气（见《现象学》①）。

———————————

① 即黑格尔《精神现象学》。——编者注

第二，决不能避免这种情况：推动人去从事活动的一切，都要通过人的头脑，甚至吃喝也是由于通过头脑感觉到饥渴而开始，并且同样由于通过头脑感觉到饱足而停止。外部世界对人的影响表现在人的头脑中，反映在人的头脑中，成为感觉、思想、动机、意志，总之，成为"理想的意图"，并且以这种形态变成"理想的力量"。如果一个人只是由于他追求"理想的意图"并承认"理想的力量"对他的影响，就成了唯心主义者，那么任何一个发育稍稍正常的人都是天生的唯心主义者了，怎么还会有唯物主义者呢？

第三，关于人类（至少在现时）总的说来是沿着进步方向运动的这种信念，是同唯物主义和唯心主义的对立绝对不相干的。法国唯物主义者同自然神论者①伏尔泰和卢梭一样，几乎狂热地抱有这种信念，并且往往为它付出最大的个人牺牲。如果说有谁为了"对真理和正义的热诚"（就这句话的正面的意思说）而献出了整个生命，那么，例如狄德罗就是这样的人。由此可见，施达克把这一切说成是唯心主义，这只是证明：唯物主义这个名词以及两个派别的全部对立，在这里对他来说已经失去了任何意义。

事实上，施达克在这里向那种由于教士的多年诽谤而流传下来的对唯物主义这个名称的庸人偏见作了不可饶恕的让步，虽然这也许是不自觉的。庸人把唯物主义理解为贪吃、酗酒、娱目、肉欲、虚荣、爱财、吝啬、贪婪、牟利、投机，简言之，即他本人暗中迷恋着的一切龌龊行为；而把唯心主义理解为对美德、普遍的人类爱的信仰，总之，对"美好世界"的信仰。他在别人面前夸耀这个"美好世界"，但是他自己至多只是在这样的时候才相信这个"美好世界"，这时，他由于自己习以为常的"唯物主义的"放纵而必然感到懊丧或遭到破产，并因此唱出了他心爱的歌：人是什么？一半是野兽，一半是天使。

在其他方面，施达克极力保护费尔巴哈，反对现今在德国以哲学家名义大吹大擂的大学教师们的攻击和学说。对关心德国古典哲学的这些不肖子孙的人

---

① 自然神论是一种推崇理性原则，把上帝解释为非人格的始因的宗教哲学理论，曾是资产阶级反对封建制度和正统宗教的一种理论武器，也是无神论在当时的一种隐蔽形式。这种理论反对蒙昧主义和神秘主义，认为上帝不过是"世界理性"或"有智慧的意志"，上帝在创世之后就不再干预世界事务，而让世界按它本身的规律存在和发展下去。在封建教会世界观统治的条件下，自然神论者往往站在理性主义的立场上批判中世纪的神学世界观，揭露僧侣们的寄生生活和招摇撞骗的行为。

们来说，这的确是很重要的；对施达克本人来说，这也许是必要的。不过我们就怜惜怜惜读者吧。

三

我们一接触到费尔巴哈的宗教哲学和伦理学，他的真正的唯心主义就显露出来了。费尔巴哈决不希望废除宗教，他希望使宗教完善化。哲学本身应当融化在宗教中。

"人类的各个时期仅仅由于宗教的变迁而彼此区别开来。某一历史运动，只有在它深入人心的时候，才是根深蒂固的。心不是宗教的形式，因而不应当说宗教也存在于心中；心是宗教的本质。"① （引自施达克的书，第 168 页）

按照费尔巴哈的看法，宗教是人与人之间的感情的关系、心灵的关系，过去这种关系是在现实的虚幻映象中（借助于一个神或许多神，即人类特性的虚幻映象）寻找自己的真理，现在却直接地而不是间接地在我和你之间的爱中寻找自己的真理了。归根到底，在费尔巴哈那里，性爱即使不是他的新宗教借以实现的最高形式，也是最高形式之一。

人与人之间的，特别是两性之间的感情关系，是自从有人类以来就存在的。而性爱在最近 800 年间获得了这样的发展和地位，竟成了这个时期中一切诗歌必须环绕着旋转的轴心了。现存的通行的宗教只限于使国家对性爱的管理即婚姻立法神圣化；这些宗教也许明天就会完全消失，但是爱情和友谊的实践并不会发生丝毫变化。在法国，从 1793 年到 1798 年，基督教的确曾经消失到这种程度，连拿破仑去恢复它也不能不遇到抵抗和困难，但是在这一期间，并没有感觉到需要用费尔巴哈意义上的宗教去代替它。

在这里，费尔巴哈的唯心主义就在于：他不是抛开对某种在他看来也已成为过去的特殊宗教的回忆，直截了当地按照本来面貌看待人们彼此间以相互倾慕为基础的关系，即性爱、友谊、同情、舍己精神等等，而是断言这些关系只有在用宗教名义使之神圣化以后才会获得自己的完整的意义。在他看来，主要的并不是存在着这种纯粹人的关系，而是要把这些关系看做新的、真正的宗

---

① 这段引文摘自路·费尔巴哈的著作《哲学原理。变化的必然性》，见卡·格律恩《路德维希·费尔巴哈的书简、遗稿及其哲学特征的阐述》1874 年莱比锡—海德堡版第 1 卷第 407 页。

教。这些关系只是在盖上了宗教的印记以后才被认为是完满的。宗教一词是从religare一词来的，本来是联系的意思。因此，两个人之间的任何联系都是宗教。这种词源学上的把戏是唯心主义哲学的最后一着。这个词的意义，不是按照它的实际使用的历史发展来决定，而竟然按照来源来决定。因此，仅仅为了使宗教这个对唯心主义回忆很宝贵的名词不致从语言中消失，性爱和性关系竟被尊崇为"宗教"。在40年代，巴黎的路易·勃朗派改良主义者正是这样说的，他们也认为不信宗教的人只是一种怪物，并且对我们说：因此，无神论就是你们的宗教！费尔巴哈想以一种本质上是唯物主义的自然观为基础建立真正的宗教，这就等于把现代化学当做真正的炼金术。如果无神的宗教可以存在，那么没有哲人之石的炼金术也可以存在了。况且，炼金术和宗教之间是有很紧密的联系的。哲人之石有许多类似神的特性，公元头两世纪埃及和希腊的炼金术士在基督教学说的形成上也出了一份力量。柯普和拜特洛所提供的材料就证明了这一点。

费尔巴哈的下面这个论断是绝对错误的：

"人类的各个时期仅仅由于宗教的变迁而彼此区别开来。"

重大的历史转折点有宗教变迁**相伴随**，只是就迄今存在的三种世界宗教——佛教、基督教和伊斯兰教而言。古老的自发产生的部落宗教和民族宗教是不传布的，一旦部落或民族的独立遭到破坏，它们便失掉任何抵抗力；拿日耳曼人来说，甚至他们一接触正在崩溃的罗马世界帝国以及它刚刚采用的，适应于它的经济、政治、精神状态的世界基督教，这种情形就发生了。仅仅在这些多少是人工造成的世界宗教，特别是基督教和伊斯兰教那里，我们才发现比较一般的历史运动带有宗教的色彩，甚至在基督教传播的范围内，具有真正普遍意义的革命也只有在资产阶级解放斗争的最初阶段即从13世纪到17世纪，才带有这种宗教色彩；而且，这种色彩不能像费尔巴哈所想的那样，用人的心灵和人的宗教需要来解释，而要用以往的整个中世纪的历史来解释，中世纪的历史只知道一种形式的意识形态，即宗教和神学。但是到了18世纪，资产阶级已经强大得足以建立他们自己的、同他们的阶级地位相适应的意识形态了，这时他们才进行了他们的伟大而彻底的革命——法国革命，而且仅仅诉诸法律的和政治的观念，只是在宗教挡住他们的道路时，他们才理会宗教；但是他们没有想到要用某种新的宗教来代替旧的宗教；大家知道，罗伯斯比尔在这方面曾遭受了怎样的失败。

同他人交往时表现纯粹人类感情的可能性，今天已经被我们不得不生活于其中的、以阶级对立和阶级统治为基础的社会破坏得差不多了。我们没有理由把这种感情尊崇为宗教，从而更多地破坏这种可能性。同样，对历史上的重大的阶级斗争的理解，特别是在德国，已经被流行的历史编纂学弄得够模糊了，用不着我们去把这些斗争的历史变为教会史的单纯附属品，使这种理解成为完全不可能。由此可见，现在我们已经离开费尔巴哈多么远了。他那赞美新的爱的宗教的"最美丽的篇章"现在已经不值一读了。

费尔巴哈认真地研究过的唯一的宗教是基督教，即以一神教为基础的西方的世界宗教。他指出，基督教的神只是人的虚幻的反映、映象。但是，这个神本身是长期的抽象过程的产物，是以前的许多部落神和民族神集中起来的精华。与此相应，被反映为这个神的人也不是一个现实的人，而同样是许多现实的人的精华，是抽象的人，因而本身又是一个思想上的形象。费尔巴哈在每一页上都宣扬感性，宣扬专心研究具体的东西、研究现实，可是这同一个费尔巴哈，一谈到人们之间纯粹的性关系以外的某种关系，就变成完全抽象的了。

他在这种关系中仅仅看到一个方面——道德。在这里，同黑格尔比较起来，费尔巴哈的惊人的贫乏又使我们诧异。黑格尔的伦理学或关于伦理的学说就是法哲学，其中包括：（1）抽象的法，（2）道德，（3）伦理，其中又包括家庭、市民社会、国家。在这里，形式是唯心主义的，内容是实在论的。法、经济、政治的全部领域连同道德都包括进去了。在费尔巴哈那里情况恰恰相反。就形式讲，他是实在论的，他把人作为出发点；但是，关于这个人生活的世界却根本没有讲到，因而这个人始终是在宗教哲学中出现的那种抽象的人。这个人不是从娘胎里生出来的，他是从一神教的神羽化而来的，所以他也不是生活在现实的、历史地发生和历史地确定了的世界里面；虽然他同其他的人来往，但是任何一个其他的人也和他本人一样是抽象的。在宗教哲学里，我们终究还可以看到男人和女人，但是在伦理学里，连这最后一点差别也消失了。的确，在费尔巴哈那里间或也出现这样的命题：

"皇宫中的人所想的，和茅屋中的人所想的是不同的。"① —— "如果你因为饥饿、贫困而身体内没有养料，那么你的头脑中、你的感觉中以及你的心中便没有供道德用的养料了。"② —— "政治应当成为我们的宗教"③，等等。

但是，费尔巴哈完全不知道用这些命题去干什么，它们始终是纯粹的空话，甚至施达克也不得不承认，政治对费尔巴哈是一个不可通过的区域，而

"关于社会的学说，即社会学，对他来说，是一个未知的领域"④。

在善恶对立的研究上，他同黑格尔比起来也是肤浅的。黑格尔指出：

"有人以为，当他说人本性是善的这句话时，是说出了一种很伟大的思想；但是他忘记了，当人们说人本性是恶的这句话时，是说出了一种更伟大得多的思想。"⑤

在黑格尔那里，恶是历史发展的动力的表现形式。这里有双重意思，一方面，每一种新的进步都必然表现为对某一神圣事物的亵渎，表现为对陈旧的、日渐衰亡的、但为习惯所崇奉的秩序的叛逆；另一方面，自从阶级对立产生以来，正是人的恶劣的情欲——贪欲和权势欲成了历史发展的杠杆，关于这方面，例如封建制度的和资产阶级的历史就是一个独一无二的持续不断的证明。但是，费尔巴哈就没有想到要研究道德上的恶所起的历史作用。历史对他来说是一个不愉快的可怕的领域。他有句名言：

"当人最初从自然界产生的时候，他也只是一个纯粹的自然物，而不是人。人是人、文化、历史的产物。"⑥ ——

---

① 引自路·费尔巴哈《驳躯体和灵魂、肉体和精神的二元论》，见《费尔巴哈全集》1846 年莱比锡版第 2 卷第 363 页。

② 这段引文在卡·施达克《路德维希·费尔巴哈》1885 年斯图加特版第 254 页上引用过。引文摘自路·费尔巴哈的著作《贫穷操纵并取消所有法律》，见卡·格律恩《路德维希·费尔巴哈的书简、遗稿及其哲学特征的阐述》1874 年莱比锡—海德堡版第 2 卷第 285—286 页。

③ 这段引文在卡·施达克《路德维希·费尔巴哈》1885 年斯图加特版第 280 页上引用过。引文摘自路·费尔巴哈的著作《哲学原理。变化的必然性》，见卡·格律恩《路德维希·费尔巴哈的书简、遗稿及其哲学特征的阐述》1874 年莱比锡—海德堡版第 1 卷第 409 页。

④ 见卡·施达克《路德维希·费尔巴哈》1885 年斯图加特版第 280 页。

⑤ 黑格尔关于恶是历史发展动力的思想见他的著作《法哲学原理》第 18、139 节以及《宗教哲学讲演录》第 3 部第 2 篇第 3 章。后面这本著作的第一版于 1832 年在柏林出版。

⑥ 引自路·费尔巴哈《我的哲学经历的特征描述片断》，见《费尔巴哈全集》1846 年莱比锡版第 2 卷第 411 页。

　　甚至这句名言在他那里也是根本不结果实的。

　　从上述一切可以明白，关于道德，费尔巴哈所告诉我们的东西只能是极其贫乏的。追求幸福的欲望是人生来就有的，因而应当是一切道德的基础。但是，追求幸福的欲望受到双重的矫正。第一，受到我们的行为的自然后果的矫正：酒醉之后，必定头痛；放荡成习，必生疾病。第二，受到我们的行为的社会后果的矫正：要是我们不尊重他人同样的追求幸福的欲望，那么他们就会反抗，妨碍我们自己追求幸福的欲望。由此可见，我们要满足我们的这种欲望，就必须能够正确地估量我们的行为的后果，另一方面还必须承认他人有相应的欲望的平等权利。因此，对己以合理的自我节制，对人以爱（又是爱！），这就是费尔巴哈的道德的基本准则，其他一切准则都是从中引申出来的。无论费尔巴哈的妙趣横生的议论或施达克的热烈无比的赞美，都不能掩盖这几个命题的贫乏和空泛。

　　如果一个人只同自己打交道，他追求幸福的欲望只有在非常罕见的情况下才能得到满足，而且决不会对己对人都有利。他的这种欲望要求同外部世界打交道，要求有得到满足的手段：食物、异性、书籍、娱乐、辩论、活动、消费和加工的对象。费尔巴哈的道德或者是以每一个人无疑地都有这些满足欲望的手段和对象为前提，或者只向每一个人提供无法应用的忠告，因而对于没有这些手段的人是一文不值的。这一点，费尔巴哈自己也说得很直截了当：

　　"皇宫中的人所想的，和茅屋中的人所想的是不同的。""如果你因为饥饿、贫困而身体内没有养料，那么你的头脑中、你的感觉中以及你的心中便没有供道德用的养料了。"

　　至于说到他人追求幸福的平等权利，情况是否好一些呢？费尔巴哈提出这种要求，认为这种要求是绝对的，是适合于任何时代和任何情况的。但是这种要求从什么时候起被认为是适合的呢？在古代的奴隶和奴隶主之间，在中世纪的农奴和领主之间，难道谈得上有追求幸福的平等权利吗？被压迫阶级追求幸福的欲望不是被冷酷无情地"依法"变成了统治阶级的这种欲望的牺牲品吗？——是的，这也是不道德的，但是现在平等权利被承认了。资产阶级在反对封建制度的斗争中和在发展资本主义生产的过程中不得不废除一切等级的即个人的特权，而且起初在私法方面，后来逐渐在公法方面实施了个人在法律上的平等权利，从那时以来并且由于那个缘故，平等权利在口头上是被承认了。

但是，追求幸福的欲望只有极微小的一部分可以靠观念上的权利来满足，绝大部分却要靠物质的手段来实现，而由于资本主义生产所关心的，是使绝大多数权利平等的人仅有最必需的东西来勉强维持生活，所以资本主义对多数人追求幸福的平等权利所给予的尊重，即使有，也未必比奴隶制或农奴制所给予的多一些。至于说到幸福的精神手段、教育手段，情况是否好一些呢？就连"萨多瓦的教师"① 不也是一个神话人物吗？

不仅如此。根据费尔巴哈的道德论，证券交易所就是最高的道德殿堂，只要人们的投机始终都是得当的。如果我的追求幸福的欲望把我引进了交易所，而且我在那里又善于正确地估量我的行为的后果，因而这些后果只使我感到愉快而不引起任何损失，就是说，如果我经常赚钱的话，那么费尔巴哈的指示就算执行了。我也并没有因此就妨碍另一个人的同样的追求幸福的欲望，因为另一个人和我一样，是自愿到交易所去的，他和我达成投机交易时是按照他追求幸福的欲望行事，正如我是按照我追求幸福的欲望行事一样。如果他赔了钱，那么这就证明他的行为是不道德的，因为他盘算错了，而且，我在对他执行应得的惩罚时，甚至可以摆出现代拉达曼的威风来。只要爱不纯粹是温情的空话，交易所也是由爱统治的，因为每个人都靠别人来满足自己追求幸福的欲望，而这就是爱应当做的事情，爱也在这里得到实现。如果我在那里正确地预见到我的行动的后果，因而赌赢了，那么我就执行了费尔巴哈道德的一切最严格的要求，而且还成了富翁。换句话说，费尔巴哈的道德是完全适合于现代资本主义社会的，不管他自己多么不愿意或想不到是这样。

可是爱啊！——真的，在费尔巴哈那里，爱随时随地都是一个创造奇迹的神，可以帮助克服实际生活中的一切困难——而且这是在一个分裂为利益直接对立的阶级的社会里。这样一来，他的哲学中的最后一点革命性也消失了，留下的只是一个老调子：彼此相爱吧！不分性别、不分等级地互相拥抱吧！——大家都陶醉在和解中了！

简单扼要地说，费尔巴哈的道德论是和它的一切前驱者一样的。它是为一切时代、一切民族、一切情况而设计出来的；正因为如此，它在任何时候和任

① "萨多瓦的教师"是普鲁士军队在 1866 年奥普战争中萨多瓦一役获胜后，德国资产阶级政论文章中的流行用语，其意是将普鲁士军队获胜的原因归功于普鲁士优越的国民教育制度。这一用语源于《外国》杂志的编辑奥·佩舍尔发表在该杂志 1866 年 7 月 17 日第 29 期上的一篇题为《最近的战争历史的教训》的文章。

何地方都是不适用的，而在现实世界面前，是和康德的绝对命令一样软弱无力的。实际上，每一个阶级，甚至每一个行业，都各有各的道德，并且，只要它能破坏这种道德而不受惩罚，它就加以破坏。而本应把一切人都联合起来的爱，则表现在战争、争吵、诉讼、家庭纠纷、离婚以及一些人对另一些人的尽可能的剥削中。

但是，费尔巴哈所提供的强大推动力怎么能对他本人毫无结果呢？理由很简单，因为费尔巴哈不能找到从他自己所极端憎恶的抽象王国通向活生生的现实世界的道路。他紧紧地抓住自然界和人；但是，在他那里，自然界和人都只是空话。无论关于现实的自然界或关于现实的人，他都不能对我们说出任何确定的东西。要从费尔巴哈的抽象的人转到现实的、活生生的人，就必须把这些人作为在历史中行动的人去考察。而费尔巴哈反对这样做，因此，他所不了解的 1848 年对他来说只意味着和现实世界最后分离，意味着退入孤寂的生活。在这方面，主要又要归咎于德国的状况，这种状况使他落得这种悲惨的结局。

但是，费尔巴哈没有走的一步，必定会有人走的。对抽象的人的崇拜，即费尔巴哈的新宗教的核心，必定会由关于现实的人及其历史发展的科学来代替。这个超出费尔巴哈而进一步发展费尔巴哈观点的工作，是由马克思于 1845 年在《神圣家族》中开始的。

四

施特劳斯、鲍威尔、施蒂纳、费尔巴哈，就他们没有离开哲学这块土地来说，都是黑格尔哲学的分支。施特劳斯写了《耶稣传》和《教义学》① 以后，就只从事写作勒南式的哲学和教会史的美文学作品；鲍威尔只是在基督教起源史方面做了一些事情，虽然他在这里所做的也是重要的；施蒂纳甚至在巴枯宁把他同蒲鲁东混合起来并且把这个混合物命名为"无政府主义"以后，依然是一个怪物；唯有费尔巴哈是个杰出的哲学家。但是，不仅哲学这一似乎凌驾于一切专门科学之上并把它们包罗在内的科学的科学，对他来说，仍然是不可逾越的屏障，不可侵犯的圣物，而且作为一个哲学家，他也停留在半路上，他下

---

① 指大·施特劳斯《基督教教理的历史发展及其同现代科学的斗争》1840—1841 年蒂宾根—斯图加特版第 1—2 卷，该书第二部的标题是《基督教教理的物质内容（教义学）》。

半截是唯物主义者，上半截是唯心主义者；他没有批判地克服黑格尔，而是简单地把黑格尔当做无用的东西抛在一边，同时，与黑格尔体系的百科全书式的丰富内容相比，他本人除了矫揉造作的爱的宗教和贫乏无力的道德以外，拿不出什么积极的东西。

但是，从黑格尔学派的解体过程中还产生了另一个派别，唯一的真正结出果实的派别。这个派别主要是同马克思的名字联系在一起的。①

同黑格尔哲学的分离在这里也是由于返回到唯物主义观点而发生的。这就是说，人们决心在理解现实世界（自然界和历史）时按照它本身在每一个不以先入为主的唯心主义怪想来对待它的人面前所呈现的那样来理解；他们决心毫不怜惜地抛弃一切同事实（从事实本身的联系而不是从幻想的联系来把握的事实）不相符合的唯心主义怪想。除此以外，唯物主义并没有别的意义。不过在这里第一次对唯物主义世界观采取了真正严肃的态度，把这个世界观彻底地（至少在主要方面）运用到所研究的一切知识领域里去了。

黑格尔不是简单地被放在一边，恰恰相反，上面所阐述的他的革命方面即辩证方法被接过来了。但是这种方法在黑格尔的形式中是无用的。在黑格尔那里，辩证法是概念的自我发展。绝对概念不仅是从来就存在的（不知在哪里？），而且是整个现存世界的真正的活的灵魂。它通过在《逻辑学》中详细探讨过的并且完全包含在它自身中的一切预备阶段而向自身发展；然后它使自己"外化"，转化为自然界，它在自然界中并没有意识到它自己，而是采取自然必然性的形式，经过新的发展，最后在人身上重新达到自我意识；这个自我意识，在历史中又从粗糙的形式中挣脱出来，直到绝对概念终于在黑格尔哲学中又完全地达到自身为止。因此，在自然界和历史中所显露出来的辩证的发展，即经过一切迂回曲折和暂时退步而由低级到高级的前进运动的因果联系，在黑格尔那里，只是概念的自己运动的翻版，而这种概念的自己运动是从来就有的

---

① 请允许我在这里作一点个人的说明。近来人们不止一次地提到我参加了制定这一理论的工作，因此，我在这里不得不说几句话，把这个问题澄清。我不能否认，我和马克思共同工作40年，在这以前和这个期间，我在一定程度上独立地参加了这一理论的创立，特别是对这一理论的阐发。但是，绝大部分基本指导思想（特别是在经济和历史领域内），尤其是对这些指导思想的最后的明确的表述，都是属于马克思的。我所提供的，马克思没有我也能够做到，至多有几个专门的领域除外。至于马克思所做到的，我却做不到。马克思比我们大家都站得高些，看得远些，观察得多些和快些。马克思是天才，我们至多是能手。没有马克思，我们的理论远不会是现在这个样子。所以，这个理论用他的名字命名是理所当然的。

（不知在什么地方），但无论如何是不依任何能思维的人脑为转移的。这种意识形态上的颠倒是应该消除的。我们重新唯物地把我们头脑中的概念看做现实事物的反映，而不是把现实事物看做绝对概念的某一阶段的反映。这样，辩证法就归结为关于外部世界和人类思维的运动的一般规律的科学，这两个系列的规律在本质上是同一的，但是在表现上是不同的，这是因为人的头脑可以自觉地应用这些规律，而在自然界中这些规律是不自觉地、以外部必然性的形式、在无穷无尽的表面的偶然性中实现的，而且到现在为止在人类历史上多半也是如此。这样，概念的辩证法本身就变成只是现实世界的辩证运动的自觉的反映，从而黑格尔的辩证法就被倒转过来了，或者宁可说，不是用头立地而是重新用脚立地了。而且值得注意的是，不仅我们发现了这个多年来已成为我们最好的工具和最锐利的武器的唯物主义辩证法，而且德国工人约瑟夫·狄慈根不依靠我们，甚至不依靠黑格尔也发现了它。①

　　而这样一来，黑格尔哲学的革命方面就恢复了，同时也摆脱了那些曾经在黑格尔那里阻碍它贯彻到底的唯心主义装饰。一个伟大的基本思想，即认为世界不是既成**事物**的集合体，而是**过程**的集合体，其中各个似乎稳定的事物同它们在我们头脑中的思想映象即概念一样都处在生成和灭亡的不断变化中，在这种变化中，尽管有种种表面的偶然性，尽管有种种暂时的倒退，前进的发展终究会实现——这个伟大的基本思想，特别是从黑格尔以来，已经成了一般人的意识，以致它在这种一般形式中未必会遭到反对了。但是，口头上承认这个思想是一回事，实际上把这个思想分别运用于每一个研究领域，又是一回事。如果人们在研究工作中始终从这个观点出发，那么关于最终解决和永恒真理的要求就永远不会提出了；人们就始终会意识到他们所获得的一切知识必然具有的局限性，意识到他们在获得知识时所处的环境对这些知识的制约性；人们对于还在不断流行的旧形而上学所不能克服的对立，即真理和谬误、善和恶、同一和差别、必然和偶然之间的对立也不再敬畏了；人们知道，这些对立只有相对的意义，今天被认为是合乎真理的认识都有它隐蔽着的、以后会显露出来的错误的方面，同样，今天已经被认为是错误的认识也有它合乎真理的方面，因而它从前才能被认为是合乎真理的；被断定为必然的东西，是由纯粹的偶然性构

---

① 见《人脑活动的实质。一个手艺人的描述》汉堡迈斯纳出版社版。它指约·狄慈根的著作《人脑活动的实质。一个手艺人的描述，纯粹的和实践的理性的再批判》1869年汉堡版。

成的，而所谓偶然的东西，是一种有必然性隐藏在里面的形式，如此等等。

旧的研究方法和思维方法，黑格尔称之为"形而上学的"方法，主要是把**事物**当做一成不变的东西去研究，它的残余还牢牢地盘踞在人们的头脑中，这种方法在当时是有重大的历史根据的。必须先研究事物，尔后才能研究过程。必须先知道一个事物是什么，尔后才能觉察这个事物中所发生的变化。自然科学中的情形正是这样。认为事物是既成的东西的旧形而上学，是从那种把非生物和生物当做既成事物来研究的自然科学中产生的。而当这种研究已经进展到可以向前迈出决定性的一步，即可以过渡到系统地研究这些事物在自然界本身中所发生的变化的时候，在哲学领域内也就响起了旧形而上学的丧钟。事实上，直到上一世纪末，自然科学主要是**搜集材料的**科学，关于既成事物的科学，但是在本世纪，自然科学本质上是**整理材料的**科学，是关于过程、关于这些事物的发生和发展以及关于联系——把这些自然过程结合为一个大的整体——的科学。研究植物机体和动物机体中的过程的生理学，研究单个机体从胚胎到成熟的发育过程的胚胎学，研究地壳逐渐形成过程的地质学，所有这些科学都是我们这个世纪的产儿。

但是，首先是三大发现使我们对自然过程的相互联系的认识大踏步地前进了：第一是发现了细胞，发现细胞是这样一种单位，整个植物体和动物体都是从它的繁殖和分化中发育起来的。这一发现，不仅使我们知道一切高等有机体都是按照一个共同规律发育和生长的，而且使我们通过细胞的变异能力看出有机体能改变自己的物种从而能完成比个体发育更高的发育的道路。——第二是能量转化，它向我们表明了一切首先在无机界中起作用的所谓力，即机械力及其补充，所谓位能、热、辐射（光或辐射热）、电、磁、化学能，都是普遍运动的各种表现形式，这些运动形式按照一定的度量关系由一种转变为另一种，因此，当一种形式的量消失时，就有另一种形式的一定的量代之出现，因此，自然界中的一切运动都可以归结为一种形式向另一种形式不断转化的过程。——最后，达尔文第一次从联系中证明，今天存在于我们周围的有机自然物，包括人在内，都是少数原始单细胞胚胎的长期发育过程的产物，而这些胚胎又是由那些通过化学途径产生的原生质或蛋白质形成的。

由于这三大发现和自然科学的其他巨大进步，我们现在不仅能够说明自然界中各个领域内的过程之间的联系，而且总的说来也能说明各个领域之间的联系了，这样，我们就能够依靠经验自然科学本身所提供的事实，以近乎系统的形式描绘出一幅自然界联系的清晰图画。描绘这样一幅总的图画，在以前是所谓自然哲学的任务。而自然哲学只能这样来描绘：用观念的、幻想的联系来代替尚未知道的现实的联系，用想象来补充缺少的事实，用纯粹的臆想来填补现实的空白。它在这样做的时候提出了一些天才的思想，预测到一些后来的发现，但是也发表了十分荒唐的见解，这在当时是不可能不这样的。今天，当人们对自然研究的结果只要辩证地即从它们自身的联系进行考察，就可以制成一个在我们这个时代是令人满意的"自然体系"的时候，当这种联系的辩证性质，甚至违背自然科学家的意志，使他们受过形而上学训练的头脑不得不承认的时候，自然哲学就最终被排除了。任何使它复活的企图不仅是多余的，而且**是倒退**。

这样，自然界也被承认为历史发展过程了。而适用于自然界的，同样适用于社会历史的一切部门和研究人类的（和神的）事物的一切科学。在这里，历史哲学、法哲学、宗教哲学等等也都是以哲学家头脑中臆造的联系来代替应当在事变中去证实的现实的联系，把全部历史及其各个部分都看做观念的逐渐实现，而且当然始终只是哲学家本人所喜爱的那些观念的逐渐实现。这样看来，历史是不自觉地，但必然是为了实现某种预定的理想目的而努力，例如在黑格尔那里，是为了实现他的绝对观念而努力，而力求达到这个绝对观念的坚定不移的意向就构成了历史事变中的内在联系。这样，人们就用一种新的——不自觉的或逐渐自觉的——神秘的天意来代替现实的、尚未知道的联系。因此，在这里也完全像在自然领域里一样，应该通过发现现实的联系来清除这种臆造的人为的联系；这一任务，归根到底，就是要发现那些作为支配规律在人类社会的历史上起作用的一般运动规律。

但是，社会发展史却有一点是和自然发展史根本不相同的。在自然界中（如果我们把人对自然界的反作用撇开不谈）全是没有意识的、盲目的动力，这些动力彼此发生作用，而一般规律就表现在这些动力的相互作用中。在所发生的任何事情中，无论在外表上看得出的无数表面的偶然性中，或者在可以证实这些偶然性内部的规律性的最终结果中，都没有任何事情是作为预期的自觉的目的发生的。相反，在社会历史领域内进行活动的，是具有意识的、经过思虑或凭激情行动的、追求某种目的的人；任何事情的发生都不是没有自觉的意图，没有预期的目的的。但是，不管这个差别对历史研究，尤其是对各个时代和各个事变的历史研究如何重要，它丝毫不能改变这样一个事实：历史进程是受内在的一般规律支配的。因为在这一领域内，尽管各个人都有自觉预期的目的，总的说来在表面上好像也是偶然性在支配着。人们所预期的东西很少如愿以偿，许多预期的目的在大多数场合都互相干扰，彼此冲突，或者是这些目的本身一开始就是实现不了的，或者是缺乏实现的手段的。这样，无数的单个愿望和单个行动的冲突，在历史领域内造成了一种同没有意识的自然界中占统治地位的状况完全相似的状况。行动的目的是预期的，但是行动实际产生的结果并不是预期的，或者这种结果起初似乎还和预期的目的相符合，而到了最后却完全不是预期的结果。这样，历史事件似乎总的说来同样是由偶然性支配着的。但是，在表面上是偶然性在起作用的地方，这种偶然性始终是受内部的隐蔽着的规律支配的，而问题只是在于发现这些规律。

无论历史的结局如何，人们总是通过每一个人追求他自己的、自觉预期的目的来创造他们的历史，而这许多按不同方向活动的愿望及其对外部世界的各种各样作用的合力，就是历史。因此，问题也在于，这许多单个的人所预期的是什么。愿望是由激情或思虑来决定的。而直接决定激情或思虑的杠杆是各式各样的。有的可能是外界的事物，有的可能是精神方面的动机，如功名心、"对真理和正义的热忱"、个人的憎恶，或者甚至是各种纯粹个人的怪想。但是，一方面，我们已经看到，在历史上活动的许多单个愿望在大多数场合下所得到的完全不是预期的结果，往往是恰恰相反的结果，因而它们的动机对全部结果来说同样地只有从属的意义。另一方面，又产生了一个新的问题：在这些动机背后隐藏着的又是什么样的动力？在行动者的头脑中以这些动机的形式出现的历史原因又是什么？

旧唯物主义从来没有给自己提出过这样的问题。因此，它的历史观——如果它有某种历史观的话——本质上也是实用主义的，它按照行动的动机来判断一切，把历史人物分为君子和小人，并且照例认为君子是受骗者，而小人是得胜者。旧唯物主义由此得出的结论是，在历史的研究中不能得到很多有教益的东西；而我们由此得出的结论是，旧唯物主义在历史领域内自己背叛了自己，因为它认为在历史领域中起作用的精神的动力是最终原因，而不去研究隐藏在这些动力后面的是什么，这些动力的动力是什么。不彻底的地方并不在于承认**精神的**动力，而在于不从这些动力进一步追溯到它的动因。相反，历史哲学，特别是黑格尔所代表的历史哲学，认为历史人物的表面动机和真实动机都决不是历史事变的最终原因，认为这些动机后面还有应当加以探究的别的动力；但是它不在历史本身中寻找这种动力，反而从外面，从哲学的意识形态把这种动力输入历史。例如黑格尔，他不从古希腊历史本身的内在联系去说明古希腊的历史，而只是简单地断言，古希腊的历史无非是"美好的个性形式"的制定，是"艺术作品"本身的实现。① 在这里，黑格尔关于古希腊人作了许多精彩而深刻的论述，但是这并不妨碍我们今天对那些纯属空谈的说明表示不满。

因此，如果要去探究那些隐藏在——自觉地或不自觉地，而且往往是不自觉地——历史人物的动机背后并且构成历史的真正的最后动力的动力，那么问题涉及的，与其说是个别人物，即使是非常杰出的人物的动机，不如说是使广大群众、使整个整个的民族，并且在每一民族中间又是使整个整个阶级行动起来的动机；而且也不是短暂的爆发和转瞬即逝的火光，而是持久的、引起重大历史变迁的行动。探讨那些作为自觉的动机明显地或不明显地，直接地或以意识形态的形式，甚至以被神圣化的形式反映在行动着的群众及其领袖即所谓伟大人物的头脑中的动因——这是能够引导我们去探索那些在整个历史中以及个别时期和个别国家的历史中起支配作用的规律的唯一途径。使人们行动起来的一切，都必然要经过他们的头脑；但是这一切在人们的头脑中采取什么形式，这在很大程度上是由各种情况决定的。现在工人不再像1848年在莱茵地区那样简单地捣毁机器，但是，这决不是说，他们已经容忍按照资本主义方式应用机器。

但是，在以前的各个时期，对历史的这些动因的探究几乎是不可能的，因为它们和自己的结果的联系是混乱而隐蔽的，在我们今天这个时期，这种联系已经简化了，以致人们有可能揭开这个谜了。从采用大工业以来，就是说，至少从1815年签订欧洲和约以来，在英国，谁都知道，土地贵族（landed aristoc-racy）和资产阶级（middle class）这两个阶级争夺统治的要求，是英国全部政治斗争的中心。在法国，随着波旁王室的返国，同样的事实也被人们意识到了；复辟时期的历史编纂学家，从梯叶里到基佐、米涅和梯也尔，总是指出这一事实是理解中世纪以来法国历史的钥匙。而从1830年起，在这两个国家里，工人阶级即无产阶级，已被承认是为争夺统治而斗争的第三个战士。当时关系已经非常简化，只有故意闭起眼睛的人才看不见，这三大阶级的斗争和它们的

① 参看黑格尔《历史哲学讲演录》第2部第2篇。——编者注

利益冲突是现代历史的动力，至少是这两个最先进国家的现代历史的动力。

但是，这些阶级是怎样产生的呢？初看起来，那种从前是封建的大土地占有制的起源，还可以（至少首先可以）归于政治原因，归于暴力掠夺，但是对于资产阶级和无产阶级，这就说不通了。在这里，显而易见，这两大阶级的起源和发展是由于纯粹经济的原因。而同样明显的是，土地占有制和资产阶级之间的斗争，正如资产阶级和无产阶级之间的斗争一样，首先是为了经济利益而进行的，政治权力不过是用来实现经济利益的手段。资产阶级和无产阶级这两个阶级是由于经济关系发生变化，确切些说，是由于生产方式发生变化而产生的。最初是从行会手工业到工场手工业的过渡，随后又是从工场手工业到使用蒸汽和机器的大工业的过渡，使这两个阶级发展起来了。在一定阶段上，资产阶级推动的新的生产力——首先是分工和许多局部工人在一个综合性手工工场里的联合——以及通过生产力发展起来的交换条件和交换需要，同现存的、历史上继承下来的而且被法律神圣化的生产秩序不相容了，就是说，同封建社会制度的行会特权以及许多其他的个人特权和地方特权（这些特权对于非特权等级来说都是桎梏）不相容了。资产阶级所代表的生产力起来反抗封建土地占有者和行会师傅所代表的生产秩序了；结局是大家都知道的：封建桎梏被打碎了，在英国是逐渐打碎的，在法国是一下子打碎的，在德国还没有完全打碎。但是，正像工场手工业在一定发展阶段上曾经同封建的生产秩序发生冲突一样，大工业现在已经同代替封建生产秩序的资产阶级生产秩序相冲突了。被这种秩序、被资本主义生产方式的狭隘范围所束缚的大工业，一方面使全体广大人民群众越来越无产阶级化，另一方面生产出越来越多的没有销路的产品。生产过剩和大众的贫困，两者互为因果，这就是大工业所陷入的荒谬的矛盾，这个矛盾必然要求通过改变生产方式来使生产力摆脱桎梏。

因此，在现代历史中至少已经证明，一切政治斗争都是阶级斗争，而一切争取解放的阶级斗争，尽管它必然地具有政治的形式（因为一切阶级斗争都是政治斗争），归根到底都是围绕着**经济**解放进行的。因此，至少在这里，国家、政治制度是从属的东西，而市民社会、经济关系的领域是决定性的因素。从传统的观点看来（这种观点也是黑格尔所尊崇的），国家是决定的因素，市民社会是被国家决定的因素。表面现象是同这种看法相符合的。就单个人来说，他的行动的一切动力，都一定要通过他的头脑，一定要转变为他的意志的动机，才能使他行动起来，同样，市民社会的一切要求（不管当时是哪一个阶级统治着），也一定要通过国家的意志，才能以法律形式取得普遍效力。这是问题的形式方面，这方面是不言而喻的；不过要问一下，这个仅仅是形式上的意志（不论是单个人的或国家的）有什么内容呢？这一内容是从哪里来的呢？为什么人们所期望的正是这个而不是别的呢？在寻求这个问题的答案时，我们就发现，在现代历史中，国家的意志总的说来是由市民社会的不断变化的需要，是由某个阶级的优势地位，归根到底，是由生产力和交换关系的发展决定的。

但是，既然甚至在拥有巨量生产资料和交往手段的现代，国家都不是一个具有独立发展的独立领域，而它的存在和发展归根到底都应该从社会的经济生活条件中得到解释，那么，以前的一切时代就必然更是这样了，那时人们物质生活的生产还没有使用这样丰富的辅助手段来进行，因而这种生产的必要性必不可免地在更大程度上支配着人们。既然在今天这个大工业和铁路的时代，国家总的说来还只是以集中的形式反映了支配着生产的阶级的经济需要，那么，在以前的时代，国家就必然更加是这样了，那时每一代人都要比我们今天更多得多地耗费一生中的时间来满足自己的物质需要，因而要比我们今天更多地依赖于这种物质需要。对从前各个时代的历史的研究，只要在这方面是认真进行的，都会最充分地证实这一点；但是，在这里当然不能进行这种研究了。

如果说国家和公法是由经济关系决定的，那么不言而喻，私法也是这样，因为私法本质上只是确认单个人之间的现存的、在一定情况下是正常的经济关系。但是，这种确认所采取的形式可以是很不相同的。人们可以把旧的封建的法的形式大部分保存下来，并且赋予这种形式以资产阶级的内容，甚至直接给封建的名称加上资产阶级的含义，就像在英国与民族的全部发展相一致而发生的那样；但是人们也可以像在西欧大陆上那样，把商品生产者社会的第一个世界性法律即罗马法以及它对简单商品占有者的一切本质的法的关系（如买主和卖主、债权人和债务人、契约、债务等等）所作的无比明确的规定作为基础。这样做时，为了仍然是小资产阶级的和半封建的社会的利益，人们可以或者是简单地通过审判的实践降低罗马法，使它适合于这个社会的状况（普通法），或者是依靠所谓开明的进行道德说教的法学家的帮助把它加工成一种适应于这种社会状况的特殊法典，这种法典，在这种情况下即使从法学观点看来也是不好的（普鲁士邦法）；但是这样做时，人们也可以在资产阶级大革命以后，以同一个罗马法为基础，制定出像法兰西民法典这样典型的资产阶级社会的法典。因此，如果说民法准则只是以法的形式表现了社会的经济生活条件，那么这种准则就可以依情况的不同而把这些条件有时表现得好，有时表现得坏。

国家作为第一个支配人的意识形态力量出现在我们面前。社会创立一个机关来保护自己的共同利益，免遭内部和外部的侵犯。这种机关就是国家政权。它刚一产生，对社会来说就是独立的，而且它越是成为某个阶级的机关，越是直接地实现这一阶级的统治，它就越独立。被压迫阶级反对统治阶级的斗争必然要变成政治的斗争，变成首先是反对这一阶级的政治统治的斗争；对这一政治斗争同它的经济基础的联系的认识，就日益模糊起来，并且会完全消失。即使在斗争参加者那里情况不完全是这样，但是在历史编纂学家那里差不多总是这样的。在关于罗马共和国内部斗争的古代史料中，只有阿庇安一人清楚而明确地告诉我们，这一斗争归根到底是为什么进行的，即为土地所有权进行的。

但是，国家一旦成了对社会来说是独立的力量，马上就产生了另外的意识形态。这就是说，在职业政治家那里，在公法理论家和私法法学家那里，同经济事实的联系就完全消失了。因为经济事实要以法律的形式获得确认，必须在每一个别场合都采取法律动机的形式，而且，因为在这里，不言而喻地要考虑到现行的整个法的体系，所以，现在法律形式就是一切，而经济内容则什么也不是。公法和私法被看做两个独立的领域，它们各有自己的独立的历史发展，它们本身都可以系统地加以说明，并需要通过彻底根除一切内部矛盾来作出这种说明。

更高的即更远离物质经济基础的意识形态，采取了哲学和宗教的形式。在这里，观念同自己的物质存在条件的联系，越来越错综复杂，越来越被一些中间环节弄模糊了。但是这一联系是存在着的。从15世纪中叶起的整个文艺复兴时期，本质上是城市的从而是市民阶级的产物，同样，从那时起重新觉醒的哲学也是如此。哲学的内容本质上仅仅是那些和中小市民阶级发展为大资产阶级的过程相适应的思想的哲学表现。在上一世纪的那些往往既是哲学家又是政治经济学家的英国人和法国人那里，这种情形是表现得很明显的，而在黑格尔学派那里，这一情况我们在上面已经说明了。

现在我们再简略地谈谈宗教，因为宗教离开物质生活最远，而且好像同物质生活最不相干。宗教是在最原始的时代从人们关于他们自身的自然和周围的外部自然的错误的、最原始的观念中产生的。但是，任何意识形态一经产生，就同现有的观念材料相结合而发展起来，并对这些材料作进一步的加工；不然，它就不是意识形态了，就是说，它就不是把思想当做独立地发展的、仅仅服从自身规律的独立存在的东西来对待了。人们头脑中发生的这一思想过程，归根到底是由人们的物质生活条件决定的，这一事实，对这些人来说必然是没有意识到的，否则，全部意识形态就完结了。因此，大部分是每个有亲属关系的民族集团所共有的这些原始的宗教观念，在这些集团分裂以后，便在每个民族那里依各自遇到的生活条件而独特地发展起来，而这一过程对一系列民族集团来说，特别是对雅利安人（所谓印欧人）来说，已由比较神话学详细地证实了。这样在每一个民族中形成的神，都是民族的神，这些神的王国不越出它们所守护的民族领域，在这个界线以外，就无可争辩地由别的神统治了。只要这些民族存在，这些神也就继续活在人们的观念中；这些民族没落了，这些神也就随着灭亡。罗马世界帝国使得古老的民族没落了（关于罗马世界帝国产生的经济条件，我们没有必要在这里加以研究），古老的民族的神就灭亡了，甚至罗马的那些仅仅适合于罗马城这个狭小圈子的神也灭亡了；罗马曾企图除本地的神以外还承认和供奉一切多少受崇敬的异族的神，这就清楚地表明了有以一种世界宗教来充实世界帝国的需要。但是一种新的世界宗教是不能这样用皇帝的敕令创造出来的。新的世界宗教，即基督教，已经从普遍化了的东方神学，特别是犹太神学同庸俗化了的希腊哲学，特别是斯多亚派哲学①的混合中悄悄地产生了。我们必须重新进行艰苦的研究，才能够知道基督教最初是什么样子，因为它那流传到我们今天的官方形式仅仅是尼西亚宗教会议②为了使它成为国教

---

① 斯多亚派是公元前4世纪末产生于古希腊的一个哲学派别，因其创始人芝诺通常在雅典集市的画廊讲学，故称斯多亚派，又称画廊学派。

斯多亚派哲学分为逻辑学、物理学和伦理学，以伦理学为中心，逻辑学和物理学只是为伦理学提供基础。这个学派主要宣扬服从命运并带有浓厚宗教色彩的泛神论思想，其中既有唯物主义倾向，又有唯心主义思想。早期斯多亚派认为，认识来源于对外界事物的感觉，但又承认关于神、善恶、正义等的先天观念。他们把赫拉克利特的火和逻各斯看成一个东西，认为宇宙实体既是物质性的，同时又是创造一切并统治万物的世界理性，也是神、天命和命运，或称自然。人是自然的一部分，也受天命支配，人应该顺应自然的规律而生活，即遵照理性和道德而生活。合乎理性的行为就是德行，只有德行才能使人幸福。人要有德行，成为善人，就必须用理性克制情欲，达到清心寡欲以至无情无欲的境界。中期斯多亚派强调社会责任、道德义务，加强了道德生活中的禁欲主义倾向。晚期斯多亚派宣扬安于命运，服从命运，认为人的一生注定是有罪的、痛苦的，只有忍耐和克制欲望，才能摆脱痛苦和罪恶，得到精神的安宁和幸福。晚期斯多亚派的伦理思想为基督教的兴起准备了思想条件。

② 尼西亚宗教会议是基督教会第一次世界性主教会议。这次会议于325年由罗马皇帝君士坦丁一世在小亚细亚的尼西亚城召开，约300名主教或代表主教的长老出席。会议针对当时教会存在的"三位一体"派和阿里乌派的信仰分歧，通过了一切基督徒必须遵守"三位一体"的信条（正统基督教教义的基本原则），不承认信条以叛国罪论。会议还制定了教会法规，以加强主教权力，实为加强皇帝权力。因主教由皇帝任免，从此基督教成为罗马帝国国教。

而赋予它的那种形式。它在 250 年后已经变成国教这一事实，足以证明它是适应时势的宗教。在中世纪，随着封建制度的发展，基督教成为一种同它相适应的、具有相应的封建等级制的宗教。当市民阶级兴起的时候，新教异端首先在法国南部的阿尔比派①中间，在那里的城市最繁荣的时代，同封建的天主教相对抗而发展起来。中世纪把意识形态的其他一切形式——哲学、政治、法学，都合并到神学中，使它们成为神学中的科目。因此，当时任何社会运动和政治运动都不得不采取神学的形式；对于完全由宗教培育起来的群众感情说来，要掀起巨大的风暴，就必须让群众的切身利益披上宗教的外衣出现。市民阶级从最初起就给自己制造了一种由无财产的、不属于任何公认的等级的城市平民、短工和各种仆役所组成的附属品，即后来的无产阶级的前身，同样，宗教异端也早就分成了两派：市民温和派和甚至也为市民异教徒所憎恶的平民革命派。

新教异端的不可根绝是同正在兴起的市民阶级的不可战胜相适应的；当这个市民阶级已经充分强大的时候，他们从前同封建贵族进行的主要是地方性的斗争便开始具有全国性的规模了。第一次大规模的行动发生在德国，这就是所谓的宗教改革②。那时市民阶级既不够强大又不够发展，不足以把其他的反叛等级——城市平民、下层贵族和乡村农民——联合在自己的旗帜之下。贵族首先被击败；农民举行了起义，形成了这次整个革命运动的顶点；城市背弃了农民，革命被各邦君主的军队镇压下去了，这些君主攫取了革命的全部果实。从那时起，德国有整整三个世纪从那些能独立地干预历史的国家的行列中消失了。但是除德国人路德外，还出现了法国人加尔文，他以真正法国式的尖锐性突出了宗教改革的资产阶级性质，使教会共和化和民主化。当路德的宗教改革在德国已经蜕化并把德国引向灭亡的时候，加尔文的宗教改革却成了日内瓦、荷兰和苏格兰共和党人的旗帜，使荷兰摆脱了西班牙和德意志帝国的统治，并为英国发生的资产阶级革命的第二幕提供了意识形态的外衣。在这里，加尔文

---

① 阿尔比派是基督教的一个教派，12—13 世纪广泛传播于法国南部和意大利北部的城市，其主要发源地是法国南部阿尔比城。阿尔比派反对天主教的豪华仪式和教阶制度，它以宗教的形式反映了城市商业和手工业居民对封建制度的反抗。法国南部的部分贵族也加入了阿尔比派，他们企图剥夺教会的土地。法国北部的封建主和教皇称该派为南方法兰西的"异教徒"。1209 年教皇英诺森三世曾组织十字军征讨阿尔比派。经过 20 年战争和残酷的镇压，阿尔比派运动终于失败。

② 指 16 世纪德国马丁·路德领导的宗教改革运动。参看恩格斯《德国农民战争》第二章（《马克思恩格斯文集》第 2 卷）。

教派显示出它是当时资产阶级利益的真正的宗教外衣，因此，在 1689 年革命①由于一部分贵族同资产阶级间的妥协而结束以后，它也没有得到完全的承认。英国的国教会恢复了，但不是恢复到它以前的形式，即由国王充任教皇的天主教，而是强烈地加尔文教派化了。旧的国教会庆祝欢乐的天主教礼拜日，反对枯燥的加尔文教派礼拜日。新的资产阶级化的国教会，则采用后一种礼拜日，这种礼拜日至今还在装饰着英国。

在法国，1685 年加尔文教派中的少数派曾遭到镇压，被迫皈依天主教或者被驱逐出境。② 但是这有什么用处呢？那时自由思想家皮埃尔·培尔已经在忙于从事活动，而 1694 年伏尔泰也诞生了。路易十四的暴力措施只是使法国的资产阶级更便于以唯一同已经发展起来的资产阶级相适应的、非宗教的、纯粹政治的形式进行自己的革命。出席国民议会的不是新教徒，而是自由思想家了。由此可见，基督教进入了它的最后阶段。此后，它已不能成为任何进步阶级的意向的意识形态外衣了；它越来越变成统治阶级专有的东西，统治阶级只把它当做使下层阶级就范的统治手段。同时，每个不同的阶级都利用它自己认为适合的宗教：占有土地的容克利用天主教的耶稣会派或新教的正统派，自由的和激进的资产者则利用理性主义，至于这些先生们自己相信还是不相信他们各自的宗教，这是完全无关紧要的。

这样，我们看到，宗教一旦形成，总要包含某些传统的材料，因为在一切意识形态领域内传统都是一种巨大的保守力量。但是，这些材料所发生的变化是由造成这种变化的人们的阶级关系即经济关系引起的。在这里只说这一点就够了。

上面的叙述只能是对马克思的历史观的一个概述，至多还加了一些例证。证明只能由历史本身提供；而在这里我可以说，在其他著作中证明已经提供得很充分了。但是，这种历史观结束了历史领域内的哲学，正如辩证的自然观使一切自然哲学都成为不必要的和不可能的一样。现在无论在哪一个领域，都不再是从头脑中想出联系，而是从事实中发现联系了。这样，对于已经从自然界

---

① 1689 年革命指 1688 年英国政变。这次政变驱逐了斯图亚特王朝的詹姆斯二世，宣布荷兰共和国的执政者奥伦治的威廉三世为英国国王。从 1689 年起，在英国确立了以土地贵族和大资产阶级的妥协为基础的立宪君主制。这次没有人民群众参加的政变被资产阶级史学家称做"光荣革命"。

② 17 世纪 20 年代起对胡格诺教徒（加尔文派新教徒）施加的政治迫害和宗教迫害加剧，路易十四于 1685 年取消了亨利四世 1598 年颁布的南特敕令。这个敕令曾给予胡格诺教徒以信教和敬神的自由；由于南特敕令的取消，数十万胡格诺教徒离开了法国。

和历史中被驱逐出去的哲学来说，要是还留下什么的话，那就只留下一个纯粹思想的领域：关于思维过程本身的规律的学说，即逻辑和辩证法。

———

随着 1848 年革命而来的是，"有教养的"德国抛弃了理论，转入了实践的领域。以手工劳动为基础的小手工业和工场手工业已经为真正的大工业所代替；德国重新出现在世界市场上；新的小德意志帝国至少排除了由小邦分立、封建残余和官僚制度造成的阻碍这一发展的最显著的弊病。但是，思辨①在多大程度上离开哲学家的书房而在证券交易所筑起自己的殿堂，有教养的德国也就在多大程度上失去了在德国最深沉的政治屈辱时代曾经是德国的光荣的伟大理论兴趣——那种不管所得成果在实践上是否能实现，不管它是否违反警方规定都照样致力于纯粹科学研究的兴趣。诚然，德国的官方自然科学，特别是在专门研究的领域中仍然保持着时代的高度，但是，正如美国《科学》杂志已经公正地指出的，在研究单个事实之间的重大联系方面的决定性进步，即把这些联系概括为规律，现在更多地是出在英国，而不像从前那样出在德国。而在包括哲学在内的历史科学的领域内，那种旧有的在理论上毫无顾忌的精神已随着古典哲学完全消失了；起而代之的是没有头脑的折中主义，是对职位和收入的担忧，直到极其卑劣的向上爬的思想。这种科学的官方代表都变成毫无掩饰的资产阶级的和现存国家的意识形态家，但这已经是在资产阶级和现存国家同工人阶级公开对抗的时代了。

德国人的理论兴趣，只是在工人阶级中还没有衰退，继续存在着。在这里，它是根除不了的。在这里，对职位、牟利，对上司的恩典，没有任何考虑。相反，科学越是毫无顾忌和大公无私，它就越符合工人的利益和愿望。在劳动发展史中找到了理解全部社会史的锁钥的新派别，一开始就主要是面向工人阶级的，并且从工人阶级那里得到了同情，这种同情是它在官方科学那里既没有寻找也没有期望过的。德国的工人运动是德国古典哲学的继承者。

弗·恩格斯写于 1886 年初

（选自《马克思恩格斯文集》第 4 卷，人民出版社 2009 年版，第 261—313 页）

---

① 德文"Spekulation"既有"思辨"的意思，也有"投机"的意思。——编者注

《路德维希·费尔巴哈和
德国古典哲学的终结》 导读

《路德维希·费尔巴哈和德国古典哲学的终结》（以下简称《费尔巴哈论》），是恩格斯系统论述马克思主义哲学基本原理的重要著作。该书详细阐述了马克思主义哲学同德国古典哲学的批判继承关系及本质区别，具体说明了马克思主义哲学的理论来源和自然科学基础，全面论述了辩证唯物主义和历史唯物主义的基本原理，深刻分析了马克思主义哲学的诞生在哲学领域引起的革命性变革及其意义。

一、写作背景

《费尔巴哈论》写于1886年初，最初发表于德国社会民主党理论杂志《新时代》1886年第4卷的第4、5期上。1888年，恩格斯作了修改，写了序言，并收入马克思1845年春所写的《关于费尔巴哈的提纲》作为附录，以单行本形式在斯图加特出版。

评述施达克的《路德维希·费尔巴哈》一书，是《费尔巴哈论》写作的直接原因。1885年，丹麦哲学家、社会学家施达克写作了《路德维希·费尔巴哈》。他在书中对费尔巴哈哲学的基本性质作了错误的解释，认为费尔巴哈是一个唯心主义者，这就提出了怎样正确评价作为马克思主义哲学直接理论来源的费尔巴哈哲学的问题。因此，当德国《新时代》杂志约请恩格斯评述该书时，他很快接受了编辑部的请求，撰写了《费尔巴哈论》。但这只是写作的表层动因。1883年马克思去世之后，恩格斯在担负着整理出版马克思遗著特别是《资本论》续卷和指导国际工人运动的繁重任务的情况下，抽出时间来撰写这一著作，有着更为深层的原因。

《费尔巴哈论》是为了回击各种反马克思主义思潮、非马克思主义思潮对马克思主义的攻击和正确引导工人阶级革命斗争的发展方向而写作的。19世纪后期，经过几十年的发展，马克思主义已经获得了广泛传播。作为无产阶级世界观的马克思主义越是取得胜利，就越是引起资产阶级的恐慌，因而他们也就越是千方百计地攻击和诋毁马克思主义。由于德国古典哲学特别是黑格尔和费尔巴哈哲学是马克思主义哲学的直接理论来源，因此，他们一方面通过歪曲和曲解德国古典哲学，不断歪曲和攻击马克思主义。在德国，新康德主义抛弃了康德哲学中的唯物主义因素，强调其唯心主义和不可知论内容，用以攻击历史唯物主义和社会革命理论，并企图以伦理社会主义理论来取代马克思主义。在英国、瑞典、丹麦、挪威等国，新黑格尔主义抛弃了黑格尔哲学中辩证法的合理因素，用矛盾调和思想来解释黑格尔的辩证法，抛弃黑格尔哲学中的理性主义，宣扬主观唯心主义和神秘主义，着重发挥黑格尔的伦理学说和国家学说，以维护资产阶级的反动统治。另一方面，他们通过歪曲马克思主义哲学同德国古典哲学的关系来诋毁马克思主义，认为马克思主义哲学就是德国古典哲学的简单继续，是黑格尔唯心辩证法和费尔巴哈机械唯物主义哲学的"简单拼凑"，抹杀了无产阶级与资产阶级世界观的根本区别，企图把工人运动引向改良主义的道路。为了反对资产阶级的攻击，促进工人运动健康发展，澄清哲学上的一些错误观点，阐明马克思主义哲学革命性变革的意义，划清马克思主义哲学同一切旧哲学的界限，恩格斯写了这一重要著作。

《费尔巴哈论》也是为系统论述马克思主义哲学同德国古典哲学之间的关系而写的。马克思主义哲学是在批判继承德国古典哲学尤其是黑格尔和费尔巴哈哲学的基础上创立的。阐述它们之间的关系，是马克思和恩格斯的夙愿。马克思和恩格斯都是从黑格尔哲学出发，经过费尔巴哈而走向新世界观的。在创立新世界观之后，他们虽然在一些地方说明过同黑格尔哲学之间的关系，但是从来没有全面系统地阐述过他们是怎样从这一哲学出发又是怎样同它脱离的。特别是费尔巴哈哲学在许多方面构成了马克思主义哲学同黑格尔哲学的中间环节，对马克思主义哲学的创立产生过重大影响。然而，正如恩格斯所说，他们在《德意志意识形态》中对包括费尔巴哈哲学在内的德国古典哲学进行了全面清算，但遗憾的是该书并没有出版，特别是其中批判费尔巴哈的第一卷第一章只写了正面阐发历史唯物主义基本思想的部分，直接批判费尔巴哈的部分没有写。在此后的40多年间，由于实际斗争和理论工作的繁忙，马克思和恩格斯一直没有机会进一步阐明他们的哲学同黑格尔哲学和费尔巴哈哲学的关系。为此，恩格斯认为非常有必要专门再写一本专著，来深刻阐明马克思主义哲学同德国古典哲学的关系，这不仅是一笔一定要还的"信誉债"[1]，也有助于人们进一步认识马克思主义哲学革命的意义，准确

---

[1] 《马克思恩格斯文集》第4卷，人民出版社2009年版，第266页。

把握马克思主义哲学实质。

二、主要内容

《费尔巴哈论》包括 1888 年单行本序言、正文四章和一个简短的结束语。核心内容是阐述马克思主义哲学的产生、基本内容及其意义。该书对黑格尔哲学和费尔巴哈哲学进行了分析和批判，阐述了马克思主义哲学同黑格尔哲学和费尔巴哈哲学的内在联系及本质区别，阐述了马克思主义哲学的创立及其在哲学史上实现的革命性变革及其意义，提出并阐述了哲学的基本问题，论述了马克思主义哲学特别是历史唯物主义的主要原理。

（一）阐释了马克思主义哲学与德国古典哲学的关系

在该书的第一章和第二章，恩格斯通过分析黑格尔哲学中辩证法与形而上学体系的内在矛盾，以及费尔巴哈唯物主义哲学的功绩与局限，比较系统地阐述了马克思主义哲学同德国古典哲学之间的联系。

第一，提出德国古典哲学是德国政治变革的前导。在第一章的开始，恩格斯就指出："正像在 18 世纪的法国一样，在 19 世纪的德国，哲学革命也作了政治变革的前导。但是这两个哲学革命看起来是多么不同啊！"[1] 恩格斯的话言简意赅，深刻地揭示了黑格尔哲学以及整个德国古典哲学的历史背景和历史作用。一方面，从康德以来的德国古典哲学特别是黑格尔哲学同法国启蒙哲学和 18 世纪唯物主义一样，处于资产阶级政治变革的前夜，反映了新兴的资产阶级谋取政治统治的要求，起到了为未来政治变革作意识形态准备的先导作用。另一方面，德国古典哲学特别是黑格尔哲学的历史背景和历史作用又有着自己突出的特点，其哲学革命在表现形式上甚至同法国截然相反。法国哲学的革命性采取了公开斗争的形式，哲学家们随时都可能被关进监狱甚至献出生命，而德国哲学的革命性则具有十分隐蔽、曲折的形式，隐藏在晦涩的言语后面、枯燥的语句里面，使其真实意义不仅难以为自己的盟友所理解，甚至连自己的敌人也没发现，哲学家们往往被任命为官方大学教授。这种现象的根源在于：当落后的德国开始自己的资本主义发展时，资本主义生产方式的对抗性质已经在法国和英国暴露出来；当德国资产阶级起来反对自己的老敌人——封建势力时，其背后已经站立着自己的新敌人——无产阶级和劳苦大众。因此，与英法资产

---

[1] 《马克思恩格斯文集》第 4 卷，人民出版社 2009 年版，第 267 页。

阶级不同，德国资产阶级从一开始就具有既要求革命又害怕人民的两面性。法国大革命中人民群众的暴力行动更是吓坏了德国资产阶级，其妥协性进一步蜕化为保守性。德国特殊的历史条件和德国资产阶级的历史特点，决定了德国古典哲学特别是黑格尔哲学的内在矛盾性。

第二，分析黑格尔唯心主义辩证法及其在马克思主义哲学形成过程中的作用。恩格斯在书中详细分析了黑格尔哲学的内在矛盾，即革命的辩证法和保守的唯心主义体系之间的矛盾及其社会历史根源，概述了黑格尔哲学的庞大体系及其学派的解体情况，阐明了黑格尔辩证法的革命性质及其在马克思主义哲学形成过程中的重要作用。

恩格斯认为，黑格尔哲学的真实意义和革命性质，在于彻底否定了关于人的思维和行动的一切结果具有最终性质的看法。恩格斯分析了黑格尔提出的"凡是现实的都是合乎理性的，凡是合乎理性的都是现实的"[1] 这个著名命题，揭示了其唯心主义辩证法的合理内核及其哲学的真实意义。表面上看，这一命题是在哲学上替专制制度、反动国家进行辩护。但其背后还有深意：决不是一切现存的东西都无条件的也是现实的、合理的，只有那些具有必然性的东西才具有现实性，否则即便是现存的东西也不能说是具有现实性和合理性的。例如，当时的普鲁士国家就只有在它是必然的限度内才是合理的和现实的。现实性决不是某种社会状态或政治状态在一切环境和一切时代所具有的属性。随着发展，现存的事物都会因其丧失其必然性而变成不现实的、不合理的东西并逐渐衰亡下去；一种新的、富有生命力的现实的东西即使现在还不存在也一定会代替正在衰亡的东西而成为现实的东西。这就是新生事物一定会战胜腐朽事物的必然性。所以，这个命题实际上也就变为另一个命题："凡是现存的，都一定要灭亡。"[2] 黑格尔辩证法的真实意义和革命性质就在于，它彻底否定了关于人的思维和行动的一切结果具有最终性质的看法，揭示了人的认识和人类社会都是不断从低级上升到高级的历史过程，不存在最终的绝对真理和与之相应的绝对的人类状态。

黑格尔哲学中过分茂密的保守的体系窒息了他的革命方法。恩格斯指出，黑格尔并没有明确地按照他自己的方法得出革命的结论，其原因在于黑格尔哲

① 《马克思恩格斯文集》第 4 卷，人民出版社 2009 年版，第 268 页。
② 《马克思恩格斯文集》第 4 卷，人民出版社 2009 年版，第 269 页。

学的辩证法同其唯心主义体系之间的矛盾。按照黑格尔的辩证法，人类的认识是没有止境的，历史上依次更替的一切社会制度都是暂时的。而他的哲学体系则硬要给人类认识一个终点即绝对真理，硬要把君主立宪的普鲁士王国当作历史发展的顶峰。这样，"革命的方面就被过分茂密的保守的方面所窒息"①。黑格尔哲学体系与方法的矛盾，根源于德国资产阶级的两面性，而这也就必然导致黑格尔革命的思维方法产生了极其温和的政治结论。尽管如此，黑格尔的体系包括了以前任何体系所不可比拟的广大领域，他本人不仅是一个富于创造性的天才，而且是一个百科全书式的学识渊博的人物，在一些领域起到了划时代的作用。一方面，他在自己的哲学体系中以最宏伟的形式概括了以往哲学的全部发展；另一方面，他的辩证方法不自觉地给哲学的发展指出了一条正确道路，即哲学家们不能再去追求无所不包的绝对真理体系，而应当根据社会发展的现有条件去发现那些可能达到的相对真理。总之，黑格尔哲学的内在矛盾，决定了其自身解体和被新哲学代替的必然性。

论述黑格尔学派的解体和对黑格尔哲学的"扬弃"。黑格尔哲学方法和体系的矛盾，为容纳各种极不相同的实践的党派观点留下了广阔场所。黑格尔逝世后，社会矛盾和政治斗争的尖锐化，使黑格尔哲学的内在矛盾最终外化为老年黑格尔派和青年黑格尔派之间的外部对立。注重体系的保守者组成了老年黑格尔派，而注重方法的左翼组成了青年黑格尔派。随着与现存宗教斗争的深入，青年黑格尔派进一步分化，大批最坚决的青年黑格尔分子离开唯心主义而走向了唯物主义，特别是费尔巴哈哲学的产生，使唯物主义重新登上王座。但是，费尔巴哈没有正确地对待黑格尔哲学，他虽然打破了黑格尔的体系，但只是简单地把它抛在一旁，在抛弃其唯心主义体系的同时连同辩证法一起丢掉了。因此，正确地对待黑格尔哲学，决不能简单地用置之不理的办法来消除它，而必须"扬弃"它，批判地消灭它的形式，但是要救出通过这个形式获得的新内容，也就是说，要批判它的唯心主义体系，改造和发展它的辩证法思想。马克思主义哲学是唯一真正完成这项工作的新哲学。

第三，分析费尔巴哈的唯物主义及其在马克思主义哲学形成中的作用。恩格斯在该书的第二章中，科学阐明了费尔巴哈哲学的唯物主义基本立场，同时深刻揭示了费尔巴哈直观唯物主义的局限性。他认为，坚持物质第一性、意识

---

① 《马克思恩格斯文集》第 4 卷，人民出版社 2009 年版，第 271 页。

第二性是费尔巴哈哲学的基本内核。费尔巴哈从唯物主义的立场出发，深刻揭露了黑格尔哲学的唯心主义实质：黑格尔把"绝对观念"看作是先于世界而存在的，这不过是对世界之外的造物主的信仰在哲学上的体现，是变相的哲学化的宗教理论。在此基础上，费尔巴哈在哲学基本问题上提出了基本正确的观点：物质的、可以感知的世界是唯一现实的，而人类的思维和认识，只不过是物质的、肉体的器官即人脑的产物。"物质不是精神的产物，而精神本身只是物质的最高产物。"① 这种纯粹的唯物主义，构成了费尔巴哈哲学最核心、最基本的内容；试图把哲学的立足点从抽象的观念转向感性存在的人，是其最值得重视的优点。

但同时，费尔巴哈唯物主义哲学存在着自身的局限性。费尔巴哈虽然坚持了唯物主义的基本路线，但并没有真正超出 18 世纪的唯物主义。18 世纪唯物主义的局限性主要表现在三个方面：一是机械性，用纯粹机械的原因解释一切现象；二是形而上学性，不能把世界理解为一种过程，理解为一种处在普遍联系和运动发展中的物质；三是历史观上的唯心主义。费尔巴哈尽管力图援引生理学和心理学来代替机械力学作为自己的科学基础，设想从唯物主义的基础出发"往前进"，但最终未能摆脱形而上学和唯心史观的局限。费尔巴哈之所以未能成为一个彻底的唯物主义者，是因为他既不了解自然科学的最新进展，同时也脱离了社会的政治斗争实践。当时，由于反动统治阶级的限制和迫害，费尔巴哈不得不离开大学，在穷乡僻壤过着孤陋寡闻的生活，这使他了解不到自然科学领域发生的剧烈变化和最新成果，特别是细胞学说、能量转化学说和进化论学说，无法对其作出哲学的分析。特别是他远离了火热的社会政治生活，因而在社会领域里不能超出自己在 1840 年或 1844 年的观点，仍然是一个历史唯心主义者。

马克思和恩格斯在批判地继承费尔巴哈唯物主义的基础上，克服了费尔巴哈和一切旧唯物主义的局限性，不仅在自然观上而且在历史观上彻底地坚持唯物主义，创立了马克思主义哲学，开辟了唯物主义发展史上一条新的发展道路，实现了哲学史上的革命性变革。

（二）提出并论述了哲学基本问题

在第二章的前 6 个自然段中，恩格斯明确提出了哲学基本问题的科学概念

---

① 《马克思恩格斯文集》第 4 卷，人民出版社 2009 年版，第 281 页。

及基本内容，揭示了哲学基本问题的丰富内涵和重要地位，为科学地把握哲学思想史，正确认识唯物主义和唯心主义、可知论和不可知论的本质区别，提供了根本原则。

第一，总结以往全部哲学史，明确提出哲学基本问题。在第二章一开始，恩格斯就明确提出："全部哲学，特别是近代哲学的重大的基本问题，是思维和存在的关系问题。"① 这个论断决不是凭空提出的。远古时代，人们所思考的灵魂对肉体、对外部世界的关系问题，就是哲学基本问题古老的表现形式。到了中世纪，虽然思维和存在的关系问题被湮没在宗教之中，不可能被明确地提出来，但人们还是以曲折迂回的方式提出了思维对存在的地位问题，这就是经院哲学内部以争论一般与个别关系的形式展开的唯名论和唯实论的斗争。到了近代，思维和存在、精神和自然界的关系问题，被十分清楚地提了出来，其核心是：什么是本质的——是精神的，还是自然界的？因此，哲学基本问题在人类哲学思想史上一直存在着，并且是一个核心问题，这是恩格斯系统总结古代和近代哲学史得出的结论。需要指出的是，黑格尔在《哲学史讲演录》中曾经有过"近代哲学的基本问题"的提法，海涅也曾经提过这个问题。但他们都没有系统阐述过这个问题，尤其是没有站在唯物主义的立场上阐述哲学基本问题的基本内容和深刻内涵，直到恩格斯提出并深刻论述之后，哲学基本问题才真正引起了人们的高度关注，显示出巨大的哲学意义。

第二，阐述哲学基本问题的基本内容。恩格斯不仅强调了思维和存在、精神和物质的关系问题是哲学基本问题，而且在此基础上系统地阐述了哲学基本问题的两方面内容。

哲学基本问题的第一个方面，是思维和存在、精神和物质何者为本原，即谁是第一性的问题。这是任何哲学家都无法回避的问题，它决定了不同哲学的路线和方向。哲学家们依据对这个问题的不同回答，形成了唯物主义和唯心主义两大阵营。凡是认为精神是本原的，属于唯心主义；凡是认为物质是本原的，属于唯物主义。恩格斯特别指出，唯物主义和唯心主义这两个术语，只是在对哲学基本问题第一个方面不同回答的意义上使用，离开了这个基本点，给它们加上别的意义，随便扩展它们的含义，都是错误的，必然造成理论上的混乱。施达克就是因为没有正确地理解唯物主义和唯心主义的内涵，把追求理想

---

① 《马克思恩格斯文集》第 4 卷，人民出版社 2009 年版，第 277 页。

信念等看作唯心主义，而把唯物主义理解为贪吃、酗酒、肉欲等一切龌龊的行为，造成了思想上和理论上的错误。

哲学基本问题的第二个方面，是思维和存在的同一性问题，即关于世界是否可知的问题。恩格斯指出："思维和存在的关系问题还有另一个方面：我们关于我们周围世界的思想对这个世界本身的关系是怎样的？我们的思维能不能认识现实世界？我们能不能在我们关于现实世界的表象和概念中正确地反映现实？"① 这个问题揭示了划分可知论和不可知论的原则和标准。凡是断定思维和存在具有同一性的，就是可知论；相反，就是不可知论。在哲学史上，绝大多数哲学家都主张思维和存在具有同一性，是可知论者。不过唯物主义的可知论是从唯物主义的一元论出发的，而唯心主义的可知论（如黑格尔）则是从唯心主义的一元论出发的。但是也有一些哲学家主张不可知论，否认世界的可知性，或至少否认彻底认识世界的可能性，康德和休谟就是这样。

第三，把实践观引入哲学基本问题并揭示哲学发展的真正动力。恩格斯把马克思主义的实践观引入哲学基本问题，明确提出对不可知论的"最令人信服的驳斥是实践，即实验和工业"②。因为实践是在认识指导下进行的，如果在实践中获得了预期的成果，就说明指导实践的认识是正确的，也就说明了客观事物是可以认识的，从而也就彻底驳倒了不可知论。恩格斯强调："在从笛卡儿到黑格尔和从霍布斯到费尔巴哈这一长时期内，推动哲学家前进的，决不像他们所想象的那样，只是纯粹思想的力量。恰恰相反，真正推动他们前进的，主要是自然科学和工业的强大而日益迅猛的进步。"③ 这就是说，推动哲学思想发展的真正的力量，在于人类的实践。

由此，恩格斯不仅阐述了哲学基本问题的历史发展，揭示了哲学基本问题的基本内涵，而且明确了它不仅仅具有本体论和认识论的意义，同时也包含着实践论和价值论的内涵，使之获得了真正科学的意义。

（三）揭露和批判了费尔巴哈历史观上的唯心主义

恩格斯在该书的第三章中，集中批判了费尔巴哈的历史唯心主义，并揭示了其实质和根源。恩格斯认为，费尔巴哈并没有把他的唯物主义贯彻到历史观中，相反，他在历史观特别是在宗教哲学和伦理学中，显露出的是真正

---

① 《马克思恩格斯文集》第 4 卷，人民出版社 2009 年版，第 278 页。
② 《马克思恩格斯文集》第 4 卷，人民出版社 2009 年版，第 279 页。
③ 《马克思恩格斯文集》第 4 卷，人民出版社 2009 年版，第 280 页。

的唯心主义。

第一，论述费尔巴哈的宗教观及其唯心主义实质。费尔巴哈把人与人之间的感情关系、心灵关系看作宗教的本质，在反对有神的宗教的同时主张建立以两性之爱为核心的新宗教。他把人理解为脱离社会关系的抽象的人，不懂得人与人之间的感情关系只是现实的社会关系、政治关系的反映，不能按照事物的本来面貌看待人们之间的现实的感情关系，而是把宗教和人的感情混为一谈，以为人们的感情关系只有用宗教神圣化才会获得完整的意义。他虽然指出了基督教的神的本质只是人的本质的虚幻的反映，但是他又把对抽象的人的崇拜置于宗教观的核心。不仅如此，费尔巴哈还把宗教的变迁看作划分人类历史各个时期的决定性因素。这种观点不符合历史事实。因为，不是宗教的变迁决定历史的发展，而是以生产方式为基础的历史的发展决定着宗教的变迁。人类某些时期的历史运动带有宗教的色彩，这种色彩是由该时期的特殊的历史条件和阶级状况决定的。如果按照费尔巴哈的宗教观来看待历史，就无法理解生产方式的决定作用，无法理解阶级斗争的历史作用，从而不可避免地陷入历史唯心主义。

第二，论述费尔巴哈的道德观及其极度贫乏性。与黑格尔的理论相比，费尔巴哈的伦理学和道德观显现出惊人的贫乏。费尔巴哈的伦理学在形式上是现实的，内容上却是抽象的，他虽然把人作为出发点，但是这个人始终是抽象的人。而黑格尔的伦理学，虽然以极端抽象的"绝对观念"为基础，就形式来讲是唯心的，却研究了一系列政治、经济等方面的社会实际问题，内容却是现实的。例如，在善恶问题上，黑格尔研究了善恶范畴的辩证性质，强调了"恶"所起的历史作用，认为"恶是历史发展的动力的表现形式"①，指出了恶是一种否定的力量，社会历史的发展就是否定方面战胜肯定方面。相比之下，费尔巴哈在这个问题上则缺乏辩证的观点。他根本不了解道德的历史性和具体性，不了解阶级社会中道德的阶级性，他把"对己以合理的自我节制，对人以爱"② 作为伦理学的基本准则，企图把这一准则运用于一切时代、一切民族，这是抽象人性论的具体表现；费尔巴哈在利益直接对立的阶级社会里鼓吹抽象的、超阶级的人类之爱，就使得他的"道德是完全适合于现代资本主义社会

---

① 《马克思恩格斯文集》第 4 卷，人民出版社 2009 年版，第 291 页。
② 《马克思恩格斯文集》第 4 卷，人民出版社 2009 年版，第 292 页。

的"①，他的哲学中的最后一点革命性也消失了。

第三，论述费尔巴哈没有找到从抽象的人走向现实的人的道路的根源。恩格斯进一步揭示了费尔巴哈陷入唯心史观的根源，认为费尔巴哈之所以在历史观上陷入唯心主义，根源就在于他不是从现实的人而是从抽象的人出发来看待历史，不能找到从他自己极端憎恶的抽象王国通向活生生的现实世界的道路。费尔巴哈哲学是一种"人本学的唯物主义"。费尔巴哈强调自己的哲学是一种感性的哲学，但是他仅仅把感性理解为"感性的对象"而不是"感性的活动"；他强调自己的出发点是"自然界和人"，但是他仅仅把二者的关系归结为"自然基础上的人"，看不到联结二者的是社会历史实践。因此，他的"人本学的唯物主义"在历史观上不过是一种抽象的人本主义，无法摆脱历史唯心主义的窠臼。费尔巴哈紧紧地抓住自然界和人，但在他那里，自然界和人都只是空话。费尔巴哈的"感性的人"仍然是完全抽象的，根本不是生活在现实的、历史地发生和历史地确定了的世界里面的现实的、历史的人。要从费尔巴哈的抽象的人转到现实的、活生生的人，就必须把这些人作为"在历史中行动的人"② 去考察。

马克思和恩格斯彻底批判了费尔巴哈历史观的根本错误，从物质生产和社会实践出发，把人作为在历史中行动的人去考察，从抽象的人转到了现实的、活生生的人，真正找到了从抽象王国通向现实世界的道路，创立了"关于现实的人及其历史发展的科学"③，即历史唯物主义。

（四）阐述马克思主义哲学的创立，概述马克思主义哲学特别是历史唯物主义的一系列重要观点

在第四章中，恩格斯在全面剖析黑格尔哲学和费尔巴哈哲学的基础上，从整体上阐述了马克思主义哲学在黑格尔哲学解体过程中所实现的革命性变革，以及这个变革的自然科学基础和社会历史背景，概述了马克思主义哲学的一系列重要观点，特别是历史唯物主义的基本原理。

第一，阐明马克思主义哲学扬弃了黑格尔哲学和费尔巴哈哲学。恩格斯认为，在黑格尔哲学解体的过程中，青年黑格尔派思想家虽然都有过努力，但他们都没有能够真正突破黑格尔哲学；费尔巴哈虽然是一个杰出的哲学家，但他

① 《马克思恩格斯文集》第4卷，人民出版社2009年版，第294页。
② 《马克思恩格斯文集》第4卷，人民出版社2009年版，第294页。
③ 《马克思恩格斯文集》第4卷，人民出版社2009年版，第295页。

仍然没有逾越旧哲学的屏障，虽然树立了唯物主义的权威，但是并没有批判地继承黑格尔的辩证法思想，没有摆脱旧唯物主义的缺陷，尤其在历史观上仍然是唯心主义，因此，只是停在半路上，"下半截是唯物主义者，上半截是唯心主义者"①。与他们不同，从黑格尔学派的解体过程中产生的马克思主义哲学，是"唯一的真正结出果实的派别"②。

马克思主义哲学扬弃了黑格尔哲学和费尔巴哈哲学。一方面，它抛弃了黑格尔的唯心主义体系，吸收了其革命方面即辩证法内核。但是，这种吸收不是简单地直接拿过来，而是经过了唯物主义的彻底改造，重新唯物地把人们头脑中的概念看作现实事物的反映，把意识形态上的颠倒重新颠倒过来，把黑格尔的唯心主义辩证法改造成为最好的工具和最锐利的武器，即唯物主义辩证法。由此，"辩证法就归结为关于外部世界和人类思维的运动的一般规律的科学"③。另一方面，马克思主义哲学对费尔巴哈哲学也不是简单继承，而是扬弃。它不仅继承了费尔巴哈的唯物主义，而且进一步克服了包括费尔巴哈在内的一切旧唯物主义的根本局限，创立了辩证唯物主义和历史唯物主义相统一的彻底的完备的唯物主义，实现了唯物主义哲学的革命性变革。

正是在批判地继承包括黑格尔哲学和费尔巴哈哲学在内的德国古典哲学优秀成果的基础上，马克思和恩格斯创立了新的哲学世界观，实现了人类哲学史上的伟大革命。

第二，论述马克思主义哲学产生的自然科学基础。马克思主义哲学的变革不仅吸取了德国古典哲学的积极成果，同时也建立在自然科学发展的基础上。进入19世纪，自然科学研究从搜集材料的阶段进入整理材料的阶段，自然科学逐渐成为关于过程、关于事物发生和发展以及关于联系的科学。"三大发现"使人们对自然过程的相互联系的认识大踏步地前进。人们能够理解和阐明自然界各个领域中的过程之间的联系，从而也就不需要自然哲学通过观念的和幻想的联系来解释自然界，自然哲学的使命就终结了，从人类思想中被排除了。代之而起的乃是科学的、辩证唯物主义的自然观：整个自然界的各个领域都处于相互联系当中，构成了一幅相互联系的图画；世界不是既成事物的集合体，而是过程的集合体，一切事物处在生成和灭亡的不断变化中；事物的发展不都是

① 《马克思恩格斯文集》第4卷，人民出版社2009年版，第296页。
② 《马克思恩格斯文集》第4卷，人民出版社2009年版，第296页。
③ 《马克思恩格斯文集》第4卷，人民出版社2009年版，第298页。

一帆风顺的，有的时候会出现暂时的倒退，但总趋势是前进的、上升的。

第三，比较系统地阐述历史唯物主义的基本原理。唯物史观是马克思主义哲学最伟大的贡献之一，为此，恩格斯在这里用了很大的篇幅来论述唯物史观的基本观点、基本原理。概括起来主要有以下几点：

人类历史发展具有客观规律性。"历史进程是受内在的一般规律支配的。"[①]马克思主义历史观的任务，归根到底就是要发现那些在人类社会的历史上作为支配规律起作用的一般运动规律。虽然在社会历史领域进行活动的是具有意识的、追求某种目的的人，但是这些无数单个愿望和单个行动相互冲突，行动的目的往往与结果相背离。这样，在历史领域内就造成了一种同没有意识的自然界中占统治地位的状况完全相似的状况，即有客观的内在规律。在表面上是偶然性在起作用的地方，这种偶然性始终是受内部的隐蔽着的规律支配的。要深入探索这些历史发展规律，就不能停留在人们表面的思想动机上，而必须深入动机背后去探究历史发展的真正动力，更多地关注那些使广大群众、整个民族、整个阶级行动起来的动机，以及那些持久的、引起重大历史变迁的行动，这是探索历史规律的唯一途径。

阶级斗争是阶级社会发展的直接动力。在阶级社会中，人们的愿望和动机，归根到底是由其所处的阶级地位决定的。只有具体地考察社会各阶级思想动机的动因和结果，才能在迷离混沌的状态中发现规律性。恩格斯通过对前资本主义社会和资本主义社会阶级斗争历史实践的梳理和分析，明确指出：在资本主义时代，经济关系已经非常简化，阶级之间的斗争和它们之间的利益冲突是"现代历史的动力"[②]。

生产方式是社会发展的决定力量。阶级的产生和发展，表面上可以归结为政治原因或暴力掠夺，实际上是由于纯粹经济的原因；资产阶级和无产阶级就是由于经济关系发生变化，或者更确切地说，是由于生产方式发生变化而产生的。在历史发展过程中，新的生产力推动了交换条件和交换需要的发展，二者的发展同旧的社会制度、社会秩序不相容，发生了冲突，于是，代表新生产力的阶级就会起来反抗旧的社会制度、社会秩序。资产阶级反对封建制度就是这样发生的。无产阶级反对资产阶级的斗争也是这样发生的，"大工业现在已经

① 《马克思恩格斯文集》第 4 卷，人民出版社 2009 年版，第 302 页。
② 《马克思恩格斯文集》第 4 卷，人民出版社 2009 年版，第 305 页。

同代替封建生产秩序的资产阶级生产秩序相冲突了"①。也就是说，生产力的发展已经同资本主义的生产关系及建立其上的上层建筑产生了尖锐的矛盾，"这个矛盾必然要求通过改变生产方式来使生产力摆脱桎梏"②。这表明，由生产力和生产关系的矛盾运动所构成的生产方式是社会发展的决定力量，生产力和生产关系之间是一种辩证的关系，生产力决定生产关系，生产关系的状况必须适合生产力的发展，同时，生产关系也对生产力具有巨大的反作用。

经济基础决定上层建筑。一切阶级斗争、政治斗争，尽管必然具有政治形式，但归根到底都是围绕着经济利益进行的，是由对立双方的经济利益所决定的。只有经济关系的领域才是决定性的因素，国家、政治制度、法律体系等都是从属的东西，它们的存在和发展归根到底都应该从社会的经济生活条件中得到解释。哲学、宗教与政治、法律相比，同社会经济基础更远，它们同物质存在条件的联系越来越被一些中间环节所模糊，表面上看好像与社会的物质生活不相干，实际上仍然是物质生活的反映，它们的发展变化归根到底还是由经济关系引起的。当然，国家政权、法律制度、意识形态等在其产生之后，也具有自己独立的历史发展和自身特点，但这种独立性只是相对的独立性；不加限制地夸大这种相对独立性，割断它们同经济基础的联系，是产生历史唯心主义的认识论根源。

恩格斯总结说，马克思主义的历史唯物主义实现了历史观领域的革命性变革，"正如辩证的自然观使一切自然哲学都成为不必要的和不可能的一样"，历史唯物主义也"结束了历史领域内的哲学"③，即抽象的一般历史哲学。唯物主义彻底地贯彻到了自然和历史的所有领域，成为彻底的一元论的唯物主义世界观，无论在哪一个领域，都不再是从头脑中想出联系，而是从事实中发现联系了。

第四，提出德国工人运动是德国古典哲学的继承者。在结束语中，恩格斯进一步论述了哲学与阶级斗争的关系，德国古典哲学终结的历史必然性和显著标志，以及工人阶级的革命运动同马克思主义哲学进而同德国古典哲学的密切联系。1848 年革命之后，资本主义在德国获得了胜利，德国资产阶级成为统治阶级，他们的兴趣转向了经济统治和经济剥削，已经不再需要作为德国政治变

---

① 《马克思恩格斯文集》第 4 卷，人民出版社 2009 年版，第 305 页。
② 《马克思恩格斯文集》第 4 卷，人民出版社 2009 年版，第 306 页。
③ 《马克思恩格斯文集》第 4 卷，人民出版社 2009 年版，第 312 页。

革先导的德国古典哲学，理论兴趣被经济利益的追逐所替代；这个阶级的学者们也进而从革命的思想家"都变成毫无掩饰的资产阶级的和现存国家的意识形态家"①，成为资产阶级和现存国家同工人阶级对抗的工具；德国古典哲学所具有的那种革命精神和生命力已经不复存在、"完全消失了"，德国古典哲学在已经获得胜利的德国资产阶级那里终结了。

相反，工人阶级的理论兴趣不仅没有丧失，反而获得了新的动力和生机。为了反抗资产阶级压迫和封建专制政权的统治，为了获得包括自身在内的所有被压迫阶级在经济上、政治上的解放，实现自身的历史使命，他们急切需要公正的、革命的科学理论来指导自己的阶级斗争实践。"科学越是毫无顾忌和大公无私，它就越符合工人的利益和愿望。"② 但是，这种革命的和公正的科学理论，必须在批判地继承优秀文化遗产的基础上才能创造出来。马克思主义哲学批判地继承了德国古典哲学的优秀成果，是"在劳动发展史中找到了理解全部社会史的锁钥的新派别"③，它揭示了社会发展的客观规律，论证了无产阶级的伟大历史使命，一开始就是面向工人阶级的，是工人阶级的科学世界观，代表了工人阶级和劳动大众的利益和愿望，为无产阶级和人类的彻底解放指明了前进的方向。

恩格斯关于"德国的工人运动是德国古典哲学的继承者"④ 的论断，揭示了马克思主义哲学同工人运动实践的内在统一，揭示了德国工人运动通过马克思主义哲学同德国古典哲学之间的关联。马克思主义哲学的创立和德国古典哲学的终结不仅是哲学史上的伟大革命，而且开辟了德国历史发展的新阶段，以德国资产阶级为代表的社会和文化变革时代已经终结，德国工人阶级已经成为新时代推动社会和文化变革的主体力量。德国工人阶级为了实现自身的解放需要科学理论的指导，需要马克思主义哲学作为自己行动的指南；马克思主义哲学为了实现自己改造世界的使命，必须同德国工人运动相结合。用马克思主义哲学武装起来的德国工人运动，在自己的革命实践中成为实现马克思主义哲学使命的承担者，从而也就成为德国古典哲学的真正继承者。

三、重要意义

《费尔巴哈论》在马克思主义哲学史上具有十分重要的地位。该书深刻分

---

① 《马克思恩格斯文集》第 4 卷，人民出版社 2009 年版，第 313 页。
② 《马克思恩格斯文集》第 4 卷，人民出版社 2009 年版，第 313 页。
③ 《马克思恩格斯文集》第 4 卷，人民出版社 2009 年版，第 313 页。
④ 《马克思恩格斯文集》第 4 卷，人民出版社 2009 年版，第 313 页。

析了马克思主义哲学同德国古典哲学的内在联系和本质区别，揭示了黑格尔哲学的辩证法"合理内核"和费尔巴哈哲学的唯物主义"基本内核"，划清了马克思主义哲学与非马克思主义哲学的界限，回击了资产阶级对马克思主义哲学的歪曲和攻击；首次明确提出哲学基本问题，确立了划分哲学派别的基本立场和方法；系统阐述了马克思主义哲学特别是唯物史观的基本原理，为世界无产阶级革命提供了科学的思想武器。正如列宁所强调的那样："在恩格斯的著作《路德维希·费尔巴哈》和《反杜林论》里最明确最详尽地阐述了他们的观点，这两部著作同《共产党宣言》一样，都是每个觉悟工人必读的书籍。"①

《费尔巴哈论》的出版，进一步推动了马克思主义哲学的广泛传播，给工人阶级及其政党提供了强大思想武器，对指导无产阶级革命运动发挥了重大作用。该书出版后被翻译成多种文字，得到了广泛传播，产生了巨大影响。1889年，圣彼得堡出版的杂志《北方通报》第3、4期刊登了该书的俄译文，题为《德国古典唯心主义哲学的危机》。1890年，该书被译成波兰文。1892年，日内瓦劳动解放社全文发表了普列汉诺夫翻译的俄译文，同年葡萄牙文问世。1894年，劳拉·拉法格翻译的法译文在法国社会主义月刊《新纪元》第4、5期刊出。这篇著作最早的中译本由林超真翻译，收录于1929年10月上海沪滨书局出版的《宗教·哲学·社会主义》一书中。1929年12月，上海南强书局出版了彭嘉生的中译本。1937年，上海生活书店出版了张仲实的中译本。新中国成立后，经几次重译或修改译文，分别收录于《马克思恩格斯全集》《马克思恩格斯选集》《马克思恩格斯文集》等文献中，并长期被列为党员干部的必读书目之一。

《费尔巴哈论》阐述的一系列基本原理和方法，具有重要的现实意义。在新的历史条件下，学习这部著作，有助于提高马克思主义哲学素养，树立科学的世界观和方法论，增强用马克思主义分析解决实际问题的能力。该书关于哲学基本问题的论述，有助于我们坚持一切从实际出发、实事求是的思想路线，自觉按照客观规律认识世界和改造世界；恩格斯对费尔巴哈唯心主义宗教观和道德观的批判，有助于我们树立正确的世界观、人生观、价值观，识别和抵制抽象的人性论、资产阶级道德观和唯心主义历史观等错误思想观点的影响；恩格斯对待黑格尔哲学和费尔巴哈哲学的科学态度和辩证方法，为我们正确对待

---

① 《列宁专题文集　论马克思主义》，人民出版社2009年版，第67页。

和借鉴人类优秀文明成果树立了光辉典范。

四、延伸阅读

列宁：《论战斗唯物主义的意义》

该文是列宁发表在《在马克思主义旗帜下》杂志 1922 年第 3 期上的文章。该文在如何正确对待无神论思想、黑格尔的辩证法思想，如何展开对唯心主义哲学的斗争、捍卫马克思主义哲学等方面，继承了恩格斯《费尔巴哈论》中的基本思想，并结合当时实际提出了一些新的观点。列宁强调，必须坚决批判各种"有教养社会"资产阶级唯心主义，不倦地进行无神论的宣传，用辩证唯物主义回答自然科学革命提出的各种哲学问题，对社会领域内的资产阶级思想，也必须开展不调和的斗争。为此，必须在组织上建立两个联盟：一个是共产党员和非共产党员的唯物主义者联盟，另一个是战斗的唯物主义者"同现代自然科学家结成联盟"①。

习近平：《在庆祝改革开放 40 周年大会上的讲话》

习近平总书记的重要讲话，坚持辩证唯物主义和历史唯物主义世界观和方法论，深刻总结了改革开放 40 年来党和国家事业取得的伟大成就和宝贵经验，高度赞扬了中国人民为改革开放事业作出的杰出贡献，郑重宣示了改革开放只有进行时没有完成时、改革开放永远在路上、坚定不移将改革进行到底的信心和决心，动员全党全国各族人民在新时代坚定不移全面深化改革、扩大对外开放，为实现"两个一百年"奋斗目标、建成富强民主文明和谐美丽的社会主义现代化强国、实现中华民族伟大复兴的中国梦，为维护世界和平、促进共同发展、推动构建人类命运共同体而不懈奋斗。

思考题：

1. 恩格斯是如何阐述德国古典哲学同马克思主义哲学之间关系的？
2. 怎样理解哲学基本问题的基本内容和重要意义？
3. 费尔巴哈为什么在历史观上摆脱不了唯心主义？
4. 试述《费尔巴哈论》的重要理论价值。

---

① 《列宁专题文集 论辩证唯物主义和历史唯物主义》，人民出版社 2009 年版，第 327 页。

5. 运用马克思主义哲学对待德国古典哲学的态度和方法，谈谈如何对待人类文明成果。

6. 新时代如何处理尊重客观规律与发挥主观能动性的关系？

7. 如何理解以人民为中心的发展思想？

马克思恩格斯关于历史唯物主义的书信

1. 马克思致帕维尔·瓦西里耶维奇·安年科夫

巴　黎

[1846 年] 12 月 28 日于布鲁塞尔
那慕尔郊区奥尔良路 42 号

亲爱的安年科夫先生：

　　……

　　我必须坦白地对您说，我认为它整个说来是一本坏书，是一本很坏的书。您自己在来信里对蒲鲁东先生在这一杂乱无章而妄自尊大的著作中所炫耀的"德国哲学的一个角落"曾经取笑了一番，但是您认为哲学之毒并没有感染他的经济学论述。我也丝毫不把蒲鲁东先生在经济学论述中的错误归咎于他的哲学。蒲鲁东先生之所以给我们提供了对政治经济学的谬误批判，并不是因为他有一种可笑的哲学；而他之所以给我们提供了一种可笑的哲学，却是因为他不了解处于现代社会制度联结〔engrènement〕——如果用蒲鲁东先生像借用其他许多东西那样从傅立叶那里借用的这个名词来表示的话——关系中的现代社会制度。

　　为什么蒲鲁东先生要谈上帝，谈普遍理性，谈无人身的人类理性，认为它永无谬误，认为它永远等于它自身，认为只要正确地意识到它就可以获得真理呢？为什么他要借软弱的黑格尔主义来把自己装扮成坚强的思想家呢？

　　他自己给了我们一把解开这个哑谜的钥匙。蒲鲁东先生在历史中看到了一系列的社会发展。他发现进步是在历史中实现的。最后，他发现，人们作为个人并不知道他们在做些什么，他们误解了自身的运动，就是说，他们的社会发展初看起来似乎是和他们的个人发展不同、分离和毫不相干的。他无法解释这些事实，于是就作出假设，说是一种普遍理性在自我表现。发明一些神秘的原因即不合常理的空话，那是最容易不过的了。

但是，蒲鲁东先生既然承认自己完全不理解人类的历史发展——他在使用普遍理性、上帝等等响亮的字眼时就承认了这一点——，岂不是含蓄地和必然地承认他不能理解**经济发展**吗？

社会——不管其形式如何——是什么呢？是人们交互活动的产物。人们能否自由选择某一社会形式呢？决不能。在人们的生产力发展的一定状况下，就会有一定的交换［commerce］和消费形式。在生产、交换和消费发展的一定阶段上，就会有相应的社会制度形式、相应的家庭、等级或阶级组织，一句话，就会有相应的市民社会。有一定的市民社会，就会有不过是市民社会的正式表现的相应的政治国家。这就是蒲鲁东先生永远不会了解的东西，因为，当他从诉诸国家转而诉诸市民社会，即从诉诸社会的正式表现转而诉诸正式社会的时候，他竟认为他是在完成一桩伟业。

这里不必再补充说，人们不能自由选择**自己的生产力**——这是他们的全部历史的基础，因为任何生产力都是一种既得的力量，是以往的活动的产物。可见，生产力是人们应用能力的结果，但是这种能力本身决定于人们所处的条件，决定于先前已经获得的生产力，决定于在他们以前已经存在、不是由他们创立而是由前一代人创立的社会形式。后来的每一代人都得到前一代人已经取得的生产力并当做原料来为自己新的生产服务，由于这一简单的事实，就形成人们的历史中的联系，就形成人类的历史，这个历史随着人们的生产力以及人们的社会关系的愈益发展而愈益成为人类的历史。由此就必然得出一个结论：人们的社会历史始终只是他们的个体发展的历史，而不管他们是否意识到这一点。他们的物质关系形成他们的一切关系的基础。这种物质关系不过是他们的物质的和个体的活动所借以实现的必然形式罢了。

蒲鲁东先生混淆了思想和事物。人们永远不会放弃他们已经获得的东西，然而这并不是说，他们永远不会放弃他们在其中获得一定生产力的那种社会形式。恰恰相反。为了不致丧失已经取得的成果，为了不致失掉文明的果实，人们在他们的交往［commerce］方式不再适合于既得的生产力时，就不得不改变他们继承下来的一切社会形式。——我在这里使用"commerce"一词是就它的最广泛的意义而言，就像在德文中使用"Verkehr"一词那样。例如：各种特权、行会和公会的制度、中世纪的全部规则，曾是唯一适应于既得的生产力和产生这些制度的先前存在的社会状况的社会关系。在行会制度及各种规则的保护下积累了资本，发展了海上贸易，建立了殖民地，而人们如果想把这些果实赖以成熟起来的那些形式保存下去，他们就会失去这一切果实。于是就爆发了两次霹雳般的震动，即 1640 年和 1688 年的革命。一切旧的经济形式、一切和这些形式相适应的社会关系、曾经是旧市民社会的正式表现的政治国家，当时在英国都被破坏了。可见，人们借以进行生产、消费和交换的经济形式是**暂时的和历史性的**形式。随着新的生产力的获得，人们便改变自己的生产方式，而随着生产方式的改变，他们便改变所有不过是这一特定生产方式的必然关系的经济关系。

这正是蒲鲁东先生没有理解、更没有证明的。蒲鲁东先生无法探索出历史的实在进程，他就给我们提供了一套怪论，一套妄图充当辩证怪论的怪论。他觉得没有必要谈到 17、18 和 19 世纪，因为他的历史是在想象的云雾中发生并高高超越于时间和空间的。一句话，这是黑格尔式的陈词滥调，这不是历史，不是世俗的历史——人类的历史，而是神圣的历史——观念的历史。在他看来，人不过是观念或永恒理性为了自身的发展而使用的工具。蒲鲁东先生所说的**进化**，是在绝对观念的神秘怀抱中发生的进化。如果揭去这种神秘词句的帷幕，那就可以看到，蒲鲁东先生给我们提供的是经济范畴在他的头脑中的排列次序。我用不着花很多力气就可以向您证明，这是一个非常没有秩序的头脑中的秩序。

蒲鲁东先生的书一开头就论述**价值**，论述他的这个拿手好戏。我这次不来分析他书中的这些论述。

永恒理性的一系列经济进化是从**分工**开始的。在蒲鲁东先生看来，分工是一件非常简单的事情。但是，难道种姓制度不是某种分工吗？难道行会制度不是另一种分工吗？难道在英国开始于 17 世纪中叶而结束于 18 世纪末叶的工场手工业时期的分工不是又和大工业即现代工业中的分工截然不同吗？

蒲鲁东先生离开真理这样遥远，竟然忘记了连普通经济学家都会做的事情。他谈分工时，竟没有感到必须谈世界**市场**。真行！难道 14 世纪和 15 世纪的分工，即在还没有殖民地、美洲对欧洲说来还不存在以及同东亚来往只有通过君士坦丁堡的那个时代的分工，不是一定与已经存在充分发展的殖民地的 17 世纪时的分工有根本的不同吗？

但是还不止于此。难道各族人民的整个内部组织、他们的一切国际关系不都是某种分工的表现吗？难道这一切不是一定要随着分工的改变而改变吗？

蒲鲁东先生竟如此不懂得分工问题，甚至没有提到例如在德国从 9 世纪到

12世纪发生的城市和乡村的分离。这样，在蒲鲁东先生看来，这种分离必然成为永恒的规律，因为他既不知道这种分离的来源，也不知道这种分离的发展。他在他的整本书中都这样论述，仿佛这个一定生产方式的产物一直会存在到世界末日似的。蒲鲁东先生就分工问题所说的一切，最多不过是亚当·斯密和其他成百上千的人在他以前说过的东西的归纳，并且是个很表面、很不完备的归纳。

第二个进化是**机器**。在蒲鲁东先生那里，分工和机器间的联系是十分神秘的。每一种分工方式都有其特殊的生产工具。例如，从17世纪中叶到18世纪中叶，人们并不是一切工作都用双手来做。他们已经有了工具，而且是很复杂的工具，如织机、帆船、杠杆等等。

由此可见，把机器的产生看做一般分工的结果，是再可笑不过了。

我再顺便指出一点：蒲鲁东先生由于不懂得机器产生的历史，就更不懂得机器发展的历史。可以说，在1825年——第一次普遍危机时期——以前，消费的需求一般说来比生产增长得快，机器的发展是市场需求的必然结果。从1825年起，机器的发明和运用只是雇主和工人之间斗争的结果。而这一点也只适用于英国。至于欧洲各国，迫使它们使用机器的，是英国在它们的国内市场和世界市场上的竞争。最后，在北美，机器的引进既是由于和其他国家的竞争，也是由于人手不够，即由于北美的人口和工业上的需求不相称。根据这些事实您就可以得出结论：蒲鲁东先生把竞争这个鬼怪召来当做第三个进化，当做机器的反题，是表现得多么明达啊！

最后，把**机器**说成一种同分工、竞争、信贷等等并列的经济范畴，这根本就是极其荒谬的。

机器不是经济范畴，正像拉犁的牛不是经济范畴一样。现代**运用**机器一事是我们的现代经济制度的关系之一，但是利用机器的方式和机器本身完全是两回事。火药无论是用来伤害一个人，或者是用来给这个人医治创伤，它终究还是火药。

当蒲鲁东先生按照这里列举的次序在自己的头脑中产生出竞争、垄断、税收或警察、贸易差额、信用和所有权的时候，他真是在大显身手。在英国，几乎全部信用事业都在机器发明以前的18世纪初就发展起来了。公债不过是增加税收和满足资产阶级掌握政权所造成的新需要的一种新方式。

最后，**所有权**成为蒲鲁东先生的体系中的最后一个范畴。在现实世界中，情形恰恰相反：蒲鲁东先生的分工和所有其他范畴都是社会关系，这些关系的总和构成现在称之为**所有权**的东西；在这些关系之外，资产阶级所有权不过是形而上学的或法学的幻想。另一时代的所有权，封建所有权，是在完全不同的社会关系中发展起来的。蒲鲁东先生把所有权规定为独立的关系，就不只是犯了方法上的错误：他清楚地表明自己没有理解把**资产阶级**生产所具有的各种形式结合起来的纽带，他不懂得一定时代中各种生产形式的**历史的**和**暂时的**性质。蒲鲁东先生看不到现代种种社会制度是历史的产物，既不懂得它们的起源，也不懂得它们的发展，所以他只能对它们作教条式的批判。

因此，为了说明发展，蒲鲁东先生不得不求救于**虚构**。他想象分工、信用、机器等等都是为他的固定观念即平等观念而发明出来的。他的说明是极其天真的。这些东西都是特意为了平等而发明出来的，但是不幸它们掉过头来反对平等了。这就是他的全部论断。换句话说，他作出一种主观随意的假设，而因为实际发展进程和他的虚构每一步都是矛盾的，他就作出结论说，这里存在着矛盾。他对我们隐瞒了一点，这就是矛盾只存在于他的固定观念和现实运动之间。

这样，蒲鲁东先生主要是由于缺乏历史知识而没有看到：人们在发展其生产力时，即在生活时，也发展着一定的相互关系；这些关系的形式必然随着这些生产力的改变和发展而改变。他没有看到：**经济范畴**只是这些现实关系的**抽象**，它们仅仅在这些关系存在的时候才是真实的。这样他就陷入了资产阶级经济学家的错误之中，这些经济学家把这些经济范畴看做永恒的规律，而不是看做历史性的规律——只是适用于一定的历史发展阶段、一定的生产力发展阶段的规律。所以，蒲鲁东先生不是把政治经济学范畴看做实在的、暂时的、历史性的社会关系的抽象，而是神秘地颠倒黑白，把实在的关系只看做这些抽象的体现。这些抽象本身竟是从世界开始存在时起就已安睡在天父心怀中的公式。

在这里，这位善良的蒲鲁东先生陷入了严重的智力上的痉挛。既然所有这些经济范畴都是从上帝的心里流出来的东西，既然它们是人们的隐蔽的和永恒的生命，那么为什么：第一，有发展存在；第二，蒲鲁东先生不是一个保守分子？他认为这些明显的矛盾是由于有一整串对抗存在。

现在我们举个例子来阐明这一串对抗。

垄断是好东西，因为它是一个经济范畴，因而是从上帝那里流出来的东西。竞争是好东西，因为它也是一个经济范畴。……

但是，请稍稍看一下现实生活吧。在现代经济生活中，您不仅可以看到竞争和垄断，而且可以看到它们的综合，这个综合并不是**公式**，而是**运动**。垄断产生竞争，竞争产生垄断。但是，这个方程式远不像资产阶级经济学家所想象的那样能消除现代状况的困难，反而会造成更困难、更混乱的状况。因此，如果改变现代经济关系赖以存在的基础，消灭现代的生产**方式**，那就不仅会消灭竞争、垄断以及它们的对抗，而且还会消灭它们的统一、它们的综合，亦即消灭使竞争和垄断达到真正平衡的运动。

现在我给您举一个蒲鲁东先生的辩证法的例子。

自由和**奴隶制**形成一种对抗。我没有必要谈自由的好的方面或坏的方面。至于奴隶制，它的坏的方面就不必去说了。唯一需要说明的，是奴隶制的好的方面。这里所说的，不是间接奴隶制，即对无产者的奴役。……

蒲鲁东先生很清楚地了解，人们生产呢子、麻布、丝绸——了解这么点东西确是一个大功劳！可是，蒲鲁东先生不了解，人们还按照自己的生产力而生产出他们在其中生产呢子和麻布的**社会关系**。蒲鲁东先生更不了解，适应自己的物质生产水平而生产出社会关系的人，也生产出**各种观念、范畴**，即恰恰是这些社会关系的抽象的、观念的表现。所以，范畴也和它们所表现的关系一样不是永恒的。它们是历史的和暂时的产物。而在蒲鲁东先生看来却完全相反，抽象、范畴是始因。根据他的意见，创造历史的，正是抽象、范畴，而不是**人**。**抽象、范畴就其本身来说**，即把它同人们及其物质活动分离开来，自然是不朽的、不变的、不动的。它不过是一种纯粹理性的存在物，这干脆就是说，抽象就其本身来说是抽象的。多么美妙的**同义反复**！

这样，当做范畴形式来看的经济关系，对于蒲鲁东先生说来，是既无起源又无发展的永恒的公式。

换个方式说：蒲鲁东先生不是直接肯定**资产阶级生活**对他说来是**永恒的真理**。他间接地说出了这一点，因为他神化了以观念形式表现资产阶级关系的范畴。既然资产阶级社会的产物被他想象为范畴形式、观念形式，他就把这些产物视为自行产生的、具有自己的生命的、永恒的东西。可见，他并没有超出资产阶级的视野。由于他谈到资产阶级的观念时，认为它们是永恒真理，所以他就寻找这些观念的综合，寻求它们的平衡，而没有看到，现在它们达到平衡的方式是唯一可能的方式。

其实，他所做的是一切好心的资产者所做的事情。他们都说，竞争、垄断等等在原则上，即如果把它们看做抽象的观念，是生活的唯一的基础，但是它们在实践中还得大加改善。他们全都希望有竞争而没有竞争的悲惨后果。他们全都希望有一种不可能的事情，即希望有资产阶级的生活条件而没有这些条件的必然后果。他们全都不了解，资产阶级生产形式是一种历史的和暂时的形式，也正像封建形式的情况一样。他们之所以犯这个错误，是由于在他们看来作为资产者的人是一切社会的唯一可能的基础，是由于他们不能想象会有这样一种社会制度：在那里人不再是资产者。

所以，蒲鲁东先生必然是一个**空论家**。变革现代世界的历史运动，对他来说不过是要发现两种资产阶级思想的正确的平衡、综合的问题。于是这个机灵的家伙就借用他的敏锐感觉来发现上帝的隐秘思想，发现两个孤立思想的统一，而这两个思想所以是孤立的，仅仅是因为蒲鲁东先生把它们从实际生活中孤立出来，把它们从现代生产即作为这两个思想所表现的种种现实的结合物的现代生产中孤立出来。蒲鲁东先生用自己头脑中奇妙的运动，代替了由于人们既得的生产力和他们的不再与此种生产力相适应的社会关系相互冲突而产生的伟大历史运动，代替了在一个民族内各个阶级间以及各个民族彼此间酝酿着的可怕的战争，代替了唯一能解决这种冲突的群众的实践和暴力的行动，总之，代替了这一广阔的、持久的和复杂的运动。可见，历史是由学者，即由有本事从上帝那里窃取隐秘思想的人们创造的。平凡的人只需应用他们所泄露的天机。

……

只有一点我完全同意蒲鲁东先生，这就是他对社会主义温情的厌恶。在他以前，我因嘲笑那种绵羊般的、温情的、空想的社会主义而招致许多敌视。但是，蒲鲁东先生用他的小资产者的温情（我指的是他关于家庭生活、关于夫妻恩爱的空谈及其一切庸俗议论）来反对社会主义的温情（这种温情在比如傅立叶那里要比我们这位善良的蒲鲁东先生大言不惭的庸俗议论高深得多呢）时，岂不是给自己造成一些奇怪的幻想？……蒲鲁东先生彻头彻尾是个小资产阶级的哲学家和经济学家。**小资产者**在已经发展了的社会中，迫于本身所处的地位，必然是一方面成为社会主义者，另一方面又成为经济学家，就是说，他既迷恋于大资产阶级的豪华，又同情人民的苦难。他同时既是资产者又是人民。他在自己的心灵深处引以为骄傲的，是他不偏不倚，是他找到了一个自诩不同于中庸之道的真正的平衡。这样的小资产者把**矛盾**加以神化，因为矛盾是他存在的基础。他自己只不过是社会矛盾的体现。他应当在理论上说明他在实践中的面目，而蒲鲁东先生的功绩就在于他做了法国小资产阶级的科学解释者；这是一种真正的功绩，因为小资产阶级将是一切正在酝酿着的社会革命的组成部分。

忠实于您的　卡尔·马克思

（选自《马克思恩格斯文集》第 10 卷，人民出版社
2009 年版，第 41—53 页）

2. 马克思致约瑟夫·魏德迈

纽　　约

1852 年 3 月 5 日于伦敦
索霍区第恩街 28 号

亲爱的魏维：

……至于讲到我，无论是发现现代社会中有阶级存在或发现各阶级间的斗争，都不是我的功劳。在我以前很久，资产阶级历史编纂学家就已经叙述过阶级斗争的历史发展，资产阶级经济学家也已经对各个阶级作过经济上的分析。我所加上的新内容就是证明了下列几点：（1）**阶级的存在仅仅同生产发展的一定历史阶段**相联系；（2）**阶级斗争必然导致无产阶级专政**；（3）这个专政不过是达到**消灭一切阶级**和进入**无阶级社会**的过渡……

（选自《马克思恩格斯文集》第 10 卷，人民出版社
2009 年版，第 106 页）

3. 恩格斯致康拉德·施米特

柏　　林

1890 年 8 月 5 日于伦敦

亲爱的施米特：

……

对德国的许多青年著作家来说，"唯物主义"这个词大体上只是一个套语，

他们把这个套语当做标签贴到各种事物上去，再不作进一步的研究，就是说，他们一把这个标签贴上去，就以为问题已经解决了。但是我们的历史观首先是进行研究工作的指南，并不是按照黑格尔学派的方式构造体系的杠杆。必须重新研究全部历史，必须详细研究各种社会形态的存在条件，然后设法从这些条件中找出相应的政治、私法、美学、哲学、宗教等等的观点。在这方面，到现在为止只做了很少的一点工作，因为只有很少的人认真地这样做过。在这方面，我们需要人们出大力，这个领域无限广阔，谁肯认真地工作，谁就能做出许多成绩，就能超群出众。但是，许许多多年轻的德国人却不是这样，他们只是用历史唯物主义的套语（**一切**都可能被变成套语）来把自己的相当贫乏的历史知识（经济史还处在襁褓之中呢！）尽速构成体系，于是就自以为非常了不起了。那时就可能有一个巴尔特冒出来，并攻击在他那一圈人中间确实已经退化为套语的东西本身。

　　但是所有这一切都是会好转的。我们在德国现在已经非常强大，足以经得起许多变故。反社会党人法①给予我们一种极大的好处，那就是它使我们摆脱了那些染有社会主义色彩的德国大学生的纠缠。现在我们已经非常强大，足以消化掉这些重又趾高气扬的德国大学生。您自己确实已经做出些成绩，您一定会注意到，在依附于党的青年著作家中间，是很少有人下一番功夫去钻研经济学、经济学史、商业史、工业史、农业史和社会形态发展史的。……这些先生们往往以为，一切东西对工人来说都是足够好的。他们竟不知道，马克思认为自己的最好的东西对工人来说也还不够好，他认为给工人提供的东西比最好的稍差一点，那就是犯罪！……

（选自《马克思恩格斯文集》第 10 卷，人民出版社
2009 年版，第 585—588 页）

---

① 即反社会党人非常法，是俾斯麦政府在帝国国会多数的支持下于 1878 年 10 月 19 日通过并于 10 月 21 日生效的一项法律。它把德国社会民主党置于非法地位，党的一切组织、群众性的工人组织被取缔，社会主义的和工人的刊物都被查封，社会主义文献被没收，社会民主党人遭到镇压。该法于 1890 年 10 月 1 日被废除。——编者注

4. 恩格斯致约瑟夫·布洛赫

柯 尼 斯 堡

1890 年 9 月 21［—22］日于伦敦

尊敬的先生：

……根据唯物史观，历史过程中的决定性因素**归根到底**是现实生活的生产和再生产。无论马克思或我都从来没有肯定过比这更多的东西。如果有人在这里加以歪曲，说经济因素是**唯一**决定性的因素，那么他就是把这个命题变成毫无内容的、抽象的、荒诞无稽的空话。经济状况是基础，但是对历史斗争的进程发生影响并且在许多情况下主要是决定着这一斗争的**形式**的，还有上层建筑的各种因素：阶级斗争的各种政治形式及其成果——由胜利了的阶级在获胜以后确立的宪法等等，各种法的形式以及所有这些实际斗争在参加者头脑中的反映，政治的、法律的和哲学的理论，宗教的观点以及它们向教义体系的进一步发展。这里表现出这一切因素间的相互作用，而在这种相互作用中归根到底是经济运动作为必然的东西通过无穷无尽的偶然事件（即这样一些事物和事变，它们的内部联系是如此疏远或者是如此难于确定，以致我们可以认为这种联系并不存在，忘掉这种联系）向前发展。否则把理论应用于任何历史时期，就会比解一个简单的一次方程式更容易了。

我们自己创造着我们的历史，但是第一，我们是在十分确定的前提和条件下创造的。其中经济的前提和条件归根到底是决定性的。但是政治等等的前提和条件，甚至那些萦回于人们头脑中的传统，也起着一定的作用，虽然不是决定性的作用。……

但是第二，历史是这样创造的：最终的结果总是从许多单个的意志的相互冲突中产生出来的，而其中每一个意志，又是由于许多特殊的生活条件，才成为它所成为的那样。这样就有无数互相交错的力量，有无数个力的平行四边形，由此就产生出一个合力，即历史结果，而这个结果又可以看做一个作为整体的、**不自觉地**和不自主地起着作用的力量的产物。因为任何一个人的愿望都会受到任何另一个人的妨碍，而最后出现的结果就是谁都没有希望过的事物。所以到目前为止的历史总是像一种自然过程一样地进行，而且实质上也是服从于同一运动规律的。但是，各个人的意志——其中的每一个都希望得到他的体质和外部的、归根到底是经济的情况（或是他个人的，或是一般社会性的）使他向往的东西——虽然都达不到自己的愿望，而是融合为一个总的平均数，一个总的合力，然而从这一事实中决不应作出结论说，这些意志等于零。相反，每个意志都对合力有所贡献，因而是包括在这个合力里面的。

另外，我请您根据原著来研究这个理论，而不要根据第二手的材料来进行研究——这的确要容易得多。在马克思所写的文章中，几乎没有一篇不是贯穿着这个理论的。特别是《**路易·波拿巴的雾月十八日**》①，这本书是运用这个理论的十分出色的例子。《**资本论**》中的许多提示也是这样。再者，我也可以向您指出我的《**欧根·杜林先生在科学中实行的变革**》② 和《**路德维希·费尔巴哈和德国古典哲学的终结**》③，我在这两部书里对历史唯物主义作了就我所知是目前最为详尽的阐述。

青年们有时过分看重经济方面，这有一部分是马克思和我应当负责的。我们在反驳我们的论敌时，常常不得不强调被他们否认的主要原则，并且不是始终都有时间、地点和机会来给其他参与相互作用的因素以应有的重视。但是，只要问题一关系到描述某个历史时期，即关系到实际的应用，那情况就不同了，这里就不容许有任何错误了。可惜人们往往以为，只要掌握了主要原理——而且还并不总是掌握得正确，那就算已经充分地理解了新理论并且立刻就能够应用它了。在这方面，我不能不责备许多最新的"马克思主义者"，他们也的确造成过惊人的混乱……

（选自《马克思恩格斯文集》第 10 卷，人民出版社
2009 年版，第 591—594 页）

5. 恩格斯致康拉德·施米特

柏　　林

1890 年 10 月 27 日于伦敦

亲爱的施米特：

　　……

---

① 见《马克思恩格斯文集》第 2 卷。——编者注
② 恩格斯《反杜林论》，见《马克思恩格斯文集》第 9 卷。——编者注
③ 见《马克思恩格斯文集》第 4 卷。——编者注

凡是存在着社会规模的分工的地方，局部劳动过程也都成为相互独立的。生产归根到底是决定性的东西。但是，产品贸易一旦离开本来的生产而独立起来，它就循着本身的运动方向运行，这一运动总的说来是受生产运动支配的，但是在单个的情况下和在这个总的隶属关系以内，它毕竟还是循着这个新因素的本性所固有的规律运行的，这个运动有自己的阶段，并且也对生产运动起反作用。……

……

在上述关于我对生产和商品贸易的关系以及两者和货币贸易的关系的见解的几点说明中，我基本上也已经回答了您关于历史唯物主义本身的问题。从分工的观点来看问题最容易理解。社会产生它不能缺少的某些共同职能。被指定执行这种职能的人，形成**社会内部**分工的一个新部门。这样，他们也获得了同授权给他们的人相对立的特殊利益，他们同这些人相对立而独立起来，于是就出现了国家。然后便发生像在商品贸易中和后来在货币贸易中发生的那种情形：新的独立的力量总的说来固然应当尾随生产的运动，然而由于它本身具有的、即它一经获得便逐渐向前发展的相对独立性，它又对生产的条件和进程发生反作用。这是两种不相等的力量的相互作用：一方面是经济运动，另一方面是追求尽可能大的独立性并且一经确立也就有了自己的运动的新的政治权力。总的说来，经济运动会为自己开辟道路，但是它也必定要经受它自己所确立的并且具有相对独立性的政治运动的反作用，即国家权力的以及和它同时产生的反对派的运动的反作用。正如在货币市场中，总的说来，并且在上述条件之下，反映出，而且当然是**头足倒置地**反映出工业市场的运动一样，在政府和反对派之间的斗争中也反映出先前已经存在着并且正在斗争着的各个阶级的斗争，但是这个斗争同样是头足倒置地、不再是直接地、而是间接地、不是作为阶级斗争、而是作为维护各种政治原则的斗争反映出来的，并且是这样头足倒置起来，以致需要经过上千年我们才终于把它的真相识破。

国家权力对于经济发展的反作用可以有三种：它可以沿着同一方向起作用，在这种情况下就会发展得比较快；它可以沿着相反方向起作用，在这种情况下，像现在每个大民族的情况那样，它经过一定的时期都要崩溃；或者是它可以阻止经济发展沿着某些方向走，而给它规定另外的方向——这种情况归根到底还是归结为前两种情况中的一种。但是很明显，在第二和第三种情况下，政治权力会给经济发展带来巨大的损害，并造成大量人力和物力的浪费。

此外，还有侵占和粗暴地毁灭经济资源的情况；由于这种情况，从前在一定条件下某一地方和某一民族的全部经济发展可能被毁灭。现在，这种情况多半都有相反的作用，至少在各大民族中间是如此：从长远看，战败者在经济上、政治上和道义上赢得的东西有时比胜利者更多。

法也与此相似：产生了职业法学家的新分工一旦成为必要，就又开辟了一个新的独立领域，这个领域虽然一般地依赖于生产和贸易，但是它仍然具有对这两个领域起反作用的特殊能力。在现代国家中，法不仅必须适应于总的经济状况，不仅必须是它的表现，而且还必须是不因内在矛盾而自相抵触的**一种内部和谐一致的**表现。而为了达到这一点，经济关系的忠实反映便日益受到破坏。……这样，"法的发展"的进程大部分只在于首先设法消除那些由于将经济关系直接翻译成法律原则而产生的矛盾，建立和谐的法的体系，然后是经济进一步发展的影响和强制力又一再突破这个体系，并使它陷入新的矛盾（这里我暂时只谈民法）。

经济关系反映为法的原则，同样必然是一种头足倒置的反映。这种反映是在活动者没有意识到的情况下发生的；法学家以为他是凭着先验的原理来活动的，然而这只不过是经济的反映而已。这样一来，一切都头足倒置了。而这种颠倒——在它没有被认识的时候构成我们称之为**意识形态观点**的那种东西——又对经济基础发生反作用，并且能在某种限度内改变经济基础，我认为这是不言而喻的。以家庭的同一发展阶段为前提，继承法的基础是经济的。尽管如此，也很难证明：例如在英国立遗嘱的绝对自由，在法国对这种自由的严格限制，在一切细节上都只是出于经济的原因。但是二者都对经济起着很大的反作用，因为二者都影响财产的分配。

至于那些更高地悬浮于空中的意识形态的领域，即宗教、哲学等等，它们都有一种被历史时期所发现和接受的史前的东西，这种东西我们今天不免要称之为愚昧。这些关于自然界、关于人本身的性质、关于灵魂、魔力等等的形形色色的虚假观念，多半只是在消极意义上以经济为基础；史前时期低水平的经济发展有关于自然界的虚假观念作为补充，但是有时也作为条件，甚至作为原因。虽然经济上的需要曾经是，而且越来越是对自然界的认识不断进展的主要动力，但是，要给这一切原始状态的愚昧寻找经济上的原因，那就太迂腐了。科学的历史，就是逐渐消除这种愚昧的历史，或者说，是用新的、但越来越不荒唐的愚昧取而代之的历史。从事这些事情的人们又属于分工的特殊部门，并且认为自己是致力于一个独立的领域。只要他们形成社会分工之内的独立集团，他们的产物，包括他们的错误在内，就要反过来影响全部社会发展，甚至影响经济发展。但是，尽管如此，他们本身又处于经济发展的起支配作用的影响之下。……但是，每一个时代的哲学作为分工的一个特定的领域，都具有由它的先驱传给它而它便由此出发的特定的思想材料作为前提。因此，经济上落后的国家在哲学上仍然能够演奏第一小提琴：18 世纪的法国对英国来说是如此（法国人是以英国哲学为依据的），后来的德国对英法两国来说也是如此。但是，不论在法国或是在德国，哲学和那个时代的普遍的学术繁荣一样，也是经济高涨的结果。经济发展对这些领域也具有最终的至上权力，这在我看来是确定无疑的，但是这种至上权力是发生在各个领域本身所规定的那些条件的范围内：例如在哲学中，它是发生在这样一种作用所规定的条件的范围内，这种作用就是各种经济影响（这些经济影响多半又只是在它的政治等等的外衣下起作用）对先驱所提供的现有哲学材料发生的作用。经济在这里并不重新创造出任何东西，但是它决定着现有思想材料的改变和进一步发展的方式，而且多半也是间接决定的，因为对哲学发生最大的直接影响的，是政治的、法律的和道德的反映。

关于宗教，我在论费尔巴哈①的最后一章里已经把最必要的东西说过了。

因此，如果巴尔特认为我们否认经济运动的政治等等的反映对这个运动本身的任何反作用，那他就简直是跟风车作斗争了。他只需看看马克思的《**雾月十八日**》②，那里谈到的几乎都是政治斗争和政治事件所起的**特殊**作用，当然是在它们**一般**依赖于经济条件的范围内。或者看看《资本论》，例如关于工作日的那一篇③，那里表明立法起着多么重大的作用，而立法就是一种政治行动。也可以看看关于资产阶级的历史的那一篇（第二十四章）④。再说，如果政治权力在经济上是无能为力的，那么我们何必要为无产阶级的政治专政而斗争呢？暴力（即国家权力）也是一种经济力量！

……

① 恩格斯《路德维希·费尔巴哈和德国古典哲学的终结》，见《马克思恩格斯文集》第 4 卷。——编者注
② 马克思《路易·波拿巴的雾月十八日》，见《马克思恩格斯文集》第 2 卷。——编者注
③ 见《马克思恩格斯文集》第 5 卷第 267—350 页。——编者注
④ 见《马克思恩格斯文集》第 5 卷第 820—875 页。——编者注

所有这些先生们所缺少的东西就是辩证法。他们总是只在这里看到原因，在那里看到结果。他们从来看不到：这是一种空洞的抽象，这种形而上学的两极对立在现实世界只存在于危机中，而整个伟大的发展过程是在相互作用的形式中进行的（虽然相互作用的力量很不相等：其中经济运动是最强有力的、最本原的、最有决定性的），这里没有什么是绝对的，一切都是相对的。对他们说来，黑格尔是不存在的……

（选自《马克思恩格斯文集》第 10 卷，人民出版社
2009 年版，第 594—601 页）

6. 恩格斯致弗兰茨·梅林

柏　　林

1893 年 7 月 14 日于伦敦

亲爱的梅林先生：

　　……

此外，只有一点还没有谈到，这一点在马克思和我的著作中通常也强调得不够，在这方面我们大家都有同样的过错。这就是说，我们大家首先是把重点放在从基本经济事实中**引出**政治的、法的和其他意识形态的观念以及以这些观念为中介的行动，而且**必须这样做**。但是我们这样做的时候为了内容方面而忽略了形式方面，即这些观念等等是由什么样的方式和方法产生的。这就给了敌人以称心的理由来进行曲解或歪曲，保尔·巴尔特就是个明显的例子①。

意识形态是由所谓的思想家通过意识、但是通过虚假的意识完成的过程。推动他的真正动力始终是他所不知道的，否则这就不是意识形态的过程了。因此，他想象出虚假的或表面的动力。因为这是思维过程，所以它的内容和形式都是他从纯粹的思维中——或者从他自己的思维中，或者从他的先辈的思维中

---

① 指保·巴尔特《黑格尔和包括马克思及哈特曼在内的黑格尔派的历史哲学》1890 年莱比锡版。——编者注

引出的。他只和思想材料打交道，他毫不迟疑地认为这种材料是由思维产生的，而不去进一步研究这些材料的较远的、不从属于思维的根源。而且他认为这是不言而喻的，因为在他看来，一切行动既然都以思维为**中介**，最终似乎都以思维为**基础**。

历史方面的意识形态家（历史在这里应当是政治、法律、哲学、神学，总之，一切属于**社会**而不是单纯属于自然界的领域的简单概括）在每一科学领域中都有一定的材料，这些材料是从以前的各代人的思维中独立形成的，并且在这些世代相继的人们的头脑中经过了自己的独立的发展道路。当然，属于本领域或其他领域的外部事实对这种发展可能共同起决定性的作用，但是这种事实本身又被默认为只是思维过程的果实，于是我们便始终停留在纯粹思维的范围之中，而这种思维仿佛顺利地消化了甚至最顽强的事实。

正是国家制度、法的体系、各个不同领域的意识形态观念的独立历史这种外观，首先迷惑了大多数人。如果说，路德和加尔文"克服了"官方的天主教，黑格尔"克服了"费希特和康德，卢梭以其共和主义的《社会契约论》间接地"克服了"立宪主义者孟德斯鸠，那么，这仍然是神学、哲学、政治学内部的一个过程，它表现为这些思维领域历史中的一个阶段，完全不越出思维领域。而自从出现了关于资本主义生产永恒不变和绝对完善的资产阶级幻想以后，甚至重农主义者和亚当·斯密克服重商主义者，也被看做纯粹的思想胜利；不是被看做改变了的经济事实在思想上的反映，而是被看做对始终普遍存在的实际条件最终达到的真正理解。如果狮心理查和菲力浦-奥古斯特实行了自由贸易，而不是卷入了十字军征讨，那我们就可以避免500年的贫穷和愚昧。

对问题的这一方面（我在这里只能稍微谈谈），我觉得我们大家都有不应有的疏忽。这是一个老问题：起初总是为了内容而忽略形式。如上所说，我也这样做过，而且我总是在事后才发现错误。因此，我不仅根本不想为此对您提出任何责备——我在您之前就在这方面有过错，我甚至没有权利这样做——，相反，我只是想让您今后注意这一点。

与此有关的还有意识形态家们的一个思蠢观念。这就是：因为我们否认在历史中起作用的各种意识形态领域有独立的历史发展，所以我们也否认它们对**历史**有任何**影响**。这是由于通常把原因和结果非辩证地看做僵硬对立的两极，完全忘记了相互作用。这些先生们常常几乎是故意地忘记，一种历史因素一旦被其他的、归根到底是经济的原因造成了，它也就起作用，就能够对它的环境，甚至对产生它的原因发生反作用。例如在您的书中第 475 页上巴尔特讲到教士等级和宗教的地方，就是如此。我很高兴您收拾了这个平庸得令人难以置信的家伙。而他们还让这个人在莱比锡当历史教授呢！那里曾经有个老瓦克斯穆特，这个人头脑也很平庸，但对事实很敏感，完全是另一种人！

……

（选自《马克思恩格斯文集》第 10 卷，人民出版社 2009 年版，第 656—659 页）

7. 恩格斯致瓦尔特·博尔吉乌斯

布 雷 斯 劳

1894 年 1 月 25 日于伦敦西北区
瑞琴特公园路 122 号

尊敬的先生：

对您的问题回答如下：

1. 我们视之为社会历史的决定性基础的经济关系，是指一定社会的人们生产生活资料和彼此交换产品（在有分工的条件下）的方式。因此，这里包括生产和运输的**全部技术**。这种技术，照我们的观点看来，也决定着产品的交换方式以及分配方式，从而在氏族社会解体后也决定着阶级的划分，决定着统治关系和奴役关系，决定着国家、政治、法等等。此外，在经济关系中还包括这些关系赖以发展的**地理基础**和事实上由过去沿袭下来的先前各经济发展阶段的残余（这些残余往往只是由于传统或惰性才继续保存着），当然还包括围绕着这一社会形式的外部环境。

如果像您所说的，技术在很大程度上依赖于科学状况，那么，科学则在更大得多的程度上依赖于技术的**状况**和**需要**。社会一旦有技术上的需要，这种需要就会比十所大学更能把科学推向前进。整个流体静力学（托里拆利等）是由于 16 世纪和 17 世纪意大利治理山区河流的需要而产生的。关于电，只是在发现它在技术上的实用价值以后，我们才知道了一些理性的东西。可惜在德国，人们撰写科学史时习惯于把科学看做是从天上掉下来的。

2. 我们把经济条件看做归根到底制约着历史发展的东西。而种族本身就是一种经济因素。不过这里有两点不应当忽视：

（a）政治、法、哲学、宗教、文学、艺术等等的发展是以经济发展为基础的。但是，它们又都互相作用并对经济基础发生作用。这并不是说，只有经济状况才是**原因**，**才是积极的**，其余一切都不过是消极的结果，而是说，这是在**归根到底**不断为自己开辟道路的经济必然性的基础上的相互作用。例如，国家就是通过保护关税、自由贸易、好的或者坏的财政制度发生作用的，甚至德国庸人的那种从 1648—1830 年德国经济的可怜状况中产生的致命的疲惫和软弱（最初表现为虔诚主义，尔后表现为多愁善感和对诸侯贵族的奴颜婢膝），也不是没有对经济起过作用。这曾是重新振兴的最大障碍之一，而这一障碍只是由于革命战争和拿破仑战争把慢性的穷困变成了急性的穷困才动摇了。所以，并不像人们有时不加思考地想象的那样是经济状况自动发生作用，而是人们自己创造自己的历史，但他们是在既定的、制约着他们的环境中，是在现有的现实关系的基础上进行创造的，在这些现实关系中，经济关系不管受到其他关系——政治的和意识形态的——多大影响，归根到底还是具有决定意义的，它构成一条贯穿始终的、唯一有助于理解的红线。

（b）人们自己创造自己的历史，但是到现在为止，他们并不是按照共同的意志，根据一个共同的计划，甚至不是在一个有明确界限的既定社会内来创造自己的历史。他们的意向是相互交错的，正因为如此，在所有这样的社会里，都是那种以**偶然性**为其补充和表现形式的**必然性**占统治地位。在这里通过各种偶然性来为自己开辟道路的必然性，归根到底仍然是经济的必然性。这里我们就来谈谈所谓伟大人物问题。恰巧某个伟大人物在一定时间出现于某一国家，这当然纯粹是一种偶然现象。但是，如果我们把这个人去掉，那时就会需要有另外一个人来代替他，并且这个代替者是会出现的，不论好一些或差一些，但是最终总是会出现的。恰巧拿破仑这个科西嘉人做了被本身的战争弄得精疲力竭的法兰西共和国所需要的军事独裁者，这是个偶然现象。但是，假如没有拿破仑这个人，他的角色就会由另一个人来扮演。这一点可以由下面的事实来证明：每当需要有这样一个人的时候，他就会出现，如凯撒、奥古斯都、克伦威尔等等。如果说马克思发现了唯物史观，那么梯叶里、米涅、基佐以及 1850 年以前英国所有的历史编纂学家则表明，人们已经在这方面作过努力，而摩尔根对于同一观点的发现表明，发现这一观点的时机已经成熟了，这一观点**必定被发现**。

历史上所有其他的偶然现象和表面的偶然现象都是如此。我们所研究的领域越是远离经济，越是接近于纯粹抽象的意识形态，我们就越是发现它在自己的发展中表现为偶然现象，它的曲线就越是曲折。如果您画出曲线的中轴线，您就会发现，所考察的时期越长，所考察的范围越广，这个轴线就越是接近经济发展的轴线，就越是同后者平行而进。

在德国，达到正确理解的最大障碍，就是著作界对于经济史的不负责任的忽视。不仅很难抛掉学校里灌输的那些历史观，而且更难搜集为此所必需的材料。例如，老古·冯·居利希在自己的枯燥的材料汇集①中的确收集了能够说明无数政治事实的大量材料，可是他的著作又有谁读过呢！

此外，我认为马克思在《雾月十八日》② 一书中所作出的光辉范例，能对您的问题给予颇为圆满的回答，正是因为那是一个实际的例子。我还认为，大多数问题都已经在《反杜林论》第一编第九至十一章、第二编第二至四章和第三编第一章或导言里，后来又在《费尔巴哈》③ 最后一章里谈到了。

请您不要过分推敲上面所说的每一句话，而要把握总的联系；可惜我没有时间能像给报刊写文章那样字斟句酌地向您阐述这一切。

……

（选自《马克思恩格斯文集》第 10 卷，人民出版社 2009 年版，第 667—670 页）

---

① 古·居利希《关于当代主要商业国家的商业、工业和农业的历史叙述》1830—1845 年耶拿版。——编者注
② 马克思《路易·波拿巴的雾月十八日》，见《马克思恩格斯文集》第 2 卷。——编者注
③ 恩格斯《路德维希·费尔巴哈和德国古典哲学的终结》，见《马克思恩格斯文集》第 4 卷。——编者注

"马克思恩格斯关于历史唯物主义的书信"导读

马克思和恩格斯一生留下了大量书信，内容十分丰富，既反映了他们在政治、经济、哲学、历史、文学、艺术等领域的精辟见解，又记述了他们各个时期的革命实践活动。这些书信，对于了解他们的生平事迹和人格风范，准确地把握马克思主义科学体系、思想精髓和理论品格具有十分重要的价值。其中，他们在不同时期关于历史唯物主义的书信，作为他们思想创造的原始记录，与他们的论著一样是马克思主义哲学的重要文献。

一、写作背景

马克思 1846 年致帕维尔·瓦西里耶维奇·安年科夫的信，是在马克思主义创立时期为批判蒲鲁东在经济学方法论上的唯心主义和形而上学而写的。1846 年 11 月，蒲鲁东发表了《经济矛盾的体系，或贫困的哲学》一书。随后不久，俄国自由派政论家安年科夫写信给马克思，谈了自己对蒲鲁东一书的看法，并请马克思对该书作出评论。马克思于 12 月 28 日写了回信。另外，马克思 1852 年致魏德迈的信，是为回击小资产阶级思想家对阶级斗争学说的攻击而写的。1850 年，旅美的德国小资产阶级政论家海因岑曾经撰文攻击过马克思关于阶级斗争的观点。德国工人活动家魏德迈发表了《论无产阶级专政》一文予以驳斥，并将其寄给了马克思。马克思的复信就是为此而写的。

1890 年至 1894 年，恩格斯分别写给施米特、布洛赫、梅林、博尔吉乌斯 5 封书信，充分反映了他对历史唯物主义的高度重视。他指出，在唯物史观创立和发展的初期，他和马克思为了同论敌作斗争，比较多地关注和强调了历史观上的唯物论和唯心论的对立，而对于历史观上的辩证法和形而上学的对立注意不够；他们针对历史观中的唯心主义观点，着重阐明了社会存在对社会意识的决定作用，生产力对生产关系、经济基础对上层建筑的决定作用，而对于生产关系、上层建筑的反作用以及社会中各种因素的相互作用阐述得不够。19 世纪 90 年代，资产阶级学者和德国社会民主党内的"青年派"利用这一点对唯物史观进行攻击和歪曲。例如，德国唯心主义社会学家保尔·巴尔特，把唯物史观歪曲为只讲经济决定作用而否定上层建筑反作用的经济唯物主义；"青年派"

把唯物史观当作标签到处乱贴，造成了理论和思想上的混乱。在 5 封书信中，恩格斯对此进行了回击，批判了"经济唯物主义""庸俗进化论"的观点，以及教条主义者把唯物史观片面化、庸俗化的错误，着重阐明了唯物史观关于经济基础和上层建筑的辩证关系、历史的客观规律和个人意志的关系、社会意识的相对独立性等基本观点，捍卫和发展了唯物史观。

二、主要内容

教材节选的马克思和恩格斯关于历史唯物主义的书信，有的是对历史唯物主义精神实质的强调，有的是对某些表述的重新概括，有的则是对某些原理的补充或对某些结论的修正，包含了马克思和恩格斯不同时期对历史唯物主义的一些重要阐述和论断。

（一）论述生产力决定生产关系并最终决定整个社会关系的原理

从 1845 年开始，马克思和恩格斯已经进入新世界观的制定阶段，1846 年他们合著的《德意志意识形态》已经完成，唯物史观得到了比较全面系统的阐述，但是因为此书还没有出版，人们还不能看到新世界观的全面表述。蒲鲁东的《经济矛盾的体系，或贫困的哲学》发表后，马克思在 1846 年致安年科夫的信中，对蒲鲁东的唯心史观和形而上学思想进行揭露和批判，阐述了唯物史观的基本思想。

第一，揭露和批判蒲鲁东颠倒经济范畴同经济关系及社会形式之间关系的观点。蒲鲁东不懂得历史发展的本质，不理解现代社会制度即资本主义制度的本质及其矛盾解决的方法，但他又试图提出一套分析历史和资本主义制度的哲学体系，从理论上分析和解决资本主义的社会矛盾。于是，他套用黑格尔的绝对理念哲学来把自己扮成"坚强的思想家"。他不是从现实的人类活动来看历史，而是把历史归结为神圣的、观念的历史，说成是"普遍理性在自我表现"，而人不过是永恒理性为了自身的发展而使用的工具；作为历史本质的"普遍理性"，在经济进化中展开为分工、机器、竞争、垄断、税收……所有权等经济范畴的依次排列和替代。由此，抽象的经济范畴成了自行产生并具有自己生命的东西，成为社会关系变化的"始因"，创造历史的不是人的现实的生产活动，而是抽象的范畴观念。马克思强调，蒲鲁东混淆了思想和事物，不是把范畴看作实在的、暂时的、历史的社会经济关系的抽象，而是神秘地颠倒黑白，把实在的社会经济关系看作不过是这些抽象范畴的体现，他所说的历史不过是"经济范畴在他的头脑中的排列次序"①，这是彻头彻尾的唯心主义历史观。

第二，阐述物质生产力在历史发展中起最终决定作用以及生产力和生产关系的辩证关系的原理。通过批判蒲鲁东的唯心史观，马克思深化了唯物史观关于生产方式是社会的决定力量以及生产力和生产关系辩证关系的原理。他指出，历史并不是什么普遍理性的自我表现，而始终只是人类个体发展的历史，是人类劳动实践的连续展开过程，社会是人们交互活动的产物。人们并不能够随心所欲地选择自己的生产力和社会关系形式，他们是从前代人留下的既得生产力和社会关系的基础上开始发展的，这些生产力和生产关系是客观存在的。同时，人们在历史发展中又具有主体能动性，能够根据现存条件创新和发展生产力，并根据生产力的变化变革社会关系。因此，历史是客观规律性和主体能动性的统一。生产力作为"全部历史的基础"，起着最终决定作用，人们的物质关系构成了一切关系的基础，有什么样的生产力，就形成什么样的经济形式和社会关系，进而形成什么样的社会制度及其上层建筑。人们借以进行生产、消费和交换的经济形式、社会关系都是暂时的和历史性的，随着新的生产力的产生和发展，当旧的生产关系（交往形式）不再适应生产力时，人们就不得不改变自己的生产方式，从而改变一切社会形式。

第三，批判蒲鲁东把范畴看作"永恒真理"的谬论及其根源。蒲鲁东不仅颠倒了经济范畴同经济关系及社会形式之间的关系，否定经济范畴的现实依据，而且还把经济范畴以及这种颠倒了的关系永恒化、绝对化。在他看来，作为历史本源的普遍理性和经济范畴是不朽的、不变的、不动的，是从世界开始存在时就已安睡在天父心怀中的公式，一直存在到人类历史的末日。马克思指出，人们在生产出各种产品时，同时也生产出他们在其中的社会关系，而且还生产出相应的经济范畴。经济范畴只是一定的经济关系的抽象，"它们仅仅在这些关系存在的时候才是真实的"②。因此，范畴也和它们所表现的关系一样不是永恒的，而是历史的和暂时的。同时，蒲鲁东把理性的发展看作好的方面克服坏的方面的过程，因此他在哲学上不仅陷入唯心主义，而且还具有形而上学的特征。马克思指出，蒲鲁东之所以思想混乱，根源在于他的小资产阶级立场，"他既迷恋于大资产阶级的豪华，又同情人民的苦难。他同时既是资产者

---

① 《马克思恩格斯文集》第 10 卷，人民出版社 2009 年版，第 44 页。
② 《马克思恩格斯文集》第 10 卷，人民出版社 2009 年版，第 47 页。

又是人民"①。他不愿意通过"群众的实践"和"暴力的行动"彻底消灭产生资本主义矛盾的基础即私有制，真正解决资产阶级社会中生产力同经济关系、社会形式之间的对抗性冲突，而只想采取调和矛盾的方式，在维持资产阶级生产方式的前提下进行社会改良，其结果只能沦为空谈和自相矛盾。

当然，必须注意的是，这封书信是马克思在唯物史观形成和完善的过程中写的，唯物史观的一些基本概念还没有完全确定，例如，马克思在讲到生产关系时还用交往形式、社会关系等来表述。随后，在《哲学的贫困》特别是在《共产党宣言》中，马克思关于唯物史观的概念体系就基本确定了。

(二) 阶级和阶级斗争理论的新贡献

马克思致魏德迈的信，全面阐发了阶级斗争学说形成的思想前提，概述了关于阶级和阶级斗争的思想，阐明了阶级同生产力发展、无产阶级专政和无阶级的共产主义社会的关系，把阶级的产生、发展同人类社会发展的历史过程联系起来，揭示了其产生、发展、消亡的历史辩证法和客观规律，划清了同资产阶级思想家关于阶级和阶级斗争学说的区别。

马克思指出，阶级和阶级斗争的发现不属于自己，阶级的经济分析方法也不是自己的首创。在马克思之前，米涅、基佐等资产阶级的历史编纂学家就已经叙述过阶级斗争的历史发展，他们曾用阶级斗争来论证资产阶级革命的正义性，并揭示出阶级斗争的根源在于财产关系上的利益冲突。资产阶级经济学家李嘉图等人曾经指出，资本家、工人和地主的矛盾在于利益、工资和地租的相互对立，这在一定程度上揭示了现代社会中三个阶级对立和斗争的经济根源。但他们虽然发现了现代社会存在阶级和阶级斗争的事实，却没有从唯物史观的立场上揭示阶级产生以及阶级斗争存在和发展的规律。他们主要从分配的范围内解释阶级的起源和存在的原因，而没有到生产的范围内去寻找阶级划分的根源。他们不了解阶级的存在是一种历史现象，是同生产力发展的一定历史阶段相联系并为它所决定的道理。其所以这样，除了理论上的局限外，还由于他们的阶级局限。

马克思认为自己对阶级斗争理论主要有三个方面的新贡献：一是阶级的存在仅仅同生产发展的一定历史阶段相联系。说明了阶级在本质上是一个经济范畴，同生产力发展的一定阶段相联系；它同时又是一个历史范畴，不是从来就

---

① 《马克思恩格斯文集》第10卷，人民出版社2009年版，第53页。

有的，也不是永恒存在的，它只存在于生产力有了一定发展而又相对不发展、生产关系具有对抗性质的历史阶段。二是阶级斗争必然导致无产阶级专政。揭示了资本主义社会阶级斗争发展的客观规律和必然趋势。阶级斗争存在于一系列不同的社会形态中，但只有在资本主义社会才发展到自己的最高阶段。在资本主义社会，由于无产阶级和资产阶级利益对立的不可调和性，斗争的最终结局必然是无产阶级用暴力推翻资产阶级的统治，建立无产阶级专政。三是无产阶级专政不过是达到消灭一切阶级和进入无阶级社会的过渡。阐明了无产阶级专政的历史使命和最终目的，不是为了永远巩固自己的统治，而是要消灭包括无产阶级在内的一切阶级，最终解放全人类，走向无阶级的共产主义；同时也表明了阶级的消灭不是一个自动的过程，而必须经过无产阶级专政这个过渡形式，从而揭示了无产阶级专政在整个历史发展中的必然性和必要性。

（三）对唯物史观的进一步发展和完善

恩格斯在致施米特、布洛赫、梅林、博尔吉乌斯的5封书信中，批判了资产阶级学者对唯物史观的攻击和"青年派"对唯物史观的歪曲，着重强调了唯物史观的方法论意义，在坚持历史唯物论的前提下突出了历史的辩证法，丰富和发展了唯物史观的基本观点。

第一，明确提出历史过程中的决定性因素归根到底是现实生活的生产和再生产。在致布洛赫的信中，恩格斯批判了把历史唯物论曲解为经济决定论的观点，强调物质生产的决定作用是从根本的意义上讲的。他首先从唯物史观一元决定论的角度深刻论述了经济基础的决定作用，同时也从唯物史观相互作用论的角度分析了上层建筑对经济基础的反作用。一方面，历史过程中的决定性因素，归根到底就是现实生活的生产和再生产，经济的前提和条件归根到底是决定性的基础。当然，经济基础的决定作用并不是直线式的、直接的决定，而是要通过各种中间环节即无穷无尽的偶然性来实现。另一方面，如法律、意识形态理论、宗教等上层建筑的各种因素，对历史斗争的进程发生影响，在许多情况下主要是决定着这一斗争的形式。当然，这些因素的作用在归根到底的意义上，不是决定性的，它们必须最终通过对经济基础的反作用发挥出来。

第二，深化了历史发展合力的思想。恩格斯在《费尔巴哈论》中涉及历史发展的合力问题，在致布洛赫、博尔吉乌斯的信中，他通过分析历史发展规律与个人意志的关系，阐明了历史发展是客观规律性的过程，而在这个过程中，人的主体能动性也发挥着极其重要的作用。人们自己创造自己的历史，但这种创造是在各种相互交错的意向中实现的，偶然性只是必然性的补充和表现形式，并最终受必然性决定，正如历史上某个时代伟大人物出现的偶然性正好是由时代发展的必然性所决定的一样。历史人物只有顺应历史发展的必然性，才能成就其伟大。一方面，历史发展是客观规律性的过程。历史虽然是由人自己创造的，但它不是按照人们主观意志来发展的，它是由许多人在不同目的、不同计划的相互冲突中发展的，不同的个人、不同的因素相互作用形成了历史发展的合力，历史的结果不符合每个个人的主观意志和愿望，是一个作为整体的、不自觉的和不自主的力量的产物，呈现出像自然过程一样的客观必然性。另一方面，在这个必然性展开的过程中，人的主体能动性也发挥着重要作用。虽然每个人的意志都受到他人的妨碍，而支撑其意志的归根到底是经济的情况，因此各个人的意志或愿望都不能实现或完全实现，但决不能说这些意志或愿望对于历史发展来说等于零，它们都"融合为一个总的平均数，一个总的合力"之中，"都对合力有所贡献"。① 也就是说，历史不是由某个人的意志决定，而是由无数个人的意志及行动融合而成的合力创造的。在信中，恩格斯以力的平行四边形作为比喻，进一步说明了这一问题。

第三，论述经济基础对上层建筑的决定作用，以及上层建筑的相对独立性及其对经济基础的反作用。在给博尔吉乌斯的信中，恩格斯对经济基础和上层建筑之间的辩证关系作了深入完整的论述。在给施米特、梅林、布洛赫等人的信中，恩格斯论述了上层建筑的相对独立性及其对经济基础反作用的原理。

首先，社会历史中的决定性基础归根到底是经济关系，而经济关系是指一定社会的生产方式和交换方式，以及相应的地理基础和外部环境，这其中包括生产和运输的全部技术；在科学与技术的关系方面，与其说技术依赖于科学状况，不如说科学在更大得多的程度上依赖于技术和生产发展的需要。

其次，国家、法、意识形态等上层建筑具有相对独立性。国家的产生是社会内部分工的一个新部门，国家的权力固然是随着生产的运动而产生，但它一产生"也获得了同授权给他们的人相对立的特殊利益"②。宗教、哲学等意识形态领域，也有自身发展的历史继承性，同经济基础发展存在着不平衡性，"都有一种被历史时期所发现和接受的史前的东西"③，并且更多受政治、法

---

① 《马克思恩格斯文集》第 10 卷，人民出版社 2009 年版，第 593 页。
② 《马克思恩格斯文集》第 10 卷，人民出版社 2009 年版，第 596 页。
③ 《马克思恩格斯文集》第 10 卷，人民出版社 2009 年版，第 599 页。

律、道德的直接影响。经济决定着意识形态继承先前思想材料和发展的方式，但并不直接给意识形态的每一种表现形式以经济上直接对应的原因，因此决不能机械地、一一对应地理解经济基础和上层建筑的关系。

再次，国家对经济基础的反作用，特别是国家权力对经济发展反作用的三种形式：一是沿着同一方向起作用，促进经济发展；二是沿着相反方向起作用，阻碍经济发展；三是阻止经济发展的某些方向而给它规定另外的方向。在第二和第三种情况下，政治权力会给经济发展带来巨大的损害，造成巨大的浪费。

最后，意识形态的本质以及上层建筑对经济基础的反作用。虽然政治、法律、哲学、宗教、文学、艺术等的发展是以经济发展为基础的，但这并不是说只有经济状况是积极的原因，其余一切都不过是消极的结果，各种上层建筑的因素既相互作用又反作用于经济基础，而且这种反作用归根到底是建立在不断为自己开辟道路的经济必然性的基础上的相互作用。在给梅林的回信中，恩格斯进一步阐述了自己关于意识形态的观点。他认为，保尔·巴尔特等人把意识形态看作脱离物质而存在，把唯物史观否认意识形态可以脱离经济基础而独立发展的观点，歪曲为否认意识形态对历史发展有任何反作用的观点。对此，恩格斯着重论述了意识形态的本质以及上层建筑对经济基础的反作用。恩格斯指出："意识形态是由所谓的思想家通过意识、但是通过虚假的意识完成的过程。"① 其经济因素的动力被掩蔽在它所继承的各种思想材料之中，于是意识形态的发展表现出独立历史的外观，似乎都以思维为基础，而起决定作用的事实本身又被默认为是思维过程的果实。恩格斯指出，这种观点否认了任何意识都是从基本经济事实中引出这一基本事实；唯物史观虽然否认各种意识形态有独立的历史发展，但并不否认意识形态对历史有影响；保尔·巴尔特等人的错误在于机械地把原因和结果看作对立的两极，完全忘记了相互作用。

（四）强调马克思主义理论不是教条而是指南

针对一些人总是教条主义地套用马克思主义，把唯物史观当作标签到处乱贴的错误，恩格斯在书信中多次强调：马克思主义是发展着的理论，是行动的指南而不是教条。1886 年 12 月 28 日，他指出："我们的理论不是教条，而是

---

① 《马克思恩格斯文集》第 10 卷，人民出版社 2009 年版，第 657 页。

对包含着一连串互相衔接的阶段的发展过程的阐明。"① 1887 年 1 月 27 日，他强调："我们的理论是发展着的理论，而不是必须背得烂熟并机械地加以重复的教条。"② 1890 年 8 月 5 日在致康拉德·施米特的信中，恩格斯为了驳斥保尔·巴尔特的攻击，批判"青年派"把"唯物主义"当作标签到处乱贴的错误，明确指出："我们的历史观首先是进行研究工作的指南，并不是按照黑格尔学派的方式构造体系的杠杆。"③ 后来，他再次强调："马克思的整个世界观不是教义，而是方法。它提供的不是现成的教条，而是进一步研究的出发点和**供**这种研究**使用**的方法。"④ 正是从这一理解出发，恩格斯大力倡导用唯物史观指导历史研究。他认为，必须研究全部历史，详细研究各种社会形态存在的条件，以便从中找出相应的政治、法律、哲学、宗教等观点存在和发展的根源，对各种社会现象作出科学的说明。

此外，恩格斯在晚年的书信中还强调了如何学习马克思主义的问题。他指出，要完整准确地把握马克思主义理论，必须从阅读原著入手，决不能图省心而仅仅阅读二手材料。在给布洛赫的信中，他就研究唯物史观问题说："我请您根据原著来研究这个理论，而不要根据第二手的材料来进行研究"⑤。

三、重要意义

马克思和恩格斯关于历史唯物主义的书信，在马克思主义哲学发展史上具有重要的历史地位。正如列宁所指出的，马克思和恩格斯的书信是在他们学说的各个方面，"对最新（就与先前的观点比较而言）、最重要和最困难的问题加以强调和说明"⑥ 的重要文献。马克思致安年科夫的信，阐述了物质生产在社会发展中的决定作用以及生产力和生产关系、经济基础和上层建筑的辩证关系，尤其是论述了社会是人们交互作用的产物，经济范畴是经济关系的反映等观点，后来实际上成为马克思《哲学的贫困》的写作提纲。马克思致魏德迈的信，在总结 1848 年革命经验的基础上，说明阶级是一个历史范畴和经济范畴，概括了关于阶级斗争的学说和无产阶级专政学说的基本观点，丰富和发展了唯

---

① 《马克思恩格斯文集》第 10 卷，人民出版社 2009 年版，第 560 页。
② 《马克思恩格斯文集》第 10 卷，人民出版社 2009 年版，第 562 页。
③ 《马克思恩格斯文集》第 10 卷，人民出版社 2009 年版，第 587 页。
④ 《马克思恩格斯文集》第 10 卷，人民出版社 2009 年版，第 691 页。
⑤ 《马克思恩格斯文集》第 10 卷，人民出版社 2009 年版，第 593 页。
⑥ 《列宁专题文集 论马克思主义》，人民出版社 2009 年版，第 74 页。

物史观关于阶级和阶级斗争的理论。恩格斯的 5 封书信，从两个方面丰富和发展了唯物史观：一是在历史唯物论的基础上突出了历史的辩证法。论述了现实生活的生产和再生产归根到底是历史过程中的决定因素，国家、法律、意识形态等因素具有相对独立性并对经济基础、历史进程产生反作用；深化了历史合力论，强调了历史进程表现为社会生活各种因素间的相互作用，指出历史的最终结果是每个意志相互冲突产生的合力所造成的。二是突出了唯物史观的方法论功能。强调马克思主义理论不是教条，而首先是进行研究工作的理论指南。

学习这些书信，对于深入把握马克思主义哲学的一系列观点具有重要的意义，有助于正确认识社会历史的本质，科学分析社会历史现象，高度重视文化建设和意识形态的作用，牢牢掌握意识形态的领导权，建设具有强大凝聚力和引领力的社会主义意识形态；有助于在中国共产党领导下，立足基本国情，以经济建设为中心，坚持四项基本原则，坚持改革开放，解放和发展社会生产力，统筹推进"五位一体"总体布局，协调推进"四个全面"战略布局，有助于正确理解和运用马克思主义，遵循坚持和发展相统一、理论与实践相统一的原则，不断推进理论创新与实践创新的良性互动。

四、延伸阅读

马克思：给《祖国纪事》杂志编辑部的信（1877 年 10—11 月）和《给维·伊·查苏利奇的复信》四个草稿（1881 年 2 月底—3 月初）

1877 年，俄国革命家、哲学家车尔尼雪夫斯基向马克思提出了一个俄国正在争论的社会发展前途问题，即俄国是首先推翻农村公社以过渡到资本主义制度呢，还是可以不经受资本主义的一切苦难而取得它的全部成果。1881 年，查苏利奇再次就这一问题向马克思请教。马克思分别于 1877 年和 1881 年复信给《祖国纪事》杂志编辑部和查苏利奇。马克思给查苏利奇的复信，共有四个草稿，其中第四个草稿与发出的复信几乎完全一致。马克思致《祖国纪事》杂志编辑部和查苏利奇的信，阐明了人类社会发展一般规律与各个民族发展的特殊道路之间的关系，丰富和发展了唯物史观关于社会形态和社会发展规律的理论。马克思结合东方社会特别是俄国社会发展的特殊情形，指出他关于西欧资本主义道路的理论不是解决历史发展的一般公式，各民族或国家在发展道路上都会呈现自身的特殊性。马克思详细研究了俄国农村公社的历史、现状和特点，分析了俄国农村公社的二重性和两种可能前景，所处的历史环境及其发生作用的条件,指出了俄国农村公社"可以不通过资本主义制度的卡夫丁峡谷,而占有资本主义制度所创造的一切积极的成果"[①] 的可能性。这两封书信,也是马克思关于历史唯物主义的重要书信。

习近平:在十八届中共中央政治局第十一次集体学习时的讲话

2013 年 12 月 3 日,十八届中共中央政治局就历史唯物主义基本原理和方法论进行了集体学习。习近平总书记在主持学习时发表了重要讲话。他指出,马克思主义哲学深刻揭示了客观世界特别是人类社会发展一般规律,在当今时代依然有着强大生命力,依然是指导我们共产党人前进的强大思想武器。在革命、建设、改革各个历史时期,我们党运用历史唯物主义,系统、具体、历史地分析中国社会运动及其发展规律,在认识世界和改造世界过程中不断把握规律、积极运用规律,推动党和人民事业取得了一个又一个胜利。历史和现实都表明,只有坚持历史唯物主义,我们才能不断把对中国特色社会主义规律的认识提高到新的水平,不断开辟当代中国马克思主义发展新境界。要学习和掌握社会基本矛盾分析法,深入理解全面深化改革的重要性和紧迫性;要学习和掌握物质生产是社会生活的基础的观点,准确把握全面深化改革的重大关系;要学习和掌握人民群众是历史创造者的观点,紧紧依靠人民推进改革。

习近平:《在省部级主要领导干部学习贯彻党的十八届五中全会精神专题研讨班上的讲话》(2016 年 1 月 18 日)

习近平总书记在讲话中指出,"十三五"时期,我国经济发展的显著特征就是进入新常态。这是我国经济向形态更高级、分工更优化、结构更合理的阶段演进的必经过程。实现这样广泛而深刻的变化对我们是一个新的巨大挑战。要深入学习领会党的十八届五中全会精神,特别是要深入学习领会创新、协调、绿色、开放、共享的新发展理念,推动"十三五"时期我国经济社会持续健康发展,确保如期实现全面建成小康社会奋斗目标。

思考题:

1. 马克思在致安年科夫的信中是如何阐述社会历史客观规律性和主体能动性相统一的原理的?

---

① 《马克思恩格斯文集》第 3 卷,人民出版社 2009 年版,第 587 页。

2. 如何理解马克思阶级斗争理论的基本思想?

3. 恩格斯在书信中如何阐发马克思主义历史辩证法思想?

4. 如何全面理解"马克思的整个世界观不是教义,而是方法"?

5. 如何理解新时代全面深化改革的历史必然性和重大原则?

6. 习近平新时代中国特色社会主义思想在哪些方面深化了对人类社会发展规律的认识?

7. 利用历史唯物主义基本原理,说明新发展理念对于推动我国经济社会发展的重要意义。

列　宁

唯物主义和经验批判主义

对一种反动哲学的批判（节选）

（1908 年 2—10 月）

第一版序言

　　许多想当马克思主义者的著作家，今年在我们这里对马克思主义哲学进行了真正的讨伐。不到半年就出版了四本书，这四本书主要是并且几乎完全是攻击辩证唯物主义的。其中，首先是 1908 年在圣彼得堡出版的巴扎罗夫、波格丹诺夫、卢那察尔斯基、别尔曼、格尔方德、尤什凯维奇、苏沃洛夫的论文集《关于〈? 应当说是：反对〉马克思主义哲学的论丛》，其次是尤什凯维奇的《唯物主义和批判实在论》、别尔曼的《从现代认识论来看辩证法》和瓦连廷诺夫的《马克思主义的哲学体系》。

　　所有这些人都不会不知道，马克思和恩格斯几十次地把自己的哲学观点叫做辩证唯物主义。然而所有这些因敌视辩证唯物主义而联合起来的人（尽管政治观点截然不同）在哲学上又自命为马克思主义者！别尔曼说，恩格斯的辩证法是"神秘主义"。恩格斯的观点"过时了"，——巴扎罗夫随便一说，好像这是不言而喻的。唯物主义看来被我们的勇士们驳倒了，他们自豪地引证"现代认识论"，引证"最新哲学"（或"最新实证论"），引证"现代自然科学的哲学"，或者甚至引证"20 世纪的自然科学的哲学"。我们的这些要把辩证唯物主义消灭的人，以所有这些所谓最新的学说为依据，竟肆无忌惮地谈起公开的信仰主义来了（卢那察尔斯基最为明显，但决不只是他一个人！），可是到了要对马克思和恩格斯明确表态时，他们的全部勇气和对自己信念的任何尊重都立即消失了。在事实上，他们完全背弃了辩证唯物主义即马克思主义。在口头上，他们却百般狡辩，企图避开问题的实质，掩饰他们的背弃行为，用某一个唯物主义者来代替整个唯物主义，根本不去直接分析马克思和恩格斯的无数唯物主义言论。按照一位马克思主义者的公正说法，这真是"跪着造反"。这是典型的哲学上的修正主义，因为只有修正主义者违背马克思主义的基本观点，而又不敢或者是没有能力公开、直率、坚决、明确地"清算"被他们抛弃的观点，才获得了这种不好的名声。正统派在反对马克思的过时见解（例如梅林反对某些历史论点）时，总是把话说得非常明确、非常详细，从来没有人在这类论著中找到过一点模棱两可的地方。

不过，在《"关于"马克思主义哲学的论丛》中也有一句近似真理的话。那句话是卢那察尔斯基说的："也许我们〈显然就是《论丛》的全体撰稿人〉错了，但我们是在探索。"（第161页）这句话的前半句包含着绝对真理，后半句包含着相对真理，这一点我将在本书中力求详尽地指出来。现在我只指出一点：如果我们的哲学家不是用马克思主义的名义，而是用几个"正在探索的"马克思主义者的名义讲话，那么，他们对自己和对马克思主义就显得尊重些了。

至于我自己，也是哲学上的一个"探索者"。这就是说，我在本书中给自己提出的任务是：探索那些在马克思主义的幌子下发表一种非常混乱、含糊而又反动的言论的人是在什么地方失足的。

作　者

1908年9月

第一章
经验批判主义的认识论和
辩证唯物主义的认识论（一）

1. 感觉和感觉的复合

马赫和阿芬那留斯在他们的早期哲学著作中，直言不讳地、简单明了地叙述了他们的认识论的基本前提。……

……

关于"要素"这个名词，这个经过12年"思考"的成果，我们在下面再讲。现在我们要指出的是：马赫在这里直截了当地承认物或物体是感觉的复合，十分明确地把自己的哲学观点同一种相反的、认为感觉是物的"符号"（确切些说，物的映象或反映）的理论对立起来。这后一种理论就是**哲学唯物主义**。例如，唯物主义者弗里德里希·恩格斯，马克思的这位有名的合作者和马克思主义的奠基人，就经常毫无例外地在自己的著作中谈到物及其在思想上的模写或反映（Gedanken-Abbilder），不言而喻，这些思想上的模写不是由别的，而是由感觉产生的。看起来，凡谈论"马克思主义哲学"的人，尤其是以这种哲学的**名义**著书立说的人，都应当知道"马克思主义哲学"的这个基本观点。但是，我们的马赫主义者却造成了异乎寻常的混乱，因此我们不得不把众所周知的东西再重复一下。翻开《反杜林论》第 1 节，我们就可以读到："……事物及其在思想上的反映……"① 或者翻开哲学编第 1 节，那里写道："思维从什么地方获得这些原则〈指一切认识的基本原则〉呢？从自身中吗？不…… 思维永远不能从自身中，而只能从外部世界中汲取和引出存在的形式。…… 原则不是研究的出发点〈而在想做一个唯物主义者可又不能彻底贯彻唯物主义的杜林那里则相反〉，而是它的最终结果；这些原则不是被应用于自然界和人类历史，而是从它们中抽象出来的；不是自然界和人类去适应原则，而是原则只有在适合于自然界和历史的情况下才是正确的。这是对事物的唯一唯物主义的观点，而杜林的相反的观点是唯心主义的观点，它把现实的相互关系头足倒置了，从思想中……来构造现实世界……"（同上，第 21 页）②我们再重复一遍：恩格斯到处都毫无例外地贯彻这个"唯一唯物主义的观点"，只要看到杜林稍微从唯物主义退向唯心主义，就毫不留情地加以抨击。任何人只要略为留心地读一读《反杜林论》和《路德维希·费尔巴哈》，就会看到许许多多的例子，其中恩格斯讲到物及其在人的头脑中，在我们的意识、思维中的模写等等。恩格斯并没有说感觉或表象是物的"符号"，因为彻底的唯物主义在这里应该用"映象"、画像或反映来代替"符号"，关于这点我们将在适当的地方加以详尽的说明。我们现在谈的完全不是唯物主义的这种或那种说法，而是唯物主义和唯心主义的对立，哲学上两条基本**路线**的区别。从物到感觉和思想呢，还是从思想和感觉到物？恩格斯坚持第一条路线，即唯物主义的路线。马赫坚持第二条路线，即唯心主义的路线。任何狡辩、任何诡辩（我们还会遇到许许多多这样的狡辩和诡辩）都不能抹杀一个明显的无可争辩的事实：恩·马赫关于物即感觉的复合的学说，是主观唯心主义，是贝克莱主义的简单的重复。如果物体像马赫所说的是"感觉的复合"，或者像贝克莱所说的是

① **弗·恩格斯**《欧根·杜林先生在科学中实行的变革》1904 年斯图加特第 5 版第 6 页（见《马克思恩格斯选集》第 3 卷人民出版社 1972 年版第 62 页。——编者注）。
② 见《马克思恩格斯选集》第 3 卷人民出版社 1972 年版第 73—74 页。——编者注

"感觉的组合",那么由此必然会得出一个结论:整个世界只不过是我的表象而已。从这个前提出发,除了自己以外,就不能承认别人的存在,这是最纯粹的唯我论。不管马赫、阿芬那留斯、彼得楚尔特之流怎样宣布他们同唯我论无关,但事实上,如果他们不陷入惊人的逻辑谬误,就不可能摆脱唯我论。……

(选自《列宁专题文集 论辩证唯物主义和历史唯物主义》,
人民出版社 2009 年版,第 1—7 页)

第二章
经验批判主义的认识论和
辩证唯物主义的认识论（二）

1."自在之物"或维·切尔诺夫
对弗·恩格斯的驳斥

……

恩格斯直截了当地明确地说,他既反对休谟,又反对康德。但是休谟根本不谈什么"不可认识的自在之物"。那么这两个哲学家有什么共同之点呢?共同之点就是:他们**都把**"现象"和显现者、感觉和被感觉者、为我之物和"自在之物"**根本分开**。但是,休谟根本不愿意承认"自在之物",他认为关于"自在之物"的思想本身在哲学上就是不可容许的,是"形而上学"(像休谟主义者和康德主义者所说的那样)。而康德则承认"自在之物"的存在,不过宣称它是"不可认识的",它和现象有原则区别,它属于另一个根本不同的领域,即属于知识不能达到而信仰却能发现的"彼岸"(Jenseits)领域。

……

……由此就可以得出三个重要的认识论的结论:

(1)物是不依赖于我们的意识,不依赖于我们的感觉而在我们之外存在着的。因为,茜素昨天就存在于煤焦油中,这是无可怀疑的;同样,我们昨天关于这个存在还一无所知,我们还没有从这茜素方面得到任何感觉,这也是无可怀疑的。

(2)在现象和自在之物之间决没有而且也不可能有任何原则的差别。差别仅仅存在于已经认识的东西和尚未认识的东西之间。所谓二者之间有着特殊界限，所谓自在之物在现象的"彼岸"（康德），或者说可以而且应该用一种哲学屏障把我们同关于某一部分尚未认识但存在于我们之外的世界的问题隔离开来（休谟），——所有这些哲学的臆说都是废话、怪论（Schrulle）、狡辩、捏造。

（3）在认识论上和在科学的其他一切领域中一样，我们应该辩证地思考，也就是说，不要以为我们的认识是一成不变的，而要去分析怎样从**不知**到**知**，怎样从不完全的不确切的知到比较完全比较确切的知。

只要你们抱着人的认识是由不知发展起来的这一观点，你们就会看到：千百万个类似在煤焦油中发现茜素那样简单的例子，千百万次从科学技术史中以及从所有人和每个人的日常生活中得来的观察，都在向人表明"自在之物"转化为"为我之物"；都在表明，当我们的感官受到来自外部的某些对象的刺激时，"现象"就产生，当某种障碍物使得我们所明明知道是存在着的对象不可能对我们的感官发生作用时，"现象"就消失。由此可以得出唯一的和不可避免的结论：对象、物、物体是在我们之外、不依赖于我们而存在着的，我们的感觉是外部世界的映象。这个结论是由一切人在生动的人类实践中作出来的，唯物主义自觉地把这个结论作为自己认识论的基础。与此相反的马赫的理论（物体是感觉的复合）是可鄙的唯心主义胡说。……

……

（选自《列宁专题文集　论辩证唯物主义和历史唯物主义》，

人民出版社 2009 年版，第 18—24 页）

4. 有没有客观真理？

波格丹诺夫宣称："在我看来，马克思主义包括对任何真理的绝对客观性的否定，对任何永恒真理的否定。"（《经验一元论》第 3 卷第Ⅳ—Ⅴ页）什么叫**绝对**客观性呢？波格丹诺夫在同一个地方说，"永恒真理"就是"具有绝对意义的客观真理"，他只同意承认"仅仅在某一时代范围内的客观真理"。

在这里显然是把下面两个问题搞混了：（1）有没有客观真理？就是说，在人的表象中能否有不依赖于主体、不依赖于人、不依赖于人类的内容？（2）如果有客观真理，那么表现客观真理的人的表象能否立即地、完全地、无条件地、绝对地表现它，或者只能近似地、相对地表现它？这第二个问题是关于绝对真理和相对真理的相互关系问题。

波格丹诺夫明确地、直截了当地回答了第二个问题，他根本否认绝对真理，并且因恩格斯承认绝对真理而非难恩格斯搞**折中主义**。关于亚·波格丹诺夫发现恩格斯搞折中主义这一点，我们在后面另行论述。现在我们来谈谈第一个问题。关于这个问题，波格丹诺夫虽然没有直接说到，但回答也是否定的。因为，否定人的某些表象中的相对性因素，可以不否定客观真理；但是否定绝对真理，就不可能不否定客观真理的存在。

稍后，波格丹诺夫在第Ⅸ页上写道："……别尔托夫所理解的客观真理的标准是没有的；真理是思想形式——人类经验的组织形式……"

这里和"别尔托夫的理解"毫无关系，因为这里谈的是哲学的基本问题中的一个问题，而根本不涉及别尔托夫。这和真理的**标准**也毫无关系，关于真理的标准要另行论述，不应该把这个问题和**有没有**客观真理的问题混为一谈。波格丹诺夫对后一问题的否定的回答是明显的：如果真理**只是**思想形式，那就是说，不会有不依赖于主体、不依赖于人类的真理了，因为除了人类的思想以外，我们和波格丹诺夫都不知道别的什么思想。从波格丹诺夫的后半句话来看，他的否定的回答就更加明显了：如果真理是人类经验的形式，那就是说，不会有不依赖于人类的真理，不会有客观真理了。

波格丹诺夫对客观真理的否定，就是不可知论和主观主义。这种否定的荒谬，即使从前面所举的一个自然科学真理的例子来看，也是显而易见的。自然科学关于地球存在于人类之前的论断是真理，对于这一点，自然科学是不容许怀疑的。这一点和唯物主义的认识论是完全符合的：被反映者不依赖于反映者而存在（外部世界不依赖于意识而存在）是唯物主义的基本前提。自然科学关于地球存在于人类之前的论断，是客观真理。自然科学的这个原理同马赫主义者的哲学以及他们的真理学说，是不可调和的：如果真理是人类经验的组织形式，那么地球存在于任何人类经验**之外**的论断就不可能是真理了。

……

试问：这种对客观真理的否定，是出自不肯承认自己是马赫主义者的波格丹诺夫本人呢，还是出自马赫和阿芬那留斯的学说的基本原理？对这个问题的回答只能是后者。如果世界上只存在着感觉（1876年阿芬那留斯是这样说的），如果物体是感觉的复合（马赫在《感觉的分析》中是这样说的），那么就很明显，在我们面前的就是哲学主观主义，它不可避免地会导致对客观真理的否定。如果把感觉叫做"要素"，这种"要素"在一种联系上构成物理的东西，在另一种联系上构成心理的东西，那么正如我们所看到的那样，经验批判主义的基本出发点并没有因此被否定，而只是被搞乱。阿芬那留斯和马赫都承认感觉是我们知识的泉源。因此，他们都抱着经验论（一切知识来自经验）或感觉论（一切知识来自感觉）的观点。但是，这种观点只会导致唯心主义和唯物主义这两个基本哲学派别之间的差别，而不会排除它们之间的差别，不管你们给这种观点套上什么"新"字眼（"要素"）的服饰。无论唯我论者即主观唯心主义者还是唯物主义者，都可以承认感觉是我们知识的泉源。贝克莱和狄德罗都渊源于洛克。认识论的第一个前提无疑地就是：感觉是我们知识的唯一泉源。马赫承认了第一个前提，但是搞乱了第二个重要前提：人通过感觉感知的是客观实在，或者说客观实在是人的感觉的泉源。从感觉出发，可以沿着主观主义的路线走向唯我论（"物体是感觉的复合或组合"），也可以沿着客观主义的路线走向唯物主义（感觉是物体、外部世界的映象）。在第一种观点（不可知论，或者更进一步说，主观唯心主义）看来，客观真理是不会有的。在第二种观点（唯物主义）看来，承认客观真理是最要紧的。这个哲学上的老问题，即关于两种倾向的问题，或者说得更确切些，关于从经验论和感觉论的前提中得出两种可能的结论的问题，马赫并没有解决，也没有排除或超越，他只是玩弄"要素"这类名词，**把**问题**搞乱**。波格丹诺夫否定客观真理，这是整个马赫主义的必然结果，而不是离开马赫主义。

……

一切知识来自经验、感觉、知觉。这是对的。但试问："属于知觉"的，也就是说，作为知觉的泉源的是**客观实在**吗？如果你回答说是，那你就是唯物主义者。如果你回答说不是，那你就是不彻底的，你不可避免地会陷入主观主义，陷入不可知论；不论你是否认自在之物的可知性和时间、空间、因果性的客观性（像康德那样），还是不容许关于自在之物的思想（像休谟那样），反正都一样。在这种情况下，你的经验论、经验哲学的不彻底性就在于：你否定经验中的客观内容，否定经验认识中的客观真理。

康德和休谟路线的维护者……把我们唯物主义者叫做"形而上学者"，因为我们承认我们在经验中感知的客观实在，承认我们感觉的客观的、不依赖于人的泉源。我们唯物主义者，继恩格斯之后，把康德主义者和休谟主义者叫做

不可知论者，因为他们否定客观实在是我们感觉的泉源。……不可知论者就否定客观真理，并且小市民式地、庸俗地、卑怯地容忍有关鬼神、天主教圣徒以及诸如此类东西的教义。马赫和阿芬那留斯自命不凡地提出"新"术语、所谓"新"观点，实际上却是糊涂地混乱地重复不可知论者的回答：一方面，物体是感觉的复合（纯粹的主观主义、纯粹的贝克莱主义），另一方面，如果把感觉改名为要素，那就可以设想它们是不依赖于我们的感官而存在的！

……马赫主义者是主观主义者和不可知论者，因为他们**不充分**相信我们感官的提示，不彻底贯彻感觉论。他们不承认客观的、不依赖于人的实在是我们感觉的泉源。他们不把感觉看做是这个客观实在的正确摄影，因而直接和自然科学发生矛盾，为信仰主义大开方便之门。相反地，唯物主义者认为世界比它的显现更丰富、更生动、更多样化，因为科学每向前发展一步，就会发现它的新的方面。唯物主义者认为我们的感觉是唯一的和最终的客观实在的映象，所谓最终的，并不是说客观实在已经被彻底认识了，而是说除了它，没有而且也不能有别的客观实在。……

马赫主义者对"独断主义者"即唯物主义者的"陈腐"观点轻蔑地耸耸肩膀，因为唯物主义者坚持着似乎已被"最新科学"和"最新实证论"驳倒了的**物质**概念。关于物质构造的新物理学理论，我们将另行论述。但是，像马赫主义者那样把关于物质的某种构造的理论和认识论的范畴混淆起来，把关于物质的新类型（例如电子）的新特性问题和认识论的老问题，即关于我们知识的泉源、客观真理的存在等等问题混淆起来，这是完全不能容许的。有人对我们说，马赫"发现了世界要素"：红、绿、硬、软、响、长等等。我们要问：当人看见红，感觉到硬等等的时候，人感知的是不是客观实在呢？这个老而又老的哲学问题被马赫搞乱了。如果你们认为人感知的不是客观实在，那么你们就必然和马赫一起陷入主观主义和不可知论，你们就理所当然地受到内在论者即哲学上的缅施科夫式人物的拥抱。如果你们认为人感知的是客观实在，那么就需要有一个关于这种客观实在的哲学概念，而这个概念很早很早以前就制定出来了，这个概念就是**物质**。物质是标志客观实在的哲学范畴，这种客观实在是人通过感觉感知的，它不依赖于我们的感觉而存在，为我们的感觉所复写、摄影、反映。……

接受或抛弃物质概念这一问题，是人对他的感官的提示是否相信的问题，是关于我们认识的泉源的问题。这一问题从一开始有哲学起就被提出来讨论了，教授小丑们可以千方百计地把这个问题改头换面，但是它正如视觉、触觉、听觉和嗅觉是否是人的认识的泉源这个问题一样，是不会陈腐的。认为我们的感觉是外部世界的映象；承认客观真理；坚持唯物主义认识论的观点，——这都是一回事。为了说明这一点，我只引证费尔巴哈以及两本哲学入门书里的话，以便读者可以看清楚，这是一个多么起码的问题。

……

（选自《列宁专题文集　论辩证唯物主义和历史唯物主义》，

人民出版社 2009 年版，第 28—36 页）

5. 绝对真理和相对真理，或论亚·波格丹诺夫
所发现的恩格斯的折中主义

……

因此，人类思维按其本性是能够给我们提供并且正在提供由相对真理的总和所构成的绝对真理的。科学发展的每一阶段，都在给绝对真理这一总和增添新的一粟，可是每一科学原理的真理的界限都是相对的，它随着知识的增加时而扩张、时而缩小。……

从恩格斯和狄慈根的所有这些言论中可以清楚地看出：在辩证唯物主义看来，相对真理和绝对真理之间没有不可逾越的鸿沟。波格丹诺夫完全不懂得这点，他竟然说出了这样的话："它〈旧唯物主义的世界观〉希望成为对于**事物本质**的绝对**客观的认识**〈黑体是波格丹诺夫用的〉，因而同任何思想体系的历史条件的制约性不能相容。"（《经验一元论》第 3 卷第Ⅳ页）从现代唯物主义即马克思主义的观点来看，我们的知识向客观的、绝对的真理接近的**界限**是受历史条件制约的，但是这个真理的存在**是无条件的**，我们向这个真理的接近也是无条件的。图画的轮廓是受历史条件制约的，而这幅图画描绘客观地存在着的模特儿，这是无条件的。在我们认识事物本质的过程中，我们什么时候和在什么条件下进到发现煤焦油中的茜素或发现原子中的电子，这是受历史条件制约的；然而，每一个这样的发现都意味着"绝对客观的认识"前进一步，这是无条件的。一句话，任何思想体系都是受历史条件制约的，可是，任何科学的思想体系（例如不同于宗教的思想体系）都和客观真理、绝对自然相符合，这是无条件的。你们会说：相对真理和绝对真理的这种区分是不确定的。我告诉

你们：这种区分正是这样"不确定"，以便阻止科学变为恶劣的教条，变为某种僵死的凝固不变的东西；但同时它又是这样"确定"，以便最坚决果断地同信仰主义和不可知论划清界限，同哲学唯心主义以及休谟和康德的信徒们的诡辩划清界限。这里是有你们所没有看到的界限，而且由于你们没有看到这个界限，你们滚入了反动哲学的泥坑。这就是辩证唯物主义和相对主义的界限。

马赫、阿芬那留斯和彼得楚尔特宣称：我们是相对主义者。切尔诺夫先生和一些想当马克思主义者的俄国马赫主义者也随声附和地说：我们是相对主义者。是的，切尔诺夫先生和马赫主义者同志们，你们的错误正在这里。因为，把相对主义作为认识论的基础，就必然使自己不是陷入绝对怀疑论、不可知论和诡辩，就是陷入主观主义。作为认识论基础的相对主义，不仅承认我们知识的相对性，并且还否定任何为我们的相对认识所逐渐接近的、不依赖于人类而存在的、客观的准绳或模特儿。从赤裸裸的相对主义的观点出发，可以证明任何诡辩都是正确的，可以认为拿破仑是否死于1821年5月5日这件事是"有条件的"，可以纯粹为了人或人类的"方便"，在承认科学思想体系（它在一方面是"方便"的）的同时，又承认宗教思想体系（它在另一方面也是很"方便"的），等等。

辩证法，正如黑格尔早已说明的那样，**包含着**相对主义、否定、怀疑论的因素，可是它**并不归结为**相对主义。马克思和恩格斯的唯物主义辩证法无疑地包含着相对主义，可是它并不归结为相对主义，这就是说，它不是在否定客观真理的意义上，而是在我们的知识向客观真理接近的界限受历史条件制约的意义上，承认我们一切知识的相对性。

……

（选自《列宁专题文集　论辩证唯物主义和历史唯物主义》，
人民出版社 2009 年版，第 37—43 页）

6. 认识论中的实践标准

我们已经看到，马克思在 1845 年，恩格斯在 1888 年和 1892 年，都把实践标准作为唯物主义认识论的基础。马克思在关于费尔巴哈的提纲第 2 条里说：离开实践提出"人的思维是否具有对象的〈即客观的〉真理性"的问题，是经院哲学。恩格斯重复说：对康德和休谟的不可知论以及其他哲学怪论（Schrullen）的最有力的驳斥就是实践。他反驳不可知论者说："我们的行动的成功证明我们的知觉是和知觉到的事物的对象〈客观〉本性相符合的（Übereinstimmung）。"①

……

恩·马赫把每个人用来区别错觉和现实的实践标准置于科学的界限、认识论的界限之外，这正是这种生造的教授唯心主义。马克思和恩格斯都说过，人类的实践证明唯物主义认识论的正确性，并且把那些想离开实践来解决认识论的基本问题的尝试称为"经院哲学"和"哲学怪论"。但马赫认为，实践是一回事，而认识论完全是另外一回事；人们可以把它们并列在一起，不用前者来制约后者。马赫在他的最后一本著作《认识和谬误》中说："认识是生物学上有用的（förderndes）心理体验。"（德文第 2 版第 115 页）"只有成功才能把认识和谬误区别开来。"（第 116 页）"概念是物理学的作业假说。"（第 143 页）我们俄国的那些想当马克思主义者的马赫主义者，天真到了惊人的地步，他们竟把马赫的这些话当做他**接近**马克思主义的证明。但是，马赫在这里接近马克思主义，就像俾斯麦接近工人运动或叶夫洛吉主教接近民主主义一样。在马赫那里，这些论点**是**和他的唯心主义的认识论**并列在一起的**，但是它们并不决定在认识论上选择哪一条确定的路线。认识只有在它反映不以人为转移的客观真理时，才能成为生物学上有用的认识，成为对人的实践、生命的保存、种的保存有用的认识。在唯物主义者看来，人类实践的"成功"证明着我们的表象同我们所感知的事物的客观本性相符合。在唯我论者看来，"成功"是**我在实践中**所需要的一切，而实践是可以同认识论分开来考察的。马克思主义者说：如果把实践标准作为认识论的基础，那么我们就必然得出唯物主义。马赫说：就算实践是唯物主义的，但理论却完全是另外一回事。

……

生活、实践的观点，应该是认识论的首要的和基本的观点。这种观点必然会导致唯物主义，而把教授的经院哲学的无数臆说一脚踢开。当然，在这里不要忘记：实践标准实质上决不能**完全地**证实或驳倒人类的任何表象。这个标准也是这样的"不确定"，以便不让人的知识变成"绝对"，同时它又是这样的确

---

① 参看《马克思恩格斯选集》人民出版社 1972 年版第 1 卷第 16 页；第 4 卷第 221 页；第 3 卷第 387 页。——编者注

定，以便同唯心主义和不可知论的一切变种进行无情的斗争。如果我们的实践所证实的是唯一的、最终的、客观的真理，那么，因此就得承认：坚持唯物主义观点的科学的道路是走向这种真理的唯一的道路。例如，波格丹诺夫同意承认马克思的货币流通理论只是在"我们的时代"才具有客观真理性，而把那种认为这个理论具有"超历史的客观的"真理性的见解叫做"独断主义"（《经验一元论》第 3 卷第Ⅶ页）。这又是一个糊涂观点。这个理论和实践的符合，是不能被将来任何情况所改变的，原因很简单，正如拿破仑死于 1821 年 5 月 5 日这个真理**是永恒的**一样。但是，实践标准即**一切**资本主义国家近几十年来的发展进程所证明为客观真理的，是马克思的**整个**社会经济理论，而不是其中的某一部分、某一表述等等，因此很明显，在这里说什么马克思主义者的"独断主义"，就是向资产阶级经济学作不可宽恕的让步。从马克思的理论是客观真理这一为马克思主义者所同意的见解出发，所能得出的唯一结论就是：**沿着**马克思的理论的**道路**前进，我们将愈来愈接近客观真理（但决不会穷尽它）；而**沿着任何其他的道路**前进，除了混乱和谬误之外，我们什么也得不到。

（选自《列宁专题文集　论辩证唯物主义和历史唯物主义》，
人民出版社 2009 年版，第 44—50 页）

第三章
辩证唯物主义的认识论和
经验批判主义的认识论（三）

1. 什么是物质？什么是经验？

唯心主义者，不可知论者，其中也包括马赫主义者，经常拿第一个问题追问唯物主义者，唯物主义者经常拿第二个问题追问马赫主义者。我们来分析一下这是怎么一回事。

……

马赫把这个思想表达得比较简单，没有用哲学上的遁词饰语："我们称之为物质的东西，只是**要素**（"感觉"）的一定的有规律的联系。"（《感觉的分析》第

265 页）马赫以为，他提出这样一个论断，就会使普通的世界观发生"根本的变革"。其实这是用"要素"这个字眼掩盖了真面目的老朽不堪的主观唯心主义。

最后，疯狂地攻击唯物主义的英国马赫主义者毕尔生说道："从科学的观点来看，不能反对把某些比较恒久的感性知觉群加以分类，把它们集合在一起而称之为物质。这样我们就很接近约·斯·穆勒的定义：物质是感觉的恒久可能性。但是这样的物质定义完全不同于如下的定义：物质是运动着的东西。"（《科学入门》1900 年第 2 版第 249 页）这里没有用"要素"这块遮羞布，唯心主义者直接向不可知论者伸出了手。

读者可以看到，经验批判主义的创始人的这一切论述，完全是在思维对存在、感觉对物理东西的关系这个认识论的老问题上兜圈子。要有俄国马赫主义者的无比天真才能在这里看到某种和"最新自然科学"或"最新实证论"多少有点关系的东西。所有我们提到的哲学家都是用唯心主义的基本哲学路线代替唯物主义的基本哲学路线（从存在到思维、从物质到感觉），只是有的直截明言，有的吞吞吐吐。他们否认物质，也就是否认我们感觉的外部的、客观的泉源，否认和我们感觉相符合的客观实在，这是大家早已熟知的他们对认识论问题的解答。相反地，对唯心主义者和不可知论者所否定的那条哲学路线的承认，是以如下的定义表达的：物质是作用于我们的感官而引起感觉的东西；物质是我们通过感觉感知的客观实在，等等。

波格丹诺夫胆怯地避开恩格斯，装做只跟别尔托夫争辩，对上述定义表示愤慨，因为，你们要知道，这类定义"原来是简单地重复"（《经验一元论》第 3 卷第 XVI 页）下面的"公式"（我们的"马克思主义者"忘记了加上：**恩格斯**的公式）：对哲学上的一个派别说来，物质是第一性的，精神是第二性的；对另一个派别说来，则恰恰相反。所有的俄国马赫主义者都喜出望外地重复波格丹诺夫的"驳斥"！可是这些人稍微想一想就会明白，对于认识论的这两个根本概念，除了指出它们之中哪一个是第一性的，不可能，实质上不可能再下别的定义。下"定义"是什么意思呢？这首先就是把某一个概念放在另一个更广泛的概念里。例如，当我下定义说驴是动物的时候，我是把"驴"这个概念放在更广泛的概念里。现在试问，在认识论所能使用的概念中，有没有比存在和思维、物质和感觉、物理的东西和心理的东西这些概念更广泛的概念呢？没有。这是些极为广泛的、最为广泛的概念，其实（如果撇开**术语上经常**可能发生的变化）认识论直到现在还没有超出它们。只有欺诈或极端愚蠢才会要求给这两个极其广泛的概念"系列"下一个不是"简单地重复"二者之中哪一个是第一性的"定义"。就拿上面所引的三种关于物质的论断来说吧！这三种论断归结起来是什么意思呢？归结起来就是：这些哲学家是从心理的东西或**自我**到物理的东西或环境，也就是从中心项到对立项，或者从感觉到物质，或者从感性知觉到物质。实际上，阿芬那留斯、马赫和毕尔生除了表明他们的哲学路线的**倾向**以外，能不能给这些基本概念下什么别的"定义"呢？对于什么是**自我**，什么是感觉，什么是感性知觉，他们是不是能下别的定义，能下什么更特别的定义呢？只要清楚地提出问题就可以了解，当马赫主义者要求唯物主义者给物质下的定义不再重复物质、自然界、存在、物理的东西是第一性的，而精神、意识、感觉、心理的东西是第二性的时候，他们是在说些多么荒唐绝顶的话。

顺便说一下，马克思和恩格斯的天才也表现在：他们蔑视学究式地玩弄新奇的名词、古怪的术语、狡猾的"主义"，而直截了当地说，哲学上有唯物主义路线和唯心主义路线，在两者之间有各式各样的不可知论。劳神费力寻找哲学上的"新"观点，正如劳神费力创造"新"价值论、"新"地租论等等一样，是精神上贫乏的表现。

……

当然，就是物质和意识的对立，也只是在非常有限的范围内才有绝对的意义，在这里，仅仅在承认什么是第一性的和什么是第二性的这个认识论的基本问题的范围内才有绝对的意义。超出这个范围，这种对立无疑是相对的。

……

（选自《列宁专题文集　论辩证唯物主义和历史唯物主义》，
人民出版社 2009 年版，第 51—55 页）

第五章
最近的自然科学革命和
哲学唯心主义

8."物理学"唯心主义的实质和意义

我们已经看到，在英国、德国和法国的著作中都提出了关于从最新物理学中得出的认识论结论的问题，并且从各种不同的观点展开了讨论。丝毫用不着怀疑，我们面前有一种国际性的思潮，它不是以某一哲学体系为转移，而是由哲学之外的某些一般原因所产生的。上面对各种材料的概述，无疑地表明了马赫主义是和新物理学"有联系"的，同时也表明了我们的马赫主义者所散播的关于这一联系的看法是**根本不正确的**。不论在哲学上或在物理学上，我们的马赫主义者都是盲目地赶**时髦**，不能够根据自己的马克思主义观点对某些思潮作一个总的概述，并对它们的地位作出评价。

关于马赫哲学是"20 世纪自然科学的哲学"、"自然科学的最新哲学"、"最新的自然科学的实证论"等等……的一切空泛议论充满了双重的虚伪。因为，第一，马赫主义在思想上只和现代自然科学的**一个门类中的一个学派**有联系。第二，**这也是主要的一点**，在马赫主义中，和这个学派有联系的，**不是使马赫主义同其他一切唯心主义哲学的流派和体系相区别的东西，而是马赫主义和整个哲学唯心主义共有的东西**。只要看一看我们所考察的**整个**思潮，就会毫不怀疑这个论点的正确性。……

我们所考察的新物理学的这个学派的基本思想，是否认我们通过感觉感知的并为我们的理论所反映的客观实在，或者是怀疑这种实在的存在。在这里，这个学派离开了**被公认为**在物理学家中间占统治地位的**唯物主义**（它被不确切地称为实在论、新机械论、物质运动论；物理学家本人一点没有自觉地去发展它），是作为"物理学"唯心主义的学派而离开唯物主义的。

……

调和者莱伊极力要把现代物理学的一切学派联合起来反对信仰主义！这是好心肠的虚伪，然而终究是虚伪，因为马赫—彭加勒—毕尔生学派倾向于唯心主义（即精致的信仰主义），是不容争辩的。与不同于信仰主义精神的"科学精神"的基础相联系的、并为莱伊所热烈拥护的那个物理学的客观性，无非是唯物主义的"羞羞答答的"表述方式。物理学的唯物主义基本精神，正如整个现代自然科学的唯物主义基本精神一样，将克服所有一切危机，但是必须以辩证唯物主义去代替形而上学唯物主义。

现代物理学的危机就在于它不再公开地、断然地、坚定不移地承认它的理论的客观价值，——调和者莱伊常常力图掩盖这一点，但是事实胜于一切调和的企图。……

这说得好极了！在物理学的客观性问题上的"思想动摇"，就是时髦的

"物理学"唯心主义的实质。

……

这就是产生"物理学"唯心主义的第一个原因。反动的意向是科学的进步本身所产生的。自然科学的辉煌成就，它向那些运动规律可以用数学来处理的同类的单纯的物质要素的接近，使数学家忘记了物质。"物质在消失"，只剩下一些方程式。在新的发展阶段上，仿佛是通过新的方式得到了旧的康德主义的观念：理性把规律强加于自然界。正如我们所看到的，非常欣赏新物理学的唯心主义精神的赫尔曼·柯亨，竟鼓吹在中学教授高等数学，以便把我们的唯物主义时代正在排除的唯心主义精神灌输给中学生（阿·朗格《唯物主义史》1896 年第 5 版第 2 卷第 XLIX 页）。当然，这是反动分子的痴心妄想；事实上，除了少数专家对唯心主义的极短暂的迷恋以外，这里什么都没有，而且也不可能有。但非常值得注意的是：有教养的资产阶级的代表们像快淹死的人想抓住一根稻草来救命一样，企图用多么巧妙的手段来人为地为那种由于无知、闭塞和资本主义矛盾所造成的荒诞不经现象而在下层人民群众中产生的信仰主义保持或寻找地盘。

产生"物理学"唯心主义的另一个原因，是**相对主义的**原理，即我们知识的相对性的原理。这个原理在旧理论急剧崩溃的时期以特殊力量强使物理学家接受；**在不懂得辩证法的情况下**，这个原理必然导致唯心主义。

关于相对主义和辩证法的相互关系这个问题，对于说明马赫主义的理论厄运，几乎是最重要的问题。例如，莱伊像一切欧洲实证论者一样，不懂得马克思的辩证法。他仅仅在唯心主义哲学思辨的意义上使用辩证法这个词。因此，虽然他感觉到新物理学在相对主义上失足，可是他仍然绝望地挣扎着，企图把相对主义区分为适度的和过分的。……

实际上，关于相对主义问题在理论上唯一正确的提法，是马克思和恩格斯的唯物主义辩证法指出来的，所以不懂得唯物主义辩证法，就**必然**会从相对主义走到哲学唯心主义。单是不了解这一点，就足以使别尔曼先生的《从现代认识论来看辩证法》这本荒谬的小册子失去任何意义，因为别尔曼先生关于他所完全不懂得的辩证法只是重复了陈词滥调。我们已经看到，**一切**马赫主义者在认识论上的**每一步**都暴露出同样的无知。

物理学的一切旧真理，包括那些被认为是不容争辩和不可动摇的旧真理在内，都是相对真理，——**这就是说**，任何不依赖于人类的客观真理是不会有的。不仅整个马赫主义，而且整个"物理学"唯心主义都是这样断定的。绝对真理是由发展中的相对真理的总和构成的；相对真理是不依赖于人类而存在的客体的相对正确的反映；这些反映愈来愈正确；每一个科学真理尽管有相对性，其中都含有绝对真理的成分，——这一切论点，对于所有钻研过恩格斯的《反杜林论》的人来说是不言而喻的，而对于"现代"认识论来说却是无法理解的。

……

总之，今天的"物理学"唯心主义，正如昨天的"生理学"唯心主义一样，不过是意味着自然科学一个门类里的一个自然科学家学派，由于没有能够直接地和立即地从形而上学的唯物主义上升到辩证唯物主义而滚入了反动的哲学。现代物理学正在走这一步，而且一定会走这一步，但它不是笔直地而是曲折地，不是自觉地而是自发地走向自然科学的唯一正确的方法和唯一正确的哲学；它不是清楚地看见自己的"终极目的"，而是在摸索中接近这个目的；它动摇着，有时候甚至倒退。现代物理学是在临产中。它正在生产辩证唯物主义。分娩是痛苦的。除了生下一个活生生的、有生命力的生物，它还必然会产出一些死东西，一些应当扔到垃圾堆里去的废物。整个物理学唯心主义、整个经验批判主义哲学以及经验符号论、经验一元论等等，都是这一类废物。

(选自《列宁专题文集 论辩证唯物主义和历史唯物主义》，

人民出版社 2009 年版，第 95—106 页)

第六章
经验批判主义和历史唯物主义

2. 波格丹诺夫怎样修正和"发展"
马克思的学说

……

马克思和恩格斯的学说是从费尔巴哈那里产生出来的，是在与庸才们的斗争中发展起来的，自然他们所特别注意的是修盖好唯物主义哲学的上层，也就是说，他们所特别注意的不是唯物主义认识论，而是唯物主义历史观。因此，马克思和恩格斯在他们的著作中特别强调的是**辩证**唯物主义，而不是辩证**唯物主义**，特别坚持的是**历史**唯物主义，而不是历史**唯物主义**。我们那些想当马克思主义者的马赫主义者是在与此完全不同的历史时期接近马克思主义的，这时候资产阶级哲学已经专门从事认识论的研究了，并且片面地歪曲地接受了辩证法的若干组成部分（例如，相对主义），把主要的注意力集中于保护或恢复下半截的唯心主义，而不是集中于保护或恢复上半截的唯心主义。至少，一般实证论特别是马赫主义是在更多地从事对认识论的巧妙的伪造，冒充唯物主义，用似乎是唯物主义的术语来掩盖唯心主义，而对历史哲学却注意得比较少。我们的马赫主义者不理解马克思主义，因为他们可以说是**从另一个方面**接近马克思主义的，他们接受了——有时候与其说是接受了还不如说是背诵了——马克思的经济理论和历史理论，但并没有弄清楚它们的基础，即哲学唯物主义。因此，应当把波格丹诺夫这一流人叫做颠倒过来的俄国的毕希纳分子和杜林分子。他们想在上半截成为唯物主义者，但他们却不能摆脱下半截的混乱的唯心主义！在波格丹诺夫那里，"上半截"是历史唯物主义，诚然，是庸俗的、被唯心主义严重地糟蹋了的历史唯物主义；"下半截"是唯心主义，是用马克思主义的术语、马克思主义的词句装饰打扮起来的唯心主义。"社会地组织起来的经验"、"集体的劳动过程"等等，这一切都是马克思主义的字眼，然而这一切**仅仅是**一些掩饰唯心主义哲学的**字眼**，这种唯心主义哲学宣称物是"要素"-感觉的复合，外部世界是人类的"经验"或"经验符号"，物理自然界是"心理的东西"的"派生物"，等等。

......

（选自《列宁专题文集　论辩证唯物主义和历史唯物主义》，

人民出版社 2009 年版，第 107—116 页）

4. 哲学上的党派和哲学上的无头脑者

我们还须要考察一下马赫主义对宗教的关系问题。但是这个问题扩大成了哲学上究竟有没有党派以及哲学上的无党性有什么意义的问题。

在以上的整个叙述过程中，在我们所涉及的每个认识论问题上，在新物理学所提出的每个哲学问题上，我们探究了**唯物主义**和**唯心主义**的斗争。透过许多新奇的诡辩言词和学究气十足的烦琐语句，我们总是毫无例外地看到，在解决哲学问题上有**两条**基本路线、两个基本派别。是否把自然界、物质、物理的东西、外部世界看做第一性的东西，而把意识、精神、感觉（用现今**流行的**术语来说，即经验）、心理的东西等等看做第二性的东西，这是一个**实际上仍然**把哲学家划分为**两大阵营**的根本问题。这方面的成千上万的错误和糊涂观念的根源就在于：人们在各种术语、定义、烦琐辞令、诡辩字眼等等的外表下，**忽略了**这两个基本倾向（例如，波格丹诺夫不愿意承认自己的唯心主义，因为他所采用的不是"自然界"和"精神"这类"形而上学的"概念，而是物理的东西和心理的东西这类"经验的"概念。字眼改变了啊！）。

马克思和恩格斯的天才正是在于：他们在很长时期内，在**差不多半个世纪**里，发展了唯物主义，向前推进了哲学上的一个基本派别。他们不是踏步不前，只重复那些已经解决了的认识论问题，而是把**同样的**唯物主义彻底地贯彻（而且表明了应当**如何**贯彻）在社会科学的领域中，他们把胡言乱语、冠冕堂皇的谬论以及想在哲学上"发现""新"路线和找出"新"方向等等的无数尝试当做垃圾毫不留情地清除掉。这类尝试的胡诌瞎说的性质，玩弄哲学上新"主义"的烦琐把戏，用诡辩辞令混淆问题的实质，不能了解和看清认识论上两个基本派别的斗争，——这一切正是马克思和恩格斯在其毕生活动中所抨击和痛斥的。

我们刚才说，差不多有半个世纪。其实早在 1843 年，当马克思刚刚成为马克思，即刚刚成为科学社会主义的创始人，成为比以往一切形式的唯物主义无比丰富和彻底的**现代唯物主义**的创始人的时候，他就已经异常明确地指出了哲学上的根本路线。卡·格律恩曾引用过马克思在 1843 年 10 月 20 日写给费尔巴哈的信，马克思在这封信里请费尔巴哈为《德法年鉴》写一篇反对谢林的文章。马克思写道：这位谢林是个无聊的吹牛大王，他妄想包罗和超越一切已往的哲学派别。"谢林向法国的浪漫主义者和神秘主义者说：我把哲学和神学结合起来了。向法国的唯物主义者说：我把肉体和观念结合起来了。向法国的怀疑论者说：我把独断主义摧毁了。"马克思在当时就已经看出，不管"怀疑论者"叫做休谟主义者或康德主义者（在 20 世纪，或者叫做马赫主义者），他们都大声叫嚷反对唯物主义的和唯心主义的"独断主义"；他没有被千百种不足道的哲学体系中的任何一个体系所迷惑，而能够经过费尔巴哈直接走上反唯心主义的唯物主义道路。过了 30 年，马克思在《资本论》第 1 卷第 2 版的跋中，同样明确地把**他的唯物主义**跟黑格尔的**唯心主义**，即最彻底最发展的**唯心主义**对立起来，同时轻蔑地抛开孔德的"实证论"，把当时的一些哲学家称为可怜的模仿者，他们自以为消灭了黑格尔，而事实上却是重犯了黑格尔以前的康德和休谟的错误。马克思在 1870 年 6 月 27 日给库格曼的信中也轻蔑地斥责"毕希纳、朗格、杜林、费希纳等人"，因为他们不能理解黑格尔的辩证法，并且还对他采取轻视的态度。最后，如果把马克思在《资本论》和其他著作中的一些哲学言论考察一下，那么你们就会看到一个**始终不变的**主旨：坚持**唯物主义**，轻蔑地嘲笑一切模糊问题的伎俩、一切糊涂观念和一切向**唯心主义**的退却。马克思的**全部**哲学言论，都是以说明这二者的根本对立为中心的，但从教授哲学的观点看来，这种"狭隘性"和"片面性"也就是马克思的全部哲学言论的缺点之所在。事实上，鄙弃这些调和唯物主义和唯心主义的无聊的伎俩，正是沿着十分明确的哲学道路**前进**的马克思的最伟大的功绩。

和马克思完全一致并同马克思密切合作的恩格斯，在自己的一切哲学著作中，在**一切**问题上都简单明白地把唯物主义路线跟唯心主义路线对立起来。不论在 1878 年、1888 年或 1892 年，他对于"超越"唯物主义和唯心主义的"片面性"而创立**新路线**（如创立什么"实证论"、"实在论"或其他教授的骗人理论）的无数煞费苦心的企图，一概表示轻视。恩格斯同杜林的全部斗争**始终**是在彻底贯彻唯物主义这个口号下进行的。恩格斯谴责唯物主义者杜林用空洞的字眼来混淆问题的实质，谴责他夸夸其谈，采用向唯心主义让步和转到唯心主义立场上去的论断方法。在《反杜林论》的**每一节**中都是这样提出问题的：不是彻底的唯物主义，就是哲学唯心主义的谎言和糊涂观点。只有头脑被反动教授哲学腐蚀了的人才会看不见这种提法。直到 1894 年恩格斯给《反杜林论》的最后增订版写最后一篇序言的时候，他还是继续探究新的哲学和新的自然科学，还是像以前那样坚持自己的明确坚定的立场，把大大小小新体系的垃圾清除掉。

……

马克思和恩格斯在哲学上自始至终都是有党性的，他们善于发现一切"最新"流派对唯物主义的背弃，对唯心主义和信仰主义的纵容。因此他们对赫胥黎的评价**完全**是从彻底坚持唯物主义的观点出发的。因此他们责备费尔巴哈没有把唯物主义贯彻到底，责备他因个别唯物主义者犯有错误而拒绝唯物主义，责备他同宗教作斗争是为了革新宗教或创立新宗教，责备他在社会学上不能摆脱唯心主义的空话而成为唯物主义者。

约·狄慈根不管在阐述辩证唯物主义时曾犯过一些什么样的局部性的错误，但他充分重视并接受了他的导师的这个最伟大和最宝贵的传统。约·狄慈根由于发表一些欠妥的违背唯物主义的言论而犯了许多错误，可是他从来没有企图在原则上脱离唯物主义而独树"新的"旗帜，在紧要关头他总是毅然决然地声明：我是唯物主义者，我的哲学是唯物主义哲学。……

正是如此！包括"实证论者"、马赫主义者等在内的"实在论者"等等，就是这样一种讨厌的糊状的东西，就是哲学上的可鄙的**中间党派**，它在每一个问题上都把唯物主义派别和唯心主义派别混淆起来。在哲学上企图超出这两个基本派别，这不过是玩弄"调和派的骗人把戏"而已。

……

现在我们从哲学的党派观点来看一看马赫、阿芬那留斯以及他们的学派。这些先生们**以无党性自夸**；如果说他们有什么死对头，那么只有一个，**只有……唯物主义者**。在**一切**马赫主义者的**一切**著作中，像一根红线那样贯穿着一种愚蠢奢望："凌驾"于唯物主义和唯心主义之上、超越它们之间"陈旧的"对立。而**事实上这帮人每时每刻**都在陷入唯心主义，同唯物主义进行不断的和始终不渝的斗争。像阿芬那留斯这类人精心制造出来的认识论的怪论，不过是教授们的虚构，创立"自己的"哲学小宗派的企图而已。**其实**，在现代社会的各种思想和派别互相斗争的总的形势下，这些认识论的诡计所起的**客观作用**却只有一个，就是给唯心主义和信仰主义扫清道路，替它们忠实服务。因此，华德之流的英国唯灵论者、赞扬马赫攻击唯物主义的法国新批判主义者以及德国的内在论者，都拼命地抓住这个小小的经验批判主义者学派，这实在不是偶然的！约·狄慈根所谓的"信仰主义的有学位的奴仆"这一说法，正是击中了马赫、阿芬那留斯以及他们的整个学派的要害。

……

无论在哲学上或经济学上，马克思主义者的任务就是要善于汲取和改造这些"帮办"所获得的成就（例如，在研究新的经济现象时，如果不利用这些帮办的著作，就不能前进一步），并且要**善于**消除它们的反动倾向，善于贯彻**自己的**路线，同敌视我们的各种力量和阶级的**整个路线**作斗争。而我们的那些**奴颜婢膝地**追随反动教授哲学的马赫主义者就是不善于做到这一点。……对经验批判主义和"物理学"唯心主义的迷恋，正像对新康德主义和"生理学"唯心主义的迷恋一样，很快就会消逝，而信仰主义却从每一次这样的迷恋中得到好处，并千方百计地变换自己的花招，以利于哲学唯心主义。

……

（选自《列宁专题文集　论辩证唯物主义和历史唯物主义》，
人民出版社 2009 年版，第 117—125 页）

结　论

马克思主义者应该从以下四个角度来评价经验批判主义。

第一，首先必须把这种哲学的理论基础和辩证唯物主义的理论基础加以比较。本书前三章所作的这种比较，从认识论问题的**各方面**揭露了用新的怪论、字眼和花招来掩饰**唯心主义和不可知论**旧错误的经验批判主义的**十足反动性**。只有那些根本不懂得什么是一般哲学唯物主义，什么是马克思和恩格斯的辩证方法的人，才会侈谈经验批判主义和马克思主义的"结合"。

第二，必须确定经验批判主义这个哲学专家们的小学派在现代其他哲学学派中的地位。马赫和阿芬那留斯都是从康德开始，可是他们并没有从他走向唯物主义，而是朝着相反的方向走向休谟和贝克莱。阿芬那留斯以为自己全盘地"清洗经验"，其实他只是把康德主义从不可知论中清洗出去。马赫和阿芬那留斯的整个学派愈来愈明确地走向唯心主义，它和最反动的唯心主义学派之一，即所谓内在论派密切结合起来了。

第三，必须注意到，马赫主义与现代自然科学的一个门类中的一个学派有着无可怀疑的联系。一般自然科学家以及物理学这一特别门类中的自然科学家，极大多数都始终不渝地站在唯物主义方面。但是也有少数新物理学家，在近年来伟大发现所引起的旧理论的崩溃的影响下，在特别明显地表明我们知识的相对性的新物理学危机的影响下，由于不懂得辩证法，就经过相对主义而陷入了唯心主义。现今流行的物理学唯心主义，就像不久以前流行过的生理学唯心主义一样，是一种反动的并且使人一时迷惑的东西。

第四，在经验批判主义认识论的烦琐语句后面，不能不看到哲学上的党派斗争，这种斗争归根到底表现着现代社会中敌对阶级的倾向和思想体系。最新的哲学像在 2000 年前一样，也是有党性的。唯物主义和唯心主义按实质来说，是两个斗争着的党派，而这种实质被冒牌学者的新名词或愚蠢的无党性所掩盖。唯心主义不过是信仰主义的一种精巧圆滑的形态，信仰主义全副武装，它拥有庞大的组织，继续不断地影响群众，并利用哲学思想上的最微小的动摇来为自己服务。经验批判主义的客观的、阶级的作用完全是在于替信仰主义者效劳，帮助他们反对一般唯物主义，特别是反对历史唯物主义。

（选自《列宁专题文集　论辩证唯物主义和历史唯物主义》，
人民出版社 2009 年版，第 129—130 页）

《唯物主义和经验批判主义
对一种反动哲学的批判（节选）》导读

一、写作背景

《唯物主义和经验批判主义》（以下简称《唯批》）是列宁在资本主义进入帝国主义阶段，批判第二国际和俄国党内及知识界的错误哲学思潮，捍卫和发展马克思主义科学世界观的重要著作。

19世纪末20世纪初，资本主义进入国际垄断资本主义即帝国主义阶段，资本主义国家经济、政治形势发生深刻变化，无产阶级与资产阶级的政治和思想斗争更加激烈。同时，这一时期，自然科学深入发展，为辩证唯物主义认识论提供了直接的自然科学支持和研究素材。有一些西方学者企图利用自然科学的这些发展，散布唯心主义世界观和认识论，对马克思主义哲学提出了挑战。更为严重的是，恩格斯逝世后，第二国际一些主要理论家把马克思主义哲学实证主义化的恶果迅速蔓延开来，扩展到伦理道德领域。伯恩施坦等人公开提出用康德的伦理学"修正"马克思主义哲学，用"伦理社会主义"取代科学社会主义。而以麦克斯·阿德勒和弗里德里希·阿德勒等人为代表的"奥地利马克思主义者"借口马克思主义缺乏哲学基础特别是认识论基础，力图将康德的"认识批判论"和马赫、阿芬那留斯的"经验批判论"同唯物史观结合起来。甚至连专门著书批判康德伦理学的考茨基也认为马克思的历史观同马赫、阿芬那留斯有联系，在他主编的《新时代》杂志上，刊登了大量经验批判主义哲学的文章。这种修正马克思主义哲学的思潮在俄国尤为严重，随着俄国1905年革命的失败，资产阶级走向公开反动，在社会民主党内部也出现了背离革命路线的"取消派"和"召回派"。资产阶级思想家组成"寻神派"，把革命失败归之于俄国人民失去了上帝，现在必须把上帝"找回来"。卢那察尔斯基、巴札罗夫等人开展了一场"造神运动"，鼓吹创立一种新的"社会主义的宗教"。原来属于布尔什维克的波格丹诺夫、巴札罗夫、卢那察尔斯基等人，同孟什维克的尤什凯维奇、瓦连廷诺夫等联合起来，歪曲马克思主义哲学，宣称唯物主义已经"过时"，必须用经验批判主义对马克思主义加以"补充"和"修正"。

　　经验批判主义，亦称马赫主义，其主要创始人是奥地利物理学家、哲学家马赫和德国哲学家阿芬那留斯。这种哲学以"经验"作为基本范畴，声称以科学的批判的态度来研究经验，认为构成世界的基本要素不是客观物质，而是纯粹的经验（声、色、味等感觉），物是感觉的复合，实质上是一种唯心主义哲学。经验批判主义具有如下特征：一是把哲学基本问题当作"形而上学"的问题加以拒绝，企图回避本体论即世界本原问题，把问题局限于认识论领域；二是用"无党性"来掩盖和抹杀两条哲学路线的根本对立，标榜自己"超越"了唯物主义和唯心主义的对立；三是曲解物理学革命的成果，把否定世界的物质性标榜为"最新自然科学的哲学"；四是利用对传统形而上学唯物主义机械性的批判，片面夸大辩证法的某些原理（例如相对性原理），竭力把自己打扮成素朴实在论。

　　经验批判主义的流行同所谓的"物理学危机"有着直接的联系。"物理学危机"这一说法最初是由法国物理学家彭加勒在《科学的价值》一书中提出的。从19世纪末开始，物理学领域产生了一系列重大的新发现，推翻了原有关于物质结构及其特性的形而上学观念，引起物理学理论的革命。在急剧变革面前，物理学界出现了两种倾向，即机械论学派和批判学派的主张。前者坚持自发的唯物主义立场，把牛顿经典力学当成绝对真理，不懂得辩证法，不能理解和接受新发现；后者则从新发现得出错误结论，认为"物质消灭了"，唯物主义被推翻了。新发现与旧理论的矛盾引发了思想认识上的混乱，产生了所谓的"物理学危机"，它既不是物理学本身作为一门科学的存在发生的危机，也不是唯物主义哲学的危机，而是旧形态的即形而上学的唯物主义发生的危机。这一危机的实质是形而上学唯物主义因无法解释物理学新发现提出的一系列新问题，暴露了其局限性，唯心主义则乘机向唯物主义发起挑战，妄图取代唯物主义。

　　普列汉诺夫先于列宁对经验批判主义进行批判，并且取得了值得肯定的成绩，但未能彻底完成战胜俄国经验批判主义的任务。为彻底批判以经验批判主义为代表的各种唯心主义，粉碎修正主义对马克思主义哲学的攻击和诋毁，保证无产阶级政党指导思想上的正确性和坚定性，列宁亲自担负起了批判的重任。1906年，列宁就曾打算出版题为《一个普通马克思主义者的哲学札记》的长信对其加以批判，但未能实现。1908年初，俄国马赫主义者出版了论文集《关于马克思主义哲学的论丛》后，1908年2—10月列宁在日内瓦和伦敦写作了《唯批》，1909年5月由莫斯科环节出版社出版，署名弗拉·伊林。这部著作的手稿和准备材料至今没有找到。

二、主要内容

《唯批》包括第一、二版序言，代绪论，六章正文和一个简短的结论。代绪论考察了近代哲学史上唯物主义和唯心主义的对立和斗争，说明经验批判主义和辩证唯物主义的对立是两条哲学路线斗争的继续。前三章围绕哲学基本问题，对辩证唯物主义和经验批判主义的认识论进行比较，论述二者在世界物质性、规律性、时间空间、真理以及自由必然的关系等重大哲学问题上的根本对立，揭露经验批判主义的主观唯心主义和不可知论的本质，阐明了辩证唯物主义认识论的一系列重要的基本原理。第四章分析了经验批判主义的历史发展及其同其他哲学派别的关系，指出它从康德哲学开始，但是没有走向唯物主义，而是走向了贝克莱和休谟。第五章考察了经验批判主义与新物理学的联系，分析了"物理学唯心主义"产生的原因和实质，揭露了经验批判主义"最新自然科学的哲学"的虚伪性。第六章分析了经验批判主义的唯心主义历史观，揭露了经验批判主义标榜"无党性"的实质，深刻地阐发了哲学的党性原则，以及辩证唯物主义与历史唯物主义相统一的思想。

教材节选了该书第一版序言，第一、二、三、五、六章和结论的部分内容，重点阐述了辩证唯物主义的物质定义、两条对立的认识路线、马克思主义认识论的基本前提、马克思主义同非马克思主义认识论的界限、辩证唯物主义的真理观、"物理学唯心主义"产生的认识论根源和哲学的党性原则等重要思想观点。

（一）阐明两条对立的认识路线

列宁从哲学基本问题出发，提出了科学的物质定义，阐明了两条对立的认识路线，进一步坚持了马克思主义认识论的基本前提。

第一，提出科学的物质定义及其重要意义。唯物主义的物质观是唯物主义认识论的理论基石，唯心主义和不可知论都将其当作首要的攻击对象。经验批判主义也是如此，它利用物理学的新发现和旧唯物主义物质观的缺陷，企图彻底否定唯物主义的物质概念。针对这种情况，列宁对物质范畴作出了新的概括："物质是标志客观实在的哲学范畴，这种客观实在是人通过感觉感知的，它不依赖于我们的感觉而存在，为我们的感觉所复写、摄影、反映。"① 这个定

---

① 《列宁专题文集　论辩证唯物主义和历史唯物主义》，人民出版社 2009 年版，第 35 页。

义从物质第一性、意识第二性的关系出发，继承了以往唯物主义物质观的合理成分，坚持了马克思和恩格斯物质观的基本观点，同时又立足最新科学成果对物质范畴作出了新概括，具有重要理论意义。一是揭示了物质的根本特征即它的客观实在性，确立了区分唯物论和唯心论的根本尺度，抓住了唯物主义和唯心主义两条认识路线对立的实质，击中了经验批判主义以及一切唯心主义的要害。二是强调物质世界的可知性，同一切不可知论划清了界限。三是把辩证法贯彻于物质论，严格划分世界观认识论问题同具体科学问题的界限，克服了旧唯物主义不能将哲学物质观与物理学等自然科学关于物质结构的原理相区别的缺陷。四是以此为基础，在关于运动、时空、因果性、必然性以及世界统一性等与物质观有关的重要问题上，既批判了经验批判主义，又克服了旧唯物主义的机械性和形而上学性。

第二，批判马赫等人"物体是感觉的复合"[1] 的观点。马赫主义用相对主义的方法，批判机械的自然观特别是牛顿时空观的绝对主义思维方式，但在否定旧唯物主义的形而上学片面性的同时，却否定了整个物理世界的客观实在性，认为整个世界都是由颜色、声音、压力、空间、时间等构成的"要素、要素的复合"[2]，而"要素"不过是感觉的别名。列宁批驳了这一观点，认为"物体是感觉的复合"实际上就是认为感觉是唯一的、终极的存在，它必然走向贝克莱主义的主观唯心论，"除了自己以外，就不能承认别人的存在，这是最纯粹的唯我论"[3]；不同的只是贝克莱率直地宣布自己的唯心主义主张，马赫等人则具有折中主义的特点。

第三，阐明唯物主义和唯心主义两条对立的认识路线。列宁认为，哲学基本问题既是本体论的基本问题，也是认识论的基本问题，应当把本体论和认识论统一起来。他明确提出了两种不同的认识路线：从物到感觉和思想，还是从思想和感觉到物，这是唯物主义和唯心主义的对立，是哲学上两条基本路线的区别。列宁在该书前三章将两条根本对立的认识路线所涉及的一系列基本问题逐一加以展开阐述，不仅有力地批判了各种唯心主义认识论思想，而且为坚持一切从实际出发的方法奠定了重要哲学基础。

第四，阐明世界的物质性与马克思主义认识论的基本前提。列宁认为，承

---

① 《列宁专题文集　论辩证唯物主义和历史唯物主义》，人民出版社 2009 年版，第 9 页。
② 《列宁选集》第 2 卷，人民出版社 2012 年版，第 53 页。
③ 《列宁专题文集　论辩证唯物主义和历史唯物主义》，人民出版社 2009 年版，第 6 页。

认感觉是认识的唯一泉源，这是认识论的第一个前提，这一点无论唯心主义者还是唯物主义者都可以承认。但问题的关键不在于是否承认感觉是认识的泉源，而在于感觉本身的泉源问题。马赫等人承认认识论的第一个前提，却搞乱了第二个重要前提：人通过感觉感知的是客观实在，作为客观实在的物质是感觉的泉源。经验批判主义极力反对和回避的正是"感觉的泉源"这个根本问题。列宁正是在进一步追问"引起感觉的泉源是什么"的基础上，将世界的物质性与马克思主义认识论的基本前提联系了起来。

（二）辩证唯物主义认识论与非马克思主义认识论的界限

《唯批》最重要的哲学成果之一，就是提出了认识论上的三点结论：一是"物是不依赖于我们的意识，不依赖于我们的感觉而在我们之外存在着的"①；二是"在现象和自在之物之间决没有而且也不可能有任何原则的差别。差别仅仅存在于已经认识的东西和尚未认识的东西之间"②；三是在认识论上"应该辩证地思考"，"不要以为我们的认识是一成不变的，而要去分析怎样从**不知**到**知**，怎样从不完全的不确切的知到比较完全比较确切的知"。③ 这就从根本上划清了马克思主义认识论同非马克思主义认识论的界限。

首先，论述了唯物主义认识论与唯心主义认识论的对立。列宁认为，这个问题的根本就是如何看待唯物主义反映论问题。伯恩施坦不承认认识论的世界观基础，考茨基则持暧昧的态度，俄国的马赫主义者则企图将经验批判主义与马克思主义"相结合"。列宁强调，辩证唯物主义认识论的基础是承认外部世界及其在人脑中的反映，物是不依赖于我们的意识、不依赖于我们的感觉而在我们之外存在着的。

其次，论述了可知论与不可知论的区别。针对切尔诺夫把恩格斯对康德的"不可捉摸的"自在之物的批判，歪曲成对自在之物本身的批判，将恩格斯说成是既否定自在之物的可知性又否定自在之物的客观性的新康德主义者，列宁进行了有力的批驳。他指出，在现象和本质（即自在之物）之间没有而且也不可能有原则的差别，差别仅仅存在于已经认识的东西和尚未认识的东西之间，不能将"尚未认识"等同于"不可认识"，从而阐明了可知论同不可知论的区别。他对《关于费尔巴哈的提纲》中"思维的此岸性"的内涵作了深刻分析，

① 《列宁专题文集 论辩证唯物主义和历史唯物主义》，人民出版社 2009 年版，第 23 页。
② 《列宁专题文集 论辩证唯物主义和历史唯物主义》，人民出版社 2009 年版，第 23 页。
③ 《列宁专题文集 论辩证唯物主义和历史唯物主义》，人民出版社 2009 年版，第 24 页。

指出"思维的此岸性"决不是指思维只能停留在现象的此岸，而是指人的思维不仅能够认识现象而且能够认识事物的本质和规律，实践的成功就是对"思维的此岸性"的证明，就是对不可知论最有力的驳斥。

最后，划清辩证唯物主义的能动的革命的反映论与机械唯物主义形而上学反映论的界限。列宁阐明了两者的根本区别，认为主要体现在两个方面：一是把辩证法运用于反映论，指出认识是一个从不知到知、从不完全的不确切的知到比较完全比较确切的知的辩证发展过程。二是把实践观点当作是认识论的第一重要观点，"把实践标准作为唯物主义认识论的基础"①，从而将反映观点与实践观点内在统一起来。

（三）进一步揭示辩证唯物主义的真理观

列宁通过对马克思和恩格斯有关著作的阐发，批判了马赫主义的不可知主义和相对主义的真理观，对辩证唯物主义的真理观作出了深刻阐述，在真理问题上进一步阐发了能动的革命的反映论的基本观点。

首先，阐释物质和意识对立的绝对性和相对性原理。列宁围绕哲学基本问题的两个方面，在批判波格丹诺夫等人对物质概念的攻击和对经验概念的曲解时，明确指出，在解决认识论基本问题，即在划分唯物主义认识论和唯心主义认识论两条路线这个范围内，物质和意识的对立有着绝对的意义，这一点不能动摇，否则就不能划清两条路线的界限。约狄慈根曾经试图扩大物质概念，将意识也包括在内，列宁称其为"糊涂观念"。但在此范围之外，二者的对立就只具有相对的意义。因为意识就其本性来说，不过是物质的一种属性，是物质长期发展到高级阶段的产物，能够反映物质。把物质和意识绝对对立起来，把意识看作独立的东西，就会否定世界的物质统一性和可知性，导致二元论和不可知论。康德之所以陷入二元论和不可知论，其根源就在于割裂现象和"自在之物"之间的辩证关系。列宁关于物质和意识对立的绝对性和相对性的原理，高度概括了物质和意识的辩证关系。承认物质第一性、意识第二性的绝对性就是坚持唯物主义路线，反对唯心主义路线；承认物质和意识对立的相对性，就是坚持物质和意识的辩证法，反对形而上学。

其次，阐明真理问题上的唯物论与辩证法。列宁强调，在实践标准上不仅要坚持唯物论，而且要坚持辩证法，反对形而上学的绝对主义和相对主义错

---

① 《列宁专题文集　论辩证唯物主义和历史唯物主义》，人民出版社 2009 年版，第 44 页。

误。列宁比较完整地阐述了辩证唯物主义真理观的主要内容：一是主张真理的客观性，肯定客观真理，反对否定客观真理的唯心主义真理观。波格丹诺夫等俄国马赫主义者把真理看成思想形式和人类经验的组织形式，认为马克思主义"否定任何真理的绝对客观性"①。列宁则认为客观真理是在人的表象中"不依赖于主体、不依赖于人、不依赖于人类的内容"②，就是说，真理是对事物本质和规律的正确反映。二是主张真理的辩证性，认为真理是绝对真理和相对真理的统一，反对真理问题上的形而上学，即绝对主义和相对主义。任何真理都具有绝对性和相对性。绝对真理和相对真理既相互区别又相互依存、相互包含。相对真理中包含着绝对真理，绝对真理存在于相对真理之中。无数相对真理的总和构成了绝对真理。人的认识就是一个不断地由相对真理走向绝对真理的过程。三是主张真理的实践性，坚持实践是检验真理的标准。检验认识真理性的标准既不是单纯的经验表象，也不是思维的逻辑自洽，更不是实用主义的主观效用，而只能是社会历史实践。

最后，阐发了实践作为检验真理标准的辩证法。列宁在论述实践标准时，作出了两个方面的主要贡献：一是提出两种实践观的对立，捍卫了实践标准上的唯物主义；二是提出实践标准的辩证法，即实践标准的"确定性"和"不确定性"。实践标准的"确定性"，是指它的绝对性，即只有实践才能最终对认识的真理性作出检验，否定这种"确定性"，就会否定实践标准本身，就会在真理问题上走向唯心主义和不可知论；实践标准的"不确定性"，是指它的相对性，因为实践本身具有历史性，人类实践的领域和深度是不断发展的，一定历史阶段上的实践不能立即完全地证实或推翻一种认识，否定这种"不确定性"，就会否定实践标准的历史性，就会把人的认识变成"绝对"，走向真理问题上的绝对主义和形而上学。

（四）物理学革命的哲学意义与哲学的党性原则

列宁既深刻地揭示了物理学新发现的哲学意义，剖析"物理学唯心主义"产生的认识论根源，又针对马赫主义标榜的无党性主张，明确提出了"哲学的党性"概念，阐明了它的主要内涵，形成了关于哲学党性原则的理论。

第一，对物理学新发现进行了初步哲学总结。列宁结合 19 世纪末 20 世纪

① 《列宁专题文集　论辩证唯物主义和历史唯物主义》，人民出版社 2009 年版，第 37 页。
② 《列宁专题文集　论辩证唯物主义和历史唯物主义》，人民出版社 2009 年版，第 28 页。

初物理学的一系列新发现，指出自然科学的新发现不是什么"危机"，而是一次自然科学革命。在哲学方面，新发现并没有驳倒唯物主义，而是突破了旧唯物主义的局限。物理学的新发现证明了认识发展的相对性和绝对性的辩证统一，证明了自然界完全和历史一样，是受辩证的运动规律支配的，从而证明了辩证唯物主义的理论。物理学家们也正在走向辩证唯物主义，但不是自觉地而是自发地、不是目的明确地而是在摸索中接近。列宁指出，在自然科学发生急速变革的时候，总会产生一些需要打发到垃圾箱去的废物，物理学唯心主义、经验批判主义等，就是这一类废物。

第二，揭示自然科学革命和哲学唯心主义的关系。列宁指出："在物理学的客观性问题上的'思想动摇'，就是时髦的'物理学'唯心主义的实质。"① 这种情况的产生有认识论上的根源，主要是物理学的数学化和相对主义的思维方法。物理学的数学化本是物理学进步的一种表现，但是由于数学的特点是高度的抽象性，结果使得一些物理学家忘记了物质。物理学唯心主义产生的另一个原因，就是在不懂得辩证法的情况下，由相对主义通向唯心主义。

第三，论证了哲学上的党性原则。针对马赫主义标榜"无党性"、声称"超越"唯物主义与唯心主义对立的错误，列宁系统阐述了哲学的党性原则思想。他在结论中指出："在经验批判主义认识论的烦琐语句后面，不能不看到哲学上的党派斗争，这种斗争归根到底表现着现代社会中敌对阶级的倾向和思想体系。"② 列宁关于哲学党性原则的论述内容十分丰富和深刻。其一，这是对哲学发展史上的规律性现象的科学概括："唯物主义和唯心主义按实质来说，是两个斗争着的党派，而这种实质被冒牌学者的新名词或愚蠢的无党性所掩盖。"③ 其二，这是对哲学社会功能的正确揭示：哲学作为一种社会意识形态是具有阶级性的，归根到底表现着现代社会中敌对阶级的倾向和思想斗争，代表着一定的阶级利益。其三，这是对经验批判主义反动性的揭露："经验批判主义的客观的、阶级的作用完全是在于替信仰主义者效劳，帮助他们反对一般唯物主义，特别是反对历史唯物主义。"④ 其四，马克思主义的辩证唯物主义和历史唯物主义"是由一整块钢铁铸成的"，决不可以去掉任何一个基本前提、任

---

① 《列宁专题文集　论辩证唯物主义和历史唯物主义》，人民出版社 2009 年版，第 99 页。
② 《列宁专题文集　论辩证唯物主义和历史唯物主义》，人民出版社 2009 年版，第 130 页。
③ 《列宁专题文集　论辩证唯物主义和历史唯物主义》，人民出版社 2009 年版，第 130 页。
④ 《列宁专题文集　论辩证唯物主义和历史唯物主义》，人民出版社 2009 年版，第 130 页。

何一个重要部分。

坚持哲学党性原则，必须注意反对右和"左"的两种倾向。就哲学党性原则本身来讲，既要坚持以唯物主义和唯心主义的对立和斗争为主线来认识哲学的历史和现状，防止和反对一切调和、折中、掩盖、抹杀哲学两个基本派别斗争的倾向；又要在坚持唯物主义立场的前提下，"善于汲取和改造"一些唯心主义者"所获得的成就"，以发展唯物主义哲学本身。同时，还要看到哲学党性原则与政治党性原则之间既有联系又有区别，既要坚持马克思主义哲学的阶级性，坚持辩证唯物主义和历史唯物主义的统一，坚持用阶级分析的方法剖析各种哲学思潮和社会思潮；又要防止把哲学问题直接等同于政治问题的简单化倾向，充分认识唯心主义不仅具有阶级根源，也有着复杂的一般社会根源和认识论根源。

三、重要意义

《唯批》是列宁批判唯心主义哲学思潮，阐明马克思主义科学世界观的重要哲学专著。该书驳斥了马赫主义者对马克思主义的攻击，捍卫和发展了马克思主义哲学，阐明了马克思主义的科学世界观是辩证唯物主义和历史唯物主义，在总结当时革命斗争经验和自然科学新成就的基础上系统地阐述了马克思主义哲学特别是辩证唯物主义认识论的基本原理。《唯批》把实践作为辩证唯物主义认识论首要的、基本的观点，把物质观、辩证法和认识论统一起来，肯定了哲学的党性原则；特别是明确提出了"实践是检验真理的唯一标准"的观点，深刻揭示了真理标准问题上的辩证法，进一步发展了马克思主义的认识论。列宁在书中的基本哲学立场和观点在后来的《哲学笔记》中得到坚持，而主体的能动性、感性认识和理性认识的辩证关系的思想则得到进一步的发挥。因此，作为列宁哲学思想最重要的代表作之一，《唯批》既奠定了布尔什维克党的政治路线和列宁主义的哲学基础，为十月革命的胜利作了理论上的准备，也为世界各国无产阶级政党的思想政治建设提供了重要的哲学方法论指导。

作为一部极其重要的马克思主义哲学著作，《唯批》出版后，受到马克思主义者的积极评价。1909年12月，斯大林在给《无产者报》编辑部的信中把这本书称作"一部独特的马克思主义哲学（认识论）原理集成"。至于普列汉诺夫，据弗·菲·哥林说，他"对这本书反应很好，尽管他在书中被狠狠地刺了一下"①。十月革命后，《唯批》一书于1920年在俄国再版。这部著作后来在全世界得到广泛传播。我国于20世纪30年代初出版了《唯批》的第一个中文译本，以后又相继出版了多种中文译本。新中国成立后，中央编译局将这部著作作为《列宁全集》第14卷重新译出。2009年，人民出版社出版的《列宁专题文集　论辩证唯物主义和历史唯物主义》大篇幅地节选了这部著作的主要部分。

学习《唯批》，对于深刻把握马克思主义哲学的党性原则，更加自觉地坚持和贯彻党的思想路线，从辩证唯物主义的立场去观察、分析和解决问题，特别是对于加强意识形态工作建设，同错误思潮作斗争，具有重要的现实意义。《唯批》所阐明的马克思主义认识论的基本原理，有助于更加深刻地理解辩证唯物主义认识论的重要性，进一步深化对共产党执政规律、社会主义建设规律、人类社会发展规律的认识。特别是该书鲜明地提出了"实践是检验真理的唯一标准"的观点，为更好坚持实事求是，一切从实际出发，坚持实践是检验真理的唯一标准，提供了科学的理论依据。

随着《唯批》的出版和传播，西方资产阶级学者对《唯批》特别是其中提出的物质观进行了恶意攻击，人为地制造了所谓马克思实践哲学同列宁反映论的对立。要看到，列宁把主要精力放在讨论认识论方面，放在保护和恢复马克思主义哲学的唯物主义基础方面，同样是当时哲学斗争的客观需要决定的。19世纪末20世纪初，资产阶级哲学开始专门从事认识论研究，俄国的马赫主义者也极力把经验批判主义当作马克思历史学说的认识论基础。因此，《唯批》适应了当时哲学斗争的需要，坚持并系统地论述了辩证唯物主义认识论的基本原理、基本观点和基本内容，在无产阶级政党内部澄清了哲学上的大是大非问题，对捍卫、传播和发展马克思主义哲学，特别是辩证唯物主义的认识论作出了不可磨灭的贡献。

四、延伸阅读

列宁:《向报告人提十个问题》

1908年5月，列宁为撰写《唯物主义和经验批判主义》，由日内瓦前往伦敦查阅有关文献资料。在哲学上持马赫主义立场的波格丹诺夫、卢那察尔斯基

---

① 《列宁专题文集　论辩证唯物主义和历史唯物主义》，人民出版社2009年版，第348页。

等人趁机积极活动，他们借口批判"普列汉诺夫学派的唯物主义"来修正马克思主义哲学。为此，波格丹诺夫决定在日内瓦作题为《一个哲学学派的奇遇》的哲学报告。列宁获悉这些情况后，写了这份提纲寄给布尔什维克党中央和《无产者报》编辑部成员，供他们在波格丹诺夫的报告会上发言使用。这份提纲表达了列宁对俄国马赫主义者批判的基本态度和基本观点，是准确把握《唯物主义和经验批判主义》一书的纲要。

毛泽东：《实践论》

《实践论》是毛泽东关于马克思主义认识论的代表著作，写成于1937年7月。这篇著作原是毛泽东在延安抗日军事政治大学讲授哲学时的讲义中的一部分。1951年收入《毛泽东选集》第一卷。《实践论》运用马克思主义认识论，揭露党内的教条主义和经验主义，特别是教条主义的主观主义错误，深刻地论述和丰富了马克思主义的认识论，科学地解决了几千年来中国哲学史上争论不休的知行关系问题。毛泽东通过《实践论》这部著作，用科学的认识论武装了中国共产党，教育全党树立马克思列宁主义必须同中国实际相结合的观点，为延安整风运动作了理论准备，为中国共产党的实事求是的思想路线奠定了哲学基础。

思考题：

1. 列宁提出的物质定义是什么？为什么说列宁的物质观奠立了辩证唯物主义认识论的哲学基石？

2. 列宁如何通过分析两条对立的认识论路线来阐述马克思主义认识论的基本观点？

3. 如何理解并运用列宁关于哲学党性的思想来分析当代社会思潮？

4. 如何科学评价《唯物主义和经验批判主义》在马克思主义哲学史上的地位？

5. 在中国特色社会主义新时代如何理解列宁提出的"实践是检验真理的唯一标准"？

列　宁

哲学笔记（节选）

（1895—1916 年）

黑格尔《逻辑学》一书摘要（批语摘选）

（1914 年 9—12 月）

逻辑不是关于思维的外在形式的学说，而是关于"一切物质的、自然的和精神的事物"的发展规律的学说，即关于世界的全部具体内容的以及对它的认识的发展规律的学说，即对世界的认识的**历史**的总计、总和、结论。（《列宁全集》第 2 版第 55 卷第 77 页）

在人面前是自然现象之**网**。本能的人，即野蛮人，没有把自己同自然界区分开来。自觉的人则区分开来了，范畴是区分过程中的梯级，即认识世界的过程中的梯级，是帮助我们认识和掌握自然现象之网的网上纽结。（《列宁全集》第 2 版第 55 卷第 78 页）

这是非常深刻的：自在之物以及它向为他之物的转化（参看恩格斯①）。自在之物**一般地**是空洞的、无生命的抽象。在生活中，在运动中，一切的一切**总是**既"自在"，又在对他物的关系上"为他"，从一种状态转化为另一种状态。（《列宁全集》第 2 版第 55 卷第 90 页）

辩证法是一种学说，它研究**对立面**怎样才能够**同一**，是怎样（怎样成为）**同一的**——在什么条件下它们是相互转化而同一的，——为什么人的头脑不应该把这些对立面看做僵死的、凝固的东西，而应该看作活生生的、有条件的，

---

① 见恩格斯《路德维希·费尔巴哈和德国古典哲学的终结》（《马克思恩格斯全集》第 1 版第 21 卷第 317 页）。——编者注

活动的、彼此转化的东西。(《列宁全集》第 2 版第 55 卷第 90 页)

概念的全面的、普遍的灵活性，达到了对立面同一的灵活性，——这就是实质所在。主观地运用的这种灵活性＝折中主义与诡辩。**客观地**运用的灵活性，即反映物质过程的全面性及其统一性的灵活性，就是辩证法，就是世界的永恒发展的正确反映。(《列宁全集》第 2 版第 55 卷第 91 页)

非本质的东西，外观的东西，表面的东西常常消失，不像"本质"那样"扎实"，那样"稳固"。比如：河水的流动就是泡沫在上面，深流在下面。**然而就连泡沫**也是本质的表现！(《列宁全集》第 2 版第 55 卷第 107 页)

外观的东西是本质的**一个规定**，本质的一个方面，本质的一个环节。**本质**具有某种外观。外观是本质自身在自身中的表现（Scheinen）。(《列宁全集》第 2 版第 55 卷第 110 页)

任何具体的东西、任何具体的某物，都是和其他的一切处于相异的而且常常是矛盾的关系中，因此，它往往既是自身又是他物。(《列宁全集》第 2 版第 55 卷第 115 页)

运动和"**自己运动**"（这一点要注意！自生的（独立的）、天然的、**内在必然的**运动），"变化"，"运动和生命力"，"一切自己运动的原则"，"运动"和"活动"的"冲动"（Trieb）——"**僵死存在**"的对立面，——谁会相信这就是"黑格尔主义"的实质、抽象和 abstrusen（费解的、荒谬的?）黑格尔主义的实质呢? 必须揭示、理解、拯救、解脱、澄清这种实质，马克思和恩格斯就做到了这一点。

普遍运动和变化的思想（《逻辑学》，1813 年）还未被应用于生命和社会以前，就被猜测到了。这一思想应用于社会，是先被宣布的（1847 年），应用于人，是后来得到证实的（1859 年）。① (《列宁全集》第 2 版第 55 卷第

① 列宁指的是下面三部著作的问世：乔·威·弗·黑格尔的《逻辑学》（前两册于 1812 年和 1813 年出版），马克思和恩格斯的《共产党宣言》（1847 年底写成，1848 年 2 月出版）和查·达尔文的《物种起源》（1859 年发表）。

117—118 页）

注意

（1）普通的表象抓到的是差别和矛盾，但不是一个向另一个的**过渡**，而**这却是最重要的东西**。

（2）机智和智慧。

机智抓到矛盾，**表达**矛盾，使事物彼此发生关系，使"概念透过矛盾映现出来"，但没有**表达**事物及其关系的概念。

（3）思维的理性（智慧）使有差别的东西的已经钝化的差别尖锐化、使表象的简单的多样性尖锐化，以达到**本质的**差别，达到**对立**。只有那上升到矛盾顶峰的多样性在相互关系中才成为活跃的（regsam）和有生机的，——才能获得那作为**自己运动和生命力的内部搏动的**否定性。（《列宁全集》第 2 版第 55 卷第 119 页）

如果我没有弄错，那么黑格尔的这些推论中有许多的神秘主义和空洞的学究气，可是基本的思想是天才的：万物之间的世界性的、全面的、**活生生**的联系，以及这种联系在人的概念中的反映——唯物地颠倒过来的黑格尔；这些概念还必须是经过琢磨的、整理过的、灵活的、能动的、相对的、相互联系的、在对立中统一的，这样才能把握世界。要继承黑格尔和马克思的事业，就应当**辩证地**探讨人类思想、科学和技术的历史。（《列宁全集》第 2 版第 55 卷第 122 页）

一条河和河中的**水滴**。**每一**水滴的位置、它同其他水滴的关系；它同其他水滴的联系；它运动的方向；速度；运动的路线——直的、曲的、圆形的等等——向上、向下。运动的总和。概念是运动的各个方面、各个水滴（＝"事物"）、各个"细流"等等的**总计**。按照黑格尔的逻辑学，世界的情景大致是这样的，——当然要除去上帝和绝对。（《列宁全集》第 2 版第 55 卷第 122—123 页）

一方面，应该从对物质的认识深入到对实体的认识（概念），以便探求现象的原因。另一方面，真正地认识原因，就是使认识从现象的外在性深入到实体。应该用两类例子来说明这一点：（1）自然科学史中的例子，（2）哲学史中的例子。更确切些说：这里应该谈的不是"例子"——比较并不就是论

证，——而是自然科学史和哲学史+技术史的**精华**。(《列宁全集》第 2 版第 55 卷第 133—134 页)

原因和结果只是各种事件的世界性的相互依存、(普遍)联系和相互联结的环节，只是物质发展这一链条上的环节。(《列宁全集》第 2 版第 55 卷第 134 页)

我们通常所理解的因果性，只是世界性联系的一个极小部分，然而(唯物主义补充说)这不是主观联系的一小部分，而是客观实在联系的一小部分。(《列宁全集》第 2 版第 55 卷第 135 页)

概念是人脑(物质的最高产物)的最高产物。(《列宁全集》第 2 版第 55 卷第 139 页)

思维从具体的东西上升到抽象的东西时，不是**离开**——如果它是**正确的**(注意)(而康德，像所有的哲学家一样，谈论正确的思维)——真理，而是接近真理。**物质**的抽象，自然**规律**的抽象，**价值**的抽象的等等，一句话，**一切**科学的(正确的、郑重的、不是荒唐的)抽象，都更深刻、更正确、**更完全地**反映自然。从生动的直观到抽象的思维，**并从抽象的思维到实践**，这就是认识**真理**、认识客观实在的辩证途径。(《列宁全集》第 2 版第 55 卷第 142 页)

从一定观点看来，在一定条件下，普遍是个别，个别是普遍。不仅是(1)一切概念和判断的**联系**、不可分割的联系，而且是(2)一个东西向另一个东西的**过渡**，并且不仅是过渡，而且是(3)**对立面的同一**——这就是黑格尔的主要东西。然而这是穿过**迷雾**般的极端"费解的"叙述才"透露出来的"。从逻辑的一般概念和范畴的发展和运用的观点出发的思想史——这才是需要的东西！(《列宁全集》第 2 版第 55 卷第 147—148 页)

(抽象的)概念的形成及其运用，**已经**包含着关于世界客观联系的规律性的看法、见解、**意识**。把因果性从这个联系中分出来，是荒谬的。否定概念的客观性、否定个别和特殊之中的一般的客观性，是不可能的。黑格尔探讨客观世界的运动在概念的运动中的反映，所以他比康德及其他人深刻得多。这一个商品和另一个商品交换的个别行为，作为一种简单的价值形式来说，其中已经以尚未展开的形式包含着资本主义的**一切**主要矛盾，——即使是最简单的**概括**，即使是**概念**（判断、推理等等）的最初的和最简单的形成，已经意味着人在认识世界的日益深刻的**客观联系**。在这里必须探求黑格尔逻辑学的真实的含义、意义和作用。要注意这点。（《列宁全集》第 2 版第 55 卷第 149—150 页）

逻辑学是关于认识的学说，它是认识论。认识是人对自然界的反映。但是，这并不是简单的、直接的、完整的反映，而是一系列的抽象过程，即概念、规律等等的构成、形成过程，这些概念和规律等等（思维、科学＝"逻辑观念"）有条件地近似地**把握**永恒运动着和发展着的自然界的普遍规律性。在这里**的确**客观上是**三项**：（1）自然界；（2）人的认识＝人脑（就是同一个自然界的最高产物）；（3）自然界在人的认识中的反映形式，这种形式就是概念、规律、范畴等等。人不能完全地把握＝反映＝描绘**整个**自然界、它的"直接的总体"，人只能通过创立抽象、概念、规律、科学的世界图景等等**永远地**接近于这一点。（《列宁全集》第 2 版第 55 卷第 152—153 页）

黑格尔力求——有时甚至极力和竭尽全力——把人的有目的的活动纳入逻辑的范畴，说这种活动是推理（Schluβ），说主体（人）在"推理"的逻辑的"式"中起着某一"项"的作用等等，——

这不只是牵强附会，不只是游戏。这里有非常深刻的、纯粹唯物主义的内容。要倒过来说：人的实践活动必须亿万次地使人的意识去重复不同的逻辑的式，以便这些式能够获得公理的意义。这点应注意。（《列宁全集》第 2 版第 55 卷第 160 页）

认识是思维对客体的永远的、无止境的接近。自然界在人的思想中的**反映**，要理解为不是"僵死的"，不是"抽象的"，**不是没有运动的，不是没有矛盾的**，而是处在运动的永恒**过程**中，处在矛盾的发生和解决的永恒**过程**中。（《列宁全集》第 2 版第 55 卷第 165 页）

真理就是由现象、现实的**一切**方面的**总和**以及它们的（相互）**关系**构成的。概念的关系（＝过渡＝矛盾）＝逻辑的主要内容，并且这些概念（及其关系、过渡、矛盾）是作为客观世界的反映而被表现出来的。**事物**的辩证法创造**观念**的辩证法，而不是相反。（《列宁全集》第 2 版第 55 卷第 166 页）

人对自然界的认识（＝"观念"）的各环节，就是逻辑的范畴。（《列宁全集》第 2 版第 55 卷第 168 页）

生命产生脑。自然界反映在人脑中。人在自己的实践中、在技术中检验这些反映的正确性并运用它们，从而也就达到客观真理。（《列宁全集》第 2 版第 55 卷第 170 页）

要理解，就必须从经验开始理解、研究，从经验上升到一般。要学会游泳，就必须下水。（《列宁全集》第 2 版第 55 卷第 175 页）

当逻辑的概念还是"抽象的"，还具有抽象形式的时候，它们是主观的，但同时它们也表现着自在之物。自然界**既是**具体的**又是**抽象的，**既是**现象**又是**本质，**既是**瞬间**又是**关系。人的概念就其抽象性、分隔性来说是主观的，可是就整体、过程、总和、趋势、来源来说却是客观的。（《列宁全集》第 2 版第 55 卷第 178 页）

理论的认识应当提供在必然性中、在全面关系中、在自在自为的矛盾运动中的客体。但是，只有当概念成为在实践意义上的"自为存在"的时候，人的概念才能"最终地"抓住、把握、通晓认识的这个客观真理。也就是说，人的和人类的实践是认识的客观性的验证、标准。（《列宁全集》第 2 版第 55 卷第 181 页）

人的意识不仅反映客观世界，并且创造客观世界。（《列宁全集》第 2 版第 55 卷第 182 页）

世界不会满足人，人决心以自己的行动来改变世界。（《列宁全集》第 2 版第 55 卷第 183 页）

实践高于（理论的）认识，因为它不仅具有普遍性的品格，而且还具有直接现实性的品格。（《列宁全集》第 2 版第 55 卷第 183 页）

认识……发现在自己面前真实存在着的东西就是不以主观意见（设定）为转移的现存的现实。（这是纯粹的唯物主义！）人的意志、人的实践，本身之所以会妨碍达到自己的目的……就是由于把自己和认识分隔开来，由于不承认外部现实是真实存在着的东西（是客观真理）。必须**把认识和实践结合起来**。（《列宁全集》第 2 版第 55 卷第 185 页）

（人的活动的）目的未完成的原因（Grund）是：把实在当做不存在的东西（nichtig），不承认它（实在）的客观的现实性。（《列宁全集》第 2 版第 55 卷第 187 页）

为自己绘制客观世界图景的人的活动**改变**外部现实，消灭它的规定性（＝变更它的这些或那些方面、质），这样，也就去掉了它的外观、外在性和虚无性的特点，使它成为自在自为地存在着的（＝客观真实的）。（《列宁全集》第 2 版第 55 卷第 187 页）

辩证法的要素

(1) 考察的**客观性**（不是实例，小是枝节之论，而是自在之物本身）。

×

(2) 这个事物对其他事物的多种多样的**关系**的全部总和。

(3) 这个事物（或现象）的**发展**、它自身的运动、它自身的生命。

(4) 这个事物中的内在矛盾的**倾向**（和 # 方面）。

(5) 事物（现象等等）是**对立面**的总和**与统一**。

(6) 这些对立面、矛盾的趋向等等的**斗争**或展开。

(7) 分析和综合的结合，——各个部分的分解和所有这些部分的总和、总计。

×(8) 每个事物（现象等等）的关系不仅是多种多样的，并且是一般的、普遍的。每个事物（现象、过程等等）是和其他的**每个**事物联系着的。

（9）不仅是对立面的统一，而且是**每个**规定、质、特征、方面、特性向**每个**他者 向自己的对立面？ 的**过渡**。

（10）揭示**新的**方面、关系等等的无限过程。

（11）人对事物、现象、过程等等的认识深化的无限过程，从现象到本质、从不甚深刻的本质到更深刻的本质；

（12）从并存到因果性以及从联系和相互依存的一个形式到另一个更深刻更一般的形式。

（13）在高级阶段重复低级阶段的某些特征、特性等等，并且

（14）仿佛是向旧东西的复归$\left(\begin{array}{c}\text{否定的}\\\text{否定}\end{array}\right)$。

（15）内容对形式以及形式对内容的斗争。抛弃形式、改造内容。

（16）从量到质和**从质到量**的过渡。（（**15** 和 **16** 是 **9** 的**实例**））

> 可以把辩证法简要地规定为关于对立面的统一的学说。这样就会抓住辩证法的核心，可是这需要说明和发挥。

（《列宁全集》第 2 版第 55 卷第 190—192 页）

辩证法的特征的和本质的东西不是单纯的否定，不是徒然的否定，**不是怀疑的**否定、动摇、疑惑，——当然，辩证法自身包含着否定的要素，并且这是它的最重要的要素，——不是这些，而是作为联系环节、作为发展环节的否定，它保持着肯定的东西，即没有任何动摇，没有任何折中。（《列宁全集》第 2 版第 55 卷第 195 页）

对于简单的和最初的"第一个"肯定的论断、论点等等，"辩证的环节"，

即科学的考察，要求指出差别、联系、过渡。否则，简单的、肯定的论断就是不完全的、无生命的、僵死的。对于"第二个"否定的论点，"辩证的环节"则要求指出"**统一**"，也就是指出否定和肯定的联系，指出这个肯定存在于否定之中。从肯定到否定——从否定到保存着肯定东西的"统一"，——否则，辩证法就要成为空洞的否定，成为游戏或怀疑。（《列宁全集》第 2 版第 55 卷第 196 页）

思维应当**把握住**运动着的全部"表象"，**为此**，**思维**就必须是辩证的。表象比思维**更接近**于实在吗？又是又不是。表象不能把握**整个**运动，例如它不能把握秒速为 30 万公里的运动，而**思维**则把握而且应当把握。从表象中获得的思维，也反映实在；时间是客观实在的存在形式。（《列宁全集》第 2 版第 55 卷第 197 页）

黑格尔《哲学史讲演录》一书摘要
（批语摘选）

（1915 年）

就本来的意义说，辩证法是研究**对象的本质自身中**的矛盾：不但现象是短暂的、运动的、流逝的、只是被约定的界限所划分的，而且事物的**本质**也是如此。（《列宁全集》第 2 版第 55 卷第 213 页）

对于"发展原则"，在 20 世纪（还有 19 世纪末）"大家都同意"。——是的，不过这种表面的、未经深思熟虑的、偶然的、庸俗的"同意"，是**一种**窒息真理，使真理庸俗化的同意。——如果一切都发展着，那么一切就都相互过渡，因为发展显然不是简单的、普遍的和永恒的**生长**、**增多**（或减少）等等。——既然如此，那首先就要**更确切地**理解进化，把它看做一切事物的产生和消灭，相互过渡。——其次，如果**一切**都发展着，那么这是否也同思维的最一般的**概念**和**范畴**有关？如果无关，那就是说，思维同存在没有联系。如果有关，那就是说，存在着具有客观意义的概念辩证法和认识辩证法。

此外，还必须把发展的普遍原则和**世界**、自然界、运动、物质等等的**统一**的普遍原则联结、联系、结合起来。（《列宁全集》第 2 版第 55 卷第 215—216 页）

运动是时间和空间的本质。表达这个本质的基本概念有两个：（无限的）非间断性（Kontinuität）和"点截性"（＝非间断性的否定，即**间断性**）。运动是（时间和空间的）非间断性与（时间和空间的）间断性的统一。运动是矛盾，是矛盾的统一。（《列宁全集》第 2 版第 55 卷第 217 页）

运动就是物体在某一瞬间在某一地点，在接着而来的另一瞬间则在另一地点，——这就是切尔诺夫追随**所有**反对黑格尔的"形而上学者"而重复提出的反驳（参看他的《哲学论文集》）。

这个反驳是**不正确的**：（1）它描述的是运动的**结果**，而不是运动**本身**；（2）它没有指出、没有包含运动的**可能性**；（3）它把运动描写为**静止状态**的总和、联结，就是说，（辩证的）矛盾没有被它消除，而只是被掩盖、推开、隐藏、遮闭起来。（《列宁全集》第 2 版第 55 卷第 218—219 页）

如果不把不间断的东西割断，不使活生生的东西简单化、粗陋化，不加以划分，不使之僵化，那么我们就不能想象、表达、测量、描述运动。思想对运动的描述，总是粗陋化、僵化。不仅思想是这样，而且感觉也是这样；不仅对运动是这样，而且对**任何**概念也都是这样。

这就是辩证法的**实质**。对立面的统一、同一这个公式正是表现**这个实质**。（《列宁全集》第 2 版第 55 卷第 219 页）

一般的含义是矛盾的：它是僵死的，它是不纯粹的、不完全的，等等，等等，而且它也只是认识**具体事物**的一个**阶段**，因为我们永远不会完全认识具体事物。一帮概念、规律等等的**无限**总和才提供完全的**具体事物**。（《列宁全集》第 2 版第 55 卷第 239 页）

认识**向**客体的运动从来只能辩证地进行：为了更准确地前进而后退——为

了更好地跃进（认识?）而后退。相合线和相离线：彼此相交的圆圈。交错点＝人的和人类历史的实践。

（实践＝同实在事物的无限多的方面中的一个方面相符合的标准。）（《列宁全集》第 2 版第 55 卷第 239 页）

辩证的过渡和非辩证的过渡的区别何在？在于飞跃。在于矛盾性。在于渐进过程的中断。在于存在和非存在的统一（同一）。（《列宁全集》第 2 版第 55 卷第 244 页）

理性（知性）、思想、意识，如果**撇开自然界**，不适应于自然界，就是虚妄。＝唯物主义!（《列宁全集》第 2 版第 55 卷第 246 页）

黑格尔辩证法（逻辑学）的纲要
（批语摘选）

[《小逻辑》（《哲学全书》）的目录]

（1915 年）

概念（认识）在存在中（在直接的现象中）揭露本质（因果、同一、差别等等规律）——整个人类认识（全部科学）的**一般进程**确实如此。**自然科学**和**政治经济学**［以及历史］的进程也是如此。**所以**，黑格尔的辩证法是思想史的概括。从**各门科学的历史**来更具体地更详尽地研究这点，会是一个极有裨益的任务。总的说来，在逻辑中思想史**应当**和思维规律相吻合。（《列宁全集》第 2 版第 55 卷第 289 页）

虽说马克思没有遗留下"**逻辑**"（大写字母的），但他遗留下《资本论》的**逻辑**，应当充分地利用这种逻辑来解决这一问题。在《资本论》中，唯物主义的逻辑、辩证法和认识论|不必要|三个词：它们是同一个东|西|都应用于一门科学，这种唯物主义从黑格尔那里吸取了全部有价值的东西并发展了这些有价值的东西。（《列宁全集》第 2 版第 55 卷第 290 页）

拉萨尔《爱非斯的晦涩哲人赫拉克利特的 哲学》一书摘要（批语摘选）

（1915 年）

因此：

| 希腊哲学已经涉及所有这些成分 | **哲学的历史**
各门科学的历史
儿童智力发展的历史
动物智力发展的历史
语言的历史，注意：
　+心理学
　+感觉器官的生理学 | 这些就是认识论和辩证法应当从中形成的知识领域

简单地说，就是整个认识的历史

全部知识领域 |

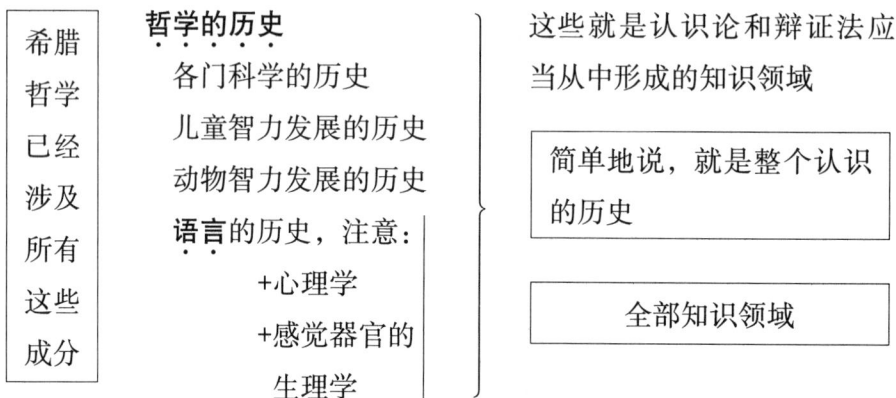

（《列宁全集》第 2 版第 55 卷第 302 页）

亚里士多德《形而上学》一书摘要

（批语摘选）

（1915 年）

智慧（人的）对待个别事物，对个别事物的复制（＝概念），**不是**简单的、直接的、照镜子那样死板的行为。而是复杂的、二重化的、曲折的、**有**可能使幻想脱离生活的行为；不仅如此，它还**有**可能使抽象概念、观念向**幻想**（最后＝上帝）**转变**（而且是不知不觉的、人所意识不到的转变）。因为即使在最简单的概括中，在最基本的一般观念（一般"桌子"）中，都**有**一定成分的**幻想**。（反过来说，就是在最精确的科学中，否认幻想的作用也是荒谬的：参看皮萨列夫论推动工作的有益的幻想以及空洞的幻想。）（《列宁全集》第 2 版第 55 卷第 317 页）

谈谈辩证法问题

（1915 年）

统一物之分为两个部分以及对它的矛盾着的部分的认识（参看拉萨尔的《赫拉克利特》一书第 3 篇（《论认识》）开头所引的斐洛关于赫拉克利特的一段话①），是辩证法的**实质**（是辩证法的"本质"之一，是它的基本的特点或特征之一，甚至可说是它的基本的特点或特征）。黑格尔也正是这样提问题的（亚里士多德在其著作《形而上学》中经常为此**绞尽脑汁**，并跟赫拉克利特即跟赫拉克利特的思想**作斗争**②）。

辩证法内容的这一方面的正确性必须由科学史来检验。对于辩证法的这一方面，通常（例如在普列汉诺夫那里）没有予以足够的注意：对立面的同一被当做**实例**的总和「"例如种子"；"例如原始共产主义"。恩格斯也这样做过。但这是"为了通俗化"……」，而不是当做**认识的规律**（**以及**客观世界的规律）。

在数学中，+和-，微分和积分。

在力学中，作用和反作用。

在物理学中，正电和负电。

在化学中，原子的化合和分解。

在社会科学中，阶级斗争。

对立面的同一（它们的"统一"，也许这样说更正确些？虽然同一和统一这两个术语的差别在这里并不特别重要。在一定意义上二者都是正确的），就是承认（发现）自然界的（也**包括**精神的和社会的）**一切**现象和过程具有矛盾着的、**相互排斥的**、对立的倾向。要认识在"**自己运动**"中、自生发展中和蓬勃生活中的世界一切过程，就要把这些过程当做对立面的统一来认识。发展是对立面的"斗争"。有两种基本的（或两种可能的？或两种在历史上常见的?）发展（进化）观点：认为发展是减少和增加，是重复；**以及**认为发展是对立面的统一（统一物之分为两个互相排斥的对立面以及它们之间的相互关系）。

按第一种运动观点，**自己**运动，它的**动力**、它的泉源、它的动因都被忽视

---

① 见《列宁全集》第 2 版第 55 卷第 300 页。——编者注

② 见列宁：《亚里士多德〈形而上学〉一书摘要》（同上书，第 313 页）。——编者注

了（或者这个泉源被移到**外部**——移到上帝、主体等等那里去了）；按第二种观点，主要的注意力正是放在认识"**自己**"运动的**泉源**上。

第一种观点是僵死的、平庸的、枯燥的。第二种观点是活生生的。只有第二种观点才提供理解一切现存事物的"自己运动"的钥匙，才提供理解"飞跃"、"渐进过程的中断"、"向对立面的转化"、旧东西的消灭和新东西的产生的钥匙。

对立面的统一（一致、同一、均势）是有条件的、暂时的、易逝的、相对的。相互排斥的对立面的斗争是绝对的，正如发展、运动是绝对的一样。

> **注意**：顺便说一下，主观主义（怀疑论和诡辩论等等）和辩证法的区别在于：在（客观）辩证法中，相对和绝对的差别也是相对的。对于客观辩证法说来，相对中有绝对。对于主观主义和诡辩论说来，相对只是相对，因而排斥绝对。

马克思在《资本论》中首先分析资产阶级社会（商品社会）里最简单、最普通、最基本、最常见、最平凡、碰到过亿万次的**关系**：商品交换。这一分析从这个最简单的现象中（从资产阶级社会的这个"细胞"中）揭示出现代社会的**一切**矛盾（或**一切**矛盾的萌芽）。往后的叙述向我们表明这些矛盾和这个社会——在这个社会的各个部分的总和中、从这个社会的开始到终结——的发展（**既是**生长**又是**运动）。

一般辩证法的阐述（以及研究）方法也应当如此（因为资产阶级社会的辩证法在马克思看来只是辩证法的局部情况）。从最简单、最普通、最常见的等等东西开始；从**任何一个命题**开始，如树叶是绿的，伊万是人，茹奇卡是狗等等。在这里（正如黑格尔天才地指出过的）就已经有辩证法：**个别就是一般**（参看亚里士多德《形而上学》，施韦格勒译，第 2 卷第 40 页，第 3 篇第 4 章第 8—9 节："因为当然不能设想：在个别的房屋之外还存在着一般房屋。"——"οὐ γὰρ ἂν νεῖημεν εἶναί τινα οἰχὶαν παρὰ τὰς τινὰς οἰχίας."）。这就是说，对立面（个别跟一般相对立）是同一的：个别一定与一般相联而存在。一般只能在个别中存在，只能通过个别而存在。任何个别（不论怎样）都是一般。任何一般都是个别的（一部分，或一方面，或本质）。任何一般只是大致地包括一切个别事物。任何个别都不能完全地包括在一般之中，如此等等。任何个别经过千万次的过渡而与另一**类**的个别（事物、现象、过程）相联系，如此等等。**这里已经有**自然界的**必然性**、客观联系等概念的因素、胚芽了。这里已经有偶然和必然、现象和本质，因为我们在说伊万是人，茹奇卡是狗，**这**是树叶等等时，就把许多特征作为**偶然的东西抛掉**，把本质和现象分开，并把二者对立起来。

可见，在**任何**一个命题中，很像在一个"单位"（"细胞"）中一样，都可以（而且应当）发现辩证法**一切**要素的胚芽，这就表明辩证法本来是人类的全部认识所固有的。而自然科学则向我们揭明（这又是要用**任何**极简单的实例来揭明）客观自然界也具有同样的性质，揭明个别向一般的转变，偶然向必然的转变，对立面的过渡、转化、相互联系。辩证法**也就是**（黑格尔和）马克思主义的认识论：正是问题的这一"方面"（这不是问题的一个"方面"，而是问题的**实质**）普列汉诺夫没有注意到，至于其他的马克思主义者就更不用说了。

*   *   *

不论是黑格尔（见《逻辑学》），不论是自然科学中现代的"认识论者"、折中主义者、黑格尔主义的敌人（他不懂黑格尔主义！）保尔·福尔克曼（参看他的《认识论原理》第……页）都把认识看做一串圆圈。

哲学上的"圆圈"：是否一定要以**人物**的年代先后为顺序呢？

不！

古代：从德谟克利特到柏拉图以及赫拉克利特的辩证法。

文艺复兴时代：笛卡儿对伽桑狄（斯宾诺莎？）。

近代：霍尔巴赫——黑格尔（经过贝克莱、休谟、康德）

       黑格尔——费尔巴哈——马克思。

辩证法是**活生生的**、多方面的（方面的数目永远增加着的）认识，其中包含着无数的各式各样观察现实、接近现实的成分（包含着从每个成分发展成整体的哲学体系），——这就是它比起"形而上学的"唯物主义来所具有的无比丰富的内容，而形而上学的唯物主义的根本**缺陷**就是不能把辩证法应用于反映论，应用于认识的过程和发展。

从粗陋的、简单的、形而上学的唯物主义的观点看来，哲学唯心主义**不过是**胡说。相反地，从**辩证**唯物主义的观点看来，哲学唯心主义是把认识的某一特征、某一方面、某一侧面，**片面地**、夸大地、überschwengliches（狄慈根）

发展（膨胀、扩大）为**脱离了**物质、**脱离了**自然的、神化了的绝对。唯心主义 **注意** 就是僧侣主义。这是对的。但（"**更确切些**"和"**除此而外**"）哲学唯心主义 这个 是**经过人的**无限复杂的（辩证的）**认识的一个成分**而通向僧侣主义的**道路**。 **警句**

　　人的认识不是直线（也就是说，不是沿着直线进行的），而是无限地近似于一串圆圈、近似于螺旋的曲线。这一曲线的任何一个片断、碎片、小段都能被变成（被片面地变成）独立的完整的直线，而这条直线能把人们（如果只见树木不见森林的话）引到泥坑里去，引到僧侣主义那里去（在那里统治阶级的阶级利益就会把它**巩固起来**）。直线性和片面性，死板和僵化，主观主义和主观盲目性就是唯心主义的认识论根源。而僧侣主义（＝哲学唯心主义）当然有**认识论的**根源，它不是没有根基的，它无疑是一朵**无实花**，然而却是生长在活生生的、结果实的、真实的、强大的、全能的、客观的、绝对的人类认识这棵活树上的一朵无实花。（《列宁全集》第 2 版第 55 卷第 305—311 页）

（选自《列宁专题文集　论辩证唯物主义和历史唯物主义》，

人民出版社 2009 年版，第 131—152 页）

《哲学笔记》（节选）导读

  《哲学笔记》是列宁在 1895—1916 年间研读哲学著作和探讨马克思主义哲学问题所写的一些摘要、短文、札记和批语，对马克思主义辩证法、认识论的发展作出了重要贡献。这里摘选的主要是列宁 1914—1915 年研究黑格尔辩证法时的批语和短文，是他研究唯物辩证法的重要理论成果。

一、写作背景

  写作《哲学笔记》是回答帝国主义时代无产阶级革命和社会发展前途问题的需要。19 世纪末 20 世纪初，世界上出现了许多新情况：资本主义逐步向帝国主义转变，资本主义国家的发展不平衡导致列强之间的世界战争；自然科学正在发生深刻的变革，传统思维方式受到质疑，新康德主义、经验批判主义、庸俗进化论等思想泛滥。如何正确认识新的社会变化、判定新的历史时代的性质和特点，如何看待战争与和平问题、对待无产阶级革命和民族解放运动并制定正确的路线方针政策，成为迫切需要回答的重大时代问题。而要回答这些问题，就必须要掌握和运用唯物辩证法思想，以深刻揭示帝国主义战争引发的各种矛盾，揭示帝国主义的本质和规律，探索无产阶级革命的形式和途径。在此情况下，1913—1917 年，列宁在分析形势和制定无产阶级革命斗争的策略的同时，批判地总结人类哲学史上的优秀成果，探讨并论述了马克思主义学说在新的历史时代的生长点及其新形态。为了锻造认识新的历史时代的哲学武器，列宁通过对黑格尔等人著作的研究，撰写了大量笔记和文章，系统阐述了辩证法思想。

  写作《哲学笔记》是批判第二国际机会主义理论基础的需要。当时，欧洲兴起并流行庸俗进化论，将社会发展问题庸俗化，只承认事物发展的渐变而否认突变，只承认发展中的量变而否认质变，尤其是否认事物发展变化的根本原因在于事物内部的矛盾性。伯恩施坦、考茨基等第二国际的理论家深受这种思潮的影响，主张社会主义是逐渐改良的结果，反对阶级斗争和社会革命，推崇所谓的阶级合作；反对革命辩证法学说，将辩证法视为"思维的陷阱"，否认对立面的统一和斗争是一切事物发展的动力。相对主义是当时歪曲辩证法的另一种思潮，它利用物理学革命所反映出的认识相对性特征，否认客观真理，不懂得相对真理与绝对真理的关系，声称一切都是相对的，没有什么绝对性。第二国际的很多理论家也受到相对主义的影响，主观地运用概念的灵活性，而沦为诡辩论者。列宁从哲学的高度批判了这些错误思想和倾向，坚持和发展了唯物辩证法。

写作《哲学笔记》也是继承、捍卫和发展马克思主义唯物辩证法的需要。唯物辩证法在马克思主义理论体系中具有非常重要的地位和作用。恩格斯在《反杜林论》中指出，正是唯物辩证法的产生使得唯物史观的创立成为可能，并使得社会主义有可能从空想变为科学。列宁继承了恩格斯的思想，把辩证法看作马克思学说的"基石""根本的理论基础"和"活的灵魂"。1913 年 9 月，列宁在研读《马克思和恩格斯通信集》后指出："如果我们试图用一个词来表明整个通信集的焦点，即其中所抒发所探讨的错综复杂的思想汇合的中心点，那么这个词就是**辩证法**。"① 马克思曾说过，黑格尔的《逻辑学》对他写作《资本论》很有用，并希望"用两三个印张把黑格尔所发现、但同时又加以神秘化的方法中所存在的**合理的东西**阐述一番，使一般人都能够理解"②。列宁对此极为重视，在《哲学笔记》中合理提炼、总结黑格尔的辩证法思想，进一步阐发马克思主义的唯物辩证法。

二、主要内容

列宁在《哲学笔记》中论述的主要内容，包括唯物辩证法的对象和核心、基本规律和主要范畴等深刻见解，关于两种根本对立的发展观，辩证法、逻辑和认识论三者统一等精辟思想观点，以及关于辩证唯物主义认识论等重要论述，极大地丰富和发展了马克思主义的唯物辩证法。

（一）确立辩证法的唯物主义基础

把辩证法的基础从唯心主义改造为唯物主义，是马克思扬弃黑格尔辩证法的主旨。列宁坚持了马克思的基本立场、观点和方法，特别强调辩证法的唯物主义基础。

第一，强调唯物主义辩证法与唯心主义辩证法的对立。西方实证主义哲学家抛弃了黑格尔的辩证法思想，以波格丹诺夫为代表的俄国马赫主义者则混淆

---

① 《列宁专题文集　论马克思主义》，人民出版社 2009 年版，第 75 页。
② 《马克思恩格斯文集》第 10 卷，人民出版社 2009 年版，第 143 页。

了黑格尔与马克思的辩证法。针对这种情况，列宁既要拯救黑格尔辩证法思想，又必须唯物主义地看待辩证法。他强调，辩证法来自客观事物本身，而思想、逻辑中的辩证法只是事物本身辩证法的反映和升华。而从事物本身出发，发现事物内在的矛盾，确立辩证法的原理与法则，是唯物主义的基本要求。他指出："逻辑和认识论应当从'全部自然生活和精神生活的发展'中引申出来。"① "逻辑不是关于思维的外在形式的学说，而是关于'一切物质的、自然的和精神的事物'的发展规律的学说，即关于世界的全部具体内容的以及对它的认识的发展规律的学说，即对世界的认识的**历史**的总计、总和、结论。"② 因此，以逻辑、思想、认识形式表现出来的辩证法，其根基也只能是自然和社会生活。把唯物主义作为辩证法的本体论根基，是列宁继承和改造黑格尔辩证法的首要前提。

第二，探讨思维范畴的实践起源。列宁非常重视黑格尔关于实践的思想。按照黑格尔的观点，认识过程要克服主观的和客观的片面性，需要经过两个环节：一是理论的观念；二是实践的观念。当逻辑的概念还处在抽象的阶段时，现实世界相应地表现为观念的异在，即同样抽象的"自在之物"，因而这时观念仍然是主观的。只有克服了这种主观的片面性，上升到"理论的观念"，才能达到普遍性。但是，这种普遍性的"理论的观念"仍然不具有现实性，需要上升到"实践的观念"；因为只有"实践的观念"用"善"进一步克服了"理论的观念"的客观片面性，才能真正使概念成为自在自为的。黑格尔把实践作为认识过程中达到主客观统一的真理性认识的环节，是非常有意义的。但他所说的"实践"仍然停留在"观念"层面上，没有真正上升到"人的现实活动"的层面上；他更多强调实践中包含的"善""目的""精神"对外部世界的规定、创造、外化，而不重视实践过程中的环境、对象以及工具等"客观性""历史性"存在对"精神""目的"的约束、改造作用，看不到由目的、手段、客体、行动结果等环节构成的实践整体过程是辩证统一和复杂的，看不到思想、范畴、逻辑正是在这种复杂的辩证统一过程中产生的，因而并不具有独立性和先验性。通过对以实践为基础的认识辩证过程的剖析，列宁深化了对辩证规律、辩证逻辑的唯物主义基础的认识。

---

① 《列宁全集》第 55 卷，人民出版社 2017 年版，第 73 页。
② 《列宁专题文集 论辩证唯物主义和历史唯物主义》，人民出版社 2009 年版，第 131 页。

第三，吸取和改造黑格尔《逻辑学》中的辩证法思想。黑格尔在《逻辑学》中描述了绝对观念由内在矛盾而产生的自我运动、自我认识的过程，以及这个过程所经历的各阶段、环节相互联结、相互过渡，形成一个完整的概念辩证法体系。黑格尔的《逻辑学》分为"存在论""本质论""概念论"三个部分，分别阐发了质量互变规律、对立统一规律和否定之否定规律。但这些都是以唯心主义的形式、在纯逻辑纯思想的领域或层面进行分析论述的。列宁肯定了《逻辑学》中的辩证法思想，并加以吸取和改造，留下了对黑格尔《逻辑学》一书的详细摘要，并写下了《辩证法的要素》一文，初步提出了辩证法要素的理论，反映了列宁在唯物主义和社会实践（生活）基础上对黑格尔唯心主义辩证法的改造和提升。

（二）关于唯物辩证法体系的初步设想

列宁对辩证法要素的概括具有重要的理论价值，对把握唯物辩证法的基本内容和研究唯物辩证法科学体系的内在逻辑结构具有重要指导意义。

第一，建构唯物辩证法体系的基本原则。在阐述辩证法的要素时，列宁首先概要地列举了三条："（1）来自概念自身的概念的规定 应当从事物的关系和事物的发展去考察事物**本身**；（2）事物本身中的矛盾性（自己的他物），一切现象中的矛盾的力量和倾向；（3）分析和综合的结合。"[1] 然后他又在此基础上扩展为七条，最后细分为十六条。[2] 从最初三条要素中，可以看出列宁建构唯物辩证法体系的基本原则。

第一条，"应当从事物的关系和事物的发展去考察事物**本身**"[3]。黑格尔辩证法的基础和出发点是从概念自身而来的概念的规定，这显然是唯心主义。列宁对此作出的改造，则鲜明强调了辩证法的唯物主义的基础与出发点。唯物主义是唯物辩证法体系建构的首要原则，这一原则强调事物的辩证法决定观念的辩证法，而不是相反。

第二条，"事物本身中的矛盾性（自己的他物），一切现象中的矛盾的力量和倾向"[4]，这是对黑格尔从自身把自己规定为对自己的他者的发挥和改造，旨在强调事物内在矛盾的基础地位，强调作为对立统一的矛盾学说的核心作用。

① 《列宁全集》第 55 卷，人民出版社 2017 年版，第 190 页。
② 参见《列宁全集》第 55 卷，人民出版社 2017 年版，第 190—191 页。
③ 《列宁全集》第 55 卷，人民出版社 2017 年版，第 190 页。
④ 《列宁全集》第 55 卷，人民出版社 2017 年版，第 190 页。

后来，列宁进一步把对立统一规律规定为建构唯物辩证法体系的核心。

第三条，"分析和综合的结合"①。黑格尔把分析与综合的结合作为概念本身推演的根本方法。列宁在这里把它改造成认识客观世界的逻辑方法，意味着他对辩证法的认识论功能的强调。辩证法与认识论的统一，以至辩证法、逻辑和认识论三者统一，构成了列宁建构唯物辩证法体系的又一个基本原则。

第二，对唯物辩证法规律和范畴的阐述。列宁首先强调了普遍联系原则和发展原则是唯物辩证法的总特征。在《辩证法的要素》中，第 2 条和第 8 条都是关于普遍联系的思想。第 2 条"这个事物对其他事物的多种多样的**关系**的全部总和"②，说明了一事物与其他事物直接的、间接的联系，强调辩证法是从整体关联的角度看待事物，真理就是由现象、现实的一切方面的总和以及它们的（相互）关系构成的。第 8 条在分析多种多样的联系时，特别强调"一般的、普遍的"联系，也就是本质性的、规律性的联系的重要性。辩证法的发展原则，则展现为第 3 条的论述，强调运动和发展是事物自身固有的，是"它自己的生命"。

在强调普遍联系和发展原则的基础上，列宁对唯物辩证法的三大规律进行了阐述。其中，关于对立统一规律的阐述最为充分，在"辩证法十六要素"中占了四条（第 4、5、6、9 条）。其主要思想是：一切事物中都存在着矛盾；矛盾双方在一定条件下相互依存于一个统一体中；矛盾双方的斗争引起矛盾的展开或发展；这种发展最终必然会造成矛盾双方的互相转化，即"**每个**规定、质、特征、方面、特性向**每个**他者 向 自己的对立面? 的**过渡**"③。第 16 条是讲质量互变规律。列宁尤其重视量与质的相互转化，即旧质的消灭与新质的产生过程，他把事物的量变称为"渐进性""进化"，而把质变称为"飞跃""渐进过程的中断""革命"等。他强调："辩证的过渡和非辩证的过渡的区别何在？在于飞跃。在于矛盾性。在于渐进过程的中断。在于存在和非存在的统一（同一）。"④ 否定之否定规律是在第 13、14 条论述的。在列宁看来，辩证的否定不是单纯的、任意的否定，而是"作为联系环节、作为发展环节的否定，它保持

① 《列宁全集》第 55 卷，人民出版社 2017 年版，第 190 页。
② 《列宁全集》第 55 卷，人民出版社 2017 年版，第 190 页。
③ 《列宁全集》第 55 卷，人民出版社 2017 年版，第 191 页。
④ 《列宁全集》第 55 卷，人民出版社 2017 年版，第 244 页。

着肯定的东西，即没有任何动摇、没有任何折中"①。否定之否定是由内在矛盾推动的，对立面的统一与斗争推动了事物从肯定发展到否定，又从否定发展到否定之否定，这就表现为事物的某些特征与现象在高级阶段的重新出现，仿佛是向旧东西回复的现象。

此外，列宁对辩证法的范畴进行了论述，如第 7 条说明分析与综合的辩证关系；第 11 条分析了现象与本质的辩证关系；第 12 条分析了原因与结果的辩证关系；第 15 条分析了内容与形式的辩证关系等。列宁对辩证法范畴的论述，基本上是围绕人对事物认识的无限深化过程展开的，体现了由客观辩证法向主观辩证法的上升过程。

第三，指出辩证法是认识史的精华。列宁在广泛阅读哲学和哲学史著作时，非常注意从哲学史的角度汲取辩证法思想的精华。他赞赏黑格尔将哲学史比作"圆圈"的思想，认为每个哲学家的思想，"每一种思想＝整个人类思想发展的大圆圈（螺旋）上的一个圆圈"②。在《谈谈辩证法问题》中，列宁谈到了哲学上的一些主要"圆圈"：古代是从德谟克利特到柏拉图以及赫拉克利特的辩证法；文艺复兴时代是从笛卡尔到伽桑狄（斯宾诺莎？）；近代是从霍尔巴赫经贝克莱、休谟、康德到黑格尔；从黑格尔经费尔巴哈到马克思。他认为，在考察哲学上的"圆圈"时，不一定要以人物的年代先后为顺序，而要从思想发展的逻辑出发。强调这些"圆圈"中"包含着无数的各式各样观察现实、接近现实的成分"③，值得加以吸取。在列宁看来，辩证法体现于人类整个认识的历史之中，辩证法就是从这些领域中概括提炼出来的精华。

（三）系统阐发对立统一规律是唯物辩证法的实质和核心

在《哲学笔记》中，列宁 1915 年写的《谈谈辩证法问题》有着举足轻重的地位。它是列宁对其哲学研究的简要总结，阐明了辩证发展观和形而上学发展观的根本对立，揭示了辩证法的实质，分析了对立统一规律的具体内容，分析了认识过程的辩证法以及唯心主义产生的认识论根源和阶级根源。

第一，论述两种对立的发展观。19 世纪末 20 世纪初，发展原则虽已被科学所证明，但对它的理解并不一致，当时存在两种不同的发展观，即庸俗进化论的发展观和唯物辩证法的发展观。列宁指出："按第一种运动观点，

---

① 《列宁全集》第 55 卷，人民出版社 2017 年版，第 195 页。
② 《列宁全集》第 55 卷，人民出版社 2017 年版，第 207 页。
③ 《列宁全集》第 55 卷，人民出版社 2017 年版，第 308 页。

自己运动，它的**动力**、它的泉源、它的动因都被忽视了（或者这个泉源被移到**外部**——移到上帝、主体等等那里去了）；按第二种观点，主要的注意力正是放在认识'**自己**'运动的**泉源**上"；"第一种观点是僵死的、平庸的、枯燥的。第二种观点是活生生的。**只有**第二种观点才提供理解一切现存事物的'自己运动'的钥匙，才提供理解'飞跃'、'渐进过程的中断'、'向对立面的转化'、旧东西的消灭和新东西的产生的钥匙。"① 两种发展观的概括和对其对立实质的阐述，是列宁在新的历史条件下对唯物辩证法的重要发展和贡献。

第二，阐明对立统一规律的具体内容。列宁指出，事物的发展是由内在的矛盾推动的，而矛盾本身就是对立面互为前提又互相排斥的两个方面（或倾向）的关系。事物内在矛盾的两个方面具有统一性，构成一种"总和与统一"。同时，对立面的统一只有作为"这些对立面、矛盾的趋向等等的**斗争**或展开"② 才能存在。一方面是对立面的统一，也就是对立面的相互依赖；另一方面是对立面的斗争，也就是对立面的相互排斥，既统一又斗争，共同构成了一切事物及其变化发展的实质。要认识世界上一切事物自己产生、发展的运动，就必须要把事物及其运动当作对立面的统一来认识。在这个基础上，列宁指明了对立面的统一与斗争各自在发展中的性质与作用。对立面的统一是相对的，因为这种统一依赖于特定的条件。而对立面的斗争及其展开，才导致事物的变化，所以对立面的斗争是绝对的。他特别重视对立面转化的意义，强调转化不是任意的、主观的、随便的，而是与具体的、客观的条件联系在一起的。否认具体、客观的条件而把转化任意化和主观化，就会走向诡辩论。

第三，分析对立统一规律在辩证法体系中的地位。在对辩证法的要素进行总结时，列宁明确提出："可以把辩证法简要地规定为关于对立面的统一的学说。这样就会抓住辩证法的核心，可是这需要说明和发挥。"③ 在《谈谈辩证法问题》中，他进一步强调："统一物之分为两个部分以及对它的矛盾着的部分的认识，是辩证法的**实质**"④。列宁的这些思想，阐明了对立统一规律在辩证法中的地位，指明了对立统一规律和辩证法其他规律与范畴的关系，是哲学史上第一次关于对立统一规律是辩证法核心的明确表述，是列宁对唯物辩证法的重

---

① 《列宁全集》第 55 卷，人民出版社 2017 年版，第 306 页。
② 《列宁全集》第 55 卷，人民出版社 2017 年版，第 190 页。
③ 《列宁全集》第 55 卷，人民出版社 2017 年版，第 192 页。
④ 《列宁全集》第 55 卷，人民出版社 2017 年版，第 305 页。

要贡献和发展。

列宁之所以确定对立统一规律是辩证法的核心，是因为：首先，这一规律是区别辩证法的发展观与形而上学发展观的分水岭。在列宁看来，辩证法就是关于发展的学说，而泉源和动力问题构成发展的最根本问题。对立统一规律恰好就是解决发展的泉源问题的。其次，对立统一规律不仅是客观世界的规律，也是主观世界的规律。只有根据对立统一规律才能正确地认识世界，"就本来的意义说，辩证法是研究**对象的本质自身中**的矛盾"①。再次，由于揭示了事物运动发展的泉源、动力和本质，对立统一规律就成为其他辩证法规律起作用的根据和条件，揭示了质量互变和否定之否定过程的动力和根源，从而为理解质量互变规律和否定之否定规律提供了"钥匙"。最后，各门科学的发展证明它们所研究的对象都是具体的矛盾，这些矛盾都是对立面的统一；人类认识的各种基本范畴（内容与形式、原因与结果、分析与综合）也都是对立统一的关系。

（四）提出"辩证法也就是马克思主义的认识论"的论断

《哲学笔记》中一个重要的研究成果，就是指出："辩证法**也就是**（黑格尔和）马克思主义的认识论"。列宁强调："这不是问题的一个'方面'，而是问题的**实质**"。② 这就揭示了马克思主义认识论不仅同唯心主义认识论根本对立，而且同形而上学唯物主义的认识论有着原则区别。

第一，深入分析唯心主义产生的认识论根源。列宁立足认识的辩证过程的复杂性，特别重视对唯心主义产生的认识论根源进行分析。他指出，哲学唯心主义是把认识的某一特征、某一方面、某一侧面，片面地、夸大地、发展扩大为脱离了物质、脱离了自然的、神化了的绝对。人的认识是复杂、曲折的，近似于螺旋式的曲线，在这个不断前进的过程中，认识就有可能脱离现实的根基，把认识的某一个方面绝对化，使之脱离整个认识的过程和客观实际，而陷入主观、片面的错误。列宁的分析非常深刻，他认为唯心主义的产生不是没有根基的，它不仅有着自己的阶级根源，而且有着自己的认识论根源。"直线性和片面性，死板和僵化，主观主义和主观盲目性就是唯心主义的认识论根源"，而统治阶级的利益则"把它**巩固起来**"。在列宁看来，唯心主义"无疑是一朵

———————————

① 《列宁全集》第55卷，人民出版社2017年版，第213页。
② 《列宁全集》第55卷，人民出版社2017年版，第308页。

无实花，然而却是生长在活生生的、结果实的、真实的、强大的、全能的、客观的、绝对的人类认识这棵活树上的一朵无实花"①。开展对唯心主义的批判，应在揭露其阶级根源的同时注意揭示其认识论根源，做到在拒斥其唯心主义立场和体系的同时，批判地吸取其包含的某些合理的因素和养分，更好地丰富和发展唯物主义哲学。

第二，论述认识过程中相对与绝对、个别与一般的辩证法。列宁非常深刻地揭示了个别与一般的辩证法：首先，个别和一般是密切相关的。个别一定与一般相联系而存在，表现为一般只能在个别中存在，只能通过个别而存在；任何个别都是一般。其次，个别与一般是存在差别和对立的。一般只能大致地包含一切个别，而任何个别中都不仅仅包含着一般。再次，个别与一般的联系反映了事物之间的普遍联系，"任何个别经过千万次的过渡而与另一**类**的个别（事物、现象、过程）相联系"②，与其他个别相联系了，不仅意味着更广泛意义上的普遍联系，也意味着这个个别具有某种一般性意义了。最后，在个别与一般的关系中，包含有偶然与必然、现象与本质的关系，认识事物就是通过个别、现象、偶然而发现一般、本质、必然。

相对和绝对是认识过程中的另一对重要范畴。列宁早在《唯物主义和经验批判主义》中就指出，不懂得相对与绝对的辩证法是物理学唯心主义产生的认识论根源之一。他在《哲学笔记》中针对第二国际的修正主义者进一步指出："主观主义（怀疑论和诡辩论等等）和辩证法的区别在于：在（客观）辩证法中，相对和绝对的差别也是相对的。对于客观辩证法说来，相对中有绝对。对于主观主义和诡辩论说来，相对只是相对，因而排斥绝对。"③ 他强调，任何以实践为基础的认识总是既具有绝对性又具有相对性，是绝对性和相对性的统一。

列宁关于个别与一般、相对与绝对的辩证关系的思想具有十分重大的哲学意义。"共相"与"具相"关系问题曾经是西方哲学史上唯物论与唯心论的斗争的焦点之一，而相对与绝对的关系问题也是辩证法与形而上学（及其恶劣变种相对主义诡辩论）斗争的焦点之一。后来，毛泽东在《矛盾论》中进一步发展了列宁的观点，强调"这一共性个性、绝对相对的道理，是关于事物矛盾的

---

① 《列宁全集》第 55 卷，人民出版社 2017 年版，第 311 页。
② 《列宁全集》第 55 卷，人民出版社 2017 年版，第 307 页。
③ 《列宁全集》第 55 卷，人民出版社 2017 年版，第 306—307 页。

问题的精髓，不懂得它，就等于抛弃了辩证法"①。

第三，阐发辩证法、逻辑、认识论三者同一的原理。在古代哲学中，辩证法、逻辑、认识论三者还没有被区分开来，逻辑只是形式逻辑，还没有出现辩证逻辑。近代哲学从康德开始，本体论（或存在论，关于存在的学说）、认识论（关于认识的学说）和逻辑（关于思维形式与思维规律的学说）被严格地区分开来，处于相互分离之中。黑格尔第一次在唯心主义的基础上把本体论、逻辑、认识论三者结合起来，并把逻辑提升到辩证逻辑的水平。列宁高度评价了黑格尔的思想，并且加以改造，指出逻辑是关于一切物质的、自然的和精神的事物的发展规律的学说。他强调，整个物质世界的辩证发展是客观的辩证法，认识论和逻辑的辩证演进则是主观的辩证法。辩证法、逻辑和认识论虽然在其表现形式上有所不同，但在本质上是同一的。三者同一的根本基础是客观辩证法，因为主观辩证法（认识论和逻辑）归根结底是客观辩证法的反映。三者同一的现实途径是实践辩证法，因为人们只有在社会历史实践中才能实现主观与客观、认识与实践的具体的历史的统一。这样一来，辩证法、逻辑和认识论的三者同一就不再是黑格尔的唯心主义辩证法了。这是辩证唯物主义哲学不同于旧哲学的一个显著特点。列宁认为，马克思的《资本论》极其成功地做到了辩证法、逻辑、认识论的三者同一，"在《资本论》中，唯物主义的逻辑、辩证法和认识论不必要三个词：它们是同一个东西都应用于一门科学，这种唯物主义从黑格尔那里吸取了全部有价值的东西并发展了这些有价值的东西"②。列宁立足唯物主义的根基，第一次提出了辩证法、逻辑和认识论三者同一的思想，是他对马克思主义哲学发展作出的重要贡献。

三、重要意义

《哲学笔记》是列宁为解决时代提出的迫切问题所作的哲学理论准备。通过对哲学史的考察以及对黑格尔哲学的研究，特别是通过对《资本论》等马克思和恩格斯著作的研读，列宁提出了一系列具有重大理论意义的哲学见解。这些突破性见解虽然尚处于探索层次，但处处闪耀着哲学的智慧光芒。列宁在写

---

① 《毛泽东选集》第一卷，人民出版社 1991 年版，第 320 页。
② 《列宁全集》第 55 卷，人民出版社 2017 年版，第 290 页。

作《哲学笔记》的过程中，始终坚持马克思主义哲学的立场，同时又不为已有的理论框架、具体观点所束缚，从而丰富和发展了马克思主义哲学特别是唯物辩证法思想。《哲学笔记》提出了对立面的统一是辩证法的实质，辩证法、逻辑、认识论三者同一，认识是一个辩证的过程等重要思想；提出了唯物辩证法理论体系的基本设想；提出了哲学史研究的辩证方法原则，从而为唯物辩证法理论的建构奠定了更深广的基础。《哲学笔记》的研究成果也为以列宁为首的俄国布尔什维克党人正确回答和解决时代提出的迫切问题，如帝国主义的基本特征、无产阶级革命的战略和策略、无产阶级专政等提供了科学的理论指导。

《哲学笔记》得到了广泛的传播。在《列宁全集》中文第 2 版第 55 卷中，收录了列宁在 1895—1916 年间研究哲学时撰写的摘要、短文、札记和阅读批注，总计 39 篇文献。其中在伯尔尼撰写的 8 本关于黑格尔、费尔巴哈哲学研究的摘录性笔记，是较为完整的，也是最重要的部分，而《黑格尔〈逻辑学〉一书摘要》则是这些摘要中最重要的一篇。这批文献首先于 1925 年在苏联的《在马克思主义旗帜下》杂志第 1—2 期和《布尔什维克》杂志第 5—6 期上部分发表。1933 年，它们同列宁其他时期所写的几篇哲学笔记一起，首次以《哲学笔记》为书名出版了俄文单行本，1958 年首次被苏共中央马列主义研究院作为第 38 卷编入《列宁全集》。《哲学笔记》的中文翻译与出版开始于 20 世纪 30 年代的上海与延安，当时发表的主要是其中的少数几篇文章。1956 年中央编译局翻译出版了单行本的《哲学笔记》，1959 年又作为《列宁全集》第 38 卷出版。1990 年，人民出版社出版了收录新版《哲学笔记》的《列宁全集》第 55 卷及单行本，中文第 1 版的《哲学笔记》收录了 46 篇文献；第 2 版通过删减、合并和新增，收录了 39 篇文献。2009 年，《列宁专题文集　论辩证唯物主义和历史唯物主义》收录了《哲学笔记》的部分内容。

《哲学笔记》中蕴涵的丰富哲学思想，包含了关于唯物辩证法的核心、基本规律、主要范畴的深刻见解，关于辩证法、逻辑、认识论三者之间相互关系的精辟观点以及关于辩证唯物主义认识论的重要论述，其中对"辩证法的要素"的概括具有重要的理论价值。这部著作所提出的唯物辩证法世界观和方法论，对于我们从千头万绪、纷繁复杂的事物和事物的普遍联系中发现矛盾、分析矛盾、解决矛盾，准确把握我国发展实际和时代特征，具有重要意义。中国特色社会主义进入新时代，我国社会主要矛盾已经转化为人民日益增长的美好生活需要和不平衡不充分的发展之间的矛盾。我国社会主要矛盾的变化，没有改变我们对我国社会主义所处历史阶段的判断，我国仍处于并将长期处于社会主义初级阶段的基本国情没有变，我国是世界最大发展中国家的国际地位没有变，要科学把握变与不变的辩证关系。

四、延伸阅读

列宁:《帝国主义是资本主义的最高阶段》

该文是列宁在写作《哲学笔记》时期撰写的一篇重要文献，是运用唯物辩证法系统阐述帝国主义理论的重要著作。列宁根据马克思《资本论》出版后资本主义发展的新情况，分析了帝国主义的本质、特征和新的矛盾，特别是竞争与垄断的矛盾、停滞与发展的矛盾，以及帝国主义国家之间发展不平衡的矛盾；分析了帝国主义战争使矛盾尖锐化，客观上促进了民族解放运动的蓬勃发展，加速了帝国主义的崩溃，最后得出帝国主义是无产阶级社会革命的前夜的结论。

毛泽东:《矛盾论》

《矛盾论》是毛泽东继《实践论》后写的一篇论述马克思主义的唯物辩证法关于矛盾规律的重要哲学著作，原先是毛泽东为延安抗日军政大学作哲学讲演用的《辩证法唯物论》讲授提纲中的一部分。1937 年 8 月在延安油印发表，书名是《矛盾论统一法则》。新中国成立后，重新发表时，才定名为《矛盾论》，并在内容上作了较大补充、修改和删节。在这部著作中，毛泽东深刻阐述唯物辩证法，特别是阐述它的实质和核心——对立统一规律，阐述矛盾普遍性和特殊性的相互关系，强调矛盾的特殊性，从方法论上批判了"左"、右倾的错误思想，从理论与实践的结合上全面说明和发挥了唯物辩证法的实质和核心。

毛泽东:《关于正确处理人民内部矛盾的问题》

《关于正确处理人民内部矛盾的问题》是毛泽东在社会主义建设时期最重要的著作之一。原是毛泽东在最高国务会议第十一次（扩大）会议上的讲话。后来毛泽东根据原始记录加以整理，作了若干补充，1957 年 6 月 19 日在《人民日报》发表。在这部著作中，毛泽东运用唯物辩证法科学地分析了社会主义社会的基本矛盾，第一次提出了正确处理人民内部矛盾的命题，阐述了社会主义建设中的一系列重大问题，为我国社会主义事业的发展奠定了理论基础，极大地丰富和发展了马克思主义。

思考题：

1. 如何认识唯物辩证法与黑格尔唯心辩证法的联系与区别？

2. 如何理解唯物主义辩证法、逻辑和认识论三者同一的思想？

3. 《哲学笔记》对科学研究，尤其是哲学史研究有何指导意义？

4. 为什么说对立统一规律是唯物辩证法的核心？

5. 试论列宁《哲学笔记》对科学解决时代迫切问题的意义。

6. 如何运用唯物辩证法正确认识新时代我国社会主要矛盾的变化？

列　宁

论我国革命

（评尼·苏汉诺夫的札记）

（1923 年 1 月 16 日和 17 日）

一

　　这几天我翻阅了一下苏汉诺夫的革命札记。特别引人注目的是我国所有小资产阶级民主派也和第二国际全体英雄们一样迂腐。引人注目的是他们对过去的盲目模仿，至于他们非常怯懦，甚至其中的优秀人物一听说要稍微离开一下德国这个榜样，也要持保留态度，至于所有小资产阶级民主派在整个革命中充分表现出来的这种特性，就更不用说了。

　　他们都自称马克思主义者，但是对马克思主义的理解却迂腐到无以复加的程度。马克思主义中有决定意义的东西，即马克思主义的革命辩证法，他们一点也不理解。马克思说在革命时刻要有极大的灵活性，就连马克思的这个直接指示他们也完全不理解，他们甚至没有注意到，例如，马克思在通信中（我记得是在 1856 年的通信中）曾表示希望能够造成一种革命局面的德国农民战争同工人运动结合起来，就是对马克思的这个直接指示，他们也像猫儿围着热粥那样绕来绕去，不敢触及。

　　他们的一举一动都暴露出他们是些怯懦的改良主义者，唯恐离开资产阶级一步，更怕跟资产阶级决裂，同时又用满不在乎的空谈和大话来掩饰自己的怯懦。即使单从理论上来看，也可以明显地看出他们根本不能理解马克思主义的下述见解。他们到目前为止只看到过资本主义和资产阶级民主在西欧的发展这条固定道路。因此，他们不能想象到，这条道路只有作相应的改变，也就是说，作某些修正（从世界历史的总进程来看，这种修正是微不足道的），才能当做榜样。

　　第一，这是和第一次帝国主义世界大战相联系的革命。这样的革命势必表现出一些新的特征，或者说正是由于战争而有所改变的一些特征，因为世界上还从来没有过在这种情况下发生的这样的战争。到目前为止我们看到，最富有的国家的资产阶级在这场战争之后还没有能调整好"正常的"资产阶级关系，而我们的改良主义者，即硬充革命家的小资产者，却一直认为正常的资产阶级关系是一个极限（不可逾越的极限），而且他们对于这种"正常"的理解是极其死板、极其狭隘的。

第二，他们根本不相信任何这样的看法：世界历史发展的一般规律，不仅丝毫不排斥个别发展阶段在发展的形式或顺序上表现出特殊性，反而是以此为前提的。他们甚至没有想到，例如，俄国是个介于文明国家和初次被这场战争最终卷入文明之列的整个东方各国即欧洲以外各国之间的国家，所以俄国能够表现出而且势必表现出某些特殊性，这些特殊性当然符合世界发展的总的路线，但却使俄国革命有别于以前西欧各国的革命，而且这些特殊性到了东方国家又会产生某些局部的新东西。

例如，他们在西欧社会民主党发展时期背得烂熟的一条论据，已成为他们万古不变的金科玉律，这条论据就是：我们还没有成长到实行社会主义的地步，或像他们中间各种"博学的"先生们所说的那样，我们还没有实行社会主义的客观经济前提。可是他们谁也没有想到问一问自己：面对第一次帝国主义大战所造成的那种革命形势的人民，在毫无出路的处境逼迫下，难道他们就不能奋起斗争，以求至少获得某种机会去为自己争得进一步发展文明的并不十分寻常的条件吗？

"俄国生产力还没有发展到可以实行社会主义的高度。"第二国际的一切英雄们，当然也包括苏汉诺夫在内，把这个论点真是当做口头禅了。他们把这个无可争辩的论点，用千百种腔调一再重复，他们觉得这是对评价我国革命有决定意义的论点。

试问，既然特殊的环境把俄国卷入了西欧所有多少有些影响的国家也被卷入的帝国主义世界大战，其次使处于东方即将开始或部分已经开始的革命边缘的俄国，发展到有条件实现像马克思这样的"马克思主义者"在 1856 年谈到普鲁士时曾作为一种可能的前途提出来的"农民战争"同工人运动的联合，那该怎么办呢？

既然毫无出路的处境十倍地增强了工农的力量，使我们能够用与西欧其他一切国家不同的方法来创造发展文明的根本前提，那又该怎么办呢？世界历史发展的总的路线是不是因此改变了呢？正在卷入和已经卷入世界历史总进程的每个国家的各基本阶级的基本相互关系是不是因此改变了呢？

既然建立社会主义需要有一定的文化水平（虽然谁也说不出这个一定的"文化水平"究竟是什么样的，因为这在各个西欧国家都是不同的），我们为什么不能首先用革命手段取得达到这个一定水平的前提，**然后**在工农政权和苏维埃制度的基础上赶上别国人民呢？

1923 年 1 月 16 日

二

你们说，为了建立社会主义就需要文明。好极了。那么，我们为什么不能首先在我国为这种文明创造前提，如驱逐地主，驱逐俄国资本家，然后开始走向社会主义呢？你们在哪些书本上读到过，通常的历史顺序是不容许或不可能有这类改变的呢？

记得拿破仑这样写过："On s'engage et puis… on voit"，意译出来就是："首先要投入真正的战斗，然后便见分晓。"我们也是首先在 1917 年 10 月投入了真正的战斗，然后就看到了像布列斯特和约或新经济政策等等这样的发展中的细节（从世界历史的角度来看，这无疑是细节）。现在已经毫无疑问，我们基本上是胜利了。

我们的苏汉诺夫们，更不必说那些比他们更右的社会民主党人了，做梦也没有想到，不这样就根本不能进行革命。我们的欧洲庸人们做梦也没有想到，在东方那些人口无比众多、社会情况无比复杂的国家里，今后的革命无疑会比俄国革命带有更多的特殊性。

不用说，按考茨基思想编写的教科书在当时是很有益处的。不过现在毕竟是丢掉那种认为这种教科书规定了今后世界历史发展的一切形式的想法的时候了。应该及时宣布，有这种想法的人简直就是傻瓜。

1923 年 1 月 17 日

（选自《列宁专题文集　论社会主义》，人民出版社2009 年版，第 356—360 页）

《论我国革命》 导读

列宁的《论我国革命》是 1923 年 1 月 16—17 日口授的一篇重要文章。该文通过评论苏汉诺夫的《革命札记》一书，总结了俄国社会主义革命和建设的经验，驳斥了孟什维克和第二国际代表人物否定俄国革命的错误观点，是一篇运用唯物辩证法系统论证经济文化比较落后的国家进行社会主义革命和建设的必要性和可能性的重要文献。

一、写作背景

1922 年，布尔什维克已经执政五年，但列宁由于被刺和工作劳累，分别在 5 月和 12 月两次中风，健康状况日益恶化。在此情况下，他不顾病痛折磨，抓紧工作，口授一系列札记，把他认为"最重要的"想法和考虑提出来，为党留下宝贵的精神财富。

十月革命后，俄国面对的国际国内形势十分严峻。革命虽然取得了胜利，但俄国还处在帝国主义包围的强大压力下。随着帝国主义的武装干涉被粉碎，俄国取得国内暂时和平，苏维埃政权面临的首要任务就是恢复经济。在列宁领导下，俄国开始从"战时共产主义"政策向新经济政策转变，这一转变反映了列宁对建设社会主义的新探索。但与此同时，各种思潮也时有出现，有的不愿意放弃"战时共产主义"政策，有的将新经济政策理解为全面实行资本主义，有的认为转变意味着革命的错误和失败。为此，必须正确回答和解决对俄国革命和前途的认识问题。

该文是为反驳孟什维克和第二国际代表人物借口俄国缺乏实行社会主义的客观经济前提来否定俄国革命的错误论调而写的。十月革命使经济文化相对落后的俄国取得了社会主义革命的胜利，将社会主义从理论变为现实。对于这个伟大贡献，孟什维克的代表人物苏汉诺夫极力反对，他在 1918—1921 年间写了 7 卷《革命札记》，记述了从二月革命到十月革命的历史，批判十月革命。特别是在第 3 卷和第 4 卷中，他集中指责列宁"缺少对俄国社会主义的'客观前提'的分析，对社会的经济条件的分析"，认为落后的俄国不可能在西方革命和世界社会主义革命到来以前进行社会主义革命，俄国的社会主义革命和建设是违背历史发展规律的。这些观点在当时造成了一定的思想混乱。第二国际的伯恩施坦、考茨基等人也利用所谓的"经济分析"，以"俄国生产力还没有发展到可以实行社会主义的高度"① 为由，指责十月革命。如何正确看待十月革命的历史必然性和合理性，成为俄国社会主义建设中迫切需要回答的重大问题。

1922 年 12 月 24 日，列宁在病中阅读了苏汉诺夫的《革命札记》第 3 卷和第 4 卷。这时，列宁的病情已非常严重，右臂和右腿不能活动。列宁清楚地意识到病情的危险，但还是决定把他认为"最重要的"想法和考虑说出来。他以"完全拒绝治疗"的"最后通牒"迫使医生允许他每天口授 5—10 分钟。于是从 1922 年 12 月至 1923 年 2 月，他以顽强的毅力和乐观精神口授完成了三封信和五篇文章，这些历史文献被称作"列宁的遗嘱"。三封信分别是《给代表大会的信》《关于赋予国家计划委员会以立法职能》《关于民族或"自治化"问题》；五篇文章分别是《日记摘录》《论合作社》《论我国革命》《我们怎样改组工农检查院》《宁肯少些，但要好些》。其中，《论我国革命》是在 1923 年 1 月 16 日和 17 日两次口授完成的，由列宁夫人娜·康·克鲁普斯卡娅转交《真理报》编辑部，标题是发表时由编辑部加上的。

二、主要内容

《论我国革命》是一篇由两个部分组成的短文，列宁在文章中强调了唯物辩证法在马克思主义哲学中的重要地位，揭示了世界历史发展中一般和个别的辩证关系，阐述了俄国革命的特殊形式和东方国家革命的特殊性。

（一）阐述辩证法在马克思主义中的决定意义

列宁一生都高度重视唯物辩证法的研究和运用，视辩证法为马克思主义的"活的灵魂""根本的理论基础"。在批判苏汉诺夫和考茨基等人的过程中，列宁再次揭示和强调了革命的辩证法在马克思主义理论体系中的重要地位。

第一，论述社会历史发展过程中的一般与个别的辩证法。列宁指出，苏汉诺夫等都自称马克思主义者，"但是对马克思主义的理解却迂腐到无以复加的程度。马克思主义中有决定意义的东西，即马克思主义的革命辩证法，他们一点也不埋解"②，尤其是不懂得历史发展进程中一般与个别的辩证法。人类历史

---

① 《列宁专题文集 论社会主义》，人民出版社 2009 年版，第 358 页。
② 《列宁专题文集 论社会主义》，人民出版社 2009 年版，第 357 页。

发展具有普遍规律，然而这种普遍规律不是抽象的东西，它是从特殊中概括出来的，自身包含着特殊，必须通过特殊表现出来。正如列宁在《哲学笔记》中指出的："个别一定与一般相联而存在。一般只能在个别中存在，只能通过个别而存在。任何个别（不论怎样）都是一般。任何一般都是个别的（一部分，或一方面，或本质）。"① 唯物史观的一个重要原理是，历史规律并不表现为"纯粹的一般"，历史进程取决于具体的历史环境。列宁强调，苏汉诺夫等人责难十月革命违背社会发展的"一般规律"，其错误就在于"他们根本不相信任何这样的看法：世界历史发展的一般规律，不仅丝毫不排斥个别发展阶段在发展的形式或顺序上表现出特殊性，反而是以此为前提的"②。他们把西欧资本主义和资产阶级民主的发展道路作为人类唯一道路，根本不懂得十月革命所处的帝国主义时代和第一次世界大战的特殊历史环境。在革命形势具备的时候反对无产阶级革命，这充分暴露了他们在政治上是怯懦的改良主义者的本质。

第二，指出十月革命的胜利是世界历史辩证发展规律的具体体现。第二国际机会主义代表人物和苏汉诺夫指责十月革命的一个主要论据是，俄国还没有实现社会主义的客观的经济前提。这种观点是依据西欧资本主义国家发展模式提出的。但列宁认为，资本主义的市场已经开创了世界历史，一国内部的经济成为世界经济链条的一环，国内革命也已经是一个世界问题，应该在世界革命背景中分析俄国革命的形势。十月革命由于是"和第一次帝国主义世界大战相联系的革命"，它就"势必表现出一些新的特征"，③ 这些新的特征以及特殊的环境使俄国能够实现"农民战争"同工人运动的联合。他强调，俄国走上社会主义革命道路，不但没有违反世界历史的发展规律，而且是世界历史辩证发展规律的具体体现。苏汉诺夫等人完全不认识这些新情况，认为"正常"的资产阶级关系是不可逾越的极限，反映出他们对历史的理解是极其死板的。

第三，批判了苏汉诺夫将西欧发展模式当成一切国家发展的固定道路的错误。列宁进一步分析说，苏汉诺夫等人到目前为止只看到过资本主义和资产阶级民主在西欧的发展这条固定道路，企图用考茨基式的教科书来"规定了今后世界历史发展的一切形式"④。具体来说，由于历史条件发生变化，在俄国由无

---

① 《列宁专题文集　论辩证唯物主义和历史唯物主义》，人民出版社 2009 年版，第 150 页。
② 《列宁专题文集　论社会主义》，人民出版社 2009 年版，第 357—358 页。
③ 《列宁专题文集　论社会主义》，人民出版社 2009 年版，第 357 页。
④ 《列宁专题文集　论社会主义》，人民出版社 2009 年版，第 360 页。

产阶级领导的资产阶级民主革命，其发展前途可以转变为无产阶级革命；在帝国主义时代，社会主义革命有可能首先在经济文化相对落后的国家获得胜利。俄国的国情不同于西欧文明国家，又处于第一次世界大战的特殊环境，"所以俄国能够表现出而且势必表现出某些特殊性，这些特殊性当然符合世界发展的总的路线，但却使俄国革命有别于以前西欧各国的革命"①。

第四，预见了东方国家革命将会产生局部的新东西。通过对苏汉诺夫的批判，列宁出色地运用唯物辩证法，论证了十月革命的历史必然性与合理性，对十月革命的世界历史意义予以阐述。他预言，十月革命将对东方国家产生深刻影响，起到示范作用。但是东方国家人口众多、社会情况复杂，因此在这些国家里，"今后的革命无疑会比俄国革命带有更多的特殊性"②。这就需要东方国家的共产党人创造性地运用马克思主义，独立地思考解决本国革命和建设问题。对待社会主义革命和建设的正确态度应该是，依据不同国家的具体情况决定革命的方式和道路。

（二）揭示经济文化相对落后国家革命与建设的辩证法

从十月革命起，社会主义面临的主题就是在生产力比较落后的国家如何走向社会主义、如何巩固和建设社会主义。列宁从理论与实际的结合上进行探索，论述了革命与建设之间的辩证法。

第一，驳斥考茨基所谓俄国革命缺少"一定的文化水平"的指责。考茨基等人指责俄国革命缺少"一定的文化水平"，革命根本是错误的，即使取得政权也是注定要失败的。列宁对此予以驳斥。首先，谁也说不出这个"一定的文化水平"究竟是什么样的，因为其在各个西欧国家都是不同的。列宁也不同意布哈林的极端看法，即认为世界资本主义的崩溃是从最薄弱的、国家资本主义组织最不发达的国民经济体系开始的。他纠正道："不对：是从'**比较**薄弱的'体系开始的。没有一定程度的资本主义，我们是什么也办不成的。"③ 其次，革命爆发的原因既与经济文化的发展程度有关，但更直接地取决于是否具备革命的形势。在第一次世界大战中，俄国社会内外矛盾高度激化，社会"下层"不愿照旧生活，而社会"上层"也不能照旧维持下去，"既然毫无出路的处境十倍地增强了工农的力量，使我们能够用与西欧其他一切国家不同的

---

① 《列宁专题文集 论社会主义》，人民出版社 2009 年版，第 358 页。
② 《列宁专题文集 论社会主义》，人民出版社 2009 年版，第 360 页。
③ 《列宁全集》第 60 卷，人民出版社 2017 年版，第 317 页。

方法来创造发展文明的根本前提，那又该怎么办呢?"① 答案只有一个，那就是革命。

第二，明确指出夺取政权是俄国经济和文化发展的前提。实施新经济政策，是对经济文化相对落后的俄国如何向社会主义过渡和建设社会主义的全新探索。但在苏汉诺夫等人看来，这却是意味着全面倒退到资本主义，说明十月革命搞早了、搞糟了。列宁认为，建设社会主义确实需要文明，这正是俄国所缺少的，是十分艰巨的任务。但首先要通过革命夺取政权，然后在工农政权和苏维埃制度的基础上，努力赶上别国人民，其核心就是要努力发展生产力，全面进行社会主义建设。因此，夺取政权是相对落后的俄国发展经济和文化的前提，"先革命，再发展"是具有俄国特色的经济和文化发展道路。

第三，阐明了经济文化相对落后的国家必须开辟一条不同于西欧的现代化道路。十月革命在统一的无所不包的资本主义世界体系中打开了第一个缺口，大大促进了东方国家的民族解放运动。列宁领导十月革命，在一个经济文化相对落后的国家，通过无产阶级革命夺取政权，在世界上建立了第一个社会主义国家，开辟了社会主义道路。它在现代史上第一次"用与西欧其他一切国家不同的方法来创造发展文明的根本前提"②。这是一条不同于资本主义的现代化道路，也就是社会主义现代化的道路。

三、重要意义

《论我国革命》是运用一般与个别的辩证法对社会主义发展道路所作的哲学思考和总结，它深刻阐明了世界历史发展的一般规律与个别发展阶段和不同国家表现出的特殊性，阐明了社会主义发展道路的历史辩证法，进一步丰富和发展了科学社会主义理论。列宁提出了在经济文化相对落后的国家先革命后发展的战略思路，即先通过进行社会主义革命夺取政权，然后充分发挥工农政权和苏维埃制度的重要作用，尽一切可能地发展生产力和文化，全面进行社会主义建设，赶上先进国家。这些重要思想，极大地指导和推动了俄国社会主义革命和建设，促进了国际共产主义运动和民族解放运动的蓬勃发展，为各国共产党人根据本国实际探索革命和建设道路提供了重要的方法论指导。

① 《列宁专题文集　论社会主义》，人民出版社 2009 年版，第 358—359 页。
② 《列宁专题文集　论社会主义》，人民出版社 2009 年版，第 358—359 页。

《论我国革命》发表后，不仅在苏联而且在国际上得到了广泛传播。苏联出版的《列宁全集》《列宁选集》中都收入了此文。新中国成立后，我国出版的各类版次的列宁文献均收录了此文，该文多次作为党员干部的必读篇目之一。学习这部著作，对于我们深刻理解中国革命、建设、改革的历史必然性，澄清所谓"中国需要补资本主义的课"等错误观点，牢固树立中国特色社会主义共同理想和共产主义远大理想具有重要意义。

四、延伸阅读

列宁：《论粮食税》

该文是列宁阐释新经济政策的一篇重要文章，写于1921年4月21日。列宁论证了用粮食税代替余粮收集制和利用国家资本主义的必要性和可行性，详细评述了国家资本主义的四种主要形式——租让制、合同制、代购代销制和租赁制。同时指出，只要无产阶级牢牢掌握政权，就一定能防范和克服资本主义的消极影响，利用资本主义特别是国家资本主义来促进社会主义发展。阅读这篇文章，有助于加深对列宁在《论我国革命》中的总结和思考的理解。

列宁：《论合作社》

这是列宁于1923年1月4日和6日在病中口授的文章。列宁在该文中批评了实行新经济政策时忘记了合作社，对发展合作社的深远意义重视不够、估计不足的倾向，论述了合作社的性质和通过合作社来建设社会主义的思路。他深刻指出，我们不得不承认我们对社会主义的整个看法根本改变了。这主要表现在：从前是把重心放在而且也应当放在政治斗争、革命、夺取政权等方面，而现在重心改变了，转到和平的"文化"组织工作上去了。为此需要认清并完成两个划时代的主要任务：一是改造从旧社会接收过来的国家机关；二是在农民中进行文化工作，其经济目的就是合作社。这部著作和《论我国革命》一样，是对俄国社会主义建设特别是新经济政策思考的理论成果。

思考题：

1. 列宁是如何运用一般和个别的辩证法原理分析俄国革命的？
2. 如何理解列宁关于社会主义革命与建设之间的辩证法？

3. 列宁关于经济文化相对落后的国家走不同于西欧发展道路的思想对我们有何启示?

4. 《论我国革命》对正确认识中国特色社会主义道路有何方法论意义?

第一版后记

《马克思恩格斯列宁哲学经典著作导读》教材是马克思主义理论研究和建设工程重点教材。在编写过程中，得到了马克思主义理论研究和建设工程咨询委员会的指导，得到了中央有关部门和有关专家学者的帮助和支持。同时，广泛听取了高校马克思主义哲学经典著作课程教师和大学生的意见和建议。

本教材由首席专家侯惠勤、余源培、侯才、郝立新主持编写。姚顺良、金民卿、周宏、姜迎春、吕世荣、汪世锦参加了写作、统稿和修订；曾国屏、冯颜利、张守民、刘森林、刘卓红参加了大纲和初稿的写作；庄福龄、王东阅看了初稿并提出了修改意见。张磊主持了工程办公室组织的审改和统稿工作。田岩、宋凌云、王维先、邵文辉、何成、冯静、武斌、邢云文、刘洪森、张造群、宋义栋、宫长瑞、王燕燕、汤荣光、唐棣宣等参加了具体审改和统稿工作。参加集中阅看并提出修改意见的有：赖谦进、赵家祥、丰子义、张雷声、聂耀东、王新生、李佃来、姜涌、谭培文、宋文新、魏书胜等。

2011 年 11 月

第二版后记

组织全面修订马克思主义理论研究和建设工程重点教材，是推动习近平新时代中国特色社会主义思想和党的十九大精神进教材、进课堂、进头脑的重要举措。《马克思恩格斯列宁哲学经典著作导读》（第二版）是在第一版教材基础上修订而成的。在教材修订过程中，得到了马克思主义理论研究和建设工程咨询委员会的指导，得到了中央有关部门和有关专家学者的帮助和支持。同时，也广泛听取了高校专业课程教师和学生的意见和建议。

教材修订课题组由金民卿任首席专家，丁冰、赵理文、仰海峰、陈志刚、汪世锦、刘志明、周丹、李建国作为主要成员参加修订。何成主持了工程办公室组织的审改定稿工作。田岩、冯静、吴学锐、王昆、王勇、曹守亮、张文君、徐立恒等参加了审改。参加集中审阅并提出修改意见的有（以姓氏笔画为序）：丰子义、陈先达、陈学明、周嘉昕、侯惠勤、胡长栓、唐正东、徐俊忠、黄力之、梁树发、韩秋红、鲁品越、孔欢、韩宪保等。

2020 年 8 月